चीन का कायापलट

चीन का कायापलट

सफलता की दास्तान और सफलता का फंदा

मनोरंजन महांति

SAGE | bhasha

Los Angeles | London | New Delhi
Singapore | Washington DC | Melbourne

Originally Published in 2018 in English by
SAGE Publications India Pvt Ltd as *China's Transformation: The Success Story and the Success Trap*

This edition published in 2020 by

SAGE | bhasha

SAGE Publications India Pvt Ltd
B1/I-1 Mohan Cooperative Industrial Area
Mathura Road, New Delhi 110 044, India
www.sagepub.in

Published by Vivek Mehra for SAGE Publications India Pvt Ltd. Typeset in 13/15 pt Kokila by AG Infographics, Delhi.

ISBN: 978-93-5388-263-1 (HB)

Translator: Dhruva Narayan
SAGE Team: Syed Husain Naqvi and Abhilash Dixit

मेरी जीवनसंगिनी बिद्युत को समर्पित

जो पिछले पचास सालों से मेरी सबसे क़रीबी आलोचक रही हैं

Thank you for choosing a SAGE product!
If you have any comment, observation or feedback,
I would like to personally hear from you.

Please write to me at **contactceo@sagepub.in**

Vivek Mehra, Managing Director and CEO, SAGE India.

Bulk Sales

SAGE India offers special discounts
for purchase of books in bulk.
We also make available special imprints
and excerpts from our books on demand.

For orders and enquiries, write to us at

Marketing Department
SAGE Publications India Pvt Ltd
B1/I-1, Mohan Cooperative Industrial Area
Mathura Road, Post Bag 7
New Delhi 110044, India

E-mail us at **marketing@sagepub.in;**
sagebhasha@sagepub.in

Subscribe to our mailing list

Write to **marketing@sagepub.in**

This book is also available as an e-book.

विषय-वस्तु

भूमिका

दिसंबर 1978 में तंग श्याओफिंग ने चीन में आर्थिक "सुधार" शुरू किए। उसके बाद से चीन का पूरी तरह कायापलट हो गया, खासकर गाँवों में भारी बदलाव आए। ज़रूरी है कि इसका लेखा-जोखा लिया जाए। विकास की कौन-सी रणनीति अपनाई गई? राज्य और पार्टी जो नीतियाँ बनाते हैं और अमल में लाते हैं उनकी भूमिका क्या थी? "समाजवादी बाज़ार अर्थव्यवस्था" जैसे वैचारिक-राजनीतिक नारे का असली मतलब और मकसद क्या था? इन नीतियों का चीन के किसानों, मज़दूरों और महिलाओं की आम ज़िंदगी पर और उनकी सेहत और शिक्षा पर क्या असर पड़ा? यह किताब इस बात पर नज़र डालती है कि पिछले चार दशकों में चीन में किस तरह का विकास हुआ? कौन सी नीतियाँ अपनाई गईं और उन्हें किस तरह अमल में लाया गया? ख़ासकर तटवर्ती चीन के गाँवों में।

इसका मूल मकसद है चीन में सुधारों की ज़बरदस्त कामयाबी की कहानी को समझना-समझाना। चीनी कम्युनिस्ट पार्टी के नेतृत्व ने अपने सुधार कार्यक्रमों और अर्थव्यवस्था को खुला बनाने के लिए राज्यतंत्र और बाज़ार की ताक़त का किस तरह इस्तेमाल किया और अपनी योजना की कामयाबी के लिए कैसे समय-समय पर समुचित रणनीतियाँ अपनाईं। इस कामयाबी का प्रमाण हैं— अर्थव्यवस्था में तेज़ी, लोगों के जीवनस्तर में बेहतरी, शहरी ढाँचे का भारी विस्तार और दुनिया भर में चीन की साख और धाक में बढ़ोतरी। सुधार की प्रक्रिया में कई समस्याएँ भी पैदा हुईं। इनमें से कई काफ़ी गंभीर थीं। आय और धन के बँटवारे में असमानता, आंचलिक विषमता, शहर और गाँव के बीच की खाई, गाँवों से मुसीबत के मारे लोगों का पलायन, बिगड़ता पर्यावरण। साथ ही बढ़ता भ्रष्टाचार और सामाजिक अलगाव कुछ अन्य बड़ी समस्याएँ हैं। चीनी कम्युनिस्ट पार्टी के नेता च्यांग त्समिन का पूरा ज़ोर जहाँ आर्थिक प्रगति पर था, वहीं हु चिनथाओ और उनके उत्तराधिकारी शी जिनपिंग ने गंभीरता से इन समस्याओं से निपटने की चेष्टा की ताकि विकास को समतामूलक और टिकाऊ बनाया जा सके। मेरी राय में विकास की सफलता की इस दास्तान का ज़ोर इतना ज़बरदस्त है कि विकास के इस रास्ते में कोई भी तब्दीली काफ़ी मुश्किल है। मतलब यह कि विकास के इस रास्ते से वांछित समता और टिकाऊपन को हासिल करना लगभग नामुमकिन है। मैं इस स्थिति को सफलता का फंदा कहता हूँ जिसमें चीन आज फँसा दिखता है।

बहरहाल, चीन में कुछ स्वागतयोग्य पहलें भी दिखाई देती हैं जो विकास की नई सोच की तलाश में लगी हैं और विकास की ऊँची दर के प्रति पागलपन की हद तक समर्पित नहीं हैं। हु चिनथाओ का "विकास का वैज्ञानिक दृष्टिकोण" और शी जिनपिंग का "चार समग्रताओं" का नज़रिया विकास के ऐसे रास्ते की वकालत करता है जो संतुलनकारी हो, समन्वयकारी हो, खुला, हरित और सहभागी हो। जिसका दीर्घकालिक सकारात्मक असर हो। हालाँकि मेरा मानना है कि चीन में सुधार का रास्ता यूरोपीय औद्योगिक क्रांति की

समझ से इस क़दर जुड़ा है और उसने घरेलू स्तर पर इतनी ताक़तवर सामाजिक-राजनीतिक शक्तियों को जन्म दिया है कि विकास की दिशा में कोई बड़ा बदलाव ला पाना लगभग नामुमकिन है। लेकिन इसमें कोई शक नहीं कि चीन भले ही घरेलू सामाजिक-राजनीतिक समस्याओं से अपने तरीके से निपटने में लगा हो आनेवाले दशकों में और संपन्न और ताक़तवर होता जाएगा और दुनिया की एक महत्त्वपूर्ण शक्ति के रूप में उभरेगा।

यह किसी अर्थशास्त्री का नहीं बल्कि विकास के स्वरूप और समाजवादी व्यवस्था में रुचि रखनेवाले एक अध्येता का प्रयास है। लिहाज़ा विकास को हमने आर्थिक बढ़त के माध्यम की जगह बदलाव की बहुआयामी प्रक्रिया के रूप में समझने की कोशिश की है। इसके लिए हम राज्य, पार्टी, सामाजिक समूहों और वर्गों की भूमिका और विकास के सामाजिक मुद्दों को केंद्र में रखते हैं। हम देखते हैं कि चीनी कम्युनिस्ट पार्टी समाजवाद के प्रति अपनी प्रतिबद्धता को भले ही बार-बार दुहराती रही हो, तंग ने चीनी विशेषताओं वाले समाजवाद का जो ढाँचा प्रस्तावित किया उसने चीन में धीरे-धीरे पूँजीवादी समाज और अर्थव्यवस्था के उदय को ही बढ़ावा दिया। इस प्रक्रिया की ज़मीनी सच्चाई को समझने के लिए हमने स्थानीय प्रशासन, ग्रामीण औद्योगिकीकरण, गाँव-शहर के रिश्तों, औरतों के हक़ और सार्वजनिक स्वास्थ्य और शिक्षा की हालत पर ग़ौर किया है। इन सभी मामलों में हम देखते हैं कि आर्थिक उन्नति और ढाँचागत विस्तार के स्तर पर बेहतरीन उपलब्धियों के बावजूद विकास के रास्ते का आम लोगों के जीवन पर एक हद तक नकारात्मक असर हुआ है।

यह किसी व्यवस्थित सर्वेक्षण का नतीजा नहीं है। बल्कि यह पिछले चालीस सालों में काम के दौरान इकट्ठा अनुभवों का निचोड़ है। चीन के केंद्रीय अधिकारियों के आदेश पर वुशी सरकार प्रायोजित मेरे चीन के दौरों में एक दुभाषिया और गाइड मेरे साथ होता था। जब कभी शांहाई जाने का मौका मिलता रास्ते में मैं ख़ुद भी वुशी ज़रूर जाता। इन अल्पकालिक दौरों में मैं स्वतंत्र रूप से कई जगह गया और अलग-अलग अधिकारियों और अध्येताओं से मिला। लिहाज़ा कई सूचनाएँ तो व्यवस्थित ढंग से आधिकारिक तौर पर मुहैया कराई गईं और कई मेरी अपनी अनुभवजन्य धारणाएँ हैं। बहरहाल, सभी सूचनाओं की सत्यता की जाँच के लिए वुशी सरकार या केंद्र सरकार के आधिकारिक दस्तावेज़ों और प्रकाशनों के साथ-साथ चीनी और विदेशी रिपोर्टों और अध्ययनों से मिलान किया गया। जिस ग्रामीण क्षेत्र को मैंने अध्ययन के लिए चुना था वह धीरे-धीरे टाउनशिप में तब्दील हो गया और फिर वुशी महानगर क्षेत्र का अभिन्न हिस्सा बन गया। हालाँकि गाँवों के शहरीकरण का यह सिलसिला पूरे चीन में जारी है इसलिए मौटे तौर पर चीनी सुधार प्रक्रिया को समझने का उपयोगी ज़रिया है।

मैंने आज चीन में उठनेवाले वैचारिक और सैद्धांतिक सवालों का किसी और जगह विशद विश्लेषण किया है। इस किताब में मैं राष्ट्रीय स्तर पर अमल में लाई जानेवाली

विकास की रणनीति के साथ ज़मीनी स्तर पर सामाजिक-राजनीतिक प्रक्रिया की गहराई से जाँच-पड़ताल करना चाहता हूँ। इस प्रक्रिया में चीन में स्थानीय स्तर पर बहुस्तरीय प्रशासन की कई बारीकियाँ स्पष्ट हुईं। पार्टी-सरकार-उद्यम के बीच के रिश्तों की जटिलता समझ में आई। मैं कई संस्थानिक प्रक्रियाओं की ख़ासियतों को समझ पाया। जैसे कि शहर-गाँव के बीच का जुड़ाव, उत्पादन प्रक्रिया में घरेलू श्रम के आवंटन और ज़िम्मेदारी की व्यवस्था के महत्त्व को समझ सका। मैंने नीतियों को, ख़ासकर सुधार के दौरान नई पहलों, इस प्रक्रिया में आनेवाली कठिनाइयों और उनसे निपटने के लिए उठाए गए कदमों को समझने-समझाने की कोशिश की है।

आभार

चीन में सुधार और वुशी के बारे में अपने शोध के 40 सालों के दौरान मुझे भारत, चीन, यूरोप और अमेरिका के कई बौद्धिकों, अधिकारियों और संस्थानों की मदद मिली। यहाँ मैं शायद सबकी चर्चा न कर पाऊँ।

पेइचिंग विश्वविद्यालय के मशहूर भारतवेत्ता प्रोफ़ेसर ची. श्येनलिन ने 1979 में पहली बार मेरी चीन यात्रा की व्यवस्था की थी और उनके सहकर्मी प्रोफ़ेसर लिऊ क्वनान एक महीने तक मेरे साथ यहाँ-वहाँ घूमते रहे। इस दौरान हम वुशी भी गए। दोनों अब इस दुनिया में नहीं हैं। उनके सहयोग के लिए मैं सदैव उनका ऋणी रहूँगा। उनके उत्तराधिकारी मा च्याली, हु शशंग, सुन सहाई, वाँग शुयिंग और च्यांग चिंगख्वि ने पिछले तीन दशकों में मेरी भारी मदद की है।

चीन में 1979, 1985 और 1993 में मेरी अध्ययन यात्राओं के लिए भारतीय समाज विज्ञान शोध परिषद (आईसीएसएसआर) सहयोग का मुख्य ज़रिया बना। साथ ही इंस्टीट्यूट ऑफ़ चाइनीज़ स्टडीज़ को फ़ोर्ड फ़ाउंडेशन द्वारा दी गई इमदाद ने 2002 और 2006 में मेरी शोध यात्राओं को मुमकिन बनाया। पिछले चार दशकों में जब कभी किसी सेमिनार या सम्मेलन के लिए चीन जाने का मौका मिला हर बार मैं वुशी ज़रूर जाता ताकि नई सूचनाएँ और जानकारियाँ इकट्ठी कर सकूँ। चाइनीज़ एकेडमी ऑफ़ सोशल साइंसेज़ (सीएएसएस) के साथ आईसीएसएसआर के विनिमय कार्यक्रम का लाभ उठाते हुए मैं कई बार वुशी गया। सीएएसएस के इंस्टीट्यूट ऑफ़ वर्ल्ड पॉलिटिक्स एंड इकॉनमी, इंस्टीट्यूट ऑफ़ रूरल डेवलपमेंट और इंस्टीट्यूट ऑफ़ एशिया-पैसिफ़िक स्टडीज़ ने जानकारियाँ जमा करने, बहस-मुबाहसे के मौके उपलब्ध कराने और शोध यात्राओं का इंतज़ाम करने में काफ़ी अहम भूमिका निभाई। चाइना इंस्टीट्यूट ऑफ़ कंटेंपोररी इंटरनेशनल रिलेशंस, चाइनीज़ पीपल्स इंस्टीट्यूट फ़ॉर वर्ल्ड अफ़ेयर्स, चाइना इंस्टीट्यूट ऑफ़ इंटरनेशनल स्टडीज़, चाइना रिफ़ॉर्म्स फ़ोरम और नेशनल डेवलपमेंट एंड रिफ़ॉर्म्स कमीशन आदि ने कई मौकों पर मेरी सहायता की।

जब 1980 में मैं हला के एक किसान परिवार के घर रुका तो सीएएसएस के प्रोफ़ेसर वु शिएन मेरे साथ थे। वुशी दौरे के समय 1985 में सीएएसएस इंस्टीट्यूट ऑफ़ वर्ल्ड इकॉनमी एंड पॉलिटिक्स के प्रोफ़ेसर समा चुन मेरे साथ गए थे। उन्होंने चीन और भारत की आर्थिक नीतियों के बारे में उनकी विशेषज्ञ राय मेरे साथ साझा की। मैं उन सभी की मदद को कभी भुला नहीं सकता।

सन् 1980 के दशक में मैंने सीएएसएस के अर्थशास्त्री सुन पेइचुन के साथ कई बार लंबी बातचीत की ताकि चीन की तेज़ी से बदलती सामाजिक-आर्थिक प्रक्रियाओं को समझ

सकूँ। वे मुझे अपने साथ चीन के महान अर्थशास्त्री छन हानशंग से मिलाने ले गए। उनके साथ बातचीत से मैं चीज़ों को बेहतर ढंग से समझ सका। मैं उन सभी के प्रति अपना आभार प्रकट करता हूँ।

समकालीन चीन के जिन बौद्धिकों के साथ मेरा क़रीबी रिश्ता रहा और जिनके विचारों ने मुझे बेहद प्रभावित किया उनमें शामिल हैं— पेइचिंग विश्वविद्यालय के समाजशास्त्री मा रूंग, रनमिन विश्वविद्यालय के राजनीतिक अर्थशास्त्री वन थ्येचुन, सीएएसएस के ग्रामीण नीति विशेषज्ञ ली छंक्वि, जनसांख्यिकीकार छई फंग, शंशी फ़ाइनांस एंड इकोनॉमिक्स विश्वविद्यालय के एशियाई संस्कृति विशेषज्ञ याओ चाओछंग, हांगकांग बाप्टिस्ट यूनिवर्सिटी के इतिहासकार हुआंग चिन-लिएन और शिंहुआ विश्वविद्यालय के राजनीतिक विचारक वांग हुई।

शांहाई एकेडमी ऑफ़ सोशल साइंसेज़ के प्रोफ़ेसर वांग तहुआ और नानचिंग विश्वविद्यालय के प्रोफ़ेसर चौ श्याहुंग ने वुशी के मेरे शोध में काफ़ी मदद की।

वुशी महानगर के विदेश मामले कार्यालय ने हमेशा वुशी यात्रा के मेरे प्रत्येक अनुरोध पर काफ़ी सकारात्मक रुख़ अपनाया। कई बार तो सूचना आनन-फानन में दी गई होती थी। च्यांगनान विश्वविद्यालय जो कभी वुशी लाइट इंडस्ट्री कॉलेज हुआ करता था, उसके उपाध्यक्ष चेरी छई और उनकी सहकर्मी हमेशा मेरी अगवानी के लिए तत्पर रहा करती थीं।

हला शहर का नेतृत्व मेरा बहुत बड़ा संबल था, हालाँकि वे बख़ूबी जानते थे कि मैं उनकी कई नीतियों से सहमत नहीं था। चांग वइनान का मैं विशेष तौर पर शुक्रिया अदा करना चाहूँगा जिन्होंने दशकों तक हमेशा मेरी मदद की। लाओ मो के परिवार और उनके पति तिंग माओशन ने 1980 में अपने घर में मेरी मेज़बानी की। उसके बाद मैं कई बार उनके यहाँ रुका। उनके नए बहुमंज़िले रिहाइशी अपार्टमेंट में भी गया। इसने चीन में किस तरह के बदलाव आ रहे हैं उसे समझने में मेरी काफ़ी मदद की।

मैंने अपने शोध का ज़्यादातर काम दिल्ली विश्वविद्यालय और आईसीएस में पूरा किया। वहाँ के सहकर्मी हमेशा मेरे काम की प्रगति पर नज़र रखते थे और उलाहना देते रहते थे कि किताब को पूरा करने में काफ़ी समय ले रहा हूँ। मैं दिवंगत प्रोफ़ेसर वी.पी. दत्त के प्रति अपना आभार प्रकट करना चाहूँगा जिन्होंने मुझे हमेशा प्रोत्साहित किया, मेरी मदद की और मेरे काम में भरोसा दिखाया। मेरे दिवंगत दोस्त गिरि देशिंकर, मीरा सिन्हा-भट्टाचार्जी और जी.पी. देशपांडे का मेरे पूरे अकादमिक जीवन में और इस किताब को पूरा करने में काफ़ी बड़ा योगदान रहा है। एक शिक्षक, सहकर्मी और दोस्त के रूप में थान चुंग और हुआंग इशु का मेरी सोच पर गहरा असर रहा है। आईसीएस की अध्यक्षा के रूप में पैट्रिशिया ओबरॉय ने इस किताब के प्रारंभिक ड्राफ्ट को काफ़ी गहराई से पढ़ा और कई बेहद उपयोगी सुझाव दिए। वे एक बार मेरे साथ वुशी भी गईं। उनका सहयोग अमूल्य है। आईसीएस के मेरे

सहकर्मी सी.वी. रंगनाथन, विनोद खन्ना, किशन राणा, रवि भूतलिंगम, श्रीमती चक्रवर्ती, सबरी मित्र, हेमंत अदलखा, बृज तनखा, एम.वी. रप्पाई और विरेंद्र वर्मा ने इन वर्षों में हमेशा मेरा उत्साह बढ़ाया। महिलाओं के बारे में अपने अध्याय (इस किताब के आठवें अध्याय) को जब मैं पत्रिका में प्रकाशित करने के लिए अंतिम रूप दे रहा था तब *चाइना रिपोर्ट* की संपादक माधवी थंपी ने कई महत्त्वपूर्ण सुझाव दिए। काम के अंतिम दिनों में आईसीएस की निदेशक के बतौर अलका आचार्य ने मेरे लिए शोध सहयोग का इंतज़ाम करने के लिए विशेष कदम उठाए। आईसीएस भारत के एक बेहतरीन सामूहिक अकादमिक प्रयास के रूप में उभरा है। मुझे इसका काफ़ी फ़ायदा मिला। मैं इसके नए-पुराने सभी निदेशकों, फैकल्टी और कर्मियों का बेहद आभारी हूँ।

इस काम में बेहतरीन शोध सहयोगियों का साथ मिला। उनमें से कई आज स्थापित विद्वान के रूप में उभरे हैं। शोध के शुरुआती दौर में प्रोफ़ेसर अर्त्तत्रायण नायक, कमल शील, श्रीमती चक्रवर्ती और गोपा जोशी का योगदान मुझे अच्छी तरह याद है। अनवरत मदद के लिए मैं रितु अग्रवाल और अनुराग महांति का शुक्रगुज़ार हूँ। संजीव कुमार का उम्दा सहयोग मेरे लिए यादगार है। मधुसूदन चौबे आज भी दिल्ली और पेइचिंग, दोनों जगह मेरी काफ़ी मदद करते हैं।

पिछले तीन साल में जिस शोध छात्र ने इस पांडुलिपि को पूरा करने में वास्तव में मेरी काफ़ी मदद की है वे हैं भीम सुब्बा, जो दिल्ली विश्वविद्यालय के पूर्वी एशिया अध्ययन विभाग में आईसीएस-हारवर्ड-येनचिंग शोध फ़ेलो हैं। मैं सही तरीके से उनका शुक्रिया शायद कभी न कर पाऊँ।

इन सालों में इस किताब के ऊपर मैंने अलग-अलग कई संस्थानों में काम किया—ऑक्सफ़ोर्ड विश्वविद्यालय (1988), इंटरनेशनल इंस्टीट्यूट फ़ॉर एशियन स्टडीज़, एम्सटर्डम (1990), सेंटर फ़ॉर चाइनीज़ स्टडीज़, कैलिफ़ोर्निया विश्वविद्यालय, लॉस एंजेलिस (1998, 2001 और 2003), ऑरफ़ेला सेंटर फ़ॉर ग्लोबल एंड इंटरनेशनल स्टडीज़, कैलिफ़ोर्निया विश्वविद्यालय, सांता बारबरा (2007–2011), इंडिया चाइना इंस्टीट्यूट, न्यू स्कूल ऑफ़ सोशल रिसर्च, न्यू यॉर्क (2014)। यूसीएलए के दिवंगत प्रोफ़ेसर रिचर्ड बॉम की मुझे विशेष तौर पर याद आती है जो वुशी के बारे में मेरे शोध को लेकर काफ़ी उत्साहित थे और जिनके साथ मिलकर मैंने चीन और भारत की ज़मीनी राजनीति पर काफ़ी सार्थक काम किए। मेरे पुराने दोस्त और मशहूर विद्वान कॉरनेल विश्वविद्यालय के मार्क सेल्डन और कोपेनहेगन के केल-एरिक ब्रॉड्सगार्ड ने जब कभी ज़रूरत पड़ी हमेशा मेरी मदद की।

इस किताब को अंतिम शक्ल मिली काउंसिल फ़ॉर सोशल डेवलपमेंट में आकर। मैं कई महत्त्वपूर्ण सुझावों के लिए काउंसिल के अध्यक्ष प्रोफ़ेसर मुचकुन्द दूबे का शुक्रगुज़ार हूँ। वे मुझपर लगातार दबाव डालते रहे कि मैं इसे जल्द से जल्द पूरा करूँ। प्रोफ़ेसर के.बी.

सक्सेना के ऊँचे बौद्धिक और राजनीतिक मानदंडों ने मुझे काम की गुणवत्ता के प्रति हमेशा सचेत बनाए रखा। सूरज पाल के सचिवीय सहयोग ने बड़ी मदद की। मैं सतत सहयोग के लिए सीएसडी के सहकर्मियों और स्टॉफ़ का बड़ा शुक्रगुज़ार हूँ।

बर्कले के जमाने (1960 के दशक के अंतिम दिनों) के मेरे दोस्त मशहूर विद्वान मार्क यूर्गेन्समेयर और सुचंग चान और रावेनशॉ के जमाने (1950 के दशक के अंतिम दिनों) के मेरे दोस्त उड़िया कवि और सामाजिक कार्यकर्ता रविंद्रनाथ साहू मुझे हमेशा प्रेरित करते रहे। इस किताब के साथ मैं उनका सामना बेहतर ढंग से कर सकता हूँ।

वुशी की मेरी यात्राओं के क्रम में संयोगवश चे अभिजीत साहु और माओ वनचुन एक-दूसरे से मिले और पारिवारिक सूत्र में बँध गए और भारत और चीन में मिलजुलकर एक सफल व्यवसाय का सूत्रपात किया। वनचुन के माँ-बाप बेहतरीन मेजबान थे। उन्होंने चीनी समाज को समझने में मेरी बहुत मदद की, जो मैं उनकी मदद के बिना कतई नहीं कर सकता था। मैं उनके भाई माओ वनफेई को धन्यवाद देना चाहूँगा जो कई बार मेरे साथ वुशी तक गए।

सेज़ पब्लिकेशंस की टीम ने जिस प्रकार प्रत्येक मौके पर इस काम को पूरा करने में मेरी मदद की उसके लिए वे सभी धन्यवाद के पात्र हैं।

मैं उन अज्ञात समीक्षकों का हमेशा शुक्रगुज़ार रहूँगा जिनकी विस्तृत टिप्पणियों और सुझावों ने इस किताब की पांडुलिपि को अंतिम शक्ल देने में बड़ी मदद की।

जून 1979 में मैं बिद्युत और अपनी दोनों संतानों बर्कले संजय और जिनी लोकनीता को साथ पहली बार चीन गया और वुशी के ख़ुशगवार नज़ारे का लुत्फ़ उठाया। बिद्युत 2016 में भी मेरे साथ गईं जब हम दोनों चीन के यादगार कायापलट का गवाह बने। हाल के वर्षों में बर्कले और वृंदा, जिनी और संजय और मेरी नातिनें आद्या और रेवा बार-बार उतावलेपन के साथ चीन में सुधार से संबंधित मेरी किताब के बारे में पूछती थीं जो ख़त्म होने का नाम ही नहीं ले रही थी। मैं ख़ुश हूँ कि अब मैं उनके उतावलेपन को संतुष्ट कर सकता हूँ।

मेरे दिवंगत पिता विचित्रानंद महांति जिनकी जन्मशती हमने 2017 में मनाई इस किताब की प्रगति में गहरी रुचि लेते थे और कभी इस बात की परवाह नहीं करते थे कि हम उन्हें अपने काम से घर में अकेला छोड़ जाते थे। उनकी याद मेरे साथ हमेशा बनी रहती है।

सभी को धन्यवाद!

बेशक, इस काम में कई कमियाँ और ख़ामियाँ होंगी। उन सब के लिए मैं ख़ुद जिम्मेदार हूँ।

मनोरंजन महांति

1 प्रस्तावना

चीन में सुधारों की दास्तान

आजकल चीन में लोग अक्सर दो शतवार्षिकियों की बात करते दिखते हैं— पहले 2021 में चीनी कम्युनिस्ट पार्टी के गठन की सौवीं वर्षगाँठ की और दूसरे 2049 में चीनी जनवादी गणराज्य की स्थापना की सौवीं सालगिरह की। ऐसा नहीं कि इसका मकसद सिर्फ़ दोनों मौकों का इस्तेमाल कर भावनात्मक-वैचारिक आधार पर राष्ट्रवादी गोलबंदी करना हो। हालाँकि अपने शासन की शुरुआत में शी जिनपिंग ने "राष्ट्रीय पुनर्जागरण के चीनी सपने" को साकार करने का नारा दिया था। हो सकता है कि वे चीन के कायाकल्प की परियोजना की ख़ास अवस्था के माकूल ठोस आर्थिक और सामाजिक लक्ष्य तय करने की बात कर रहे हों। चीनी कम्युनिस्ट पार्टी के नेताओं ने 2002 में ही 2020 तक चीन में हर मायने में औसतन ख़ुशहाल समाज के निर्माण का लक्ष्य रखा था। इसके लिए वे 2020 तक चीन की प्रति व्यक्ति आय को 2010 के स्तर से बढ़ाकर दुगुना करना चाहते हैं। इक्कीसवीं सदी के मध्य तक चीन मँझोले कद के एक विकसित देश का दर्जा हासिल करना चाहता है। यह लक्ष्य माओ त्से-तुंग और चीनी क्रांति के सपनों और तंग श्याओफिंग द्वारा शुरू और च्यांग त्समिन, हु चिनथाओ और शी जिनपिंग द्वारा अमल में लाए गए कल्पनाशील सुधार कार्यक्रमों के लक्ष्यों से मेल खाता दिखता है। शी जिनपिंग ने अपने पूरे शासनकाल में घरेलू और अंतरराष्ट्रीय स्तर पर जो क़दम उठाए हैं वे चीन के कायाकल्प को पूरा करने और दोनों शतवार्षिकियों के सफल आयोजन की दिशा में उठाए गए लगते हैं। मैंने इस किताब के ज़रिए सुधारों की शुरुआत के बाद हुए इस कायापलट के मिज़ाज और नतीजों को समझने की कोशिश की है।

चीन में आर्थिक सुधारों की दास्तान कामयाबी की दास्तान है और हर कोई "चीन के अभ्युदय" की बात करता दिखता है। वर्ष 2010 आते-आते चीनी अर्थव्यवस्था अमेरिका के बाद दुनिया की दूसरी सबसे बड़ी अर्थव्यवस्था बन गई थी। वर्ष 2012 के बाद चीन में आर्थिक विकास की दर दोहरे अंकों से घटकर 6–8 प्रतिशत तक सिमट गई, पर इसे शी जिनपिंग के शासन में ढाँचागत सुधारों के ज़रिए समता और टिकाऊपन के लक्ष्यों को हासिल करने का "नया नुस्ख़ा" माना गया। चीन के लोग इस तजरबे को "चीन का शांतिपूर्ण विकास", "नई लंबी कूच" और "दूसरी क्रांति" के रूप में देखते हैं। फिर भी हु चिनथाओ के नेतृत्व में चीन की चौथी पीढ़ी के नेता और पाँचवी पीढ़ी के नेता शी जिनपिंग जहाँ "सुधारों और खुले दरवाजे" की आम रणनीति की बेहतरीन उपलब्धियों को महत्त्वपूर्ण मानते हैं वहीं नीतियों को इस तरह ढालने की कोशिश में लगे हैं जिससे सुधारों की प्रक्रिया में उभरनेवाली

समस्याओं से निपटा जा सके। यह किताब सुधारों की उल्लेखनीय कामयाबियों का बयान करने के साथ-साथ उन समस्याओं को भी उजागर करती है जो विकास के इस रास्ते पर अमल के कारण पैदा हुई हैं।

शी जिनपिंग के पूर्ववर्ती हु चिनथाओ ने "विकास के प्रति वैज्ञानिक नज़रिया" अपनाने, "पाँच विषमताओं" (शहर और गाँव, तटवर्ती और पश्चिमी इलाक़ों, आर्थिक और सामाजिक विकास, जलवायु और अर्थव्यवस्था और घरेलू और अंतरराष्ट्रीय के बीच के असंतुलनों) की समस्या के समाधान, "चीनी कम्युनिस्ट पार्टी की शासन क्षमता में बढ़ोतरी" आदि पर ज़ोर दिया था। सबसे बड़ी बात यह थी कि 2006 में "एक समरस समाज" (harmonious society) के निर्माण को केंद्रीय उद्देश्य घोषित किया था। यह सब उनकी नई दृष्टि का अंग था। चीन के नेतागण मानते हैं कि आज चीन "तीन तरह की ग्रामीण समस्याओं" से जूझ रहा है। लिहाज़ा उन्होंने 2006 में "एक नए समाजवादी गाँव" के निर्माण का कार्यक्रम घोषित किया। मतलब यह कि नेताओं ने स्वीकार कर लिया कि पिछले तीन दशकों में उल्लेखनीय आर्थिक उपलब्धियों के बावजूद समस्याएँ गहरी हुई हैं। बड़ी सफलताओं के बावजूद इस संचयित संकट की रोशनी में चीनी कम्युनिस्ट पार्टी की सत्रहवीं पार्टी काँग्रेस ने 2007 में "विकास के प्रति वैज्ञानिक" नज़रिया अपनाने की वकालत की। नवंबर 2012 में चीनी कम्युनिस्ट पार्टी की अट्ठारहवीं पार्टी काँग्रेस ने इस बात को और भी साफ़ किया। उसने हु चिनथाओ-वन च्यापाओ के शासन के "शानदार दशक" में हासिल उपलब्धियों पर संतोष ज़ाहिर करते हुए यह स्वीकार किया कि देश कई मोर्चों पर गंभीर समस्याओं से जूझ रहा है।[1] चीनी कम्युनिस्ट पार्टी के महासचिव और चीनी गणराज्य के राष्ट्रपति के बतौर शी जिनपिंग ने न सिर्फ़ सुधार युग की प्रमुख उपलब्धियों की चर्चा की, बल्कि यह भी माना कि इस कार्ययोजना को जारी रखने में कई गंभीर समस्याएँ हैं। चीनी कम्युनिस्ट पार्टी के नेता के रूप में अपने शासन के पहले दौर में उन्होंने पिछले दशक की उपलब्धियों को पुख़्ता करने के लिए कई क़दम उठाए और चीन के समक्ष उपस्थित घरेलू और विदेशी चुनौतियों से निपटने के उपाय भी किए। वर्ष 2013 में चीनी कम्युनिस्ट पार्टी की केंद्रीय कमेटी के तीसरे प्लेनम (विस्तृत अधिवेशन) में बाज़ार सुधारों को और गहरा करने का अहम फ़ैसला लिया गया। वर्ष 2016 में हुए छठे प्लेनम में उनके नेतृत्व को औपचारिक रूप से मान्यता दी गई और "चार समग्रताओं"[2] के विचार को स्वीकार किया गया। यह बात पूरी तरह साफ़ हो गई कि शी जिनपिंग आर्थिक समस्याओं के साथ-साथ भ्रष्टाचार और सामाजिक अलगाव की समस्या से भी निपटने के लिए कटिबद्ध हैं। इसके लिए वे राजकीय तंत्र, पार्टी तथा आर्थिक और सामरिक संस्थानों पर अपनी पकड़ मज़बूत करते जा रहे थे और "मगरमच्छों और छोटी मछलियों" दोनों को पकड़ने का अपना मशहूर भ्रष्टाचार-विरोधी अभियान शुरू किया। उनकी कई वैश्विक और क्षेत्रीय पहलकदमियों, जैसे कि "एक इलाक़ा, एक रास्ता",

एशियन इंफ्रास्ट्रक्चर इंवेस्टमेंट बैंक (एआईआईबी) की स्थापना, ब्रिक्स में सक्रिय भूमिका, आर्थिक वैश्वीकरण पर ज़ोर का मक़सद चीन की बाहरी पकड़ को मज़बूत करना था।

इस प्रक्रिया का अंत अक्टूबर 2017 में उन्नीसवीं पार्टी काँग्रेस में हुआ जब यह उद्घोषित किया गया कि चीन "नए युग" में प्रवेश कर चुका है। इस यादगार पार्टी काँग्रेस में नए युग में चीनी विशेषताओं वाले समाजवाद के निर्माण की शी जिनपिंग विचारधारा के तहत नई घरेलू और अंतरराष्ट्रीय नीतियाँ घोषित की गईं। सबसे बड़ी बात यह है कि पार्टी, राज्य और सेना के ऊपर शी जिनपिंग की पकड़ और पुख़्ता हो गई क्योंकि वे मार्च 2018 में तेरहवीं एनपीसी की बैठक में संविधान संशोधन के ज़रिए राष्ट्रपति पद पर दो बार से ज़्यादा चुने जाने पर लगी पाबंदी को हटाने में सफल रहे।

मैं पिछले चार दशकों में इस कायापलट का गवाह रहा हूँ। वर्ष 1979 में अपनी पहली चीन यात्रा के बाद से मैं सुधारों की प्रक्रिया, ख़ासकर ग्रामीण इलाक़ों में होनेवाले बदलावों पर निगाह रखे हुए हूँ। पूर्वी तटवर्ती क्षेत्र में बसे च्यांग सु प्रांत के वुशी की कई यात्राएँ कीं और हर बार लोगों से लंबी-गहरी बातचीत की। कई और इलाक़ों की भी यात्राएँ कीं। उनमें से कई इलाक़े उतने विकसित नहीं थे। इन यात्राओं और बातचीत के दौरान मैं विकास की इस दास्तान के मिज़ाज को समझने की कोशिश करता रहा। सफलता की इस दास्तान को मैं आपके साथ साझा करना चाहता हूँ कि कैसे इसने लोगों के जीवनस्तर में भारी सुधार लाने में मदद की और बुनियादी ढाँचे को बेहतर बनाया। सुधारों की सफलता से न सिर्फ़ चीनी मध्य वर्ग बल्कि आम लोगों में जिस तरह का नया गर्व और आत्मविश्वास पैदा हुआ है वह वास्तव में उल्लेखनीय है। सफलताओं के महत्त्व को कहीं से भी कमतर न आँकते हुए मैं यह भी दिखलाना चाहता हूँ कि सुधारों के क्रम में कई समस्याएँ भी उठ खड़ी हुई हैं। उनमें से कई तो काफ़ी गंभीर किस्म की हैं। यहाँ साफ़ करना ज़रूरी है कि सुधारों के चलते चीनी लोगों का जीवनस्तर बेहतर हुआ है, शहरी ढाँचों में भारी सुधार हुआ है, चीन की औद्योगिक और सामरिक क्षमता बढ़ी है और विश्व समुदाय में बढ़ती साख़ पूरे देश के लिए गर्व की बात है। लेकिन साथ ही इसने एक जटिल प्रक्रिया को जन्म दिया है जिसमें सफलताओं के साथ-साथ समस्याएँ भी निहित हैं। चीनी नेताओं की मजबूरी यह है कि वे जड़ जमा चुके विकास के मौजूदा रास्ते से भटक नहीं सकते। उसे आसानी से बदला नहीं जा सकता। कह सकते हैं कि सुधार की रणनीति ने एक ऐसी हालत पैदा कर दी है जिसे मैं "विकास का फंदा" कहता रहा हूँ। मेरे सामने 2006 तक यह बात साफ़ हो चुकी थी कि चीन इस फंदे में फँस चुका है और चीन का राजनीतिक नेतृत्व, विद्वान, कार्यकर्ता और कई प्रबुद्ध नागरिक जिनसे मेरा आदान-प्रदान चलता रहता था इन समस्याओं की बात करने लगे थे। आम तौर पर सभी सहमत थे कि "पार्टी को कोई अंदाज़ा नहीं कि इन समस्याओं से कैसे निपटा जाए!" यह स्पष्टतया "फंदे" में फँसे होने का अहसास था जिससे बाहर कैसे निकला

जाए यह तय करना सहज नहीं। उसके बाद मेरा चीन जाने का सिलसिला बढ़ गया। प्रत्येक यात्रा ने मेरी इसी समझ को और पुख़्ता किया। राजनीति के एक अध्येता के रूप में चीन के विकास के इस तजरबे के बारे में मेरी जो समझ बनी उसी को मैंने इस किताब के ज़रिए आपके सामने रखने की कोशिश की है।

आज जब कई विकासशील देश उत्साह के साथ चीनी सुधारों के रास्ते की नक़ल की बात कर रहे हैं यह ज़रूरी बन जाता है कि चीनी अनुभवों को समग्रता में देखा-परखा जाए। सफलताओं के साथ-साथ उसकी विफलताओं पर भी नज़र दौड़ाई जाए। भारतीय नेता जिन्होंने 1991 में आर्थिक सुधारों की शुरुआत की थी उदारीकरण, निजीकरण और वैश्वीकरण की अपनी नीतियों को सही ठहराने के लिए बार-बार चीन के अनुभवों का हवाला दिया करते हैं। भारतीय राजनीतिज्ञ, निगम प्रमुख, पेशेवर और मीडिया चीन के सुधारों की सफलता से इतने उत्साहित हैं कि वे अपनी प्रत्येक नीतिगत पहल के लिए भारत के लोगों से चीन की नक़ल की पैरवी किया करते हैं। काँग्रेस के नेतृत्व में गठित संयुक्त प्रगतिशील गठबंधन (यूपीए) के वित्तमंत्री पी. चिदंबरम कई मामलों में अक्सर चीन की मिसाल दिया करते थे। प्रधानमंत्री नरेंद्र मोदी के नेतृत्व में वर्ष 2014 में सत्ता में आने के बाद भारतीय जनता पार्टी (भाजपा) नीत राष्ट्रीय जनतांत्रिक गठबंधन (एनडीए) ने भी भारत में ऊँची विकास दर के लक्ष्य को हासिल करने के लिए चीन को ही अपना प्रतिमान बनाया। वैश्वीकरण के पश्चिमी पैरोकार भी विकास के प्रति अपने नज़रिए को सही साबित करने के लिए हमेशा चीनी सुधारों का ही हवाला देते हैं और सुधारों को और गहरा और तेज़ करने की वकालत करते हैं। ऐसे में पूरी कहानी को अच्छे से समझने के लिए ज़रूरी है कि माओ के मातहत सुधार-पूर्व अनुभवों को फिर से नई दृष्टि के साथ देखा जाए ताकि दूसरी जगहों के नीति-निर्माता चीनी तजरबे की ख़ामियों से बचते हुए उसके सकारात्मक, बहुमूल्य सबकों से सीख सकें। मेरी राय में 2002 के बाद पहले हु चिनथाओ और बाद में शी जिनपिंग के नेतृत्व में अपनाई गई नई नीतियों से पूरी दुनिया काफ़ी कुछ सीख सकती है। इनकी ख़ास बात यह है कि ये समस्याओं को स्वीकार करती हैं और उनसे निपटने की कोशिश करती हैं। समस्याओं के प्रति जागरुकता बढ़ी है और उनके हल की दिशा में क़दम उठाए गए हैं। पर इस बात के पूरे संकेत मौजूद हैं कि चीन अब भी "सफलता के फंदे" में फँसा है। जहाँ सुधारों की सफलता का उसे लाभ मिला है वहीं वह परेशानियों का भी सामना कर रहा है। विकास की कमतर दर को "नई सामान्यता" के रूप में स्वीकार कर लेना और "चार समग्रताओं" की बातें करना देश के सामने मुँह बाए खड़ी गंभीर समस्याओं से निपटने के शी जिनपिंग के तरीक़े हैं। पार्टी की उन्नासवीं काँग्रेस के ये साहस-भरे क़दम संभावनाओं के नए द्वार खोलते हैं। संभव है कि 2021 तक चीन एक ताक़तवर और समृद्ध देश की शक्ल ले ले और 2049 तक दुनिया का एक अपेक्षाकृत विकसित और शक्तिशाली देश बन जाए। पर

क्या वह क्रांति और सुधारों द्वारा तय सभ्यतामूलक और मूल सामाजिक-राजनीतिक लक्ष्यों को हासिल कर पाएगा यह सवाल बना रहेगा। जैसा कि मैंने इस किताब में तर्क किया है भले ही सुधारों के लक्ष्यों में बदलाव के साहसिक और कल्पनाशील प्रयास किए जा रहे हों और पार्टी और सरकार की जिन एजेंसियों के ऊपर नीतियों को तय करने और ज़मीन पर लागू करने का ज़िम्मा है उनकी भूमिका को उसके माकूल बनाने की कोशिशें हो रही हों, सुधारों के युग में चीन में अपनाए गए विकास के रास्ते की अपनी सामाजिक-राजनीतिक सीमाएँ हैं जो उसे सफलता के फंदे में फँसाए रहेगा।

इस तरह हम शायद वैश्विक विकास विमर्श के क्षेत्र में विकास सिद्धांत के विविध आयामों के बीच संतुलन क़ायम कर पाएँ और एक बेहतर समाज के निर्माण के लिए न्याय, समता, भागीदारी और टिकाऊपन के मुद्दों के बीच बेहतर सामंजस्य बिठा पाएँ। साथ ही उनको बढ़ावा देनेवाले आर्थिक उन्नति के मिज़ाज और परिमाण की भी अनदेखी न करें।

यहाँ दिए गए तर्कों के तीन पहलू हैं। पहली बात यह मानना है कि सुधार नीतियों की बदौलत चीन ने कई उपलब्धियाँ हासिल की हैं। दूसरे, यह स्वीकार करना होगा कि इन नीतियों के चलते चीन के लोगों और सत्ता को गंभीर कठिनाइयों का सामना करना पड़ रहा है। पर, तीसरी और उतनी ही महत्त्वपूर्ण बात इस किताब का मूल सरोकार है। आख़िर क्या कारण है कि विकास के इस रास्ते से उपजनेवाली समस्याओं से निपटने के जो भी उपाय किए जाएँ उनका अंत नज़र नहीं आता? ये तीनों बातें विकास के दर्शन के लिए काफ़ी अहमियत रखती हैं। हमारा अध्ययन यह दिखाता है कि विकास के इस रास्ते का ढाँचा ही ऐसा है कि असमानता और ग़ैर-टिकाऊपन-जैसी समस्याओं से निपटने के जो भी उपाय किए जाएँ उनका नाकाम होना लगभग तय है। हम चाहे ग्रामीण-कस्बाई ज़मीनी नज़र से देखें या पूरे चीन की नज़र से, दोनों में एक ही कहानी उभरती है।

यह किताब चीन की अर्थव्यवस्था, समाज या राजव्यवस्था का कोई विशद विवरण नहीं है, फिर भी सुधार युग का एक गतिशील चित्रण पेश करती है। इसमें निम्नांकित पक्षों का एक अध्ययन किया गया है—

1. चीन में 1978 के बाद विकास का कौन-सा रास्ता अपनाया गया,
2. उसको तय करने, अमल में लानेवाली और निगरानी करनेवाली एजेंसियों यानी पार्टी और राजकीय तंत्र की भूमिका क्या थी, और
3. ग्रामीण उद्यमों के कामगारों, औरतों, सामाजिक सुविधाओं और गाँवों की बदलती तस्वीर पर इस रणनीति का क्या असर हुआ।

इन सभी पक्षों का अध्ययन वुशी की मेरी यात्राओं के दौरान किए गए ज़मीनी काम और राष्ट्रीय स्तर की रिपोर्टों, दस्तावेज़ों और अध्ययनों के विश्लेषण पर आधारित है। मक़सद है

विकास के रास्ते का मिज़ाज, उसकी ताक़त और उसकी सीमाओं को समझना। जैसा कि मैंने पूरी किताब में बार-बार और समापन अध्याय में कहा है कि इसका उद्देश्य सिर्फ़ विकास के चीनी रास्ते का मूल्यांकन करना नहीं है बल्कि मैं यूरोपीय औद्योगिक क्रांति के बाद विश्व स्तर पर विकास के पूरे इतिहास की एक समीक्षा पेश करना चाहता हूँ। पूरी किताब में चीनी विशेषताओं वाले समाजवाद यानी कई अनूठी विशेषताओं के साथ राज्य-नियंत्रित बाज़ार अर्थव्यवस्था को समझने की कोशिश की गई है।

"सफलता और उसके फंदे" का यह आख्यान तीन तरह के सवालों पर ग़ौर करता है–

1. आज जब वैश्वीकरण और उदारीकरण संकट के घेरे में है तो *विकास के मौजूदा दर्शन* को लेकर उठनेवाले सवाल और विकास के प्रमुख रास्ते को लेकर पूरी दुनिया में उभरनेवाली नई चुनौतियाँ और मानव सभ्यता के भविष्य से जुड़े सवाल।
2. आज जब शासन के तौर-तरीक़ों पर ज़ोर ने सत्ता और स्वतंत्रता से जुड़े मुद्दों को पीछे धकेल दिया है, *राजनीति* के समकालीन अध्येता कई सवाल उठा रहे हैं और हर तरफ़ आज़ादी, समता और न्याय के सवाल ज़ोर पकड़ते जा रहे हैं।
3. आज मार्क्सवादी समझ के भीतर भी कई सवाल उठ रहे हैं। पूँजीवाद के विजय के दावों को इक्कीसवीं सदी में उभरते समाजवाद के नए विमर्श चुनौती दे रहे हैं। वे वर्ग, जाति, लिंग, नस्ल, समुदाय और धर्म आधारित वर्चस्व को ख़त्म करना चाहते हैं, मनुष्य और कुदरत के बीच सामंजस्य का नया रिश्ता बनाना चाहते हैं और प्रत्येक स्तर पर जनतंत्र को अमल में लाना चाहते हैं।

सफलता की दास्तान

जब 2003 में गोल्डमैन सैक्स ने यह दावा किया कि चीन 2016 तक विश्व की दूसरे नंबर की अर्थव्यवस्था बन जाएगा और 2041 तक वह सकल घरेलू उत्पाद (जीडीपी) के मामले में अमेरिका से आगे निकल जाएगा तो "चीन का अभ्युदय" वैश्विक मीडिया का पसंदीदा विषय बन गया।[3] (दरअसल, पहले लक्ष्य को तो उसने 2010 में ही हासिल कर लिया।) विश्व बैंक ने अपनी रिपोर्ट *डांसिंग विथ जायंट्स : चाइना, इंडिया एंड दी ग्लोबल इकॉनमी* में चीन में ऊँची विकास दर के जारी रहने की बात कही थी। उसने चीन की तरक़्क़ी को 'विश्व अर्थव्यवस्था का अब तक का सबसे बड़ा "अजूबा" क़रार दिया, जिसका विश्व अर्थव्यवस्था पर सबसे गहरा असर होगा।'[4] चीन की अर्थव्यवस्था 1995–2005 के बीच के 20 वर्षों में औसतन 9 प्रतिशत के दर से सालाना बढ़ी। विश्व इतिहास में इसका कोई सानी नहीं है। चीन की प्रति व्यक्ति आय 2001 में 1000 अमेरिकी डॉलर की सीमा को पार कर चुकी थी। यह 1980 के मुकाबले चार गुना बढ़ गई थी। इस तरह उसने चीन में सुधारों के प्रणेता तंग श्याओफिंग द्वारा तय लक्ष्य को हासिल कर लिया था। दस सालों में प्रति व्यक्ति आय को दुगुना करने यानी 2,000 अमेरिकी डॉलर तक पहुँचाने का लक्ष्य भी

2010 में हासिल कर लिया गया जब वह 2,500 अमेरिकी डॉलर (चालू क़ीमतों में 4,514 अमेरिकी डॉलर) के स्तर पर पहुँच गई और 2014 में 5,000 अमेरिकी डॉलर (चालू क़ीमतों में 7,593 अमेरिकी डॉलर) के पार चली गई।

इसी तरह चीन की आर्थिक कामयाबी के और भी कई सूचक हैं (देखें तालिका 1.1)। कामयाबी की इस दास्तान को 2008 में पेइचिंग में ऑलिंपिक और 2010 में शांहाई एक्स्पो की भव्य मेज़बानी के ज़रिए बेहतरीन तरीक़े से दर्शाया गया। चीन ने 2008 के वैश्विक आर्थिक संकट से पार पाने के लिए जिस तरह 58,600 करोड़ अमेरिकी डॉलर या 4 लाख करोड़ रेंमिंबी (चीनी मुद्रा) का प्रोत्साहन पैकेज घोषित किया वह इस बात का एक और संकेत था कि चीन विकट से विकट आर्थिक आपदा से निपटने के लिए तैयार है। सिवियर एक्यूट रेस्पिरेटरी सिंड्रोम अथवा सार्स (साँस लेने में तकलीफ़) की महामारी से 2003 में जिस तरह निपटा गया या 2008 में वनछुआन भूकंप के चलते भारी जान-माल के नुकसान के समय जिस कारगर तरीक़े से काम हुआ या ऐसे ही दूसरे मौकों पर हासिल उपलब्धियों को चीन की राजनीतिक और प्रशासनिक निपुणता के रूप में प्रचारित किया जाता है।

तालिका 1.1: मानव विकास सूचकांक : चीन, भारत और अमेरिका

	चीन	*भारत*	*अमेरिका*
मानव विकास सूचकांक (देश का स्थान)			
2000	87	115	6
2005	81	128	12
2010	89	119	4
2015	90	131	10
मानव विकास सूचकांक (रुझान)			
1975	0.527	0.413	0.868
1980	0.407	0.345	0.843
1990	0.495	0.410	0.878
2000	0.590	0.463	0.907
2005	0.637	0.507	0.923
2010	0.689	0.547	0.934
2015	0.738	0.624	0.920
पैदाइश के समय अपेक्षित उम्र-सीमा (वर्ष)			
1970–75	63.2	50.7	71.5
2005	71.9	62.9	77.4
2010	73.5	64.4	79.6
2015	76	68.3	79.2

(तालिका 1.1 जारी)

(तालिका 1.1 जारी)

	चीन	*भारत*	*अमेरिका*
प्रति हजार जन्में नवजातों में शिशु मृत्यु दर			
1970	85	127	20
2000	32	69	7
2005	23	56	6
2010	16	50	7
2015	9.2	37.9	5.6
पाँच साल से पहले शिशु मृत्यु दर			
1970	120	202	26
2000	40	96	8
2005	27	74	7
2010	18	63	8
2015	10.7	47.7	6.5
2004 जीडीपी (बिलियन अमेरिकी डॉलर)	1,931.7	691.2	11,711.8
2011 (2005 की क़ीमतों पर समतुल्य क्रयशक्ति अमेरिकी डॉलर)	9,970.6	3,976.5	13,238.3
2013 (2011 की क़ीमतों पर समतुल्य क्रयशक्ति अमेरिकी डॉलर)	15,643.2	6,558.7	16,230.2
प्रति व्यक्ति जीडीपी (समतुल्य क्रयशक्ति अमेरिकी डॉलर)			
2005	6,757	6,828	7,418
2009	11,525	3,452	3,296
2011 (2005 की क़ीमतों पर समतुल्य क्रयशक्ति अमेरिकी डॉलर)	3,203	5,238	41,810
2013 (2011 की क़ीमतों पर समतुल्य क्रयशक्ति अमेरिकी डॉलर)	45,989	42,486	51,509
सालाना विकास दर (जीडीपी %)			
1975–2005	8.4	3.4	2
1990–2005	8.8	4.2	2.5
2008–12	9.3	6.9	1.7
ग़रीबी सूचकांक में स्थान (2006)	26	55	16
ग़रीबी रेखा के नीचे आबादी का प्रतिशत (%)			
1900–2003 (समतुल्य क्रयशक्ति 1 अमेरिकी डॉलर)	16.6	34.7	—
2000–09 (समतुल्य क्रयशक्ति 1.25 अमेरिकी डॉलर)	15.9	41.6	—
2002–11 (समतुल्य क्रयशक्ति 1.25 अमेरिकी डॉलर)	13.1	32.7	—
राष्ट्रीय ग़रीबी रेखा (%)			
1990–2003 (समतुल्य क्रयशक्ति 1 अमेरिकी डॉलर)	4.6	28.6	—
2000–09 (समतुल्य क्रयशक्ति 1.25 अमेरिकी डॉलर)	2.8	27.5	—
2002–12 (समतुल्य क्रयशक्ति 1.25 अमेरिकी डॉलर)	2.8	29.8	—

	चीन	*भारत*	*अमेरिका*
*बेहतर साफ़-सफाई की सुविधा से लैस आबादी का प्रतिशत**			
1990	47.5	16.3	99.5
2005	64.9	30.6	99.8
2010	70.8	35.5	99.9
2015	76.5	39.6	100
*कुपोषण की शिकार आबादी (%)**			
1991	24	23.7	—
2005	15.6	21.2	—
2010	12.5	15.7	—
2015	9	15	—

स्रोत : यूएनडीपी, *ह्यूमन डेवलपमेंट रिपोर्ट* (न्यू यॉर्क, एनवाई : पालग्रेव मैकमिलन, 2006, 2007–08, 2010, 2011); यूएनडीपी, *ह्यूमन डेवलपमेंट रिपोर्ट* (नई दिल्ली : एकेडमिक फ़ाउंडेशन, 2013, 2014, 2015, 2016); आईएमएफ़, *वर्ल्ड इकोनॉमिक आउटलुक डाटाबेस*, अप्रैल 2011, 2012, http://www.imf.org/external/pubs/ft/weo/2012/01/weodata/in-dex.aspx (23 सितंबर 2012 को देखा गया)।

नोट : * वर्ल्ड बैंक, वर्ल्ड डेवलपमेंट इंडिकेटर्स, 2012, 2014, 2015 (अद्यतन 16 फरवरी 2017)।

दरअसल, चीनी ख़ुद भी सोची-समझी रणनीति के तहत "चीन के अभ्युदय" की बात करते रहे हैं। चीनी सिद्धांतकार चंग पिचिएन ने 2003 में "चीन के शांतिपूर्ण उभार" की बात शुरू की थी। उनका कहना था कि चीन की आर्थिक प्रगति, जीवनस्तर में सुधार और पूरी दुनिया में चीन की बढ़ती धाक सुधार युग में चीन के शांतिपूर्ण विकास की देन हैं।[5] जल्द ही इस विमर्श ने चीन और पूरी दुनिया में ज़ोर पकड़ लिया। आगे चलकर इस आख्यान में हल्की-सी तब्दीली की गई। चीन के "अभ्युदय" (*छिलाइ*) में एक "बड़ी ताक़त के अभ्युदय" की चेतावनी निहित थी लिहाज़ा उसकी जगह शांतिपूर्ण "विकास" (*फ़ाचान*) की बात पर ज़ोर दिया गया। पर यह बात साफ़ थी कि पश्चिमी वर्चस्व और अपमान के ख़िलाफ़ एक सदी से ज़्यादा लंबी लड़ाई के बाद चीन अब एक विश्व शक्ति बन गया है।[6] जून 2013 में चीनी राष्ट्रपति शी जिनपिंग जब अमेरिकी राष्ट्रपति बराक ओबामा से कैलिफ़ोर्निया में मिले तब दोनों ने संयुक्त रूप से "इक्कीसवीं सदी में दुनिया की बड़ी ताक़तों के बीच रिश्तों की नई रूपरेखा" से संबंधित एक वक्तव्य जारी किया। नवंबर 2014 में ओबामा की चीन यात्रा के वक़्त इसे ही दुहराया गया। अमेरिकी राष्ट्रपति डॉनल्ड ट्रंप और चीनी राष्ट्रपति शी जिनपिंग के कई वक्तव्यों और आदान-प्रदान से यह साफ़ है कि अर्थव्यवस्था और सुरक्षा के मामले में अमेरिका का सबसे बड़ा प्रतिद्वंद्वी चीन ही है।

सभी आर्थिक सूचक उपलब्धियों की इसी कहानी की पुष्टि करते हैं। प्रति व्यक्ति आय के लिहाज़ से देखें तो लोगों के जीवनस्तर में काफ़ी सुधार हुआ है (तालिका 1.1)।

औद्योगिक उत्पादन 1995 के बाद से असमान ढंग से ही सही पर लगातार तेज़ रफ़्तार से बढ़ता रहा है। वर्ष 2005 तक चीन कई तरह के औद्योगिक माल का सबसे बड़ा उत्पादक बन गया था। इसमें शामिल थे— स्टील, कोयला, बिजली, सीमेंट, कृत्रिम धागे, सूती कपड़ा और टेलीविजन सेट। इनके अलावा वह चीनी, अनाज, मांसाहार, चाय और फलों का भी एक प्रमुख उत्पादक था। मानव विकास सूचकों में उल्लेखनीय सुधार दिखता था। हालाँकि मानव विकास सूचकांक के मामले में देश का स्थान बदलता रहा है पर ख़ुद सूचकांक में बढ़ोतरी साफ़ है (तालिका 1.1)। अनुमानित उम्र-सीमा और साक्षरता के स्तर में भारी सुधार आया है और ग़रीबी के स्तर और नवजात शिशु मृत्यु-दर में भारी कमी आई है।[7] अगर ग़रीबी का पैमाना 1 अमेरिकी डॉलर माना जाए तो आधिकारिक आँकड़ों के मुताबिक 1980 और 2014 के बीच ग़रीबों की तादाद 40 करोड़ से घटकर 8.2 करोड़ पर आ गई।[8] यह तादाद 2016 में और घटकर 4.3 करोड़ रह गई और प्रधानमंत्री ली खछ्यांग ने बारहवीं नेशनल पीपल्स काँग्रेस (एनपीसी— चीनी संसद) में यह घोषणा की कि 2020 तक कोई भी ग़रीबी रेखा के नीचे नहीं रहेगा।[9] विदेश व्यापार में कई गुना बढ़ोतरी दर्ज की गई है। सुधार के चार दशकों में विदेशी व्यापार से चीन को अच्छी-ख़ासी कमाई हुई है। चीन का विदेशी मुद्रा भंडार 2005 में एक लाख करोड़ था जो 2015 के अंत तक बढ़कर 3.5 लाख करोड़ की ऊँचाई पर पहुँच गया (तालिका 1.2)। चीन की आर्थिक सफलता के कई और सूचक भी हैं (देखें तालिका 1.1 और 1.2)।

चीन जानेवाले पर्यटक पिछले चार दशकों में आए बड़े बदलावों पर ग़ौर किए बिना नहीं रह सकते। शांहाई पहली बार मैं 1979 में गया था। जब मैं फिर से 2006 और 2016 में वहाँ गया तो उसकी शक्लोसूरत पूरी तरह बदली हुई थी। मुझे 1980 के दशक के फुतुंग के विस्तृत खेत-खलिहान अच्छी तरह याद हैं जिनसे होकर गुज़रा था। फुतुंग के योजना कार्यालय ने 1987 में मुझे एक वीडियो दिखाया था कि भविष्य में उनका शहर कैसा दिखेगा। फुतुंग शहर में चिनमाओ टॉवर के सामने बने कंवेंशन हॉल में जब मैं 2004 में पहली विश्व चीन अध्ययन काँग्रेस में शामिल हुआ तो कायापलट को लेकर हर तरफ बेहद उत्साह दिखा। वुशी शहर और आस-पास के गाँवों के रिहाइशी मकानों और जनसुविधाओं में जिस तरह का बदलाव आया था, वह हैरत में डालनेवाला था। वर्ष 1980 में वुशी के हला गाँव में मेरी मेज़बानी करनेवाला किसान परिवार कई टुकड़ों में बँट चुका था और अब शहर के ठीक बाहर बनी बहुमंज़िला इमारत में आधुनिक सुविधाओं से लैस तीन अपार्टमेंटों में रहता था। स्वीकार्य आर्थिक और सामाजिक संकेतकों के लिहाज़ से उनकी कहानी सुधारों की कामयाबी की दास्तान बयाँ करती थी। इन प्रभावशाली तथ्यों से अलग कई ऐसे लक्षण भी दिखते थे जो इस कहानी के दूसरे पक्षों की ओर इशारा करते थे।

तालिका 1.2 : चीन के कुछ महत्त्वपूर्ण आँकड़े: 2008–15

संवर्ग	*2008*	*2009*	*2010*	*2011*	*2015*
जीडीपी (करोड़ युआन)	31,40,450	34,09,030	40,15,130	473,1040	685,5050
वृद्धि दर (%)	9.6	9.2	10.4	9.3	6.9
शहरी बेरोज़गार (10,000 लोग)	32,103	33,322	34,687	37,102	40,410
वर्ष के अंत में विदेशी मुद्रा भंडार (100 मिलियन अमेरिकी डॉलर)	1,94,600	2,39,920	2,84,730	3,88,110	3,42,315
वृद्धि दर (%)	27.3	23.3	18.7	11.7	–13.66
कृषि (अनाज की उपज : 10,000 टन)	52,871	53,082	54,648	57,121	62,912
वृद्धि दर (%)	5.4	0.4	2.9	4.5	2.37
जोड़ा गया औद्योगिक मूल्य (करोड़ युआन)	13,02,600	13,52,400	16,07,220	18,84,700	23,65,060
वृद्धि दर (%)	9.9	8.7	12.1	10.4	1.13
आयात (करोड़ अमेरिकी डॉलर)	1,13,260	1,00,590	1,39,620	1,74,350	1,67,954
निर्यात (करोड़ अमेरिकी डॉलर)	1,43,070	1,20,160	1,57,780	1,89,840	2,27,347
शिक्षा हासिल करनेवाले नए प्रवेशार्थी (10,000)					
सामान्य तृतीयक शिक्षा	608	640	662	682	737
माध्यमिक व्यावसायिक शिक्षा	812	869	870	814	601
उच्चतर माध्यमिक शिक्षा	837	830	836	851	796
शोध व अनुसंधान पर निवेश (करोड़ युआन)	46,160	58,020	70,630	86,870	1,42,200
मेडिकल तकनीकी कर्मी (10,000 लोग)	517	554	588	620	800

(तालिका 1.2 जारी)

(तालिका 1.2 जारी)

संवर्ग	*2008*	*2009*	*2010*	*2011*	*2015*
प्रति व्यक्ति प्रयोज्य आय					
ग्रामीण (युआन)	4,761	5,153	5,919	6,977	11,421
प्रतिशत (%)	(8)	(8.5)	(10.9)	(11.4)	(11.2)
शहरी (युआन)	15,781	17,175	19,109	21,810	31,194
प्रतिशत (%)	(8.4)	(9.8)	(7.8)	(8.4)	(9)
फोन उपभोक्ताओं की दर (100 लोग %)					
वर्ष के अंत में लैंडलाइन फोन उपभोक्ता	25.76	23.62	21.05	21.26	16.80
वर्ष के अंत में मोबाइल फोन उपभोक्ता	48.53	56.27	64.36	73.55	92.49

स्रोत : नेशनल ब्यूरो ऑफ़ स्टैटिस्टिक्स ऑफ़ चाइना, "स्टैटिस्टिकल कम्युनिक़ ऑफ़ दी पीपल्स रिपब्लिक ऑफ़ चाइना ऑन दी 2012 नेशनल इकोनॉमिक एंड सोशल डेवलपमेंट", 22 फरवरी 2013. उपलब्ध : http://www.stats.gov.cn/english/newsevents/201302/t20130222_26962.html (देखा 2 जून 2017); नेशनल ब्यूरो ऑफ़ स्टैटिस्टिक्स ऑफ़ चाइना, "स्टैटिस्टिकल कम्युनिक़ ऑफ़ दी पीपल्स रिपब्लिक ऑफ़ चाइना ऑन दी 2013 नेशनल इकोनॉमिक एंड सोशल डेवलपमेंट", 24 फरवरी 2014. उपलब्ध : http://www.stats.gov.cn/english/PressRelease/201402/t20140224_515103.html (देखा 2 जून 2017); नेशनल ब्यूरो ऑफ़ स्टैटिस्टिक्स ऑफ़ चाइना, "नेशनल डाटा"। उपलब्ध : http://data.stats.gov.cn/english/easyquery.htm?cn=C01 (देखा 17 फरवरी 2017)। साथ ही देखें www.safe.gov.cn/wpf/portal/english/Data/Forex/ForeignExchangeReserves (देखा 22 जुलाई 2017)।

समस्याएँ

चीनी कम्युनिस्ट पार्टी के तत्कालीन महासचिव हु चिनथाओ ने नवंबर 2012 में अट्ठारहवीं पार्टी काँग्रेस में अपनी राजनीतिक रिपोर्ट पेश करते हुए चीन के सामने खड़ी समस्याओं को इस तरह से बयान किया—

> असंतुलित, असामंजस्यपूर्ण और ग़ैर-टिकाऊ विकास चीन की एक बड़ी समस्या है।... विकास के मामले में शहर और गाँव के बीच अब भी भारी अंतर दिखता है। यही हाल आय में विषमता का है। सामाजिक समस्याएँ काफ़ी बढ़ गई हैं। इनमें कई समस्याएँ लोगों के तात्कलिक हितों पर असर डालती हैं, जैसे कि शिक्षा, रोज़गार, सामाजिक सुरक्षा, स्वास्थ्य सुविधा, आवास, जलवायु, भोजन और दवाओं की सुरक्षा, कार्यस्थल पर सुरक्षा, सार्वजनिक सुरक्षा व्यवस्था, क़ानून-व्यवस्था बनाए रखना, न्याय प्रशासन आदि।... कई क्षेत्रों में भ्रष्टाचार और कदाचार का बोलबाला है। भ्रष्टाचार के ख़िलाफ़ लड़ाई हमारे लिए एक बड़ी चुनौती है। हमें इन कठिनाइयों और समस्याओं को गंभीरता से लेना चाहिए और उनके हल के लिए कड़ी मेहनत करनी चाहिए।[10]

हालाँकि इनमें से कई मुद्दों से निपटने के लिए ठोस नीतिगत पहल पहले ही की जा चुकी थी फिर भी पाँच साल बाद मार्च 2017 में प्रधानमंत्री ली खछयांग ने बारहवीं नेशनल पीपल्स काँग्रेस में सरकार के कामकाज की रिपोर्ट पेश करते हुए कहा कि आर्थिक और सामाजिक विकास के रास्ते में चीन को कई समस्याओं और चुनौतियों का सामना करना पड़ा है। आर्थिक समस्याओं को गिनाते हुए उन्होंने कहा—

> पर्यावरण प्रदूषण की स्थिति गंभीर बनी हुई है ख़ासकर कुछेक इलाक़ों को बार-बार भारी धुएँ और धुँध का सामना करना पड़ता है... आवास, शिक्षा, स्वास्थ्य सुविधा, बुज़ुर्गों की देखभाल, स्वास्थ्यकर और निरापद भोजन और दवाओं की उपलब्धता, और आय में विषमता भी लोगों में चिंता का सबब है। कोयला खदानों, निर्माण और परिवहन के क्षेत्र में कुछेक बड़ी दुर्घटनाएँ चिंतित करनेवाली हैं।[11]

हालाँकि सुधार के चार दशकों बाद चीन के सामने मुँह बाए खड़ी समस्याओं के बारे में उपरोक्त विवरण एकदम सही है फिर भी कुछेक ठोस उदाहरण स्थिति को बेहतर ढंग से समझने में मददगार होंगे। जनवरी 2013 में पेइचिंग के लोग धुएँ और धुँध से इस क़दर परेशान थे कि उन्हें तीन दिनों तक घर से बाहर न निकलने की सलाह देनी पड़ी। यह आम बात हो गई है। जनवरी 2017 में इसी वजह से तीन दिनों के लिए स्कूलों को बंद कर देना पड़ा। वर्ष 2009 में थाईहु झील में आस-पास के उद्योगों के कचरे के कारण इतनी काई जम गई कि वुशी और पास-पड़ोस के शहरों में लगभग पखवाड़े भर पानी की आपूर्ति रोक दी गई। अपनी औद्योगिक समृद्धि के लिए मशहूर यांग्त्सी नदी की उपत्यका में बसे इस इलाक़े

के लोगों को मोबाइल टैंकरों से पानी की आपूर्ति की गई। चीन में पर्यावरण प्रदूषण के कई सूचक हैं। हालत यह है कि चीन ने कार्बन डाईऑक्साइड उत्सर्जन के मामले में अमेरिका को भी पीछे छोड़ दिया है। कोयला खदानों में बार-बार घटनेवाली दुर्घटनाएँ इसी सच्चाई को दिखाती हैं कि चीन अपनी औद्योगिक विकास की ऊँची दर के लिए किस क़दर भूगर्भीय ईंधन पर निर्भर है।

हु और वन के शासन के दशक में की गई पहलकदमियों और शी जिनपिंग के फ़ैसलों के बावजूद चीन में गाँवों का संकट और गहराता जा रहा है। उसने ग्रामीणों को शहरों की ओर पलायन के लिए बाध्य किया है जहाँ वे शहरी आबादी को मिलनेवाली स्वास्थ्य, शिक्षा और आवास की बुनियादी सुविधाओं से भी महरूम रहते हैं क्योंकि वे अब भी क़ानूनी तौर पर अपने गाँव के पंजीकृत निवासी (*हुखऊ*) हैं। सरकार ने 2016 में मँझोले शहरों को भी *हुखऊ* सुविधा देने की इजाज़त दे दी। इस फ़ैसले से लोगों को कठिनाई से थोड़ी राहत मिली। योजना थी कि 2017 में 1.3 करोड़ लोगों को शहरी निवासी घोषित कर दिया जाए। एक ऐसे देश में जहाँ शहरों में काम करनेवाले 30 करोड़ लोग गाँवों से आते हैं यह निहायत ही छोटा-सा क़दम था। कम्यून के दौर में गाँवों में स्वास्थ्य, शिक्षा और कल्याणकारी ढाँचा मुहैया कराने का ज़िम्मा सामूहिकों और राज्य का था। सुधार के शुरुआती दो दशकों में उनके लिए ग्रामीण उद्यमों से होनेवाली आमदनी से भी धन जुटाया गया। यथोचित धन के अभाव में अब इनमें भारी गिरावट आई है। कोई शक नहीं कि ग्रामीण इलाक़ों में बुनियादी ढाँचे के साथ-साथ स्वास्थ्य, शिक्षा और कल्याणकारी सहूलियतों में काफ़ी सुधार हुआ है। बहरहाल, ग्रामीण इलाक़ों में स्थिति काफ़ी विडंबनापूर्ण है। ग्रामीण धनिकों को तो पास-पड़ोस के शहरों में उच्च-कोटि की सुविधाओं से लैस अस्पतालों और स्कूलों की सुविधा हासिल है। स्वास्थ्य और शिक्षा के क्षेत्र में निजीकरण को बढ़ावा देने की नीति के चलते गाँवों के धनी-मनी लोग सामाजिक क्षेत्र की बेहतरीन सुविधाओं का इस्तेमाल कर लेते हैं लेकिन गाँवों के आम लोगों को यह सब आसानी से हासिल नहीं हो पाता। ग्रामीण लोगों के लिए किफ़ायती स्वास्थ्य बीमा की नवउदारवादी नीति पूरी तरह नाकाफ़ी है। स्वास्थ्य और शिक्षा के क्षेत्र में कई उल्लेखनीय उपलब्धियाँ हासिल करने के बावजूद उन तक पहुँच में विषमता और सार्वजनिक संस्थानों की असंतोषजनक हालत आम लोगों की परेशानी के जारी रहने का द्योतक है।

राजनीतिक स्तर पर प्रतिरोध की घटनाओं में कई गुना बढ़ोतरी हुई है, जबकि नागरिक स्वतंत्रता की गतिविधियों पर कठोर पाबंदी जारी है। अल्पसंख्यक राष्ट्रीयताओं के इलाक़ों में तनाव ने हिंसक रूप ले लिया है जिन्हें दबाने में सुरक्षा तंत्र अक्सर तैनात दिखते हैं। हाल के वर्षों में शिनच्यांग प्रांत में हिंसक प्रतिरोध की कई बड़ी घटनाएँ घटीं जिन्होंने देश के दूसरे हिस्सों को भी अपनी चपेट में ले लिया। शी जिनपिंग ने 2017 में "आतंकवाद के ख़िलाफ़

लौह दीवार" खड़ा करने की बात कही जो हालात की गंभीरता को दिखाता है। चीनी प्रभुत्व का विरोध करनेवाले तिब्बती लोगों द्वारा आत्मदाह की घटनाएँ 2012 में सैकड़े का आँकड़ा पार कर चुकी थीं।[12] तिब्बत के मामले में चीनी सरकार ने इन घटनाओं को दलाई लामा की हिमायती विदेशी ताक़तों की उकसावेबाज़ी का नतीजा क़रार दिया। हालाँकि दोनों ही अल्पसंख्यक इलाक़ों में भारी आर्थिक विकास हुआ है, इसके बावजूद लोगों में विलगाव की भावना ज़ोर पकड़ती जा रही है।

इस तरह, उपलब्धियों की तमाम दास्तानों के बावजूद यह साफ़ नहीं है कि आर्थिक सुधारों की तक़रीबन चार दशकों की सफलता के बाद आज के चीन की समस्याएँ क्या-क्या हैं? सबसे बड़ी समस्या है आबादी के बड़े हिस्से में व्याप्त सामाजिक बेचैनी।[13] सुधारों के असर इतने अलग-अलग हैं कि बहुत सारे लोग अपने आपको कटा-छँटा महसूस करते हैं क्योंकि उन्हें लगता है कि दूसरों को उनसे ज़्यादा फ़ायदा हुआ है। परिवारों और समुदायों के बीच विषमता इस क़दर बढ़ी है कि आज चीन को दुनिया के सबसे असमान समाजों में गिना जाता है (तालिका 1.3)।[14] इसके उलट आज से तक़रीबन चालीस साल पहले चीन को इतिहास के सर्वाधिक समतामूलक समाजों में शुमार किया जाता था। सन् 1982 में चीन का गिनी गुणांक 0.30 था जो 2008 में बढ़कर 0.49 हो गया। हालाँकि 2012 में स्थिति में थोड़ा सुधार दिखा और गिनी गुणांक 0.47[15] और 2014 में 0.46 हो गया। अलग-अलग प्रांतों के बीच और प्रांत के भीतर अलग-अलग इलाक़ों के बीच विषमता का स्तर पिछले वर्षों में लगातार बढ़ता गया है। तटवर्ती प्रांतों का मानव विकास सूचकांक पश्चिमी प्रांतों के मुकाबले पाँच गुना ज़्यादा है।[16] आय और सामाजिक सुविधा के लिहाज़ से शहरों और गाँवों के बीच फ़र्क़ बढ़ता जा रहा है।[17]

पिछली सदी के नौंवे दशक में जिन्हें कभी "चीन के गाँवों की तीसरी क्रांति"[18] कहा जाता था, उन ग्रामीण सुधारों की सदी के अंतिम दशक में इस क़दर उपेक्षा की गई कि प्रधानमंत्री बनने के बाद वन च्यापाओ ने 2003 में कहा कि "तीन ग्रामीण समस्याएँ" (*सान नोंग वन्थी*) चीन की सबसे बड़ी चुनौती हैं। इन तीन चुनौतियों से उनका आशय था कम कृषि उपज, किसानों की कम आय और गाँवों का पिछड़ा ढाँचा। किसानों की आमदनी 1997 के बाद चार साल तक लगातार गिरती रही और शहरों और गाँवों के बीच आय में अंतर का अनुपात बढ़कर 3.4:1 हो गया। अगर शहरी आबादी को मिलनेवाली सुविधाओं को भी हिसाब में शामिल कर लिया जाए तो अंतर का यह अनुपात बढ़कर 6:1 पर पहुँच जाता है। चीन की कुल आबादी में ग्रामीण आबादी का हिस्सा जहाँ 70 प्रतिशत था, वहीं घरेलू उपभोग में उसका हिस्सा 25 प्रतिशत से भी कम।[19] शहरीकरण की रफ़्तार काफ़ी तेज़ थी और 2010 की जनगणना के मुताबिक शहरी आबादी का हिस्सा बढ़कर 51 प्रतिशत हो गया। लेकिन इस विषमता का बुनियादी मिज़ाज पहले-जैसा ही बना रहा।

तालिका 1.3: चीन, भारत और अमेरिका में विषमता

देश	सर्वेक्षण वर्ष	*सबसे ग़रीब 10% की आय या ख़र्च*	*सबसे ग़रीब 20% की आय या ख़र्च*	*सबसे धनी 20% की आय या ख़र्च*	*सबसे धनी 10% की आय या ख़र्च*	*गिनी सूचकांक*
चीन	2001	1.8	4.7	50	33.1	44.7
	2005	1.8	5	47.9	32	42.5
	2012[a]	2.05	—	—	31.43	42.16
	2014	—	—	—	37.2[b]	0.469[c,d]
भारत	1999–2000	3.9	8.9	43.3	28.5	32.5
	2005	3.8	8.6	42.4	28.3	33.4
	2011[a]	3.56	8.26	43.97	29.77	35.1
	2014	—	—	—	—	33.6
अमेरिका	2000	1.9	5.4	45.8	29.9	40.46
	2010[a]	1.62	—	—	29.4	40.46
	2014[e]	1.6	5.2	45.1	29.2	0.394[c]

स्रोत : यूएनडीपी, *ह्यूमन डेवलपमेंट रिपोर्ट* (2006, 2010, 2011, 2013, 2015); आईएमएफ़, *वर्ल्ड डेवलपमेंट इंडीकेटर्स*, 2012, 2013; ओईसीडी, "इनकम डिस्ट्रीब्यूशन एंड पोवर्टी", 2014.

नोट : [a] नोइमा, "वर्ल्ड डाटा एटलस : वर्ल्ड एंड रीज़नल स्टैटिस्टिक्स, नेशनल डाटा, मैप्स, रैंकिंग्स"। उपलब्ध : https://knoema.com/atlas (देखा 3 मार्च 2017)।

[b] *वर्ल्ड वेल्थ एंड इनकम डाटाबेस*, "इनकम इनइक्वैलिटी, चाइना, 1978–2015"। उपलब्ध : http://wid.world/country/china/ (देखा 5 मार्च 2017)।

[c] गिनी गुणांक।

[d] हज़रत हसन, "दी गैप बिटवीन चाइनाज़ रिच एंड पुअर इज ग्रोइंग", *फ़ॉरेन पॉलिसी न्यूज़*, 17 मई 2016. उपलब्ध : http://foreignpolicynews.org/2016/05/17/gap-chinas-rich-poor-growing/ (देखा 3 मार्च 2017)।

[e] ओईसीडी, "इनकम इनइक्वैलिटी रिमेन्स हाई इन दी फ़ेस ऑफ़ वीक रिकवरी", 24 नवंबर 2016. उपलब्ध : http://www.oecd.org/social/OECD2016-Income-Inequality-Update.pdf (देखा 3 मार्च 2017).

जन-प्रतिरोध की घटनाएँ उसी तरह बढ़ती रहीं। नेशनल पीपल्स काँग्रेस (एनपीसी) में आधिकारिक तौर पर कहा गया कि 2003 में इन घटनाओं की तादाद 52,000 थी जो बढ़कर 2004 में 76,000 और 2005 में 87,000 हो गई।[20] ग़ैर-सरकारी सूत्रों के मुताबिक 2010 में ऐसी घटनाओं की संख्या 1,80,000 थी। इनमें से दो-तिहाई घटनाएँ गाँवों में घटी थीं और ज़्यादातर में मुद्दा था उद्योग के लिए खेतिहर ज़मीन का अधिग्रहण। वर्ष 2005–06 में दुनिया भर से स्थानीय सरकार या उद्यमियों या उनके एजेंटों और ग्रामीणों के बीच बढ़ती हिंसक झड़पों की ख़बरें आ रही थीं।[21] क्वांगचऊ के वुकान में किसान प्रतिरोध-जैसी घटनाएँ 2011 में इन घटनाओं की बढ़ती तीव्रता का द्योतक थीं। चीनी कम्युनिस्ट पार्टी के विभिन्न घटकों द्वारा 2012 में किए गए अध्ययन यह दिखाते हैं कि 60 प्रतिशत मामलों में प्रमुख मुद्दा किसानों की ज़मीन को ज़बरन हड़पा जाना था, लगभग 20 प्रतिशत घटनाएँ

पर्यावरण की बिगड़ती हालत से संबंधित थीं, 20 प्रतिशत मज़दूरों के मुद्दों से और बाक़ी की 10 प्रतिशत भ्रष्टाचार के मुद्दे से।[22]

औरतों, किसानों, मज़दूरों, जातीय अल्पसंख्यकों और युवाओं के समक्ष आने वाली विशेष समस्याएँ समकालीन चीन की समस्याओं की जटिलताओं के संकेतक हैं। औरतों का रोज़गार अस्थिर है और सक्षमीकरण की प्रक्रिया कमज़ोर, वहीं आज वे कई नए तरह के बोझ और दबावों को झेल रही हैं।[23] किसान, जिन्होंने 1980 के दशक की शुरुआत में सुधार प्रक्रिया की नींव रखी थी, शुरू-शुरू में तो फ़ायदे में रहे पर 1990 के दशक और उसके बाद उन्हें काफ़ी घाटा हुआ। बड़े पैमाने पर गाँवों से शहरों की ओर पलायन ने शहरी बाशिंदों के एक ऐसे समूह को जन्म दिया जो गाँवों की सुविधा से तो हाथ धो ही चुके थे शहरों में भी आम शहरियों को मिलनेवाली सहूलियतों से वंचित रहे। उदाहरण के लिए, 2003 में कुल 52 करोड़ 40 लाख शहरी बाशिंदों में 18 करोड़ 90 लाख ऐसे शहरी थे जिन्हें पंजीकृत शहरी निवासी (*हुखऊ*) का दर्जा नहीं मिला था। मतलब यह कि 36.068 प्रतिशत ग्रामीण लोग, जो काम की तलाश में गाँवों से भागकर शहरों में आ बसे थे, शहरी सुविधाओं से पूरी तरह से वंचित थे।[24] मज़दूर उपद्रव आज चीन में रोज़मर्रा की बात बन गए हैं। इन उपद्रवियों में न सिर्फ़ ऐसे मज़दूर शरीक हैं जो छँटनी का शिकार हैं और रोज़गार की तलाश में हैं, बल्कि विभिन्न उद्योगों में काम करनेवाले मज़दूर भी काम की ख़राब हालत और कम पगार की वजह से धीरज खो रहे हैं। चीन के विनिर्माण क्षेत्र की सफलता का राज़ है दुनिया भर में कम क़ीमत पर चीज़ों को पहुँचाने की उसकी क्षमता। लेकिन कामगारों के लिए इसका मतलब है काम की अतिशोषणकारी स्थितियों का जारी रहना। इन शोषणकारी उद्योगों में काम करनेवाले मज़दूरों में ज़्यादातर पिछड़े इलाक़ों की औरतें हैं।[25] शी जिनपिंग के शासनकाल में अर्थव्यवस्था में बुनियादी बदलाव की बात की जा रही है और इसके लिए "मेक इन चाइना 2025" कार्यक्रम चालू किया गया है जिसका मक़सद है घरेलू बाज़ार के लिए उच्च-कोटि के उत्पादों का निर्माण। इसके चलते सेवाओं के क्षेत्र का विस्तार हुआ है और दुनिया में चीन की साख बढ़ी है। लेकिन यह असमानता, बेरोज़गारी और मजबूरी में पलायन-जैसी समस्याओं से निपटने में फ़िलहाल तो पूरी तरह बेअसर है।

चीन के अल्पसंख्यक समुदाय ज़्यादातर देश के पश्चिमी इलाक़ों में रहते हैं जहाँ हाल के वर्षों में विशेष विकास कार्यक्रम चालू किए गए हैं। लेकिन वे चीनी जनवादी गणराज्य की उन 55 अल्पसंख्यक राष्ट्रीयताओं की अपेक्षाओं पर खरा नहीं उतरते जो देश के 60 प्रतिशत भूभाग पर बसे हैं, हालाँकि आबादी में उनका अंश महज़ 8 प्रतिशत के आस-पास है। उनकी प्रमुख माँगें हैं— आर्थिक विकास, सांस्कृतिक स्वायत्तता और राजनीतिक सत्ता में हिस्सेदारी।[26] सोचा गया था कि सुधारों और खुलेपन की नीति के चलते सृजित होनेवाले नए अवसरों से सबसे ज़्यादा फ़ायदा युवाओं को होगा। उन्होंने शिक्षा के अवसरों के विस्तार

का फ़ायदा उठाया भी। बहुत-से युवा विदेश चले गए और नए उदार माहौल का मज़ा लिया। विदेश-प्रशिक्षित बहुत-से विशेषज्ञों को मोटी पगार और ढेर सारी सुविधाओं के साथ देश में स्वागत किया गया। ये युवा वैश्वीकरण-उदारीकरण के उस युग की पैदाइश थे जब प्रत्येक परिवार को एक ही बच्चा पैदा करने की इजाज़त थी। हालाँकि बाद में 2016 में इसमें ढील दी गई। परिवार का इकलौता बच्चा होने की वजह से उनका बचपन बड़े लाड़-प्यार में गुज़रा था। शहरी सुविधाओं की क़िल्लत और बेरोज़गारी की स्थिति के प्रति उनकी प्रतिक्रिया काफ़ी तीखी थी। भले ही वे सीधे विद्रोह की ओर अग्रसर न हों पर खुलेआम असंतोष ज़ाहिर करने से नहीं हिचकते।[27]

सामाजिक असंतोष के ये मुद्दे तब और गंभीर शक्ल ले लेते हैं जब हम उन्हें पर्यावरण की बिगड़ती हालत की रोशनी में देखते हैं जो चीन में सुधार-युग में जारी औद्योगिक विकास के तौर-तरीक़ों का नतीजा है। ऊर्जा खपत की दर (जीडीपी प्रति इकाई) जो 1980 में 1.3 थी, 2014 में बढ़कर 5.7 हो गई और प्रति व्यक्ति कार्बन डाइऑक्साइड उत्सर्जन 1980 के 1.5 टन से बढ़कर 2013 में 7.5 टन के स्तर पर पहुँच गया (तालिका 1.4)। वर्ष 2003 में पूरी दुनिया ने मिलकर जितना कार्बन डाइऑक्साइड उत्सर्जन किया उसमें चीन अकेले 16.3 प्रतिशत के लिए ज़म्मेदार था यानी अमेरिका के बाद दूसरा, जो 23 प्रतिशत उत्सर्जन के लिए ज़िम्मेदार था। वर्ष 2010 आते-आते उसने अमेरिका को पीछे छोड़ दिया और दुनिया का अव्वल नंबर का कार्बन डाइऑक्साइड उत्सर्जक बन गया। यक़ीनन, चीन का नेतृत्व पर्यावरण संकट की अहमियत के प्रति सचेत है इसीलिए ग्यारहवीं पंचवर्षीय योजना में प्रत्येक उत्पादक इकाई में ऊर्जा के इस्तेमाल में 20 प्रतिशत की कटौती और पर्यावरण मानकों को सख़्ती से लागू करने का विशेष प्रावधान किया गया। इस पहल को 2011 में शुरू होनेवाली बारहवीं योजना में भी जारी रखा गया। दरअसल, हु चिनथाओ ने "विकास के प्रति वैज्ञानिक नज़रिए" में सामाजिक न्याय के साथ-साथ टिकाऊ विकास का ख़ास ध्यान रखा था। वर्ष 2016 में चालू तेरहवीं योजना में भी इस नज़रिए को बनाए रखा गया। प्रधानमंत्री ली खछ्यांग ने मार्च 2017 में बारहवीं नेशनल पीपल्स काँग्रेस को सूचित किया कि अगले साल पर्यावरण को बचाने के कई उपाय किए जाएँगे और जीडीपी के मुकाबले ऊर्जा की खपत की दर को कम करके 3.4 तक सीमित करने की कोशिश की जाएगी। बहरहाल, चीनी सरकार पर्यावरण के मुद्दे पर अपने आपको इतना दोषी नहीं मानती कि आर्थिक विकास के लक्ष्य को हासिल करने के लिए अपनाई गई विकास रणनीति में कोई बुनियादी तब्दीली लाए।[28]

आर्थिक विकास की तेज़ रफ़्तार ने समाज में जिस तरह के मूल्यों को बढ़ावा दिया है उसे हममें से कई लोग नैतिक पतन का संकेत मानते हैं। भ्रष्टाचार अभूतपूर्व ढंग से बढ़ा है। शी जिनपिंग द्वारा 2013 में संचालित भ्रष्टाचार विरोधी अभियान इस समस्या की गहराई

तालिका 1.4: ऊर्जा और पर्यावरण

	चीन	*भारत*	*अमेरिका*
जीडीपी के मुकाबले ऊर्जा खपत की दर (2011 की क़ीमतों पर एक किलो तेल के समतुल्य क्रयशक्ति अमेरिकी डॉलर में)			
1980	1.3[a]	3.3[a]	2.8[a]
1990	2	5	4.8
2000	4.1	6	5.7
2010	4.8	7.8	6.8
2014	5.7	8.4	7.8
कार्बन डाइऑक्साइड उत्सर्जन (टन प्रति व्यक्ति)			
1980	1.5	0.5	20.1
1990	2.1	0.7	19.2
2000	2.7	1	20.2
2010	6.6	1.4	17.5
2013	7.5	1.59	16.4
कुल वैश्विक कार्बन डाइऑक्साइड उत्सर्जन में हिस्सेदारी (प्रतिशत)			
2003	16.5	5.1	23
2011[b]	28	6	16
प्रति व्यक्ति ग्रीनहाउस गैस उत्सर्जन (टन कार्बन डाइऑक्साइड के समतुल्य)			
2005	1.5	0.7	3.7
2010	1.38[c]	1.38	18
कुल ग्रीनहाउस गैस उत्सर्जन (लाख टन)			
2008	68,030	14,737.3	58,331.3
2009	77,105	16,021.2	54,245.3
2010	96,793	24,321	66,688

स्रोत : यूएनडीपी, *ह्यूमन डेवलपमेंट रिपोर्ट* (2006, 2010, 2011, 2013); वर्ल्ड बैंक डाटाबेस, उपलब्ध : http://data.worldbank.org/indicator/EG.GDP.PUSE.KO.PP.KD (देखा 15 जून 2017)।

नोट : [a] जीडीपी के मुकाबले ऊर्जा खपत की दर (2000 की क़ीमतों पर एक किलो तेल का समतुल्य मूल्य अमेरिकी डॉलर में) और 2011 की क़ीमतों पर अमेरिकी डॉलर में अन्य समतुल्य मूल्य (16 फ़रवरी 2017 को अद्यतन)।

[b] ईपीए, "ग्लोबल ग्रीनहाउस गैस एमीशन डाटा"। उपलब्ध : https://www.epa.gov/ghgemissions/global-greenhouse-gas-emissions-data (देखा 16 फ़रवरी 2017)।

[c] *दी गार्डियन*, "वर्ल्ड कार्बन डाइऑक्साइड एमीशन डाटा बाइ कंट्री : चाइना स्पीड्स अहेड ऑफ़ दी रेस्ट", *दी गार्डियन*, 31 जनवरी 2011. उपलब्ध : https://www.the-guardian.com/news/datablog/2011/jan/31/world-carbon-dioxide-emissions-country-data-co2#data (देखा 27 अप्रैल 2014)।

को उजागर करता है। दरअसल, कम्युनिस्ट पार्टी का नेतृत्व अरसे से इस समस्या के प्रति सचेत करता रहा है। च्यांग त्समिन इस समस्या को कम्युनिस्ट पार्टी के लिए "ज़िंदगी और मौत" का सवाल मानते थे और हु चिनथाओ ने कहा था कि यह पार्टी की "शासन क्षमता" को इस हद तक प्रभावित कर सकता है कि शायद उसे शासन से हाथ धोना पड़े। शी जिनपिंग की पहले पाँच साल की मुहिम का असर यह हुआ है कि 240 केंद्रीय अधिकारियों और दस लाख से ज़्यादा पार्टी कार्यकर्ताओं को पार्टी और सरकार के नियमों के उल्लंघन के लिए सज़ा दी जा चुकी है। लेकिन क्या इससे भ्रष्टाचार के पैदा होने की वजहें ख़त्म हो गईं?

बाज़ार अर्थव्यवस्था में बहुत सारे फ़ैसले मनमर्ज़ी से लिए जाते हैं और समुचित संस्थागत उपायों का अभाव घूस और ग़ैर-क़ानूनी सौदेबाज़ी के चलन को मौक़ा देता है। इस तरह के सौदों में अक्सर बड़े पैमाने पर पैसों और अनुग्रहों का लेन-देन होता है। बिना मुकदमा चलाए आनन-फ़ानन में कठोर सज़ा या फाँसी देने की प्रथा इस प्रवृत्ति को फैलने से रोक पाने में नाकाम रही है। "पैसे बनाना" या पैसे की पूजा (*छ्येन शिएनशांग, श्रीमान रुपया*) चीन का नया मंत्र बन गया है और अन्य सभी मूल्य उसके मातहत बना दिए गए हैं। आज चीन में लोगों में साहचर्य का अहसास घटता जा रहा है और स्वार्थपरकता ज़ोर पकड़ रही है। बेशक चीनी कम्युनिस्ट पार्टी ने इसे बड़ी समस्या माना और भौतिक सभ्यता के साथ आत्मिक सभ्यता के निर्माण की बात की। वर्ष 2002 में सोलहवीं पार्टी काँग्रेस में इसमें राजनीतिक सभ्यता के निर्माण की बात भी जोड़ी गई। पार्टी काँग्रेस द्वारा तय एक "ख़ुशहाल समाज" (*श्यांगखांग शहुई*) के निर्माण का नारा अब भी आर्थिक प्रगति और भौतिक सुख-सुविधाओं पर ज़ोर देता था। हु चिनथाओ ने 2006 में एक "सामंजस्यपूर्ण समाजवादी समाज" के निर्माण की वकालत शुरू की। ऐसा लगा कि शायद मानवीय मूल्यों के इस मुद्दे का आंशिक समाधान ढूँढ़ लिया गया। लेकिन नए नारे की आभा "ख़ुशहाल समाज" के नारे के सामने फीकी पड़ गई। सन् 2007 की सत्रहवीं पार्टी काँग्रेस में लक्ष्य को फिर से नया कलेवर दिया गया। अब उसे "हर मायने में ख़ुशहाल समाज" के निर्माण का लक्ष्य कहा जाने लगा। सन् 2012 की अट्ठारहवीं पार्टी काँग्रेस में उसे ही दुहराया गया। हु चिनथाओ ने आगे बढ़कर उसे पाँच क्षेत्रों में—आर्थिक, सामाजिक, राजनीतिक, सांस्कृतिक और पारिस्थितिक—विकास के रूप में परिभाषित करने की कोशिश की जिससे कि विकास को चौतरफा बनाया जा सके। शी जिनपिंग ने "चार समग्रताओं" के साथ-साथ विकास की इस पाँच-आयामी समझ को ही दुहराया। शी ने जन-आकांक्षाओं को नई दिशा देने की कोशिश में 2014 में पार्टी सदस्यों के लिए मूल्य शिक्षा और नैतिक आचरण की मुहिम शुरू की। वर्ष 2016 में केंद्रीय कमेटी के छठे प्लेनम ने चौथी समग्रता के सिद्धांत यानी पार्टी सदस्यों द्वारा आत्म-अनुशासन पर सख़्ती से अमल पर बल देते हुए उसे पार्टी का मूल्य घोषित किया। उन्नीसवीं पार्टी काँग्रेस

ने इस मुहिम को और आगे बढ़ाया। फिर भी अमेरिका के लोगों के समान भौतिक समृद्धि हासिल करना और उनसे आगे बढ़ना सुधार युग की सबसे सशक्त प्रेरणा बन गया था। "चीनी सपने" को पूरा करने के नारे ने राष्ट्रवादी भावनाओं के उफान को जन्म दिया और आर्थिक समृद्धि उसका भौतिक आधार मानी गई। यह सब सुधार की वैचारिक समझ यानी "आर्थिक समृद्धि को केंद्र में रखने" की सोच का नतीजा था।

बहरहाल, इस सोच को एक अन्य ताक़तवर वास्तविकता से जूझना पड़ा। दुनिया भर में सामाजिक समूहों, इलाक़ों और व्यक्तियों में, ख़ासकर उत्पीड़ित लोगों के बीच जनतांत्रिक चेतना उभार पर थी। वे सभी अपनी सर्जनात्मक क्षमता को फलीभूत करने और अपनी मर्यादा की रक्षा के संघर्ष में लगे थे और आत्मबोध और आत्मनिर्णय के अधिकारों का दावा कर रहे थे। लिहाज़ा साम्राज्यवाद, नवउपनिवेशवाद और हर तरह के वर्चस्व के ख़िलाफ़ लड़ाई जारी थी। चीन की जनवादी जनक्रांति बहुआयामी मुक्ति की इस प्रक्रिया में लोगों के लिए प्रेरणा की बड़ी स्रोत थी। लोग स्वाभाविक रूप से रोज़मर्रा की ज़िंदगी में जनतंत्र और आत्मनिर्णय की चाहत रखते हैं। वे ज़मीनी स्तर पर राजनीतिक प्रक्रिया में भागीदारी का अधिकार चाहते हैं। वे वर्ग, जाति, समुदाय, लिंग, नस्ल आदि से संबंधित हर किस्म के वर्चस्व में कमी चाहते हैं।[29] अगर चीन में सुधार की प्रक्रिया ने इस तरह के वर्चस्वों को पुनर्स्थापित किया है और नए किस्म के नियंत्रण और शोषण को बढ़ावा दिया है तो पूरी रणनीति पर नए सिरे से विचार करने की ज़रूरत है।

सफलता का फंदा

हम यहाँ सिर्फ़ सुधारों की सफलता और उसके चलते पैदा होनेवाली समस्याओं की ही बात नहीं करना चाहते बल्कि सुधारों की दिशा बदलने में क्या कठिनाइयाँ हैं और ऐसी सुधार प्रक्रिया के दौरान समस्याओं का पैदा होना क्यों लाज़िमी है इस पर भी ग़ौर करना चाहते हैं। दरअसल, चीनी कम्युनिस्ट पार्टी के नेतृत्व की चौथी पीढ़ी जो 2002 में सत्ता में आई, ख़ासकर हु चिनथाओ और वन च्यापाओ ने साफ़-साफ़ इन समस्याओं को स्वीकार किया और उनसे निपटने के लिए कई क़दम उठाए। शी जिनपिंग ने इन समस्याओं को अलग तरीक़े से समझने की कोशिश की। मैं यहाँ यह तर्क करना चाहता हूँ कि 1978 के बाद, ख़ासकर 1992 के बाद विकास की जिस रणनीति को अपनाया गया उसने चीन को "सफलता के फंदे" में फँसा दिया है। निस्संदेह, सुधार आर्थिक दृष्टि से सफल रहे हैं और नतीजतन चीन दुनिया की नज़रों में अपने "पैरों पर खड़ा" हो गया है। अपने शासन की शुरुआत के मौक़े पर 1 अक्टूबर 1949 को माओ त्से-तुंग ने अपने भाषण में यही लक्ष्य निर्धारित किया था। लेकिन पिछले चार दशक के सुधारों ने एक "फंदा" भी तैयार किया है जिसने देश को विकास के एक ऐसे रास्ते और ख़ास तरह की सामाजिक-राजनीतिक और आर्थिक शक्तियों

के साथ इस तरह जकड़ दिया है कि उनके चंगुल से देश को निकालना चीनी सरकार के लिए कठिन है। हालाँकि हु चिनथाओ ने सुधारों को "संतुलित, समन्वित विकास" के रास्ते पर मोड़ने की और शी जिनपिंग ने तो आगे जाते हुए "विकास का एक नया दर्शन" गढ़ने की पहल की जो "चार समग्रताओं" पर आधारित हो और लोगों की समस्याओं के समाधान पर ध्यान देता हो। इस तरह से सुधारों की दिशा में बड़ा बदलाव लाने की कोशिश की गई। इन उपायों ने "सफलता के फंदे" से बाहर निकलने की उम्मीद जगाई। लेकिन इन पहलों को पिछले चार दशकों में खड़ी की गई ताक़तवर राजनीतिक अर्थव्यवस्था का सामना करना पड़ा।

सुधार की प्रक्रिया में वृहत और सूक्ष्म स्तर पर सफलता का यह फंदा कैसे तैयार हुआ इसे साफ़-साफ़ देखा जा सकता है। हालाँकि चीन में विषमता, क्षेत्रीय असमानता, भ्रष्टाचार और विलगाव की गहराई के बारे में कई देशी-विदेशी रिपोर्ट मौजूद हैं पर अट्ठारहवीं पार्टी काँग्रेस में पेश हु चिनथाओ की रिपोर्ट में शामिल समस्याओं की गंभीरता के ब्योरे से शक की कोई गुंजाइश नहीं बचती। तो भी राष्ट्रपति शी जिनपिंग और प्रधानमंत्री ली खछयांग, दोनों ही सुधार की पुरानी रणनीति पर क़ायम रहने की पैरवी करते हैं। सुधारों को चीन की "सबसे बड़ी उपलब्धि" घोषित करते हुए ली ने यह बात स्वीकार की कि देश की समाजवादी बाज़ार अर्थव्यवस्था में "सुधार की काफ़ी गुंजाइश" है। मतलब यह कि सभी इस बात को स्वीकार करते हैं कि इस रणनीति ने गंभीर समस्याओं को पैदा किया है फिर भी वे सूक्ष्म स्तर पर इसी रास्ते का सफ़र जारी रखना चाहते हैं। सुधार की चालीसवीं सालगिरह के मौक़े पर शी जिनपिंग ने इसे एक नई क्रांति की संज्ञा दी।

यांग्त्सी नदी की उपत्यका में बसा वुशी चीन का एक सबसे विकसित इलाक़ा है। वहाँ का मेरा अध्ययन इसी रुझान की पुष्टि करता है। वुशी शहरी और ग्रामीण कायापलट की भारी सफलता की दास्तान बयान करता है। मँझोले आकारवाला हल्के उद्योगों का यह शहर फलते-फूलते पर्यटन उद्योग के अलावा उच्च-तकनीक आधारित नए किस्म के औद्योगिक विकास की मिसाल बन गया है। लेकिन थाईहु झील और आस-पास के इलाक़े में फैलता प्रदूषण, बाशिंदों की आय और उनके और प्रवासी मज़दूरों की आय के बीच चौड़ी होती खाई और औरतों के सामने खड़ी नई तरह की परेशानियाँ इस दास्तान के कुछ निराशाजनक नतीजे हैं।[30] वुशी का तजरबा अगर "सफलता की दास्तान" और "सफलता के फंदे" के बारे में मेरी समझ की पुष्टि करता है तो वह पिछड़े इलाक़ों पर ज़्यादा सटीक बैठेगा क्योंकि उन इलाक़ों में समस्याएँ और गहरी हैं।

इस फंदे का निर्माण अर्थव्यवस्था और राजनीति के उन्हीं संस्थागत उपायों ने किया था जिन्होंने वास्तव में उत्पादन और लाभ में बढ़ोतरी में योगदान किया था। यह तेज़ी से ताक़तवर होते उद्यमियों, मैनेजरों और पेशेवर समूहों और वर्गों पर टिका था जिनकी

अपनी ख़ास पहचान, हित और हिमायती नेटवर्क थे। हम जिसे फंदा कहते हैं उसे पश्चिमी देशों की वैश्वीकरण हिमायती ताक़तें आर्थिक विकास की मज़बूत नींव मानती हैं और बाज़ार अर्थव्यवस्था, आधुनिक टेक्नोलॉजी और उद्यमियों को दिए जानेवाले प्रोत्साहनों को अभिवृद्धि (ग्रोथ) की कारगर प्रेरक शक्ति। हालाँकि चीन में सुधारों की शुरुआत विश्व बैंक के "ढाँचागत सुधार कार्यक्रम" के प्रस्ताव के काफ़ी पहले हो चुकी थी फिर भी वे चीन में आर्थिक सुधारों की सफलता को बाज़ार अर्थव्यवस्था के नुस्ख़े को सही साबित करने के लिए इस्तेमाल करते हैं। वैश्विक स्वीकृति इस फंदे को और मज़बूत बनाती है। विकसित देशों में यह पहले से ही मौजूद है और अपने को सही साबित करने के लिए उन्हीं तर्कों का सहारा लेती है।

चीन अपनी व्यवस्था को "समाजवादी बाज़ार अर्थव्यवस्था" कहता है जिससे कि वह इस बात पर ज़ोर दे सके कि उसकी अर्थव्यवस्था कम्युनिस्ट पार्टी और राज्य द्वारा नियंत्रित है। तंग श्याओफिंग ने इस विचार को प्रतिपादित करते हुए कहा था कि चीन में पूँजीवाद की पुनर्स्थापना का ख़तरा नहीं है क्योंकि चीनी कम्युनिस्ट पार्टी का नेतृत्व ऐसा कभी होने नहीं देगा। उन्होंने फरवरी 1992 में विशेष आर्थिक क्षेत्र (एसईज़ेड) के अपने मशहूर "दक्षिणी दौरे" के दौरान यह संदेश दिया था। इसने चीन में निजी उद्यमों की स्थापना और बाद में निर्यात-आधारित आर्थिक विकास का रास्ता साफ़ कर दिया। यह रास्ता इतना मज़बूत था कि इसने आसानी से फंदे का रूप ले लिया। फंदा इतना लुभावना था कि कम्युनिस्ट पार्टी का नेतृत्व एक के बाद एक उसके चंगुल में फँसता चला गया और सुधारों के मिज़ाज में कोई भी तब्दीली लाने में नाकाम रहा। पूँजीपति भी पार्टी में शामिल हो गए और चीन के आर्थिक अभ्युदय में उनके योगदान को मान्यता मिल जाने के बाद फंदे की गाँठों को खोल पाने की कम्युनिस्ट पार्टी की क्षमता सीमित हो गई। इसके उलट पार्टी और राज्य चूँकि अपनी साख़ और ताक़त का इस्तेमाल आर्थिक विकास के इस मॉडल को प्रोत्साहित करने के लिए करते रहे, फंदा और कसता चला गया। इस तरह से बाज़ार की ताक़तों ने समाजवाद के उसूलों को कुचल डाला और कम्युनिस्ट पार्टी की शासन क्षमता को इस प्रक्रिया को जारी रखने का हथियार बना दिया।

सामाजिक-आर्थिक प्रक्रिया की गतिशीलता ख़ुद-ब-ख़ुद इस फंदे की गाँठों को ढीला कर देगी और समस्याएँ गंभीर होने के साथ उन्हें एक दिन खोल देगी। शायद चीनी कम्युनिस्ट पार्टी का ही कायापलट हो जाए और वह समाजवादी विकास की कोई नई दिशा तय करने में सफल हो जाए। "विकास के प्रति वैज्ञानिक नज़रिया" अपनाने का हु चिनथाओ का आह्वान संभवतः इस दिशा में एक क़दम साबित हो क्योंकि वह उत्पादन में बढ़ोतरी के साथ सामाजिक न्याय, पर्यावरण को टिकाऊ बनाने और समाज में "असामंजस्य" और अंतरविरोध को बढ़ानेवाली समस्याओं पर काबू पाकर एक "समरस समाज" की स्थापना

की बात करता है। लेकिन जबतक नेतागण यह स्वीकार नहीं करते कि वे सफलता के फंदे में फँस गए हैं और यह नहीं समझते कि क्यों आर्थिक प्रगति पर अत्यधिक ज़ोर विलगाव और असमानता को जन्म देता है, उन्हें सुलझाने की कोशिशों का असर सीमित ही होगा और वे महज़ प्रोपगैंडा भर बने रहेंगे। शायद "नए समाजवादी गाँवों के निर्माण" का महत्त्वाकांक्षी नारा भी कोई ख़ास असर न डाले। सत्रहवीं पार्टी काँग्रेस और ग्यारहवीं पंचवर्षीय योजना पर अमल शुरू होने के बाद कार्यक्रम की ख़ूब चर्चा हुई लेकिन बाद में उसका ज़िक्र दस्तूर भर बनकर रह गया और उसके लिए धन का आबंटन कम होता चला गया।

असंतुलनों और समस्याओं के जवाब के बतौर हु चिनथाओ की पहल जब चीन को सफलता के फंदे से बाहर ला पाने में कामयाब नहीं हुई तो क्या राष्ट्रपति शी जिनपिंग और प्रधानमंत्री ली खछ्यांग का नेतृत्व इसमें सफल हो पाएगा? मेरी राय में हालाँकि शी ने अपने शासन के पहले दौर में और ख़ासकर उन्नीसवीं पार्टी काँग्रेस के बाद "नए युग" के नारे के ज़रिए आर्थिक अवरोधों, सामाजिक-राजनीतिक समस्याओं और पार्टी और राजकीय संस्थाओं की कमियों को दूर करने के लिए कई क़दम उठाए हैं फिर भी विकास के रास्ते का मिज़ाज वही बना हुआ है। लिहाज़ा चीन में असमानता, विलगाव और पर्यावरण के बिगड़ने का रुझान जारी है। उनके आर्थिक और राजनीतिक नेतृत्व ने चीनी लोगों में काफ़ी आत्मविश्वास पैदा किया है और दुनिया को चीन की नई ताक़त का अहसास कराया है। उनकी कुछ नीतिगत पहलों से घर और बाहर ठोस नतीजे सामने आए हैं। लेकिन वे चीन को "सफलता के फंदे" से बाहर निकालने में अब तक नाकाम रहे हैं।

शी जिनपिंग की नीतिगत पहल "चीनी राष्ट्र के कायाकल्प के सपने" को साकार करने और देश को दो आगामी शतवार्षिकी समारोहों (2021 में चीनी कम्युनिस्ट पार्टी की स्थापना की शतवार्षिकी और 2049 में चीनी जनवादी गणराज्य की शतवार्षिकी) के आयोजन के ढाँचे के भीतर अवस्थित थी। दोनों ही राष्ट्रवाद की भावना के आधार पर लोगों की गोलबंदी का ज़रिया हैं जबकि ज़रूरत इस बात की है कि लोगों की परेशानियों को दूर करने और उनकी आकांक्षाओं की पूर्ति के ठोस उपाय किए जाएँ। शी ने घरेलू मोर्चे पर तीन और अंतरराष्ट्रीय स्तर पर दो बड़ी पहलें कीं।

पहली और सबसे महत्त्वपूर्ण पहल थी, शी जिनपिंग की भ्रष्टाचार-विरोधी मुहिम। वर्ष 2013 में चालू इस मुहिम ने पूरी पार्टी और राजकीय तंत्र को प्रभावित किया। केंद्रीय अनुशासन निगरानी कमीशन (सेंट्रल कमीशन फ़ॉर डिसिप्लिन इंस्पेक्शन— सीसीडीआई) के सचिव वांग छीशान के नेतृत्व में प्रत्येक स्तर पर जाँच-पड़ताल के नए उपाय किए गए, प्रक्रिया तय की गई और सज़ा का प्रावधान किया गया। जैसा कि पहले बताया गया है वर्ष 2017 तक तक़रीबन 240 केंद्र स्तर के और दस लाख से ज़्यादा देश, प्रांत और स्थानीय स्तर के अधिकारियों के ख़िलाफ़ जाँच की गई और सज़ा सुनाई गई। पार्टी के पाँचवें प्लेनम

ने 2015 में क़ानून का शासन क़ायम करने का फ़ैसला किया। इससे मुहिम को और मज़बूती मिली। मार्च 2017 में नेशनल पीपल्स काँग्रेस की सालाना बैठक में सूचित किया गया कि भ्रष्टाचार-विरोधी मुहिम ने "प्रबल गति" अख़्तियार कर ली है।[31] वर्ष 2018 में नेशनल पीपल्स काँग्रेस में एक नया भ्रष्टाचार विरोधी क़ानून बनाया गया और राष्ट्रीय निगरानी आयोग की स्थापना की गई। लेकिन मुहिम के चार साल से ज़्यादा गुज़र जाने के बाद भी व्यवस्था भ्रष्टाचार से मुक्त नहीं हो पाई है। इसमें कोई शक नहीं कि भय का एक माहौल बना और कइयों को कठोर सज़ा भी मिली और समाजवादी नैतिकता की स्थापना की भी मुहिम चालू की गई। लेकिन भ्रष्टाचार की जड़ तो अनुकंपा-आधारित, मुनाफ़ाख़ोर बाज़ार अर्थव्यवस्था में निहित है और वह बदस्तूर जारी है।

दूसरी पहल अर्थव्यवस्था को बाज़ार सुधारों से और क़रीबी रूप से जोड़ने के साथ बाज़ार को और गहरा बनाना चाहती थी। तीसरे प्लेनम में 2013 में स्वीकृत इस सूत्रीकरण को तेरहवीं पंचवर्षीय योजना में ठोस रणनीति की शक्ल दी गई। वर्ष 2015 के पाँचवें प्लेनम में पारित इस योजना को 2016 से अमल में लाया गया। इसके असर से भूमि नीति में बदलाव आया। अब ख़ास वजहों से परिवारों को अपनी अनुबंधित भूमि को भी बेचने की अनुमति मिल गई और प्रत्येक भूमि हस्तांतरण के पहले ग्रामीणों की रज़ामंदी लेना अनिवार्य बना दिया गया। चूँकि कस्बाई और ग्राम नेतृत्व पहले ज़मीन मनमाने ढंग से व्यवसायियों और उद्योगपतियों को दे देता था लिहाज़ा भ्रष्टाचार की पूरी गुंजाइश रहती थी। बहुत-से ग्रामीण प्रतिरोध इसी मनमानी के मुद्दे पर केंद्रित थे। ऐसे में कई लोगों ने इस क़दम का स्वागत किया।

शी जिनपिंग की तीसरी पहल सामाजिक नीति को लेकर थी। वर्ष 2014 में कम्युनिस्ट पार्टी की केंद्रीय कमेटी के चौथे प्लेनम में एक-औलाद नीति में ढील दी गई। अब दंपतियों को दो बच्चे पैदा करने की इजाज़त थी। जैसा कि हमने नौवें अध्याय में चर्चा की है यह छूट काफ़ी देर से मिली। एक-औलाद नीति का असर कई मायनों में नकारात्मक रहा था। ख़तरा यह था कि लंबे दौर में आबादी का पूरा स्वरूप ही बदल जाता, कामगार आबादी की बुनावट बिगड़ जाती और समाज बुज़ुर्गों का समाज बन जाता। इसके अलावा कई सांस्कृतिक और मनोवैज्ञानिक असर भी थे। पर यह भी सच है कि इस नीति ने एक हद तक आबादी के भयंकर विस्फोट को रोकने में मदद की और आर्थिक सफलता की दास्तान को मुमकिन बनाया।

हुखऊ व्यवस्था में सुधार के ज़रिए ग्रामीण प्रवासियों को कुछेक बुनियादी शहरी सुविधाएँ मुहैया कराई गईं। इसने कुछ हद तक प्रवासियों की कठिनाइयों को दूर किया। अर्थव्यवस्था को घरेलू माँग के अनुकूल बनाना और बारहवीं योजना में घोषित और तेरहवीं योजना में पुनः अनुमोदित "विकास के ढाँचे में बदलाव" के लक्ष्य को हासिल करना शी

जिनपिंग के मातहत चीनी अर्थव्यवस्था की प्रमुख ख़ासियत थी। अर्थव्यवस्था में "मध्यम या उच्च-मध्यम" दर्जे की वृद्धि को नया लक्ष्य घोषित किया गया यानी 6–7 प्रतिशत की वृद्धि दर अब नया मानक था। इसके साथ ही शी शासन ने असमानता, क्षेत्रीय विषमता, ग्रामीण संकट और सामाजिक सुविधाओं की क़िल्लत-जैसी समस्याओं को हल करने पर ज़ोर दिया।

चौथे, शी जिनपिंग के शासन के पहले दौर में उठाए गए अंतरराष्ट्रीय क़दमों की विश्व स्तर पर काफ़ी सराहना हुई। वर्ष 2013 में "एक इलाक़ा, एक रास्ता" (*यिताई यिलू*) की नीति घोषित की गई और बाद में सख़्ती से लागू की गई। उसे विश्व स्तर पर काफ़ी सराहा गया। इस योजना के तहत पुरातन सिल्क रूट को जीवित करने की बात कही गई जो एक तरफ़ तो एशिया और यूरोप को थल मार्ग से जोड़ती थी और दूसरी तरफ़ इसका जलमार्ग पूर्वी चीन के तटवर्ती इलाक़ों से शुरू होकर प्रशांत महासागर, हिंद महासागर, खाड़ी और अटलांटिक के यूरोपीय बंदरगाहों और द्वीपों तक फैला था। चीन ने इस मार्ग में पड़नेवाले इलाक़ों में आपसी सहमति से अलग-अलग परियोजनाओं में अपनी पूँजी लगाने की पेशकश की जिसका ज़्यादातर देशों ने स्वागत किया। यह न सिर्फ़ चीन के संचित धन का उत्पादक और लाभदायक इस्तेमाल होता बल्कि आधुनिक ढाँचे का विस्तार होता और वैश्विक व्यापार और व्यवसाय की बढ़त में मदद मिलती। बहरहाल, भारत ने रणनीतिक कारणों से इस परियोजना में शरीक होने से इनकार कर दिया। उसे 5,600 करोड़ अमेरिकी डॉलर की लागत से बननेवाला "चीन-पाकिस्तान आर्थिक गलियारा" (सीपीईसी) क़बूल नहीं था क्योंकि वह पाकिस्तान नियंत्रित जम्मू व कश्मीर से होकर गुज़रता था। फिर भी बेल्ट एंड रोड इनीशिएटिव को शी जिनपिंग के चिंतन में एक मौलिक नीति की जगह दी गई है और 2018 में इसे चीनी संविधान का अंग बना दिया गया।

चीन ने पेइचिंग में एशियन इंफ़्रास्ट्रक्चर इंवेस्टमेंट बैंक (एआईआईबी) की स्थापना की पहल की जिसमें भारत समेत 40 देश संस्थापक सदस्य के रूप में शरीक हुए। ब्रिक्स के मातहत शांहाई स्थित न्यू डेवलपमेंट बैंक को भी शामिल कर लें तो 2008 के बाद के माहौल में एशियाई और वैश्विक वित्तीय प्रबंधन में शी जिनपिंग की सक्रिय अगुआई साफ़ दिखती है। शी जिनपिंग के मातहत चीन वैश्विक अगुआ बन गया है और जी-20 में प्रभावशाली भूमिका निभा रहा है। राष्ट्रपति शी जिनपिंग और राष्ट्रपति ओबामा ने जलवायु परिवर्तन के मुद्दे पर 2015 में एक समझौता किया जिसने 2030 के लिए तय सीओपी-21 के लक्ष्यों को हासिल करने की दिशा में कुछ ठोस क़दम सुझाए। शी जिनपिंग ने 2013 में अमेरिका के राष्ट्रपति ओबामा के साथ अपनी पहली मुलाकात में "इक्कीसवीं सदी में दुनिया की बड़ी ताक़तों के बीच नए रिश्तों की रूपरेखा" का प्रस्ताव दिया था, अमेरिका के साथ हर बातचीत में उसे दुहराया जाता रहा है। शी ने राष्ट्रपति डॉनल्ड ट्रंप के साथ

फरवरी 2017 में अपनी टेलीफोन बातचीत में भी उसे ही दुहराया। कहा कि उन्हें सहमति के मुद्दों पर मिल-जुलकर काम करना चाहिए और सहमति के दायरे को बढ़ाना चाहिए, एक-दूसरे की चिंताओं को ध्यान में रखना चाहिए और असहमति के मुद्दों पर बातचीत जारी रखनी चाहिए। परंतु ट्रंप की ओर से कोई औपचारिक प्रतिक्रिया नहीं आई।

राष्ट्रपति शी ने जनवरी 2017 में डावोस में वर्ल्ड इकोनॉमिक फ़ोरम को जिस तरीक़े से संबोधित किया तथा आर्थिक वैश्वीकरण और खुले व स्वतंत्र व्यापार की पैरवी की, उससे विश्व स्तर पर उनकी नेतृत्वकारी भूमिका स्पष्ट थी। संरक्षणवाद की प्रवृत्ति की निंदा को राष्ट्रपति ट्रंप की सोच का जवाब माना गया।

कई पर्यवेक्षक शी जिनपिंग की दबंग विदेश नीति को चीनी राष्ट्रवाद पर ज़ोर देने की उनकी नीति का ही विस्तार मानते हैं। कई देश दक्षिणी चीनी सागर पर चीन के दावे और हिंद महासागर में चीनी नौसेना के बढ़ते प्रभाव का विरोध करते हैं।

निस्संदेह, शी की घरेलू और विदेश नीति के चलते चीनी राष्ट्र और राज को बल मिलेगा। वह उसे और ताक़तवर बनाएँगे। विश्व समुदाय में चीन की धाक बढ़ेगी। हालाँकि वे बढ़ती असमानता, विलगाव और ग़ैर-टिकाऊपन-जैसी गंभीर घरेलू समस्याओं का कोई हल ढूँढ़ पाएँगे या नहीं यह सवाल बना रहेगा। वैश्विक स्तर पर चीन मौजूदा ग़ैर-बराबरी भरी, अन्यायपूर्ण आर्थिक और वित्तीय व्यवस्था को बदलने के लिए ज़्यादा सक्रिय नहीं है क्योंकि उसे इसका भरपूर लाभ मिला है। दूसरी तरफ़ कई देश और जन-आंदोलन मौजूदा वैश्विक व्यवस्था को बदलने में ज़ोरशोर से लगे हैं। दरअसल, ब्रिक्स की स्थापना इसी मक़सद से की गई थी।

मेरा मानना है कि "सफलता का फंदा" शी जिनपिंग और उनके बाद भी बना रहेगा क्योंकि यह विकास के मौजूदा रास्ते को ही जारी रखने— उसके चलते पैदा होनेवाली समस्याओं से जूझने के साथ ही उसके साथ गुज़ारा करने की मानसिकता में निहित है।

विकास की ऊँची दर को हासिल करना अपने आपमें सर्वोच्च लक्ष्य बन गया है। सैद्धांतिक तौर पर तंग श्याओफिंग का मत था कि सभी कार्यक्रमों की केंद्रीय बात "आर्थिक प्रगति" है।[32] इसे सुधारों के पूरे दौर में "एक केंद्र, दो बिंदु" के सिद्धांत के रूप में बार-बार दुहराया जाता रहा है। केंद्रीय बात है आर्थिक विकास पर ज़ोर, जिसे तंग के अनुसार माओ ने लंबे अरसे तक नज़रअंदाज़ किया था। यक़ीनन, सुधारों के दौरान चीन में आर्थिक विकास की दर काफ़ी ऊँची रही और यह चीनी लोगों के लिए बेहद गर्व की बात है। उसने चीन में राष्ट्रवादी भावना का उभार पैदा किया। उदारीकरण और वैश्वीकरण के हिमायती यह कहते रहे हैं कि वितरण की बात करने के पहले ज़रूरी है कि माल और सेवाओं का उत्पादन पर्याप्त मात्रा में हो और इसके लिए विकास की रफ़्तार तेज़ होनी होगी। जीडीपी के प्रति यह अंधभक्ति उन समस्याओं की जननी है जिनसे आज चीन त्रस्त है। चीन के शासक विकास

की तेज़ रफ़्तार को दिखाकर लोगों की नज़रों में वैधता हासिल करना चाहते हैं और यह जताना चाहते हैं कि सामाजिक-राजनीतिक स्थिरता निहायत ही ज़रूरी है। ऐसा विकास जो स्थायित्व और वैधता के आधार पर टिका हो, वह जितनी भी दिक़्क़तें आएँ अपने रास्ते पर अडिग रहेगा। भले ही दिक़्क़तें इसकी बुनियाद को ही क्यों न हिला दें।

चीन के विकास ने एक ऐसे उद्यमी वर्ग को जन्म दिया है जिसमें पुराने क़िस्म के बुर्जुआ के अलावा तरह-तरह के मैनेज़र, पेशेवर, अंशधारक और व्यवसायी शामिल हैं। यह वर्ग पश्चिमी आर्थिक प्रक्रिया के साथ क़रीबी रूप से जुड़ा है और इस वजह से विश्व पूँजीवाद का अंग है। व्यवसायियों और मध्य वर्ग का यह तबक़ा दूसरी तरफ़ पार्टी और राज्य के साथ भी क़रीबी रूप से जुड़ा है। च्यांग त्समिन ने तीन प्रतिनिधित्व के फ़ॉर्मूले के ज़रिए पार्टी के दरवाजे इस वर्ग के लिए खोल दिए और राजनीतिक रूप से इसे पार्टी के भीतर समाहित कर लिया। चूँकि अर्थव्यवस्था का पूरा कारोबार राज्य और बाज़ार की ताक़तें चला रही थीं, उनकी ताक़त बढ़ती गई। वे चीन की राजनीतिक अर्थव्यवस्था को एक मज़बूत सामाजिक आधार मुहैया कराते थे जिससे कि सुधार बिना भटके अपने रास्ते पर टिका रहे। दुनिया भर के विभिन्न बाज़ारों में माल उपलब्ध कराने, विदेश से कच्चा माल जुटाने, विकसित देशों से टेक्नोलॉजी हासिल करने, बहुपक्षीय संगठनों में सक्रिय भाग लेने और वैश्विक राजनीतिक और आर्थिक व्यवस्था में एक "ज़िम्मेदार अंशधारक" की भूमिका निभाने में उनकी तत्परता के पीछे उनका दीर्घकालिक हित छिपा था। हालाँकि चीन ने अपनी अर्थव्यवस्था का रुख़ घरेलू बाज़ार की ओर मोड़ने का फ़ैसला किया है, पर संचित धन के बलबूते विदेशों में अपनी पैठ को बढ़ाने की उसकी नीति में कोई फ़र्क़ नहीं आया है। एक इलाक़ा, एक रास्ता और ऐसे ही दूसरे उपायों से चीन के निवेश में बढ़ोतरी से यही संकेत मिलता है। ज़ाहिर है विकास की दर को "मध्यम या ऊँचे मध्यम" स्तर पर बनाए रखना उनकी मज़बूरी है। नवोन्मेष या ढाँचागत स्तर पर आंतरिक नीतियों को इस अंतरराष्ट्रीय वचनबद्धता के माकूल ढालना होगा। लिहाज़ा विकास की दिशा में कोई भी बदलाव मुश्किल है। "सफलता के फंदे" की अवधारणा का यही मतलब है। पिछली दो सदियों में सामाजिक बदलाव से संबंधित विमर्श के दौरान उठनेवाले कुछेक निहायत ही ज़रूरी सवाल इसी में निहित हैं।

चीन में सुधार का तजरबा औद्योगिक क्रांति के बाद विश्व के ऐतिहासिक विकास से संबंधित एक बुनियादी सवाल को रेखांकित करता है। इस विकास की ख़ासियत थी आधुनिक तकनीकी की मदद से कुदरती संसाधनों का भरपूर इस्तेमाल करते हुए बड़े पैमाने पर उत्पादन। इसने अभाव को कम किया, जीवनस्तर को बेहतर बनाया, मानव जीवन को महामारियों और गंभीर बीमारियों की चपेट से बचाया और मानव स्वतंत्रता के दायरे का विस्तार किया। औपनिवेशीकरण ने औद्योगिक क्रांति के रास्ते का पूरी दुनिया में प्रचार-प्रसार किया जिसने जंग और बरबादी की झड़ी-सी लगा दी। लेकिन इस क्रम में आधुनिक

विज्ञान उपनिवेशों तक पहुँचा। चीन और भारत समेत ज़्यादातर उत्तर-औपनिवेशिक देशों ने विकास का जो रास्ता अपनाया, वह औद्योगिक क्रांति से ही निकला था। लेकिन ऐसा लगता है कि अब वह अपने अंत के क़रीब है। इस रास्ते का कितना उलटा असर हुआ है आज साफ़ हो चला है। इसने उच्च-तकनीक, उच्च-उपभोग आधारित, तेज़ रफ़्तार और बहुमंज़िला जीवन-शैली को जन्म दिया जो भयंकर ग़ैर-बराबरी, विलगाव और कुदरती परिवेश की बरबादी का बाइस बना। इस तरह से दुनिया आज सभ्यता के स्तर पर बदलाव के दौर से गुज़र रही है जो एक समतामूलक और टिकाऊ दुनिया की तलाश में संभवतः एक-दो सदी तक चलता रहे। सफलता के फंदे में फँसी चीनी सफलता की महती दास्तान इसका एक सटीक उदाहरण है।

समाजवाद की परिकल्पना पूँजीवाद के जवाब के बतौर की गई थी। लेकिन क्या वह ख़ुद औद्योगिक क्रांति के जाल में फँस गया? आख़िरकार, राजकीय या सामुदायिक स्वमित्व में आर्थिक विकास ने भी नई विषमताओं और पर्यावरण की बरबादी को ही जन्म दिया और ऐसे समाज के निर्माण के सपने को साकार करने में नाकाम रहा जहाँ "प्रत्येक की आज़ादी सभी की आज़ादी की पूर्वशर्त"[33] बन जाए। आख़िरकार, विलगाव की भावना में कमी और आज़ादी के दायरे का विस्तार समाजवाद का मूलमंत्र था, न कि उत्पादन को बढ़ाते जाना। पिछली आधी सदी में तरह-तरह के सामाजिक आंदोलनों ने कई महत्त्वपूर्ण सवाल उठाए हैं। इन आंदोलनों यानी महिला आंदोलन, पर्यावरण आंदोलन, नस्लभेद-विरोधी और जातिभेद-विरोधी आंदोलनों ने पूँजीवाद और समाजवाद के उत्पादक शक्तियों और वर्ग संघर्ष के परंपरागत विमर्श से आगे बढ़ते हुए लोगों के आत्मबोध के अधिकार को हासिल करने पर साफ़-साफ़ ज़ोर दिया है। यह आर्थिक, राजनीतिक, सामाजिक, सांस्कृतिक और परिवेश की स्वतंत्रता पर आधारित चौतरफ़ा विकास का अनवरत संघर्ष है। क्या समाजवाद पूँजीवादी वर्ग व्यवस्था की जगह नई वर्ग व्यवस्था क़ायम करने से आगे जाकर किसी नई परिभाषा को गढ़ने में सफल हो पाएगा? इस तरह से "सफलता के फंदे" का सवाल न सिर्फ़ आज के चीन[34] में पूँजीवाद की पुनर्स्थापना और समाजवादी कायाकल्प की संभावना[35] के चिरपरिचित मुद्दों से जुड़ा है, बल्कि वह सृजनशील समाज द्वारा उठाए जानेवाले समाजवादी आज़ादी से जुड़े मुद्दों को सचेत रूप से उठाता है और विश्लेषण के क्रम में इक्कीसवीं सदी में मानवकेंद्रित (Anthropocene) सोच को भी समझने की कोशिश करता है।[36]

किताब का ढाँचा

अध्ययन के इस ख़ाके को ध्यान में रखते हुए पूरी किताब को मैंने तीन हिस्सों में बाँटा है। पहले हिस्से में दो अध्याय हैं जो विकास के मुद्दे पर वृहत और सूक्ष्म दृष्टि से विचार करते हैं। दूसरा अध्याय 1978 के बाद से चीन में गाँवों को केंद्र में रख कर अमल में लाए जानेवाले

सुधारों की रणनीति का ब्योरा पेश करता है कि किस चरण में कौन-सी नीति अपनाई गई और क्यों। अगला अध्याय ग्रासरूट्स यानी वुशी के गाँवों के नज़रिए से इस पूरी प्रक्रिया को देखता है। अगले दो अध्याय तफ़सील से चीन की सुधार रणनीति पर विचार करते हैं। इस पूरे हिस्से में इस बात पर ग़ौर किया गया है कि पिछले चालीस सालों में राज्य संचालित बाज़ार सुधार किन अलग-अलग अवस्थाओं से गुज़रा है।

किताब के दूसरे हिस्से में इन नीतियों को बनाने और उन्हें लागू करने के लिए ज़िम्मेदार एजेंसियों पर ग़ौर किया गया है। उन एजेंसियों में पार्टी की अगुआई में चलनेवाली चीनी राजकीय संस्थाएँ शामिल हैं। दो अध्यायों में अलग-अलग शासनों के तहत वृहत और सूक्ष्म स्तर पर सरकार और पार्टी संगठनों की बनावट और उनकी बदलती भूमिका पर ग़ौर किया गया है। उनके कामकाज में क्या बदलाव आए और सुधार नीतियों पर अमल में उनकी भूमिका किस तरह बदली इसकी व्याख्या की गई है। किस हद तक उनका कामकाज पुराने कम्युनिस्ट संगठन-जैसा बना रहा और किस हद तक शासन के नए तौर-तरीक़ों के असर से उनमें तब्दीली आई। ख़ास-ख़ास अंतरालों में सरकारी कर्मियों और उद्यम मैनेजरों ने निर्णायक भूमिका निभाई। लेकिन बाद में हु चिनथाओ और शी जिनपिंग के मातहत बाज़ार अर्थव्यवस्था को बढ़ावा देने में पार्टी नेताओं की भूमिका निर्णायक हो गई। कोई शक नहीं कि समाज की कई और भी एजेंसियाँ हैं। इनमें परिवार, सामाजिक समूह, सांस्कृतिक-धार्मिक संगठन, और नागरिक संस्थाओं से लेकर निगम, मीडिया और अंतरराष्ट्रीय एजेंसियों तक सभी शामिल हैं। फिर सेना भी है जो अक्सर राजव्यवस्था के संचालन में स्वायत्त भूमिका निभाती है। यद्यपि हमने यहाँ सुधार प्रक्रिया की मुख्य प्रेरक शक्ति के रूप में पार्टी नियंत्रित राजकीय संस्थाओं की भूमिका पर ज़ोर दिया है फिर भी हमें वृहत्तर सामाजिक परिदृश्य को जेहन में रखना होगा। इनमें से कई मुद्दों पर बाद के अध्यायों में अप्रत्यक्ष रूप से चर्चा की गई है।

किताब का तीसरा हिस्सा इन नीतियों और उन पर अमल का लोगों के जीवन के विभिन्न पहलुओं पर क्या असर हुआ है इसे समझने की कोशिश को जारी रखता है। ग्रामीण उद्यमों और उनमें काम करनेवाले मज़दूरों पर ग़ौर करते हुए हम देखते हैं कि पहले जहाँ औद्योगिकीकरण को अंतरंग रूप से खेतीबाड़ी से जुड़ा माना जाता था, वहीं अब उसे निर्यात के लिए उत्पादन की नज़र से देखा जाता है। उसके बाद जब हम गाँवों और ग्रामीणों की हालत पर नज़र दौड़ाते हैं हमें समृद्धि के साथ-साथ मुसीबत के संकेत भी दिखते हैं। सुधारों का औरतों के ऊपर क्या असर हुआ, इस पर तफ़सील में चर्चा की गई है क्योंकि यह नई संभावनाओं के साथ-साथ विकास के इस रास्ते की कमियों को भी उजागर करता है। फिर स्वास्थ्य और शिक्षा के ऊपर सुधारों का असर कैसा रहा, इसका विश्लेषण किया गया है क्योंकि आर्थिक प्रगति का सबसे बड़ा पैमाना सामाजिक विकास है। ये अध्याय मूलतः वुशी के मेरे फ़ील्डवर्क पर आधारित हैं पर विश्लेषण में राष्ट्रीय नीतियों और मौजूदा स्थिति

को ध्यान में रखा गया है। मैंने बीच-बीच में भारत का तुलनात्मक हवाला भी दिया है ताकि समझा जा सके कि भारत के लिए इनका मतलब क्या है।

अंत में, निष्कर्ष के अध्याय में तीनों हिस्सों का सारसंक्षेप और विश्लेषण दिया गया है। वहाँ मैंने कुछेक सैद्धांतिक और नीतिगत सवाल उठाए हैं। विकास के सिद्धांत के लिए इनका क्या निहितार्थ है यह समझने की कोशिश की है और मार्क्सवाद तथा समकालीन वैश्विक राजनीति के संदर्भ में कुछेक अवधारणाएँ प्रस्तुत की हैं।

टिप्पणियाँ

1. मनोरंजन महांति, "हार्मोनियस सोसाइटी : हु चिनथाओज़ विज़न एंड दी चाइनीज़ पार्टी काँग्रेस", *इकोनॉमिक एंड पॉलिटिकल वीक्ली* 44, अंक 50, पृष्ठ 12–16 (15 दिसंबर 2012)।
2. चार समग्रताओं के इस विचार की विस्तार से अध्याय 5 में चर्चा की गई है। उनका मतलब है "एक औसतन समृद्ध समाज का निर्माण", "सुधारों को और गहरा करना", "क़ानून का शासन" और "नवंबर 2016 में होनेवाली चीनी कम्युनिस्ट पार्टी की छठी सभा के पहले तक 2012 में तय फैसलों पर कठोरता से अमल"।
3. डॉमिनिक विल्सन और रूपा पुरुषोत्तम, "ड्रीमिंग विथ ब्रिक्स : दी पाथ टू 2050" (*गोल्डमैन सैक्स ग्लोबल इकोनॉमिक पेपर* नं. 98, अक्टूबर 2003)। उपलब्ध : http://www.goldmansachs.com/our-thinking/archive/archive-pdfs/brics-dream.pdf (देखा 20 जुलाई 2017).
4. एल. एलेन विंटर्स और शाहिद युसूफ़, *"डांसिंग विथ जायंट्स : चाइना, इंडिया एंड दी ग्लोबल इकॉनमी"* (वर्ल्ड बैंक, वाशिंगटन डीसी, जनवरी 2007)।
5. चंग पिचिएन, "ए न्यू पाथ फ़ॉर चाइनाज़ पीसफ़ुल राइज़ एंड दी फ़्यूचर ऑफ़ एशिया : बाओ फ़ोरम फ़ॉर एशिया, 2003", *चाइनाज़ पीसफ़ुल राइज़ : स्पीचेज़ ऑफ़ चंग पिचिएन 1997–2005* (ब्रुकिंग्स इंस्टीट्यूशन प्रेस, वाशिंगटन डीसी, 2005)।
6. चीनी जनतांत्रिक गणराज्य के राजकीय सूचना कार्यालय परिषद ने दिसंबर 2005 में एक आधिकारिक दस्तावेज़ प्रकाशित किया, "चाइनाज़ पीसफ़ुल डेवलपमेंट रोड", *पीपुल्स डेली ऑनलाइन*, 22 दिसंबर। उपलब्ध : http://en.people.cn/200512/22/eng20051222_230059.html (देखा 2 जून 2017)।
7. चीन के मानव विकास सूचकांक में 1975 के बाद से लगातार सुधार हुआ है। चीन में ग़रीबी में कमी के आधिकारिक आँकड़े कहीं ज़्यादा प्रभावजनक हैं। वह 1986 में जहाँ 25 करोड़ थी, वहीं 2006 में घटकर 4 करोड़ से भी कम रह गई। वन च्यापाओ, *रिपोर्ट ऑन दी वर्क ऑफ़ गवर्नमेंट टू दी एनपीसी* (मार्च 2007)। उपलब्ध : http://english.cpc.people.com.cn/66102/7320564.html (देखा 20 जुलाई 2017)।
8. *ग्लोबल टाइम्स* के अनुसार चीनी अधिकारी चंग वंखाई ने 14 अक्टूबर 2014 को यह बात कही थी। और अगर वर्ल्ड बैंक के पैमाने 1.25 अमेरिकी डॉलर को लिया जाए तो उनके मुताबिक यह संख्या लगभग 20 करोड़ थी।
9. ली खछयांग, *रिपोर्ट ऑन दी वर्क ऑफ़ दी गवर्नमेंट*, 5 मार्च 2017 को चीनी जनवादी गणराज्य की 12वीं राष्ट्रीय जनप्रतिनिधि काँग्रेस के पाँचवे सत्र में पेश। मौजूदा संशोधित ग़रीबी रेखा रेंमिंबी 5,000 युआन है जो प्रति दिन 1 अमेरिकी डॉलर से ज़्यादा पर 2 अमेरिकी डॉलर से कम है। उपलब्ध : http://news/xinhuanet.com/english/china/2017-03/16c_136134017.htm (देखा 20 जुलाई 2017)।
10. हु चिनथाओ, *फर्म्ली मार्च ऑन दी पाथ ऑफ़ सोशियलिज़्म विथ चाइनीज़ कैरेक्टरिस्टिक्स एंड स्ट्राइव टू कंप्लीट दी बिल्डिंग ऑफ़ ए मॉडरेट्ली प्रॉस्परस सोसाइटी इन ऑल रेस्पेक्ट्स*, चीनी कम्युनिस्ट पार्टी की अट्ठारहवीं राष्ट्रीय काँग्रेस के समक्ष 8 नवंबर 2012 को पेश रिपोर्ट (शिन्हुआ इंग्लिश, बीजिंग, 17 नवंबर 2012), पृ. 5.

11. ली खछ्यांग, *रिपोर्ट ऑन दी वर्क ऑफ़ दी गवर्नमेंट*, पृ. 10–11.
12. वर्ष 2016 में ऐसी घटनाओं की तादाद 140 के भी पार जा चुकी थी। देखें एडवर्ड वांग, "तिब्बतन मोंक, 18, डाइज़ आफ़्टर सेल्फ़-इमोलेशन टू प्रोटेस्ट चाइनीज़ रूल", *दी न्यू यॉर्क टाइम्स* (3 मार्च 2016)। उपलब्ध : https://www.nytimes.com/2016/03/04/world/asia/china-tibet-self-immolations.html (देखा 20 जुलाई 2017)।
13. डेल वेन ने अपनी किताब *चाइना कोप्स विथ ग्लोबलाइज़ेशन : ए मिक्स्ड रिव्यू* (इंटरनेशनल फ़ोरम ऑन ग्लोबलाइज़ेशन, सैन फ्रैंसिस्को, 2005) में ग्रामीण असंतोष, शहरी बेरोज़गारी और सामाजिक तनावों की चर्चा की है।
14. विषमता का पैमाना, गिनी गुणांक के मुताबिक चीन में सुधारों के 25 साल बाद विषमता का स्तर भारत से भी ज़्यादा हो गया है (तालिका 1.3)।
15. शिन्हुआनेट, "चाइना गिनी कोएफ़ीशिएंट एट 0.474 इन 2012", 18 जनवरी 2013. उपलब्ध : http://news.xinhuanet.com/english/china/2013-01/18/c_132111927.htm (देखा 12 सितंबर 2014)।
16. यूएनडीपी, *चाइना ह्यूमन डेवलपमेंट रिपोर्ट 2005* (2005)। उपलब्ध : http://hdr.undp.org/sites/default/files/china_2005_complete.pdf (देखा 20 जुलाई 2017)।
17. वन थेईचुन और वन ली, *चाइना इन मेज़र स्ट्रैटेजिक ट्रांज़ीशन* (मोनोग्राफ़, बीजिंग, रेंमिन विश्वविद्यालय, 2005)।
18. रॉस गारनौट, कुओ शुतियान और मा क्वनान, *दी थर्ड रिवोल्यूशन इन चाइनाज़ कंट्रीसाइड* (कैंब्रिज़ यूनिवर्सिटी प्रेस, कैंब्रिज़, 1006)।
19. थेईचुन और ली, *चाइना इन मेज़र स्ट्रैटेज़िक ट्रांज़ीशन*।
20. नेशनल पीपल्स काँग्रेस में पेश होनेवाली प्रधानमंत्री की रिपोर्ट में ऐसी घटनाओं को शामिल करने की परिपाटी को 2007 में छोड़ दिया गया। लेकिन जिस तरह "समरस समाज" के निर्माण पर ज़ोर देना जारी रहा उससे यही अंदाज़ा लगाया जा सकता है कि इन घटनाओं की तादाद बढ़ती ही रही जा रही थी।
21. एडवर्ड कोडी, "फ़ॉर चाइनीज़, पीज़ेंट रिवोल्ट इज़ ए रेयर विक्टरी", *वाशिंगटन पोस्ट* (13 जून 2005)। इसमें चेच्यांग प्रांत के हुआशी में एक औद्योगिक पार्क के निर्माण के लिए किसानों की ज़मीनों को हड़पे जाने के मुद्दे पर संघर्ष का विस्तृत ब्योरा दिया गया है जिसमें 20,000 किसान 3,000 पुलिस से भिड़ गए थे। इस मुद्दे पर विस्तार से चर्चा के लिए देखें कैथी ल मोंस वॉकर, "'गैंगस्टर कैपिटलिज़्म' एंड पीज़ेंट प्रोटेस्ट इन चाइना", *जरनल ऑफ़ पीज़ेंट स्टडीज़* 33, अंक 1, पृ. 1–33 (जनवरी 2006)।
22. यह आँकड़े मुझे सितंबर 2012 में पेइचिंग में हुए चाइना रिफ़ॉर्म्स फ़ोरम के दौरान विद्वानों ने बातचीत में दिए थे।
23. अखिल चीन महिला महासभा (एसीडब्ल्यूएफ़) जो ख़ुद चीनी कम्युनिस्ट पार्टी का जनसंगठन है समय-समय पर इस बात की उलाहना देता रहा है कि औरतों पर सुधारों का उलटा असर हुआ है। उदाहरण के लिए, देखें 11 मार्च 2004 को चीनी कम्युनिस्ट पार्टी की केंद्रीय कमेटी में अखिल चीन महिला महासभा की अध्यक्षा मो वनश्यु का भाषण। हम इस मुद्दे पर औरतों की स्थिति से संबंधित अध्याय में विस्तार से चर्चा करेंगे।
24. वर्ष 2006 में अनुमानतः ऐसे लोगों की तादाद 25 करोड़ से ज़्यादा थी।
25. देखें डेल वन, *चाइना कोप्स विथ ग्लोबलाइज़ेशन*।
26. शिनच्यांग, तिब्बत और कुछेक अन्य इलाक़ों में राष्ट्रीय अल्पसंख्यकों के बीच मौजूद तनाव का माहौल केंद्रीय सरकार के लिए चिंता का बाइस बना हुआ है। इसी वजह से 2000 में पश्चिमी इलाक़ा विकास रणनीति की घोषणा की गई और इलाक़ाई विषमता को दूर करना इसका प्रमुख लक्ष्य बनाया गया।
27. बेरोज़गार और प्रवासी मज़दूरों में बड़ी संख्या युवाओं की ही है। सोशल मीडिया और लोकप्रिय साहित्य को पैमाना मानें तो उनमें फैला असंतोष जगज़ाहिर है।
28. चीनी सरकार ने 2007 में विश्व बैंक पर दबाव डाला कि वह चीनी अर्थव्यवस्था की पर्यावरण संबंधी ज़रूरतों के अपने आकलन या "हरित जीडीपी" के आकलन को बदले। मिशेल लैंड्सबर्ग, "चाइना कैंसल्स सेकंड

इनवायरमेंटल रिपोर्ट", *लॉस एंजिलिस टाइम्स*, 24 जुलाई 2007. प्रत्यक्षत : रद्द रिपोर्ट में यह कहा गया था कि चीन में 2020 तक वायु प्रदूषण के कारण छह लाख लोग हर साल अकाल मृत्यु का शिकार होंगे।

29. मनोरंजन महांति और मार्क शेल्डन, "कंसेप्चुअलाइज़िंग लोकल डेमोक्रेसी : डेमोक्रेसी, रेजिस्टेंस एंड पावर इन इंडियन एंड चाइनीज़ कंट्रीसाइड", *ग्रासरूट्स डेमोक्रेसी इन इंडिया एंड चाइना : दी राइट टू पार्टिसिपेट* (संपा. मनोरंजन महांति, जॉर्ज मैथ्यू, रिचर्ड बॉम और रोंग मा, सेज़ पब्लिकेशंस, नई दिल्ली, 2007)।
30. मनोरंजन महांति, "चाइनाज़ रिफ़ॉर्म्स : दी वुशी स्टोरी", *इकोनॉमिक एंड पॉलिटिकल वीक्ली* 44, अंक 26–27, पृ. 308–19 (2009, 27 जून)।
31. ली खछयांग, *रिपोर्ट ऑन दी वर्क ऑफ़ दी गवर्नमेंट*, पृ. 9.
32. तंग श्याओफिंग, "ओपनिंग स्पीच एट दी ट्वेल्वथ पार्टी काँग्रेस ऑन सेप्टेंबर 1, 1982", *फंडामेंटल इश्यूज़ इन प्रेजेंट-डे चाइना* (फॉरेन लैंग्वेज़ प्रेस, बीजिंग, 1987), पृ. 4.
33. कार्ल मार्क्स और फ्रेडरिक एंगेल्स, *दी कम्युनिस्ट मैनिफ़ेस्टो* (1848 (1998 में पुनर्मुदित), पीपल्स पब्लिशिंग हाउस, नई दिल्ली)।
34. मार्टिन हार्ट लैंड्सबर्ग और पॉल बुर्केट, *चाइना एंड सोशिएलिज़्म : मार्केट रिफ़ॉर्म्स एंड क्लास स्ट्रगल* (मंथली रिव्यू प्रेस, न्यू यॉर्क, 2005)। इस किताब के इर्द-गिर्द एक गोलमेज़ परिचर्चा निहायत ही महत्त्वपूर्ण बहस करती है। यह परिचर्चा यह दिखलाने की कोशिश करती है कि कैसे वैश्विक मुक्ति की परियोजना चीन में अंदरूनी बहसों और छात्र-युवा आंदोलनों के माध्यम से जारी है। हरि शर्मा, "इंट्रोडक्शन", *क्रिटिकल पर्सपेक्टिव्स ऑन चाइनाज़ इकोनॉमिक ट्रांसफॉर्मेशन* (दानिश बुक्स, नई दिल्ली, 2007)।
35. जे. गैब्रिएल, *चाइनीज़ कैपिटलिज्म एंड दी मॉडर्निस्ट विज़न* (राउटलेज, लंदन, 2006), पृ. 173. उत्तर-संरचनावादी मार्क्सवादी दृष्टिकोण से वे दिखाते हैं कि चीन में एक नई पूँजीवादी वर्ग प्रक्रिया का उदय हुआ है। उनका कहना है कि "भविष्य में चाहे जो हो चीन की सामाजिक संरचना काफ़ी बदल चुकी है और विश्व अर्थव्यवस्था के साथ जुड़ चुकी है (निर्भरता दोतरफ़ा है)। जिन्न को वापस बोतल में नहीं डाला जा सकता।"
36. देखें रिचर्ड फ़ॉक, मनोरंजन महांति और विक्टर फ़ैसल (संपा.), *एक्सप्लोरिंग इमर्जेंट ग्लोबल थ्रेसहोल्ड्स : टुवार्ड्स 2030* (ओरिएंट ब्लैकस्वॉन, नई दिल्ली, 2017)। यह किताब वैश्विक कायापलट के मुद्दों पर सृजनशील समाज की नज़र से यानी व्यक्तियों, समूहों और इलाक़ों की पूर्ण सर्जनात्मक क्षमता का इस्तेमाल करने की नज़र से विचार करती है और मानव गतिविधि केंद्रित दृष्टि को समझने की कोशिश करती है। साथ ही कुदरत के साथ मनुष्य के नए रिश्ते को सामने लाती है जिसमें मनुष्य अपनी गतिविधियों के असर के बारे में हमेशा सचेत रहता है।

खंड I
चीनी सुधार :
तफ़सील और ज़मीनी दृष्टि

2 विकास रणनीति और गाँव

सुधारों का अध्ययन

चीन में सुधारों की सफलता की कहानी और यह समझने के लिए कि सुधारों की प्रक्रिया में पैदा होनेवाली समस्याओं से चीनी नेतृत्व ने कैसे निपटा, हमें यह देखना होगा कि 1978 के बाद से चीन की विकास रणनीति अलग-अलग समय किन-किन अवस्थाओं से गुज़री। यह ध्यान में रखना ज़रूरी है कि चीनी सुधारों के प्रणेता तंग श्याओफिंग ने सुधार प्रक्रिया के लिए दो निर्देशक सिद्धांत तय किए थे। पहला नकारात्मक सिद्धांत था जबकि दूसरा सकारात्मक। सांस्कृतिक क्रांति का समाजवादी निर्माण का मॉडल जो बाज़ार को बुराई मानता था, उसका परित्याग पहला सिद्धांत था। और दूसरा सिद्धांत था सभी घरेलू और बाहरी संसाधनों को इकट्ठा कर सारा ध्यान आर्थिक प्रगति पर केंद्रित करना। यह दोहरा विचार "सुधार और खुला द्वार" की नीति के रूप में मूर्त हुआ। वर्ष 1978 में केंद्रीय कमेटी के ग्यारहवें प्लेनम के बाद जारी विज्ञप्ति में इसे बुनियादी सिद्धांत घोषित कर दिया गया। इस सोच पर अमल के लिए तंग ने नीति-निर्माण का एक अत्यंत ही व्यावहारिक सिद्धांत दिया— "पत्थरों को टटोलते हुए नदी पार करना"। मतलब यह कि नेताओं को उनकी सलाह थी कि वे मौजूदा हालात का पूरा ध्यान रखते हुए व्यावहारिक नीतियाँ ही बनाएँ। इस सोच को लोकप्रिय बनाने के लिए उन्होंने कई नारे गढ़े। मसलन, "दिमाग़ को बंधनमुक्त करना" यानी माओवादी आर्थिक सिद्धांतों से पीछा छुड़ाना। दूसरा तो सीधे-सीधे क्रांतिकारी आंदोलन के दौरान माओ के कथनों से लिया गया था— "तथ्यों से सच की तलाश"। इसने नेताओं को समय-समय पर नई नीतियाँ बनाने की छूट दी जो पिछली नीतियों से पूरी तरह अलग थीं।

तंग श्याओफिंग ने सिर्फ़ आर्थिक नीतियाँ ही तय नहीं कीं, बल्कि उनकी राजनीतिक पहलें भी उतनी ही महत्त्वपूर्ण थीं। वे राजनीतिक स्थायित्व को पार्टी और राज्य की सबसे

बड़ी प्राथमिकता मानते थे क्योंकि उनकी राय से स्थायित्व आर्थिक प्रगति की नींव है। इसे पार्टी और राज्य की संस्थाओं के कामकाज, कार्यावधि और उत्तराधिकार को नियमबद्ध बनाकर ही हासिल किया जा सकता है। उनका मानना था कि सांस्कृतिक क्रांति-जैसे हंगामों से हर क़ीमत पर बचा जाना चाहिए। इसलिए पार्टी के सैन्य कमीशन के अध्यक्ष के बतौर— गैंग ऑफ़ फ़ोर (चौगुट) को सत्ता से हटाए जाने के बाद 1996 में बीमार पड़ने के पहले तक वे सिर्फ़ इसी पद पर क़ाबिज़ रहे— उन्होंने जन मुक्ति सेना (पीएलए) को जून 1989 में नौजवानों के प्रदर्शनों को कुचल डालने का आदेश दिया। बहुत से लोग यह मानते हैं कि उन्होंने अगर ऐसा नहीं किया होता तो चीन में अफ़रातफ़री मच गई होती।[1] तंग के उत्तराधिकारियों ने शासन के प्रमुख सिद्धांत के रूप में स्थायित्व पर बल देना जारी रखा है और कई निरंकुशता भरे क़दम उठाए हैं। विकास के रास्ते की यह एक बड़ी कमज़ोरी रही है। हम इस मुद्दे पर तीसरे अध्याय में चीनी राजव्यवस्था के मिज़ाज पर विचार करते समय ग़ौर करेंगे।

चीन में सुधारों के निर्देशक सिद्धांतों को 1982 आते-आते "समाजवादी बाज़ार अर्थव्यवस्था" कहा जाने लगा। इसने बाज़ार अर्थव्यवस्था को वैधता दी, वहीं राज्य की नेतृत्वकारी भूमिका बरक़रार रही। धीरे-धीरे इस सोच ने ठोस शक्ल ले ली। चीनी कम्युनिस्ट पार्टी ने 1997 में "चीनी विशेषताओं वाले समाजवाद के निर्माण के तंग श्याओफिंग के विचार" को सुधारों का निर्देशक सिद्धांत मान लिया। इसे माओ त्से-तुंग विचारधारा के बाद सबसे महत्त्वपूर्ण वैचारिक सिद्धांत माना गया। इस तरह से तंग की दो मूल प्रस्थापनाएँ— राज्य और बाज़ार का साथ-साथ इस्तेमाल और तेज़ रफ़्तार से आर्थिक प्रगति की कोशिश— चीन के परवर्ती शासनों का मूलमंत्र बनी रहीं। बाद के दिनों में तंग ने व्यावहारिकता के आधार पर फ़ैसले लेने और ज़रूरत के मुताबिक एकदम नए क़िस्म के क़दम उठाने पर ज़ोर दिया। इसने भी सुधारों को वैधता प्रदान की। जैसा कि हम देखते हैं 2002 के बाद हु चिनथाओ ने आर्थिक नीतियों को संतुलित बनाने के लिए कई क़दम उठाए और उन्हें एक नया रंग देने की कोशिश की। इसके लिए उन्होंने सामाजिक न्याय और टिकाऊपन पर बल दिया। बारहवीं योजना में "विकास ढाँचे के कायाकल्प" को मुख्य लक्ष्य घोषित किया गया। शी जिनपिंग ने एक क़दम आगे बढ़ते हुए "विकास का एक नए दर्शन" गढ़ने और अर्थव्यवस्था और राजव्यवस्था को "चार समग्रताओं" के अपने विचार के अनुरूप समंजित और संतुलित विकास की ओर ढालने की बात शुरू की। इसे चीन में नए युग में चीनी विशेषताओं वाले समाजवाद के निर्माण की शी जिनपिंग विचारधारा कहा गया। तथापि 2020 तक प्रगति के ऊँचे लक्ष्य तय करने की तंग की सोच सभी शासनों पर हावी रही। इन लक्ष्यों के मुताबिक 1980 के स्तर को 2000 तक दुगुना करना था और फिर 2010 में और फिर 2020 में दुगुना करना था। ये लक्ष्य असल में हासिल कर लिए गए। लिहाज़ा हम सुधारों के युग को मोटामोटी चार कालखंडों में बाँट सकते हैं, हालाँकि नीतियों के लिहाज़ से उन्हें कई और विशेष चरणों में बाँटा जा सकता है।

सुधारों के चार दौर

- 1978–92: ग्रामीण सुधार पर ज़ोर— तंग श्याओफिंग द्वारा मुख्य नीतियों की घोषणा
- 1992–2002: च्यांग त्समिन के मातहत बाज़ार अर्थव्यवस्था के ज़रिए औद्योगिक प्रगति और निर्यात का विस्तार
- 2002–12: हु चिनथाओ के मातहत विकास की ऊँची दर के साथ बढ़ते सामाजिक तनाव और पर्यावरण की बिगड़ती हालत को लेकर चिंता
- 2012–17: शी जिनपिंग के शासन काल में चौतरफ़ा आर्थिक, राजनीतिक, सामाजिक, सांस्कृतिक और पर्यावरण लक्ष्यों के साथ नवोन्मेष-आधारित औसत या ऊँची बढ़त दर।

हम इस अध्याय और अगले अध्याय में चार दशकों के इतिहास पर ग़ौर करेंगे— पहले राष्ट्रीय नीति के लिहाज़ से और फिर इलाक़ाई नज़र से। हमारा प्रस्थान बिंदु चीन के गाँव हैं जिनकी नज़र से हम प्रत्येक दौर की नीतियों की मुख्य-मुख्य विशेषताओं को देखेंगे।

गाँव को प्रस्थान बिंदु बनाने की वजह से हमारी लाचारी है कि हम सबसे पहले शहर-गाँव के संबंधों पर ग़ौर करें। एक तरह के सवाल लेन-देन की शर्तों और संचयन की प्रक्रिया से संबंधित परंपरागत बहस से पैदा होते हैं। औद्योगिक विकास के लिए धन जुटाने को लिए किसान कुर्बानी क्यों दें? कई निरंकुश शासन यही करते रहे हैं। कृषि अध्ययन के क्षेत्र में यह सवाल बार-बार उठता रहा है।[2] उत्पादन संबंधों और उत्पादकता को लेकर लंबे अरसे से बहस चलती रही है कि ज़्यादा उपज के लिए व्यक्तिगत खेती मुफीद है या सहकारी खेती या कॉरपोरेट खेती? उपज की दृष्टि से जोत का आकार कितना महत्त्वपूर्ण है? जोत का आकार जितना बड़ा होगा, वहाँ यूरोपीय और अमेरिकी ढर्रे पर मशीनीकृत खेती उतनी ही आसान। ग्रामीण अर्थव्यवस्था में छोटे किसानों के सामने कैसी दिक़्क़तें आती हैं? क्या खेती के विकास के लिए ग्रीन रिवोल्यूशन का उच्च-तकनीक आधारित रास्ता ही एकमात्र रास्ता है? क्या इसने गंभीर पर्यावरण संकट नहीं पैदा किए हैं? मसलन, पानी के सोतों का सूखना, रासायनिक खाद के बेतहाशा इस्तेमाल के चलते ज़मीन की उर्वरता में गिरावट और बिगड़ती सेहत और तरह-तरह की बीमारियों का जोखिम। दूसरी तरफ़ ग्रामीण परिवारों के बीच ज़मीन बाँट देने से वे अपनी मनमाफ़िक तकनीक का इस्तेमाल करते हैं। इसका समाज के राजनीतिक और आर्थिक बनावट और सामंतशाही के ख़ात्मे पर क्या असर होगा? क्या किसानों को राष्ट्रीय-निर्माण में योगदान के लिए अपनी उपज को कम मुनाफ़े पर बेचना ज़रूरी है ताकि शहर के मज़दूरों को कम क़ीमत में खाद्यान्न उपलब्ध कराया जा सके? खेती के लिए धन कहाँ से जुटाया जाए? अंदरूनी स्रोतों से या राजकीय निवेश के ज़रिए? ग्रामीण अर्थव्यवस्था में संचय और उपभोग का अनुपात क्या होना चाहिए? क्या नए ज़माने में ग्रामीण अर्थव्यवस्था को एक विविधतापूर्ण अर्थव्यवस्था के रूप में देखना

होगा? खेतीबाड़ी जिसका एक अंग है और उद्योग, वाणिज्य और सामाजिक सहूलियतें उतने ही महत्त्वपूर्ण दूसरे अंग? हम शायद इन सभी मुद्दों पर इस किताब में विचार न कर पाएँ। लेकिन चीन में सुधारों के चार दशक बाद दो बातें साफ़ हैं। पहली बात है साफ़ तौर पर शहरीकरण को बढ़ावा देने और एक औद्योगिक और उच्च-तकनीक समाज के निर्माण का फ़ैसला। लिहाज़ा गाँवों में समृद्धि के दो दशक बाद चीनी नेताओं ने अलग तरह के विकास मॉडल की बात शुरू की। वे इस बात से ख़ुश थे कि 2015 में देश की कुल आबादी का 56.1 प्रतिशत शहरों में रहता था[3] और 2020 में तेरहवीं योजना के अंत तक उनकी तादाद बढ़कर 60 प्रतिशत हो जाने का अनुमान है। दूसरी बात थी 1990 के दशक के मध्य तक सामुदायिक तौर-तरीकों का अंत। हालाँकि शासन हाल के वर्षों में फिर से निजी मालिकाना के साथ-साथ सामुदायिक, सहकारी, सार्वजनिक-निजी और कॉरपोरेट आदि कई तरीकों को प्रोत्साहित करने लगा है। इसके साथ ही बिगड़ते पर्यावरण की वजह से उन्हें खेतीबाड़ी के परंपरागत और परिवर्तनीय तौर-तरीक़ों को भी बढ़ावा देना पड़ा। तथापि ज़ोर नवोन्मेष-आधारित आधुनिक तकनीक को अपनाने पर बना रहा।

इस प्रक्रिया की बेहतर समझ के लिए हमें सुधारों की शुरुआत के पहले के हालात पर ग़ौर करना होगा। बल्कि चीनी जनवादी गणराज्य की स्थापना के पहले के हालात पर नज़र दौड़ाना भी फ़ायदेमंद हो सकता है। लेकिन व्यावहारिक कठिनाइयों की वजह से हम 1950 के दशक के उत्तरार्ध से शुरू करेंगे जब जन कम्यून क़ायम किए गए। उत्तर-माओ काल में उन्हें क्यों भंग कर दिया गया? उसके बाद हम पिछले चालीस साल से चल रहे सुधारों के पीछे की सैद्धांतिक सोच को समझने की कोशिश करेंगे और यह देखेंगे कि व्यवहार के स्तर पर वह किस तरह विकसित हुई। सुधार कई चरण से गुज़रे। हम 1979 से लेकर बारहवीं पंचवर्षीय योजना (2011–15) और तेरहवीं योजना (2016–20) की शुरुआत तक प्रत्येक दौर की मुख्य बातों पर ग़ौर करेंगे। आगे चलकर विकास की आम रणनीति, ख़ासकर गाँवों के विकास की रणनीति— उत्पादन ज़िम्मेदारी व्यवस्था, माल उत्पादन की अर्थव्यवस्था का विकास, तकनीकी सुधार के ज़रिए अर्थव्यवस्था में विविधता लाने के प्रयासों का विश्लेषण करेंगे।

जन कम्यून कहाँ चूक गए?

कम्युनिस्ट पार्टी की ग्यारहवीं केंद्रीय कमेटी के तीसरे प्लेनम ने दिसंबर 1978 में आधुनिकीकरण के ज़रिए तेज़ रफ़्तार आर्थिक निर्माण की सोच सामने रखी। चार क्षेत्रों के आधुनिकीकरण की बात की गई जिसमें पहला स्थान खेती के आधुनिकीकरण का था। उसके बाद उद्योग, विज्ञान और प्रौद्योगिकी और राष्ट्रीय सुरक्षा के आधुनिकीकरण का नंबर आता था। इसे हासिल करने के लिए उत्पादक शक्तियों का पूर्ण विकास किया जाना था। तीसरे प्लेनम के बाद सत्तारूढ़ तंग श्याओफिंग के शासन ने माओ युग की आर्थिक नीतियों

को त्याग दिया, ख़ासकर ग्रेट लीप फ़ारवर्ड (महान अग्रगामी छलाँग) और सांस्कृतिक क्रांति के पीछे की सोच को। उनका मानना था कि इन्होंने उत्पादन में बढ़ोतरी की उपेक्षा की है। इसलिए सुधार कार्यक्रमों की शुरुआत की गई। सबसे पहले गाँवों में ताकि उपज, श्रम की उत्पादकता और ग्रामीण आय को बढ़ाया जा सके। वे कम्यून व्यवस्था को अस्वीकार करते थे क्योंकि वह उनकी नज़र में उत्पादकता और कार्यक्षमता को बढ़ाने में नाकाम रही थी। हमें यह समझना होगा कि कम्यून व्यवस्था को क्यों खड़ा किया गया था और उसकी सीमाएँ क्या थीं ताकि 1978 के बाद चालू सुधारों को अच्छी तरह समझ सकें।

वर्ष 1949 में सत्ता में आने के बाद चीनी कम्युनिस्ट पार्टी ने खेतीबाड़ी को सर्वोच्च प्राथमिकता दी। वर्ष 1950–52 में भूमि सुधार का काम पूरा कर लेने के बाद पार्टी ने 1954 से कृषि सहकारी समितियाँ और 1956 से उन्नत सहकारी समितियाँ बनाना शुरू किया। मंशा यह थी कि कृषि के सामूहिकीकरण की दिशा में तेज़ी से सधे क़दम उठाए जाएँ। अगस्त 1958 में जन कम्यून क़ायम किए गए। गाँवों में ग्रामीण सामूहिक संगठनों का तीन-स्तरीय ढाँचा खड़ा किया गया जिसमें जन कम्यून (*रनमिन कुङश*) सबसे ऊपर था, उत्पादन ब्रिगेड (*शंगछान तातुई*) बीच में और उत्पादन टीम (*शंगछान तुई*) सबसे नीचे। उत्पादन टीम 1962 में खेतिहर पैदावार की मूल इकाई बन गई। ब्रिगेड नवंबर 1958 से लेकर दिसंबर 1960 तक मालिकाना और हिसाब-किताब की इकाई थी और कम्यून उसके पहले कुछ महीनों के लिए। सांस्कृतिक क्रांति के दौरान रेडिकल समूह उत्पादन टीम को ब्रिगेड के स्तर पर लाना चाहते थे। लेकिन तंग की अगुआई में उदारपंथियों ने इसका विरोध किया।[4] यहाँ तक कि 1975 के संविधान पर भी सांस्कृतिक क्रांति की छाप थी, इसीलिए उसमें उत्पादन टीम को हिसाब-किताब की इकाई माना गया और जहाँ हालात माफ़िक हों वहाँ ब्रिगेड स्तर को सामूहिक इकाई माना जा सकता था। लेकिन तंग कालीन शासन ने टीम स्तर के सामूहिक संगठन को भी, जो छोटे से गाँव के स्तर का या गाँव के एक हिस्से के स्तर का होता था, उत्पादन का अक्षम तरीक़ा माना। एक समीक्षात्मक मूल्यांकन के मुताबिक 1958–60 के कम्यून तजरबे को "पाँच हवाओं" की संज्ञा दी गई— साम्यवाद (चरम समता) की हवा, चीज़ों को बढ़ा-चढ़ाकर पेश करने की हवा (ग़लत-सलत आँकड़ों के आधार पर ऊँचे उत्पादन का दावा), हुक्म बजाने की हवा (ऊँचे स्तर के नेताओं द्वारा अपने फ़ैसलों पर अमल का दबाव), ग्रामीण कैडर में विशेषाधिकार हासिल करने की हवा और ऊल-जलूल फ़रमान जारी करने की हवा।[5]

संक्षेप में, कम्यून व्यवस्था के निंदक तीन तरह के नकारात्मक असर की बात करते हैं। सबसे पहले तो उनका कहना है कि उत्पादन टीम के सारे के सारे लोग खेती के काम में लगे थे। यह ध्यान में नहीं रखा जाता था कि उस काम के लिए के इतने सारे लोगों की ज़रूरत है भी या नहीं। इसका मतलब है सार्थक रोज़गार का अभाव। इस तरह से कम्यून

व्यवस्था की समाप्ति के बाद काफ़ी सारा अतिरिक्त श्रम मुक्त हो गया जिसे दूसरे कामों में लगाया जा सकता था। इससे न सिर्फ़ परिवारों की आय बढ़ी बल्कि सामाजिक उत्पादन में भी बढ़ोतरी हुई।

दूसरे कम्यून व्यवस्था के तहत सभी कामगारों को काम के घंटे के मुताबिक बराबर वर्क प्वाइंट दिया जाता था। इस बात का ध्यान नहीं रखा जाता था कि उत्पादन में उनका योगदान कितना है।[6] तंग शासन इस "समतावादी" नज़रिए की निंदा करता था जिसके मातहत सभी किसानों को *एक ही हाँडी या लौह तश्तरी* से खाना पड़ता था।[7] मतलब यह कि आलसी किसानों को भी मेहनती किसानों के बराबर ही मेहनताना मिलता था। मेहनती होने या नएपन की चाहत रखने में कोई विशेष लाभ न था। सुधारों के दौरान इस नीति को बदलकर ज़्यादा और बेहतर काम के लिए ज़्यादा मेहनताना देने की नीति अपनाई गई।

तीसरे, कम्यून व्यवस्था में किसानों की आमदनी कम बनी रही। इसके दो कारण थे। पहले तो टीम कमेटी कुल कमाई का आधा हिस्सा पूँजी निर्माण फंड, कम्यून रिजर्व फंड और कल्याण फंड के नाम पर ले लेती थी और बची-खुची आय को ही वर्क प्वाइंट के हिसाब से बाँटा जाता था। इस तरह से किसान अपनी कमाई का एक बड़ा हिस्सा अपने योगदान के रूप में दे देते थे और बचे-खुचे हिस्से को ही आय के रूप में घर ले जा पाते थे। दूसरे, राज्य काफ़ी कम क़ीमत पर अनाज खरीदता था, इसलिए टीम की कमाई कम बनी रहती थी। इससे कम्यून व्यवस्था के दौर में गाँवों में किसानों की आय कम बनी रही और औद्योगिक उपभोक्ता सामग्री खरीद पाने की उनकी क्षमता सीमित। गाँवों में माँग के कम होने का असर पूरी अर्थव्यवस्था पर पड़ा। ऐसी सूरत में औद्योगिक उत्पादन को उस तरह का बाज़ार हासिल नहीं हो सका जैसा चीन के गाँवों में संभावना थी।

इस तरह, अल्परोज़गार और श्रम के बेतुके आवंटन, उत्पादन के लिए प्रोत्साहन के अभाव और किसानों की कमाई के निचले स्तर की वजह से कम्यून व्यवस्था तंग शासन की नज़रों में अनुत्पादक और अकुशल व्यवस्था थी।

हालाँकि 1958 में चीन में कम्यून व्यवस्था को लागू करने के औचित्य को नकारा नहीं जा सकता। कम्यूनों के गठन का फ़ैसला लेने के पहले चीनी कम्युनिस्ट पार्टी के भीतर इस बात को लेकर अच्छी-ख़ासी बहस हुई थी कि खेतिहर सहकारी समितियों को इतनी जल्दी कम्यूनों की शक्ल देना क्यों ज़रूरी है। माओ का कहना था कि भूमि सुधार लागू करने, परस्पर सहयोग टीम और सहकारी समितियों के गठन के बाद सामूहिकीकरण अगला तर्कसंगत क़दम है। दूसरी राय यह थी कि उत्पादक शक्तियों का पर्याप्त विकास किए बगैर सामूहिकीकरण असामयिक क़दम होगा। इसलिए लिऊ शाओछी और कई अन्य लोग खेतीबाड़ी में नई तकनीकों के इस्तेमाल को बढ़ावा देने के पक्ष में थे।[8] इस फ़ैसले के पहले 1958 में चली बहस को माओ की मौत के बाद फिर से चालू किया गया। इतिहास को

ध्यान में रखते हुए कहा जा सकता है कि संभवतः कम्यून का तजरबा ही उत्तर-माओ काल में सुधारों की भारी कामयाबी का कारण बना। इस मूल्यांकन के कई आधार हैं।

पहले तो कम्यूनों की स्थापना के बाद ज़मीन के मालिकाने के सामूहिकीकरण से गाँवों में वर्ग विभाजन का अंत हो गया। साग-सब्जी के लिए बाग़-बाग़ानों के निजी भूखंडों के अलावा सारी ज़मीन गाँव कमेटी के नेतृत्व में पूरे गाँव की हो गई। ये निजी भूखंड कुल जोत का 5 प्रतिशत से ज़्यादा नहीं थे। इस तरह से इस क़दम ने चीन में खेतिहर क्रांति के काम को जारी रखा। बहरहाल, सुधारों के दौरान अनुबंध की व्यवस्था में समय-समय पर कई तरह के बदलावों के बावजूद खेतिहर ज़मीन पर गाँव का सामूहिक मालिकाना हक़ बना रहा। दूसरे, कम्यून व्यवस्था ग्रामीणों के लिए पूर्ण रोज़गार की गारंटी थी। यह औरतों के लिए ख़ास मायने रखता था क्योंकि 1958 के बाद वे अपने श्रम के लिए वर्क प्वाइंट कमानेवाली खेतिहर श्रमिक बन गईं। हालाँकि औरतें पुरुषों के मुकाबले कम वर्क प्वाइंट कमा पाती थीं तब भी यह एक बड़ा सामाजिक-राजनीतिक बदलाव था। जैसा कि हम आठवें अध्याय में देखेंगे, औरतों के साथ यह भेदभाव सुधार के दौर में भी जारी रहा। बहरहाल, सभी औरतों के लिए रोज़गार की उपलब्धता ने चीन में महिला मुक्ति की अभूतपूर्व लहर को जन्म दिया।

तीसरे, उत्पादन टीम का नेतृत्व विभिन्न खेतिहर कामों के लिए मज़दूरों को समूह में तैनात करता था। इससे उसे काम के पैमाने को बड़ा करने में मदद मिलती थी। लेकिन सुधारों के दौरान परिवार आधारित खेती की व्यवस्था को फिर से अपनाए जाने के कारण ऐसा कर पाना संभव नहीं रहा। किसान समूह में जुताई-बुआई आदि का काम किया करते थे जिससे उनकी कार्यक्षमता बढ़ जाती थी। चौथे, चीन के गाँवों में बुनियादी ढाँचा खड़ा करने के लिए धन ज़्यादातर कम्यून के खुद के संसाधनों से जुटाया गया। कम्यूनों के पूँजीगत संचय या रिजर्व फंड के बलबूते सामूहिक प्रयास से सिंचाई परियोजनाएँ चालू की गईं, भूमि का उद्धार किया गया और उर्वरक खरीदे गए। कम्यूनों के अपने संसाधनों और सामूहिक श्रम के सघन इस्तेमाल के बिना ये परियोजनाएँ पूरी नहीं की जा सकती थीं। सिंचाई के परंपरागत तौर-तरीक़ों के इस्तेमाल के साथ-साथ नए तौर-तरीक़े आजमाए गए। कम्यून व्यवस्था का मानना था कि खेती के पुराने देशी तौर-तरीक़ों के साथ-साथ नए आधुनिक तौर-तरीक़ों को भी अपनाया जाना चाहिए। कम्यूनों ने ट्रैक्टरों के रख-रखाव और तकनीकी सहायता उपलब्ध कराने के मकसद से ब्रिगेड के स्तर पर मशीनीकरण केंद्र भी क़ायम किए। इसके अलावा सभी बच्चों के लिए प्राथमिक शिक्षा उपलब्ध कराना और निरक्षरता का निवारण कम्यूनों का एक महत्त्वपूर्ण काम था। परंपरागत चीनी औषधियों के साथ-साथ आधुनिक चिकित्सा के ज़रिए बुनियादी स्वास्थ्य सुविधा मुहैया कराना उनके सामाजिक कार्यक्रम का मूलाधार था।

इन सभी कामों के लिए स्थानीय मर्दों-औरतों की एक फ़ौज "पीपल्स मिलिशिया" खड़ी की गई जिनका काम न सिर्फ़ सुरक्षा और चौकसी करना था, बल्कि वे आर्थिक,

सामाजिक, सांस्कृतिक और शैक्षिक भूमिका भी निभाते थे। इस दौर में शारीरिक शिक्षा और खेलकूद प्रत्येक चीनी के जीवन का महत्त्वपूर्ण अंग बन गया था। कई विशेषज्ञ यह मानते हैं कि ग्रामीण सुधारों के मामले में तंग शासन की शानदार उपलब्धि के पीछे कम्यून दौर में निर्मित खेतिहर ढाँचे का हाथ है।[9] चीनी जनवादी गणराज्य ने 2009 में अपनी स्थापना की साठवीं सालगिरह मनाई। उसके बाद चीन में विकास के विमर्श को लेकर एक विवाद-सा शुरू हुआ। बहुत-से चीनी विद्वान और टिप्पणीकार पहले तीन दशकों, ख़ासकर 1958 में ग्रेट लीप फ़ॉरवर्ड की शुरुआत से लेकर 1978 में तीसरे प्लेनम में सुधारों और खुलेपन की नीति अपनाए जाने के बीच के दो दशकों को निरर्थक मानने की बजाय उस दौर में हासिल उपलब्धियों को हिसाब में शामिल करते हुए साठ सालों में चीन के विकास पर ग़ौर करने की बात करने लगे।[10]

जहाँ तक कम कमाई का सवाल है, यह बताना ज़रूरी है कि कम्यून दौर में औद्योगिक माल की क़ीमत कमोबेश स्थिर बनी रही। इसके अलावा यह भी कि कम्यून अपने सदस्यों को मुफ़्त शिक्षा, स्वास्थ्य सुविधा, शिशु देखभाल और वृद्धावस्था पेंशन मुहैया कराते थे। कम्यून यह भी गारंटी करते थे कि गाँवों में भीख माँगने की सूरत न पैदा हो या लोगों को खाने की क़िल्लत न हो। टीम कमेटी बुज़ुर्गों और बच्चों की पूरी देखभाल करती थी। एक गाँव में फसल की विफलता को दूसरे गाँवों की मदद से निपट लिया जाता था। इस व्यवस्था की कमियाँ तब उजागर हुईं जब एक बड़े इलाके में सूखे की हालत पैदा हुई। उच्च अधिकारियों द्वारा तय ख़रीद का कोटा एकरूप ढंग से लागू किया जाता था जिससे स्थानीय नेताओं के पास कम ही गुंजाइश बचती थी। एक स्वायत्त इकाई के रूप में कम्यून को अपनी परेशानियों से ख़ुद-ब-ख़ुद निपटना होता था। सूचना और संचार की व्यवस्था कमज़ोर थी। ऐसे में भुखमरी के शिकार इलाक़े राष्ट्रीय तवज्जो से महरूम रहते थे। नतीजतन, 1959–60 में व्यवस्थागत कमियों के कारण आपदा ने गंभीर संकट का रूप ले लिया और अकाल के चलते लाखों लोग मारे गए।[11] संकट इतना विस्तृत था कि मुसीबत से निपटने की सामूहिक व्यवस्था ही चरमरा गई। अंत में, कम्यून व्यवस्था चीन में औद्योगिकीकरण की प्रभावशाली रफ़्तार का नींव रखने के लिए ज़िम्मेदार थी। अतिरिक्त खेतिहर उपज का इस्तेमाल राज्य ने मज़दूरों और शहरी आबादी को अपेक्षाकृत सस्ता भोजन उपलब्ध कराने और भारी उद्योगों की स्थापना के लिए किया। कोई शक नहीं कि किसानों को चीन में औद्योगिक आधार तैयार करने के लिए भारी कुर्बानी देनी पड़ी।[12]

जन कम्यूनों की स्थापना और उसको प्रेरित करनेवाले ग्रेट लीप फ़ॉरवर्ड की उपादेयता को लेकर बहस जारी रहेगी। अकाल के चलते होनेवाली मौतें सहकारी और सामूहिक खेती की ज़रूरत के संतुलित आकलन को बाधित करती रहेंगी। लेकिन ज़रूरी है कि कम्यूनों के 20 साल को सुधारों के 40 साल के साथ जोड़कर देखा जाए ताकि 60 सालों में चीनी जनवादी गणराज्य के सफ़र को समग्रता में समझा जा सके। कुल मिलाकर अकाल के

अनुभव के बावजूद चीन के जन कम्यूनों की उपलब्धियों को कम करके नहीं आँका जा सकता। इसमें कोई शक नहीं कि तंग शासन ने प्राथमिकताओं को पुनर्परिभाषित किया। उसने माओ त्से-तुंग की सोच के उलट बराबरी के माहौल और समाजवादी संस्कृति के निर्माण के बदले अर्थव्यवस्था के प्रत्येक क्षेत्र और पारिवारिक आय में तेज़ रफ़्तार वृद्धि को तरजीह दी। फिर भी सुधारों की नीति ने 1990 के दशक में ग्रामीण संकट को जन्म दिया जिससे पार पाना अगले दो दशकों तक कोई आसान नहीं था। कहा जाता है कि माओ युग में सामूहिकीकरण-जैसे संस्थानिक बदलावों पर "एकतरफ़ा ज़ोर" और आर्थिक और तकनीकी उपायों को नज़रअंदाज़ करने की नीति की अपनी सीमाएँ थीं। उसने एक ऐसी अर्थव्यवस्था को जन्म दिया जिसने किसानों को बुनियादी सुविधाओं से वंचित रखा और उन्हें "निचोड़" लिया।[13] जो भी हो, यह विवादास्पद है कि माओ के जमाने में चीन में आर्थिक और तकनीकी पहलुओं को पूरी तरह नज़रअंदाज़ किया गया। पर इसी दृष्टिकोण को आधार बनाकर 1978 में सुधारों की शुरुआत को वाजिब ठहराया गया।

इस प्रकार माओ के बाद के चीन की नई प्राथमिकताएँ आर्थिक उन्नति की तेज़ रफ़्तार हासिल करने पर केंद्रित थीं। इसके लिए पहले तो उत्पादन के साधनों के मालिकाना स्तर पर राजनीतिक अर्थव्यवस्था को पूरी तरह बदल दिया गया। मतलब यह कि गाँवों के भूमि संबंधों और उद्योग और व्यवसाय के मालिकाने और नियंत्रण की व्यवस्था को बुनियादी तौर पर बदल दिया गया। दूसरे, उत्पादन और वितरण को बाज़ार के माकूल ढाला गया। तीसरे, अर्थव्यवस्था, ख़ासकर ग्रामीण अर्थव्यवस्था को बहुरंगी बनाया गया। चौथे, राष्ट्रीय और अंतरराष्ट्रीय स्तर पर अर्थव्यवस्था के दरवाज़े पूरी तरह खोल दिए गए। "सुधार और खुलेपन" की नीति के आम लक्ष्य तय हो जाने के बाद समय-समय पर तरह-तरह की नीतियों के आजमाइश का रास्ता साफ़ हो गया। जैसा कि तंग का कहना था "पत्थरों को टटोलते हुए नदी पार करने" की नीति अपनाई गई। मतलब यह कि व्यावहारिकता पर ज़ोर देने की तंग की सोच और नीति को पूरी तरह अपना लिया गया।

सुधारों का मार्गदर्शक सिद्धांत : लचीलापन अपनाओ, बढ़त हासिल करो

तंग की मौत के बाद सितंबर 1997 में पंद्रहवीं पार्टी काँग्रेस में पार्टी नेतृत्व ने "चीनी विशेषताओं वाले समाजवाद के निर्माण के तंग श्याओपिंग के सिद्धांत" को अपना "वैचारिक मूलाधार" घोषित किया।[14] च्यांग त्समिन और हु चिनथाओ ने उसके बाद के पार्टी काँग्रेस में तीन प्रतिनिधित्व और विकास के प्रति वैज्ञानिक नज़रिया के संबंध में अपने-अपने सैद्धांतिक विचार जोड़े। शी जिनपिंग के नेतृत्व के पहले दौर में, ख़ासकर 2016 के छठे प्लेनम में जब उन्हें "कोर" का दर्जा दिया गया, उनके "मुख्य भाषणों, और

उनकी दृष्टि, चिंतन और चीन में शासन की रणनीति" का हवाला दिया गया।[15] नवंबर 2017 में उन्नीसवीं पार्टी काँग्रेस में शी जिनपिंग के सैद्धांतिक योगदान का उल्लेख पार्टी संविधान में "नए युग में चीनी विशेषताओं वाले समाजवाद के निर्माण की शी जिनपिंग विचारधारा" के रूप में किया गया। अट्ठारहवीं काँग्रेस की रिपोर्ट और पार्टी संविधान में साफ़ कहा गया था कि तंग ने *भविष्य में दीर्घकालीन विकास के रास्ते का सैद्धांतिक-वैचारिक आधार* तैयार किया था। शी जिनपिंग ने जिस साफ़गोई के साथ चीनी सपने को साकार करने की बात कही, उससे तंग के सुझाए सुधारों के रास्ते की ही पुष्टि होती थी। तंग के योगदान को "सिद्धांत" का दर्जा दिया जाता है जबकि च्यांग के योगदान को "महत्त्वपूर्ण विचार" कहा जाता है। इसी तरह हु को "वैज्ञानिक नज़रिया" और शी को नए युग में चीनी विशेषताओं वाले समाजवाद के निर्माण के नए विचारों का श्रेय दिया जाता है। मतलब यह कि व्यावहारिकता शुरू से ही सुधार की सोच का अभिन्न अंग थी। व्यावहारिकता का यह नज़रिया विकास की माओवादी रणनीति को नकारता था और चीनी कम्युनिस्ट पार्टी के नेतृत्व में बाज़ार अर्थव्यवस्था के निर्माण के लिए कटिबद्ध था। "समाजवादी बाज़ार अर्थव्यवस्था" के निर्माण की इस रणनीति के विभिन्न पहलुओं का ख़ुलासा धीरे-धीरे अमल के दौरान हुआ पर उसका बुनियादी मिज़ाज मोटे तौर पर 1978 के तीसरे प्लेनम के बाद ही साफ़ हो गया था। उसकी मुख्य बातें इस प्रकार थीं—

1. अर्थव्यवस्था का विकास समाजवादी समाज के निर्माण का बुनियादी काम है।
2. तेज़ रफ़्तार विकास के लिए स्वामित्व के निजी और सार्वजनिक, सभी रूपों को बढ़ावा दिया जाना चाहिए।
3. सभी उद्यमों को "खुलेपन" की नीति पर अमल करना चाहिए; उन्हें स्थानीय, राष्ट्रीय और अंतरराष्ट्रीय परिस्थितियों को ध्यान में रखते हुए काम करना चाहिए और उनका प्रबंधन स्वायत्त होना चाहिए।
4. उत्पादन बढ़ाने के लिए दुनिया भर में उपलब्ध विज्ञान और प्रौद्योगिकी का इस्तेमाल किया जाना चाहिए।
5. पार्टी और उसके नेतृत्व में राजसत्ता को सुधारों का मार्गदर्शन करना चाहिए।

पहले तो उसने वर्ग संघर्ष को बुनियाद मानने या समाजवाद के निर्माण को केंद्रीय कार्य मानने से इनकार कर दिया और आर्थिक निर्माण को नया केंद्रीय कार्य माना। सुधार के पूरे दौर में चीनी कम्युनिस्ट पार्टी ने इसी केंद्रीय कार्य पर ज़ोर दिया। राजनीतिक उथल-पुथल के वक़्त भी, जैसे कि जून 1989 में थ्येनआनमन के प्रदर्शनकारियों के ख़िलाफ़ सैनिक कार्रवाई के दौरान भी इस ज़ोर में कमी नहीं आई। सोवियत संघ के पतन के वैचारिक और राजनीतिक प्रभावों के बावजूद सुधार जारी रहे। इसलिए चीन में तंग के सुधारों के ख़ाके को "एक केंद्र,

दो बिंदु" (*इचुंग ल्यागत्येन*) के रूप में परिभाषित किया जाता है।[16] सुधार के तीसरे दशक में भी जब हु चिनथाओ की अगुआई में चौथी पीढ़ी का नेतृत्व आर्थिक नीतियों में कई तरह के बदलाव की कोशिश में लगा था, इसे बार-बार दुहराया गया। पाँचवीं पीढ़ी के नेता शी जिनपिंग ने भी यही किया जब उन्होंने आर्थिक विकास की कमतर दर और कई अन्य नीतिगत पहलों को "नया मानक" घोषित किया।

आर्थिक निर्माण को समाजवाद के निर्माण के केंद्र में रखा गया। दो बिंदुओं में एक बिंदु था "सुधार और खुलापन" (*काइक खाईफ़ंग*) और दूसरा बिंदु था "चार मूलभूत सिद्धांतों" (*सी त्सयुआन*) पर अमल। सुधारों और खुलेपन की नीति की घोषणा तीसरे प्लेनम में ही कर दी गई जबकि चार मूलभूत सिद्धांतों को तंग श्याओफिंग ने फरवरी 1979 के अपने एक भाषण में निरूपित किया।[17] "एक केंद्र, दो बिंदु" के विचार ने भी 1980 के दशक के उत्तरार्ध में ही ठोस आकार लिया। ग़ौरतलब है कि तंग के उत्तराधिकारी च्यांग त्समिन जब 1989–2002 के बीच चीनी कम्युनिस्ट पार्टी के नेता थे, हमेशा आर्थिक पुनर्निर्माण पर ज़ोर देते थे। चीनी कम्युनिस्ट पार्टी की स्थापना की अस्सीवीं सालगिरह के मौक़े पर 1 जुलाई 2001 को च्यांग ने तीन प्रतिनिधित्व (*सांक ताइप्याओ*) के अपने सिद्धांत को निरूपित किया जिसका पहला बिंदु था कि पार्टी को उन्नत उत्पादक शक्तियों का प्रतिनिधित्व करना चाहिए। (अन्य दो सिद्धांत उन्नत संस्कृति और बहुसंख्यक आबादी के बुनियादी हितों के प्रतिनिधित्व से संबंधित थे।)[18] चीनी कम्युनिस्ट पार्टी की स्थापना की 90वीं सालगिरह के मौक़े पर 1 जुलाई 2011 को हु चिनथाओ ने भी इसी दृष्टिकोण को दुहराया।[19] कम्युनिस्ट पार्टी की अट्ठारहवीं काँग्रेस ने तंग श्याओफिंग के मूल विचारों को बहाल रखा और शी जिनपिंग ने 2013 में तीसरे प्लेनम में उसे और विस्तार देते हुए अर्थव्यवस्था के बाज़ारीकरण के नए उपाय सुझाए। वर्ष 2016 में शुरू "आपूर्ति संबंधी संरचनात्मक सुधारों" ने अर्थव्यवस्था में इसी सोच को आगे बढ़ाया।

ध्यान देने की बात है कि सभी "एक केंद्र, दो बिंदु" की बात दुहराते रहे और आर्थिक निर्माण की बात इस पूरे दौर में हमेशा केंद्र में रही फिर भी नीतिगत घोषणाओं और अमल में दोनों बिंदुओं के विभिन्न पहलुओं पर ज़ोर कम-बेश होता रहा। महत्त्वपूर्ण सुधारों का मिज़ाज सत्ता में क़ाबिज़ नेतृत्व के ख़ास फ़ैसलों पर निर्भर था। मिसाल के तौर पर, राजकीय स्वामित्ववाले उद्यमों की भूमिका कितनी महत्त्वपूर्ण होगी या *हुखऊ* सुधार कैसे होंगे और अर्थव्यवस्था को अंतरराष्ट्रीय वित्तीय बाज़ार के लिए कितना खोला जाएगा, इस बारे में समय-समय पर काफी सोच-समझकर फ़ैसले किए गए। बहरहाल, पत्थरों को टटोलते हुए नदी पार करने की नीति जो थी। लिहाज़ा सुधारों के आम ढाँचे के भीतर नीति-निर्माण में काफी लचीलापन दीखता है।

दूसरे, सुधारों की अवधारणा सांस्कृतिक क्रांति के दौर में माओ की आर्थिक नीतियों की तंग श्याओफिंग की आलोचना से पैदा हुई थी।[20] तंग का कहना था कि उत्पादक

शक्तियों का विकास किसी भी क़ीमत पर हासिल किया जाना चाहिए। अगर सामुदायिक स्वामित्व और राजकीय स्वामित्व उत्पादन में बढ़ोतरी के मुफ़ीद नहीं हैं तो उन्हें निजी या दूसरे क़िस्म के स्वामित्व में बदल देना चाहिए या उनसे मेल बिठाना चाहिए या ज़रूरी हो तो उनके मातहत कर देना चाहिए। इस तरह से माओ के बाद के चीन में सांस्थानिक बदलाव, ख़ासकर *स्वामित्व के स्वरूप में बदलाव* आर्थिक सुधारों का एक महत्त्वपूर्ण पहलू बन गए। सन् 1990 के दशक के अंत में भी उत्पादन के 70 प्रतिशत से ज़्यादा साधन सार्वजनिक मालिकाने के मातहत थे, हालाँकि सामुदायिक स्वामित्व को बदलने की कोशिश शुरू हो चुकी थी। वर्ष 2009–10 आते-आते कुल जीडीपी का 70 फीसदी हिस्सा अर्थव्यवस्था का ग़ैर-सार्वजनिक क्षेत्र से आने लगा था।[21] फिर भी कई महत्त्वपूर्ण निर्णायक उद्योग-धंधे सार्वजनिक क्षेत्र में बने रहे। लेकिन सार्वजनिक क्षेत्र के ये उद्योग-धंधे भी बाज़ारोन्मुख इकाइयों की तरह ही काम करते थे। पार्टी ने पूरी अर्थव्यवस्था पर अपना व्यापक आर्थिक नियंत्रण जारी रखने का फ़ैसला किया। इसे चीन की अर्थव्यवस्था में "समाजवाद" का मुख्य आधार स्तंभ माना जाता था। पर इसे राज्य के समर्थन से पूँजीवादी बाज़ार अर्थव्यवस्था के विकास को सुनिश्चित करने का तरीक़ा भी माना जाता है। अर्थव्यवस्था में सार्वजनिक क्षेत्र का दबदबा भले ही बना रहा हो पर यह सार्वजनिक मालिकाना जवाबदेही और प्रबंधन के उन्हीं सिद्धांतों के अधीन था जो निजी मालिकाने पर लागू होते थे। राजकीय उद्यमों में सुधार की यह प्रक्रिया ग्यारहवीं और बारहवीं पंचवर्षीय योजनाओं के दौरान जारी रही। बहरहाल, ध्यान देने की बात है कि इस सुधार प्रक्रिया में मालिकाने के नए-नए स्वरूप सामने आए— व्यक्तिगत, सामूहिक, सहकारी, संयुक्त स्वामित्व, अंशधारक, राष्ट्रीय, प्रांतीय, स्थानीय, विदेशी, विविध पूँजीगत निवेशवाली, इलाकाई अधिकार क्षेत्र, क्षेत्रीय अधिकारों वाली, आदि-आदि।

तीसरे, तंग के मुताबिक कम्युनिस्ट पार्टी और राज्य द्वारा आर्थिक गतिविधियों का केंद्रीकृत प्रबंधन उत्पादन को तेज़ी से बढ़ने नहीं देता। ऐसा प्रबंधन बाज़ार की ज़रूरतों को पूरा नहीं करता क्योंकि इसे ऊपर से अधिकारियों द्वारा थोपा गया होता है। साथ ही यह उत्पादन में कमी-बेशी की कोई ज़िम्मेदारी नहीं लेता। लिहाज़ा *प्रबंधन सुधार* नए दृष्टिकोण का एक महत्त्वपूर्ण पहलू था। तीसरे प्लेनम ने पार्टी, सरकार या प्रशासन और उद्यम प्रबंधन को पूरी तरह अलग करने (*तांग चंग छिये फन्खाई*) पर ज़ोर दिया। पार्टी और सरकारी एजेंसियों को हिदायत दी गई कि वे उद्यमों के प्रबंधन में हस्तक्षेप न करें। जैसा कि हम बाद में देखेंगे कि इसने नए माहौल में उत्पादन में बढ़ोतरी में अहम भूमिका निभाई। प्रत्येक उत्पादक इकाई से कहा गया कि वे घरेलू और विदेशी बाज़ार की ज़रूरतों को ध्यान में रखते हुए अपने लिए लाभकारी प्रौद्योगिकी, वेतन नीति और उत्पादन योजना के बारे में ख़ुद फ़ैसला करें। प्रत्येक इकाई में, चाहे वह उद्यम हो या मैनेजर या मज़दूर, उत्पादन ज़िम्मेदारी की व्यवस्था सभी पर लागू होती थी। मतलब यह कि इकाई में उत्पादन ज़्यादा होने पर और उसका लाभ

बढ़ने पर उनकी कमाई भी बढ़ जाती थी। इसी तरह उत्पादन और लाभ कम होने पर उनकी कमाई घट जाती थी।

सुधार का चौथा पक्ष था उत्पादन की बढ़ोतरी में *विज्ञान और प्रौद्योगिकी की अहमियत पर ज़ोर देना*। तंग ने उत्पादन में बढ़ोतरी के लिए नए तकनीकी ज्ञान का इस्तेमाल करते हुए आधुनिकीकरण की ज़रूरत पर ज़ोर दिया। इसके लिए उन्होंने वैज्ञानिक उपलब्धियों की बदौलत पश्चिम द्वारा की गई प्रगति का हवाला दिया। च्यांग त्समिन ने भी मौक़े-ब-मौक़े हमेशा विज्ञान के बारे में इसी नज़रिए की हिमायत की। हु चिनथाओ ने इसी सोच को आगे बढ़ाते हुए प्रत्येक क्षेत्र में नवोन्मेष को बढ़ावा देने की एक व्यापक योजना की शुरुआत की। शी जिनपिंग ने मई 2015 में "चीन 2025" के नाम से एक नई आर्थिक योजना शुरू की ताकि नई तकनीकों का विकास कर और विज्ञान और तकनीकी के क्षेत्र में महारत हासिल कर चीनी विनिर्माण का परिमाण बढ़ाने की जगह उसकी गुणवत्ता में सुधार लाया जाए और इस तरह उसके स्वरूप को बदल दिया जाए। तंग का मानना था कि विज्ञान उत्पादन क्षमता की बुनियाद है। इस नीति की बदौलत विज्ञान पर निवेश बढ़ा, विज्ञान और तकनीकी के विभिन्न क्षेत्रों में अंतरराष्ट्रीय लेन-देन और सहयोग को बढ़ावा मिला और नीतिनिर्माताओं और वैज्ञानिकों के बीच क़रीबी रिश्ता क़ायम हुआ। च्यांग त्समिन का दूसरा प्रतिनिधित्व जिस उन्नत संस्कृति की बात करता था उसमें उन्नत विज्ञान की बात भी शामिल थी। हु चिनथाओ के "नवोन्मेषी समाज" कार्यक्रम के चलते वैज्ञानिक प्रयोगशालाओं पर होनेवाला ख़र्च कई गुना बढ़ गया। शी जिनपिंग ने अपने "नए विकास दर्शन" के पहले तत्त्व के रूप में नवोन्मेष को रखा जिसमें विज्ञान और तकनीकी पर विशेष ज़ोर दिया गया। चीन की खुला दरवाज़ा नीति ने न सिर्फ़ दुनिया भर से नई तकनीकी के आयात और साझा शोध कार्यक्रमों को प्रोत्साहित किया बल्कि आर्थिक, सामरिक और पर्यावरण के मकसद से अपनी वैज्ञानिक क्षमता बढ़ाने पर भी ज़ोर दिया।

इस नीति को "सुधार और खुला दरवाज़ा" नीति कहा गया। मतलब यह कि मालिकाना, प्रबंधन और वितरण की व्यवस्था में सुधार के साथ-साथ वित्तीय पूँजी और तकनीकी के आमद के लिए रास्ता खोल देना और अंतरराष्ट्रीय व्यापार में भागीदारी। दोनों का ही इस्तेमाल आर्थिक विकास हासिल करने के लिए किया गया। बहरहाल, ध्यान देने की बात है कि हु चिनथाओ जब 2003 के बाद से "विकास के प्रति वैज्ञानिक दृष्टिकोण" अपनाने की बात करते हैं तो "वैज्ञानिक" से उनका मतलब था एक अलग क़िस्म का, सर्वव्यापी और संतुलित विकास।

पाँचवें, तंग श्याओफिंग ने शुरू में ही स्पष्ट कर दिया था कि पार्टी ही सुधारों का मार्गदर्शन करेगी और नकारात्मक प्रवृत्तियों पर लगाम लगाएगी। उन्होंने 1987 में हु याओपांग को बरख़ास्त करके अपनी समझ से बुर्जुआ उदारीकरण की प्रवृत्तियों को ख़ारिज कर दिया था

और जून 1989 में थ्येनआनमन स्क्वायर के नौजवान प्रदर्शनकारियों को पूरी तरह कुचलने के लिए जनमुक्ति सेना (पीएलए) को तैनात किया था। फिर उन्होंने ही फरवरी-मार्च 1982 में विशेष आर्थिक क्षेत्र की अपनी "दक्षिण यात्रा" के दौरान बाज़ार अर्थव्यवस्था और निजी उद्यमों की शुरुआत की पुरज़ोर वकालत की थी। उन्होंने पूँजीवाद की पुनर्स्थापना के भय को यह कहते हुए ख़ारिज कर दिया था कि कम्युनिस्ट पार्टी हमेशा नियंत्रणकारी भूमिका में रहेगी और ध्रुवीकरण और विषमता की समस्याओं से निपटती रहेगी। क्या वास्तव में ऐसा हुआ या पार्टी ख़ुद ही चीन में पूँजीवाद की पुनर्स्थापना का औज़ार बन गई, यह विवाद का विषय हो सकता है। इसकी ओर हम बाद में लौटेंगे। पर इसमें कोई विवाद नहीं कि "चीनी विशेषतावाले समाजवाद" की उनकी अवधारणा का मतलब कई चीज़ों के साथ-साथ यह भी था कि पार्टी और राज्य सुधारों की दिशा तय करेंगे और सरकार की देखरेख में बाज़ार की ताक़तों का विस्तार करेंगे। जैसा कि हम पहले देख चुके हैं इस व्यवस्था के बलबूते चीनी सरकार कई घरेलू और अंतरराष्ट्रीय संकटों से निपटने में सफल रही है। लेकिन नतीजतन निरंकुश राजनीति को बढ़ावा मिला है और लोगों की लोकतांत्रिक भावनाओं और माँगों को दरकिनार किया गया है जिससे लोगों के बीच विलगाव और तनाव बढ़ा है।

तंग द्वारा आर्थिक विकास पर ज़ोर दिए जाने को सही ठहराते हुए कम्युनिस्ट पार्टी के सिद्धांतकारों का कहना था, चूँकि चीन पूँजीवादी विकास से अछूता रह गया था इसलिए वहाँ उत्पादक शक्तियाँ पिछड़ी रह गईं। उत्पादन का पैमाना नीचा था और कृषि और उद्योग दोनों ही जगह उत्पादन की तकनीक पिछड़ी थी। लिहाज़ा चीन को अपनी अर्थव्यवस्था को आधुनिक बनाने और उत्पादन शक्तियों का विकास करने में कई दशक लगेंगे। इस मकसद से चीन को विदेशी पूँजी और तकनीकी का आयात करना होगा ताकि वह अपना आर्थिक आधार तैयार कर सके। इस दृष्टिकोण से माओ त्से-तुंग के समाजवाद के आर्थिक सिद्धांत, ख़ासकर वर्ग संघर्ष के उनके सिद्धांत को आदर्शवादी क़रार देते हुए उसकी आलोचना की गई क्योंकि वह समुचित भौतिक आधार तैयार किए बगैर या उत्पादक शक्तियों का समुचित विकास किए बगैर समाजवादी उत्पादन संबंधों का निर्माण करना चाहता था। दूसरी तरफ़, तंग ने "समाजवाद की प्रारंभिक अवस्था" के लिए कार्यक्रम का एक ख़ाका तैयार किया जो इक्कीसवीं सदी के मध्य तक जारी रहेगा जब चीन का जनवादी गणतंत्र एक सदी पुराना हो जाएगा।[22] हु चिनथाओ ने भी इस बात को दुहराते हुए निजी उद्यमियों और विकासमान मध्य वर्ग को यह भरोसा दिलाया कि समाजवादी बाज़ार अर्थव्यवस्था का यह दौर काफ़ी लंबे अरसे तक जारी रहेगा। मतलब यह कि इक्कीसवीं सदी के मध्य का यह लक्ष्य भी टल सकता है और चीन आर्थिक विकास के अपने रास्ते पर टिका रहेगा। चीन को एक समृद्ध और शक्तिशाली देश बनाना मुख्य लक्ष्य है। हु चिनथाओ ने इस नज़रिए को जारी रखा पर "समरस समाज"[23] के निर्माण के लक्ष्य के साथ तालमेल बिठाते हुए चीन के सामने

आनेवाली नई समस्याओं के समाधान की भी कोशिश की। शी ने "चीनी राष्ट्र के पुनर्जीवन का चीनी सपना" की अपनी महती उद्घोषणा और दो शताब्दी समारोहों के आयोजन की घोषणाओं के ज़रिए इसी भावना को रेखांकित किया। चीनी कम्युनिस्ट पार्टी की एक के बाद एक आयोजित सभी काँग्रेस ने चीनी सुधार के बारे में तंग की सोच की ही पुष्टि की।

तंग के सुधारों ने निश्चित तौर पर चीनियों की राष्ट्रवादी भावनाओं को हवा दी। देश के मुख्य भूभाग में और बाहर बसे चीनी "एक ताक़तवर और समृद्ध देश" (*छ्यांक्व फ़ुमिन*) के निर्माण को एक महत्त्वपूर्ण लक्ष्य मानने लगे जिसका सपना उन्नीसवीं सदी के उत्तरार्ध में सुधारकों ने देखा था। तंग का सुझाया रास्ता सुन यात सेन के तीन जन सिद्धांतों (लोक राष्ट्रवाद, लोक अधिकार और लोक आजीविका) और उपनिवेशवाद-विरोधी और सामंतवाद-विरोधी रूपांतरण के मकसद से माओ त्से-तुंग की लोक जनवादी क्रांति के सिलसिले को ही आगे बढ़ाता दिखता था। चीनी जनवादी गणतंत्र की स्थापना के मौक़े पर 1 अक्टूबर 1949 को माओ के भाषण "चीन के लोग खड़े हो गए हैं" की तर्ज पर तंग ने भी 1980 में ज़ोरदार ढंग से घोषित किया कि अगले दस साल में चीन के सकल राष्ट्रीय उत्पाद और प्रति व्यक्ति आय को दुगना कर लिया जाएगा और 2000 में फिर से उसका भी दुगना कर लिया जाएगा। असल में, चीन ने इन लक्ष्यों को समय के पहले ही हासिल कर लिया। च्यांग त्समिन के नेतृत्व ने इसी सोच को आगे बढ़ाते हुए यह लक्ष्य रखा कि 2000 की राष्ट्रीय आय और जीडीपी को 2010 तक फिर से दुगना कर लिया जाएगा। चीनी जनवादी गणतंत्र की स्थापना की पचासवीं सालगिरह के मौक़े पर आयोजित रैली में 1 अक्टूबर 1999 को च्यांग त्समिन ने ताक़तवर और समृद्ध चीन के निर्माण के लक्ष्य को फिर से दुहराया। सन् 2008 में चीन में ओलिंपिक खेलों का सफल आयोजन चीन के राष्ट्रवादी दावों का एक और प्रदर्शन था। चीन की ग्यारहवीं पंचवर्षीय योजना (2006–2010) को इस तरह तैयार किया गया कि चीन की जीडीपी और प्रति व्यक्ति आय को 2010 में 2000 के स्तर से दुगना कर दिया जाए और 2020 में एक "मोटे तौर पर ख़ुशहाल राष्ट्र" के निर्माण के साथ उसे फिर से दुगना कर दिया जाए। बारहवीं योजना (2011–2015) भी उसी तर्ज पर तैयार की गई, हालाँकि उसका लक्ष्य था "विकास के ढाँचे का कायाकल्प" हासिल करना। तेरहवीं योजना (2016–2020) में "हर मायने में मोटे तौर पर ख़ुशहाल समाज के निर्माण के लिए खोजपरक, समन्वित, हरित, खुला और साझा विकास" को प्रोत्साहित करने का लक्ष्य तय किया गया है। विकास की दर अपेक्षाकृत कम होने और कई सामाजिक और पर्यावरण संबंधी चिंताओं के बावजूद ज़्यादातर चीनियों को यह आकांक्षा काफ़ी लुभाती है। इस तरह से तंग श्याओफिंग और उनके उत्तराधिकारियों का नेतृत्व सुधार नीतियों में निहित चीनी राष्ट्रवाद को प्रोत्साहित करता रहा है। "समाजवादी बाज़ार अर्थव्यवस्था" को बढ़ावा देते हुए चीनी विशेषताओं

वाले समाजवाद के निर्माण की तंग श्याओफिंग की वैचारिक-सैद्धांतिक सोच विमर्श की एक ऐसी भाषा गढ़ती है जिसे आसानी से मार्क्सवादी सिद्धांत के रूप में पेश किया जा सकता है और अर्थव्यवस्था को मज़बूत करना जारी रखा जा सकता है। एक कम्युनिस्ट पार्टी के लिए ऐसा करना ज़रूरी था ताकि वह बाज़ार अर्थव्यवस्था के निर्माण और पश्चिमी अर्थव्यवस्थाओं की बराबरी तक पहुँचने का अपना मकसद जारी रख सके।[24]

जैसा कि हम बाद में देखते हैं यह रणनीति लंबे अरसे तक नहीं चली क्योंकि 1990 के दशक का मध्य आते-आते सुधारों का मूल ज़ोर निर्यात के लिए माल बनाने पर हो गया और ग्रामीण अर्थव्यवस्था को गहरे संकट में फँसा छोड़ दिया गया। इस मौक़े पर विश्व बैंक के सुधार कार्यक्रम से थोड़ा मेल दिखा। बहरहाल, चीनी योजनाकारों को जल्द ही समझ में आ गया कि उन्हें न सिर्फ़ सोवियत संघ की तर्ज पर केंदीकृत योजना और माओवादी नीतियों से परहेज़ करना होगा, बल्कि वाशिंगटन आमसहमति पर आधारित वैश्वीकरण, उदारीकरण और निजीकरण के पैकेज़ से भी बचना होगा। क्रमिक रूप से राज्य निर्देशित बाज़ार अर्थव्यवस्था का निर्माण और अपने ख़ास सामाजिक और राजनीतिक सरोकारों के साथ आर्थिक प्रगति पर ज़ोर देते हुए अपने आर्थिक लाभ के लिए वैश्वीकरण का इस्तेमाल चीनी सुधार कार्यक्रम की मूल ख़ासियत बना रहा है।[25]

अभी हम इस बात पर ध्यान देते हैं कि सुधार, ख़ासकर ग्रामीण इलाक़ों में कैसे चरणबद्ध तरीक़े से एक के बाद एक विकसित हुए।

चीन में ग्रामीण सुधारों के चार चरण

1. 1979–92: सफल ग्रामीण सुधार
    - क. 1979–84: सुधारों की शुरुआत : किसानों की आय में तेज़ बढ़ोतरी
        - i. पारिवारिक ज़िम्मेदारी व्यवस्था
        - ii. ऊँचे दाम पर अनाज की सरकारी खरीद
        - iii. टाउनशिप और ग्रामीण उद्यमों को प्रोत्साहन
    - ख. 1985–92: टाउनशिप और ग्रामीण उद्यमों को केंद्र में रखते हुए विविधतापूर्ण अर्थव्यवस्था के निर्माण में बड़ी सफलता
        - i. पारिवारिक ज़िम्मेदारी व्यवस्था को राष्ट्रीय नीति के रूप में संगत बनाना
        - ii. ज़मीन का दीर्घकालीन बंदोबस्त
        - iii. क़ीमत सुधार— राजकीय खरीद के दाम में बढ़ोतरी
        - iv. उत्पादन कोटा में रियायत
        - v. नए ग्रामीण उपक्रमों, वाणिज्य और आम तौर पर तीसरे उद्योग को बढ़ावा देने के ज़रिए ग्रामीण अर्थव्यवस्था में बहुरूपता

2. 1992–99: निर्यात लिए माल उत्पादन
   - क. शहरी और निजी अर्थव्यवस्था और विदेशी पूँजी लाने पर ज़ोर
     - i. तंग की दक्षिण यात्रा के बाद सुधारों में तेज़ी और खुलेपन की नीति पर ज़ोर
     - ii. निजी और विदेशी मालिकानावाले उद्यमों का तेज़ी से फैलाव
     - iii. विशिष्ट खेतीवाले परिवारों में बढ़ोतरी
     - iv. ग्रामीण उद्यमों का पुनर्गठन
   - ख. 1999–2002: गाँवों के संकट के जवाब
     - i. 1998 के क़ानून के मुताबिक प्रतिस्पर्धा के आधार पर गाँव-स्तर के चुनाव
     - ii. टाउनशिप और ग्रामीण उद्यमों का निजीकरण— कई स्रोतों से निवेश को आमंत्रण
     - iii. प्रौद्योगिकी में सुधार पर ज़ोर
     - iv. ग्रामीण इकाइयों का पुनर्गठन, ग्रामीण इलाक़ों में और शहरी संस्थाओं (*श* या शहर और *चन* या ग्रामीण टाउन) का निर्माण
     - v. विश्व व्यापार संगठन (डब्ल्यूटीओ) में दाखिले के संदर्भ में बाज़ार प्रतिस्पर्धा क्षमता में बढ़ोतरी पर ज़ोर
3. सामाजिक चिंताओं के साथ तेज़ विकास
   - क. 2002–2007: नए समाजवादी गाँवों का उदय
     - i. खेतीबाड़ी पर कर की समाप्ति
     - ii. ग्रामीण बुनियादी ढाँचे के निर्माण पर ज़ोर
     - iii. गाँवों में सामाजिक सुरक्षा के उपाय
     - iv. काउंटी, नगर और उपनगर सरकार को ज़्यादा धन उपलब्ध कराना
     - v. बढ़ते तनाव और सामाजिक प्रबंधन
   - ख. 2007–12: वैज्ञानिक विकास और समरस समाज
     - i. वित्तीय संकट के समय विकास के लिए विशेष प्रोत्साहन
     - ii. ग्रामीण शासन के लिए धन में बढ़ोतरी
     - iii. मज़दूरों के पलायन का प्रबंधन
     - iv. इलाकाई विषमता को कम करने पर ज़ोर
     - v. पर्यावरण की संरक्षा-सुरक्षा की नीतियाँ
4. 2012–17: समन्वित विकास
   - क. नवोन्मेष या विज्ञान और प्रौद्योगिकी को विकास का प्रमुख सिद्धांत बनाना
   - ख. शहरीकरण की नई नीति
   - ग. आपूर्तिकारी ढाँचागत सुधार

घ. भूमि नीतियों में बदलाव जिससे कृषि-व्यवसाय और उद्योग को बढ़ावा मिले
ङ. शासन सुधार— भ्रष्टाचार पर लगाम और कार्यकुशलता और नैतिकता में वृद्धि
च. एक इलाक़ा, एक रास्ता पहल की शुरुआत

सुधार के विभिन्न चरणों की यह सूची शायद उतनी सर्वांगीण न हो पर यह दिखाने के लिए काफ़ी है कि तंग के मूलभूत सिद्धांतों को किस तरह अमल में लाया गया। नेतृत्व ने आर्थिक विकास पर नज़र टिकाए रखते हुए समय-समय पर हालात के मुताबिक नीतियों में बदलाव लाया।

पहले दौर में कम्यून व्यवस्था की जगह पारिवारिक ज़िम्मेदारी की व्यवस्था क़ायम की गई। यह एक बड़ा सांस्थानिक सुधार था। इस दौर का दूसरा नीतिगत क़दम था ख़रीद की क़ीमतों में इज़ाफ़ा। दरअसल, 1978 के तीसरे प्लेनम के तुरंत बाद ग्रामीण सुधारों की शुरुआत इसी से हुई। पूरे चीन में किसानों की आमदनी बढ़ी। उसके साथ ही तंग श्याओफिंग के नेतृत्व पर लोगों का भरोसा भी बढ़ा। तीसरे, अलग-अलग फसलों के लिए, ख़ासकर अनाज की पैदावार के लिए कोटा तय किया गया और इसी के आधार पर प्रोत्साहन भाव का एक ढाँचा खड़ा किया गया। कोटा से ज़्यादा पैदावार करने पर किसानों को ज़्यादा क़ीमत मिलती। अंत में ग्रामीण औद्योगिकीकरण को ग्रामीण विकास रणनीति का अहम हिस्सा बनाया गया। इन सब नीतियों के चलते अनाज के पैदावार की दर जो 1952–78 के बीच 2.4 प्रतिशत थी, बढ़कर 5 प्रतिशत हो गई और कुल कृषि पैदावार की दर 1.9 प्रतिशत से बढ़कर 7.4 प्रतिशत हो गई। किसानों की प्रति व्यक्ति आय 1978 से 1985 को बीच तीन गुना बढ़ गई (देखें तालिका 2.1)।

सबसे पहले पारिवारिक ज़िम्मेदारी को 1980 के दशक के दूसरे हिस्से में देश भर में लागू किया गया। इस व्यवस्था से होनेवाले आर्थिक लाभ की नीति के आधार पर नई नीति लागू की गई। केंद्रीय कमेटी और स्टेट काउंसिल (मंत्रिमंडल) ने 1 जनवरी 1985 को जारी दस्तावेज़ में *ग्रामीण अर्थव्यवस्था में जान फूँकने के लिए 10 नीतियों* की घोषणा की। इन नीतियों में *क़ीमतों में सुधार* और अनाज की ख़रीद पर राज्य के एकाधिकार और बाज़ार क़ीमतों के बीच खाई को पाटने पर ज़ोर दिया गया था। दूसरे, इस दौरान कई इलाक़ों में कोटा व्यवस्था में ढील दी गई और किसानों को अपनी पैदावार को *बाज़ार में बेचने की इजाज़त दी गई।* इसके पहले तक राज्य एकमात्र ख़रीदार था। तीसरे, इस दौरान ग्रामीण अर्थव्यवस्था में विविधता लाने के सोचे-समझे प्रयास किए गए। ग्रामीण उद्योग-धंधों के विकास के साथ-साथ बाग़वानी, मछलीपालन के ज़रिए ग्रामीण अर्थव्यवस्था को विस्तार देने के हरसंभव प्रयास किए गए। मकसद था ज़्यादा-से-ज़्यादा अतिरिक्त ग्रामीण श्रम को गाँवों में ही खपाया जा सके। सन् 1990 को दशक के अंत तक खेतीबाड़ी के काम से मुक्त होनेवाले 20 करोड़ अतिरिक्त श्रमिकों में से तक़रीबन 13 करोड़ को ग्रामीण उद्योग-धंधों

तालिका 2.1 : ऊँची विकास दर 1978–2015

मद	*1978*	*1989*	*1997*	*2005*	*2010*	*2012*	*2015*	*औसत वार्षिक विकास दर 1979–2015*	*औसत वार्षिक विकास दर 2001–15*
जीडीपी (10 करोड़ युआन*)	364.52	1,699.23	7,897.30	183,084.8	401,202	518,942.1	685,505.8	9.7	9.7
प्राथमिक उद्योग*	101.84	422.80	1,426.46	2,307.04	40,533.6	52,373.6	60,870.5	4.4	4.1
अनुपूरक उद्योग*	174.52	727.80	3,754.30	8,704.67	187,581.4	235,162	280,560.3	11	10.4
कृषि उपज का कुल मूल्य*	139.70	653.47	2,378.84	3,945.09	69,319.8	89,453	107,056.4	5.7	4.8
अनाज (10,000 टन)	304.765	407.549	494.171	484.022	5,4647.7	58,958	62,143.9	1.9	2
तिलहन (10,000 टन)	521.8	12,95.2	2,157.4	3,077.1	—	3,436.8	3,537	5.3	1.3
जलीय उत्पाद (10,000 टन)	4.654	11.517	36.018	51.076	53.730	5,907.7	6,699.6	7.5	4
कोयला (अरब टन)	0.618	1.054	1.373	2.205	3.235	3.65	3.75	5	6.9
खनिज तेल (10 लाख टन)	104.05	137.64	160.74	181.35	203.014	207.47	214.5	2	1.8
प्राकृतिक गैस (अरब क्युबिक मीटर)	13.73	15.05	22.70	50.94	94.848	107.13	134.6	6.4	11.3
कच्चा इस्पात (10 लाख टन)	31.78	61.59	108.94	353.24	637.22	723.88	803.82	9.1	13
सिमेंट (अरब टन)	65.24	210.29	511.74	1,068.85	1,881.91	2,209.8	2,359.18	10.2	9.6
नागरिक उड्डयन (10 लाख यात्री)	2.3	12.83	56.30	138.27	267.69	319.36	436.18	15.2	13.3

प्रमुख बंदरगाहों से माल की ढुलाई (10 लाख टन)	198.34	490.25	908.22	2,927.77	5,483.58	6,652.45	7,845.78	10.5	13
घरेलू व्यापार : उपभोक्ता वस्तुओं की खुदरा बिक्री (10 करोड़ युआन)	155.9	810.1	3125.3	67,177	156,998	210,307.9	300,931	15.3	14.6
विदेशी व्यापार : कुल मूल्य (अरब अमेरिकी डॉलर)	20.64	111.68	325.16	1,421.91	2,974	3,867.12	3,953.03	15.3	15.2
निर्यात (अरब अमेरिकी डॉलर)	9.75	52.54	182.79	761.95	1,577.75	2,048.71	2,273.47	15.9	15.9
आयात (अरब अमेरिकी डॉलर)	10.89	59.14	142.37	659.95	1,396 24	1,818.41	16,795.6	14.6	14.3
प्रत्यक्ष विदेशी निवेश (अरब अमेरिकी डॉलर)	—	3.39	45.26	60.33	105.74	111.71	126.27	—	7.8

स्रोत : नेशनल ब्यूरो ऑफ़ स्टैटिस्टिक्स ऑफ़ चाइना, *चाइना स्टैटिस्टिकल ईयरबुक*, 2006, पृ. 26–30 (तालिका 2.3); 2011 (तालिका 1–5), पृ. 27–37 (सेक्शन 1–7); 2013; 2016 (देखें सेक्शन 1.2)।

नोट : * 10 करोड़ युआन

में ही खपा लिया गया।[26] इस दौर में ग्रामीण अर्थव्यवस्था की बुनावट में निर्णायक बदलाव आया। वर्ष 1987 में ग्रामीण अर्थव्यवस्था में योगदान के मामले में ग़ैर-कृषि क्षेत्र ने कृषि को पीछे छोड़ दिया। वर्ष 1995 में तो कुल ग्रामीण आय में ग्रामीण उद्योग-धंधों का हिस्सा 67 प्रतिशत था। दूसरे चरण में कई क़दम उठाए गए जिनमें शामिल था ज़मीन का संरक्षण और उपयोग और कृषि में सतत निवेश की गारंटी।

दूसरा चरण 1992 के शुरू में तंग श्याओफिंग की दक्षिण यात्रा से प्रारंभ हुआ। 1989 में थ्येनआनमन स्क्वायर की घटना और 1991 में सोवियत संघ और पूर्वी यूरोप के शासनों के पतन के बाद चीनी नेतृत्व के भीतर बाज़ार सुधारों और खुले दरवाज़े की नीतियों को और तेज़ करने को लेकर बहस जारी थी। चीनी कम्युनिस्ट पार्टी के वरिष्ठ नेता छन युन चाहते थे कि अर्थव्यवस्था के प्रत्येक स्तर पर पार्टी का नेतृत्व बहाल रहना चाहिए और निजीकरण को रोक देना चाहिए। बहरहाल, तंग ने निजी तौर पर हस्तक्षेप कर इस सोच को निष्फल कर दिया। शनचन, चुहाई-जैसे विशेष आर्थिक क्षेत्र की स्थापना की दसवीं सालगिरह के मौक़े पर अपनी यात्रा के दौरान उन्होंने *सुधारों को तेज़ करने और चीन के दरवाज़े पूरी दुनिया के लिए पूरी तरह खोलने की ज़रूरत* की बात दुहराई। उनका कहना था कि जबतक चीनी कम्युनिस्ट पार्टी सत्ता में है चीन में पूँजीवाद की पुनर्स्थापना का कोई ख़तरा नहीं है। इसके बाद निजीकरण और चीन में विदेशी निवेश का नया दौर शुरू हुआ। धीरे-धीरे चीन थ्येनआनमन स्क्वायर की घटना के बाद पश्चिमी देशों द्वारा लगाए गए प्रतिबंधों से उबर गया और अर्थव्यवस्था के विकास की गति तेज़ हो गई।

इस चरण के अंतिम वर्षों में अन्न उत्पादन और ग्रामीण औद्योगिकीकरण के मौजूदा रुझानों के प्रति सचेत करते हुए कई नीतिगत क़दम भी उठाए गए। जहाँ तक अन्न उत्पादन का मामला है पैदावार में घटत-बढ़त होती रहती थी। दरअसल संयुक्त राष्ट्र के खाद्य और कृषि संगठन ने चेतावनी जारी की थी कि चीन को इक्कीसवीं सदी की शुरुआती वर्षों में खाद्य संकट का सामना करना पड़ सकता है। ज़ाहिर था कि चीन ने इसे ख़ारिज कर दिया। पर उसने कई क़दम उठाए कि अनाज की उपज बढ़ती रहे। औद्योगिक और अन्य शहरी काम के लिए खेतिहर ज़मीन के इस्तेमाल पर कई पाबंदियाँ लगाई गईं। 1980 के दशक में खेतिहर ज़मीन को बड़े पैमाने पर दूसरे कामों में लाया गया था। वुशी इलाके के कई उपनगरीय ज़िलों और काउंटियों में अनाज की पैदावार की जगह नकदी फसल उगाने और कृषि की जगह उद्योग-धंधे लगाने और व्यवसाय शुरू करने के बहुत से उदाहरण मौजूद थे। प्रत्येक *श्यांग* (ग्रामीण टाउनशिप) *चन* (शहरी टाउन) बनना चाहता था और प्रत्येक *श्येन* (ग्रामीण काउंटी) *श* (शहरी नगर) बनना चाहता था। जब स्थानीय पार्टी नेता शहर का दर्जा देने की माँग करते और उच्चाधिकारी उससे इनकार कर देते तो वे काफ़ी हताश हो जाते। प्रत्येक किसान अनाज की जगह सब्जियाँ या और कोई नकदी फसल उगाना चाहता था ताकि

उसकी आय बढ़ सके। प्रत्येक ग्राम कमेटी उद्योग-धंधा लगाना चाहती थी या होटल बनाना चाहती थी जिसका मतलब था और ज़्यादा खेतिहर ज़मीन का व्यावसायिक इस्तेमाल। हम अगले अध्याय में वुशी के अध्ययन में इस प्रवृत्ति के कई उदाहरण देखेंगे। इन सब का मतलब था खेतीबाड़ी के रक़बे का घटता जाना। चीन में पहले से ही प्रति व्यक्ति खेती लायक ज़मीन कम थी (भारत के मुकाबले एक तिहाई)। एक विशाल आबादीवाले समाज में जहाँ सफल आबादी नियंत्रण उपायों के बावजूद आबादी 1.9 की दर से बढ़ रही थी अन्न की आपूर्ति बनाए रखना एक बड़ी चुनौती थी। लिहाज़ा सरकार की कोशिश थी कि *खेतिहर ज़मीन का रकबा घटने न पाए*। तेरहवीं योजना में अन्न की पैदावार के लिए खेतिहर ज़मीन का रकबा तय करना खाद्य सुरक्षा को सुनिश्चित करना का ही एक तरीक़ा था।

ज़मीन जितनी भी हो 1990 के दशक में इस बात पर ज़ोर दिया गया कि उन्नत प्रौद्योगिकी के इस्तेमाल के ज़रिए खेतीबाड़ी का आधुनिकीकरण बेहद ज़रूरी है। सुधारों के पहले चरण में ही विशेष दक्षतावाले खेतिहर परिवारों को चिह्नित करने का क़दम इसी नीति का नतीजा था। सन् 1990 के दशक में खेतीबाड़ी का आधुनिकीकरण महत्त्वपूर्ण नीतिगत पहल बन गया। सुधारों के पहले दशक में छोटे-छोटे टुकड़ों में बँटी पारिवारिक खेती की वजह से आधुनिक प्रौद्योगिकी का लाभ उठाना संभव नहीं था। ज़मीन की देखभाल पूरी तरह परिवारों पर थी। हाँ, ग्राम कमेटी, ख़ासकर उसका कृषि निदेशक पैदावार की प्रक्रिया पर नज़र ज़रूर रखता था। लेकिन कुल मिला कर खेतीबाड़ी के मशीनीकरण और वैज्ञानिक तौर-तरीक़े अपनाने की दिशा में कोई ख़ास प्रगति नहीं हुई। सन् 1990 के दशक में ग्रामीण नीति का यह एक प्रमुख पहलू था। टाउनशिप शासन ने पूरे इलाके के लिए योजना तैयार की, प्रत्येक गाँव में एक *विज्ञान और प्रौद्योगिकी समूह* का गठन किया, खेतिहर मशीनरी केंद्रों को पुनर्जीवित किया और नए सेवा केंद्रों की स्थापना को प्रोत्साहित किया गया जिनमें से कुछ उत्पादन में मदद करते थे और कुछ मार्केटिंग पर केंद्रित थे।

सन् 1990 के दशक में नई नीतियों का दूसरा पहलू था ग्रामीण औद्योगिक सुधार। सन् 1980 के दशक के मध्य तक ग्रामीण औद्योगिकीकरण अपने चरम पर पहुँच गया था। अब जो ग्रामीण उद्योग-धंधे बाज़ार की प्रतिस्पर्धा में टिक नहीं पा रहे थे उन्हें कामधाम बंद करने या विविधता लाने को कहा गया ताकि वे मुनाफ़ा कमा सकें। ग्रामीण औद्योगिक माल की गुणवत्ता को सुनिश्चित करने के लिए कठोर मानक तय किए गए। घटिया माल बनानेवाली इकाइयों को दंडित किया गया और अक्सर उनके माल को सार्वजिनक रूप से जला दिया जाता था। दूसरा महत्त्वपूर्ण क़दम ग्रामीण उद्योग-धंधों के मालिकाने से संबंधित था। तटीय प्रांतों की ज़्यादातर इकाइयाँ चूँकि सामूहिक मालिकाने में थीं, नई नीति के मुताबिक उन्हें अंशधारक कंपनी में बदलने को कहा गया। सोच यह थी कि इस तरह से वे पर्याप्त पूँजी इकट्ठा कर लेंगी जिससे वे नई तकनीक खरीद सकेंगी और ढंग से अपने माल का विपणन कर

सकेंगी। इस तरह से 1990 के दशक में *ग्रामीण उद्योग-धंधों के मालिकाने में भारी बदलाव* आया। "सु नान मॉडल" (यांग्त्सी नदी के दक्षिण में बसा चियांग्सु प्रांत) जो इस अध्ययन का केंद्रबिंदु है, उसने सामुदायिक अर्थव्यवस्था के मूलभूत तत्त्वों को बरक़रार रखा। लेकिन उनमें भी ढाँचागत बदलाव आया और वे मिश्रित मालिकानेवाली कंपनियों-जैसी बन गईं। कई तो निजी उद्यमियों को सीधे बेच दी गईं। इस प्रक्रिया में ग्रामीण उद्योग-धंधों को अपने दरवाज़ों को विदेशी पूँजी निवेशकों के लिए खोल देने को प्रोत्साहित किया गया ताकि वे विदेश से आधुनिक प्रौद्योगिकी खरीद सकें, अपने उत्पादन में विविधता ला सकें और देश-विदेश में अपना माल बेचने के लिए नई आधुनिक रणनीति तैयार कर सकें। विश्व व्यापार संगठन (डब्ल्यूटीओ) में शामिल होने के प्रयासों में तेज़ी की रोशनी में ये बदलाव ख़ासे अहम बन गए।

सितंबर 1999 में चीनी कम्युनिस्ट पार्टी की पंद्रहवीं केंद्रीय कमेटी के तीसरे प्लेनम में "कृषि और गाँवों के कुछ अन्य मामलों में फ़ैसले" की स्वीकृति के बाद एक नया दौर शुरू हुआ। गाँवों में शहरी संस्थाओं के विकास संबंधी नीति में भारी फेरबदल हुआ। इसमें ग्रामीण इलाक़ों में नगरों (*श*) और काउंटियों (*श्येन*) के विकास की हिमायत की गई ताकि ग्रामीण इलाक़ों में शहरी सुविधाओं और ग़ैर-कृषि गतिविधियों का बेरोक-टोक विस्तार हो सके। चीन को 4,850 लाख टन अनाज की ज़रूरत थी। पर वह उससे आगे निकलते हुए पहले ही 4,900 लाख टन अनाज उगाने का लक्ष्य हासिल कर चुका था। हालाँकि उत्तम क़िस्म का अनाज उगाने का लक्ष्य उसे अभी हासिल करना था। गाँवों में शहर बसाने की नई सोच बाज़ार की ज़रूरतों के साथ बेहतर तालमेल बिठाने में शायद उसकी मदद करती। चीन के विश्व व्यापार संगठन में शामिल होने के बाद उसे जिस कड़ी प्रतिस्पर्धा का सामना करना पड़ता उसकी रोशनी में यह निहायत ही ज़रूरी था। दूसरा फ़ैसला उपनगरीय और ग्रामीण उद्यमों से जुड़ा था। उनसे कहा गया कि वे अपने मालिकाने के स्वरूप में बदलाव लाएँ और राजकीय स्वामित्ववाले उद्यमों में सुधार के चलते पैदा होने वाली नई स्थिति के मुताबिक अपनी उत्पादन योजना को बदलें। राजकीय स्वामित्ववाले उद्यम चूँकि ज़्यादा लचीले और प्रतिस्पर्धी बनते जा रहे थे, उनके उत्पादों के मुकाबले उपनगरीय और ग्रामीण उद्यमों को मिलनेवाले लाभ अब धीरे-धीरे ख़त्म होते जा रहे थे। राजकीय स्वामित्ववाले उद्यमों और वैश्विक बाज़ार की प्रतिस्पर्धा के सामने वे टिक सकें इसलिए उपनगरीय और ग्रामीण उद्यमों को ज़्यादा निवेश और नए उत्पादों के लिए नई प्रौद्योगिकी चाहिए थी। इससे बाध्य होकर ज़्यादातर उपनगरीय और ग्रामीण उद्यम निजी या मिश्रित या अंशधारी उपक्रम में तब्दील हो गए। इस प्रक्रिया में कई उपनगरीय और ग्रामीण उद्यम बंद हो गए, ख़ासकर वे जो दिवालिया हो गए थे और जिन्हें कोई खरीददार नहीं मिला। निजी निवेश से अर्थव्यवस्था में काफ़ी विविधता आई क्योंकि वह बाज़ार की मौजूदा और भावी माँग पर निर्भर था। चौथे

चरण का एक और फ़ैसला था "कर प्रणाली में सुधार"। सन् 1992 से ही च्यांग त्समिन बोझ से दबे किसानों की समस्याओं की बात कर रहे थे। वे राज्य को कर चुकाते थे, गाँव की सामूहिक संस्था को ज़मीन के अनुबंध शुल्क के साथ-साथ और भी कई तरह के शुल्क देते थे। इसके अलावा गाँव और टाउनशिप के लिए समय-समय पर श्रमदान भी करते थे या उसके बदले फ़ीस चुकाते थे। लेकिन इन सुधारों में सावधानी बरतने का फ़ैसला किया गया और उन्हें प्रायोगिक तौर पर ही लागू किया गया। इसके अलावा नौकरशाही को कम करने और किसानों के ऊपर पड़नेवाले वित्तीय बोझ को कम करने के उद्देश्य से स्थानीय शासन के स्तर पर कर्मचारियों की संख्या में कटौती का फ़ैसला किया गया, क्योंकि किसानों के योगदान से ही स्थानीय अधिकारियों को तनख़्वाह दी जाती थी। देशव्यापी स्तर पर और उसके नीचे *हुखऊ* के स्थानांतरण की इजाज़त देने का औपचारिक फ़ैसला लिया गया। अब कोई किसान अपना गाँव छोड़कर नजदीकी नगर या शहर में जाकर बस सकता था और वहाँ अपना निवास स्थान पंजीकृत करा सकता था। पलायन को रोकने के लिए *हुखऊ* प्रणाली का कठोरता से पालन की पुरानी बातों को अनावश्यक माना जाने लगा। गाँव के बाशिंदे अब कहीं भी रोज़गार की तलाश के लिए आज़ाद थे। दूसरी तरफ़, अगर स्थानीय स्तर पर रोज़गार के माकूल अवसर उपलब्ध हों तो गाँववासी शायद वहाँ से बाहर जाने का न सोचें। बहरहाल, *हुखऊ* व्यवस्था को पूरी तरह ख़त्म किए जाने के बारे में नहीं सोचा गया। शहरों, ख़ासकर बड़े शहरों को अपने क़ानूनी बाशिंदों को भी स्वास्थ्य और शिक्षा की सुविधा देने में परेशानी हो रही थी। अंततः गाँव कमेटियों के निर्माण में जनतांत्रिक प्रक्रिया अपनाने पर ज़ोर दिया गया और 1998 के अंत में पहली बार लगभग पूरे देश में कई प्रतियोगी उम्मीदवारों के बीच से गाँव कमेटी के सदस्यों का चुनाव किया गया।

इक्कीसवीं सदी के पहले दशक के प्रारंभिक क्षणों में सुधारों के तीसरे चरण ने चीन के गाँवों में एक नए माहौल का सृजन किया जिसमें समृद्धि थी तो तंगी भी। पारिवारिक ज़िम्मेदारी प्रणाली, ग्रामीण उद्योग-धंधों और व्यवसाय के चलते ग्रामीण आय में चौतरफा वृद्धि हुई। साथ ही उसने आय में असमानता, सामाजिक विभेदीकरण और सामूहिक कल्याण की क्रमिक उपेक्षा की नई प्रवृत्तियों को भी जन्म दिया। उसने धनी किसानों और व्यवसायियों के एक नए वर्ग को भी पैदा किया जो कृषि, उद्योग और व्यवसाय और ग्रामीण और शहरी अर्थव्यवस्था और उत्पादन के साथ-साथ प्रशासन के क्षेत्र में सक्रिय था। चीन की ग्रामीण अर्थव्यवस्था राष्ट्रीय अर्थव्यवस्था में पूरी तरह घुलमिल गई थी और विश्व अर्थव्यवस्था के साथ बड़े पैमाने पर जुड़ गई थी।

पिछली सदी के अंतिम दशक के दौरान किए गए नीतिगत उपाय गाँवों के गहराते संकट से निपटने के लिए नाकाफ़ी थे। उपनगरीय और ग्रामीण उद्यमों की हैसियत में बदलाव की वजह से स्थानीय सरकार के पास उपलब्ध धन में कमी आ गई थी। परिणामस्वरूप, स्कूलों,

अस्पतालों और अन्य कल्याणकारी कार्यक्रमों को उनसे मिलनेवाली सहायता काफ़ी कम हो गई थी। दूसरी तरफ, ग्रामीण अधिकारी बची-खुची सेवाओं को जारी रखने के लिए तरह-तरह के शुल्क की वसूली कर रहे थे। सन् 1980 के दशक में स्थानीय अधिकारियों ने ग्रामीण उद्योगों से होनेवाले लाभ के बलबूते कृषि ढाँचे में काफ़ी सुधार किया था। अब उन प्रयासों में काफ़ी कमी आ गई थी। उपनगरीय और ग्रामीण उद्यमों द्वारा ज़्यादा से ज़्यादा अतिरिक्त श्रम को खपा लेने की वजह से रोज़गार के जो नए अवसर पैदा हो रहे थे वे अब कम होने लगे। इन सबसे खेतिहर पैदावार भी प्रभावित हुई। अन्न की पैदावार ऊपर-नीचे होती रही, हालाँकि मैनुफैक्चरिंग उद्योग और निर्यात में तेज़ बढ़त की वजह से चीनी अर्थव्यवस्था के विकास की दर ऊँची बनी रही। सन् 2002 में सोलहवीं पार्टी काँग्रेस के समय तक चीन के नेता ग्रामीण समस्याओं की बातें करने लगे थे और विश्व मीडिया ग्रामीण विद्रोहों की ख़बरें साया करने लगा था। शहरों की ओर पलायन अब तक स्वाभाविक प्रक्रिया का अंग था और उसकी वजह मूलतः आर्थिक होते थे पर अब वह लाचारी भरे पलायन में तब्दील होने लगा। पूर्वी चीन के तेज़ी से विकसित होते शहरों को और श्रमिकों की ज़रूरत थी। सस्ते श्रम की यह बाढ़ उनके लिए एक तरह से वरदान-जैसी थी। लेकिन प्रवासी मज़दूरों का यह प्रवाह गाँवों में संकट के गहराते बादल की निशानी था। "तीन ग्रामीण समस्याओं" (*सान नुङ वन्थी*)— खेतिहर पैदावार में बढ़ोतरी की समस्या (*नुङ ये*), किसानों की कम आय की समस्या (*नुङमिन*) और गाँवों में स्वास्थ्य, शिक्षा और सामाजिक कल्याण के ख़राब ढाँचे की समस्या (*नुङछन*) के समाधान की बातें चीन में ज़ोर पकड़ने लगीं। मार्च 2006 में नेशनल पीपल्स काँग्रेस में पेश वन च्यापाओ की रिपोर्ट के इस अंश से यह साफ़ हो जाता है कि ग्रामीण संकट कितना भारी था—

> पहले तो अनाज की पैदावार और ग्रामीण आय को और बढ़ाना मुश्किल होता जा रहा है। अनाज की क़ीमत कम होती जा रही है तो खेती के लिए ज़रूरी साज़ो-सामान की क़ीमतें बढ़ती जा रही हैं जिससे किसानों के लिए अपनी आय में बढ़ोतरी करना मुश्किल है। नतीजतन, वे अनाज की पैदावार से हट रहे हैं। साथ ही खेतिहर ज़मीन का कुल रकबा घटता जा रहा है और खेतिहर उपज की कुल क्षमता कम है। इसके चलते देश में खाद्य संकट का ख़तरा बढ़ गया है।[27]

वन ने मार्च 2007 में भी इसी बात को दुहराते हुए कहा कि—

> कृषि जो अर्थव्यवस्था की बुनियाद है अब भी कमज़ोर है और अनाज की पैदावार और ग्रामीण आय में बढ़ोतरी को जारी रखना अब और भी मुश्किल बनता जा रहा है।[28]

इस संकट से निपटने के लिए हु चिनथाओ और वन च्यापाओ के नेतृत्व ने "एक नए समाजवादी गाँवों के निर्माण" का नारा दिया। सबसे पहले यह बात चीनी कम्युनिस्ट पार्टी की केंद्रीय कमेटी में 2005 में उठाई गई और फिर 2006 में एनसीपी में पेश प्रधानमंत्री

की रिपोर्ट में इसके कुछ विशेष पहलुओं को स्पष्ट किया गया। इसके तहत नीतियों की तफ़सील धीरे-धीरे सामने आई। ऐसा लगता है कि चीनी सुधार की मौजूदा अवस्था में ग्रामीण रूपांतरण का बुनियादी रास्ता क्या हो और "शांतिपूर्ण अभ्युदय" या "शांतिपूर्ण विकास" के बीच कौन-सा रास्ता अपनाया जाए इसको लेकर बहस चल रही थी। कुछ अर्थशास्त्री विकास के मौजूदा रास्ते, यानी शहरीकरण के रास्ते पर ही चलने की वकालत कर रहे थे। उनका मानना था कि इसके लिए शहरों में निर्माण कार्यों पर और निवेश करना होगा और प्रवासी मज़दूरों को महानगरों और अन्य शहरों के भीतर सेवाओं, निर्माण कार्यों और मैनुफैक्चरिंग के क्षेत्र में खपाना होगा। वहीं बौद्धकों और नीति-निर्माताओं का एक बड़ा समूह ऐसा था जो ग्रामीण विकास के रास्ते पर अमल की बात कर रहा था। उनके अनुसार कृषि, ग्रामीण उद्योग-धंधों, परिवहन तथा स्वास्थ्य और शिक्षा पर ज़्यादा निवेश करना चाहिए ताकि ग्रामीण क्षेत्रों में रोज़गार के अवसरों को बढ़ाया जा सके और वहाँ बेहतर आजीविका मुहैया कराई जा सके। ग्यारहवीं योजना के प्रारूप के साथ-साथ राजकीय और पार्टी फ़ोरमों पर चलनेवाली बहसों से साफ़ है कि चीनी कम्युनिस्ट पार्टी का नेतृत्व दोनों नज़रिए के बीच संतुलन बनाने की कोशिश में लगा था।

जो भी हो, ग्यारहवीं योजना के पहले दो साल में जो नीतियाँ घोषित की गईं वे सीधे-सीधे तीन ग्रामीण समस्याओं के समाधान की ओर निर्देशित थीं। सन् 2006 के नववर्ष के पहले दिन कृषि कर (नुङ्फेई) की समाप्ति की घोषणा की गई। यह एक बड़ी बात थी क्योंकि यह 2,600 सालों से किसी न किसी रूप में लागू था और पारंपरिक चीन में राजस्व का प्रमुख स्रोत था। सन् 1990 के दशक के उत्तरार्ध में कई करों को मिला दिया गया और उपनगरीय और ग्राम सरकारों को कहा गया कि वे किसानों से वसूले जानेवाले शुल्कों की संख्या कम करें। फिर भी किसानों पर भारी बोझ बरक़रार रहा और उनकी आमदनी कम बनी रही। ऐसे में, पूरे चीन में इस क़दम का भव्य स्वागत हुआ। जहाँ तक भूमि अधिकारों का सवाल है, नेतृत्व ने पहले ही 2002 में भूमि अनुबंध क़ानून और कृषि क़ानून बनाकर बड़ा क़दम उठाया था। इन कानूनों में अनुबंधित ज़मीन के लंबे समय तक इस्तेमाल पर ज़ोर दिया गया था और उपअनुबंध का इजाज़त दी गई थी। पर खेतिहर ज़मीन को उद्यमों को दिए जाने के बारे में उन कानूनों के प्रावधानों का अक्सर उल्लंघन किया जाता था। नतीजतन, कई जगहों पर हिंसक झड़पें भड़क उठीं। केंद्र ने निर्देश जारी किया कि ऐसे मामलों में ग्रामीणों की सभा में दो तिहाई बहुमत से स्वीकृति के प्रावधान का कड़ाई से पालन किया जाए।

नई नीतियों की सबसे अहम बात थी कृषि के लिए ज़्यादा आवंटन— 2007 में 39,170 करोड़ युआन का आवंटन किया गया जो पिछले साल से 520 करोड़ युआन ज़्यादा था। साथ ही ग्रामीण ढाँचे के विकास, जल संरक्षण उपायों, सड़कों और मवेशी पालन की सुविधाओं के निर्माण पर ज़्यादा खर्च किए गए। स्वास्थ्य और शिक्षा के लिए ज़्यादा धन दिया गया ताकि कम-से-कम नौ साल तक अनिवार्य शिक्षा का लक्ष्य हासिल किया जा

सके। पिछड़े इलाक़ों में नए कार्यक्रमों के कुछ अन्य पहलुओं को लागू करने के लिए विशेष आवंटन किए गए। ग्यारहवीं योजना के साथ-साथ एनपीसी में प्रधानमंत्री की रिपोर्ट में भी गाँवों में अनुपूरक उद्योग-धंधे, कृषि संसाधन से संबंधित उद्योग-धंधे लगाने की बात कही गई। लेकिन बात साफ़ थी, ग्रामीण अर्थव्यवस्था में सामुदायिक उद्यमों की स्थापना—उपनगरीय और ग्रामीण उद्यम जिन्होंने 1980 के दशक में गाँवों की शक्ल-ओ-सूरत बदल डाली थी, उन पर ज़ोर का दौर इतिहास की बात हो चुकी थी। हालाँकि उन्हें बंद किए जाने की बात नहीं की जा रही थी। असल में, 2006 में भी तक़रीबन 20 लाख ऐसे ग्रामीण उद्यम मौजूद थे जो 15 करोड़ मज़दूरों को रोज़गार देते थे और ग्रामीण उत्पादन में तीन-चौथाई मूल्य का और चीन के विदेशी निर्यात में चौथाई मूल्य का योगदान करते थे।

बारहवीं योजना के घोषित नज़रिए के तहत "आर्थिक विकास के ढर्रे में तब्दीली", खेती में बदलाव पर ज़ोर दिया गया। "तीन ग्रामीण समस्याओं" पर ध्यान देते हुए प्रधानमंत्री वन च्यापाओ ने मार्च 2012 में सरकार के कामकाज पर अपनी रिपोर्ट में घोषित किया कि सरकार ने किसानों को लाभ पहुँचाने के लिए कृषि को मज़बूत करने और ग्रामीण इलाक़ों को समृद्ध करने की नीति का पूरी तरह अमल किया। सिंचाई और जल संरक्षण परियोजनाओं को प्राथमिकता दी गई, ग्रामीण ज़मीन में सुधार किया गया और प्रौद्योगिकी सेवाओं को बेहतर बनाया गया। उनके मुताबिक 2011 में केंद्र सरकार ने कृषि, ग्रामीण इलाक़ों और किसानों पर 1 लाख करोड़ युआन से ज़्यादा ख़र्च किया जो पिछले साल के मुकाबले 18,390 करोड़ युआन ज़्यादा था। उन्होंने यह भी बताया कि ग्रामीण इलाक़ों में बहुत-से जीर्ण-शीर्ण घरों की मरम्मत की गई, अतिरिक्त 6.398 करोड़ ग्रामीणों तक पीने का पानी पहुँचाया गया और नए ग्रामीण इलाक़ों तक बिजली पहुँचाई गई जिसका लाभ 6 लाख लोगों को मिला। बहरहाल, ग्यारहवीं योजना के शुरुआती वर्षों में ज़ोर पकड़नेवाले नए समाजवादी गाँवों के निर्माण के कार्यक्रम ने अपनी गति खो दी। जैसा कि हम बाद में देखेंगे स्वास्थ्य और शिक्षा की उपेक्षा जारी रही और गाँवों में ढाँचागत विकास का काम धीमा पड़ा रहा।

ग्यारहवीं पंचवर्षीय योजना की नीतियों ने शहरों के प्रवासी मज़दूरों की दुर्दशा पर ध्यान दिया और उन्हें सुरक्षा प्रदान करनेवाली कई नीतियों की शुरुआत की। हालाँकि *हुखऊ* प्रणाली कायम रही, पर प्रवासी मज़दूरों को कई तरह की छूट दी गई। प्रवासी मज़दूरों के बच्चों को कई शहरों में शिक्षा और स्वास्थ्य संबंधी कई सहूलियतें दी गई। गाँवों में किसानों को आंशिक स्वास्थ्य बीमा की सुविधा दी गई। ग्रामीण आबादी के 38.5 करोड़ लोगों को आजमाइशी तौर पर वृद्धावस्था पेंशन की शुरुआत की गई।[29]

एक "समरस समाज" के निर्माण के लिए शहर और गाँव के बीच की खाई को कम करना और आर्थिक विकास के साथ-साथ सामाजिक विकास भी ज़रूरी था। आशा की जाती थी कि इससे ग्रामीण आबादी को पहले के मुकाबले ज़्यादा फ़ायदा होगा। लेकिन

पूरी ग्यारहवीं योजना के दौरान निर्यातोन्मुखी औद्योगिकीकरण का रुझान जारी रहा। ज़्यादा-से-ज़्यादा ग्रामीण इलाक़ों का उद्यमों के लिए अधिग्रहण जारी रहा ताकि नए उद्योग-धंधे लगाए जा सकें या ज़मीन-जायदाद का विकास किया जा सके। कई इलाक़ों में इसने स्थानीय अधिकारियों और किसानों के बीच झड़पों को जन्म दिया। कई झड़पों ने हिंसक रूप ले लिया और कई किसान मारे गए। इस प्रकार, सामाजिक ग़ैरबराबरी और इलाक़ाई विषमता में बढ़त के साथ किसानों में असंतोष फैलता गया। छँटनी के मारे मज़दूर पहले से ही उत्तेजित हो रहे थे और ल्याओनिंग-जैसे कई इलाक़ों में उन्होंने लंबी हड़ताल शुरू कर दी। इन सबकी रोशनी में चीनी कम्युनिस्ट पार्टी के नेतृत्व ने सामाजिक संतुलन या आधिकारिक शब्दावली में "सामाजिक निर्माण" (*शहुई च्येनश*) पर ध्यान देना शुरू किया। मार्च 2011 में ग्यारहवीं नेशनल पीपल्स कॉंग्रेस (एनपीसी) के चौथे सत्र में इस नई नीति की घोषणा की गई। बारहवीं योजना में "आर्थिक ढर्रे में बदलाव" का लक्ष्य और सामाजिक निर्माण पर ज़ोर हु *चिनथाओ* के वैज्ञानिक विकास की अवधारणा के अनुकूल एक समरस समाज के निर्माण के नए मापदंड थे। इसका मतलब था समंजित, संतुलित विकास के रास्ते पर अमल जो सामाजिक समता और पर्यावरण के टिकाऊपन के साथ क़दम मिला कर चले। बहरहाल, व्यवहार में इसे हासिल कर पाना आसान नहीं था। शी जिनपिंग ने नए आयाम जोड़कर इसे और मज़बूती देने की कोशिश की।

आर्थिक और सामाजिक-राजनीतिक लक्ष्य के मामले में तेरहवीं पंचवर्षीय योजना पर शी जिनपिंग की छाप स्पष्ट थी। छह से आठ प्रतिशत की नीची आर्थिक बढ़त दर या जिसे वे दरम्याने से ऊँची विकास दर कहते हैं "नया मानक" बन गया था। नवोन्मेष और "आपूर्तिकारी ढाँचागत सुधार" के साथ घरेलू बाज़ार पर ज़ोर देने पर पहले के मुकाबले ज़्यादा ध्यान दिया गया।[30] उच्च गुणवत्तावाले माल के उत्पादन के साथ चीन को "नवोन्मेष की क्षमता से लैस देश" बनाने के लिए शोध और अमल के क्षेत्र में विज्ञान और प्रौद्योगिकी को सर्वाधिक अहमियत दी गई। आपूर्तिकारी ढाँचागत सुधार के तहत नवउदारवादी आपूर्तिकारी सुधारों से एकदम अलग, जो उद्यमियों को अधिकतम स्वतंत्रता देते हैं, अर्थव्यवस्था के ढाँचे को बदलने के लिए कई क़दम उठाए गए। मार्च 2017 में बारहवीं एनपीसी के समक्ष पेश राष्ट्रीय विकास एवं सुधार आयोग (एनडीआरसी) की रिपोर्ट में इस संदर्भ में असली अर्थव्यवस्था यानी माल और सेवाओं के उत्पादन की अर्थव्यवस्था में सुधार के लिए पाँच प्राथमिकताएँ दर्ज की गईं—क्षमता के अतिरेक में कटौती, फालतू इनवेंटरी में कमी, डिलिवरेजिंग, लागत में कटौती और कमज़ोर पक्षों को मज़बूत करना।[31] शासन ने कई दमदार क़दम उठाए जिनमें शामिल था—कोयले और इस्पात के उत्पादन में कटौती, आवास परियोजनाएँ जो माँग से काफ़ी ज़्यादा हैं उनमें कटौती, ऊँचे कर्ज की स्थिति से निपटने के लिए विलय और पुनर्गठन के ज़रिए होनेवाले लाभ में कटौती और लागत में कटौती के साथ-साथ कल्याणकारी योजनाओं के लिए उद्यमों के योगदान में कटौती।[32] जहाँ तक ग्रामीण अर्थव्यवस्था का सवाल है

तेरहवीं योजना का नज़रिया काफ़ी अलग था। वह "तीन ग्रामीण समस्याओं" से निपटने और "नए समाजवादी गाँवों" के निर्माण की बात करने के बदले कृषि के आधुनिकीकरण और नए शहरीकरण की बात करता था।

तेरहवीं योजना का ज़ोर प्रौद्योगिकी प्रेरित, समेकित कृषि, ग्रामीण उद्योग और सेवाओं पर था ताकि खाद्य उत्पादन को समुचित स्तर पर लाया जा सके और ग्रामीण लोगों के जीवन-स्तर को बेहतर बनाया जा सके।[33] इस दृष्टिकोण की मुख्य बात यह थी कि इसके तहत "100 काउंटी, 1,000 टाउनशिप और 10,000 ग्राम" में आजमाइशी तौर पर प्राथमिक और अनुपूरक उद्योग-धंधों की पाइलट परियोजना शुरू की गई। ग्रामीण अर्थव्यवस्था के विविधीकरण की पुरानी योजना को नया कलेवर दे दिया गया जिसमें नई प्रौद्योगिकी और व्यावसायिक प्रक्रिया अपनाने पर ज़ोर दिया गया। ग्रामीण परिवारों के भूमि अधिकारों और ग्रामीण प्रवासियों के लिए दो पहल किए गए। इन्हें आजमाइशी सुधार कहा गया। इसके तहत ज़मीन का मालिकाना हक़, अनुबंध अधिकार और प्रबंधन अधिकार के बीच अंतर करने की शुरुआत की गई ताकि व्यावसायिक और औद्योगिक काम के लिए ज़मीन आसानी से उपलब्ध हो सके। ज़मीन पर गाँव के सामुदायिक हक़ की व्यवस्था को ख़त्म किए बग़ैर "ग्रामीणों को उपयुक्त संपत्ति अधिकार" देने की घोषणा की गई।[34] सब जानते हैं कि चीन के कई हिस्सों में गाँव के नेताओं द्वारा ज़मीन का हस्तांतरण ग्रामीणों के विरोध का सबब रहा है। यह प्रवृत्ति आज ज़ोर पकड़ रही है। ज़मीन उपलब्ध कराई जानी चाहिए पर अनुबंधित किसानों को भी उसका भरपूर लाभ मिलना चाहिए। जहाँ तक ग्रामीण प्रवासियों का सवाल है ली खछयांग ने बारहवीं नेशनल पीपल्स काँग्रेस में अपनी रिपोर्ट में मँझोले आकार के शहरों के 130 लाख से ज़्यादा प्रवासियों को स्थाई शहरी नागरिक का दर्जा देने की बात कही। बेशक यह एक छोटी सी रियायत थी क्योंकि उस वक़्त शहरों में क़रीब 30 करोड़ ग्रामीण प्रवासी मौजूद थे। तेरहवीं योजना में 10 करोड़ ग्रामीण प्रवासियों को शहरी नागरिक का दर्जा देने का लक्ष्य रखा गया था। जगज़ाहिर है कि क़ानूनी तौर पर शहरी नागरिक नहीं होने की वजह से प्रवासियों और उनके परिजनों को पंजीकृत शहरी नागरिक को हासिल स्वास्थ्य, शिक्षा, आवास और अन्य कल्याणकारी सुविधाएँ नहीं मिल पाती थीं। शी जिनपिंग शासन "नए शहरीकरण" को जारी रखना चाहता था। वह काउंटियों और शहरों को नगरों में बदलना चाहता था और अलग-अलग आकार-प्रकार के इन नगरों को आधुनिक शहरी अर्थव्यवस्था के साथ एकाकार करना चाहता था। शहरीकरण की यह नई अवधारणा पर्यावरण की दृष्टि से टिकाऊ, ऊर्जा के बेहतर इस्तेमालवाले शहरों की स्थापना पर ज़ोर देती थी। ये शहर न सिर्फ़ तमाम तरह की आधुनिक सुविधाओं से लैस होंगे बल्कि "समरस और सुंदर" भी होंगे। "समंजित ग्रामीण-शहरी विकास" को लक्ष्य बनाया गया हालाँकि आय के मामले में शहर और गाँव के बीच भारी फ़र्क़ बना रहा— शहरी आय गाँवों के मुकाबले तीन गुना ज़्यादा थी।[35] शहरी और ग्रामीण चीन में दोनों जगह भारी विषमता को

देखते हुए कहा जा सकता है कि शहरी नागरिक के मुकाबले ग्रामीण आबादी के ज़्यादातर लोगों के लिए यह विषमता काफ़ी गहरी होगी। बहरहाल, कई क़दम उठाए गए हैं, जैसे कि घोर ग़रीबी को दूर करना— आधिकारिक अनुमान के मुताबिक 2020 तक 4 करोड़ 30 लाख— स्वास्थ्य बीमा में बढ़ोतरी और ग्रामीण अर्थव्यवस्था को मज़बूत बनाने के लिए ज़्यादा निवेश। शायद इनसे इस स्थिति में सुधार में मदद मिले।

शी जिनपिंग के नेतृत्व में जो भी क़दम उठाए गए उनमें राष्ट्रीय विकास को अंतरराष्ट्रीय पहलक़दमियों से जोड़ने और ऊर्जा की बचत और पर्यावरण प्रदूषण की रोकथाम के लिए उठाए गए सख़्त क़दम उल्लेखनीय हैं। सिल्क रोड आर्थिक क्षेत्र के ज़रिए एशिया और यूरोप को स्थल मार्ग से जोड़ने और इक्कीसवीं सदी के समुद्री सिल्क रोड के मार्फत पानी के रास्ते एशिया को यूरोप और अफ़्रीका से जोड़नेवाली 'एक इलाका और एक सड़क' पहल के तहत छह आर्थिक गलियारों और छह चैनलों के निर्माण के काम में काफ़ी प्रगति हुई है।[36] ऊर्जा की बचत के मोर्चे पर ली खछ्यांग ने 2017 में जीडीपी की प्रति इकाई के हिसाब से 3.4 प्रतिशत की बचत का लक्ष्य रखा था। वर्ष 2016 में ग़ैर-खनिज ऊर्जा की खपत बढ़कर 13.3 प्रतिशत हो गई और कोयले की खपत गिरकर 62 प्रतिशत रह गई। पारिस्थितिकी संरक्षण और प्रबंधन के इलाक़ों को चिह्नित करना, जंगल लगाने और चारागाह बनाने के लिए ज़मीन की वापसी, रासायनिक खाद पर पूर्ण रोक और आबोहवा के लिहाज़ से बेहतर शहरों के निर्माण की कार्ययोजना की लगातार निगरानी सरीखे कई पहल की गई।

सबसे बड़ी बात थी शी जिनपिंग के नेतृत्व में विकास की जिस अवधारणा को प्रचारित-प्रसारित किया गया और जो सभी नीतियों का मूलमंत्र बन गया, उसकी मूल बात थी कि विकास को "नवोन्मेषी, समंजित, हरित, उदात्त और साझा" होना होगा। इस सोच को अमली जामा पहनाना मुख्य कार्य बन गया।

ग़ौरतलब है कि सभी शासनों ने सुधारों की मूल आत्मा को अक्षुण्ण रखा, हालाँकि बदलती परिस्थितियों के मुताबिक नीतियों में बदलाव होता रहा। अब हम मुख्य संस्थानिक सिद्धांतों की चर्चा करेंगे। वे ऐसे बुनियादी मुद्दे हैं जिनपर वैश्विक स्तर पर चर्चा ज़रूरी है।

चीनी सुधार रणनीति की मूल विशेषताएँ

यह सिर्फ़ ग्रामीण सुधारों की ही ख़ासियत नहीं थी बल्कि आर्थिक सुधारों की आम दिशा को इंगित करते हैं।

1. पारिवारिक ज़िम्मेदारी व्यवस्था
2. राज्य संयोजित बाज़ार अर्थव्यवस्था का विकास
3. कृषि, उद्योग और सेवाओं का समेकित विकास
4. विश्व अर्थव्यवस्था के साथ नियंत्रित लेन-देन

पारिवारिक ज़िम्मेदारी व्यवस्था

सिचुआन प्रांत की एक काउंटी में कुछ कम्यूनों ने परिवारों को खेती के लिए ज़मीन लीज़ पर देने का तय किया। उत्पादन टीमों ने फ़ैसला किया कि संबंधित परिवारों को अपनी उत्पादन योजना बनाने का हक़ होगा।[37] इसे पैदावार की ज़िम्मेदारी व्यक्तिगत परिवारों को सौंपने की व्यवस्था (*पाओ चान ताओहु*) कहा गया। इस बीच 1979 में केंद्रीय कमेटी ने दो दस्तावेज़ जारी किए जिनमें मूल रूप से समतावाद की निंदा की गई और पैदावार बढ़ाने के लिए प्रोत्साहन देने की वकालत की गई।[38] तो धीरे-धीरे अमल में नीतिगत परिवर्तन साफ़ होते गए और 1979 के अंत तक अन्हुई प्रांत की कम-से-कम 15 प्रतिशत उत्पादन टीमों ने उत्पादन अनुबंध की व्यवस्था को अपना लिया। अस्सी के दशक के मध्य तक इस तजरबे को नई संभावना के बतौर स्वीकार कर लिया गया। यह तजरबा कुछ इलाक़ों में पैदावार का कोटा तय करने से शुरू हुआ था। बाद में कुछेक कम्यूनों में पूरा-का-पूरा खेतिहर काम— ज़मीन, मवेशी और खेती के उपकरण— अनुबंधकारी परिवारों को सौंप दिए गए। उन्हें सामुदायिक संस्था को सिर्फ़ एक नियत शुल्क चुकाना होता था और बाक़ी की आय का वे जैसे चाहे इस्तेमाल कर सकते थे।

इस प्रणाली को पूरे चीन में फैलने में समय लगा। मई 1979 में जब मैं पहली बार वुशी के ग्रामीण इलाक़ों में गया था तो तीन स्तरीय कम्यून व्यवस्था अब भी काम कर रही थी। एक साल बाद जून 1980 में भी रूपांतरण पूरा नहीं हुआ था, हालाँकि ग्रामीण उद्योग-धंधों में ज़िम्मेदारी प्रणाली जड़ जमाने लगी थी। वर्ष 1985 में मेरी यात्रा के समय तक नई पारिवारिक ज़िम्मेदारी व्यवस्था पूरी तरह छा चुकी थी। सितंबर 1980 के बाद केंद्रीय कमेटी की घोषित नीतियों से यह साफ़ हो चुका था कि पार्टी हर जगह इस व्यवस्था को अमल में लाना चाहती है। वर्ष 1982 आते-आते चीन में महज़ 10 प्रतिशत उत्पादन टीमें अब भी कम्यून व्यवस्था के मातहत काम कर रही थीं और 1984 के अंत तक 96.56 प्रतिशत खेतिहर परिवार पारिवारिक ज़िम्मेदारी की व्यवस्था के तहत आ चुके थे।

चीनी जनवादी गणराज्य के अध्येता इसे चीन का "ग़ैर-सामूहिकीकरण" कहने को तैयार नहीं थे। वे कहते थे कि ज़मीन को सिर्फ़ परिवारों को अनुबंध या ठेके पर दिया गया है जबकि उनपर ग्राम समूह का मालिकाना हक़ अब भी कायम है। (क़ानूनन ग्रामीण ज़मीन ग्राम समुदाय की थी और शहरी ज़मीन राष्ट्रीय सरकार के पास।) बहरहाल, बाद में संपत्ति कानूनों में परिवर्तन के साथ तस्वीर जटिल होने लगी। जैसा कि हम पहले ही देख चुके हैं शी जिनपिंग के शासन में मालिकाना हक़ और अनुबंध अधिकार को उपयोग अधिकार से अलग करने के लिए क़दम उठाए गए ताकि ग्रामीण ज़मीन पर उद्योग-धंधा लगाने और व्यावसायिक प्रतिष्ठान स्थापित करने में आसानी हो।

पारिवारिक ज़िम्मेदारी व्यवस्था कम्यून अर्थव्यवस्था के चरित्र को बदलनेवाला एक बड़ा क़दम था। नई व्यवस्था के तहत गाँव की सभी खेतिहर ज़मीन को अलग-अलग

परिवारों को कामकाजी सदस्यों की संख्या के मुताबिक अनुबंध या ठेके पर दे दिया गया। लिहाज़ा जिन परिवारों में कामकाजी लोग ज़्यादा थे उन्हें ज़मीन का बड़ा टुकड़ा मिला। परिवारों में बाँटे जानेवाले भूखंड का आकार गाँव के पास उपलब्ध कुल खेतिहर ज़मीन पर निर्भर था। इस तरह से अलग-अलग गाँव, उपनगर और काउंटी में बाँटे जानेवाले भूखंड का आकार अलग-अलग था। चियांग्सू-जैसे घनी आबादीवाले उपनगरीय और ग्रामीण इलाक़ों में प्रत्येक परिवार को अपेक्षाकृत छोटा टुकड़ा मिला। मिसाल के तौर पर, वुशी उपनगरीय ज़िला के हला टाउनशिप में प्रति परिवार (पर हेड) ज़मीन की उपलब्धता महज़ 0.3 मू[39] थी जबकि शांसी प्रांत के शीआन शहर के उपनगर में 3.5 मू। ग्राम कमेटी, जिन्हें ज़मीन को बाँटने और पारिवारिक ज़िम्मेदारी की व्यवस्था की निगरानी का हक़ हासिल था, उन्होंने ज़मीन की गुणवत्ता के लिहाज से बराबर बँटवारे की कोशिश की। निस्संदेह, हमेशा शिकायत रहती थी कि प्रभावशाली परिवारों को दूसरों के मुकाबले बेहतर ज़मीन मिली।

कम्यून व्यवस्था और पारिवारिक ज़िम्मेदारी की व्यवस्था में एक दिलचस्प समानता दिखाई देती है। मैंने 1979 में उत्पादन टीम के एक नेतृत्वकर्ता से पूछा : "गाँव के धनी परिवार कौन से हैं?" फौरन जवाब मिला, "वे जिनमें काम करनेवाले लोग ज़्यादा हैं (*त्व लाओतुंगली त्व फू*)।" पुराने समय में कम्यून में ज़्यादा कामकाजी सदस्योंवाले परिवारों को ज़्यादा वर्कप्वाइंट मिलता था। अब पारिवारिक ज़िम्मेदारी की व्यवस्था के तहत भी ज़्यादा सदस्योंवाले परिवार को ज़मीन का बड़ा टुकड़ा मिला। लेकिन अब परिवार के सभी लोगों के लिए खेती करना ज़रूरी नहीं रह गया था। थोड़े से सदस्य परिवार की खेती की देखभाल कर सकते थे और बाक़ी के सदस्य कोई व्यवसाय कर सकते थे या किसी फ़ैक्टरी में काम कर सकते थे। जैसा कि हम बाद में देखेंगे खेतिहर आय में संतोषजनक बढ़ोतरी नहीं हुई है और ग्रामीण उद्यमों में रोज़गार घटता-बढ़ता रहता है। ऐसे में किसान काम की तलाश में शहर भाग जाते हैं। पारिवारिक ज़िम्मेदारी व्यवस्था के तहत पैदावार से कमाई का कोई भरोसा नहीं। इसी वजह से विशेष खेतिहर परिवार की परिघटना और प्रौद्योगिकी आधारित कृषि आधुनिकीकरण के कार्यक्रम सामने आने लगे।

जैसा कि हमने ऊपर चर्चा की है शुरू-शुरू में अनुबंध पैदावार के कोटे से संबंधित था। आम तौर पर उच्च पदाधिकारी पिछले तीन सालों की पैदावार को ध्यान में रखते हुए उससे थोड़ा कम ही कोटा तय करते थे। साधारणतया, दो स्तर के नेताओं की आपसी रजामंदी से कोटा तय किया जाता था और वे ऊँचा कोटा भी तय कर सकते थे। प्रांतीय सरकार प्रत्येक काउंटी के लिए कोटा तय करती थी, काउंटी कस्बे के लिए कोटा निर्धारित करती थी, कस्बा प्रत्येक गाँव के लिए पैदावार का कोटा तय करता था और अंत में ग्राम कमेटी प्रत्येक परिवार के लिए कोटा तय किया करती थी। अगर पैदावार निर्धारित कोटा से ज़्यादा होती किसानों को राज्य की ओर से प्रोत्साहन क़ीमत दी जाती और वे अपनी पैदावार से ज़्यादा पैसे कमा

सकते थे। नई खरीद मूल्य पहले से ज़्यादा होती। और कोटे से ज़्यादा पैदावार के लिए उससे भी ज़्यादा क़ीमत मिलती।

पारिवारिक ज़िम्मेदारी की व्यवस्था ज़िम्मेदारी के वृहत्तर सिद्धांत का हिस्सा थी जिसे तंग श्याओफिंग ने सुधारों के मार्गदर्शक सिद्धांत के रूप में प्रतिपादित किया था। इस मामले में ज़िम्मेदारी पैदावार के स्तर से जुड़ी थी। तंग श्याओफिंग शासन का दावा था कि *ज़िम्मेदारी व्यवस्था* (*त्स रन त्स*) के तहत "सभी को उसकी योग्यता के अनुसार और सभी को उसके काम के अनुसार" के सिद्धांत को अमली जामा पहनाया गया। किसान अपना क्षमता के अनुसार पैदावार को बढ़ाने में जी जान लगा देंगे और अपने काम से ज़्यादा-से-ज़्यादा कमाई करेंगे। यही बात ग्रामीण उद्यमों पर भी लागू होती है और सभी उत्पादक गतिविधियों को धीरे-धीरे उत्पादन ज़िम्मेदारी व्यवस्था (*शंङ त्छान त्स रन त्स*) के मातहत लाया जाना चाहिए।

बाद के वर्षों में उत्पादन कोटा की व्यवस्था में कई बदलाव आए। शुरू में कोटा से ज़्यादा पैदावार करने पर किसान परिवारों को राज्य द्वारा अनाज की तय क़ीमत के रूप में प्रोत्साहन मूल्य मिलता था। बाद के वर्षों में नियम बदल गए और किसानों को कोटा से ज़्यादा अपनी उपज को खुले बाज़ार में बेचने की इजाज़त दे दी गई। इससे कई बार उन्हें काफ़ी ऊँची क़ीमत मिल जाती थी। लेकिन बाज़ार दाम समय-समय पर बदलता रहता था और उसी हिसाब से किसानों की आमदनी भी घटती-बढ़ती रहती थी। ग्यारहवीं योजना के दौरान केंद्र सरकार ने किसानों के लिए अधिकतम समर्थन मूल्य तय करने की ओर काफ़ी ध्यान दिया। लेकिन गाँवों की बिगड़ती हालत की वजह से किसानों को अनाज उगाने के लिए ज़्यादा प्रोत्साहन नहीं मिला। कोटा मूल रूप से अलग-अलग फ़सल के लिए, ख़ासकर अनाज की पैदावार के लिए प्रांत, काउंटी और टाउनशिप के स्तर पर तय होता रहा। ऐसे में पारिवारिक ज़िम्मेदारी व्यवस्था के ज़रिए पैदावार को प्रोत्साहन देने का शुरुआती मकसद धीरे-धीरे कमज़ोर पड़ता गया। बहरहाल, श्रम के बँटवारे में परिवार की स्वायत्तता यानी कौन किस तरह का काम करेगा यह तय करने में परिवार की भूमिका सुधार की मुख्य ख़ासियत बनी रही।

वर्ष 1980 में जब इसकी शुरुआत हुई तो लीज़ या अनुबंध की अवधि एक से तीन साल होती थी। लेकिन अनुभव को देखते हुए पार्टी की केंद्रीय कमेटी ने 1983 में घोषित किया कि ज़िम्मेदारी प्रणाली ने पैदावार बढ़ाने में काफ़ी मदद की है।[40] उसने तरह-तरह की ज़िम्मेदारी व्यवस्था लागू करने की वकालत की जिनमें श्रम अनुबंध, मार्केटिंग अनुबंध, परिवहन अनुबंध, निर्माण अनुबंध से लेकर विभिन्न क़िस्म के उत्पादन अनुबंध शामिल थे। इस संरचनात्मक बदलाव को और मज़बूत करते हुए कम्युनिस्ट पार्टी के नेतृत्व ने 1984 में घोषित किया कि अब अनुबंध लंबे समय के लिए होंगे। उसने तफ़सील से "भूमि उपयोग के अनुबंधों की अवधि बढ़ाने और किसानों को निवेश बढ़ाने, भूमि की उर्वरता बढ़ाने

और सघन खेती के तौर-तरीक़े अपनाने के लिए प्रोत्साहित करने" की बात कही।[41] अब बाग़वानी, बंजर भूमि विकास इत्यादि के मामले में अनुबंध की यह अवधि 15 साल और ज़्यादा भी हो सकती है। कहा जाता है कि एक से तीन साल के छोटे अनुबंधों के कारण खेती की तीव्रता बढ़ी ताकि ज़्यादा-से-ज़्यादा फ़ायदा हो सके। इस दौरान ज़मीन की उर्वरता और उसके टिकाऊपन पर तनिक भी ध्यान नहीं दिया गया। लिहाज़ा अनुबंध की अवधि बढ़ाने का फ़ैसला करना पड़ा। वर्ष 1987 के बाद कुछ इलाक़ों में तो अनुबंधों की अवधि 30 साल तक बढ़ा दी गई। वर्ष 1993 में अधिकतर प्रांतों में समय-सीमा हटा दी गई। अनुबंधों की कोई अवधि नहीं रही। अब वे पीढ़ी-दर-पीढ़ी जारी रह सकते थे। यह इस आधार पर किया गया कि परिवार ज़मीन की उत्पादकता में सुधार पर ज़्यादा ध्यान देंगे, परिवार की अन्य उत्पादक गतिविधियों के साथ लंबे समय तक उसके आर्थिक उपयोग की योजना बनाएँगे।

ग्रामीण सुधारों के बारे में 1984 के दस्तावेज़ में एक और बड़ा फ़ैसला किया गया था। अब कोई परिवार अपनी अनुबंधित ज़मीन को किसी दूसरे परिवार को उप-अनुबंध पर दे सकता था। दस्तावेज़ के अनुसार,

> अनुबंधित ज़मीन के हस्तांतरण के क़रार पर स्थानीय रिवाजों के मुताबिक दोनों पक्षों की रज़ामंदी होनी चाहिए। अनाज की ख़रीद और आपूर्ति की मौजूदा व्यवस्था के तहत जो परिवार दूसरों की अनुबंधित ज़मीन लेता है उसे मूल परिवार को कुछ अनाज कम क़ीमत पर मुहैया कराना होगा।[42]

इस इंतज़ाम के तहत कई परिवारों ने अपनी ज़मीन "विशिष्ट खेतिहर परिवारों" को उपपट्टे पर दे दी। ऐसा करना उन्हें ज़्यादा माफ़िक लगा। जो लोग खेती नहीं कर सकते थे और जिन्हें उद्योगों, व्यवसायों या शहरों में ज़्यादा कमाईवाला रोज़गार मिल गया था उन्होंने भी अपने खेत उपपट्टे पर दूसरों को दे दिए। इस प्रकार आधिकारिक तौर पर विशेष तरह की खेती करनेवाले परिवारों के हाथों ज़मीन के संकेंद्रण को बढ़ावा दिया गया ताकि पैदावार को बढ़ाया जा सके। हालाँकि क़ानून अनुबंधित ज़मीन और निजी उपयोग की ज़मीन की ख़रीद-फ़रोख़्त या लीज़ पर देने या उनपर कोई ग़ैर-खेतिहर काम करने की मनाही करता था। उपपट्टे की शर्तें उसे "किराए पर देने" से अलग करती थीं। एक तो उसे ग्राम कमेटी की अनुमति हासिल थी; दूसरे, मूल पट्टाधारी को उपपट्टाधारी से उपज का आपसी रज़ामंदी से तय एक छोटा हिस्सा भी मिलता था; और तीसरे, मूल पट्टाधारी को उपपट्टाधारी से ज़मीन कभी भी वापस लेने का हक़ था। विशिष्ट खेतिहर परिवारों को छोड़ दें तो छोटे उपपट्टाधारी मूल पट्टाधारी किसानों के साथ एक असमान रिश्ते में बँधे थे।

इनमें से कई प्रावधानों को अगस्त 2002 में एनपीसी की स्थाई समिति ने ग्रामीण इलाक़ों में भूमि अनुबंध के बारे में नया क़ानून बनाकर स्पष्ट और संहिताबद्ध किया। 1 मार्च 2003

से इस नए क़ानून को लागू कर दिया गया। क़ानून ने पट्टे की अवधि खेती लायक ज़मीन के लिए 30 साल, चारागाह के लिए 30 से 50 साल और वनभूमि के मामले में 30 से 70 साल कर दी (धारा 20)। क़रार करनेवाले पक्षों के अधिकारों और कर्तव्यों और क़रार और उपक़रार की प्रक्रियाओं का इस क़ानून में साफ़-साफ़ उल्लेख था। परिवारों को अपनी उत्पादन योजना बनाने और क़रार की ज़मीन उपपट्टा पर देने का पूरा हक़ था (धारा 16 के तहत "ज़मीन के परिचालन का अधिकार")। क़ानून में यह भी साफ़ तौर पर उल्लिखित था कि ग्राम कमेटी को इसमें दख़लअंदाज़ी का कोई हक़ नहीं होगा।

इन बदलावों का मर्दों और औरतों के बीच काम के बँटवारे पर गहरा असर पड़ा। इस पर हम अध्याय 8 में विस्तार से चर्चा करेंगे। यहाँ यह बताना ज़रूरी है कि परिवार ग्रामीण चीन में आर्थिक फ़ैसलों का स्वतंत्र आधार बन गए। पहले कहाँ श्रम लगाना है, पूँजी लगानी है इसका फ़ैसला समूह या राज्य किया करते थे। कम्यून के दौर में प्रचलित संयुक्त श्रम, एकीकृत लेखाजोखा और एकीकृत वितरण की व्यवस्था की जगह अब सारे फ़ैसले परिवार के भीतर लिए जाने लगे।

यह बहस लंबे समय से चलती रही है कि क्या खेती का मिज़ाज ही ऐसा है कि उसे परिवार के आधार पर ही बेहतर तरीक़े से किया जा सकता है। कुदरती परिवेश, ख़ासकर मौसम के अपने खतरे हैं और उद्योग के मुकाबले कृषि में उत्पादन प्रक्रिया को सिर्फ़ समुच्चय में ही आँका जा सकता है इस बात का इस्तेमाल लेनिन का हवाला देनेवाले लोग अक्सर अपने पक्ष में करते हैं।[43] पर इतिहास में तरह-तरह के उदाहरण भरे पड़े हैं जिनमें मैदानी और आदिवासी इलाक़ों में पारिवारिक खेती से अलग सामुदायिक खेती और दुनिया के कई हिस्सों में सामूहिक खेती से लेकर कॉरपोरेट कृषि कंपनियों द्वारा खेती के उदाहरण शामिल हैं। लेकिन यह स्वीकार करना होगा कि चीन में पारिवारिक ज़िम्मेदारी व्यवस्था के लागू होने के बाद किसानों में खेती के प्रति उत्साह बढ़ा और ज़मीन समान रूप से सभी ग्रामीण परिवारों की पहुँच के दायरे में आ गई।

जब 1958 में कम्यूनों की शुरुआत हुई ग्रामीण सामाजिक ढाँचे में भारी उलटफेर हुआ। उनके ज़रिए गाँवों में वर्ग अंतरविरोधों को ख़त्म करने की कोशिश की गई। बहरहाल, 1950–52 के भूमि सुधारों ने ज़मींदारी का ख़ात्मा कर दिया और ज़मींदारों की ज़मीन को भूमिहीन और ग़रीब किसानों में बाँट दिया गया। वर्ष 1954 में कृषि सहकारी समितियों और 1956 में उनके उन्नत रूप की स्थापना के बाद खेतिहर मालिकाने के ढाँचे में बदलाव शुरू हुआ। ज़मीन के मालिकाने के सामुदायिकीकरण ने सभी परिवारों को उत्पादन प्रक्रिया में बराबर का हिस्सेदार बना दिया। चीन की जनवादी क्रांति के दौरान किए गए इस वादे को कम्यून के दौर में पूरा कर दिया गया। इसने ग्रामीण चीन में वर्ग ग़ैरबराबरी को काफ़ी हद तक कम कर दिया। सिर्फ़ वे परिवार जिनके पास कुछ पुश्तैनी संपत्ति थी और जो शहरी

अर्थव्यवस्था और संस्कृति से जुड़े थे, उनकी हैसियत थोड़ी ऊँची बनी रही। लिहाज़ा वे समय-समय पर राजनीतिक मुहिमों का निशाना बनते रहे। लेकिन कम्यून व्यवस्था ने परिवार की संस्था को कमज़ोर किया या नहीं यह एक खुला सवाल है।

वर्ष 1978 के बाद जिस आसानी से ग्रामीण सुधारों को लागू किया गया उससे साफ़ था कि कम्यून के दौर में भी परिवार का संस्थानिक ढाँचा ज़मीनी स्तर पर असरकारी बना रहा था। निस्संदेह, प्रत्येक कम्यून सदस्य का अपना अलग खाता था जिसमें उसके अर्जित वर्क प्वाइंट दर्ज होते थे। उस हद तक उत्पादन प्रक्रिया में ग्रामीण समाज का व्यक्तिकरण हो चुका था। लेकिन तब भी ज़्यादा काम करनेवालों का मतलब था ज़्यादा आमदनी। प्रत्येक दंपति को एक-दूसरे की आय चाहिए होती थी। उन्हें बच्चों की परवरिश करनी होती थी और चूँकि वे अक्सर संयुक्त परिवार का हिस्सा होते थे, उन्हें सम्मिलित आय से काम चलाना होता था। बहरहाल, कंफ्यूशियस के मुताबिक पाँच संबंध (पिता और पुत्र, बड़े और छोटे भाई, पति और पत्नी, शिक्षक और शिष्य, और राजा और प्रजा) कम्युनिस्ट पार्टी की वैचारिक मुहिमों के बावजूद काफ़ी अहमियत रखते थे। सांस्कृतिक क्रांति जिसे माओ-परवर्ती शासनों ने काफ़ी बदनाम किया, उसने इसी संस्कृति को निशाना बनाया था। इस तरह, सुधार युग में कम्यून व्यवस्था हो या पारिवारिक ज़िम्मेदारी व्यवस्था हो, दोनों के तहत संस्कृति और अर्थव्यवस्था के बीच एका-सा कायम हो गया। आय में बढ़ोतरी और नए आर्थिक अवसरों के गणित की वजह से 1980 के दशक के अंतिम क्षणों में माँ-बाप, शादीशुदा बच्चे और भाई अलग-अलग रहने लगे और परिवार बिखरने लगे। पर समकालीन चीन में सांस्कृतिक और आर्थिक इकाई के रूप में परिवार की सत्ता बनी रही।[44] एक संतान नीति की घोषणा के बाद इसे और मज़बूती मिली क्योंकि माँ-बाप और दादा-दादी इकलौती संतान के लालन-पालन पर काफ़ी ध्यान देते थे और संतान भी अपने माँ-बाप से ज़्यादा क़रीबी रूप से जुड़ी रहती थी। इस तरह, पीढ़ियों के बीच घनिष्ठता बढ़ने से परिवार का संस्थागत ढाँचा और मज़बूत हुआ। हालाँकि नए आर्थिक परिवेश में नौजवान जोड़े अपना अलग घर बसाने की ओर प्रवृत्त हो रहे थे। हाल के वर्षों में जिस तरह पारिवारिक उद्यमों की संख्या बढ़ी है और नेताओं की संतानों को तरक़्क़ी के जैसे मौक़े मिले हैं, उससे पारिवारिक रिश्ते और गहरे हुए हैं।

हालाँकि कम्युनिस्ट पार्टी के नेतृत्व ने परिवार आधारित ज़िम्मेदारी की व्यवस्था के प्रति अपनी दीर्घकालीन प्रतिबद्धता प्रकट की है पर उन्हें कई व्यावहारिक दिक़्क़तों का भी सामना करना पड़ रहा है। पहली समस्या तो यह है कि प्रत्येक परिवार के जोतों का आकार बेहद छोटा है। ज़मीन के इस बँटवारे की समस्या का हल निकालने के लिए 1999 और 2003 में भूमि क़ानूनों में तब्दीली की गई और ग्राम कमेटी को परिवार की बनावट में बदलाव के मुताबिक उसे मिलनेवाली जोत के आकार को घटाने-बढ़ाने का अधिकार दे दिया गया। परिवार में होनेवाली मौतों, बच्चों के वयस्क होने या ऐसी ही अन्य बातों की

रोशनी में छोटे-मोटे बदलाव तो प्रत्येक तीन साल पर किए जा सकते थे और बड़े बदलाव प्रत्येक पाँच साल पर। इस मामले में क़ानूनी समस्या भूमि क़रार के पक्षों की प्रकृति से जुड़ी है। तकनीकी रूप से क़रार परिवारों के साथ किए जाते हैं लेकिन उनपर अमल परिवार का मुखिया, जो अक्सर पुरुष होता है, व्यक्तिगत तौर पर करता है। इस तरह से, पारिवारिक ज़िम्मेदारी की व्यवस्था ने चीनी परिवार के पितृसत्तात्मक स्वरूप को ही मज़बूत किया है, हालाँकि परिवार की सभी औरतों और मर्दों का अनुबंधित ज़मीन में बराबरी का हक़ है। इसके अलावा ग्राम नेतृत्व और परिवार के बीच के प्रशासनिक क़रार का क़ानूनी ढाँचा नहीं है। ऐसे में इन क़रारों की शर्तें हर इलाक़े में बदल जाती हैं। यह सब होता है 1984 के फ़ैसले के तहत जिसने स्थानीय निकायों को "नीति की आम दिशा को क़ायम रखते हुए छोटे-मोटे बदलाव" की इजाज़त दी थी।

ज़मीन का स्वामित्व अब भी ग्राम समूह के पास है, पारिवारिक ज़िम्मेदारी व्यवस्था ने असल में चीनी गाँवों के संपत्ति संबंधों में बदलाव की प्रक्रिया शुरू कर दी है। खेती का अतिरिक्त उत्पादन किसान परिवार के पास चला जाता है और उद्योग-धंधों, व्यावसायिक गतिविधियों और अन्य स्रोतों से होनेवाली अतिरिक्त आय ने निजी संपत्ति के संचय की नई प्रक्रिया को जन्म दिया है। जिन परिवारों ने इस प्रक्रिया में ज़्यादा संपत्ति जमा कर ली, उन्होंने एक नए वर्ग का रूप ले लिया है।

इस प्रकार, पारिवारिक ज़िम्मेदारी व्यवस्था आर्थिक और सामाजिक स्तर पर माओ के बाद के चीन का सबसे बड़ा संस्थागत सुधार है। राजनीतिक रूप से यह काफ़ी महत्त्वपूर्ण है क्योंकि इसने समाज, राजनीति और अर्थव्यवस्था में परिवार की ताक़त को बढ़ाया है। दूसरे हाथ, यह भी काफ़ी महत्त्वपूर्ण है कि 1998 में गाँव के स्तर पर एक से ज़्यादा उम्मीदवारों वाले चुनावों के साथ चीन में ज़मीनी स्तर पर जनतंत्रीकरण की जो प्रक्रिया शुरू हुई थी वह नागरिकों को व्यक्तिगत तौर पर, न कि परिवार के रूप में भागीदारी का हक़ देती थी। लेकिन आख़िरकार व्यक्ति की कोई अमूर्त अस्मिता नहीं होती। वे सामाजिक-आर्थिक परिवेश का हिस्सा होते हैं। लिहाज़ा स्थानीय राजनीतिक प्रक्रिया के तहत प्रतिस्पर्धी अभिजात समूहों के उदय को नज़रअंदाज़ नहीं किया जा सकता।

राज्य संयोजित बाज़ार अर्थव्यवस्था का विकास

पारिवारिक ज़िम्मेदारी व्यवस्था के ज़रिए उत्पादन संबंधों में उलटफेर के साथ-साथ तंग शासन ने एक और अहम फ़ैसला किया। उसने ग्रामीण इलाक़ों से शुरू करके अर्थव्यवस्था के प्रत्येक क्षेत्र में व्यवस्थित ढंग से उपभोक्ता बाज़ार या बाज़ार ताक़तों के विकास का फ़ैसला किया। उनका मानना था कि चीन की मौजूदा खेती अब भी "कुदरती अर्थव्यवस्था" के बतौर काम करती है जहाँ स्थानीय उत्पादन का मकसद स्थानीय ज़रूरतों को पूरा करना

होता है और यह स्थानीय संसाधनों के बलबूते किया जाता है। इस प्रकार, मकसद था उत्पादन के मामले में आत्मनिर्भरता और ख़ुदमुख़्तारी हासिल करना। इसी वजह से खेतिहर पैदावार की दर काफ़ी नीची थी। एक अनुमान के मुताबिक चीनी जनवादी गणराज्य के शुरुआती तीन दशकों में कृषि उत्पादकता 2 प्रतिशत की दर से ही बढ़ी।[45] नई रणनीति के तहत लक्ष्य को बदल कर बाज़ार के लिए पैदा करना और मुनाफ़ा कमाना बना दिया गया ताकि ग्रामीण आय में लगातार बढ़ोतरी हो सके। बाज़ार का मतलब था जहाँ तक संभव हो स्थानीयता के दायरे से बाहर निकलना। इस उद्देश्य से कई क़दम उठाए गए। मसलन, पैदावार में विविधता लाना यानी न सिर्फ़ अनाज उगाना, बल्कि नकदी फ़सल भी पैदा करना और ग्रामीण उद्योग-धंधे लगाना और व्यवसाय शुरू करना ताकि बाज़ार के लिए उत्पादन किया जा सके और मुनाफ़ा कमाया जा सके। इसके लिए ज़रूरी था कि पारिवारिक श्रम को इस तरह संयोजित किया जाए और ज़रूरत के मुताबिक बाहरी मज़दूरों को लगाया जाए ताकि उत्पादन और आमदनी, दोनों को बढ़ाया जा सके। इस तरह की अर्थव्यवस्था के निर्माण के लिए प्रौद्योगिकी का— परंपरागत से लेकर अत्याधुनिक प्रौद्योगिकी का इस्तेमाल बेहद ज़रूरी था जिससे उत्पादन की मात्रा और गुणवत्ता में सुधार किया जा सके। ऐसे में कृषि और ग्रामीण अर्थव्यवस्था के विकास में ज़्यादा निवेश करना होता। गाँवों में खुले और स्वतंत्र बाज़ार स्थल बनाने होते जहाँ किसान बाज़ार क़ीमत पर ग्रामीण उत्पादों की ख़रीद-फ़रोख़्त कर सकते थे। वहाँ औद्योगिक माल और अन्य उपभोक्ता माल भी उपलब्ध हों जिसे किसान ख़रीद सकें। इस तरह से माल के परिसंचरण को बढ़ावा दिया जाएगा और ग्रामीण अर्थव्यवस्था को शहरी अर्थव्यवस्था से जोड़ दिया जाएगा।

बहरहाल, पार्टी नेतृत्व नियोजन की भूमिका को पूरी तरह दरकिनार किए बिना ही माल की ख़रीद-बिक्री की अर्थव्यवस्था तैयार करना चाहता था। राज्य का हस्तक्षेप जारी रहता। वह माल की आपूर्ति का नियमन करता और विभिन्न भौगोलिक इलाक़ों और अर्थव्यवस्था के अलग-अलग क्षेत्रों के लिए उत्पादन का लक्ष्य तय करता, क़ीमतों पर नज़र रखता और जहाँ ज़रूरी हो उन्हें तय करता। लेकिन इन सभी मामलों में स्थानीय उत्पादन इकाइयों को ख़ुद काफ़ी स्वायत्तता हासिल थी और अपने ग़लत फ़ैसलों का दुष्परिणाम उन्हें ख़ुद भुगतना पड़ता। पहले यह सब फ़ैसले ऊपर से होते थे और निचली इकाइयों को सिर्फ़ उनपर अमल करना होता था। साथ ही नई व्यवस्था में भी राज्य का हस्तक्षेप करने का हक़ बना रहा। समाजवादी बाज़ार अर्थव्यवस्था का जो ख़ाका 1992 की पार्टी काँग्रेस में स्वीकार किया गया उसमें वृहत्तर आर्थिक स्तर पर राज्य की हस्तक्षेपकारी भूमिका बनी रही, हालाँकि बाज़ार अर्थव्यवस्था को पूरी तरह अपना काम करने की छूट दी गई। तंग का अनुसरण करते हुए च्यांग त्समिन, हु चिनथाओ और शी जिनपिंग, सभी ने बाज़ार अर्थव्यवस्था के निर्माण के साथ ही पार्टी के नेतृत्व और राज्य की नियंत्रणकारी भूमिका की बात दुहराई। इसने इन

सभी को संकट की सूरत में कड़े क़दम उठाने की ताक़त दी। मसलन, 1997 में पूर्वी एशिया के वित्तीय संकट के समय उन्होंने चीनी मुद्रा को ताक़तवर बनाए रखा। सन् 2008 के वैश्विक आर्थिक संकट के वक़्त भी वे चीनी अर्थव्यवस्था को उसके बुरे असर बचाने में सफल रहे। वृहत्तर आर्थिक स्तर पर नियंत्रण की इसी ताक़त ने हु-वन शासन को सुधार की नीतियों के कारण पैदा होनेवाली बड़ी समस्याओं से निपटने के लिए क़दम उठाने का मौक़ा दिया और हु चिनथाओ ने विकास के प्रति वैज्ञानिक नज़रिया अपनाने और शी शासन में संयोजित विकास की संतुलनकारी नीतियाँ अपनाने की शक्ति दी।[46]

पण्य अर्थव्यवस्था के प्रति क्या नज़रिया अपनाया जाए, सांस्कृतिक क्रांति के दौरान बहस का एक केंद्रीय मुद्दा था।[47] मार्क्सवादी राजनीतिक अर्थशास्त्र के मुताबिक पण्य माल उत्पादन की शुरुआत पूँजीवाद के दौर में हुई। माल का उत्पादन बाज़ार में विनिमय के लिए किया जाता था और वे पण्य (कोमॉडिटी) बन जाते थे। उत्पादन प्रणाली पूँजीपति वर्ग के नियंत्रण में थी और वह उसका इस्तेमाल करके मुनाफ़ा कमाता था और मज़दूरों को उनके देय से वंचित कर देता था। लिहाज़ा, कम्युनिस्टों का मकसद अंततः पण्य अर्थव्यवस्था को ख़त्म करना था। साम्यवाद में उत्पादन का उपयोग इस तरह होता कि "सभी अपनी क्षमता/सलाहियत के अनुसार काम करें और अपनी ज़रूरत के मुताबिक पाएँ"। साम्यवाद में उत्पादन का इस्तेमाल विनिमय और मुनाफ़ा के लिए नहीं होता। समाजवादी संक्रमण के दौर में विनिमय अर्थव्यवस्था जारी रहती पर उसका स्वरूप पूँजीवाद से एकदम अलग होता। समाजवादी व्यवस्था के तहत पण्य अर्थव्यवस्था को सीमित करने और साम्यवाद के तहत उसके पूर्ण ख़ात्मे के क़दम उठाए जाने थे। माओ ने अपनी पुस्तिका "ए क्रीटीक ऑफ़ सोवियत इकोनॉमिक्स" में यही दृष्टिकोण अपनाया था।[48]

सांस्कृतिक क्रांति के समर्थकों ने इस विचार को ज़ोरदार तरीक़े से रखा। बहुत से विद्वान सोवियत संघ में संशोधनवाद के पनपने को वहाँ बाज़ार की ताक़तों के विकास से जोड़कर देखते हैं।[49] इस सोच को ध्यान में रखते हुए चीनी कम्युनिस्ट पार्टी ने माओ के समय "अनाज की पैदावार को आधार बनाते हुए चौतरफ़ा विकास" का उद्देश्य तय किया था। ज़ोर इस बात पर था कि कैसे चीन की विशाल आबादी को घरेलू संसाधनों के बलबूते खाना उपलब्ध कराया जाए। कुछ कम्यूनों में जिन उत्पादन टीमों ने नकदी फ़सल उगाने का फ़ैसला किया उनकी आलोचना की गई कि वे लोगों के हितों के ख़िलाफ़ काम कर रहे हैं। कम्यून पूरी पैदावार अपने नियंत्रण में ले लेते थे ताकि वे उसे ज़रूरत के मुताबिक परिवारों में वितरित कर सकें और एक नियत मात्रा में राज्य को शहरी उपभोग और औद्योगिक इस्तेमाल के लिए दे दें। कम्यून के दौर में ग्रामीण व्यापार मेलों के आयोजन को हतोत्साहित किया जाता था क्योंकि उन्हें अवांछित पण्य अर्थव्यवस्था की निशानी माना जाता था। परिवारों की निजी ज़मीन पर साग-सब्ज़ी उगाने को भी पूँजीवादी गतिविधि माना जाता था। मेहनत-मज़दूरी करना

समाजवादी नागरिक का कर्तव्य माना जाता था— एक ऐसा सृजनात्मक काम, जिसके ज़रिए उसकी मानव क्षमता परिपूर्ण होती थी।। लिहाज़ा, प्रत्येक कामगार को समाजवाद के निर्माण और अपनी मातृभूमि की सेवा में क्रांतिकारी योगदान के लिए प्रोत्साहित किया जाता। उनसे अपेक्षा की जाती कि वे अपना अधिकतम योगदान देंगे और नियत वर्कप्वाइंट अर्जित करेंगे और पैसे कमाने या भौतिक सुख-सुविधाओं की परवाह नहीं करेंगे।

कम्यून के दौरान प्रचलित वर्कप्वाइंट प्रणाली की तंग शासन ने कड़ी आलोचना की। उनके अनुसार पुरानी व्यवस्था मज़दूरों की सृजनात्मकता को पूरी तरह उभरने नहीं देती। उनका कहना था कि समाजवाद के निर्माण-जैसे अमूर्त प्रोत्साहन की जगह ठोस भौतिक लाभ का वादा किया जाना चाहिए। सिर्फ़ वही मज़दूरों को कड़ी मेहनत और ज़्यादा उत्पादन के लिए प्रेरित करेगा। इस प्रकार, भौतिक प्रोत्साहन व्यवस्था पण्य अर्थव्यवस्था का अहम पहलू बन गया, जबकि कम्यून के दौर में वैचारिक प्रोत्साहन पर ज़ोर दिया जाता था। अब प्रतिस्पर्धा को वांछनीय मूल्य माना जाने लगा। अब मज़दूर बेहतर परिणाम और ज़्यादा आमदनी के लिए आपस में होड़ कर सकते थे। उद्यमों से भी उम्मीद की जाती थी कि वे बाज़ार में अपने को मज़बूत करने के लिए आपस में होड़ करेंगे।

कम्यून के समय *हुखऊ* प्रणाली प्रचलित थी जिसके तहत परिवार के प्रत्येक सदस्य को अपना निवासस्थान पंजीकृत कराना होता था ताकि वे संपत्ति अधिकार, स्वास्थ्य और शिक्षा-जैसी विभिन्न सार्वजनिक सुविधाओं का लाभ उठा सकें। इस तरह से शासन ने एक कम्यून से दूसरे कम्यून में मज़दूरों के पलायन पर सख़्त पाबंदी लगा दी। कम्यून व्यवस्था योजना के अनुसार ख़ास उत्पादक गतिविधि के लिए श्रम के आवंटन की स्थिर व्यवस्था के सिद्धांत पर आधारित थी। अगर कोई व्यक्ति रोज़गार को लिए अपनी मूल जगह से बाहर जाता है तो उसे इसकी इजाज़त थी पर उसकी *हुखऊ* पहचान अपनी मूल जगह बनी रहेगी। यह व्यवस्था किसी स्त्री या पुरुष की अपनी मरज़ी से एक से दूसरी जगह जाने की आज़ादी पर न सिर्फ़ भारी बंदिश लगाती थी बल्कि इलाक़ाई या जन्मस्थल की पहचान को मज़बूत करती है। इस व्यवस्था के तहत श्रमिकों का आना-जाना संभव नहीं था और देशव्यापी श्रम बाज़ार का विकास नहीं हो सका।[50] सुधारों की शुरुआत और खुला दरवाज़ा नीति अपनाए जाने के बाद इसकी समीक्षा शुरू हुई। तंग शासन इस प्रथा को बंद अर्थव्यवस्था का अंग मानता था। फिर भी, इस प्रथा को पूरी तरह ख़त्म नहीं किए जाने के अपने व्यावहारिक कारण थे। इसका ख़ात्मा न सिर्फ़ गाँवों से शहरों की ओर पलायन के दरवाज़े खोल देता, बल्कि ग्रामीण प्रवासियों को शहरों में आवास, स्वास्थ्य और शिक्षा की सुविधाएँ मुहैया कराना भी मुश्किल होता। दरअसल, 1990 के दशक में और उसके बाद इस समस्या ने विकराल रूप ले लिया। लिहाज़ा, शासन को *हुखऊ* व्यवस्था में क्रमशः ढील देनी पड़ी। जैसा कि हम पहले ही बता चुके हैं 2016 में तेरहवीं योजना की शुरुआत के बाद इसमें ढील

देने की बड़ी पहल की गई। पारिवारिक ज़िम्मेदारी व्यवस्था की शुरुआत के बाद परिवारों को यह तय करने की पूरी आज़ादी दी गई कि परिवार के कौन से सदस्य खेती में काम करेंगे और कौन स्थानीय तौर पर या बाहर जाकर अन्य व्यवसायों में। इस प्रकार, अर्धरोज़गार और उत्पादकता के निचले स्तर की मौजूदा स्थिति से निपटने के लिए फ़ालतू ग्रामीण श्रम को दूसरी गतिविधियों के लिए मुक्त कर दिया गया।

एक अनुमान के मुताबिक 1979 में ग्रामीण श्रम का लगभग आधा हिस्सा फ़ालतू था। विविधतापूर्ण अर्थव्यवस्था के उभार के बाद गाँवों में, ख़ासकर ग्रामीण उद्योगों में 1997 तक तक़रीबन 13 करोड़ मज़दूरों को खपा लिया गया। परिणामस्वरूप, गाँवों में और धीरे-धीरे शहरों में भी श्रम बाज़ार का तेज़ी से विकास हुआ। शहरों में प्रवास की छूट दी गई, हालाँकि प्रत्येक चीनी के लिए पारिवारिक ज़िम्मेदारी की व्यवस्था बनी रही। शांहाई, पेइचिंग और क्वानचऊ में "अस्थाई आबादी" काफ़ी बढ़ गई।[51] पिछड़े इलाकों के प्रवासी मज़दूर समृद्ध काउंटियों की ओर आकर्षित होने लगे। मिसाल के तौर पर, हला टाउनशिप के कई उद्यमों ने यांग्त्सी नदी के उत्तरी किनारे पर बसे कम विकसित "सुपेई" इलाक़े के बहुत से प्रवासी मज़दूरों को काम पर रखा था।

श्रम बाज़ार के विकास के साथ-साथ भौतिक प्रोत्साहन की शुरुआत करके और खेतिहर पैदावार को बाज़ार के दायरे में लाकर सुधार रणनीति ने ग्रामीण अर्थव्यवस्था को बाज़ार अर्थव्यवस्था के मातहत लाने के लिए कई क़दम उठाए। उसने क़ीमतों के क्षेत्र में दो बड़े क़दम उठाए। वर्ष 1979 में राजकीय ख़रीद मूल्य को नाटकीय तरीक़े से लगभग दोगुना कर दिया गया जिससे पूरे चीन में किसानों की आमदनी बढ़ गई। अगले पाँच साल तक उसमें प्रत्येक साल लगभग 20 प्रतिशत का इज़ाफ़ा किया गया। सुधारों के दूसरे दौर में 1985 के बाद किसानों को अपनी उपज को खुले बाज़ार में बेचने की इजाज़त दे दी गई और किसानों से ख़रीद के कोटे में छूट दी गई और कई जगह तो उसे पूरी तरह ख़त्म कर दिया गया। इस प्रकार, राज्य को अंततः बाज़ार क़ीमत पर ख़रीद करनी पड़ी और बाद के वर्षों में तो कई मर्तबा उसे किसानों से बाज़ार क़ीमत से ऊँची दर पर अनाज ख़रीदना पड़ा। बहरहाल, बाज़ार की ताक़त बढ़ने और डब्ल्यूटीओ शर्तों के लागू होने के बाद किसानों को हमेशा अपनी पैदावार की उचित क़ीमत नहीं मिल पाती थी। तेरहवीं योजना में इस समस्या के समाधान का वादा करना पड़ा। सन् 1980 के दशक में किसानों को अपनी उपज के लिए ऊँचे दाम मिले। यह किसानों की मुक्ति की दिशा में एक बड़ा क़दम था। संभवतः यह कृषि और उद्योग के बीच व्यापार की बदलती शर्तों का संकेत था जो कृषि के लिए फ़ायदेमंद था। असल में, 1980 के दशक में हालात किसानों के लिए लाभदायक थे लेकिन 1990 के दशक में यह रुझान उलट गया और शहरी-ग्रामीण विषमता की खाई तेज़ी से चौड़ी होने लगी। कई देशों में यह गंभीर बहस का मुद्दा बन गया, जहाँ किसान अपनी उपज से बेहतर कमाई की लड़ाई लड़ रहे थे। लेकिन मात्र

इसी से किसानों की मुक्ति का रास्ता साफ़ नहीं होता। अगर उद्योग और सेवाओं से ज़्यादा कमाई होती है और उनके उत्पादों की क़ीमत लगातार बढ़ती जाती है तो हालात के किसानों के माफ़िक बनने का रुझान असली नहीं हो सकता। फिर भी सुधार के दौर में चीनी सरकार द्वारा उठाए गए इन क़दमों ने किसानों के जीवनस्तर में भारी सुधार किया।

लेकिन व्यवहार में क़ीमतों के निर्धारण को पूरी तरह बाज़ार के ऊपर छोड़ देना आसान नहीं था। कुछ ख़ास मौक़ों पर, जैसे कि 1993 में जब राज्य को अन्य क्षेत्रों में निवेश के लिए पैसों की ज़रूरत थी, उसने बाज़ार के मुकाबले कम दाम पर ख़रीद की या पैसे बाद में चुकाने का वादा किया। स्थानीय सरकारों ने किसानों के साथ बाद में भुगतान के क़रार किए। कई इलाक़ों में किसान इसको लेकर काफ़ी नाख़ुश थे और उन्होंने इसके ख़िलाफ़ प्रदर्शन भी किए।[52] यही रुझान 1990 के दशक के अंत और 2000 के दशक के मध्य में भी दिखा जिसको लेकर किसानों में भारी असंतोष पैदा हुआ। इसी परिप्रेक्ष्य में नए समाजवादी गाँवों के निर्माण की मुहिम शुरू की गई। दशकों तक सुधार के बाद यह साफ़ हो गया था कि राज्य को अनाज की ख़रीद मूल्य के साथ-साथ उद्योगों के लिए कपास और ईख-जैसे कच्चे माल की ख़रीद में निर्णायक भूमिका निभाना जारी रखना होगा। इस संदर्भ में राजकीय तंत्र का चरित्र प्रासंगिक बन जाता है। विकेंद्रित, भागीदारी आधारित निर्णय प्रक्रिया केंद्रीकृत नौकरशाही राजकीय तंत्र के मुकाबले विकट परिस्थितियों से बेहतर तरीक़े से निपट सकती है। इसमें कोई शक नहीं कि क़ीमतों के निर्धारण को आम तौर पर बाज़ार पर छोड़ देने के बाद भी राज्य को उनपर नज़र रखनी पड़ेगी। पर राजकीय तंत्र का चरित्र कैसा है और वह लोगों की इच्छओं और ज़रूरतों को कैसे पूरा करता है, यह इस संदर्भ में प्रासंगिक बन जाता है। लोगों की स्वतंत्रता को हासिल करने के क्रम में राज्य, बज़ार और सामजिक संगठनों को उनके माफ़िक होना होगा— सभी को समंजित रूप से काम करना होगा और प्रतिनिधित्व की प्रक्रिया के ज़रिए एक-दूसरे पर निगाह रखनी होगी।

क़ीमतों में सुधार की दिशा में राज्य का दूसरा क़दम था सार्वजनिक वितरण व्यवस्था की आपूर्ति की व्यवस्था में सुधार। कम्यून के समय वाणिज्य पूरी तरह सामूहिक स्वामित्व के मातहत था। कम्यून सदस्यों को उनके अर्जित वर्कप्वाइंट का एक हिस्सा खाद्यान्न के रूप में मिलता था। इसके अलावा उन्हें ज़रूरत के सभी सामान कम्यून के स्टोर से ही ख़रीदना होता था। सुधारों की शुरुआत के बाद निजी लोगों को भी अपना स्टोर खोलने की इजाज़त दी गई। कुछ सालों में सस्ता और बेहतर सामान ग्रामीण बाज़ार में भी मिलने लगा। गाँवों को हफ़्ते में एक बार, दो बार या रोज़ाना बाज़ार लगाने की अनुमति दे दी गई। कम्यून के दौर की केंद्रीकृत वितरण व्यवस्था अब पुरानी बात हो गई। लेकिन राज्य को अब भी सामान की समुचित आपूर्ति को सुनिश्चित करने के लिए दख़ल देने और योजना बनाने का अधिकार था। लेकिन अब यह एक विकेंद्रित व्यवस्था थी। टाउनशिप

अधिकारी विभिन्न आपूर्तिकर्ताओं से बात करते थे और परिस्थिति के अनुसार फ़ैसले करते थे। बुनियादी ज़रूरत की चीज़ों के दाम अब भी पहले से तय कर दिए जाते थे पर इस सूची में शामिल चीज़ों की तादाद कम होती जा रही थी। यह व्यवस्था ज़्यादातर शहरी और उपनगरीय क्षेत्रों में लागू थी और इलाक़े के अनुसार बदलती रहती थी। इस प्रकार, क़ीमतों को बाज़ार पर छोड़ दिया गया और बाज़ार को विकेंद्रित रखा गया, हालाँकि राज्य ने अपनी समन्वयकारी भूमिका को बनाए रखा।

बाज़ारी शक्तियों के विकास के लिए 1980 के दशक की शुरुआत में *खेतिहर क्षेत्र* के विकास का विचार सामने आया। सन् 1990 के दशक में इसने एक इलाक़े में ग्रामीण उद्योगों को एक समूह में इकट्ठा करने का रूप ले लिया। फिर एक खेतिहर क्षेत्र में भूमि उपयोग की एक एकीकृत योजना बनाई गई ताकि कृषि, उद्योग और वाणिज्य का चौतरफ़ा विकास किया जा सके और कृषि को वानिकी, मवेशीपालन और मछलीपालन से जोड़ा जा सके। खेतिहर क्षेत्र की अवधारणा में श्रमशक्ति के नियोजन, कुदरती संसाधनों के इस्तेमाल, दीर्घकालीन निवेश योजना के साथ-साथ उपभोक्ता माँग के आकलन को भी ध्यान में रखा गया। एक क्षेत्र इसकी योजना बना सकता था कि स्थानीय और बाहरी बाज़ार के लिए उसे कितने अनाज की ज़रूरत होगी। वह इसका भी अंदाज़ा लगा सकता था कि स्थानीय और बाहरी औद्योगिक इकाइयों के लिए उसे कितनी औद्योगिक फ़सलों की ज़रूरत होगी। वह अपनी विज्ञान और प्रौद्योगिकी योजना भी बना सकता है और इसके लिए स्थानीय प्रशिक्षण संस्थान क़ायम कर सकता है या कुशलताप्राप्त मज़दूरों के राष्ट्रीय बाज़ार का लाभ उठा सकता है या अंतरराष्ट्रीय संस्थानों से तकनीकी मदद ले सकता है। ग्रामीण उद्योगों को एक गुच्छे में इकट्ठा करने के दो अन्य आधुनिक कारण ऊर्जा और संचार से जुड़े थे। एक ही जगह बसे उद्योगों के समूह के लिए ऊर्जा की आपूर्ति दूर-दूर फैले उद्योगों की बनिस्पत ज़्यादा सरल और कारगर होगी। गुच्छा उद्योगों के लिए संचार के उपायों को— रोड, रेल और हवाई परिवहन को बेहतर तरीक़े से संयोजित किया जा सकता है। मानव संसाधन का भी बेहतर नियोजन किया जा सकता है। दरअसल, शहर को गाँव तक लाने का विचार माओ युग के साथ ही सुधार युग की भी चाहत रही है।

दरअसल, भौगोलिक क्षेत्रों में बँटा स्थानिक नियोजन विकास के बारे में चीन की समकालीन सोच की एक बड़ी ख़ासियत रही है। विज्ञान और प्रौद्योगिकी क्षेत्र, औद्योगिक पार्क, विशेष आर्थिक क्षेत्र, सहकारी विकास क्षेत्र, आर्थिक गलियारों और नदी उपत्यका विकास क्षेत्र का निर्माण इसी के उदाहरण हैं। जैसा कि हमने पहले उल्लेख किया है तेरहवीं योजना के दौरान "कार्यकारी क्षेत्रों" (functional zones) की स्थापना की गई ताकि ऊर्जा के बचत और पर्यावरण की सुरक्षा के इंतज़ाम किए जा सकें। इस नज़रिए ने विकास के कुछ पहलुओं को लेकर तजरबों के साथ-साथ सघन प्रयास को संभव बनाया।

कृषि, उद्योग और वाणिज्य का समेकित विकास

ग्रामीण सुधारों का एक अहम पक्ष था ग्रामीण अर्थव्यवस्था को विविधतापूर्ण बनाना और गाँवों में तरह-तरह की उत्पादक गतिविधियाँ शुरू करना। यह इस समझ पर आधारित था कि ग्रामीण अर्थव्यवस्था कृषि अर्थव्यवस्था से बड़ी है। यक़ीनन, ग्रामीण समाज सिर्फ़ अर्थव्यवस्था ही नहीं है, बल्कि कला, संस्कृति, ज्ञान परंपरा और जीवन के अन्य पक्ष भी उसका अंग हैं। ग्रामीण अर्थव्यवस्था में कृषि, उद्योग एवं वाणिज्य और ग्रामीण इलाक़ों में चलनेवाली अन्य उत्पादक गतिविधियाँ भी शामिल हैं। बेशक अर्थव्यवस्था का बड़ा हिस्सा कृषि से जुड़ा है या ज़मीन उत्पादन का सबसे बड़ा संसाधन है। इसी वजह से उसे ग्रामीण कहा जाता है। लेकिन यह ज़रूरी नहीं कि पैदावार के कुल मूल्य में उसका योगदान इसी अनुपात में हो। उसका कुल मूल्य खेती के काम में लगे श्रम के अनुपात में हो सकता है या खेती के लिए प्रयुक्त ज़मीन के रकबे को उसका दूसरा आधार माना जा सकता है। ग्रामीण की नई परिभाषा इन सभी मानदंडों के परे भी हो सकती है। फिर कृषि का अर्थ भी सिर्फ़ अनाज उगाना भर नहीं है। इसमें तिलहन, साग-सब्ज़ियों, कपास, ईख और अन्य औद्योगिक फ़सलों की पैदावार भी शामिल है। चीन में आम तौर पर कृषि (*नुङ्ये*) में मवेशीपालन (*तुङ्ये*), मछलीपालन (*ईये*), वानिकी (*लिनये*) और बाग़वानी (*शुक्व*) भी शामिल होता है। कम्यून के दौर में भी अनुपूरक उत्पादन (*फूये*) ग्रामीण अर्थव्यवस्था का अंग था। प्रत्येक परिवार अपने निजी प्लॉट पर सुअर पालता था और मुर्गीपालन करता था। लेकिन यह अनुपूरक उत्पादन अनाज की पैदावार की जगह नहीं ले सकता था। कम्यून के दौर में अगर कुछ उत्पादन टीमें इस अनुपूरक उत्पादन पर ज़्यादा ज़ोर देतीं तो उसे आम राजनीतिक सोच, जो अनाज की पैदावार को प्रमुख मानती थी, का उल्लंघन माना जाता था।

ग्रामीण सुधारों की नज़र से ग्रामीण अर्थव्यवस्था के तहत प्रत्येक क़िस्म की उत्पादक गतिविधि को प्रोत्साहित किया जाता है। नई नीतियों के तहत यह किसानों के ऊपर छोड़ दिया गया है कि वे अपनी आमदनी बढ़ाने के लिए अपनी ज़मीन, श्रम और पूँजी का जैसे मरज़ी इस्तेमाल करें। निस्संदेह, सामूहिक केंद्र और प्रांतीय अधिकारियों द्वारा तय लक्ष्यों की रोशनी में अनाज की पैदावार और ख़ास-ख़ास मामलों में अन्य आर्थिक गतिविधियों से संबंधित योजना बनाते हैं। पर इन लक्ष्यों को हासिल करना मुश्किल नहीं था। अनाज की पैदावार का कोटा पूरा करने के साथ-साथ किसानों को अन्य उत्पादक गतिविधियाँ शुरू करने के लिए प्रोत्साहित किया गया। वुशी-जैसे उपनगरीय ज़िलों में मछलीपालन आय का एक मुख्य स्रोत बन गया। यहाँ तक कि कम्यून के ज़माने में भी इस इलाक़े में विविधतापूर्ण अर्थव्यवस्था मौजूद थी जिसमें अनाज की पैदावार के साथ-साथ साग-सब्ज़ी उगाना, मछलीपालन और कुछ ग्रामीण उद्योग भी शामिल थे। शहर के क़रीब बसा होने और एक तरफ़ शांघाई और दूसरी तरफ़ नानचिंग से जुड़ा होने के कारण पूरे 1970 के

दशक में वहाँ का सामूहिक मछलीपालन करता रहा और साग-सब्ज़ी उगाता रहा। वुशी के कपड़ा कारख़ानों को रेशम उपलब्ध कराने के मकसद से रेशम के कीड़ों के लिए शहतूत की बाग़वानी सामूहिक संस्थाओं की एक और आर्थिक गतिविधि रहा है। लिहाज़ा यह कहना सही नहीं होगा कि कम्यून के समय ग्रामीण अर्थव्यवस्था में कोई विविधता नहीं थी। बहरहाल, यह सही है कि कभी-कभार अनाज की कमी का भय पार्टी नेतृत्व पर इस क़दर हावी हो जाता था कि वे श्रम या ज़मीन का दूसरी आर्थिक गतिविधियों के लिए इस्तेमाल को हतोत्साहित करते थे। तंग शासन ने इस दिशा में सुधार के कई क़दम उठाए। उसका मानना था कि राज्य को अनाज की पैदावार पर निगाह बनाए रखनी चाहिए जिससे कि राष्ट्रीय स्तर पर अनाज की पैदावार समुचित दर पर बढ़ती रहे, लेकिन साथ ही दूसरी तमाम तरह की आर्थिक गतिविधियों के ज़रिए ग्रामीण अर्थव्यवस्था में जान फूँकने की ज़रूरत है। उनका कहना था कि गाँवों का आम आर्थिक विकास कृषि के विकास में भी मददगार होगा। किसान अपनी बचत का एक हिस्सा खेती में लगाएँगे और सामूहिक भी उद्योगों और व्यवसाय से अपनी कमाई का कुछ अंश कृषि में निवेश करेंगे। मतलब यह कि ग्रामीण अर्थव्यवस्था के विभिन्न क्षेत्र एक-दूसरे की मदद करेंगे। इस प्रकार, एक किसान की अपनी पसंद की फ़सल उगाने की स्वतंत्रता और एक बड़े और विशाल आबादीवाले देश की अनाज की ज़रूरत के बीच मेल बिठाना था। लेकिन इस उद्देश्य की राह में अपनी आमदनी बढ़ाने की किसानों की चाहत पर रोक लगती है तो इसे उनकी आज़ादी पर पाबंदी कहा जा सकता है। किसी समाज के विभिन्न हिस्सों के अधिकारों की पूर्ति के लिए बहुत सी बातों के बीच तालमेल बिठाना पड़ता है। जब देश में ही समुचित पैदावार संभव हो तो अनाज आयात पर निर्भरता से सभी देश परहेज़ करते हैं क्योंकि यह उन्हें बाहरी दबाव का शिकार बनाता है। इतना ही नहीं आर्थिक नीति की दृष्टि से भी इसे सही नहीं माना जाता। हालाँकि चीनी नेतृत्व हमेशा चीन को अनाज की पैदावार के मामले में आत्मनिर्भर बनाने के रास्ते पर टिका रहा और प्रांतीय स्तर पर पैदावार का कोटा तय करने के साथ तरह-तरह की नीतियाँ बनाईं गईं जिससे यह आत्मनिर्भरता हासिल की जा सके। बहरहाल, 2016 में 60 करोड़ टन से ऊपर अनाज की पैदावार करने के बाद भी वितरण की समस्याएँ बनी रहीं।

आर्थिक बहुरूपता के तमाम पक्षों में ग्रामीण औद्यागिकीकरण सर्वाधिक महत्त्वपूर्ण है। ग्रामीण अर्थव्यवस्था को परंपरागत रूप से तरह-तरह की खेतिहर और औद्योगिक गतिविधियों का मेल माना जाता रहा है। फेई श्याओथुङ-जैसे चीन के समाज विज्ञानी लगातार चेताते रहे हैं कि यांग्त्सी उपत्यका के धनी और समृद्ध गाँवों में भी 1930 के दशक में रेशम के कारोबार में गिरावट आई और शहतूत की बाग़वानी और रेशम के कीड़ों से होनेवाली आय के नदारद होते ही किसानों की आय घटने लगी। लिहाज़ा वे "अनुपूरक अर्थव्यवस्था" के निर्माण या ज़्यादा-से-ज़्यादा ग्रामीण उद्यम शुरू करने की वकालत करते

रहे।[53] दरअसल, अपने इस नज़रिए के लिए उन्हें दक्षिणपंथ-विरोधी मुहिम और सांस्कृतिक क्रांति के दौरान आलोचना भी झेलनी पड़ी। हालाँकि, ध्यान रहे कि ग्रामीण उद्योग-धंधों की स्थापना 1958 में ग्रेट लीप फॉरवर्ड के दौरान घोषित कम्यून रणनीति का अनिवार्य अंग थी। पहले भी चीनी कम्युनिस्ट पार्टी के नेतृत्व के भीतर मशीनीकरण और सामूहिकीकरण को लेकर गरमागरम बहस चल रही थी। लिऊ शाओछी और माओ त्से-तुंग विकास के रास्ते पर दो अलग-अलग पक्ष में थे। हालाँकि ग्रामीण औद्योगिकीकरण पहले से ही मौजूद था। जीत सामूहिकीकरण के विचार की हुई और कम्यूनों की स्थापना की गई।[54] लेकिन उस समय भी कृषि के मशीनीकरण और ग्रामीण औद्योगिकीकरण की दिशा में कई बड़े क़दम उठाए गए। कई इलाक़ों में छोटे, मोटरचालित हल (हस्त-चालित ट्रैक्टर) लाए गए। प्रत्येक कम्यून में कृषि उपकरणों की मरम्मत के केंद्र बनाए गए। ये केंद्र खेती के दौरान प्रत्येक स्तर पर किसानों को विशेषज्ञ राय और सहायता भी देते थे। प्रत्येक गाँव में इस्पात ढालने और खेतिहर उपकरण बनाने के लिए भट्ठियाँ लगाई गईं। यक़ीनन, कई कमियाँ भी थीं। अनुपयुक्त योजना और तकनीकी ज्ञान के अभाव में प्रत्येक गाँव में भट्ठी लगाने का तजरबा नाकाम हो गया। लेकिन कम्यून के दौर में कई इलाक़ों में कृषि प्रसंस्करण इकाइयाँ और उपकरण बनाने के कारख़ाने लगाए गए और वे काफ़ी फले-फूले। बहरहाल, 1979 में ग्रामीण उद्योगों के पक्ष में बड़ा रणनीतिक बदलाव आया। नीति निर्माताओं का मत था कि स्थानीय तौर पर फ़ालतू मज़दूरों को खपाने के लिए ऐसे उद्यम बेहद ज़रूरी हैं। और यक़ीनन अगर 10–15 करोड़ फ़ालतू खेतिहर मज़दूरों को काम पर नहीं लगाया गया होता तो समकालीन चीन में बेरोज़गारी की स्थिति विकराल रूप ले लेती।

दूसरे, 1970 के दशक के अंत में सामूहिकों के पास इतना पैसा था कि वे उसे नए ग्रामीण उद्यमों में लगा सकें और कृषि को परिवारों के भरोसे छोड़ दें। सामूहिक ग्रामीण उद्योग-धंधे से होनेवाली कमाई को ग्रामीण अर्थव्यवस्था, ख़ासकर कृषि के आम विकास में लगा सकते थे। हालाँकि ग्रामीण उद्यमों के सामूहिक मालिकाने में बदलाव हो रहा था और वे अंशधारी कंपनियों या निजी कंपनियों का रूप ले रही थीं तो भी सुधारों के पहले दशक में सामूहिकों ने ग्रामीण औद्योगिकीकरण को बढ़ावा देने में महत्त्वपूर्ण भूमिका निभाई।

तीसरे, ग्रामीण उद्योगों के दायरे में बढ़ोतरी की गई और उन्हें खेतिहर मशीनी उपकरणों और प्रसंस्कृत उत्पादों के साथ-साथ कई और तरह के सामान बनाने के लिए प्रोत्साहित किया गया। उदाहरण के लिए, 1979 में तब के हला कम्यून के ग्रामीण उद्यम वुशी के बड़े उद्योगों के लिए क़ल-पुर्ज़े बनाया करते थे। बाद में वे इलेक्ट्रॉनिक और "तीसरे उद्योग" के रूप में मशहूर पर्यटन और होटल व्यवसाय की ओर मुड़ गए। उसके बाद 1990 के दशक में उद्यमों के चुनाव पर कोई पाबंदी नहीं रही, बशर्ते वे अपने संसाधनों से या देश के भीतर या विदेशी स्रोतों से पूँजी का इंतज़ाम ख़ुद कर लें। लेकिन साथ ही महत्त्वपूर्ण बात यह थी

कि उन्हें उत्पादों की गुणवत्ता बनाए रखना होता और राज्य द्वारा तय पर्यावरण मानकों और ऊर्जा बचत के उपायों को लागू करना होता। चीन में पर्यावरण के प्रति चेतना जैसे-जैसे बढ़ती गई और राज्य ने प्रत्येक स्तर पर पर्यावरण प्रदूषण की रोकथाम के लिए तरह-तरह की संस्थाएँ स्थापित कीं, इनकी गंभीरता बढ़ती गई। वर्ष 1991 में रियो डी जनेरो में आयोजित पृथ्वी सम्मेलन (अर्थ सम्मिट) के बाद अंतरराष्ट्रीय माहौल का भी असर पड़ा। बाद में 1997 के क्योटो समझौते और टिकाऊ विकास के बारे में जोहान्सबर्ग सम्मेलन और 2015 में सीओपी-21 समझौते या जलवायु परिवर्तन के बारे में पेरिस समझौते[55] का भी चीनी नीतियों पर भारी असर हुआ। ऊर्जा की बचत और पर्यावरण प्रदूषण के मुद्दे विकास की चीनी रणनीति का महत्त्वपूर्ण अंग बन गए। मिसाल के तौर पर, जब यह समझ में आ गया कि कई ग्रामीण उद्योग ऊर्जा की फ़ालतू खपत या बरबादी के लिए ज़िम्मेदार हैं तो उनमें से कई बंद होने लगे। इन शर्तों को साफ़ कर देने के बाद चीनी सरकार ने किसानों की आय में भारी बढ़ोतरी की सुधार रणनीति के निर्णायक अंग के रूप में ग्रामीण उद्योगों को बढ़ावा देना जारी रखा, फ़ालतू मज़दूरों के बड़े हिस्से को रोज़गार मुहैया कराया और ग्रामीण अर्थव्यवस्था में सुधार लाया। और इस तरह, पूरी चीनी अर्थव्यवस्था को अनुप्राणित किया।

ग्रमीण उद्योग-धंधों के बारे में नीतियाँ पारिवारिक ज़िम्मेदारी व्यवस्था और पण्य अर्थव्यवस्था का निर्णायक हिस्सा थीं। यह परिवारों को ग्रामीण और शहरी अर्थव्यवस्था से ही नहीं, बल्कि राष्ट्रीय और अंतरराष्ट्रीय अर्थव्यवस्था से भी जोड़ती थीं। ग्रामीण औद्योगिकीकरण परिवारों की आय और पूरे इलाक़े की आय में वृद्धि करके गाँवों के विकास का परिचालक बन गया था। बाज़ार अर्थव्यवस्था में विकास के साथ वाणिज्य और सेवा क्षेत्र की गतिविधियाँ भी तेज़ी से विकसित होने लगीं। तेरहवीं योजना के तहत कृषि, उद्योग और सेवाओं के समेकित विकास की नज़र से प्रौद्योगिकी, ख़ासकर सूचना प्रौद्योगिकी के क्षेत्र में भारी निवेश की योजना बनाई गई। इस क्रम में वैश्विक अर्थव्यवस्था के साथ क़रीबी रिश्ता क़ायम करना सुधार रणनीति का अहम अंग था।

वैश्विक अर्थव्यवस्था के साथ क़रीबी रिश्ता

"खुला दरवाज़ा" सिद्धांत प्रतिपादित करने के पीछे तंग श्याओफिंग का मूल मकसद था पूरी दुनिया से सीखना और पश्चिमी देशों के पूँजीवादी देशों समेत दुनिया भर में उपलब्ध अवसरों का लाभ उठाना। उनकी सैद्धांतिक धारणा थी कि तीन चीज़ें दुनिया को सामंतवाद के चंगुल से निकालकर आधुनिकता की ओर ले गईं : विज्ञान और प्रौद्योगिकी, बाज़ार और प्रबंधन। सांस्कृतिक क्रांति के अंतिम दिनों में इन मुद्दों पर घनघोर बहस चली थी। तंग के आलोचकों का कहना था कि ये सारे तत्त्व मूलतः पूँजीवादी विकास का अंग हैं और वे राजनीतिक अर्थशास्त्र को उसी दिशा में ले जाएँगे। तंग ने इस विचार का खंडन करते हुए कहा कि ये

आधुनिक रूपांतरण के औज़ार हैं और सभी देशों को उनका सहारा लेना पड़ेगा। उन्होंने ज़ोर दिया कि राजनीतिक पार्टियों को उनका इस्तेमाल अपने पक्ष में करना होगा।[56] तो, 1978 में पार्टी के तीसरे प्लेनम ने "खुला दरवाज़ा" की नीति को "सुधारों" के मूल तत्त्व को रूप में स्वीकार कर लिया। बारहवीं पार्टी काँग्रेस में तंग ने कहा था : "हमें बिना डिगे बाहरी दुनिया के प्रति खुलेपन की नीति अपनानी चाहिए और दूसरे देशों के साथ समानता और परस्पर लाभ के आधार पर विनिमय को सक्रिय रूप से बढ़ावा देना चाहिए।"[57] उसी साल शनचन में पहले विशेष आर्थिक क्षेत्र की स्थापना की गई और उसके बाद पूर्वी तटीय क्षेत्र में कई विशेष आर्थिक क्षेत्र बनाए गए। दस साल बाद जब फरवरी 1992 में तंग श्याओफिंग ने विशेष आर्थिक क्षेत्र की यात्रा की और सुधार और खुला दरवाज़ा नीति को तेज़ करने की बात कही तो इसी नज़रिए की पुष्टि की गई। सबसे पहले ताइवान, हांगकांग और सिंगापुर में बसे चीनियों के निवेश का स्वागत किया गया। फिर तो इस रुझान ने तेज़ी पकड़ ली और जापान, यूरोप, उत्तरी अमेरिका और आस्ट्रेलिया से और बाद में कोरिया से भी निवेश के अवसर की तलाश में पूँजी चीन आने लगी। खुले दरवाज़े की नीति चीन के विकास में इस कदर निर्णायक बन गई कि जनवरी 2017 में डावोस फ़ोरम को संबोधित करते हुए शी जिनपिंग आर्थिक वैश्वीकरण के सबसे कट्टर हिमायती के रूप में सामने आए।

अर्थव्यवस्था के प्रत्येक क्षेत्र में खुले दरवाज़े की नीति इस क़दर रच-बस गई थी कि प्रत्येक प्रांत, प्रत्येक ग्रामीण इकाई, काउंटी, टाउनशिप और शहर ने अपना-अपना अंतरराष्ट्रीय आर्थिक विभाग खोल दिया था। इस प्रकार, न सिर्फ़ चियांग्सू प्रांत और प्रशासकीय स्तर के वुशी शहर का, बल्कि हला टाउनशिप का भी विदेशी व्यवसाय के लिए अपना अलग दफ़्तर था। जब 1990 के दशक की शुरुआत में राष्ट्रीय अर्थव्यवस्था को विश्व बाज़ार के लिए उत्पादन के अनुसार ढाला गया, ग्रामीण उद्यमों ने भी निर्यात के लिए माल बनाना शुरू कर दिया। जब उपनगरीय और ग्रामीण उद्यमों को नए परिवेश के मुताबिक पुनर्गठित किया गया तो कई विदेशी उद्यमियों ने ग्रामीण उद्यमों को ख़रीद लिया। बाद में उपनगरीय और ग्रामीण उद्यमों को छोटे और मध्यम आकार के उद्यम (एसएमई) कहा जाने लगा जिनका विदेशी पूँजी और विदेशी बाज़ार के साथ ठोस जुड़ाव था। विदेशी निवेश और घरेलू बचत से जमा पूँजी की बदौलत चीन दुनिया का सबसे बड़ा मैनुफ़ैक्चरिंग अड्डा बन गया। इसके चलते वह लगभग दो दशक तक लगातार ऊँची आर्थिक विकास दर हासिल करने में सफल रहा। वर्ष 2010 में चीन ने जापान को पीछे छोड़ दिया और विश्व की दूसरी सबसे बड़ी अर्थव्यवस्था बन गया। यह प्रक्रिया इस हद तक आगे बढ़ गई कि अर्थव्यवस्था के स्वभाव में निहित ढाँचागत समस्याएँ साफ़ नज़र आने लगीं। लिहाज़ा, बारहवीं योजना में अर्थव्यवस्था को नई दिशा देने की बात कही गई। तेरहवीं योजना में उत्पादन प्रक्रिया को घरेलू माँग के अनुरूप ढालने की बात इसी का नतीजा थी। अब चीन विदेश में निवेश

बढ़ाने के लिए तैयार था। शी जिनपिंग की अंतरराष्ट्रीय पहलें, ख़ासकर एक इलाक़ा, एक सड़क पहल, इसी नए दृष्टिकोण की ओर इशारा करती हैं। चीन घरेलू बाज़ार के साथ-साथ विश्व बाज़ार के लिए उत्पादन जारी रखेगा लेकिन इसमें गुणवत्ता और प्रौद्योगिक श्रेष्ठता के साथ ही हरित चेतना पर ज़ोर दिया जाएगा। इस बात को तेरहवीं योजना का दस्तावेज़ इस तरह रखता है :

> हम दोतरफ़ा खुलेपन के सर्वांगीण विकास के लिए काम करते रहेंगे, उत्पादन के घरेलू और अंतरराष्ट्रीय कारकों के सुव्यवस्थित प्रवाह को प्रोत्साहित करेंगे, घरेलू और अंतरराष्ट्रीय संसाधनों के बेहतर इस्तेमाल और चीनी और विदेशी बाज़ारों के गहरे मेलमिलाप को जारी रखेंगे और अंतरराष्ट्रीय स्तर पर प्रतिस्पर्धात्मक श्रेष्ठता हासिल करने के लिए और तेज़ी से काम करेंगे।[58]

सफलता की दास्तान के राजनीतिक पक्ष

एक के बाद एक चरणबद्ध तरीक़े से उद्घाटित होनेवाली सुधार रणनीति ने 1979 से 1992 के बीच ग्रामीण चीन में भारी सफलताएँ अर्जित कीं (देखें तालिका 2.2 और ग्राफ 2.1)। उसके बाद जब राष्ट्रीय विकास रणनीति का नया फ़ोकस निर्यात आधारित औद्योगिक उत्पादन बन गया तो ग्रामीण सुधारों के लाभ धीरे-धीरे कम होने लगे और 1990 के दशक के अंत तक नेतृत्व "तीन ग्रामीण समस्याओं" की बात करने लगा। सन् 2000 के दशक से चीनी योजनाकार देश के समक्ष उपस्थित "ग्रामीण संकट" के बारे में साफ़-साफ़ बोलने लगे। यह कार्यक्रम ग्यारहवीं और बारहवीं पंचवर्षीय योजना के दौरान ज़्यादा वित्तीय निवेश के ज़रिए समाजवादी गाँवों के निर्माण कार्यक्रम के रूप में जारी रहा। लेकिन ऊँचे आवंटन के बावजूद गाँवों का संकट बढ़ता गया। जैसा कि हम पहले बता चुके हैं तेरहवीं योजना से "तीन ग्रामीण समस्याओं" और "नए समाजवादी गाँवों के निर्माण" का उल्लेख बंद कर दिया गया और प्रौद्योगिकी आधारित चौतरफ़ा आधुनिकीकरण कार्यक्रम के ज़रिए कई मोर्चों पर हस्तक्षेप पर ज़ोर दिया गया।

वर्ष 1978 के तीसरे प्लेनम में तंग श्याओफिंग ने सुधारों के नए युग की शुरुआत की और बाद के वर्षों में उनके उत्तराधिकारियों च्यांग त्समिन, हु चिनथाओ और शी जिनपिंग ने उसे और आगे बढ़ाया। उस समय से जिस तरह की ग्रामीण नीतियाँ अपनाई गईं, उन्हें देखते हुए कहा जा सकता है कि ग्रामीण चीन में भारी रूपांतरण हुआ है। ग्रामीण चीन की भारी सफलता के कई संकेतक मौजूद हैं। प्रति व्यक्ति अनाज की पैदावार, जो 1952 में 288.12 किलो थी, बढ़कर 1980 में 326.69 किलो हो गई और 1999 में 405.55 किलो, 2010 में 408.66 किलो और 2015 में 453 हो गई।[59] ज़ाहिर है अनाज की पैदावार आबादी में बढ़ोतरी से आगे निकल गई थी। बहरहाल, ध्यान रहे कि पिछले दशक में प्रति व्यक्ति

तालिका 2.2: लोगों की आजीविका के रुझान 1978–2014

श्रेणी (युआन)	*1978*	*1989*	*1997*	*2005*	*2010*	*2012*	*2014*	*सालाना औसत विकास दर (%) 1979–2014*	*सालाना औसत विकास दर (%) 2001–14*
शहरी परिवारों की प्रति व्यक्ति सालाना उपभोग आय	343	1,374	5,160	10,493	19,109	24,565	29,381	7.4	9.2
ग्रामीण बाशिंदों की प्रति व्यक्ति विशुद्ध आय	134	602	2,090	3,255	5,919	7,917	9,892	7.6	7.9
शहरी और ग्रामीण इलाक़ों में बचत जमा	211	5,196	46,280	141,051	303.302	399,551	485,261	24	15.5
कर्मचारियों और मज़दूरों का औसत वेतन	615	1,935	6,470	18,364	37,147	47,593	57,361	—	—

स्रोत : नेशनल ब्यूरो ऑफ़ स्टैटिस्टिक्स ऑफ़ चाइना, चाइना स्टैटिस्टिकल ईयरबुक, 2006, पृ. 32–33; 2011 (बेसिक स्टैटिस्टिक्स ऑन पीपल्स लीविंग कंडीशन [तालिका 10–1]); 2013 (तालिका 4–11 और 11–1); 2015 (देखें अनुच्छेद 1–2)।

ग्राफ 2.1: लोगों की आजीविका के रुझान 1978–2014 (युआन)

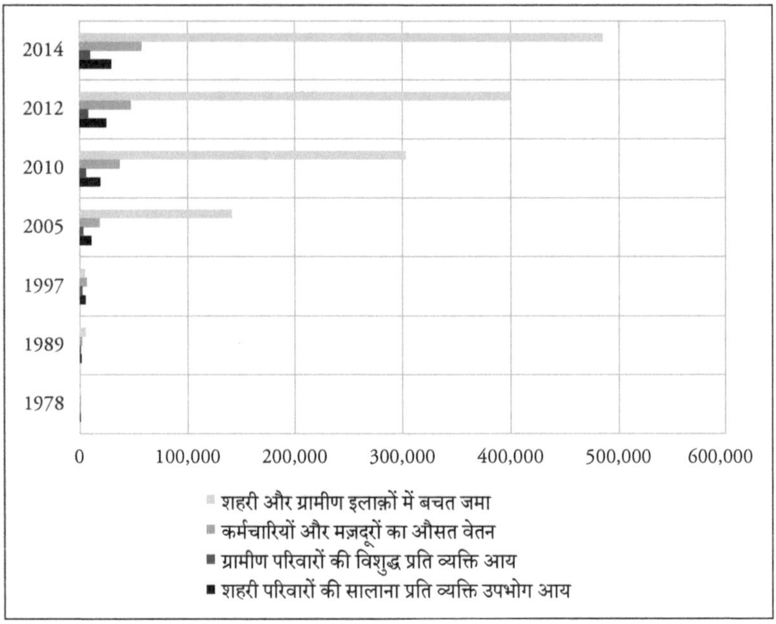

स्रोत : नेशनल ब्यूरो ऑफ़ स्टैटिस्टिक्स ऑफ़ चाइना, *चाइना स्टैटिस्टिकल ईयरबुक*, 2006.

उपलब्धता की बढ़त दर में तेज़ी से कमी आई है। कपास के मामले में 1952 में प्रति व्यक्ति उपलब्धता 2.29 किलो थी, वह 1980 में बढ़कर 2.76 किलो, 1999 में 3.05 किलो और 2010 में 4.5 किलो हो गई और 2016 में घटकर 4.1 किलो रह गई।[60] तिलहन और जलीय उत्पादों के मामले में यह वृद्धि काफ़ी ज़्यादा रही है (देखें तालिका 2.1)। वर्ष 1985 के बाद ग्रामीण परिवारों की आय किसानों की आजीविका में भारी सुधार दिखता है। ग्रामीण परिवारों की प्रति व्यक्ति आय 1985 में 397.60 युआन थी, वह 1999 में बढ़कर 2,210.34 युआन, 2010 में 5,919 युआन और 2015 में 10,722 युआन हो गई।[61] वर्ष 1985 से 1999 के बीच परिवार की आय में मज़दूरों की पगार का अनुपात 20 प्रतिशत से बढ़कर 30 प्रतिशत हो गया। बाक़ी पारिवारिक आय खेती, मवेशीपालन, उद्योग और व्यवसाय से होती थी। अगर पूरे चीन को देखें तो पारिवारिक आय का बड़ा हिस्सा अब भी खेती से आता था, हालाँकि आय के स्रोत बदल रहे थे। ग्रामीण लोगों का उपभोग ख़र्च तेज़ी से बढ़ रहा था और अब वे बढ़ी क़ीमतों (1985–2006 के बीच क़ीमतों में तीन गुना बढ़ोतरी दर्ज की गई थी) के बावजूद बेहतर जिंदगी का ख़र्च उठा सकते थे। उनकी बचत और कर्ज अदायगी 1985 में मात्र 57.96 युआन थी जो 1999 में 420 युआन हो गई और

प्रति व्यक्ति बचत जमा जो 2000 में 5,076 युआन थी, 2010 में 22,619 युआन हो गई।[62] वर्ष 2012 में बचत जमा की रकम बढ़कर 29,508 युआन हो गई।[63]

इस प्रकार, इसमें कोई शक नहीं कि ग्रामीण अर्थव्यवस्था में विकास और किसानों की आय में बढ़ोतरी के मामले में चीन काफ़ी सफल रहा है। यह सुधार रणनीति पर अमल से हासिल कामयाबी की दास्तान है। सही है कि आज चीन में किसानों का जीवनस्तर बेहतर हुआ है और यह स्वीकार किया जाना चाहिए कि उन्होंने काफ़ी उत्साह से ग्रामीण सुधारों पर अमल किया है। सुधारों के चलते चीन में आवास और संचार सुविधाओं में सुधार हुआ है और बेहतर जीवनस्तर ने चीन एक नए परिवेश का सृजन किया है। अधिकारों के बारे में नई राजनीतिक चेतना का जन्म हुआ है जो बार-बार उभरनेवाले किसान विद्रोहों से स्पष्ट है। गाँवों में उभरती नई जागरूकता के परिणामस्वरूप गाँव के स्तर पर जनतांत्रिक चुनाव की शुरुआत की गई।

बहरहाल, 1990 के दशक के मध्य तक यह साफ़ हो चुका था कि सुधारों ने असमानता, उपभोक्तावाद और नैतिक पतन को बढ़ाया है। सन् 1990 के दशक के अंत तक जब सारी दुनिया चीन की सफलता की दास्तान में सुधारों के योगदान की बात कर रही थी, चीन के भीतर उमड़ते ग्रामीण संकट की चर्चा शुरू हो चुकी थी। सुधारों के क्रम में चीन "सफलता के फंदे" में फँस चुका था और चीनी अवाम, ख़ासकर गाँवों के लोगों की "समाजवादी स्वतंत्रता" का लक्ष्य अब भी दूर था।

हम अगले अध्याय में एक ग्रामीण इलाक़े के अनुभवों की विस्तृत जाँच-पड़ताल के ज़रिए सफलता की इस दास्तान और सफलता के फंदे का विश्लेषण करने की कोशिश करेंगे।

टिप्पणियाँ

1. माया एक्स. गुओ, *दी चाइनीज़ पाथ एंड दी चाइनीज़ स्कूल* (फ़ॉरेन लैंग्वेजेज़ प्रेस, बीजिंग, 2015), पृ. 34. सुधारों के एक प्रमुख सिद्धांतकार हु अंगांग ने अपने एक साक्षात्कार में कहा कि, "1989 के उपद्रव को शांत करने और चीन को सोवियत संघ की तरह बरबाद होने से बचा लेने का बड़ा श्रेय तंग शियाओपिंग के समयानुकूल और निर्णायक कार्रवाई को जाता है।"
2. बैरिंगटन मूर जूनियर, *सोशल ओरिजिंस ऑफ़ डिक्टेटरशिप एंड डेमोक्रेसी* (पेंगुइन, लंदन, 1966)।
3. *दी थर्टींथ फाइव-ईयर प्लान फ़ॉर इकोनॉमिक एंड सोशल डेवलपमेंट ऑफ़ दी पीपल्स रिपब्लिक ऑफ़ चाइना* (2016–2020) (सेंट्रल कंपाइलेशन एंड ट्रांसलेशन प्रेस, पेइचिंग, 2016), पृ. 19.
4. माओवादियों को चरमपंथी और तंग के हिमायतियों को उदारपंथी क़रार देना अनुभवजन्य (heuristic) शैली है। बाद के दिनों में तंग ने उग्र आधुनिकतावादी का चोला अपना लिया जबकि चेन युन सरीखे उनके सहयोगी, जो बाज़ारवादी सुधार की रफ़्तार को धीमा रखना चाहते थे, "रूढ़िवादी" सुधारक माने गए। यह परिभाषाएँ सापेक्षिक हैं।
5. चेन शीवन, *रिफ़ॉर्म ऑफ़ रूरल इकोनॉमिक स्ट्रक्चर इन चाइनाज़ इकोनॉमिक ट्रांसफ़ॉर्मेशन ओवर 20 ईयर्स* (फ़ॉरेन लैंग्वेज़ेज प्रेस, बीजिंग, 2000)।

6. वर्क प्वाइंट दिन भर के काम का मूल्य तय करने की प्रणाली थी। मिसाल के तौर पर आठ घंटे के खेतिहर काम के लिए हर पुरुष श्रमिक को 10 वर्क प्वाइंट मिलते थे। वहीं औरत को आठ वर्क प्वाइंट। एक वर्क प्वाइंट का मूल्य उस उत्पादन टीम की कुल आमदनी को टीम के सदस्यों द्वारा अर्जित कुल वर्क प्वाइंट की संख्या से विभाजित कर निकाला जाता था।
7. सुधार की भाषा में किसानों के संदर्भ में वृहत "मिट्टी की हाँडी" और मज़दूरों के संदर्भ में वृहत "लौह तश्तरी" के रूपक का इस्तेमाल किया जाता है।
8. *सोशलिस्ट अपसर्ज इन चाइनाज़ कंट्रीसाइड* (फ़ॉरेन लैंग्वेज़ेज प्रेस, पेइचिंग, 1956)। यह खेती के मशीनीकरण और सामूहिकीकरण को लेकर चली बहस से जुड़े दस्तावेज़ों का संकलन है। साथ ही देखें माओ त्से-तुंग, "दी क्वेश्चन ऑफ़ एग्रीकल्चरल कोऑपरेशन" (31 जुलाई 1955 का भाषण)। इस भाषण के लिए देखें वेबसाइट : http://afe.easia.columbia.edu/ps/cup/mao_zedong_agricultural_cooperation.pdf (देखा 5 जून 2017)।
9. उत्सा पटनायक, *दी लांग ट्रांजिशन : एसेज़ ऑन पॉलिटिकल इकॉनमी* (तुलिका, नई दिल्ली, 1999)।
10. माया एक्स. कुओ के साथ साक्षात्कार के दौरान चीन के ज़्यादातर प्रमुख बौद्धिकों ने सुधारों की ज़ोरदार हिमायत करने के बावजूद इसी सोच को प्रकट किया। देखें माया एक्स. कुओ, *दी चाइनीज़ पाथ एंड दी चाइनीज़ स्कूल*।
11. चीन में अकाल के चलते मरनेवाले लोगों के बारे में अमर्त्य सेन का अंदाज़ा है कि इस दौरान तक़रीबन 3–4 करोड़ लोग भुखमरी का शिकार हुए। वे मानते हैं कि नियंत्रणकारी शासन व्यवस्था के कारण सूचना का जनतांत्रिक संचार बाधित हुआ जिससे अकालग्रस्त इलाक़ों तक समय पर राहत नहीं पहुँचाई जा सकी। हालाँकि कुछ लोग इससे मुख़्तलिफ राय भी रखते हैं। देखें पीटर नोलन, "डेथ रेट्स, लाइफ़ एक्सपेक्टेंसी एंड चाइनाज़ इकोनॉमिक रिफ़ॉर्म्स : ए क्रिटीक ऑफ़ ए.के. सेन", *वर्ल्ड डेवलपमेंट* 20, अंक 9, पृ. 1279–1303 (सितंबर 1992); अमर्त्य सेन, "लाइफ़ एंड डेथ इन चाइना : ए रिप्लाई", *वर्ल्ड डेवलपमेंट* 20, अंक 9, पृ. 1305–12 (1992)। फ़्रैंक डिकोटर नवीनतम चीनी स्रोतों के हवाले से व्यापक भुखमरी से मरनेवालों की तादाद तक़रीबन 4.5 करोड़ बताते हैं। फ़्रैंक डिकोटर, *माओज़ ग्रेट फ़ेमिन* (वॉकर बुक्स, लंदन, 2010)।
12. मूर जूनियर ने अपनी किताब *सोशल ओरिजिंस ऑफ़ डिक्टेटरशिप एंड डेमोक्रेसी* में यह इंगित किया है कि रूस और चीन, दोनों ही जगह कम्युनिस्ट आंदोलन के सत्तारूढ़ होने के बाद किसानों को किस तरह निचोड़ा गया। लेकिन चीन में माओ और तंग, दोनों के ही नेतृत्व में किसानों का हित चीनी कम्युनिस्ट पार्टी की चिंता का मुख्य विषय था।
13. रॉबर्ट ऐश, "स्क्वीजिंग दी पीजेंट्स : ग्रेन एक्स्ट्रैक्शन, फूड कंजंप्शन एंड रूरल लीविंग स्टैंडर्ड्स इन माओज़ चाइना", *दी चाइना क्वार्टर्ली*, अंक 188 (दिसंबर 2006): पृ. 959–93.
14. देखें मनोरंजन महांति, "दी न्यू आइडियलॉजिकल बैनर : तंग श्याओफिंग थ्योरी", *चाइना रिपोर्ट* 34, अंक 1, पृ. 101–5 (1998)।
15. उदाहरण के लिए देखें ली खछ्यांग, *रिपोर्ट ऑन दी वर्क ऑफ़ दी गवर्नमेंट*, पृ. 11.
16. केंद्र था आर्थिक निर्माण और दो बिंदु थे सुधार और खुलापन और चार मूलभूत सिद्धांत थे— समाजवादी रास्ता, चीनी कम्युनिस्ट पार्टी का नेतृत्व, मार्क्सवाद-लेनिनवाद-माओ त्सेतुंग विचारधारा और सर्वहारा अधिनायकत्व।
17. तंग श्याओफिंग, "अपहोल्ड दी फोर कार्डिनल प्रिंस्पुल्स (30 मार्च 1979)", *सेलेक्टेड वर्क्स ऑफ़ तंग श्याओफिंग 1975–1982* (फ़ॉरेन लैंग्वेज़ प्रेस, पेइचिंग, 1984)। साथ ही देखें मनोरंजन महांति, "पावर ऑफ़ हिस्ट्री : माओ त्सेतुंग थॉट इन तंग्स चाइना", *चाइना रिपोर्ट* 31, अंक 1 (1985)।
18. चियांग त्सेमिन, *थ्री रिप्रेज़ेंट्स* (फ़ॉरेन लैंग्वेज़ प्रेस, पेइचिंग, 2001)।
19. हु चिनथाओ, चीनी कम्युनिस्ट पार्टी की स्थापना की सालगिरह के मौक़े पर हु चिनथाओ का भाषण (जुलाई 2011)। उपलब्ध : http://www.chinadaily.com.cn/china/cpc2011/2011-07/01/content_12818048.htm (देखा 24 जुलाई 2017)।

20. माओ के आर्थिक विचारों के प्रति तंग की आलोचना पर विस्तृत चर्चा के लिए देखें मनोरंजन महांति, "पावर ऑफ़ हिस्ट्री : माओ त्से-तुंग थॉट इन तंग्स चाइना", *ऑइडियोलॉजी मैटर्स : चाइना फ़्रॉम माओ त्से-तुंग टू शी जिनपिंग*, पृ. 90–106 (आकार बुक्स, नई दिल्ली, 2013)।
21. एंड्रयू स्ज़ामोस्ज़ेगी और कोल काइल, *एन एनॉलिसिस ऑफ़ स्टेट-ओन्ड इंटरप्राइजेज़ एंड स्टेट कैपिटलिज़्म इन चाइना* (यूएस-चाइना इकोनॉमिक एंड सेक्यूरिटी रिव्यू कमीशन, वाशिंगटन, अक्टूबर 2011, पृ. 31)।
22. च्यांग त्समिन, *पॉलिटिकल रिपोर्ट टू दी 15थ नेशनल काँग्रेस ऑफ़ दी सीपीसी* (फॉरेन लैंग्वेजेज़ प्रेस, पेइचिंग, 1997)। साथ ही देखें, च्यांग त्समिन, *रिपोर्ट टू दी 16थ पार्टी काँग्रेस* (फॉरेन लैंग्वेजेज़ प्रेस, पेइचिंग, 2002)।
23. सामंजस्यपूर्ण समाजवादी समाज की अवधारणा के मूलभूत सिद्धांतों के विस्तार के लिए देखें, 11 अक्टूबर 2006 की कम्युनिक ऑफ़ दी सिक्स्थ प्लेनम ऑफ़ दी सेंट्रल कमेटी ऑफ़ दी सीपीसी। उपलब्ध : http://www.china.org.cn/english/government/183627.htm (देखा 23 जुलाई 2017)।
24. माओ त्से-तुंग ने लोक जनवादी क्रांति की रणनीति के लिए "रचनात्मक अमल" का तरीक़ा अख्तियार किया था। तंग श्याओफिंग ने बदली परिस्थितियों में नई नीतियों को वाजिब ठहराने के लिए "तथ्यों के आधार पर सच्चाई तक पहुँचने" का रास्ता अपनाया। "ज़ेहनी उन्मुक्तता" (*सिशियांग चेइफांग*) के इस फ़ॉर्मूले और अवधारणा ने आगामी पीढ़ी को नीतियों के प्रति उसी तरह का लचीला रुख़ अपनाने की गुंजाइश तैयार की। देखें, फ्रेडरिक वेकमैन, *हिस्ट्री एंड विल : फिलसॉफिकल पर्सपेक्टिव ऑन माओ त्से-तुंग थॉट* (कैलिफ़ोर्निया यूनिवर्सिटी प्रेस, बर्कले, 1973), रिचर्ड बॉम, *बरीयिंग माओ* और महंती, "पावर ऑफ़ हिस्ट्री"।
25. जस्टिन यिफू लिन बताते हैं कि विकास का यह रास्ता कैसे कहीं ज़्यादा मुफ़ीद और टिकाऊ है, 2008 के वित्तीय संकट के बाद साफ़ हौ गया। देखें, जस्टिन यिफू लिन, *डिमिस्टीफ़ाइंग दी चाइनीज़ इकनॉमी* (कैंब्रिज़ यूनिवर्सिटी प्रेस, कैंब्रिज़, 2012)।
26. शीवन, *रिफॉर्म ऑफ़ रूरल इकोनॉमिक स्ट्रक्चर*, पृ. 239.
27. उपलब्ध : http://en.people.cn/200603/14/eng20060314_250512.html (देखा 23 जुलाई 2017)।
28. च्यापाओ, *रिपोर्ट ऑन दी वर्क ऑफ़ गवर्नमेंट*, पृ. 7.
29. वन च्यापाओ, *रिपोर्ट ऑन दी वर्क ऑफ़ दी स्टैंडिंग कमेटी टू दी फ़िफ़्थ सेशन ऑफ़ दी इलेवेंथ एनपीसी*। उपलब्ध : http://en.people.cn/90785/7759779.html (देखा 22 जुलाई 2017)।
30. *तेरहवीं पंचवर्षीय योजना*, पृ. 16–18.
31. नेशनल डेवलपमेंट एंड रिफ़ॉर्म कमीशन (एनडीआरसी), *रिपोर्ट ऑन दी इंप्लीमेंटेशन ऑफ़ दी 2016 प्लॉन फ़ॉर नेशनल इकोनॉमिक एंड सोशल डेवलपमेंट*, पृ. 4, बारहवीं नेशनल पीपल्स काँग्रेस के समक्ष 5 मार्च 2017 को पेश। उपलब्ध : http://online.wsj.com/public/resources/documents/NPC2017_NDRC_English.pdf (देखा 23 जुलाई 2017)।
32. व्यवसायों के खर्चे में 2016 में एक लाख करोड़ युआन से ज़्यादा की कटौती की गई। उपरोक्त, पृ. 5.
33. योजना में कृषि आधुनिकीकरण के लिए आठ बड़े उपायों की घोषणा की गई : खेतिहर ज़मीन को उच्च कोटि का बनाना, आधुनिक बीज उद्योग, कृषि में जल का बेहतर इस्तेमाल, कृषि मशीनीकरण, सूचना प्रौद्योगिकी के इस्तेमाल से बुद्धिमत्तापूर्ण खेती, गुणवत्तापूर्ण कृषि उपज और सुरक्षा, नए क़िस्म के कृषि व्यवसायों का विकास (पारिवारिक खेती और आधुनिक प्रबंधन और प्रमुख और अनुपूरक उद्योग-धंधों का विकास)। तेरहवीं पंचवर्षीय योजना, पृ. 78–79.
34. एनडीआरसी, *रिपोर्ट ऑन दी इंप्लीमेंटेशन ऑफ़ दी 2016 प्लान*, पृ. 34.
35. हालाँकि शहरी-ग्रामीण आय के अनुपात में 2013 के स्तर से थोड़ी कमी आई, उपरोक्त, पृ. 29–2013 : 2.81; 2014 : 2.75; 2015 : 2.73; 2016 : 2.72.
36. एक इलाका, एक सड़क पहल के तहत छह आर्थिक गलियारों के निर्माण का काम शुरू किया गया है जिनमें शामिल हैं : नया यूरेशियाई महाद्वीप सेतु, चीन-मंगोलिया-रूस गलियारा, चीन-मध्य एशिया-पश्चिम एशिया

गलियारा, चीन-हिंदचीन प्रायद्वीप गलियारा, चीन-पाकिस्तान गलियारा और बांग्लादेश-चीन-भारत-म्याँमार गलियारा। छह चैनलों से मतलब है हाईवे, रेलवे, हवाईमार्ग, जलमार्ग, पाइपलाईन और सूचना नेटवर्क। उपरोक्त, पृ. 10.

37. सिडनी शेपीरो, *एक्सपेरिमेंट इन सिचुआन : ए रिपोर्ट ऑन इकोनॉमिक रिफ़ॉर्म* (न्यू वर्ल्ड प्रेस, पेइचिंग, 1981)।
38. *इश्यूज़ एंड स्टडीज़* (अगस्त और सितंबर 1979) में दो हिस्सों में *ग्रामीण जनकम्यूनों के कामकाज का नियमन* शीर्षक लेख छपा। कृषि में विकास को तेज़ करने से जुड़े कतिपय सवालों के लिए वर्ल्ड ब्रॉडकास्ट (एसडब्ल्यूबी) का सारसंक्षेप, भाग III (10 अक्टूबर 1979) भी देखें।
39. ज़मीन का चीनी माप। एक एकड़ = 6.07 मू – अनु।
40. मौजूदा ग्रामीण आर्थिक नीति के बारे में कुछ सवाल, चीनी कम्युनिस्ट पार्टी की केंद्रीय कमेटी, दस्तावेज़ सं. 1, 1983, एसडब्ल्यूबी (14 अप्रैल 1983)। साथ ही लिऊ सुईनियन और वु छुंकान (सं.), *चाइनाज़ सोशलिस्ट इकॉनमी 1949–1984* (*पेइचिंग रिव्यू*, 1986) में दिए गए परिशिष्ट को भी देखें।
41. सुईनियन और छुंकान, "सर्कुलर ऑफ़ सीपीसी सेंट्रल कमेटी कंसर्निंग दी रूरल वर्क (1 जनवरी 1984)"।
42. उपरोक्त, पृ. 657.
43. त्सीवन, *रिफ़ॉर्म ऑफ़ रूरल इकोनॉमिक स्ट्रक्चर*, पृ. 221.
44. देखें मार्टिन किंग व्हाइट और विलियम एल. पेरिश, *अर्बन लाइफ़ इन कंटेंपोररी चाइना* (शिकागो यूनिवर्सिटी प्रेस, शिकागो, 1985) और पैट्रिशिया ओबराय, *फैमिली एंड एथनिसिटी इन यूनान* (इंस्टीट्यूट ऑफ़ चाइनीज़ स्टडीज़, नई दिल्ली, 2006)।
45. एश, "स्क्वीजिंग दी पीज़ंट्स"।
46. लिन के मुताबिक चीनी विकास मॉडल की यही ख़ासियत उसे सोवियत रास्ते और साथ ही विकास के नवउदारवादी वाशिंगटन आमसहमति से अलग करती है। लिन, *डिमिस्टीफ़ाइंग दी चाइनीज़ इकॉनमी*, और गुओ, *दी चाइनीज़ पाथ एंड दी चाइनीज़ स्कूल*, पृ. 57–59.
47. मनोरंजन महांति, *दी पॉलिटिकल फिलॉसफी ऑफ़ माओ त्सेतुंग*। देखें अध्याय दो : "थ्योरी ऑफ़ क्लास स्ट्रगल इन सोशलिस्ट सोसाइटी" (मैकमिलन, दिल्ली, 1978)।
48. माओ त्सेतुंग, *ए क्रीटीक ऑफ़ सोवियत इकोनॉमिक्स* (मंथली रिव्यू प्रेस, न्यूयॉर्क, 1979)।
49. चार्ल्स बेटलहाइम, *कल्चरल रिवॉल्यूशन एंड इंडस्ट्रियल ऑर्गेनाइज़ेशन इन चाइना* (मंथली रिव्यू प्रेस, न्यूयॉर्क, 1973); माओ त्से-तुंग, *ए क्रीटीक ऑफ़ सोवियत इकोनॉमिक्स*।
50. चीन की हुखऊ व्यवस्था के प्रतिबंधात्मक चरित्र की तुलना भारत की जाति व्यवस्था से की जा सकती है।
51. देखें यांग त्सीहुई, "फ़्लोटिंग पॉपुलेशन एंड अर्बनाइज़ेशन इन चाइना"; और छाई फांग, "माइग्रेशन ऑब्स्टैकल्स, ह्यूमन कैपिटल एंड मॉबिलिटी ऑफ़ रूरल लेबर फ़ोर्स इन चाइना", अमिताभ कुंडु (सं.), *इनइक्वेलिटी मॉबिलिटी एंड अर्बनाइज़ेशन : चाइना एंड इंडिया* (मानक और भारतीय समाज विज्ञान अनुसंधान परिषद, नई दिल्ली, 2000)।
52. कैथी ल मोंस वॉकर, "गैंग्स्टर कैपिटलिज़्म एंड पीज़ंट प्रोटेस्ट इन चाइना", *जरनल ऑफ़ पीज़ंट स्टडीज़* 33, नं. 1, पृ. 1–33 (जनवरी 2006)।
53. फेई श्याओथुङ, *पीज़ंट लाइफ़ इन चाइना* (कीगन पॉल, लंदन, 1939[1945]); फेई श्याओथुङ, *चाइनीज़ विलेज़ क्लोज़-अप* (न्यू वर्ल्ड प्रेस, पेइचिंग, 1983, पृ. 95)। वे बताते हैं कि थाईहु इलाक़े में 1000 सालों से रेशम का कारोबार होता रहा है और उसने हमेशा अतिरिक्त राष्ट्रीय आय में योगदान किया है जिसके बिना किसान ग़रीब ही बने रहते।
54. माओ त्से-तुंग, *चीनी गाँवों में समाजवादी उभार।*
55. वर्ष 2015 के दिसंबर में पेरिस में हुई सीओपी (कांफ़्रेंस ऑफ़ पार्टीज़) की 21वीं बैठक में कार्बन उत्सर्जन में कटौती के ज़रिए वैश्विक तापमान में वृद्धि को 2 डिग्री सेल्सियस के अंदर सीमित रखने और 1.5 डिग्री सेल्सियस के आदर्श लक्ष्य को लेकर एक व्यापक सहमति बनी थी। इस बैठक के बाद सामने आए 18 पन्नों के दस्तावेज़ को सीओपी-21 समझौता या पेरिस समझौता कहा जाता है। – अनु.।

56. देखें मनोरंजन महांति, "पावर ऑफ़ हिस्ट्री", पृ. 90–106.
57. तंग श्याओफिंग, बारहवीं पार्टी काँग्रेस में उद्घाटन भाषण, पृ. 3.
58. तेरहवीं पंचवर्षीय योजना, पृ. 201.
59. नेशनल ब्यूरो ऑफ़ स्टैटिस्टिक्स ऑफ़ चाइना, *चाइना स्टैटिस्टिकल ईयरबुक*, 2011 (अनुच्छेद 13.21); 2016 (अनुच्छेद 12–16)।
60. नेशनल ब्यूरो ऑफ़ स्टैटिस्टिक्स ऑफ़ चाइना, *चाइना स्टैटिस्टिकल ईयरबुक*, 2011; 2016.
61. उपरोक्त।
62. उपरोक्त, अनुच्छेद 10.1, *बेसिक स्टैटिस्टिक्स ऑन पीपुल्स लीविंग कंडीशन।*
63. उपरोक्त, अनुच्छेद 11.1, *बेसिक स्टैटिस्टिक्स ऑन पीपुल्स लीविंग कंडीशन* और नेशनल ब्यूरो ऑफ़ स्टैटिस्टिक्स ऑफ़ चाइना, *चाइना स्टैटिस्टिकल ईयरबुक*, 2013.

3 हला, वुशी : धान और मछली के गढ़ का रूपांतरण

इस अध्याय में चीन के ग्रामीण इलाक़ों में उद्घाटित होती रूपांतरण की प्रक्रिया का एक अध्ययन पेश करने की कोशिश की गई है। मेरे ज़ेहन में इसके कई उद्देश्य हैं। पहले तो यह समझना ज़रूरी है कि ज़मीनी स्तर पर प्रशासनिक ढाँचा कैसा था और उस समय परिवर्तन की ज़रूरत क्यों थी। दूसरे, ग्रामीण इलाक़ों में शहरों के कौन-कौन से रूप मौजूद थे—महानगर से लेकर शहरी ज़िला और शहर (*श*) और नगर (*चन*)। तीसरे, यह अध्ययन यह समझने की कोशिश करता है कि सुधार और खुले दरवाज़े की नीतियों के परिणामस्वरूप उद्घाटित होती शहरीकरण, औद्योगिकीकरण और व्यवसायीकरण की विभिन्न लहरों की दिशा क्या थी। हालाँकि हला टाउनशिप चीन के तटीय क्षेत्र में बसा उपनगरीय इलाक़ा है फिर भी इस बात के ढेर सारे साक्ष्य मौजूद हैं कि दूर-दराज़ के ग्रामीण क्षेत्रों में भी ऐसी ही प्रक्रिया चल रही थी। चौथे, यह चित्रण दिखाता है कि ग्रामीण रूपांतरण के बारे में चल रही बहस का स्वरूप क्या था। पहली सोच वुशी की तर्ज पर शहरीकरण के रास्ते के अनुसरण की वकालत करती थी जिसमें राजनीतिक नेतृत्व वैश्विक अर्थव्यवस्था के साथ गहरे जुड़ावोंवाली बाज़ारी शक्तियों के विकास की पुरजोर कोशिश करता है। वहीं दूसरी सोच सुधार को लेकर वुशी के शुरुआती अनुभवों के आधार पर ग्रामीण अर्थव्यवस्था में जान फूँकने के लिए निवेश बढ़ाने, किसानों को स्वतंत्र पहल और आपस में सहकार बनाने की इजाज़त देने और स्वशासी संस्थाओं को बढ़ावा देने की बात करती थी। शहरीकरण की पहली सोच विजयी रही और वुशी इक्कीसवीं सदी के वैश्विक नगर के रूप में उभरा और इलेक्ट्रॉनिक और सूचना प्रौद्योगिकी का केंद्र बन गया।

इनमें से कई मुद्दों पर अगले अध्यायों में चर्चा की गई है। यहाँ वुशी में सुधार के तजरबे की तफ़सील दी जा रही है।

हला ही क्यों?

हमारे अध्ययन का इलाक़ा हला है। (पेइचिंग की बोली में उसे फिनयिन में हलिए लिखा जाता है और वुशी की बोली में उसे हला बुलाया जाता है। हमने पूरी किताब में हला शब्द का ही इस्तेमाल किया है।) वर्ष 1983 में हला जनकम्यून का नाम बदलकर हला टाउनशिप कर दिया गया। (*श्यांग* काउंटी के मातहत परंपरागत ग्रामीण प्रशासनिक इकाई है। *श्यांग* को अंग्रेज़ी में टाउनशिप के रूप में अनुवादित किया जाता है। हिंदी में भी हमने टाउनशिप का

इस्तेमाल किया है।) यह च्यांगसु प्रांत के वुशी उपनगरीय ज़िला के 10 टाउनशिप में एक है। शहरीकरण की प्रक्रिया में उसे फिर से पुनर्गठित किया गया जिसकी मैं बाद में चर्चा करूँगा।

जब 1979 के मध्य में मैंने चीनी अधिकारियों से चीनी कम्यूनों में ग्रामीण सुधारों के अध्ययन की इजाज़त माँगी तो हला टाउनशिप की अनुशंसा की गई। दरअसल, मैंने च्यांगसु प्रांत के ही दूसरे कम्यून थुंग थिंग के अध्ययन में रुचि ज़ाहिर की थी क्योंकि चीनी अख़बारों में उसके बारे में कुछ ख़बरें छपी थीं। च्यांगसु की राजधानी नानचिंग पहुँचने पर मुझे बताया गया कि उस कम्यून के पुनर्गठन (नेतृत्व परिवर्तन के लिए आम भाषा में इसी मुहावरे का प्रयोग किया जाता है) का काम चल रहा है, इसलिए मुझे किसी और टाउनशिप को चुनना होगा। मेरी दिलचस्पी किसी भी आम कम्यून के अध्ययन में थी। इस तरह मैं वुशी से सटे हला तक पहुँच गया। निस्संदेह, पूरा का पूरा च्यांगसु प्रांत आर्थिक रूप से समृद्ध इलाक़ा है। इस मायने में यहाँ का कोई भी कम्यून पूरे चीन का प्रतिनिधित्व नहीं कर सकता। लेकिन यांग्त्सी नदी के दक्षिणी इलाक़े में बसा हला औसत दर्जे का कम्यून है। वह वुशी का कोई सबसे विकसित कम्यून नहीं था, लेकिन कई कम्यून उससे भी पीछे थे। तीन दशक बाद भी हला की हैसियत बदली नहीं है, हालाँकि शहर से एकीकरण की वजह से वहाँ काफ़ी विकास हुआ है।

शहर से सटे उसके उपनगर में ग्रामीण सुधारों के अध्ययन की अपनी सीमाएँ हैं। उस वक़्त दूर-दराज़ के किसी ग्रामीण इलाके में जाकर रहना संभव नहीं था। हालाँकि पश्चिम से आनेवाले अध्येताओं के लिए हालात में जल्दी ही सुधार हो गया, पर भारत से जानेवाले अध्येताओं के लिए हालात आसान नहीं थे। चीन और भारत के संबंधों में सुधार के प्रयास कछुए की चाल से चल रहे थे। जब हालात बेहतर हुए तब भी मैं हला में ही टिका रहा और बाद के वर्षों में बदलाव की प्रक्रिया को समझने की कोशिश करता रहा। बाद में मैंने चीन के अन्य ग्रामीण इलाक़ों का भी भ्रमण किया ताकि तुलनात्मक समझ बना सकूँ। मैं वुशी के उपनगरों में ग्रामीण इलाक़े के शहरीकरण की प्रक्रिया और "कृषक मज़दूर" के उदय की परिघटना का गवाह बना। अर्थव्यवस्था, राजनीति और सामाजिक मेलजोल में ग्रामीण-शहरी जुड़ावों से कई दिलचस्प मुद्दे सामने आते हैं। इसके अलावा, हला सुधार की प्रभावकारी नीतियों का कार्यस्थल भी था : कृषि से हटकर आधुनिक ग्रामीण उद्योगोंवाली एक ग्रामीण अर्थव्यवस्था के उदय की प्रक्रिया और फिर "नए शहरीकरण" के दौर में हाईटेक उद्योगों के विकास के बाद शहरी राजनीतिक अर्थव्यवस्था से एकाकार होने की प्रक्रिया। इस मायने में तीन दशकों के दौरान विकासमान हला की दास्तान हमें चीनी सुधार प्रक्रिया की प्रमुख ख़ासियतों की झलक दिखाती है। इसके अलावा यह अध्ययन आर्थिक सुधारों के सामाजिक-राजनीतिक पक्षों का अध्ययन है। हमारा ज़ोर कृषि और ग्रामीण अर्थव्यवस्था के तकनीकी पक्षों से ज़्यादा पार्टी, सरकार और समाज पर उसके असर पर रहा है। इस तरह,

उपनगरीय कम्यून का चुनाव सिर्फ़ परिस्थितियों की सीमा का परिणाम नहीं था। सन् 1980 के दशक के हला की दास्तान पूरे चीनी गाँवों की दास्तान है, जबकि 1990 के दशक और उसके बाद उसका अनुभव पूरे चीन में ग्रामीण-शहरी एकीकरण और शहरीकरण की इस प्रक्रिया में उभरते ग्रामीण संकट की दास्तान बयान करता है।

वुशी समाज वैज्ञानिक शोध के लिहाज़ से बौद्धिक मानचित्र पर कई वर्षों से बना रहा है। इसका श्रेय 1936 में चीन के मशहूर समाजशास्त्री फेई श्याओथुंग के अग्रणी शोध को जाता है। बाद में 1957 और 1980 में थाईहु झील के दक्षिणपूर्वी किनारे पर बसे खाईश्याओकुंग गाँव में उनकी शोध यात्राओं ने सामाजिक बदलाव और विकास के सिद्धांत के बारे में गहरी अंतर्दृष्टि दी है।[1] हमारा अध्ययन क्षेत्र हला झील के उत्तर में बसे वुशी शहर का बाहरी क्षेत्र है, लेकिन सामाजिक-आर्थिक दृष्टि से खाईश्याओकुंग से काफ़ी मिलता-जुलता है। लिहाज़ा हम कई महत्त्वपूर्ण मुद्दों पर फेई के निष्कर्षों को अपना प्रस्थान बिंदु बनाएँगे। बहरहाल, फेई ग्रामीणों की संस्कृति और आर्थिक जीवन से संबंधित सामाजिक संस्थाओं और प्रथाओं का तफ़सील में ब्योरा देते हैं, जबकि मेरी दिलचस्पी विकास प्रक्रिया के राजनीतिक पक्ष के अध्ययन में ज़्यादा थी। फेई का मुख्य तर्क यह था कि उपयुक्त ग्रामीण उद्योगों के अभाव में किसान अपनी आय नहीं बढ़ा सकते और भूमि सुधार और सहकारी प्रयासों के बिना ग्रामीण विकास की किसानों की पहल सफल नहीं हो सकती। फेई का यह निष्कर्ष चीन में विकास के बारे में सर्वाधिक प्रभावी निष्कर्ष बना हुआ है।

फेई ने अपने निष्कर्षों को स्थापित करने के लिए वुशी इलाक़े में कपड़ा उद्योग का उदाहरण लिया और दिखलाया कि कैसे विदेशी उत्पादकों की चुनौतियों के सामने उसके पतन और इलाक़े में दरिद्रीकरण की प्रक्रिया तेज़ हुई और कैसे रेशम के एक सहकारी कारख़ाने ने इस प्रक्रिया को पलटने की कोशिश की।[2] आम तौर पर "धान और मछली का गढ़" (*ई मी त्सी श्यांग*) माना जाने वाला वुशी लगभग हज़ार वर्षों से रेशम के उत्पादन के लिए भी मशहूर रहा है। फेई श्याओथुंग की तरह ही लिंडा एस. बेल ने वुशी के रेशम उद्योग पर महत्त्वपूर्ण शोध किया। उनकी किताब "*वन इंडस्ट्री, टू चाइनाज़*" आधुनिक चीन में रेशम के कारोबार की ऐतिहासिक प्रक्रियाओं का विश्लेषण करती है और दिखाती है कि कैसे शहरी और ग्रामीण चीन रेशम के उत्पादन और विपणन की प्रक्रिया में एक-दूसरे से जुड़े थे।[3] वर्ष 1940 में जापानी शोधकर्ताओं द्वारा वुशी के गाँवों के सर्वे और वुशी में अपने ख़ुद के साक्षात्कारों और अभिलेखागारों में मौजूद सामग्री का इस्तेमाल करते हुए बेल ने खेतिहर कायापलट में अभिजात वर्गों, किसानों और राज्य की भूमिका के बारे में महत्त्वपूर्ण अंतर्दृष्टि विकसित की।[4] वुशी किस तरह 1930 के दशक तक "रेशम के कारोबार का नया मॉडल ज़िला" बन गया, यह दिखाते हुए वे बताती हैं कि "विकास की लहर जारी रही जिसमें रेशम के कारोबार में संलग्न अभिजात वर्ग की ताक़त किसान

परिवारों के उत्पादन पर निर्भर थी... ख़ासकर किसान औरतों के हाथ के श्रम पर"। इस प्रकार इसने "गाँवों के मुकाबले उद्योग को प्रश्रय देनेवाली राजकीय नीतियों" की एक विरासत तैयार की।[5] संभवतः यह विरासत इक्कीसवीं सदी की शुरुआत में भी प्रभावी है। कई और अध्ययन वुशी के सामाजिक-आर्थिक इतिहास को समझने में मदद करते हैं।[6]

इस अध्याय में हम इलाक़े से परिचित होने का प्रयास करेंगे— शहर, ज़िला और टाउनशिप और उसके नए प्रशासनिक रूपांतरणों के बारे में जानेंगे। इन विभिन्न स्तरों पर विकास के प्रति लोगों का अनुभव कैसा था, कौन-कौन सी नीतियाँ अपनाई गईं और उनके असर क्या हुए। हालाँकि हम नीतियों में आए बदलावों के अलग-अलग पहलुओं की चर्चा बाद के अध्यायों में करेंगे, लेकिन हम यहाँ एक ख़ास इलाक़े में आए सामाजिक-आर्थिक रूपांतरणों की प्रक्रिया पर एक आम नज़र डालेंगे। पहले, जहाँ एक मूलतः खेतिहर अर्थव्यवस्था थी जिसमें कपड़ा उद्योग की भी भूमिका थी, वहाँ नए छोटे उद्योगों और ज्ञान के आर्थिक उपक्रमों पर आधारित चीन का एक समृद्ध आधुनिक औद्योगिक केंद्र उभर आया था। साथ ही परंपरागत रूप से कुदरती ख़ूबसूरती से भरा यह क्षेत्र पर्यटकों की भी पसंद बन गया था। जैसा कि हम देखेंगे तेज़ आर्थिक विकास के इस अनुभव ने कई नई समस्याओं को भी पैदा किया। नए आर्थिक और राजनीतिक परिवेश में ग्रामीण और उपनगरीय संस्थाओं के पुनर्गठन की प्रक्रिया हमें चीन में उभरते ग्रामीण-शहरी जुड़ावों के मिज़ाज को समझने का सऊर देती है। हला पहले ग्रामीण टाउनशिप से ग्रामीण टाउन (*चन*) में बदला और फिर एक सड़क या शहर के उपनगर में। इस तब्दीली का उत्पादन प्रक्रिया, आवासीय अधिकार के साथ-साथ सामाजिक कल्याण पर गहरा असर हुआ।

यह ब्योरा आंशिक रूप से कैडर और नागरिकों के साक्षात्कार और 1979 से लेकर 2016 के बीच मेरी यात्राओं के दौरान इकट्ठा सूचनाओं और मेरे पर्यवेक्षणों और अंशतः आधिकारिक आँकड़ों पर आधारित है। यह ज़ेहन में रखना होगा कि ज़िलों, टाउनशिप और शहर के पुनर्गठन के कारण आँकड़े उस समय की प्रचलित प्रशासनिक इकाई से संबंधित हैं।

वुशी : थाईहु का मोती

वुशी का शाब्दिक अर्थ है "टिन नहीं"। यह इतिहास के उस मोड़ की याद दिलाता है जब यहाँ का टिन धातु का भंडार ख़त्म हो गया था (देखें चित्र 3.1 से 3.3)। *शी* का मतलब है टिन धातु और *वु* का मतलब है "नहीं"। वुशी च्यांगसु प्रांत का एक औसत आकार का शहर है। यह थाईहु (थाई झील) के उत्तरी छोर पर बसा है। इसके उत्तर में 45 किलोमीटर दूर यांग्त्सी नदी बहती है। कई नहर-नाले, नदी और शहर को जोड़ते हैं। वुशी का इतिहास शांग काल के अंतिम दिनों और चऊ काल के शुरुआती दिनों (ईसापूर्व ग्यारहवीं सदी) से शुरू होता है। ईसापूर्व 202 में हान वंश के काल में वुशी में काउंटी सरकार की स्थापना की गई थी।[7] पेइचिंग-हांगचौ

चित्र 3.1: चीन

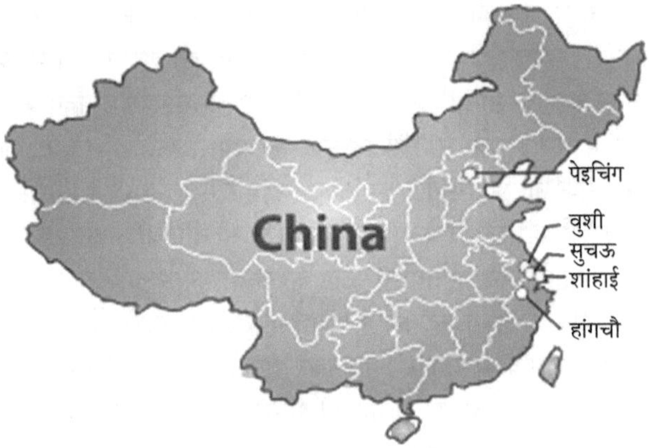

स्रोत : http://nexusholidays.com.au/product/china-sampler-11-days-2017/ (देखा 3 जून 2017).

चित्र 3.2: च्यांगसु प्रांत

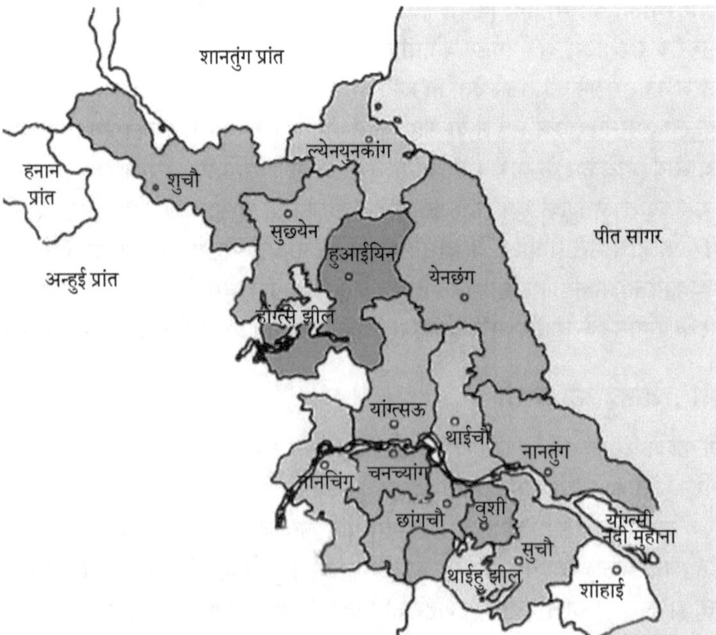

स्रोत : http://www.china-tour.cn/Jiangsu/Jiangsu-Maps.htm (देखा 3 जून 2017).

चित्र 3.3: वुशी ज़िला

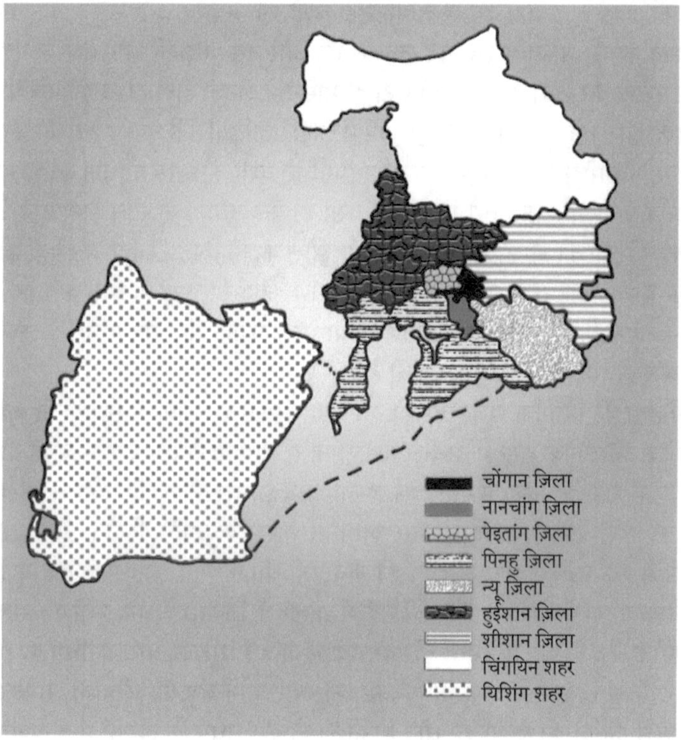

स्रोत : http://en.wuxi.gov.cn/sitePages/subPages/1300350001336839.html (देखा 24 अप्रैल 2017)।

महानहर (ग्रैंड कैनाल) वुशी से होकर गुज़रती है। यह शांहाई से 128 किलोमीटर और च्यांगसु प्रांत की राजधानी नानचिंग से 183 किलोमीटर दूर शांहाई-नानचिंग रेलवे लाइन पर बसा है। थाईहु झील, जो उसे लगभग तीन तरफ़ से घेरे हुए है उसकी ख़ासियत है।

जून 2007 में वुशी और थाईहु झील ग़लत वजहों से वैश्विक ख़बरों का हिस्सा बन गए। आसपास के कारख़ानों के रासायनिक कचरे की वजह से झील की पानी की सतह को नीली काई ने ढँक लिया। परिणामस्वरूप दो हफ़्ते तक वुशी में पानी की आपूर्ति बंद कर दी गई। प्रधानमंत्री वन च्यापाओ ने ख़ुद राहत उपाय करने के आदेश दिए, पर्यावरण अधिकारियों के ख़िलाफ़ अनुशासनिक कार्रवाई की और पर्यावरण मानकों को सख़्ती से लागू करने का निर्देश दिया जिसकी वजह से कई कारख़ाने बंद कर दिए गए। झील के पानी का शोधन किया गया और यांग्त्सी नदी का पानी झील तक मोड़ा गया फिर साफ़ पानी की आपूर्ति चालू की गई।[8]

थाईहु चीन की तीसरी सबसे बड़ी झील है। च्यांगसु और चच्यांग प्रांत में फैली इस झील का क्षेत्रफल 2,400 वर्ग किलोमीटर है। वुशी का आर्थिक और सांस्कृतिक परिवेश परंपरागत रूप से थाईहु के ईर्द-गिर्द रचा-बसा है और उसे "मछली और धान के गढ़" के रूप में मशहूर कर दिया है। थाईहु की छटा हर मौसम में अनूठी होती है। उसका पश्चिमी छोर लीहु (ली झील) से जुड़ा है। उसकी पृष्ठभूमि में छोटी पहाड़ियाँ हैं जिनके पत्थरों की बनावट, जलमार्ग, मौसमी फूल और छोटा-सा मंदिर (पगोडा) वुशी को ख़ास पहचान देते हैं। मशहूर लीयुआन पार्क लीहु के उत्तरी किनारे पर बसा है। कई उद्यानों के साथ मेईयुआन उद्यान असंख्य पर्यटकों को आकर्षित करता है। थाईहु झील का तीन-पहाड़ी द्वीप और पूर्वी छोर पर कच्छप-माथा पहाड़ (य्वानथऊचु पहाड़) आकर्षण की अन्य जगहें हैं। वुशी के शहद आड़ू शरद में अपनी कुदरती मधुरिमा के लिए दुनिया भर में मशहूर हैं। बसंत में चेरी के फूलों की छटा आपको रंगों की बहार में डुबो देती है।

इतिहास की नैसर्गिक ख़ूबसूरती की यह जगह 1980 के दशक के सुधारों की बदौलत आधुनिक औद्योगिक शहर में तब्दील होने लगी। सन् 1990 के दशक के बाद यह प्रक्रिया और तेज़ हो गई। इस दिशा में महत्त्वपूर्ण उपलब्धियाँ हासिल की गई हैं। मुक्ति के पहले यहाँ रेशम का एक फलता-फूलता कारोबार था। मिंग शासन के अंतिम दिनों (1368–1644) में वुशी में एक मज़बूत कपड़ा उद्योग की नींव पड़ी थी। लगभग 200 साल तक वुशी का रेशम देश-दुनिया में मशहूर था। तेरहवीं सदी में शांहाई के विकास के बाद वुशी एक सहायक औद्योगिक केंद्र के रूप में उभरा। बीसवीं सदी में शांहाई, सुचऊ और नानचिंग के इलाके में औद्योगिक विकास ने वुशी के विकास को और आगे बढ़ाया। लिहाज़ा, समकालीन नेता इसके अतीत को प्रेरणा का स्रोत मानते हैं। लेकिन सुधार के दशकों में ही वुशी चीन के लघु उद्योगों का प्रमुख केंद्र बन पाया। वहाँ परंपरागत कपड़ा उद्योग के साथ-साथ आधुनिक परिष्कृत इलेक्ट्रॉनिक सामान के निर्माण और सेवाओं का कारोबार काफ़ी तेज़ी से फला-फूला। इस विकास में वुशी के उपनगरों और ग्रामीण क्षेत्र का भी महत्त्वपूर्ण योगदान रहा है। इस प्रक्रिया से उन्हें भी काफ़ी लाभ हुआ है। फिर भी इलाक़े के लोग नई तरह की समस्याओं से रूबरू हो रहे हैं।

पारंपरिक नैसर्गिक स्थलों की बेहतरीन देखभाल के साथ-साथ वुशी ने पर्यटकों को आकर्षित करनेवाले कई नए स्थल भी विकसित किए हैं जिससे इतिहास के प्रति लोगों की रुचि और पसंद का फ़ायदा उठाया जा सके। मिसाल के तौर पर, पर्यटकों का पसंदीदा थांग शहर सातवीं-नौवीं सदी के किलों, जलमार्गों, बाज़ार, सांस्कृतिक प्रस्तुतियों और मुद्राओं के ज़रिए थांगकालीन चीन के जीवन और समाज की झलक देता है। यही बात "तीन साम्राज्यों" के प्रतिरूपों पर भी लागू होती है। उन्होंने दुनिया भर के महान आश्चर्यों की लघु अनुकृतियों का शहर भी बसाया है। आधुनिक पर्यटन आकर्षणों में एक्वेरियम शामिल है

जहाँ प्रशांत महासागर के जीवों की एक अनूठी झलक मिलती है। बुद्ध की विशालकाय प्रतिमा विश्व की शायद सबसे बड़ी प्रतिमा है और उसके चारों तरफ़ बड़ा-सा पार्क बना है जिसमें मनोरम झरने हैं जो तकनीक के नायाब अजूबे हैं। पर्यटकों को आकर्षित करने के लिए कई और तकनीकी अजूबे बनाने की योजना है।[9]

वर्ष 1985 में स्टेट काउंसिल ने वुशी को पूरी तरह खुला शहर घोषित कर दिया। उसके बाद से विदेशी पूँजी को आकर्षित करने के लिए कई क़दम उठाए गए हैं। उनमें राष्ट्रीय हाईटेक उद्योग विकास क्षेत्र, वुशी-सिंगापुर पार्क और वुशी थाईहु पर्यटन रिसॉर्ट क्षेत्र की स्थापना शामिल है। ढाँचागत सुविधाएँ तेज़ी से विकसित हुई हैं। शांहाई-नानचिंग एक्सप्रेसवे, जो वुशी से होकर गुज़रती है, उसका निर्णाण 1990 के दशक में रिकॉर्ड समय में पूरा कर लिया गया। इसकी वजह से शांहाई हुंगछ्याओ (बाद में फुतंग) अंतरराष्ट्रीय हवाई अड्डा की दूरी महज़ दो घंटे की रह गई है। कई नए पुलों और जलमार्गों का निर्माण किया गया है। पुराने दिनों की तरह ही तमाम तरह के जलमार्गों, छोटी-बड़ी नहरों, नदियों और नालों का इस्तेमाल आधुनिक संचार व्यवस्था का महत्त्वपूर्ण अंग है।

शहरी-ग्रामीण शहर का प्रशासनिक संघटन

वुशी च्यांगसु के 11 प्रशासकीय शहरों में एक है (देखें तालिका 3.1)।[10] वर्ष 1983 के बाद अन्य प्रांतों की तरह च्यांगसु प्रशासनिक पुनर्गठन के दौर से गुज़रा। इस पुनर्गठन का निर्देशक सिद्धांत था : शहरों को गाँवों के हित को समझना चाहिए और गाँवों को शहरों के हित को। लेकिन एक दशक बाद जैसे-जैसे शहरी और ग्रामीण लोगों के बीच की खाई बढ़ती गई यह सिद्धांत निष्प्रभावी होता गया और यह दोतरफ़ा प्रक्रिया लगभग पूरी तरह एकतरफ़ा बन गई— गाँवों के साथ जुड़ाव से शहरों को ज़्यादा फ़ायदा होने लगा। बहरहाल, 1980 के दशक की शुरुआत में ग्रामीण विकास को शहरी विकास से जोड़ने के लिए शहरी नेतृत्व को प्रमुख भूमिका दी गई। लिहाज़ा शहरों के दायरे में ग्रामीण काउंटियों को भी शामिल कर

तालिका 3.1: ग्रामीण इलाक़ों में सरकारी संगठन (1999, 2010, 2015)

संगठन का स्तर	*1999*	*2000*	*2001*	*2002*	*2003*	*2004*	*2010*	*2015*
टाउनशिप (श्यांग) सरकार	10	1	1	1	1	0	—	—
टाउन (चन) सरकार	107	101	93	91	84	59	32	30
गाँववासी कमेटी (*कुंमिन वेईयुआनहुई*)	2,080	1,821	1,540	1,355	1,272	1,185	579	628
गाँववासी समूह	25,198	25,183	24,834	24,392	24,122	23,561	—	—

स्रोत : स्टैटिस्टिक्स ब्यूरो ऑफ़ वुशी सिटी, *वुशी स्टैटिस्टिकल ईयरबुक*, 2005, 165; 2011, 163; 2016 (तालिका 1–01); स्टैटिस्टिक्स ब्यूरो ऑफ़ च्यांगसु प्रॉविंस, *च्यांगसु स्टैटिस्टिकल ईयरबुक*, 2016.

लिया गया। इस प्रकार, च्यांगसु की सभी काउंटियों को 11 बड़े शहरों (*श*) के बीच बाँट दिया गया। अब प्रत्येक शहर के मातहत शहरी-ग्रामीण दोनों ही इलाक़ों को शामिल कर लिया गया। प्रांतीय स्तर पर इस पुनर्गठन के बाद वुशी के मातहत उसके महानगरीय ज़िले और तीन काउंटियाँ, वुशी काउंटी, च्यांगयिन शहर और यिशिंग शहर, शामिल थीं। धीरे-धीरे तीनों काउंटियाँ काउंटी स्तर के शहरों में तब्दील हो गईं (जिन्हें *श* भी कहा जाता है)। इस प्रकार वुशी शहर के मातहत विशाल शहरी-ग्रामीण इलाक़ा आता है जिसका क्षेत्रफल 4,650 वर्ग किलोमीटर है। महानगरीय ज़िलों की संख्या 1980 के दशक की शुरुआत में जहाँ चार थी, वहीं 1990 के दशक में उनकी संख्या बढ़ाकर छह कर दी गई और इस सूची में चुंआन, पेइथांग, वान चांग, मा शान, नया ज़िला और उपनगरीय ज़िला (उपनगरीय ज़िला में पहले मा शान और नया ज़िला के हिस्से भी शामिल थे) को भी शामिल कर लिया गया। वुशी शहर का भी पुनर्गठन हुआ और 1996 में उसके कुछ हिस्सों को लेकर शीशान शहर का गठन किया गया। जैसे-जैसे ग्रामीण अर्थव्यवस्था में बदलाव आते गए और शहरीकरण की प्रक्रिया तेज़ होती गई, 2004 और 2015 में वुशी शहर में बड़ा उलटफेर हुआ और ज़्यादा-से-ज़्यादा ग्रामीण हिस्से महानगरों के प्रशासन के मातहत आते गए।

ग्रामीण इकाइयों को शहर का दर्जा देना एक रिवाज-सा बन गया है। वुशी से प्रस्ताव मिलने पर स्टेट काउंसिल ने उसे स्वीकार कर लिया। स्टेट काउंसिल केंद्र सरकार का उच्चतम प्रशासनिक अंग है। लिहाज़ा, 2015 में वुशी का फिर से पुनर्गठन किया गया। वुशी काउंटी की सभी पुरानी ग्रामीण इकाइयाँ, जिनमें से कुछ 1980 के दशक में कस्बाई नगर (टाउनशिप) या ग्रामीण इकाई थे, नगर (शहरी इकाई) बन गईं हमारे अध्ययन में शामिल इलाक़ों के कुछ हिस्से गली समुदाय बन गए और सभी वुशी महानगरीय ज़िलों का अंग बन गए। अब महानगरीय ज़िलों (*श छू*) की संख्या पाँच हो गई : शीशान, हुईशान, पिनहु, ल्यांग शी और शीनवु। च्यांगयिन और यिशिंग की दो काउंटी स्तरीय शहरों के साथ-साथ नया ज़िला प्रबंधन कमेटी भी चालू रही। वर्ष 2004 के बाद वुशी में कोई ग्रामीण कस्बाई नगर नहीं रह गया। हम बाद में देखेंगे कि हमारे अध्ययन का इलाक़ा मूल हला कस्बा जो पहले पिनहु ज़िला का हिस्सा था, अब महानगर की गली कमेटी में बदल गया है। हमें ध्यान रखना चाहिए कि जब ग्रामीण इलाक़ों को शहरों के मातहत लाने की प्रक्रिया चल रही थी, शहरी इलाक़ों में ग्रामीण संस्थाओं की उपस्थिति की प्रथा भी जारी थी। यह शहरी-ग्रामीण जुड़ावों का ही एक तरीक़ा था। लेकिन साफ़ था कि समय बीतने के साथ ये ग्रामीण इकाइयाँ भी शहरों के हिस्सों में बदल जाएँगी। शहरीकरण की प्रक्रिया की यह ख़ासियत थी। वर्ष 2015 के अंत तक वुशी शहर में 32 नगर, 51 गली समुदाय, 576 ग्रामीण समुदाय (शहरी गली कमेटियों के रूप में), 593 पड़ोस कमिटियाँ (*चुमिन वेईयुआनहुई*; शहरी गली कमेटियों के मातहत) और 981 गाँव कमिटियाँ (*छुनमिन वेईयुआनहुई*) थीं जो शहरों के भीतर ग्रामीण इलाक़े हैं।[11]

ध्यान रहे कि काउंटी सरकारें शहरों का दर्जा पाना चाहती हैं ताकि उन्हें औद्योगिकीकरण और ढाँचागत निर्माण की ज़्यादा सुविधा हासिल हो सके। साथ ही आवास, व्यवसाय और उत्पादन सुविधाओं का निर्माण कर सकें। ज़्यादा महत्त्वपूर्ण बात यह है कि शहरी ज़मीन पर राज्य का मालिकाना था और सरकार उनके इस्तेमाल का फ़ैसला कर सकती थी। ग्रामीण ज़मीन पर गाँव का सामूहिक मालिकाना था जिन्हें परिवारों को पट्टे पर दे दिया गया था। लिहाज़ा, ग्रामीण इकाइयों के मातहत शहरी इकाइयों और शहरी इकाइयों के भीतर ग्रामीण इकाइयों के निर्माण की प्रथा प्रचलित थी। सन् 2001 में शीशान शहर को शहरी ज़िलों के साथ मिला दिया गया (देखें तालिका 3.2), लेकिन 2015 में उसे नया पुनर्गठित ज़िला बना दिया गया। वर्ष 2004 तक च्यांगसु प्रांत में प्रीफ़ेक्चर स्तर के 13 शहर और काउंटी स्तर की 106 अस्मिताएँ थीं जिनमें 27 काउंटी स्तर के शहर थे। उनमें से दो च्यांगयिन और यिशिंग और 54 शहरी ज़िलों में से चार वुशी में थे। ग्रामीण नगरों की संख्या 1,410 थी। उनमें से 1,019 को नगर के रूप में मान्यता हासिल हो गई थी और 281 गली समुदाय या उप-ज़िला बन गए थे। हला उन्हीं में से एक था।[12]

वुशी औसत दर्जे का शहर है जिसकी आबादी 40 लाख से ज़्यादा है। वहाँ की ग़ैर-खेतिहर या शहरी आबादी वर्षों से लगातार बढ़ती जा रही है। मिसाल के तौर पर, 1997 में उसकी आबादी 43.2 लाख थी जिसमें 17.3 लाख लोग महानगरीय ज़िलों में रहते थे। सन् 2004 में यह आबादी क्रमशः 44.7 लाख और 27.9 लाख हो गई। सन् 2015 में 48 लाख की आबादी में 12 लाख ग्रामीण मज़दूर थे (देखें तालिका 3.3)। आधिकारिक दस्तावेज़ों के मुताबिक 2012 में "पंजीकृत आबादी" लगभग 47 लाख थी और 64.6 लाख "स्थाई निवासी" थे।[13] मतलब यह कि 17.6 लाख से ज़्यादा या लगभग एक चौथाई से ज़्यादा की आबादी को वुशी में शहरी *हुखउ* का दर्जा नहीं हासिल था। फलते-फूलते औद्योगिक विकास के चलते वहाँ बाहर के मज़दूर बड़ी तादाद में आते हैं क्योंकि वुशी चीन के 15 प्रमुख आर्थिक केंद्रों और 13 अपेक्षाकृत बड़े शहरों में एक है। साथ ही वह 10 प्रमुख पर्यटन स्थलों में शामिल है। लेकिन विकास की इस प्रक्रिया में शहरी सुविधाओं तक पहुँच के मामले में ग़ैर-बराबरी बढ़ती गई है।

आर्थिक विकास की तेज़ गति : वुशी की कामयाबी की दास्तान

वुशी के आर्थिक विकास की दास्तान बेहद शानदार रही है। जीडीपी विकास की दर छठी पंचवर्षीय योजना (1981–85) के दौरान 16.6 प्रतिशत तक पहुँच गई थी। नतीजतन, मज़दूरी में भी भारी बढ़ोतरी दर्ज की गई। दोनों में तेज़ विकास का यह सिलसिला ग्यारहवीं योजना (2006–10) तक जारी रहा। लेकिन तेरहवीं योजना (2011–15) में जब से सुधार शुरू हुए हैं, पहली बार विकास की दर दहाई अंकों से गिर कर 9.2 प्रतिशत पर आ गई (देखें तालिका 3.4)। यह राष्ट्रीय रुझान को ही परिलक्षित करता है जहाँ मध्यम से ऊँची विकास दर नया

तालिका 3.2: वुशी : प्रशासनिक प्रभाग (2004, 2010, 2015)

डी ख़ू/ज़िला	वर्ष	चन/नगर (टाउन)	चेइताओ पांशिचु/ शहरी उप-ज़िला कार्यालय	चुमिन वेईयुआनहुई/ पड़ोस कमेटी	कुमिन वेईयुआनहुई/ गाँववासी कमेटी	क्षेत्रफल (वर्ग किमी)	जल क्षेत्र (वर्ग किमी)
वुशी शहर कुल	2004	59	24	453	1,061	4,787.61	1,502.08
	2010	32	51	567	674	4,627.47	1,335.30
	2015	30	51	593	628	4,627.46	1,289.66
शी ख़ू/शहरी ज़िला	2004	22	24	298	337	1,622.64	510.44
	2010	7	41	348	214	1,643.88	504.70
	2015	7	41	442	170	1,643.88	488.68
चुंगान ज़िला	2004	महानगर क्षेत्र	6	34	8	17.59	—
	2010		6	38	—	16.48	1.04
	2015		6	39	—	16.48	0.97
नानचांग ज़िला	2004	महानगर क्षेत्र	6	60	कोई गाँव नहीं	22.43	—
	2010		6	55	—	23.90	1.67*
	2015		6	57	—	23.90	1.65
पेइतांग ज़िला	2004	महानगर क्षेत्र	5	60	—	31.02	—
	2010		5	54	—	31.12	2.24*
	2015		5	57	—	31.12	2.19
शीशान ज़िला	2004	8	अपेक्षाकृत ग्रामीण क्षेत्र, कोई चेइताओ नहीं	33	117	454.36	—
	2010	4	5	39	76	399.11	62.27*
	2015	4	5	43	75	399.11	56.93

हुईशान ज़िला	2004	6	कोई चेइताओ *नहीं*	16	134	327.12	—
	2010	2	5	29	80	325.12	49.50*
	2015	2	5	55	56	325.12	42.36
पिनहु ज़िला	2004	5	4	78	72	631.50	—
	2010	1	8	101	9	629.44	371.64*
	2015	1	8	104	7	628.14	369.29
नया ज़िला	2004	3	3	17	6	138.63	—
	2010	—	6	68	49	218.72	16.34*
	2015	—	6	87	32	220.01	15.29
शी (श्येन) काउंटी स्तरीय शहर	2004	37	अपेक्षाकृत ग्रामीण क्षेत्र, पुराना श्येन	155	724	3,164.96	991.63
	2010	25	10	183	460	2,983.59	830.60
	2015	23	10	151	458	2,983.59	800.98
च्यांगयिन शहर	2004	16	अपेक्षाकृत ग्रामीण क्षेत्र, पुराना श्येन	64	312	987.53	194.87
	2010	11	6	90	243	986.98	185.70*
	2015	10	5	55	243	986.97	171.98
यिशिंग शहर	2004	21	अपेक्षाकृत ग्रामीण क्षेत्र, पुराना श्येन	91	412	2,177.43	796.76
	2010	14	4	93	217	1,996.61	644.90*
	2015	13	5	96	215	1,996.61	629

स्रोत : स्टैटिस्टिक्स ब्यूरो ऑफ़ वुशी सिटी, *वुशी स्टैटिस्टिकल ईयरबुक*, 2005, पृ. 6–7; 2011, पृ. 6–7; 2016 (तालिका 1–01)।

नोट : * जल क्षेत्र में कुल जल की मात्रा और जल संरक्षण सुविधाएँ भी शामिल हैं।

तालिका 3.3: वुशी : जनसांख्यिकी और आर्थिक रुझान

	1952	*1970*	*1980*	*1990*	*1997*	*2000*	*2004*	*2010*	*2015*	*टिप्पणी*
आबादी (लाख)					43.2	43.4	44.7	46.6	48.0	ग़ैर-खेतिहर आबादी की ऊँची
ग़ैर-खेतिहर					17.3	18.3	27.9	—	—	बढ़त
रोज़गार (मज़दूर)					23.2	22.1	27.4	38.2	39.0	
जीडीपी (अरब युआन)					94.78	117.02	225	579.33	851.82	तेज़ विकास
प्राथमिक उद्योग					4.44	4.62	4.42	10.49	13.77	कृषि में ज़्यादा बढ़त नहीं
द्वितीयक उद्योग					56.8	69	137.73	320.87	419.74	उद्योग का तेज़ विकास
तृतीयक उद्योग					33.52	44	82.90	247.95	418.31	तेज़ विकास
लघु उद्योग का सकल उत्पादन मूल्य					66.46	72.60	134.49	297.48	376.09	तेज़ विकास
बड़े उद्योग का सकल उत्पादन मूल्य					75.68	105.30	323.01	999.62	1078.8	तेज़ विकास
अनाज की पैदावार (लाख टन)	8.5	12.3	14.6	15.3	15.7	12.7	8.1	8	7.2	भारी ह्रास
तेलहन (हज़ार टन)	2.40	13.73	18.5	41.7	39.3	59.1	36.7	11.6	8.6	प्रोत्साहन की कमी
जलीय उत्पाद (हज़ार टन)	8.18	10.7	19.18	66.59	81.6	102.5	113.9	121	125.3	पारंपरिक क्षेत्र का धीमा विकास
रेशमकीट (टन)	5,465	6,124	5,658	2,304	1,139	1,115	603	91	[a]	तेज़ी से ग़ायब
चाय (टन)	327	1,010	2,023	5,870	4,992	4,898	4,680	6,426	6,710	महत्त्व बरक़रार

स्रोत : स्टैटिस्टिक्स ब्यूरो ऑफ़ वुशी सिटी, *वुशी स्टैटिस्टिकल ईयरबुक*, 2005, पृ. 10–11; 2011, पृ. 13, 25; 2016 (तालिका 1–05).

नोट : [a] 2016 की सांख्यिकी वार्षिकी में 2015 से संबंधित कोई आँकड़ा नहीं दिया गया लेकिन 2014 में यह 73 टन था। वर्ष 1993 से 2008 के आँकड़ों का राष्ट्रीय आर्थिक जनगणना के आँकड़ों से मिलान किया गया है।

तालिका 3.4: विभिन्न पंचवर्षीय योजनाओं के दौरान वुशी में चुनिंदा संकेतकों की औसत सालाना विकास दर (%)

पंचवर्षीय योजना	*आबादी*	*जीडीपी*	*कृषि पैदावार का सकल मूल्य*	*औद्योगिक उत्पादन का सकल मूल्य*	*लघु उद्योग*	*बड़े उद्योग*	*अनाज की पैदावार*	*कर्मचारियों और मज़दूरों का औसत सालाना वेतन*
प्रथम 1952–56	1.9	4.6	0.4	8.1	6.8	32.2	0.8	0.6
द्वितीय 1957–60	0.9	0.5	–1.7	2.1	–0.4	18.9	8.2	1.6
पुनर्समायोजन अवधि 1961–65[a]	2.2	16.1	16.8	19	15	30.1	17.4	–2.5
तृतीय 1968–72	1.5	5	–1.5	12.7	7.8	23.1	–1.2	0.1
चतुर्थ 1972–76	1.2	9.7	5	12	10.6	13.2	6.6	0.7
पाँचवी 1976–80	1.4	14.2	0.2	15.5	14.3	13.2	3.4	6
छठी 1981–85	0.7	16.6	6.2	19.5	14.1	18.6	3.4	9.7
सातवीं 1986–90	1.3	10.6	5.9	15.3	12.1	14.3	1.7	17.1
आठवीं 1991–95	0.5	24.6	9.7	36.2	28.3	28.2	–0.1	24
नौवीं 1996–2000	0.3	11.8	2.9	9.4	22.9	21.1	–3.7	8.8
दसवीं 2001–05	0.7	14.4	1.1	19.6	17	31.4	–8.9	18.5
ग्यारहवीं 2006–10	0.6	13.6	12.4	15.8	4.2	17.1	0.2	14.1
बारहवीं 2011–15	0.6	9.2	8.4	4.7	6.7	2.6	–2.1	9.1

स्रोत : स्टैटिस्टिक्स ब्यूरो ऑफ़ वुशी सिटी के आँकड़ों के आधार पर परिगणित, *वुशी स्टैटिस्टिकल ईयरबुक*, 2005; 2011, पृ. 17–19; 2016 (तालिका 1.06)।

नोट : [a] पुनर्समायोजन नीतियाँ 1965 तक जारी रहीं, उसके बाद सांस्कृतिक क्रांति की शुरुआत हो गई और 1969 तक उथल-पुथल का दौर चलता रहा।

मानक बन गया है। वुशी के उद्योगों में कपड़ा, मशीनरी, इलेक्ट्रॉनिक्स, लघु उद्योग, धातुकर्म, पेट्रो-रसायन, निर्माण सामग्री, खाद्य प्रसाधन और औषधि उत्पादन शामिल हैं। वर्ष 1997 में पूरे शहर का जीडीपी 94.78 अरब युआन था, जो पाँच गुना बढ़कर 2010 में 579.33 अरब युआन हो गया और 2015 के अंत में 852 अरब युआन था (देखें तालिका 3.3)। सन् 1990 के दशक में और उसके बाद अर्थव्यवस्था की शक्लोसूरत काफ़ी बदल गई। ज़्यादा-से-ज़्यादा मज़दूर खेतीबाड़ी छोड़कर उद्योगों और सेवाओं की ओर जाने लगे। जहाँ 1980 के दशक में लगभग आधी श्रमशक्ति खेतीबाड़ी और सहायक पेशों में लगी थी, वहीं 2000 में उनकी तादाद घटकर 22.7 प्रतिशत रह गई और 2010 में महज़ 6 प्रतिशत। दूसरी तरफ़, उद्योगों में काम करनेवाले मज़दूरों का अनुपात 1980 में 38.3 प्रतिशत था, 2000 में बढ़कर 48.1 प्रतिशत और 2015 में 56 प्रतिशत हो गया। उन्हीं सालों में सेवाओं में रोज़गार का अनुपात 12.1 प्रतिशत से बढ़कर 29.2 प्रतिशत और फिर 2015 में शहर की जीडीपी का 39 प्रतिशत हो गया (तालिका 3.5 और चित्र 3.4)। टाउनशिप और ग्रामीण और अन्य उद्यमों के ज़रिए 1980 के दशक और 1990 के दशक की शुरुआत तक लघु उद्योगों का तेज़ी से विकास होता रहा। वर्ष 1995 में वुशी के अधिकारियों ने ख़ुशी से रिपोर्ट किया कि बड़े उद्योगों और लघु उद्योगों का अनुपात बढ़कर 51.6:48.4 हो गया है और बड़े और मध्यम उद्यमों की तादाद कुल का 32 प्रतिशत हो गई है। छोटे उद्यमों की संख्या 48 प्रतिशत है और बाक़ी कच्चे माल की प्रसाधन इकाइयाँ हैं।[14] वर्ष 1995 में पूरे शहर के कुल उत्पादित मूल्य में दो-तिहाई हिस्सा ग्रामीण उद्यमों का था। वर्ष 1981–91 के दौरान टाउनशिप और ग्रामीण उद्यमों ने अपने उत्पादन मूल्य में 22 प्रतिशत की बढ़ोतरी दर्ज की। इस प्रकार वुशी

तालिका 3.5: वुशी में नियोजित श्रमशक्ति का बदलता स्वरूप 1980–2015

चुनिंदा वर्ष	*नियोजित श्रमशक्ति (लाख)*	*प्राथमिक उद्योग (%)*	*द्वितीयक उद्योग (%)*	*तृतीयक उद्योग (%)*
1980	20.56	49.6	38.3	12.1
1985	23.67	25.8	56.3	17.9
1990	24.49	22.2	58.6	19.2
1995	23.79	16.5	57.2	26.3
2000	22.10	22.7	48.1	29.2
2004	27.46	12.8	54.8	32.4
2005	28.92	11.8	55.1	33.1
2010	38.23	6	55	39
2015	39.00	4.5	56.3	39.2

स्रोत : स्टैटिस्टिक्स ब्यूरो ऑफ़ वुशी सिटी के आँकड़ों के आधार पर परिगणित, *वुशी स्टैटिस्टिकल ईयरबुक*, 2005, पृ. 47; 2011, पृ. 47; 2016 (तालिका 2–07)।

चित्र 3.4: वुशी में श्रमशक्ति की बदलती बनावट 1980–2015 (%)

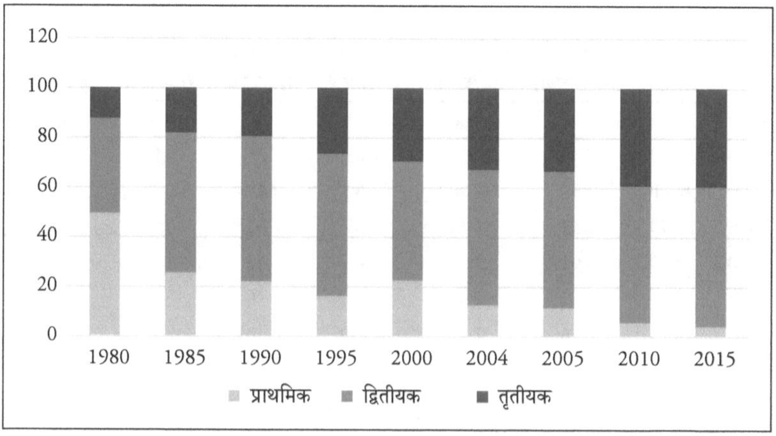

स्रोत : स्टैटिस्टिक्स ब्यूरो ऑफ़ वुशी सिटी के आँकड़ों के आधार पर परिगणित, *वुशी स्टैटिस्टिकल ईयरबुक*, 2005, पृ. 47; 2011, पृ. 47; 2016 (तालिका 2–07)।

इलाक़े ने ग्रामीण उद्यमों की कामयाबी के लिए विशेष ख्याति अर्जित की है। यहाँ के उत्पाद न सिर्फ़ देश में, बल्कि विदेशों में भी बेचे जाते हैं। सन् 1990 के दशक के मध्य से स्थिति काफ़ी बदल गई। आधुनिक शहरी उद्यमों के उत्पादों ने निर्यात बाज़ार के विकास में बड़ी भूमिका निभाई है। वर्ष 2010 में वुशी का 123 देशों और इलाक़ों के साथ व्यापारिक रिश्ता था। वुशी नगरपालिका के अपने आयात-निर्यात निगम हैं जो स्वायत्त रूप से विदेश व्यापार करते हैं। कपड़ा, रेशम, लघु उद्योगों, मशीनरी, इलेक्ट्रॉनिक्स, कृषि और अनुपूरक उत्पादों (मछलीपालन, पशु उत्पाद और प्रसंस्कृत खाद्य) का कई देशों में निर्यात किया जाता है।

उद्यमों के स्वामित्व के ढाँचे में 1990 के दशक में और उसके बाद तेज़ी से बदलाव आया। ज़्यादातर उद्यम निजी उद्यम में बदल गए और उसी के अनुरूप रोज़गार के स्वरूप में भी बदलाव आया (तालिका 3.6)। ग़ौरतलब है कि 1980 के दशक में शहरी सामूहिक इकाइयाँ 2,11,800 लोगों को रोज़गार देती थीं जो कुल रोज़गारप्राप्त लोगों का लगभग एक-तिहाई था। लेकिन 2004 में सामूहिक इकाइयों में नियोजित लोगों की तादाद महज़ 42,300 रह गई। राजकीय स्वामित्ववाली इकाइयों में भी नियोजित मज़दूरों की संख्या 3,80,300 से घटकर 2,09,000 रह गई। फिर भी वे रोज़गार का बड़ा स्रोत बने रहे। दूसरी तरफ़ अर्थव्यवस्था में निजी स्वामित्व का दबदबा तेज़ी से बढ़ता गया और ग़ैर-सार्वजनिक उपक्रमों में काम करनेवालों की तादाद 2,76,000 हो गई जो राजकीय और सामूहिक उपक्रमों को मिलाकर भी उनसे ज़्यादा थी। वर्ष 1985 में यह क्षेत्र महज़ 22,500 लोगों को रोज़गार देता था। वर्ष 1992 में जब तंग श्याओफिंग ने शनचन और

तालिका 3.6: स्वामित्व के ढाँचे और रोज़गार के स्वरूप में बदलाव

वर्ष	*रोज़गार (लाख)*	*कर्मचारी और मज़दूर (लाख)*	*राजकीय स्वामित्ववाली इकाइयों में*	*शहरी सामूहिक संस्थानों में*	*दूसरे क़िस्म के स्वामित्ववाले संस्थानों में*	*शहरी स्व-रोज़गार*	*ग्रामीण मज़दूर*
1980	20.56	5.92	3.80	2.11	—	0.013	14.63
1985	23.67	7.40	4.52	2.65	0.22	0.097	16.18
1990	24.49	7.98	4.80	2.69	0.48	0.16	16.39
1995	23.79	7.83	4.44	2.05	1.33	0.44	15.51
2000	22.10	5.93	3.20	0.86	1.86	1.08	15.09
2004	27.46	5.27	2.09	0.423	2.76	5.98	15.64
2010	38.23	7.16	1.51	0.139	5.363	—	—
2014	39.00	11.79	—	—	—	—	12.23

स्रोत : स्टैटिस्टिक्स ब्यूरो ऑफ़ वुशी सिटी के आँकड़ों के आधार पर परिगणित, *वुशी स्टैटिस्टिकल ईयरबुक*, 2005, पृ. 47–48; 2011, पृ. 52; 2016 (तालिका 2–0)।

नोट : वर्ष 2008 और उसके पहले के आँकड़े शहरी सामूहिक स्वामित्ववाली इकाइयों के आँकड़ों पर आधारित हैं, 2009 के बाद के आँकड़े ग़ैर-निजी शहरी इकाइयों के आँकड़ों पर। वर्ष 2011 की शुरुआत से आँकड़े कर्मचारियों और मज़दूरों के आँकड़ों पर; कर्मचारियों में श्रम जुटानेवाले कर्मी भी शामिल हैं। वर्ष 2014 के बाद के आँकड़े ग़ैर-निजी शहरी इकाइयों के कर्मचारियों के आँकड़ों पर आधारित हैं (बाद की तालिकाओं का भी यही आधार है)।

अन्य विशेष आर्थिक क्षेत्र की अपनी दक्षिण यात्रा के दौरान बाज़ार अर्थव्यवस्था के तेज़ विस्तार की बात कही तब से उनका तेज़ी से प्रसार हुआ। तालिका 3.6 यह भी दिखाती है कि शहरी मज़दूरों के बीच स्व-रोज़गार का रुझान बढ़ा है। वर्ष 1980 में उनकी संख्या नगण्य थी— मात्र 1,300, लेकिन 2004 में वह बढ़कर 5,98,800 हो गई। वर्ष 1992 के बाद से उनकी संख्या बेहद तेज़ी से बढ़ी। आबादी का यह हिस्सा आय और जीवनस्तर के मामले में घोर असमानता का शिकार है। उनमें से बहुत से प्रवासी मज़दूर थे और बड़ी मुश्किल से गुज़र-बसर कर रहे थे। जो चीज़ स्थिर रही, वह थी शहरी रोज़गार के मुकाबले ग्रामीण मज़दूरों की विशाल फ़ौज की मौजूदगी। वर्ष 1978 में ग्रामीण मज़दूरों की संख्या जहाँ 14.66 लाख थी, वहीं शहरी मज़दूरों की संख्या महज़ 5,14,900 थी। वर्ष 2004 में भी ग्रामीण मज़दूर 15.64 लाख थे तो 5,27,400 शहरी मज़दूर। वर्ष 2015 में ग्रामीण मज़दूरों की संख्या 12.1 लाख बनी रही जो अब भी भारी संख्या थी, लेकिन शहरी मज़दूरों की तादाद बढ़कर 26.77 लाख तक पहुँच गई (तालिका 3.6)। मतलब यह कि 1990 के दशक में सामूहिक उद्यमों में घटते रोज़गार की वजह से ग्रामीण मज़दूरों के सामने रोज़गार तलाशने की नई समस्या आ खड़ी हुई थी। उनमें से कुछ को तो निजी क्षेत्र में काम मिल गया, लेकिन बहुतों को स्व-रोज़गार का रास्ता अपनाना पड़ा। बड़ी संख्या में मज़दूर बेरोज़गार हो गए या बदले परिवेश में रोज़गार की तलाश में लगे रहे। इस प्रकार जहाँ जीडीपी में शानदार बढ़ोतरी हो रही थी, वहीं ग्रामीण आबादी और शहरी आबादी

का एक बड़ा हिस्सा बेरोज़गारी का संकट झेल रहा था। वर्ष 2015 में पंजीकृत बेरोज़गार लोगों की तादाद 1,38,221 थी यानी 2014 से थोड़ी कम।[15]

अगर हम पिछले 50 सालों के आँकड़ों पर नज़र दौड़ाएँ तो आय के मामले में कुछ महत्त्वपूर्ण रुझान दिखते हैं (तालिका 3.7 और चित्र 3.5)। पहले तो 1952 से 1997 के बीच वेतन में लगभग ठहराव-सा दिखता है। वह काफ़ी कम, लगभग 500 युआन के क़रीब था। वह 2004 में 40 गुना बढ़कर 20,442 युआन हो गया।[16] निस्संदेह, कम्यून के दौर में माल की क़ीमतें नीची थीं और सभी को सामूहिक सामाजिक सेवाओं की सुविधा हासिल थी। और परिवेश काफ़ी समतामूलक था। पर जीवन की सुविधाएँ न्यूनतम थीं। दूसरे, 1980 के दशक में आय में भारी वृद्धि हुई। वह 1978 में 550 युआन थी तो 1990 में 2,449 युआन हो गई। उस दौर में ग्रामीण सुधारों पर ज़्यादा ध्यान दिया गया, ख़ासकर सामूहिक स्वामित्ववाले ग्रामीण उद्यमों पर। उसके बाद भी प्रगति की रफ़्तार उल्लेखनीय बनी रही और 2000 में आय 10,000 युआन से ज़्यादा हो गई। तंग श्याओफिंग ने चार गुना बढ़ोतरी की उम्मीद की थी, पर वह उनकी उम्मीद से ज़्यादा बढ़ी। तीसरे, 1990 के दशक के अंत तक च्यांगयिन और यिशिंग के अपेक्षाकृत ग्रामीण इलाक़े भी आय के मामले में शहरी ज़िलों से ज़्यादा पीछे नहीं थे।

उसके बाद ग्रामीण-शहरी विषमता तेज़ी से बढ़ने लगी। अगर हम कर्मचारियों और मज़दूरों के औसत सालाना वेतन को उनके काम की जगह के हिसाब से देखें तो 2004 में

तालिका 3.7: कर्मचारियों और मज़दूरों के औसत सालाना वेतन के रुझान 1952–2015 (युआन)

वर्ष	*कुल वुशी*	*शहरी ज़िला*	*च्यानयिंग शहर*	*यिशिंग शहर*
1952	507	529	401	355
1957	508	568	420	429
1962	5,515	580	466	451
1970	504	523	478	463
1978	550	574	512	493
1980	699	724	656	639
1985	1,113	1,137	1,086	987
1990	2,449	2,550	2,335	2,119
1995	7,192	7,488	6,998	6,153
2000	10,966	11,988	9,685	8,835
2004	20,442	21,295	20,252	15,956
2010	46,430	49,243	44,076	38,851
2015	71,882	73,254	71,471	65,521

स्रोत : स्टैटिस्टिक्स ब्यूरो ऑफ़ वुशी सिटी के आँकड़ों के आधार पर परिगणित, *वुशी स्टैटिस्टिकल ईयरबुक*, 2005, पृ. 51; 2011, पृ. 51; 2016 (तालिका 2–11)।

नोट : जो इलाक़े शीशान शहर का हिस्सा बन गए और बाद में शहरी ज़िलों में शामिल कर लिए गए वर्ष 1952 से लेकर 2000 तक कुल वुशी में शामिल थे।

चित्र 3.5: कर्मचारियों और मज़दूरों के सालाना औसत वेतन के रुझान : 1952–2015 (युआन)

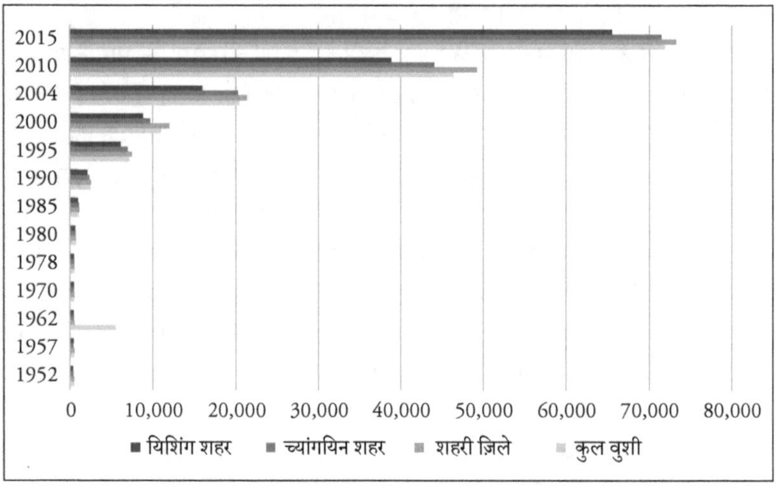

स्रोत : स्टैटिस्टिक्स ब्यूरो ऑफ़ वुशी सिटी के आँकड़ों के आधार पर परिगणित, *वुशी स्टैटिस्टिकल ईयरबुक*, 2005, पृ. 51; 2011, पृ. 51; 2016 (तालिका 2–11)।

राजकीय स्वामित्ववाली इकाइयों में काम करनेवालों की आय 23,879 युआन थी, यानी सामूहिक इकाइयों में काम करनेवालों की आय 12,674 से लगभग दुगनी और निजी क्षेत्र में काम करनेवालों को 18,725 युआन मिलता था जो सामूहिक क्षेत्र का डेढ़ गुना था, पर राजकीय स्वामित्ववाली इकाइयों से कम था। औसतन यही आम तस्वीर थी, पर कुछेक विदेशी या संयुक्त स्वामित्ववाली कंपनियों में काम करनेवाले राजकीय इकाइयों से काफ़ी ज़्यादा कमा लेते थे। लेकिन वुशी में सरकारी कर्मचारियों का औसत सालाना वेतन 31,525 युआन था, यानी राजकीय उपक्रमों (17,955 युआन) और अन्य राजकीय संस्थानों (25,538 युआन) में काम करनेवालों से अधिक था।[17] अब 2000 की शुरुआत के बाद से काम करनेवालों की औसत कमाई (वेतन और मज़दूरी) 2015 में लगभग तीन गुना बढ़कर 71,882 युआन हो गई है (तालिका 3.7)।

जैसा कि बढ़ती आय और बढ़ती बचत से ज़ाहिर है सुधार के दौर में लोगों के जीवनस्तर में तेज़ी से सुधार हुआ (तालिका 3.7)। साथ ही 1990 के दशक में शहरी-ग्रामीण खाई भी चौड़ी होती गई, हालाँकि ग्रामीण और शहरी दोनों ही इलाक़ों के बाशिंदों की आय में तेज़ बढ़त दर्ज की गई। प्रति व्यक्ति बचत जमा जो 1985 में भी काफ़ी बड़ी थी, 2000 में प्रति व्यक्ति आय से बढ़ गई और उसके बाद भी यह सिलसिला जारी रहा। वर्ष 2015 में शहरी इलाकों में प्रति व्यक्ति आय 45,129 युआन और ग्रामीण इलाकों में 24,155 युआन थी (तालिका 3.8 और चित्र 3.6)। हम ऊपर चर्चा कर चुके हैं कि विकास के वुशी मॉडल की ख़ासियत थी ग्रामीण समुदायों का शहरीकरण। लिहाज़ा क़स्बों को नगरों में बदलने की

तालिका 3.8: शहरी और ग्रामीण बाशिंदों का जीवनस्तर : 1978–2015 (युआन प्रति व्यक्ति)

वर्ष	*शहरी बाशिंदों की आय*	*ग्रामीण बाशिंदों की शुद्ध आय*	*बाशिंदों की प्रति व्यक्ति जमा बचत*
1978	340	181	39
1980	456	239	65
1985	958	698	302
1990	1,833	1,496	1,337
1995	5,763	3,976	4,708
2000	8,603	5,256	12,763
2004	13,588	7,115	25,943
2010	27,750	14,002	48,313
2015	45,129	24,155	71,259

स्रोत : स्टैटिस्टिक्स ब्यूरो ऑफ़ वुशी सिटी, *वुशी स्टैटिस्टिकल ईयरबुक*, 2005, पृ. 74; 2011, पृ. 61; 2016 (तालिका 3–01)।

चित्र 3.6: शहरी और ग्रामीण बाशिंदों का जीवनस्तर : 1978–2015 (युआन प्रति व्यक्ति)

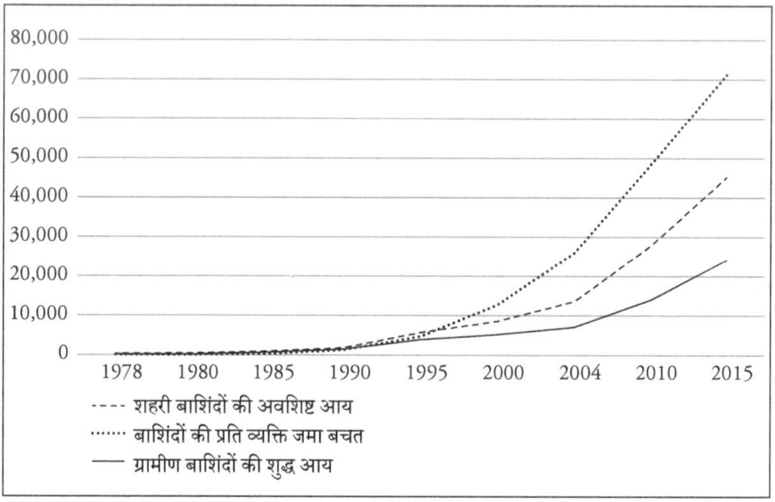

स्रोत : स्टैटिस्टिक्स ब्यूरो ऑफ़ वुशी सिटी, *वुशी स्टैटिस्टिकल ईयरबुक*, 2005, पृ. 74; 2011, पृ. 61; 2016 (तालिका 3–01)।

कोशिश की गई। जो क़स्बा नगर में तब्दील होने से 1999 में बच गया, 2004 में उसका नामोनिशान मिट गया। लेकिन नगरों में ग्रामीणों का अस्तित्व बना रहा, हालाँकि उनकी संख्या भी घटती गई क्योंकि उनमें से कई गली समुदाय (*चिएताओ*) या गाँव स्तर के नगर में बदल गए। ग़ौरतलब है कि कम्यून दौर की उत्पादन टीमों के समकक्ष गाँववासी समूह (villagers groups) बने रहे और गाँव स्तर पर अहम भूमिका निभाते रहे।

बढ़ती असमानता

तालिका 3.8 से हमारे सामने आय की बढ़ती असमानता की तस्वीर साफ़ हो जाती है। वर्ष 2004 में आबादी का लगभग चौथाई हिस्सा 4,000 युआन से कम कमाता था जबकि उतना ही बड़ा हिस्सा 10,000 युआन से ज़्यादा कमाता था। लगभग 40 प्रतिशत से ज़्यादा लोग ऐसे थे जिन्हें मध्यम वर्ग माना जाता है। वे 4,000 से 8,000 के बीच कमाते थे। देखा जा सकता है कि प्रत्येक ज़िला और प्रत्येक शहर में ऐसे भी लोग थे जो धनी माने जाते थे। इस प्रकार प्रत्येक इलाक़े में असमानताएँ विद्यमान थीं। तालिका 3.9क और 3.9ख ग्रामीण इलाक़ों में आय की असमानता को दिखाते हैं। साफ़ है कि 2000 के बाद से शहरी-ग्रामीण असमानताएँ बढ़ गईं।

हला जिस ज़िले का हिस्सा है, उसकी स्थिति पूरे वुशी शहर की स्थिति को परिलक्षित करती है।

तालिका 3.9क : ग्रामीण परिवारों की प्रति व्यक्ति निवल सालाना आय का अनुपात (2004)

आय का स्तर (युआन)	*वुशी (कुल)*	*शहरी ज़िला*	*च्यांगयिन शहर*	*यिशिंग शहर*
2,000 से कम	5.50	4	6	8
2,000–3,000	6.50	6	8	6
3,000–4,000	11	10.50	6	17
4,000–5,000	10.25	12	6	11
5,000–6,000	11	10.50	8	15
6,000–7,000	11.75	10.50	11	15
7,000–8,000	8.75	8	11	8
8,000–9,000	8.50	10.50	10	3
9,000–10,000	5.25	4.50	9	3
10,000 से ज़्यादा	21.50	23.50	25	14

स्रोत : स्टैटिस्टिक्स ब्यूरो ऑफ़ वुशी सिटी, *वुशी स्टैटिस्टिकल ईयरबुक*, 2005, पृ. 91.

तालिका 3.9ख : ग्रामीण परिवारों की प्रति व्यक्ति निवल सालाना आय का अनुपात (2010)

आय का स्तर (युआन)	*वुशी (कुल)*	*शहरी ज़िला*	*च्यांगयिन शहर*	*यिशिंग शहर*
4,000 से कम	14	9	NA	5
4,000–5,000	8	4	NA	4
5,000–7,000	22	11	1	10
7,000–9,000	47	23	14	10
9,000–10,000	27	13	6	8
10,000–12,000	59	36	15	8

आय का स्तर (युआन)	*वुशी (कुल)*	*शहरी ज़िला*	*च्यांगयिन शहर*	*यिशिंग शहर*
12,000–14,000	46	20	15	11
14,000–16,000	40	15	11	14
16,000–18,000	41	13	17	11
18,000–20,000	26	12	9	5
20,000 से ज़्यादा	70	44	12	14

स्रोत : स्टैटिस्टिक्स ब्यूरो ऑफ़ वुशी सिटी, *वुशी स्टैटिस्टिकल ईयरबुक*, 2011, पृ. 73.

ज़िला : ग्रामीण का शहरीकरण

पिछले चार दशक में गाँवों की ज़मीनी इकाइयों के पुनर्गठन के कई दौर चले। सुनने में समान लगनेवाले मुहावरों का न सिर्फ़ अर्थ समझना ज़रूरी है, बल्कि यह समझना भी ज़रूरी है कि उन्हें नया नाम क्यों दिया गया और उनकी हैसियत क्या है। हमारे अध्ययन का क्षेत्र हला सुधारों के पहले जनकम्यून हुआ करता था। वर्ष 1983 में वह औपचारिक तौर पर *श्यांग* (कस्बा या टाउनशिप) बन गया और 1999 तक बुनियादी स्तर की ग्रामीण प्रशासनिक इकाई बना रहा जब उसे *चन* (नगर) का शहरी दर्जा दे दिया गया। वुशी का शहरीकरण जारी रहा और उपनगरीय इलाक़ों को नए औद्योगिक, व्यावसायिक और आवासीय इलाक़ों के रूप में शहर में शामिल किया जाता रहा। वर्ष 2004 में हला महानगरीय ज़िले की नियमित इकाई, *चिएताओ* (गली या उप-ज़िला) बन गया। इस दास्तान के अंत में यह ध्यान रखना ज़रूरी है कि 1958 के पहले भी हला एक *श्यांग* था।

अंग्रेज़ी बोलने-समझनेवाले अक्सर सिटी (शहर), टाउनशिप (कस्बा या उपनगर) और टाउन (नगर) के अलग-अलग इस्तेमाल से भ्रमित हो जाते हैं क्योंकि इन शब्दों से यह साफ़ नहीं होता कि वे शहरी इकाई हैं या ग्रामीण और उनकी हैसियत क्या है। फिर घोषित ग्रामीण इलाक़ों के अंदर भी शहरी इकाइयाँ हैं और घोषित शहरी इलाक़ों के भीतर ग्रामीण इकाइयाँ मौजूद हैं। यह तथ्य और भी उलझानेवाला है। लिहाज़ा यह ज़रूरी है कि पहले यह समझा जाए कि कोई शब्द किस भौगोलिक स्तर को इंगित करता है। चलिए, हम इसे साफ़ करते हैं क्योंकि यह वास्तव में ग्रामीण-शहरी जुड़ावों को इंगित करता है और चीन में शहरीकरण का अनवरत सिलसिला जारी है।

शहरीकरण की प्रक्रिया जारी है जिसका मतलब है ऊपरी-स्तर की इकाइयों का *श्येन* (काउंटी) और *ती छु* (ज़िला) के रूप में पुनर्गठन। जैसा हम पहले बता चुके हैं 1983 में च्यांगसु प्रांत 13 शहरों (*श*) में बँटा था। शहर को इंगित करने के लिए *श* अक्षर का इस्तेमाल किया जाता है। ऐसे में ज़रूरी हो जाता है कि यह पता किया जाए कि उस शहर की हैसियत क्या है। पेइचिंग और शांहाई प्रांतीय स्तर के शहर हैं। वुशी, नानचिंग और

हांगचौ प्रशासकीय प्रांत स्तर के शहर हैं। फिर काउंटी स्तर के शहर आते हैं। महानगर या शहरी इलाक़े भी *श* या शहर हो सकते हैं। ग्रामीण चीन में *श्यांग* के ऊपर की इकाई है *श्येन* (काउंटी)। पुराने समय में वुशी शहर वुशी *श्येन* (काउंटी) था। वर्ष 1983 से लेकर 1990 के दशक की शुरुआत तक वुशी के चार प्रभाग थे। उपनगरीय ज़िला समेत वुशी महानगर, वुशी काउंटी और उसके दो काउंटी स्तरीय शहर— च्यांगयिन *श* (शहर) और यिशिंग *श* (शहर)। वर्ष 2004 में वुशी काउंटी का अस्तित्व समाप्त हो गया और उसे महानगरीय इलाक़े में मिला लिया गया जिसके कई ज़िले (*छु*) थे। महानगरीय इलाके में दो तरह के ज़िला थे— *श छु* (शहरी ज़िला) और *छु* जो श्येन या ग्रामीण काउंटी के मातहत *चन* (नगर) के बराबर का दर्जा रखते थे। वर्ष 2015 में वुशी काउंटी और महानगरीय इलाक़ों को एक में मिला दिया गया और उन्हें चार शहरी ज़िलों में बाँट दिया गया।

जैसे *श* (शहर) का अलग-अलग स्तर होता है उसी तरह *चन* (नगर) भी अलग-अलग स्तर के हैं। *श्यांग* स्तर के नगरों को *चन* कहा जाता है और *छुन* (गाँव) स्तर के नगरों को भी *चन* ही कहा जाता है। ऐसे छोटे नगरीय केंद्र भी हो सकते हैं जिन्हें *श्यांग* या *छुन* का दर्जा न हासिल हो, उन्हें भी *चन* या नगर कहा जा सकता है। *श्येन* या ग्रामीण काउंटियों में *श्यांग* (क़स्बा या टाउनशिप जो ग्रामीण संस्था है) और *चन* (नगर) दोनों ही हो सकते हैं। *श्यांग* (टाउनशिप) के भीतर *छुन* के साथ-साथ *छुन* स्तर के *चन* (नगर) भी हो सकते हैं। इसी तरह *चन* (*श्यांग* स्तर के नगर) के अंदर ग्रामीण इलाक़े या *छुन* और शहरी क्षेत्र या *चन* (*छुन* स्तर के नगर) हो सकते हैं।

महानगरों के शहरी ज़िले गली (*चिएताओ*) में बँटे होते हैं जिन्हें अब शहरी उप-ज़िला दफ़्तर (*चिएताओ वेईयुआनहुई*) का दर्जा हासिल है। वे ख़ुद भी पड़ोस कमेटियों (*चुमिन वेईयुआनहुई*) में बँटे होते हैं। लेकिन महानगर क्षेत्र के अन्य ज़िलों के अंदर *चिएताओ* के साथ-साथ *चन* (*छु*) दोनों ही हो सकते हैं।

शहरी और ग्रामीण संस्थाओं के इस घालमेल के पीछे समकालीन चीन में तेज़ गति से जारी शहरीकरण की सच्चाई है। किसी इलाक़े को शहरी घोषित करने से उसके स्वामित्व का स्वरूप बदल जाता है। आर्थिक योजना की दिशा औद्योगिक हो जाती है। भूमि इस्तेमाल व्यावसायिक और अन्य क़ायदे-क़ानूनों के अधीन आ जाता है। जैसा कि हम देखेंगे हला इतिहास के ल्यांगशी नदी के किनारों पर बसे अनाज उत्पादक, शहतूत की बाग़वानी, रेशम के कीट पालनेवाले समुदाय की जगह एक औद्योगिक और व्यवसायिक केंद्र का आधुनिक आवासीय इलाक़ा बन गया। यह प्रक्रिया उसके बदलते प्रशासनिक स्वरूप में साफ़ झलकती है। ध्यान देने की बात है कि यह प्रक्रिया ग्रामीण चीन के दूर-दराज़ के इलाक़ों में भी जारी है।

जब मैं पहली बार वुशी गया था तो हला उपनगरीय ज़िला का हिस्सा था। लिहाज़ा पहले हम उपनगरीय ज़िला के विकास की प्रक्रिया पर नज़र डालेंगे फिर पिनहु ज़िला पर नज़र दौड़ाएँगे जिसमें हला को पहले *चन* (नगर) के रूप में शामिल किया गया और फिर

चिएताओ (गली) बना दिया गया। उपनगरीय ज़िला वुशी के कई ज़िलों में से एक था। उसमें 10 कस्बे (टाउनशिप— पुराने कम्यून) शामिल थे जो 108 गाँवों (*छुन*) को मिलाकर बने थे। प्रत्येक गाँव में गाँववासी कमेटी (*छुनमिन वेईयुआनहुई*) थी। वह कुछेक शहरी विशेषताओं वाला एक उपनगर है यह बात सात गली कमेटियों (*चिएताओ वेईयुआनहुई*) की मौजूदगी से साफ़ थी। इनमें 94 बाशिंदा कमिटियाँ (*चुमिन वेईयुआनहुई*) थीं जिन्हें पड़ोस कमिटियाँ भी कहा जाता था। कम्यून के दौर में उत्पादन ब्रिगेड के नीचे उत्पादन टीम थे जिन्हें पुनर्गठन के दौरान कमोबेश भंग कर दिया गया, हालाँकि कुछ इलाक़ों में ये समूह अब भी काम कर रहे थे। बहरहाल, शहरी क्षेत्रों के मामले में गली कमेटियों के मातहत बाशिंदा कमिटियाँ कार्यरत थीं और सबसे निचली राजनीतिक और प्रशासनिक इकाई का काम करती थीं।

सुधारों के चार दशकों में वुशी के उपनगरीय ज़िले के भौगोलिक और आर्थिक परिदृश्य में भारी बदलाव आए। पहले जहाँ बड़े-बड़े खेत-खलिहान, मछली के तालाब, पार्क, पहाड़ और झील थी, वहाँ ऊँची-ऊँची इमारतें, औद्योगिक कारख़ाने, फ़्लाईओवर, पुल, होटल और शॉपिंग मॉल बन गए हैं। ज़िला वुशी के स्वरूप में, बल्कि पूरे चीन में आए बदलाव की तस्वीर को ही प्रतिबिंबित करता है।

क्षेत्रफल के लिहाज़ से 150 किलोमीटर में फैले उपनगरीय ज़िला की आबादी 1996 में 3,70,000 थी यानी 1986 के बाद 70,000 बढ़ गई थी। दस वर्षों में 23 प्रतिशत की इस बढ़ोतरी की वजह जन्म की ऊँची दर नहीं, बल्कि नए उद्यमों के साथ मज़दूरों और कर्मचारियों की नई कॉलनियों का निर्माण था। वर्ष 1986 में 1,30,000 किसान और 1,70,000 शहरवासी थे। उपनगरीय ज़िले में सुधार का शुरुआती मकसद था शहरों के हितों को पूरा करना और उसका लाभ उठाना। इसलिए अपनी ज़रूरत के साथ-साथ शहर के लिए भी अनाज की पैदावार करना और साग-सब्ज़ी उगाना और शहरों में उनकी आपूर्ति करना उसकी अर्थव्यवस्था की मुख्य ख़ासियत थी। लेकिन अर्थव्यवस्था में बढ़त की राष्ट्रीय नीति के तहत ग्रामीण उद्यमों के विकास को बढ़ावा दिया गया। ज़िले ने भी अपनी नीतियों को इस तरह ढाला कि उद्योग और व्यवसाय का तेज़ विकास हो सके और इस विकास से कृषि की मदद की जाए। इस रणनीति को अपनाए जाने की मूल वजह यह थी कि प्रत्येक साल औद्योगिक और व्यवसायिक प्रतिष्ठानों के निर्माण के लिए ज़्यादा-से-ज़्यादा खेतिहर ज़मीन का अधिग्रहण किया जा रहा था। चूँकि आर्थिक फ़ैसलों के मामले में ज़िलों को स्वायत्तता हासिल है वे ज़मीन समेत अपने संसाधनों का ज़्यादा लाभ के लिए जैसे चाहें उपयोग कर सकते हैं। लिहाज़ा 1980 के दशक में ज़मीन के बड़े हिस्से को कृषि के बदले औद्योगिक निर्माण के लिए दे दिया गया। ज़मीन की मिल्कियत सामूहिक होने के चलते ऐसा करना बेहद आसान था। उत्पादन मूल्य के हिसाब से 1996 में उपनगरीय ज़िला की अर्थव्यवस्था की बनावट इस प्रकार थी— उद्योग 68 प्रतिशत, तृतीयक क्षेत्र 30 प्रतिशत और कृषि 2 प्रतिशत। यह बनावट शहरी रूपांतरण के रुझान के ही अनुरूप थी।

वर्ष 1996 में उपनगरीय ज़िला में 1,200 *श्यांग* और गाँव स्तर के ग्रामीण उद्यम थे। उनमें 86,000 मज़दूर काम करते थे जिनमें से 54 प्रतिशत पुरुष और 46 प्रतिशत महिला मज़दूर थीं। औरतें मुख्य रूप से कपड़ा इकाइयों, दफ़्तरों, वित्तीय और प्रबंधन संस्थानों और वेयरहाउसिंग इकाइयों में काम करती थीं। कामगारों का महज़ पाँचवाँ हिस्सा 10 लाख से कम संपत्तिवाली छोटी इकाइयों में काम करता था। ज़्यादातर कामगार बड़ी इकाइयों में काम करते थे। ग्रामीण उद्यमों के स्वरूप के लिहाज़ से 43 प्रतिशत मशीनरी और इलेक्ट्रॉनिक्स से और 14 प्रतिशत धातुकर्म से संबंधित थे और बाक़ी लघु उद्योग और खाद्य-प्रसंस्करण इकाइयाँ थीं।

चीनी सरकार ने 1980 के दशक में ग्रामीण उद्योगों को टैक्स में छूट और अन्य प्रोत्साहन देने के बाद उनसे राजकीय उपक्रमों से होड़ करने को कहा। इसलिए 1993 के बाद ग्रामीण उद्यमों और शहरी उद्यमों, दोनों के लिए टैक्स की दर समान बना दी गई। जब 1997 में मैं वहाँ गया तो उद्यम प्रमुख केंद्र सरकार द्वारा 1980 के दशक के शुरू में टाउनशिप और ग्रामीण उद्यमों को दी जानेवाली विशेष छूट को वापस लिए जाने के ख़िलाफ़ शिकायत कर रहे थे।

पिछले दो दशकों में लघु उद्योगों ख़ासकर आधुनिक उपक्रमों का तेज़ विकास साफ़ देखा जा सकता था। इस दौरान तृतीयक क्षेत्र काफ़ी तेज़ी से विकसित हुआ। होटल, रेस्तराँ, बैंकों और पर्यटन सुविधाओं के क्षेत्र में उल्लेखनीय विकास हुआ। लेकिन नीति के स्तर पर कृषि को त्यागा नहीं गया, हालाँकि कुल उत्पादन मूल्य में उसका हिस्सा काफ़ी छोटा यानी महज़ 2 प्रतिशत था। ज़िला अधिकारियों की साफ़ राय थी कि अर्थव्यवस्था की यह दिशा लंबे समय तक जारी रहनी चाहिए ताकि वे अनाज और दूसरे खेतिहर पैदावार का अपना निर्धारित कोटा पूरा कर सकें जिन्हें ऊपर से तय किया जाता था और समृद्धि की लोगों की बढ़ती चाहत को भी ध्यान में रखा जा सके। इसे "विकास की प्रक्रिया को स्थायित्व प्रदान करना", नौवीं योजना के मकसद को पूरा करना और वर्ष 2010 के लिए तय लक्ष्यों को हासिल करना कहा गया।

तालिका 3.10 यह दिखाती है कि ऊँची बढ़त के दौर में उपनगरीय ज़िला के लिए तय ऊँचे विकास लक्ष्यों को हासिल कर लिया गया।[18]

तालिका 3.10: विकास की दर (लाख युआन)

मूल्य	*1978*	*1986*	*1994*
कुल उत्पादन मूल्य	2200	16,000	1,32,390
सकल राष्ट्रीय उत्पाद (जीएनपी)	1100	—	38,900
प्रति व्यक्ति जीएनपी	—	1,27,270	2,40,720

उपनगरीय ज़िले में विकास की दास्तान पूर्वी चीन में जारी विकास की प्रक्रिया को ही परिलक्षित करती है जिसने सुधार की राष्ट्रीय नीति का भरपूर फ़ायदा उठाया। वर्ष 1978 के पहले मुख्य ज़ोर अनाज की पैदावार पर था। सांस्कृतिक क्रांति के दौरान जो लोग उद्योग, व्यवसाय और अनुपूरक पारिवारिक उत्पादन पर ज़्यादा ध्यान देते थे उन्हें "पूँजीवादी पथगामी" क़रार देकर उनकी आलोचना की जाती थी। राज्य ने प्रत्येक स्तर पर अनाज की पैदावार का कोटा तय कर रखा था। इससे शहरों में साग-सब्ज़ियों की क़िल्लत हो गई। खेती के काम में बहुत से लोग लगे थे। उत्पादन लागत ऊँची थी। उत्पादों में विविधता नहीं थी। कम्यून दौर की बात करते हुए स्थानीय नेता ऐसी बहुत-सी कमियाँ गिनाते थे। लेकिन यह ध्यान में रखना चाहिए कि निस्संदेह अनाज की पैदावार पर ज़्यादा ज़ोर दिया गया, अर्थव्यवस्था में विविधता लाने और समुचित ग्रामीण उद्योग-धंधों का विकास 1960 के दशक से प्रोत्साहित किया जाने लगा। यह सब आम कम्यून नीति का अंग थे। लेकिन अब उनपर पहले से ज़्यादा ज़ोर दिया जाने लगा।

वर्ष 1978 में सुधारों की शुरुआत के बाद से जो नज़रिया उभरा उसने गाँवों को ख़ुद अपने बलबूते विकास करने और उपनगरों से शहरों में साग-सब्ज़ियों और अन्य ज़रूरी चीज़ों की आपूर्ति पर ज़ोर दिया। पारिवारिक ज़िम्मेदारी व्यवस्था के तहत उपनगरों ने अपनी अर्थव्यवस्था को विविध बनाया और कृषि, उद्योग और व्यवसाय का साथ-साथ विकास किया।

सुधारों के पहले दौर में, ख़ासकर 1979–85 के बीच ग्रामीण उद्यमों का तेज़ी से विकास हुआ। स्थानीय और यांग्त्सी नदी के उस पार यानी दक्षिणी चच्यांग के अपेक्षाकृत कम विकसित इलाक़ों से आए सस्ते श्रम का उपनगरों ने भरपूर लाभ उठाया। अपने फ़ायदे के लिए उद्यमों ने शांहाई और सुचऊ के अवकाशप्राप्त तकनीशियनों को काम पर रखा। हम पहले ही देख चुके हैं कि वुशी में उद्योग और वाणिज्य की परंपरा रही है। रूंग परिवार का घर होने की वजह से उपनगरीय ज़िला पहले से ही राष्ट्रीय और अंतरराष्ट्रीय व्यापार से जुड़ा था।[19] दरअसल, समकालीन चीन के सबसे प्रख्यात उद्योगपति रूंग यिरन 1993–98 के बीच चीन के उपराष्ट्रपति थे। वे चीन अंतरराष्ट्रीय व्यापार परिषद के मुखिया थे जिसने चीन के दरवाज़े खोलने में निर्णायक भूमिका अदा की। उपनगरीय ज़िला को बहुत-सी सेकेंड हैंड मशीनें मिलीं जिससे उसने अपने उद्यम शुरू किए। जब ग्रामीण उद्यम खड़े हो गए प्रत्येक किसान परिवार के कुछ सदस्य उन उद्योगों में काम करने चले गए। प्रत्येक क़स्बे और प्रत्येक गाँव ने 1980 के दशक की शुरुआत में नए उद्यम स्थापित करने के प्रयास किए।

उपनगरीय ज़िले में सुधारों का अगला दौर 1985 में शुरू हुआ और 1991 तक चलता रहा। उसके बाद यानी 1992 के बाद निजीकरण और विदेशी व्यापार को बढ़ावा देने का दौर शुरू हुआ। अब उत्पादों की गुणवत्ता में सुधार लाने पर ज़ोर दिया जाने लगा। अब तक

कैडर को उद्यम चलाने का अच्छा-ख़ासा अनुभव हासिल हो चुका था, मैनेज़र प्रशिक्षित हो गए थे और मज़दूर काम में दक्ष हो गए थे। लिहाज़ा पक्की नींव डाली जा चुकी थी। किसान तरह-तरह की आर्थिक गतिविधि में तकनीकी रूप से माहिर हो चुके थे। ग्रामीण सामूहिक उद्यमों के प्रबंधन के अनुभवों की तुलना राजकीय उद्यमों से की जाती थी और कई निष्कर्ष निकाले जाते थे जिनसे इन उद्यमों को बेहतर ढंग से चलाया जा सके। अब सस्ते श्रम और ज़मीन की उपलब्धता को आधुनिक टेक्नोलॉजी के साथ तालमेल बिठाना था, राष्ट्रीय और अंतरराष्ट्रीय बाज़ार से पूँजी जुटाना था। इस तरह से 1980 के दशक के दूसरे हिस्से में उपनगरीय ज़िले की अर्थव्यवस्था सरल उत्पादन प्रक्रिया और नीची तकनीकी से बड़े पैमाने पर और आधुनिक उत्पादन की ओर बढ़ चली। इस दौर में अलग-अलग क़स्बों (टाउनशिप) में विदेशी निवेश से कई संयुक्त उपक्रम शुरू किए गए जिनमें हला में आस्ट्रेलियाई सहयोग से मेईलितु नाम से एक तीन-सितारा होटल का निर्माण भी शामिल था।

इस दूसरे दौर में 1992 में तंग श्याओफिंग के दक्षिणी दौरे के बाद से बाज़ार का तेज़ी से विकास हुआ। पहल और प्रतिस्पर्धा अब नए मंत्र बन गए। बाज़ार की कड़ी प्रतिस्पर्धा की रोशनी में ग्रामीण उद्यमों ने अपने उत्पादन में विविधता लाने के प्रयास किए। वुशी के उपनगरीय ज़िला में सुधारों के शुरुआती दिनों में अलग-अलग तरह के माल की माँग उनकी आपूर्ति से अधिक थी। अब स्थिति बदल गई। बाज़ार में माल की आपूर्ति उनकी माँग से अधिक हो गई। यह परिघटना सुधार युग की एक बड़ी समस्या बन गई, जब तक 2016 में आपूर्तिकारी सुधारों के ज़रिए उससे निपटने के क़दम नहीं उठाए गए। इस हालत में विभिन्न उद्यमों को कड़े मुकाबले का सामना करना पड़ा। अब इस मुकाबले में टाउनशिप और गाँव के सामूहिक उद्यम, राजकीय उद्यम और निजी उद्यमों की बढ़ती तादाद सभी शामिल थे। अब उमड़ते संकट का स्वरूप साफ़ होने लगा था। इस मुकाबले में ग्रामीण उद्यमों का टिक पाना काफ़ी मुश्किल था।

सन् 1990 के दशक में उद्यमों के स्वामित्व के ढाँचे में बड़े बदलाव आए। उपनगरीय ज़िले ने अंशधारी कंपनियों की स्थापना पर बल दिया। क्वांगतुंग प्रांत में जहाँ निजी स्वामित्व का तेज़ी से विकास हुआ, उसके उलट सुनान (यांग्त्सी नदी के दक्षिण) के इलाक़े में 1990 के दशक के अंत तक भी सामूहिक स्वामित्ववाले उद्यमों का बोलबाला था। लेकिन उन्होंने भी अपने दरवाज़े अंशधारकों के लिए खोल दिए। उनके मज़दूरों, क़स्बे के बाशिंदों, और अन्य घरेलू और विदेशी कंपनियों और उद्यमों ने उनके शेयर ख़रीदे। कुल 1200 उद्यमों में से 680 उद्यम जिनकी संपत्ति 30 लाख युआन से ज़्यादा थी, 1996 में स्वामित्व के ढर्रे में बदलाव के लिए तैयार थीं।

वर्ष 1992 में चौदहवीं पार्टी काँग्रेस के बाद से राष्ट्रीय और विश्व बाज़ार के लिए दरवाज़ा खोलने की नीति अपनाई गई। इस प्रक्रिया में कई उद्यम दिवालिया हो गए

क्योंकि उनके उत्पादों की गुणवत्ता उतनी अच्छी नहीं थी और वे बाज़ार में बिक नहीं पाते थे। घाटे में चलनेवाली कुछ कंपनियाँ निजी मालिकों या अन्य सामूहिकों को बेच दी गईं। जब 1997 में पंद्रहवीं पार्टी काँग्रेस ने राजकीय स्वामित्ववाले उद्यमों के सुधार पर ज़ोर दिया, तब सामूहिक उद्यमों का रूपांतरण पहले से ही चालू हो गया था और हज़ारों ग्रामीण उद्यम निजी उद्यमियों को बेच दिए गए थे। इस प्रकार 1990 के दशक में बाज़ार के विकास के इस नए दौर में उपनगरीय ज़िला में "सुधार और खुले दरवाज़े" की नीति जारी रही (तालिका 3.11 और 3.12)।

हला : कम्यून से टाउनशिप और फिर गली समुदाय तक का सफ़र

हला वुशी के उपनगरीय ज़िले के 10 क़स्बों (टाउनशिप) में एक था। दरअसल, 1985 की एक प्रचार सामग्री में हला को *कुंग्स* यानी निगम बताया गया था। तालिका 3.13 दिखाती है कि विमर्श की दिशा पूरी तरह बदल गई थी। अब मार्क्सवादी विचारधारा के तहत कम्यून की जगह पूँजीवादी बाज़ार के तहत आधुनिक निगम या कंपनी की बात होने लगी थी। शासन निश्चित ही समाजवादी बाज़ार अर्थव्यवस्था के ढाँचे में "निगम" की अवधारणा की हिमायत कर रहा था।[20]

हला पूर्व की ओर ल्यांग्शी पुल के ज़रिए वुशी शहर केंद्र से जुड़ा है जिसके नीचे नया मेईलितु होटल स्थित है। उसके पश्चिम में शानदार थाईहु झील है। उसका क्षेत्रफल 36 वर्ग किलोमीटर है और 1996 में 11,500 परिवारवाले इस नगर की आबादी 33,000 थी। हला टाउनशिप में 13 प्रशासनिक गाँव (पुराने उत्पादन ब्रिगेड) और 97 *त्सरान छुन* या कुदरती गाँव या बसाहटें (पुरानी उत्पादन टीम) हैं। उपनगरीय ज़िला के कई मनोरम स्थल हला टाउनशिप में स्थित हैं। उसके पूर्व और पश्चिमी छोर पर यिहुई पार्क और ली युआन (पीच गार्डन) स्थित हैं।

वर्ष 1978 में उपनगरीय ज़िला में 15 कम्यून थे। जब सुधारों की शुरुआत हुई 1979 में मेईयुआन कम्यून को हला में मिला दिया गया ताकि पूरा पश्चिमी उपनगरीय इलाक़ा एक एकीकृत इकाई बन जाए। वर्ष 1983 तक टाउनशिप प्रशासनिक ढाँचे ने पूरी तरह कम्यून ढाँचे की जगह ले ली। ज़िले के अन्य कम्यूनों में भी इसी तरह के पुनर्गठन किए गए। च्येनफांग और ल्युतांग कम्यूनों को मिलाकर नई हुआन टाउनशिप की स्थापना की गई। फैलते नानचिंग में अब च्यांग्शी भी शामिल था जबकि लू गाँव को यांगमिन में मिला दिया गया था। शीनान युआन टाउनशिप की फैलती चौहद्दी के अंदर आ गया और चुनच्यांग ताफू में मिल गया। बहरहाल, शानपेई, कुआंग्यू, वांगचुआन और यिकांग टाउनशिप के साथ कोई छेड़छाड़ नहीं की गई। इसके साथ ही टाउनशिप स्तर की एक नई इकाई बनाई गई जिसे "ज़िला के बिखरे इलाक़ों की प्रबंधन इकाई" का नाम दिया गया। उसका मुख्यालय

तालिका 3.11: पिनहु ज़िला के नगरों की रूपरेखा (2004–15)

चन/नगर	*वर्ष*	*कुल जनसंख्या*	*नियोजित लोग*	*क्षेत्रफल (हे)*	*खेती का रकबा (हे)*	*वित्तीय राजस्व (लाख युआन)*	*अनाज की पैदावार (टन)*	*टिप्पणी*
हला	2004	43,911	23,514	4,700	760	277.8	3,490	फ़सलों के लिए कम ज़मीन
षुएलांग	2004	—	—	—	—	—	—	फ़सलों के लिए कम ज़मीन
	2010	54,012	21,208	—	45	414.3	42	
	2015	1,10,199	44,357	—	—	1093.8	—	
हुआत्सुआंग	2004	89,046	43,518	5,329	1,933	435.1	10693	बड़ा नगर, ज़्यादा उपज
	2010	93,223	40,658	—	401	904.0	1093	
	2015	85,971	40,516	—	—	589.6	97	
थाईहु	2004	58,036	34,804	4,212	779	470.1	5458	कम उपज, ज़्यादा आय
	2010	92,529	51,557	—	60	656.6	64	
	2015	—	—	—	—	—	—	
मशान	2004	30,402	19,885	4,788	842	1202.1	3,294	कम उपज, ज़्यादा
	2010	39,613	27,730	—	446	1155.7	2,985	औद्योगिकीकरण, ज़्यादा आय
	2015	40,203	26,131	—	—	1289.6	480	
हुताई	2004	34,404	18,224	5,509	818	137.4	5,870	कम उपज, भूमि का ग़ैर-कृषि
	2010	52,895	32,224	—	1,062	615.0	1,987	उद्देश्यों के लिए ज़्यादा इस्तेमाल
	2015	49,951	30,000	—	—	684.2	736	फिर भी कम आय

स्रोत : स्टैटिस्टिक्स ब्यूरो ऑफ़ च्यांगसु प्रांत, *च्यांगसु स्टैटिस्टिकल ईयरबुक*, 2005, पृ. 614–15; स्टैटिस्टिक्स ब्यूरो ऑफ़ वुशी सिटी, *वुशी स्टैटिस्टिकल ईयरबुक*, 2011, पृ. 146–49; 2016 (तालिका 7–19)।

तालिका 3.12: पिनहु जिला के नगरों (चन) की अर्थव्यवस्था और श्रमशक्ति (2004 और 2010)

आइटम	*वर्ष*	*हला नगर*	*हुआत्सुआंग नगर*	*थाईहु नगर*	*मशान नगर*	*हुताई नगर*
कुल परिवार (हु)	2004	12,698	23,925	17,978	9,015	11,967
	2010	—	17,602	28,040	15,521	12,151
कुल जनसंख्या	2004	43,911	89,046	58,036	30,402	34,404
	2010	—	93,223	92,529	39,613	52,895
कामगार	2004	23,514	43,518	34,804	19,885	18,224
	2010	—	40,658	51,557	27,730	32,224
प्राथमिक उद्योगों में	2004	2,334	8,577	2,383	686	2,791
नियोजित लोग	2010	—	896	38	612	1,578
द्वितीयक उद्योगों में	2004	16,093	26,734	27,192	13,833	10,573
नियोजित लोग	2010	—	29,625	20,256	17,500	22,021
तृतीयक उद्योगों में	2004	5,087	8,207	5,229	5,336	4,860
नियोजित लोग	2010	—	10,137	31,263	9,618	8,625
जीडीपी	2004	20,210	29,200	39,620	27,000	10,510
(लाख युआन)	2010	—	52,430	46,460	53,210	32,290
प्राथमिक उद्योग	2004	32.84	96.1	51.02	60	51.12
का हिस्सा	2010	—	85	5.20	79.82	35.06
द्वितीयक उद्योग	2004	896	2,174	2,172.96	1,680	810.59
का हिस्सा	2010	—	2,760.53	2,736.50	3,166.09	2,300.78
तृतीयक उद्योग	2004	1,092.16	650	1,198.6	960	190.06
का हिस्सा	2010	—	2,397.74	1,904.90	2,075.25	893.80
कुल वित्तीय राजस्व	2004	2778.5	4351.8	4701.4	12,021.7	1,374.2
(लाख युआन)	2010	—	9,040	6,566.9	11,557.7	6,150.1
प्रति किसान औसत	2004	6,855	7,342	8,060	7,337	6,861
सालाना आय (युआन)	2010	—	18,117	18,161	14,595	14,518
खेती लायक	2004	760	1,933	779	842	818
ज़मीन (हे)	2010	—	401	60	446	1,062
अनाज की कुल	2004	3,490	10,693	5,458	3,294	5,870
पैदावार (टन)	2010	—	1,093	64	2,985	1,987
खेतिहर मशीनों की कुल	2004	5,728	12,060	7,071	5,510	8,749
क्षमता (किलोवाट)	2010	—	1,355	120	5,757	7,861
बिजली की कुल खपत	2004	1,113.7	1,911.2	4,875.7	20,650	97,080
(लाख किलोवाट)	2010	—	3,129.8	4,033.2	293.26	2,993

स्रोत : स्टैटिस्टिक्स ब्यूरो ऑफ़ वुशी सिटी, *वुशी स्टैटिस्टिकल ईयरबुक*, 2005, पृ. 186–92; 2011, 141–50.

तालिका 3.13: हला की प्रशासनिक स्थिति

चरण	*अवधि*
जन कम्यून	1958–83
टाउनशिप (*श्यांग*)	1983–99
क़स्बा (*चन*)	1999–2003
गली/उप-ज़िला (*चिएपाओ*)	2004 से

महानगरीय इलाके का केंद्र है। लेकिन उसके सदस्य उपनगरीय ज़िला के विभिन्न भागों में बसे हैं और एक टाउनशिप की मानिंद वह भी अपने उद्यम संचालित करता है।

हला की पारिस्थितिकी

हला टाउनशिप में जलमार्ग, पहाड़, आवासीय इमारतें, शॉपिंग कॉम्प्लेक्स, कारख़ाने और खेत-खलिहान शामिल हैं। उसके दक्षिण-पूर्व में बहनेवाली ल्यांग्सी नदी बल्कि एक नाला थाईहु झील (वास्तव में उसकी छोटे रूप शी लिहू झील) को बड़ी नहर से जोड़ता है। इलाक़े के दूसरे जलमार्गों की तरह उसका इस्तेमाल भी जल-परिवहन और मछली मारने के लिए किया जाता है। पूरी तरह लदी नावों की लंबी कतारों को एक-दूसरे से जोड़कर एक अकेली मोटर से खींचा जाता है। लदी नावें उस इलाक़े में अक्सर दिखाई देती हैं। फिश ब्रिगेड, जिसे 1996 तक गाँव का हैसियत रखनेवाली ब्रिगेड ही कहा जाता था, ल्यांग्सी नदी के पश्चिमी किनारे पर बसी है। मेई युआन पार्क और शीहू पार्क को जोड़नोवाली शी मेई सड़क ल्यांग्सी नदी के समानांतर चलती है। टाउनशिप के पूर्वी छोर पर हलाखऊ (हला गेट) का लगातार फैलता व्यावसायिक इलाक़ा है। जो इलाक़ा 1979 में एक शांत और स्थिर इलाक़ा था अब 2006 में हलचल का केंद्र बन गया था। यह महानगर के तेज़ विस्तार का संकेत था। वर्ष 2016 तक वह दुनिया के किसी भी शहर की तरह गतिविधियों का केंद्र बन गया। ज़ाहिर है कि हलाखऊ के ईर्द-गिर्द बसे गाँवों को अपनी सबसे ज़्यादा ज़मीन शहर के औद्योगिक और व्यावसायिक विस्तार के लिए कुर्बान करनी पड़ी। साफ़ है कि पास-पड़ोस के गाँवों में शहरी केंद्र से दूर बसे गाँवों की बनिस्बत ज़्यादा समृद्धि आई। लीछयाओ, श्येमिन और सुनच्यांग हला टाउनशिप के सबसे धनी गाँव हैं। सुधारों के शुरुआती वर्षों में ही उन्होंने न सिर्फ़ शहरी उद्योगों और बड़े बाज़ारों को कल-पुरज़े आपूर्ति करने के कारख़ाने लगाए, बल्कि दुकान, रेस्तराँ और होटल भी खोले। उसके बाद इलाक़े में कई आधुनिक उद्योग-धंधे भी लगे।[21]

हला का पश्चिमी भाग पहाड़ियों का ही विस्तार है। उनमें सबसे बड़ा है लुंगशान (ड्रैगन पहाड़) जिसके चारों तरफ़ छोटी-छोटी पहाड़ियों के साथ-साथ दक्षिण और उत्तर में क्रमशः हंगशान (सीधे पहाड़) और शीशान (ताँबा पहाड़) स्थित हैं। सन् 1970 के दशक के उत्तरार्ध में ये पहाड़ चीड़ के पेड़ों और चाय बाग़ान से भरे थे। कुछ ढलान शहतूत के पेड़ों से भरे थे

जिनपर रेशम कीट पाले जाते थे। सन् 1990 के दशक के अंत और उसके बाद तस्वीर पूरी तरह बदल गई। खदान बनाने के लिए पहाड़ों से पेड़ों को काट डाला गया। अब वे मुँड़े सिर की तरह दिखने लगे। शहतूत के बाग़ानों की जगह फूल-पत्तियों के बाग़ लगाए गए या उन्हें नए कारख़ाने लगाने के लिए साफ़ कर दिया गया। कहा गया कि शहतूत के पेड़ों को उपनगर की जगह दूर-दराज़ के गाँवों में लगाया जा सकता है और उपनगर की ज़मीन का और लाभकारी इस्तेमाल किया जा सकता है। पुराने समय में कहा जाता था कि इलाक़े के शहतूत के पेड़ रेशमकीट पालने में मददगार हैं जो वुशी के रेशम उत्पादन और कपड़ा के कारोबार की समृद्ध परंपरा को जारी रखने के लिए कच्चा माल मुहैया करते हैं। अब इस तर्क को दरकिनार कर दिया गया।

हंगशान से गुज़रनेवाली कंक्रीट की एक सड़क की नींव 1980 के दशक के मध्य में रखी गई। तुंग हंगशान टोला के क़रीब से गुज़रनेवाली यह सड़क शवदाह गृह तक जाती है। इस सड़क पर थोड़ा और बढ़ने पर पहाड़ों के पार छिंगशिन गाँव है जो महानगर से काफ़ी दूर है। यह एकमात्र ऐसा गाँव है जो 1990 के दशक के अंत में भी मुख्य रूप से अनाज यानी चावल और गेहूँ उगाता था। दूसरे गाँवों की तरह छिंगशिन ने भी 1980 के दशक के अंत में औद्योगिकीकरण और व्यवसायीकरण की योजना शुरू की थी और तेज़ प्रगति भी की थी। लेकिन मेरे पूरे अध्ययन के दौरान गाँव की प्रति व्यक्ति आय टाउनशिप में सबसे कम थी। उसके अपने खेत-खलिहान थे, पहाड़ थे और खदानें थीं जहाँ ग्रामीण उद्यम चालू किए गए और साग-सब्ज़ी की खेती की गई। इस दौरान दूसरे गाँवों ने जहाँ अच्छी प्रगति की, वहीं पश्चिमी छोर पर बसा यह इलाक़ा पिछड़ा रह गया।

हला की दक्षिणी और पश्चिमी सीमा पर थाईहु झील है जिसके किनारे कीनू, आड़ू और नाशपाती के बाग़ों से भरे हैं और मछली के कई तालाब भी हैं। इस प्रकार हला मैदानी इलाक़ों के साथ-साथ पहाड़ों, नदियों और झीलों के मामले में काफ़ी समृद्ध है। वर्ष 1996 के आँकड़ों के मुताबिक हरे-भरे पहाड़ी ढलान का रकबा 16,000 मू है, 3,000 मू में तालाब हैं और सिर्फ़ 1,360 मू पर साल भर साग-सब्ज़ियाँ उगाई जाती हैं और 800 मू पर बाग़ान हैं। सुधारों के चार दशक में भौगोलिक परिदृश्य पूरी तरह बदल गया है। खेतिहर ज़मीन और पहाड़ी ढलानों पर कारख़ाने, होटल और आवासीय कॉलनियाँ और व्यावसायिक इमारतें बन गई हैं। यहाँ तक कि कुछ तालाबों को भी पाट दिया गया है।

सुधारों के दौर में पारिवारिक आय में बढ़ोतरी के कारण मकान बनाने के तीन दौर चले। पहला दौर 1980 के दशक की शुरुआत में आया जब कम्यून द्वारा मकान बनाने पर लगी रोक को हटा लिया गया। ज़्यादातर परिवारों ने बिना देरी किए नए मकान बना लिए ताकि पारिवार की दूसरी पीढ़ी के लोगों के लिए समुचित रिहाइश का प्रबंध किया जा सके। सन् 1980 के दशक के मध्य में मैं लाओ मो (तिंग परिवार की मैडम मो— उनके बारे में विस्तार से आगे चर्चा करेंगे) के अतिथि के रूप में हला के ता तिंग गाँव में ऐसे ही एक घर में ठहरा था। दूसरे दौर

में 1993 में मैं उसी परिवार से फिर मिला। अब वे और उनके-जैसे परिवार आधुनिक तकनीकी सुख-सुविधाओं से लैस नए घरों में रह रहे थे जो एक परिसर में स्थित थे या उसी गाँव में नई जगह पर बने थे। रसोईघर में पहले कोयले के चूल्हे का इस्तेमाल होता था। अब वहाँ गैस थी और वे बिजली से चलनेवाले रसोई के उपकरणों से भरे थे। पहले वे अपने पाखाने को उठाकर खाद के तौर पर खेतों में डाल आते थे। अब उनके घरों में आधुनिक फ़्लश शौचालय बने थे। वाशिंग मशीन और रंगीन टेलीविज़न 1980 के दशक की शुरुआत में आम प्रचलन में थे। दशक के अंत तक ज़्यादा से ज़्यादा परिवार रेफ़्रीजरेटर और एयरकंडीशनर इस्तेमाल करने लगे थे। पहले साइकिल होना विलासिता मानी जाती थी, अब अधिक से अधिक परिवारों के पास अपनी मोटरसाइकिल थी और कुछ के पास तो कार भी थी। मकान बनाने का तीसरा दौर 2001 के बाद गाँव की ज़मीन पर नए अपार्टमेंट कॉम्प्लेक्स बनने के साथ शुरू हुआ। गाँव के परिवारों को बहुमंज़िली इमारतों में फ़्लैट आवंटित किए गए।

थाईहु झील और नदियों के प्रदूषण को रोकने के लिए सख़्त पर्यावरण संबंधी नियम-क़ायदे बनाए गए थे। चीन स्टेट काउंसिल के नियमों के मुताबिक झील के पाँच किलोमीटर के भीतर कुछ ख़ास तरह के उद्योग लगाना प्रतिबंधित था। फिर भी थाईहु का प्रदूषण ख़तरनाक ढंग से बढ़ता जा रहा था। जैसा कि पहले बताया जा चुका है काई जमा होने की रफ़्तार साल-दर-साल बढ़ती जा रही थी। वर्ष 2007 की गर्मियों में तो हद से पार चली गई। चूँकि प्रदूषण का स्तर बढ़ता जा रहा था, कुछ क़िस्म की मछलियों की पैदावार पहले की तरह बंद हो गई थी। जल प्रबंधन की व्यवस्था हाल के वर्षों में चरमरा गई थी। यह इस बात से साफ़ है कि पिछले दो दशकों से प्रत्येक दो-एक वर्षों में इलाक़ा भयंकर बाढ़ की चपेट में आ जाता है।

लोग और उनका काम

आबादी के आँकड़ों (तालिका 3.14) को देखने के पहले एक बात साफ़ कर देना ज़रूरी है। हला की आबादी के आँकड़ों में सरकारी आवास के बाशिंदों की संख्या शामिल नहीं है। उनमें रहनेवाले शहर द्वारा संचालित कारख़ानों और दफ़्तरों के कामगार हैं, हालाँकि वे उपनगर में बने घरों में रहते थे। न ही उसमें ग्रामीण परिवारों के वे सदस्य शामिल हैं जो शहरों

तालिका 3.14: हला की आबादी

वर्ष	*आबादी*	*परिवार*	*श्रमशक्ति*
1979 (*श्यांग*)	21,236	6,778	110,242
1980	19,672	6,607	9,337
1985	18,400	5,000	8,436
1993	33,000	11,500	–
2001 (*चन*)	36,000	–	–
2004 (*चिएपाओ*)	43,911	12,698	23,524

में काम करते हैं और इसके चलते शहर के निवासी बन गए हैं। गाँवों में उनके घर हो सकते हैं पर शहरी कामगार के रूप में पंजीकृत हैं। दरअसल, किसी भी सांख्यिकीय हिसाब-किताब के लिए यह एक बड़ी समस्या है। मिसाल के तौर पर, एक ऐसे परिवार को लीजिए जिसमें पति शहरी उद्यम में काम करता हो और पत्नी टाउनशिप और ग्रामीण उद्यम में; पति को तो शहरी आबादी में गिना जाएगा और पत्नी को ग्रामीण आबादी का हिस्सा माना जाएगा। चूँकि उनका घर गाँव में है उनके परिवार को ग्रामीण परिवार, दरअसल किसान परिवार में गिना जाएगा। पारिवारिक ज़िम्मेदारी व्यवस्था लागू होने के बाद अगर परिवार के सदस्य खेती नहीं करना चाहते हों तो ज़मीन को पट्टे और उपपट्टे पर दिया जा सकता था। तब भी ज़्यादातर लोग संपत्ति के रूप में ज़मीन के टुकड़े को अपने पास रखना बेहतर समझते थे। वे ख़ुद तो शहरी उद्यमों में काम करते थे। कुछ मायनों में परिवार को ग्रामीण परिवार माना जाता था जिसके कुछ सदस्य शहरी मज़दूर हैं। इस प्रकार, प्रति व्यक्ति उत्पादन या प्रति व्यक्ति आय की गणना काफ़ी जटिल बन जाती है। अगर यह उपनगरीय इलाक़े के लिए मुश्किल है तो काउंटी के स्तर पर भी उतना आसान नहीं। ऐसा इसलिए क्योंकि ग्रामीण काउंटी में भी टाउन और शहरी उपक्रम मौजूद हैं। ज़िम्मेदारियों और सुविधाओं के मामले में भी शहरी-ग्रामीण के बीच फ़र्क़ करना मुश्किल है। सुरक्षा के लिहाज़ से सभी बाशिंदों को चाहे वे कहीं भी काम करते हों, आंतरिक सुरक्षा क्षेत्र में बाँटा जाता है। स्वास्थ्य और शिक्षा के मामले में कुछ चीज़ें तो समान थीं, जबकि कुछ मामलों में, जैसे कि शुल्क की अदायगी और सामाजिक सेवाओं की उपलब्धता में अलग-अलग जगहों पर फ़र्क़ था। सबसे बड़ी बात यह है कि प्रति व्यक्ति आँकड़ों के मामले में यह देखना होता है कि आँकड़े प्रति व्यक्ति श्रम से संबंधित हैं या प्रति व्यक्ति उत्पादन से या इलाक़े की आबादी में प्रति व्यक्ति हिस्सा से। चीन की ग्रामीण स्थिति से जुड़े जनसांख्यिकी के आँकड़ों को समझने के लिए हमें इन सभी बातों को ध्यान में रखना पड़ता है।

सन् 1980 के दशक में हला *श्यांग* की आबादी जो 1979 में 21,000 से ज़्यादा थी, घटकर 1985 में 18,000 रह गई और दशक के अंत में और घट गई। ऐसा इस वजह से नहीं हुआ क्योंकि आबादी की बढ़त दर घट रही थी, बल्कि इसका कारण था ग्रामीण मज़दूर शहरी मज़दूर बनते जा रहे थे। (हम आबादी में बढ़त के मसले पर अगले अध्याय में चर्चा करेंगे।) लेकिन 1990 के दशक में टाउनशिप में आर्थिक गतिविधियों में विस्तार के साथ आबादी बढ़ने लगी। जब हला नगर में तब्दील हो गया, उद्योगों, व्यवसाय और आवास के लिए और ज़मीन दी गई। अंत में जब उसे शहरी गली में बदल दिया गया तो शहरी आवासीय सुविधाओं का और विस्तार हुआ। वर्ष 2006 में नए आवासीय कॉलनियों के निर्माण के साथ हला की तस्वीर बदल गई। वहाँ रहनेवालों की तादाद बढ़ने लगी। यह सिलसिला जारी रहा, हालाँकि यह सब शहर की जनसांख्यिकी और प्रवासन नीतियों के मुताबिक हो रहा था।

शुरुआत में आबादी में गिरावट ज़्यादा-से-ज़्यादा किसानों को शहरी नौकरियों में रखे जाने की वजह से आई थी। हम इसकी चर्चा पहले ही कर चुके हैं। इसका आंशिक कारण यह भी था कि टाउनशिप और शहर के बीच यह क़रार था कि अगर शहर टाउनशिप की भूमि का अधिग्रहण करता है तो संबद्ध उद्यम को अधिग्रहित प्रति मू ज़मीन के हिसाब से कम-से-कम एक व्यक्ति को रोज़गार देना पड़ेगा। अक्सर प्रभावित परिवार या गाँव इकाई को रोज़गार मिला। साथ ही, कुछ मज़दूर सरकारी आवास में चले गए थे, इस कारण टाउनशिप की आबादी में उनकी गिनती नहीं हुई। बेशक परिवार नियोजन के मानकों का सख़्ती से पालन भी किया गया, ख़ासकर 2015 तक एक-संतान नीति को कड़ाई से लागू किया गया। इसका भी आबादी के आँकड़ों पर असर पड़ा। बहरहाल, 1990 के दशक की शुरुआत में नए उद्यमों के चालू होने और उपनगरीय अर्थव्यवस्था के विविधीकरण के कारण रोज़गार के मौक़े तेज़ी से बढ़े। ग्रामीण आय में तेज़ बढ़ोतरी दर्ज की गई। श्यांग ने अपने बाशिंदों को कई तरह की सुविधाएँ दीं जिन्हें 1990 के दशक की शुरुआत तक शहरी उद्यम दे नहीं सकते थे। पुश्तैनी जगह पर अपने सगे-संबंधियों के क़रीब खुले निजी घरों में रहने और अच्छी कमाई का आकर्षण ज़बरदस्त था, जब तक शहरीकरण में तेज़ी नहीं आई और गाँववासी गगनचुंबी इमारतों में रहने नहीं चले गए।

इन वर्षों में ग्रामीणों के रोज़गार में आश्चर्यजनक बदलाव आए। वर्ष 1979 में 80 प्रतिशत कामगार खेतीबाड़ी, मछलीपालन और अन्य छोटे-मोटे उत्पादन में लगे थे, जबकि मात्र 20 प्रतिशत हला के लघु उद्योगों में काम करते थे। अनाज की पैदावार के साथ गाँववासी साग-सब्ज़ियाँ उगाते और शहतूत के पेड़ों की देखभाल करते। साथ ही, वे रेशमकीट पालते, सुअर पालते, मुर्गियाँ पालते, डेयरी का काम करते, फल-फूल लगाते और चाय की बाग़वानी करते। इसके अलावा सात उत्पादन ब्रिगेड (गाँव) मूल रूप से अनाज की पैदावार करते। नई आर्थिक नीति के आगमन के साथ यह तस्वीर पूरी तरह बदल गई। अब उपनगरीय क्षेत्रों को उद्योग-धंधे लगाने और नकदी फ़सल उगाने के लिए प्रोत्साहित किया जाने लगा ताकि वे शहर से अपनी क़रीबी का फ़ायदा उठा सकें। वर्ष 1985 में श्रमशक्ति की बनावट एकदम अलग थी, 8,436 मज़दूरों में से 6,400 या 75.9 प्रतिशत ग्रामीण उद्योगों में काम करते थे, 1,500 या 17.8 प्रतिशत मछलीपालन करते, 250 या 2.9 प्रतिशत साग-सब्ज़ियाँ उगाते और बाक़ी 286 मज़दूर या 3.04 प्रतिशत अनाज की पैदावार करते। यह ध्यान में रखना चाहिए कि परिवार के कई सदस्य फ़ैक्टरियों में काम करने के साथ-साथ खाली समय में अपने खेतों की देखभाल भी करते थे। सन् 1990 के दशक में तस्वीर और बदल गई। खेती करनेवालों की तादाद और भी घट गई। वर्ष 2004 में मज़दूरों का 10 प्रतिशत से भी कम प्राथमिक उद्योग (खेती, मछलीपालन, मवेशीपालन इत्यादि) में लगे थे, जबकि 68.44 प्रतिशत द्वितीयक उद्योगों में और 21.63 प्रतिशत तृतीयक उद्योगों में लगे थे। सन् 1980 के दशक के उत्तरार्ध से वाणिज्य अर्थव्यवस्था का महत्त्वपूर्ण अंग बन गया। इस क्षेत्र यानी

तीसरे उद्योग-धंधों (*ती सान ये*) के विकास को पर्यटन, परिवहन, रेस्तराँ और मनोरंजन के क्षेत्र के विस्तार के रूप में देखा जा सकता है। वुशी के मनोरम परिवेश में यह उद्योग तेज़ी से विकसित हुआ, विदेशी निवेश आया और आधुनिक तकनीकी का समावेश हुआ।

उत्पादन रुझान

वर्ष 1992 में हला टाउनशिप का कुल उत्पादन मूल्य 105 करोड़ युआन तक पहुँच गया था। उत्पादन में पहली बढ़त 1979–84 के बीच दर्ज की गई जब औद्योगिक उत्पादन मूल्य 10 करोड़ युआन से बढ़कर 1987 में 27 करोड़ युआन हो गया और 1995 में 60 करोड़ युआन तक पहुँच गया। इस दौरान अर्थव्यवस्था की बनावट पूरी तरह बदल गई। कुल उत्पादन मूल्य में ग्रामीण उद्योगों का हिस्सा 63 प्रतिशत, वाणिज्य का 35 प्रतिशत और कृषि और अनुपूरक उत्पादन का 2 प्रतिशत था। वर्ष 1995 में नौवीं योजना की घोषणा के बाद हला टाउनशिप ने तीसरे क्षेत्र का हिस्सा बढ़ाकर 49 प्रतिशत तक ले जाने, ग्रामीण उद्योगों का हिस्सा घटाकर 49 प्रतिशत तक ले आने और कृषि और अनुपूरक गतिविधियों का हिस्सा 2 प्रतिशत पर स्थिर रखने का फ़ैसला किया।

कहा जाता था कि हला के ग्रामीण उद्यम छह स्तंभों पर टिके हैं : इलेक्ट्रॉनिक्स, मशीनरी, लघु एवं कपड़ा उद्योग, गार्मेंट्स, केमिकल और धातुकर्म उद्योग। हला के अधिकारी अपने गुणवत्तावाले उत्पादों की चर्चा करते अघाते नहीं थे— 50 उत्पादों को प्रांतीय और राष्ट्रीय स्तर पर गुणवत्ता पुरस्कार मिला था, 20 का हांगकांग, दक्षिणपूर्व एशिया और पश्चिमी यूरोप में निर्यात किया जाता था, जैसे कि इलेक्ट्रॉनिक कल-पुरज़े, छपाई मशीन, रसोई उपकरण, सेंट्रीफ़्युगल पंप, छतरी और दस्ताने। इनके अलावा हला में निर्मित सामान में बिजली के बल्ब, यात्रियों और सामान के लिए एलीवेटर, बेयरिंग, लोहा ढालने के ट्यूब, पानी के पंप, ऊनी कपड़े और टूथपेस्ट शामिल थे।[22] बाद में जब वुशी को सूचना प्रौद्योगिकी के केंद्र और उच्च कोटि के पर्यटन स्थल के रूप में विकसित किया गया, उत्पादों के स्वरूप में बदलाव आया।

जैसा कि हम पहले ही संकेत कर चुके हैं तृतीयक उद्योग का तेज़ी से विकास हुआ है। वर्ष 1996 में 285 व्यवसायिक इकाइयाँ और पाँच बाज़ार कंप्लेक्स थे। मेईलितु होटल, इंटरटेनमेंट सिटी, वुशी रोस्ट डक रेस्तराँ, थांग डाइनेस्टी फूड स्ट्रीट और यूनिक वुशी थाईहु पेट सेंटर की चर्चा भी ज़रूरी है। हला में विदेशी निवेश से पाँच संयुक्त उपक्रम शुरू किए गए। टाउनशिप के नुमाइंदे विदेश गए और ऑस्ट्रेलिया में दो उपक्रम चालू किए— होटल रिसॉर्ट स्थापित किया। दोतरफ़ा निवेश और व्यापार का यह सिलसिला जारी है।

जहाँ तक खेती और अनुपूरक उत्पादन का सवाल है, हला टाउनशिप ने 1996 में 1,25,800 टन साग-सब्ज़ियों का उत्पादन कर एक रिकॉर्ड बनाया। बाग़वानी के क्षेत्र में वह 800 मू में शहद आड़ू का उत्पादन करता है। उसने प्रति मू एक टन के हिसाब से मछली

पकड़ने की एक "शानदार परियोजना" शुरू की और उसके पास 3,000 मू में मछली तालाब हैं। इसके अलावा टाउनशिप ने 100 गायों और 1,000 सुअरों के साथ एक डेयरी फ़ॉर्म और एक बत्तख फ़ॉर्म शुरू किया, जिसका सालाना उत्पादन 50 करोड़ बत्तख है। कुल मिलाकर श्यांग 12 तरह के अनुपूरक उत्पादन करता है।[23]

हला की सालाना प्रति व्यक्ति आय 1979 और 1983 के बीच तीन गुना बढ़कर 1,100 युआन और 1986 में 1,592 युआन हो गई। दस साल बाद के आँकड़े उपलब्ध नहीं थे, पर वह 4,000 युआन से कम नहीं थी। मतलब यह कि बीस साल में सुधारों के दौरान टाउनशिप के बाशिंदों की आय दस गुना बढ़ी है। *श्यांग* अधिकारियों का कहना था कि अब परिवार के सदस्यों के पास आय के कई स्रोत उपलब्ध हैं : कृषि, अनुपूरक उत्पादन, निजी व्यवसाय के साथ-साथ टाउनशिप और ग्रामीण उद्यमों और राजकीय उद्यमों से मिलनेवाली मज़दूरी। यह भी साफ़ था कि आय विषमता काफ़ी बढ़ी है, कुछ सदस्यों को सालाना 600 युआन मिलते हैं तो कुछ को 6,00,000 युआन। गाँव के प्रोफ़ाइल में ग्रामीण आय की चर्चा के वक़्त हम इस पर फिर से ग़ौर करेंगे। बहरहाल, इस बात के संकेत साफ़ थे कि टाउनशिप की आर्थिक प्रगति के साथ लोगों के जीवनस्तर में सुधार हुआ है।

हला उपनगरीय कम्यून से एक समृद्ध अर्थव्यवस्थावाला टाउनशिप बन गया, जिसका एक नया भौगोलिक परिदृश्य था। उसने मूलतः एक खेतिहर उपनगर से शुरुआत की जो मनोरम कुदरती छटा से लैस था। बीस सालों में वह आधुनिक उद्योग और वाणिज्य के केंद्र में तब्दील हो गया। हालाँकि मुक्ति के पहले भी कपड़ा के कारोबार का उसका अपना परंपरागत इतिहास था, कम्यून के दौर में ही उसकी ग्रामीण अर्थव्यवस्था में विविधता आने लगी थी। खेती, मछलीपालन और कुछ ग्रामीण उद्योग कम्यून अर्थव्यवस्था का अंग थे। वह चीन का एक अपेक्षाकृत समृद्ध कम्यून था, हालाँकि कई कम्यून हला से भी विकसित थे। लेकिन अर्थव्यवस्था में विविधता की रफ़्तार 1978 में सुधारों की शुरुआत के बाद और तेज़ हो गई। मूलतः सामूहिक मालिकाने को बहाल रखते हुए कम्यून की बचत के इस्तेमाल से और बाज़ार की ज़रूरतों को पूरा कर ग्रामीण उद्यमों का बड़े पैमाने पर विस्तार किया गया। अपने उपभोग और अंशतः अनाज की पैदावार के राष्ट्रीय लक्ष्य को हासिल करने के लिए खेती को छोटे पैमाने पर जारी रखा गया। लेकिन टाउनशिप में ज़्यादातर साग-सब्ज़ियाँ ही उगाई जाती थीं और बाग़वानी की जाती थी। साफ़ तौर पर ज़ोर उद्योग और वाणिज्य के विस्तार पर था। ऐसा माना जाता था कि इस तरीक़े से किसानों को उत्पादक शक्तियों को उन्नत करने की ज़्यादा छूट मिलती है और वे ज़्यादा आमदनी कर सकते हैं। हला के किसान और मज़दूर अब भी अपने चावल और मछली का लुत्फ़ उठा सकते हैं। तरह-तरह की मछलियाँ थाईहु से उन्हें आसानी से मिल जाती हैं। उसके साथ उन्होंने जीवन की आधुनिक सुख-सुविधाओं को चुना था।

वुशी की सफलता की दास्तान का यह संक्षिप्त विवरण और टाउनशिप की ज़मीनी तस्वीर हमें यह बताती है कि तंग श्याओफिंग की रणनीति को स्थानीय स्तर पर किस तरह लागू किया गया। इस प्रक्रिया के तीन पहलू हैं। पहले तो ग्रामीण सुधारों से होनेवाली बचत के बलबूते वृहत आर्थिक विकास और औद्योगिकीकरण और शहरीकरण को प्रोत्साहित करने में शहरी-ग्रामीण जुड़ावों ने बड़ी महत्त्वपूर्ण भूमिका अदा की। दूसरे, यह समझते हुए कि अनाज की पैदावार ग्रामीण अर्थव्यवस्था के लिए महत्त्वपूर्ण है, तो भी टाउनशिप नेतृत्व मानता था कि नकदी फ़सल उगाने और मवेशीपालन और मछलीपालन-जैसे अनुपूरक उत्पादन करने के साथ-साथ ग्रामीण उद्योगों और वाणिज्य का विस्तार स्थानीय परिस्थितियों में ग्रामीण अर्थव्यवस्था के गतिमान विकास के लिए अत्यंत महत्त्वपूर्ण है। तीसरे, बाहरी दुनिया के लिए अपने दरवाज़े खोलना बेहद ज़रूरी है ताकि तकनीकी और पूँजी लाई जा सके और दोतरफ़ा व्यापार और निवेश को प्रोत्साहित किया जा सके। लेकिन इनकी अपनी समस्याएँ हैं। किसी भी तरह से तेज़ आर्थिक प्रगति पर ज़ोर देने का मतलब था अंतिम समय तक पर्यावरण के ख़तरों को नज़रअंदाज़ करना। परिवारों के बीच ग़ैरबराबरी बढ़ने लगी। शुरुआती दिनों में तो ग्रामीण आय तेज़ी से बढ़ी पर जल्द ही वह शहरी आय से पिछड़ने लगी। विकास की प्रक्रिया के प्रबंध के लिए ज़्यादा-से-ज़्यादा सरकारी हस्तक्षेप ज़रूरी बनता गया।

कहा जा सकता है कि इस कामयाब कायापलट के लिए बाज़ार अर्थव्यवस्था ज़िम्मेदार थी। कुछ लोग कह सकते हैं कि इस शानदार प्रगति के लिए राज्य और पार्टी की नीतियाँ और बाज़ार को संचालित करने में उनकी भूमिका ज़िम्मेदार थी। बहरहाल, बाज़ार की ताक़तों को खुला छोड़ने के अपने नतीजे थे। उद्यमों और किसान परिवारों को तेज़ी से बदलते परिवेश के साथ तालमेल बिठाना पड़ा जिसमें प्रत्येक स्तर पर पार्टी और राज्य की भूमिका बदल रही थी। अब उन्हें न सिर्फ़ बाज़ार के मुताबिक नई नीतियाँ बनानी थीं, बल्कि उसके चलते पैदा होनेवाली समस्याओं से भी निपटना था। उनमें से कई तो काफ़ी गंभीर क़िस्म की थीं। इसका मतलब था कि राज्य और पार्टी को स्थानीय स्तर पर विशेष भूमिका निभानी थी और "समाजवादी बाज़ार अर्थव्यवस्था" का निर्माण करना था। लिहाज़ा हमें सुधार प्रक्रिया के दो मुख्य अभिकर्ताओं यानी राज्य और पार्टी की भूमिका की क़रीबी से जाँच करनी होगी और ज़मीनी व राष्ट्रीय स्तर पर उनकी भूमिका को समझना होगा।

टिप्पणियाँ

1. फेई श्याओथुंग, *पीज़ंट लाइफ़ इन चाइना* (कीगन पॉल, लंदन, 1939[1945]), पृ. 1. वे अध्ययन का विवरण इस प्रकार देते हैं, "किसी गाँव में दिखाई देनेवाली चीनी किसानों के बीच उपभोग. उत्पादन, वितरण और विनिमय की व्यवस्था की तफ़सील" और बदलाव की प्रक्रिया के विश्लेषण में "परंपरागत और नई शक्तियों को समान महत्त्व देने" पर ज़ोर देते हैं। साथ ही देखें फेई श्याओथुंग, *चाइनीज़ विलेज़ क्लोज़-अप* (न्यू वर्ल्ड प्रेस, पेइचिंग, 1983)

जिसमें 1936 के अध्ययन को संक्षिप्त रूप में देने के साथ फेई के 1946, 1957 और 1980 की यात्राओं की रिपोर्ट और 1980 में चाइनीज़ एकेडमी ऑफ़ सोशल साइंसेज़ (सीएएसएस) के उनके सहकर्मियों द्वारा एक गाँव के सर्वे के परिणामों को भी शामिल किया गया है।

2. उपरोक्त, पृ. 16. रेशम का निर्यात 20–30 प्रतिशत से घटकर 17 प्रतिशत रह गया। सहकारी कारख़ाने के बारे में विस्तृत चर्चा के लिए देखें उपरोक्त, पृ. 216–25.
3. लिंडा एस. बेल, *वन इंडस्ट्री, टू चाइनाज़ : सिल्क फिलेचर्स एंड पीज़ंट फैमिली प्रोडक्शन इन वुशी काउंटी, 1865–1937* (स्टैनफोर्ड यूनिवर्सिटी प्रेस, स्टैनफोर्ड, 2001)।
4. बेल के निष्कर्ष इस आम धारणा को चुनौती देते हैं कि "चिंग शासन के अंतिम दिनों में चीन के अत्यधिक व्यावसायिक इलाक़ों में स्थानीय तौर पर अभिजात वर्गीय गतिविधियों का एक स्वतंत्र सार्वजनिक दायरा उभर रहा था"। उनका कहना था कि इसके बदले "स्थानीय अभिजात वर्ग हमेशा जहाँ ज़रूरी हो राज्य से सहायता, संरक्षा और वैधता हासिल करने के लिए उसके साथ हो लेता है"। उपरोक्त, पृ. 11.
5. उपरोक्त, पृ. 13.
6. जेम्स सी. शिह, *चाइनीज़ रूरल सोसाइटी इन ट्रांजीशन : ए केस स्टडी ऑफ़ दी लेक थाई एरिया, 1368–1800* (इंस्टीट्यूट ऑफ़ ईस्ट एशियन स्टडीज़, यूनिवर्सिटी ऑफ़ कैलिफ़ोर्निया, बर्कले, 1992)। वुशी के आर्थिक विकास की तुलना अक्सर सू नान मॉडल से की जाती है जहाँ सामूहिक स्वामित्ववाले उपनगरीय और ग्रामीण उद्यमों की भूमिका पर ज़ोर दिया गया। इसके उलट हांगत्सऊ के वेनत्सऊ मॉडल में निजी उद्यमों ने प्रेरक भूमिका निभाई। कई और मॉडलों की भी चर्चा की जाती है। मिसाल के लिए देखें फुचियान के "अंशी मॉडल" का ब्योरा, थॉमस पी. लियोंस, *पॉवर्टी एंड ग्रोथ इन साउथ चाइना काउंटी : अंशी, फुचियान, 1949–1992* (कॉर्नेल ईस्ट एशिया सीरीज़, इथाका, 1994), पृ. 118. विकास का अंशी मॉडल "बाहर की ओर निर्देशित औद्योगिकीकरण और गाँव के व्यवसायीकरण के साथ अनाज उत्पादन और मवेशीपालन पर ज़ोर के मेल" पर आधारित था। इस मामले में अंतरराष्ट्रीय आर्थिक जुड़ावों ने निर्णायक भूमिका निभाई।
7. सन् 1912 में गणतांत्रिक सरकार ने वुशी और चिंखऊ काउंटियों को मिलाकर वुशी काउंटी का निर्माण किया था। *वुशी शी (हिस्ट्री ऑफ़ वुशी)* (वुशी चुपान शे, वुशी, 2001)। साथ ही देखें मनोरंजन महांति, "इन दी लैंड ऑफ़ राइस एंड फिश : रिसर्चिंग वुशीज़ ट्रांसफ़ॉर्मेशन", *इंडियन होराइज़ंस* 43, अंक 1–2 (1994)।
8. "ए रिव्यू ऑफ़ पोल्यूशन एंड पैनिक इन वुशी"। उपलब्ध : http://www.wuxinews.com.cn/2015-05/09/content_20667898.htm (देखा 24 जुलाई 2017)।
9. वर्ष 2004 में वुशी में 28 दर्शनीय स्थल थे, जहाँ हर साल हर स्थल पर लगभग 10,000 पर्यटक आते थे। स्टैटिस्टिक्स ब्यूरो ऑफ़ वुशी सिटी, *वुशी स्टैटिस्टिकल ईयरबुक*, 2005, पृ. 447.
10. पारंपरिक रूप से यही स्थिति थी और अब भी चीन का हर प्रांत कई प्रांतीय नगरों (प्रीफ़ेक्चरों— *डिची*) में बँटा है और हर प्रीफ़ेक्चर काउंटियों में बँटा है। वर्ष 2013 में चीन में 333 प्रीफ़ेक्चर स्तर के क्षेत्र थे और वुशी की तरह 286 प्रीफ़ेक्चर स्तर के शहर (*डिचीशी*)।
11. "एडमिनिस्ट्रेटिव डिविजन ऑफ़ वुशी"। उपलब्ध : http://en.wuxi.gov.cn/sitePages/channelPages/1300350200330228.html (देखा 17 मार्च 2017)।
12. नेशनल ब्यूरो ऑफ़ स्टैटिस्टिक्स ऑफ़ चाइना, *चाइना स्टैटिस्टिकल ईयरबुक, 2006* (चाइना स्टैटिस्टिक्स प्रेस, पेइचिंग, 2006), पृ. 3.
13. http://en.wuxi.gov.cn/sitePages/channelPages/1300350200330227.html (देखा 15 अप्रैल 2017)।
14. अगस्त 1995 में वुशी शहर के कैडरों के साक्षात्कार से हासिल डाटा।
15. स्टैटिस्टिक्स ब्यूरो ऑफ़ वुशी सिटी, *वुशी स्टैटिस्टिकल ईयरबुक*, 2016. वर्ष 2014 में कुल पंजीकृत शहरी बेरोज़गारों की संख्या 1,59,749 थी।

16. कम्यून के दौर में भी उपनगरीय उपक्रम चालू होने लगे थे जो सामूहिक के लिए अच्छी कमाई कर रहे थे। वर्ष 1958 में उनका मुनाफ़ा 100 लाख युआन था जो 1970 में बढ़कर 10 करोड़ 90 लाख हो गया। रॉबर्ट टैरेल, *दी चियांग्सू मिरेकल : मॉडर्नाइज़िंग चाइनाज़ मोस्ट इकोनॉमिकली डेवलप्ड प्रोविंस* (न्यू वर्ल्ड प्रेस, पेइचिंग, 2001), पृ. 164.
17. स्टैटिस्टिक्स ब्यूरो ऑफ़ वुशी सिटी, *वुशी स्टैटिस्टिकल ईयरबुक*, 2005, पृ. 56 (चाइना स्टैटिस्टिक्स प्रेस, पेइचिंग, 2005)।
18. ज़िला कैडर के साथ साक्षात्कार से हासिल तथ्य। हला श्यांग के निदेशक द्वारा श्यांग जन काँग्रेस के समक्ष पेश रिपोर्ट (1996)। वर्ष 1986 के आँकड़े उपनगरीय ज़िला के उपनिदेशक चियांग हानलिंग से 12 अक्टूबर 1987 को साक्षात्कार के दौरान हासिल किए गए। वर्ष 1996 के आँकड़े ज़िला के उपनिदेशक त्सांग वेईनान के साथ अक्टूबर 1996 में बातचीत के दौरान हासिल किए गए।
19. रूंग परिवार 1912–49 के काल में चीन का एक प्रमुख व्यवसायिक घराना था जो 1949 के बाद भी फलता-फूलता रहा। वुशी के निवासी रूंग तशंग (1875–1952) और उनके भाई रूंग त्सुंगछवान ने शांघाई से अपना कपड़ा और आटा उद्योग और बैंकिंग कारोबार शुरू किया। समकालीन वुशी की पहचान बन गए वुशी मशीन टूल संयंत्र की स्थापना उन्होंने ही 1948 में की थी। रूंग तशंग के पुत्र रूंग यिरन (1916–2005) चीन के सबसे बड़े उद्योगपति थे, जिन्हें मार्शल छन यी "लाल पूँजीपति" कहते थे। सांस्कृतिक क्रांति के दौरान उन्हें काफ़ी परेशान किया गया। रूंग यिरन सुधारों की शुरुआत के बाद तंग श्याओफिंग के आर्थिक सलाहकार बन गए। उन्होंने 1978 में चाइना इंटरनेशनल ट्रस्ट एंड इनवेस्टमेंट कॉरपोरेशन (सीआईटीआईसी) की स्थापना की। सीआईटीआईसी चीन में निवेश के लिए विदेशी पूँजी जुटाने का मुख्य ज़रिया बन गया। रूंग च्यांग त्समिन के काल में चीनी जनगणराज्य के उपराष्ट्रपति थे। वर्ष 2005 में उनकी मृत्यु के बाद उन्हें उनके मूल शहर वुशी के शीशान में दफ़नाया गया। रूंगश्यांग स्ट्रीट कमेटी मुख्यालय में उनकी याद में एक अजायबघर का निर्माण किया गया। देखें ची हुंकंग, *रूंग यिरन— ए बायोग्राफी* (सेंट्रल लिटरेचर प्रेस, पेइचिंग, 1999 और 2006)।
20. कई मर्तबा स्थानीय अधिकारी ऐसे मामलों में ज़्यादा ही उत्साह दिखाते हैं। लेकिन यह बदलते राजनीतिक सोच को भी दिखलाता है। देखें मनोरंजन महांति, *चेंजिंग टर्म्स ऑफ़ डिस्कोर्स इन कंटेंपररी इंडियन पॉलिटिकल थ्योरी* (संस्कृति, नई दिल्ली, 2000)।
21. हला श्यांग की प्रचार सामग्री में 2001 में निम्नलिखित बड़े उपक्रमों में विदेशी निवेश का आमंत्रण दिया गया था : चीनी-जापानी संयुक्त उपक्रम वुशी पाओतांग इलेक्ट्रॉनिक्स कंपनी, जिसने 1999 में 140 लाख युआन की बिक्री की थी और अपने माल हांगकांग, ताइवान, दक्षिणपूर्व एशिया और पश्चिमी यूरोप में निर्यात करती थी; निजी उपक्रम वुशी लुतोंग इलेक्ट्रॉनिक्स टेक्नोलॉजी कंपनी प्राइवेट लिमिटेड; 1966 में स्थापित वुशी थाईहु मशीनरी फ़ैक्टरी, जिसकी परिसंपत्ति 125 लाख हो गई थी और जिसके उत्पादों का देशव्यापी बाज़ार था और दक्षिणपूर्व एशिया में भी निर्यात किया जाता था और रेल मंत्रालय ने उसे ख़रीद के लिए नामित किया था— 1999 में वहाँ 152 मज़दूर काम करते थे; छपाई और पैकेजिंग मशीन बनानेवाला वुशी चियांगनान प्रिंटिंग मशीन प्लांट जिसे 1980 में शुरू किया गया; श्यांग के सामूहिक स्वामित्व में चलनेवाली वुशी ताचिशान इंडस्ट्रियल फ़ैक्टरी जो चीन और दक्षिणपूर्व एशिया के बाज़ार के लिए किचन उपकरण, स्टेनलेस इस्पात के मापक उपकरण और मेडिकल उपकरण बनाती है; वुशी शिंगडी जो 1993 से ताइवान के एक व्यापारी के स्वामित्व में चल रही है और यूरोप और दक्षिणपूर्व एशिया में निर्यात के लिए टिकट वॉलेट-जैसी चीज़ें बनाती है (इस अध्याय के अंत में दी गई तालिका देखें)।
22. स्थानीय पदाधिकारियों के साथ बातचीत पर आधारित।
23. स्थानीय पदाधिकारियों के साथ बातचीत पर आधारित।

काउंटी के बेहतरीन उद्योगों के आर्थिक संकेतक (2015)

आइटम	*कुल*	*च्यांगयिन सिटी*	*यिशिंग सिटी*	*शहरी ज़िला*	*चुंगान*	*नानचांग*	*पेइथांग*	*शीशान*	*हुईशान*	*पिनहू*	*नया ज़िला*
उद्यमों की संख्या (इकाई)	4,988	1,368	897	2,723	7	37	72	649	817	411	729
घाटे में चलनेवाले उद्यम (इकाई)	1,034	242	227	565	1	8	18	131	177	72	158
सकल औद्योगिक उत्पादन (युआन)	145,498,677	57,449,619	27,791,828	60,257,229	58,666	1,524,232	611,727	11,717,103	11,494,335	4,860,584	29,490,009
राजकीय स्वामित्ववाली पूँजी (युआन)	1,397,624	160,912	441,455	795,257	2,550	21,823	251,442	64,541	30,680	94,143	309,673
हांगकांग, मकाऊ, ताइवान और अन्य विदेशी पूँजी (युआन)	12,243,824	2,318,221	932,807	8,992,796	87	20,739	15,768	1,289,322	631,342	307,786	6,698,990
कुल शुद्ध लाभ (युआन)	8,950,853	3,516,307	1,193,094	4,241,452	4,571	150,584	26,841	614,751	887,496	401,260	1,989,667
उद्यमों की संख्या (इकाई)	1,253,067	438,402	163,011	651,654	658	10,083	9,357	140,869	115,287	63,043	304,812
औसतन कामगार (व्यक्ति)	1,397,624	160,912	441,455	795,257	2,550	21,823	251,442	64,541	30,680	94,143	309,673

स्रोत : स्टैटिस्टिक्स ब्यूरो ऑफ़ वुशी सिटी, *वुशी स्टैटिस्टिकल ईयरबुक*, 2016 (तालिका 8.1)।

पुनर्गठन के बाद 2015 के अंत में वुशी सिटी की तस्वीर

ज़िला	*क्षेत्रफल (वर्ग किलोमीटर)*	*आबादी (व्यक्ति)*	*क्षेत्राधिकार*
शीशान	399.11	701,500	शीशान ज़िला जन सरकार हाल मुकाम नं. 1, शचौ मिडिल रोड, तुंगथिन रेज़ीडेंशियल स्ट्रीट पर स्थित है। वर्ष 2014 के अंत में राष्ट्रीय स्तर के शीशान डिस्ट्रिक्ट इकोनॉमिक एंड टेक्नोलॉजिकल डेवलपमेंट क्षेत्र, वुशी शतुङ न्यू सिटी बिज़नेस डिस्ट्रिक्ट, यांगच्यान टाउन, ईहू टाउन, शीपेई टाउन और तुंकांग टाउन समेत चार नगरों और तुंगथिंग रेज़ीडेंशियल स्ट्रीट, अनत्सन रेज़ीडेंशियल स्ट्रीट, तुंगपेईथंग रेज़ीडेंशियल स्ट्रीट, युनलिन रेज़ीडेंशियल स्ट्रीट और हाऊछ्याओ रेज़ीडेंशियल स्ट्रीट-जैसे पाँच रिहाइशी गलियाँ यानी 42 टाउन समुदाय और 76 ग्रामीण समुदाय (प्रशासनिक गाँव) ज़िला शासन के मातहत थे।
हुईशान	325.12	701,000	हुईशान ज़िला जन सरकार हाल मुकाम नं. 8, वनहुई रोड, हुईशान न्यू सिटी, यानछ्याओ रेज़ीडेंशियल स्ट्रीट पर स्थित है। वर्ष 2014 के अंत तक उसके शासन में प्रांतीय स्तर का वुशी हुईशान ज़िला आर्थिक विकास क्षेत्र, यानछ्याओ रेज़ीडेंशियल स्ट्रीट, चांगान रेज़ीडेंशियल स्ट्रीट, छ्यानछ्याओ रेज़ीडेंशियल स्ट्रीट, युछी रेज़ीडेंशियल स्ट्रीट समेत पाँच रेज़ीडेंशियल स्ट्रीट और लाओशे और यांगशान के दो नगर थे जिनमें 54 टाउन समुदाय और 56 ग्रामीण समुदाय थे।
पिनहू	629.44	696,900	मशान ज़िला को समाप्त कर दिया गया और मशान ज़िला के मूल प्रशासनिक इलाक़ों और फांगखियान टाउन, मेईछुन टाउन, शीनान टाउन, हुआंगत्सुआन टाउन, तुंगच्यान टाउन, शुएलांग टाउन और नानछवान टाउन जैसे शीनान ज़िला के काउंटी स्तर के सात नगरों को वुशी के बाहरी इलाक़ों में मिला दिया गया और उन्हें पिनहू ज़िला का नाम दे दिया गया। मई 2001 तक पुनर्गठन की यह प्रक्रिया पूरी कर ली गई। हाल फिलहाल पिनहू ज़िला जन सरकार लिहू आवासीय स्ट्रीट के नं. 500, चिनचंग वेस्ट रोड में स्थित है। वर्ष 2014 के अंत में ज़िला प्रशासन के मातहत हुताई टाउन, मशान रेज़ीडेंशियल स्ट्रीट, हुआत्सुआंग रेज़ीडेंशियल स्ट्रीट, षुएलांग रेज़ीडेंशियल स्ट्रीट; ल्युआन रेज़ीडेंशियल स्ट्रीट, थाईहु रेज़ीडेंशियल स्ट्रीट, हलिए रेज़ीडेंशियल स्ट्रीट, रूंगश्यांग रेज़ीडेंशियल स्ट्रीट, और लिहु रेज़ीडेंशियल स्ट्रीट जैसी 103 सामुदायिक गली पड़ोस कमिटियाँ और सात सामाजिक पड़ोस कमिटियाँ हैं जिनमें गाँव और आवासीय खंड शामिल हैं।

(जारी)

(जारी)

ज़िला	*क्षेत्रफल (वर्ग किलोमीटर)*	*आबादी (व्यक्ति)*	*क्षेत्राधिकार*
ल्यांग्शी	65.95	1,010,000	अक्टूबर 2015 में राज्य परिषद ने वुशी के चुंगान ज़िला, नानचांग ज़िला और पेइथांग ज़िला को समाप्त कर दिया और तीनों ज़िलों के प्रशासनिक प्रभागों को लेकर ल्यांग्शी ज़िला का गठन किया। ल्यांग्शी ज़िला जन सरकार नं. 688, चिएफांग साउथ रोड, चुंगान टेंपुल रेज़ीडेंशियल स्ट्रीट पर स्थित है। ज़िला के मातहत 17 रेज़ीडेंशियल स्ट्रीट हैं: चुंगान टेंपुल रेज़ीडेंशियल स्ट्रीट, यांगच्यान रेज़ीडेंशियल स्ट्रीट, कुआंग्रुइलु रेज़ीडेंशियल स्ट्रीट, शांगमदुन रेज़ीडेंशियल स्ट्रीट, चियांघाई रेज़ीडेंशियल स्ट्रीट, कुआंग्यी रेज़ीडेंशियल स्ट्रीट, यिंग्लांगछ्याओ रेज़ीडेंशियल स्ट्रीट, नानचान टेंपुल रेज़ीडेंशियल स्ट्रीट, छिंगमिंगछ्याओ रेज़ीडेंशियल स्ट्रीट, चिनशिंग रेज़ीडेंशियल स्ट्रीट, चिनकुई रेज़ीडेंशियल स्ट्रीट, यांगमिंग रेज़ीडेंशियल स्ट्रीट, हुआंगश्यांग रेज़ीडेंशियल स्ट्रीट, शानपेई रेज़ीडेंशियल स्ट्रीट, पेईताछिए रेज़ीडेंशियल स्ट्रीट, हुईशान ज़िला और वुहे रेज़ीडेंशियल स्ट्रीट (जिनमें से पेईताचिए रेज़ीडेंशियल स्ट्रीट और वुहे रेज़ीडेंशियल स्ट्रीट एक ही दफ़्तर को साझा करेंगे)।
शिनवु	2.1872	340,700	अक्टूबर 2015 में राज्य परिषद ने वुशी के भीतर शिनवु ज़िला बनाने का फ़ैसला किया और उसमें शीशान ज़िला के हांगशान रेज़ीडेंशियल स्ट्रीट के साथ-साथ पिनहू ज़िला के च्यांग्शी रेज़ीडेंशियल स्ट्रीट, वांगत्सुआंग रेज़ीडेंशियल स्ट्रीट, शुओफांग रेज़ीडेंशियल स्ट्रीट, मेईछुन रेज़ीडेंशियल स्ट्रीट और शीनान रेज़ीडेंशियल स्ट्रीट को शिनवु ज़िला के शासन का अंग बना दिया। शिनवु ज़िला जन सरकार मकान नं. 28, हफेंग रोड, शीनान रेज़ीडेंशियल स्ट्रीट से संचालित होती है। शिनवु ज़िला और वुशी हाई एंड न्यू टेक इंडस्ट्रीयल डेवलपमेंट क्षेत्र मिलकर ज़िला के एकीकरण और प्रशासन का काम सँभालेंगे। वे एक समूह का गठन करेंगे और उसका कामकाज तय करेंगे, प्रशासनिक ज़िला और डेवलपमेंट क्षेत्र की रूपरेखा तैयार करेंगे। ज़िला में पाँच पार्क हैं: वुशी नेशनल हाई एंड न्यू टेक्नोलॉज़ी डेवलपमेंट क्षेत्र, वुशी थाईहु इंटरनेशनल साइंस एंड टेक्नोलॉज़ी पार्क, वुशी एयरपोर्ट इंडस्ट्रीयल पार्क, वुशी षिंगचऊ इंडस्ट्रीयल पार्क और वुशी एक्सपोर्ट प्रोसेसिंग क्षेत्र। इसके अलावा उसके मातहत हांगशान रेज़ीडेंशियल स्ट्रीट, वांगत्सुआंग रेज़ीडेंशियल स्ट्रीट, चियांग्षी रेज़ीडेंशियल स्ट्रीट, शुओफांग रेज़ीडेंशियल स्ट्रीट, मेईछुन रेज़ीडेंशियल स्ट्रीट और शीनान रेज़ीडेंशियल स्ट्रीट-जैसे छह आवासीय खंड भी शामिल हैं।

स्रोत : http://en.wuxi.gov.cn/sitePages/channelPages/1300350200330228.html (देखा 17 मार्च 2017)।

खंड II
राज्य और पार्टी: सुधारों के अभिकर्ता

4 स्थानीय राज्य और अभिकर्ता का द्वंद्व

सुधार और स्थायित्व के अभिकर्ता

चीन में सुधार को चीनी कम्युनिस्ट पार्टी के निर्देशन और देखरेख में ऊपर से नीचे तक सरकारी तंत्र ने ही लागू किया। कम्युनिस्ट पार्टी के शासन के मातहत एकात्मक शासन प्रणाली होने के कारण केंद्रीकरण चीन की राजनीतिक व्यवस्था की एक मूलभूत ख़ासियत है। ऐसी शासन व्यवस्था का कामकाज असल में अलग-अलग प्रांतों और इलाक़ों में स्थानीय आर्थिक ताक़त और सत्ता केंद्रों के मुताबिक अलग-अलग होता है। ज़मीनी स्तर पर काउंटी और उसके नीचे स्थिति और जटिल हो जाती है। विकसित इलाक़े राष्ट्रीय स्तर पर निर्णय प्रक्रिया में ज़्यादा दख़ल रखते हैं, जैसे कि प्रांत के अंदर समृद्ध इलाक़े। केंद्रीय नेतृत्व के विरुद्ध सत्ता के केंद्र न उभरें इसलिए राज्यपालों और पार्टी नेताओं की अलग-अलग प्रांतों और काउंटियों में नियमित तबादले की नीति रही है। प्रत्येक स्तर पर और प्रत्येक संस्था के भीतर पार्टी नेता सर्वाधिकारी होते हैं। प्रशासन का ज़िम्मा प्रशासनिक मुखिया का होता है। जैसा कि हम इस और अन्य अध्यायों में देखेंगे सुधार के दौर में कभी-कभी पार्टी नेता ही प्रशासनिक मुखिया का भी काम करता था और कभी-कभी वह परदे के पीछे से प्रशासन का निर्देशन करता था।

चीनी जनगणराज्य के भीतर प्रशासनिक ढाँचा जिस तरीक़े से गठित हुआ था, उसने सांस्कृतिक क्रांति के बाद एक विशेष रूप ले लिया था। वह उन तमाम तत्त्वों को प्रतिबंधित करता था जो समाज को अस्थिर कर सकते थे और आर्थिक विकास हासिल करने के मकसद से केंद्रीय नेतृत्व की नीतियों को लागू करने का एक अतिकुशल ढाँचा तैयार किया था। इस प्रकार, बाज़ार अर्थव्यवस्था को ज़ोरशोर से लागू करने के दौर में भी राजकीय तंत्र

आर्थिक विकास का अभिकर्ता बना रहा। कम्युनिस्ट पार्टी प्रत्येक स्तर पर अपनी शाखाओं के ज़रिए सामाजिक प्रबंधन और आर्थिक विकास की एजेंसी थी जो राज्य और समाज की सभी संस्थाओं को निर्देशित और नियंत्रित करती थी। उसकी वैधता की मुख्य वजह यह तथ्य थी कि उसने चीनी क्रांति का नेतृत्व किया था जिसने विदेशी प्रभुत्व को परास्त किया, चीन को मुक्त किया और एक नया जनतंत्र स्थापित करने और समता के सिद्धांतों के अनुरूप एक समाजवादी समाज बनाने का वादा किया था। इस प्रकार, राज्य को जहाँ दक्ष प्रशासन उपलब्ध कराना था, वहीं पार्टी की वैधता उसके इतिहास में निहित थी। साम्राज्यवाद के ख़िलाफ़ राजनीतिक विजय और विश्व स्तर पर चीन की प्रतिष्ठा और लोगों और देश की आर्थिक समृद्धि के साथ इस वैधता के दायरे को और विस्तारित करने के नए मौक़े मिल गए। पिछली सदी में चीनी कम्युनिस्ट पार्टी चीनी राष्ट्रवाद का ध्वजवाहक रही है।

इस सफलता की दास्तान में राज्य और पार्टी का बहुत बड़ा योगदान था। लेकिन सफलता के साथ आम लोगों की राजनीतिक आकांक्षाएँ भी बढ़ीं पर उन्हें पूरा नहीं किया जा सका, विकास के साथ-साथ ग़ैरबराबरी भी बढ़ी, पर्यावरण की ख़राब होती हालत में सुधार के क़दम उतने असरदार नहीं थे और भ्रष्टाचार विरोधी मुहिम को सीमित सफलता ही मिली। ऐसे में अभिकर्ता के रूप में राज्य और पार्टी की भूमिका में निहित द्वंद्व सामने आने लगे। दक्षता और उच्च वैधता हासिल करने के साथ-साथ प्रशासन के इस ढर्रे ने कई गंभीर कमियों को भी उजागर किया। नीतियों पर अमल कई इलाक़ों में काफ़ी कुशलतापूर्वक हुआ, पर नई समस्याएँ भी सर उठाने लगीं। बाज़ार अर्थव्यवस्था के अपने तौर-तरीक़े थे जो पार्टी मानकों का उल्लंघन करते थे। इसे ही हम "अभिकर्ता का फंदा" कहते हैं— हम सरकार और पार्टी के बारे में इस अध्याय और अगले अध्यायों में टाउनशिप और गाँव के स्तर पर राजनीतिक ढाँचे में इन रुझानों का विश्लेषण करेंगे। हम अच्छी तरह जानते हैं कि चीनी जनगणराज्य के संविधान के मुताबिक टाउनशिप प्रशासन को राज्य की सबसे निचली इकाई माना जाता है— उसके ऊपर स्थानीय सरकार के दूसरे स्तर काउंटी और प्रांत हैं, हमने "स्थानीय राज्य" शब्द का इस्तेमाल किया है। टाउनशिप के नीचे गाँव (*छुन*) हैं जिन्हें "जन संगठन" या "सामुदायिक संगठन" कहा जाता है। चीनी जनगणराज्य के संविधान की धारा 111 में कहा गया है कि—

> रिहाइश की जगह के मुताबिक शहरी और ग्रामीण बाशिंदों की बाशिंदा कमिटियाँ और गाँववासी कमिटियाँ ज़मीनी स्तर पर स्वशासन के जनसंगठन हैं।

दरअसल, गाँव के स्तर पर राज्य और समाज एक में मिल जाते हैं और सत्ता के ढाँचे में निर्णायक राजनीतिक संस्थाओं का निर्माण करते हैं। कैडर को उच्चतर स्तर पर जाने के पहले इस स्तर पर अनुभव और मान्यता हासिल करना होता है। उद्यमी अपना आधार बनाने के लिए इसी स्तर से शुरुआत करते हैं। हमारा अध्ययन स्थानीय राजनीतिक प्रक्रियाओं पर

ज़ोर देता है जो वृहत आर्थिक प्रक्रिया को समझने में उपयोगी साबित हो सकते हैं। स्थानीय राजनीतिक प्रक्रिया और उसकी गतिशीलता के बारे में कम ही सामग्री उपलब्ध है, हालाँकि ज़मीनी अध्ययनों की तादाद बढ़ती जा रही है। ऐसे में यह प्रयास इस क्षेत्र की कमियों को पूरा करने में ख़ास तौर पर मददगार होगा।

स्थानीय प्रशासनिक ढाँचे पर ग़ौर करने के पहले हम राष्ट्रीय स्तर पर राज्य के ढाँचे पर एक सरसरी नज़र डालते हैं। पार्टी नेतृत्व इस तंत्र को निर्देशित करता है जिस पर अगले अध्याय में ग़ौर करेंगे।

जैसा कि हम पहले बता चुके हैं तंग श्याओफिंग का मूल मकसद था "सुधार और खुलापन" की नीतियों के ज़रिए तेज़ आर्थिक विकास हासिल करना। उनके द्वारा 1989 के थ्येनआनमन विद्रोह के बाद चुने गए नेता च्यांग त्समिन ने इसे ही जारी रखा। तंग श्याओफिंग ने युवाओं द्वारा जनतंत्र की माँग को सख़्ती से दबा दिया ताकि आर्थिक प्रगति को प्रोत्साहित करने के मकसद से सामाजिक और राजनीतिक स्थायित्व को बहाल रखा जा सके। च्यांग ने अपने 13 वर्षों के शासन में "सुधार और स्थायित्व" की नीतियों पर निष्ठापूर्वक अमल किया। उनके उत्तराधिकारी हु चिनथाओ और वन च्यापाओ (2002–12) और उनके बाद शी जिनपिंग और ली खछ्यांग ने भी स्थायित्व को सबसे ऊपर रखा, असंतोष को दबाने और विकास और सुधारों पर ज़ोर देना जारी रखा। बहरहाल, उन्हें नई माँगों और लोगों के बीच गहराती जनतांत्रिक चेतना के कारण बढ़ते तनावों और चुनौतियों से भरी दुनिया में कहीं ज़्यादा कठिन सामाजिक, राजनीतिक और पर्यावरण की समस्याओं का सामना करना पड़ा। चीनी कम्युनिस्ट पार्टी और पार्टी के नेतृत्व में राज्य दोनों ही विकास केंद्रित सुधार की नीतियों पर अमल कर रहे थे और वैश्विक आर्थिक संकट के गहराने से पैदा होनेवाली सामाजिक-राजनीतिक समस्याओं और हिंसा की घटनाओं से निपटने की कोशिश कर रहे थे। चीनी सरकार के अगुआ दूसरे देश के नेताओं की तरह अपने आप को नई-नई शक्तियों से लैस कर रहे थे और इन चुनौतियों से निपटने के लिए विभिन्न स्तरों पर नए संस्थानों का निर्माण कर रहे थे और दरअसल, उन्हें विकास के अपने एजेंडा को लागू करने में काफ़ी सफलता भी मिली थी। हु चिनथाओ का "वैज्ञानिक विकास" और "चार समग्रताओं" सहित शी जिनपिंग की कई पहल और यादगार भ्रष्टाचार-विरोधी मुहिम इन नए हस्तक्षेपों की मिसाल थे। लेकिन वृहत और ज़मीनी स्तर पर चीन का हमारा अध्ययन दिखाता है कि आर्थिक प्रगति और सामाजिक स्थिरता के प्रति नेतृत्व की पूर्ण कटिबद्धता उन्हें समाज और राजनीति के जनतंत्रीकरण की ओर क़दम नहीं उठाने दे रही थी और विकास रणनीति में समुचित तब्दीली नहीं करने दे रही थी जिससे कि इन समस्याओं का समाधान किया जा सके। एक तरफ़ नेतृत्व "मध्यम या ऊँचे दर से आर्थिक विकास" के लिए प्रतिबद्ध था, जैसा कि चीन की तेरहवीं पंचवर्षीय योजना में घोषित किया गया था और चीन को एक विश्व शक्ति बनाना चाहता था। दूसरी तरफ़ विकास का यह रास्ता ग़ैरबराबरी और

तनाव पैदा कर रहा था। गाँव के स्तर पर 1998 के बाद बहु-उम्मीदवार प्रतियोगी चुनाव-जैसे जनतंत्रीकरण के प्रयास और मीडिया को और चीन में विदेशियों को घूमने की अपेक्षाकृत ज़्यादा आज़ादी देना निश्चित तौर पर सकारात्मक विकास थे। पेइचिंग ऑलिंपिक्स के दौरान 2008 में पूरी दुनिया ने इसकी तारीफ़ की। चीन में एशिया-पैसिफ़िक आर्थिक सहयोग (एपेक), जी-20 और अन्य विश्व स्तरीय सम्मेलनों का आयोजन लोगों की बढ़ती समृद्धि और उन्नत ढाँचा के साथ बढ़ती आज़ादी के माहौल को दिखाता था। लेकिन राजनीतिक उदारीकरण की इस प्रक्रिया की ख़ामियाँ भी साफ़ थीं। सुधारों की पूरी अवधि में समय-समय पर पत्रकारों और मानवाधिकार वकीलों और कार्यकर्ताओं की गिरफ़्तारी, विदेशी पत्रकारों का देशनिकाला, धार्मिक विरोधियों का दमन भी साथ-साथ चलता रहा। सभी नेताओं ने समाज और राजनीति में स्थिरता बनाए रखने को तेज़ आर्थिक विकास की पूर्वशर्त बताया। ज़ाहिर है पश्चिमी टिप्पणीकारों ने इन घटनाओं का इस्तेमाल चीनी "निरंकुश व्यवस्था" की निंदा के लिए किया। पश्चिमी समाज विज्ञानी और राय निर्माता समय-समय पर चीन में राजव्यवस्था के सूचकों का जायज़ा लिया करते थे और चीन को ख़राब अंक दिया करते थे। लेकिन चार दशकों के सुधारों के बाद एक बात साफ़ हो गई थी। राजव्यवस्था का आम चरित्र नहीं बदलने वाला। अलग-अलग शासनों के मातहत अनवरत पुनर्गठन के बावजूद आर्थिक, सामाजिक और राजनीतिक विकास के एक अभिकर्ता के रूप में पार्टी के नेतृत्व में राजकीय प्रक्रिया ने प्रशासन के मुख्य उपकरण को तैयार कर लिया था। इस प्रकार, प्रत्येक नेतृत्व ने पार्टी-राज्य तंत्र को ऊपर से नीचे तक इस नज़र से ज़्यादा कुशल, जवाबदेह, मूल्य आधारित राजनीतिक प्रबंधन और सामाजिक रूपांतरण की एजेंसी के रूप में ढालने के सचेत प्रयास किए। इस एजेंसी को ऊपर से नीचे तक विकास के लक्ष्यों को हासिल करने और सामाजिक-राजनीतिक स्थायित्व को बनाए रखने के इतने सख़्त निर्देश दिए गए कि वह लोगों के बीच से भागीदारीपूर्ण, जनतांत्रिक नेतृत्व को विकसित करने की क्षमता नहीं पैदा कर सका। विडंबना यह थी कि प्रत्येक नीतिगत घोषणा में ज़मीनी स्तर पर लोगों की रचनात्मक ऊर्जा के इस्तेमाल के प्रति प्रतिबद्धता को दुहराया जाता रहा। कई नीतियों को, मसलन पारिवारिक ज़िम्मेदारी व्यवस्था को स्थानीय स्तर पर तजरबों के रूप में आजमाया गया— इस मामले में शुरुआत अन्हुई प्रांत से हुई। माओ त्से-तुंग द्वारा येनान अभियान के दौरान विकसित "मास लाइन" के ढाँचे को प्रत्येक नेता दुहराता रहा। इसका मतलब था "अवाम से, अवाम तक" की नीति पर अमल।[1] इस सिद्धांत के मुताबिक प्रत्येक नीति लोगों के व्यवहार से पैदा होनी चाहिए और व्यवहार में ही उसे परखा जाना चाहिए और इस प्रक्रिया में उसे लगातार परिष्कृत किया जाना चाहिए। लेकिन सुधार रणनीति के तहत आर्थिक विकास हासिल करने के लिए सामाजिक स्थायित्व पर जिस तरह ज़ोर दिया गया उसने हर कैडर को एक हद तक पुलिसवाले में तब्दील कर दिया। इस स्थिति ने ऐसी हालत पैदा की जिसे "एजेंसी का फंदा" कहा जा सकता है। मेरे आकलन के मुताबिक इस

राजनीतिक व्यवस्था में निकट भविष्य में किसी बड़ी तब्दीली की संभावना नहीं है। चूँकि यह एजेंसी उच्च आर्थिक विकास, लोगों के लिए बेहतर जीवनस्तर हासिल करने और विश्व समुदाय में चीन को ऊँची प्रतिष्ठा दिलाने में सफल रही है, इसे चीन के अधिकांश लोग स्वीकार करते हैं और कारगर मानते हैं। यहाँ यह बताना ज़रूरी है कि किसी राजनीतिक व्यवस्था की स्वीकार्यता का सवाल एक जटिल सवाल है। चीन में स्वतंत्र चुनाव और नियंत्रण और संतुलन की व्यवस्था का न होना कई पर्यवेक्षकों को कोई फ़ैसला सुनाने से रोकता है। लेकिन चीन के संस्थानों और संगठनों द्वारा कराए गए मतसंग्रह इस शासन के प्रति लोगों में भारी संतोष की पुष्टि करते हैं।[2] चीनी व्यवस्था की वैधता पर बहस बेशक जारी रहेगी।[3] चीनी सरकार और पार्टी के अधिकारियों को "लेनिनवादी अपराचिक", "नए मंडारिन" और "श्रेष्ठतावादी शासन" के रूप पेश करने के कई प्रयास हुए हैं।[4] लेकिन चीन का राजनीतिक तंत्र कई मायनों में व्यवहार और राजनीति के स्तर पर एक गतिशील संगठन है जो बँधी-बँधाई परिभाषाओं के चौखटे में फिट नहीं बैठता। जैसा कि इस अध्ययन में हम देखेंगे प्रत्येक स्तर पर नेताओं और कैडर से घोषित लक्ष्यों को हासिल करने में अपने प्रदर्शन को साबित करने के लिए कहा जाता है। नियत ढाँचे के भीतर उन्हें अपनी कल्पनाशक्ति, क्षमता और सामर्थ्य का इस्तेमाल करना होता है। हम उस संस्थागत तत्त्व को इंगित कर रहे हैं जो विकास और स्थायित्व के उद्देश्य से सक्षम और जवाबदेह है, लेकिन उस स्थिति से पैदा होनेवाली रुकावटों से रूपांतरण प्रक्रिया को बाहर निकाल पाने की क्षमता नहीं रखता।

उन्होंने राज्य और पार्टी की जिस एजेंसी का निर्माण किया था उसे एक सीमित हद तक ही रूपांतरित किया जा सकता था, उसके काम में नवीनतम ढाँचागत सुविधाएँ मुहैया कर उसके तकनीकी कौशल को बढ़ाया जा सकता था और उनसे आग्रह किया जा सकता था कि वे पार्टी के नैतिक मानकों पर अमल करें, पारदर्शिता बनाए रखें और क़ानून के शासन को बहाल रखें। ये सब इस एजेंसी को कारगर बनाने के निहायत ही महत्त्वपूर्ण प्रयास थे। पर वे जनतांत्रिक आकांक्षाओं को, जैसे कि निर्णय प्रक्रिया में भागीदारी की आकांक्षा को पूरा करने के लिए नाकाफ़ी थे। वे गाँव स्तर पर प्रतिस्पर्धी चुनाव से आगे नहीं बढ़ सके। सत्ता को जनता के चुने प्रतिनिधियों को नहीं सौंप सके। सरकारी तंत्र को पार्टी से ज़्यादा स्वायत्त नहीं बना सके या रोज़ाना के व्यवहार में पारदर्शिता और जवाबदेही की व्यवस्था नहीं बना सके। हालात कैसे हैं यह सब इसका ही संकेत हैं। जहाँ तक चीन में नौकरशाही के सामाजिक आधार की बात है, यह ज़ाहिर था कि उसका विस्तार ज़्यादा-से-ज़्यादा वर्गों और इलाक़ों में हो रहा था। लेकिन अब भी उसका सामाजिक और क्षेत्रीय जनाधार संकुचित था। इस बारे में हम और चर्चा अगले अध्याय में करेंगे।

अभी हम स्थानीय स्तर पर राज्य के ढाँचे पर ग़ौर करेंगे। सुधार युग में 1978 के पहले के उसके संस्थागत ढाँचे में किस तरह के बदलाव किए गए। फिर हम टाउनशिप और गाँव के स्तर पर व्यवस्था के कामकाज की बात करेंगे।

सुधार युग में राज्य : तंग श्याओफिंग से शी जिनपिंग तक

जैसा कि चीनी जनगणराज्य के संविधान की प्रस्तावना में कहा गया है चीनी कम्युनिस्ट पार्टी एक "एकात्मक बहुराष्ट्रीय राज्य" में राजसत्ता की अगुआ है। "जनता के जनवादी अधिनायकत्ववाले इस समाजवादी राज्य की अगुआई मज़दूर वर्ग करता है और इसका आधार मज़दूरों और किसानों का गठबंधन है" (धारा 1), चीनी कम्युनिस्ट पार्टी "जनवादी पार्टियों की देखरेख और परामर्श" से शासन को राजनीतिक तौर पर निर्देशित करती है। इन पार्टियों में प्रमुख हैं— चीन डेमोक्रेटिक लीग, वर्कर्स एंड पीज़ंट्स पार्टी और रिवोल्यूशनरी क्वोमिंतांग। सुधारों की शुरुआत के बाद इन पार्टियों को ज़्यादा महत्त्व दिया गया क्योंकि उन्होंने इन नीतियों का ज़ोरदार स्वागत किया। उन्हें चीनी जन राजनीतिक सलाहकार सम्मेलन (सीपीपीसीसी) में महत्त्वपूर्ण स्थान दिया गया है। इसका अध्यक्ष चीनी कम्युनिस्ट पार्टी का एक वरिष्ठ नेता होता है जो अक्सर चीनी कम्युनिस्ट पार्टी की पोलित ब्यूरो की स्थाई समिति का सदस्य होता है। संसद का चीनी समकक्ष नेशनल पीपल्स काँग्रेस (एनपीसी) है जिसमें लगभग 3,000 प्रतिनिधि होते हैं और साल में एक बार पंद्रह दिनों के लिए उसकी बैठक होती है। एनपीसी की स्थाई कमेटी जिसमें तक़रीबन 150 सदस्य होते हैं, क़ानून बनानेवाली निर्णायक संस्था है। वह साल में कई बार बैठती है। स्टेट काउंसिल मंत्रिमंडल का काम करती है, जिसमें प्रधानमंत्री, उपप्रधानमंत्री, मंत्री तथा आयोग और ब्यूरो होते हैं। वह राज्य की कार्यपालिका है। राज्य का मुखिया राष्ट्रपति होते हैं जिनका चुनाव एनपीसी करती है। चीनी जनगणराज्य के शुरुआती दिनों में माओ त्से-तुंग की तरह 2012–13 के बाद से शी जिनपिंग राष्ट्रपति, पार्टी महासचिव और केंद्रीय सैनिक आयोग के अध्यक्ष के तीनों पदों पर क़ाबिज़ हैं।[5] सन् 1959 से लेकर 1966 तक गणराज्य के राष्ट्रपति के पद पर लिऊ शाओछी बने रहे। सांस्कृतिक क्रांति और उसके बाद कई तब्दीलियों के बाद च्यांग त्समिन केंद्रीय सैनिक आयोग के पद से तंग श्याओफिंग के हटने के बाद संयुक्त रूप से एक साथ इन पदों पर क़ाबिज़ हो गए। यह व्यवस्था 1954 के संविधान के लागू होने के बाद से चलती रही है। शी जिनपिंग ने 2012 में चीनी कम्युनिस्ट पार्टी के महासचिव का पद ग्रहण करने के तुरंत बाद "चीनी ख़ासियतोंवाली समाजवादी व्यवस्था" के निर्माण की बात दुहराई "जो बुनियादी राजनीतिक व्यवस्था और बुनियादी आर्थिक व्यवस्था को एकीकृत करती है"।[6] जिन तीन व्यवस्थाओं का उल्लेख किया गया है वे हैं— जन काँग्रेस प्रणाली, पार्टी के नेतृत्व की व्यवस्था जो जनवादी पार्टियों को सलाह देने का काम करती है और समाजवादी स्वामित्व की व्यवस्था। जब हम विभिन्न शासनों को दौरान राज्य और पार्टी की भूमिका पर ग़ौर करते हैं इस बुनियादी ढाँचे को ध्यान में रखना ज़रूरी है।[7]

पार्टी संस्थान सरकारी ढाँचे का नेतृत्व करते हैं। पार्टी नेता सरकारी पदों पर क़ाबिज़ रहते हैं और पार्टी की केंद्रीय कमेटी सभी महत्त्वपूर्ण निर्णय लेती है और सिद्धांतों का निरूपण

करती है। उनका अनुसरण करते हुए स्टेट काउंसिल नीतियाँ तय करती है और उनपर अमल की योजना बनाती है। इसके पहले कि केंद्रीय कमेटी बहस करे और नीति बनाए पोलित ब्यूरो और उसकी स्थाई कमेटी कई बार सलाह-मशविरा करते हैं और केंद्रीय कमेटी के लिए अनुशंसा करते हैं। मिसाल के तौर पर, नया नेतृत्व पार्टी काँग्रेस में चुने जाने के बाद राज्य में अपना पद सँभालता है। शी जिनपिंग नवंबर 2012 में अठारहवीं पार्टी काँग्रेस में महासचिव चुने गए और एनपीसी ने उन्हें मार्च 2013 में राष्ट्रपति के रूप में चुना। दोनों ही पदों का कार्यकाल पाँच साल का है और क़ानून के मुताबिक वे फिर से चुने जा सकते हैं। चीनी जनगणराज्य के संविधान की धारा 79 किसी व्यक्ति को राष्ट्रपति और उपराष्ट्रपति के पद पर लगातार दो बार से ज़्यादा चुने जाने पर पाबंदी लगाती थी जिसे 2018 में संशोधित कर दिया गया। पोलित ब्यूरो की स्थाई कमेटी के सात सदस्यों में से ली खछयांग को प्रधानमंत्री, ली युआनछाओ को उपराष्ट्रपति, त्सांग तच्यांग को चीनी जन राजनीतिक सलाहकार महासभा (सीपीपीसीसी) का अध्यक्ष बनाया गया। वर्ष 2018 में शी जिनपिंग दुबारा राष्ट्रपति बने, लेकिन उपराष्ट्रपति के पद पर वांग छीशान, एनपीसी का चेयरमैन ली चानशु और सीपीपीसीसी का अध्यक्ष वांग यांग को चुना गया। ग़ैर-कम्युनिस्ट पार्टियों और व्यक्तियों के साथ इस संयुक्त मोर्चा का नेतृत्व 1940 से अस्तित्व में है और इसका नेतृत्व भी चीनी कम्युनिस्ट पार्टी का कोई वरिष्ठ नेता ही करता है। एनपीसी ही सर्वोच्च न्यायालय के अध्यक्ष और जन मुख़्तार (Procuratorate) के मुखिया को भी चुनती है। लेकिन सभी पार्टी के केंद्रीय नेतृत्व— *चुंगयांग* या केंद्र की देखरेख में काम करते हैं।

प्रांतीय स्तर पर राज्यपाल नेता होता है जो प्रांतीय पार्टी सचिव की देखरेख में काम करता है। प्रांतीय जन काँग्रेस की एक स्थाई समिति होती है, जो प्रांतीय सरकार के प्रशासनिक अंग का भी काम करती है। इसी तर्ज पर नीचे भी काउंटी में डाइरेक्टर, सिटी में मेयर, ज़िला में डाइरेक्टर और टाउनशिप में डाइरेक्टर होते हैं। उनमें से प्रत्येक उस स्तर के पार्टी सचिव के मार्गदर्शन में काम करता है।

यह व्यवस्था अलग-अलग शासनों के मातहत अलग-अलग तरीक़े से काम करती है। तंग श्याओफिंग ने एक सामूहिक टीम बनाई थी, हालाँकि सुधार रणनीति के प्रणेता के रूप में वे इस टीम के मुखिया थे और उन्हें माओ के बाद सबसे ज़्यादा इज़्ज़त मिली। उन्होंने राज्य और पार्टी के कामकाज के संस्थानिक स्वरूप का सख़्ती से पालन करने पर ज़ोर दिया। इसके लिए उन्होंने दोनों के भीतर पंचवर्षीय चुनाव, बजट पारित करने और सरकार के कामकाज की समीक्षा के लिए एनपीसी की सालाना बैठक, क़ानून बनाने के लिए एनपीसी की स्थाई कमेटी की माहवारी बैठक, चीनी कम्युनिस्ट पार्टी की केंद्रीय कमेटी के सालाना प्लेनम, पोलित ब्यूरो की जल्द-जल्द बैठक आदि पर ज़ोर दिया। उन्होंने अर्थव्यवस्था के साथ-साथ राजनीति को "चीनी विशेषताओं वाले समाजवाद" के सिद्धांत

के अनुरूप ढालने की कोशिश की। च्यांग त्समिन ने राज्य और निजी उद्यमियों को गोलबंद करते हुए ऊँचे विकास के लक्ष्य को हासिल करने पर ज़ोर दिया। अपने शासनकाल में प्रधानमंत्री चु रूंगची ने नौकरशाही को छोटा करने और उसे चुस्त-दुरुस्त बनाने पर और उनके उत्तराधिकारी वन च्यापाओ ने संकट और रोजमर्रा की समस्याओं से सरोकार के साथ निपटने की सरकारी क्षमता पर ज़ोर दिया। शी जिनपिंग के शासनकाल में सुधार रणनीति को समन्वित विकास, सरकारी अधिकारियों और पार्टी कैडर के भ्रष्टाचार से लड़ना और जीवन को कम्युनिस्ट मूल्यों के अनुरूप ढालना सबसे उल्लेखनीय दृष्टिकोण था। केंद्रीय अनुशासन निगरानी आयोग (सीसीडीआई) के मातहत बड़े पैमाने पर भ्रष्टाचार-विरोधी मुहिम शुरू करने के साथ ही उन्होंने पार्टी कर्मियों से 1940 की मुहिम की तर्ज पर कम्युनिस्ट मूल्यों को प्रोत्साहित करने में भूमिका निभाने को कहा।[8] इस पर और विस्तार से चर्चा अगले अध्याय में की गई है। व्यवस्था जिस “एजेंसी के फंदे” के साथ-साथ “सफलता के फंदे” में फँस गई थी उससे बाहर निकलने के लिए ये कुछ क़दम उठाए गए।

चीन तेज़ विकास के रास्ते पर चलता रहा और इक्कीसवीं सदी के शुरुआती वर्षों में शानदार नतीजे हासिल किए। तंग श्याओफिंग ने अपने उत्तराधिकारियों के लिए जो ख़ाका ख़ाका तैयार किया, वह कई पर्यवेक्षकों को अचंभित करता रहा है। “एक केंद्र, दो बिंदु” (*यिचुंग ल्यांगत्येन*) के तहत सारा ज़ोर एक बिंदु यानी आर्थिक विकास पर रहा है। यह तो पूरी तरह साफ़ है। लेकिन यह साफ़ नहीं है कि “चार आधारभूत सिद्धांत”— जो दो बिंदुओं में से एक है, जबकि दूसरा बिंदु है “सुधार और खुलापन” क्यों उसका इस्तेमाल कई बार नेताओं और अन्य ताक़तों को “बुर्जुआ उदारीकरण” का हिमायती कह कर उनपर हमला करने के लिए किया जाता है? जून 1989 में थ्येनआनमन स्क्वायर का दमन तंग के चीन में आर्थिक सुधार के राजनीतिक प्रबंधन के नज़रिए का प्रतीक था। उसने साफ़ कर दिया कि चीनी सरकार स्थायित्व को बहाल रखने के लिए, जिसे वह आर्थिक विकास के लिए ज़रूरी मानती है, तानाशाही लागू करने से हिचकेगी नहीं। इसके अलावा नेताओं ने साफ़ कर दिया कि चीनी कम्युनिस्ट पार्टी राजसत्ता पर अपना नियंत्रण जारी रखेगी। हाँ, महत्त्वपूर्ण मुद्दों पर अन्य जनतांत्रिक पार्टियों से सलाह लेती रहेगी। इस प्रकार, आनेवाले दशकों के लिए “सुधार, विकास और स्थायित्व” का ख़ाका तय किया गया जो इस दृष्टिकोण के तीन अंतरसंबंधित तत्त्व थे। इस ख़ाके को सितंबर 1994 में कम्युनिस्ट पार्टी के चौथे प्लेनम में अंतिम रूप दिया गया और सितंबर 1995 के पाँचवें प्लेनम में दुहराया गया और प्रधानमंत्री ली फंग द्वारा 5 मार्च 1996 को आठवीं नेशनल पीपल्स काँग्रेस के चौथे सत्र में पेश रिपोर्ट में इसका प्रमुखता से उल्लेख किया गया।[9] हु-वन के शासन ने कुल मिलाकर इसी नज़रिए को कायम रखा, हालाँकि विकास केंद्रित इस रणनीति से पैदा होनेवाली समस्याओं से निपटने के लिए उसने “वैज्ञानिक विकास” या संतुलित, समन्वित विकास पर ज़ोर दिया। बहरहाल, उसने राज्य के बुनियादी चरित्र को बनाए रखा, जिसे तंग और च्यांग त्समिन ने

तैयार किया था। जैसा कि हमने पिछले अध्याय में चर्चा की है शी जिनपिंग ने भी उसी ढाँचे को बरक़रार रखा, लेकिन भ्रष्टाचार-विरोध और नैतिक आचरण के साथ नीची विकास दर को नया मानक मान लिया गया।

सभी पार्टी काँग्रेस में आम चीनी राजनीतिक व्यवस्था में, ख़ासकर ज़मीनी स्तर पर जनतंत्र को मज़बूत बनाने का सवाल बार-बार उठता रहा है। सितंबर 1997 में चीनी कम्युनिस्ट पार्टी की पंद्रहवीं काँग्रेस में पेश च्यांग त्समिन की राजनीतिक रिपोर्ट में इस मुद्दे को प्रमुखता दी गई थी। राजनीतिक ढाँचे में सुधार की ज़रूरत को रेखांकित करते हुए उन्होंने घोषणा की कि "यह अत्यावश्क है कि हम पश्चिमी मॉडल की नकल करने की जगह बुनियादी राजनीतिक व्यवस्था को मज़बूत बनाएँ और उसमें सुधार करें"।[10] बुनियादी राजनीतिक व्यवस्था से उनका मतलब था कम्युनिस्ट पार्टी का नेतृत्व, समाजवादी व्यवस्था और जनता की जनवादी तानाशाही को बनाए रखना, जिसे उन्होंने "लोगों के संघर्षों का नतीजा और इतिहास की पसंद" बताया। इस संदर्भ में च्यांग ने निम्नलिखित कर्तव्य तय किए "जनतंत्र का विकास, क़ानून व्यवस्था को मज़बूत करना, सरकारी अंगों को चुस्त-दुरुस्त बनाना और स्थायित्व और एकता को बनाए रखना"।[11] लेकिन यह साफ़ था कि सभी स्तरों पर स्वतंत्र चुनाव, निष्पक्ष न्यायपालिका और स्वतंत्र प्रेस या "पश्चिमी उदारवादी जनतंत्र" की संस्थाएँ और व्यवहार समकालीन चीन के एजेंडे पर नहीं थे। शी जिनपिंग के शासनकाल में राजनीतिक व्यवस्था के बारे में वैचारिक सूत्रीकरण को साफ़ तौर पर निरूपित किया गया। एक तरफ़ शी ने घोषित किया कि "नेतृत्व और सांगठनिक पद्धति का मामला बुनियादी, सर्वांगीण, स्थिर और स्थाई मसला है"। मतलब यह कि पार्टी के नेतृत्ववाले राज्य व्यवस्था में कोई ढील नहीं दी जा सकती। दूसरी तरफ़ लगातार सुधार ज़रूरी था : "हमारी राष्ट्रीय शासन पद्धति और क्षमता को बेहतर बनाने का काफ़ी गुंजाइश है"।[12] शी जिनपिंग जब पार्टी नेतृत्व के भीतर अपनी पकड़ बनाने की कोशिश कर रहे थे और सांगठनिक क़दम उठा रहे थे, सारे समय उनके आधिकारिक भाषणों और लेखन पर यह मुद्दा हावी रहा। जब 2016 में कम्युनिस्ट पार्टी की केंद्रीय कमेटी को छठे प्लेनम में शी जिनपिंग को पार्टी नेतृत्व का "कोर" घोषित किया गया, यह रुझान साफ़ हो गया। पार्टी नेतृत्व का "कोर" घोषित करने की परिपाटी को हु चिनथाओ के काल में बंद कर दिया गया था। लेकिन यह इस बात का भी संकेत था कि देश के कई क्षेत्र ऐसे थे, जिनमें अपनी नीतियों के प्रति समर्थन को वे लेकर आश्वस्त नहीं थे। यह कहना कि यह सब "देश और लोगों के हित में" था, यह दिखाता है कि शी जिनपिंग नए क़दम उठाने के लिए और ताक़त जुटाना चाहते थे।[13] सत्रहवीं काँग्रेस में शी जिनपिंग विचारधारा की घोषणा और तेरहवीं एनपीसी में राष्ट्रपति पद पर निर्वाचन से कार्यकाल की सीमा को हटाना यह इंगित करता है कि निकट भविष्य में पार्टी के नेतृत्व में इस राज्य का चरित्र नहीं बदलने वाला, इसलिए एजेंसी का द्वंद्व भी जारी रहेगा।

बहरहाल, संस्थानिक कामकाज के कुछ तौर-तरीक़े सकारात्मक बदलाव का संकेत देते हैं। प्रत्येक स्तर पर जन काँग्रेस की व्यवस्था में सुधार राजनीतिक सुधारों के एक महत्त्वपूर्ण तत्त्व की ओर इशारा करते हैं। सुधार के दौर में उनके चुनाव और बैठकों में नियमितता के साथ ही उनकी स्थाई कमेटियों की बैठकों में नियमितता, उनके विधायी और निगरानी के काम को चुस्त-दुरुस्त बनाने और प्रतिनिधियों और लोगों के बीच क़रीबी रिश्ते को मज़बूत बनाने पर ज़ोर दिया गया।

इस संदर्भ में "लंबे सहअस्तित्व, आपसी निगरानी, एक-दूसरे के साथ निष्ठापूर्ण व्यवहार और साझा हित एवं सरोकार" के सिद्धांत के तहत चीनी कम्युनिस्ट पार्टी के ग़ैर-कम्युनिस्ट पार्टियों के साथ पारस्परिक संबंध पर ज़ोर दिया गया। दरअसल, चीनी जन राजनीतिक सलाहकार सम्मेलन (सीपीपीसीसी) की भूमिका को स्थिर तरीक़े से संस्थागत रूप दिया गया। इससे पार्टी को राजनीतिक रुझान को दरकिनार करते हुए हर तरह के लोगों के साथ एका कायम करने और चीन के विकास के लिए एक व्यापक देशभक्त संयुक्त मोर्चा बनाने में मदद मिली। यह याद रखना चाहिए कि जो राजनीतिक पार्टियाँ जापान-विरोधी युद्ध में कम्युनिस्ट पार्टी के साथ मिल कर लड़ीं और जिन्होंने 1949 के पहले संयुक्त मोर्चा सरकार बनाने की कम्युनिस्ट पार्टी की समझ का समर्थन किया वे मुख्यभूमि में रह गईं और चीनी जनगणराज्य के निर्माण में कम्युनिस्ट पार्टी का साथ दिया। चीनी जन राजनीतिक सलाहकार सम्मेलन (सीपीपीसीसी) सात "जनतांत्रिक पार्टियों" और अन्य ग़ैर-कम्युनिस्ट ताक़तों को मंच मुहैया करता है। चीनी जनगणराज्य के संविधान की प्रस्तावना ऐतिहासिक भूमिका निभाने के लिए सीपीपीसीसी की सराहना करता है कि वह "देश के राजनीतिक और सामाजिक जीवन में और भी महत्त्वपूर्ण भूमिका निभाना जारी रखेगा..."।[14] सांस्कृतिक क्रांति के दौरान उनपर हमले किए गए और उन्हें दरकिनार कर दिया गया। सुधारों की शुरुआत के बाद उन्होंने नई नीतियों का स्वागत किया और बदले में उन्हें "सुधार और खुला दरवाज़ा" नीति को बढ़ावा देने में सक्रिय भूमिका सौंपी गई।[15]

ज़मीनी स्तर पर जनतंत्र के मामले में हमेशा सावधानी भरी नीतिगत सोच रही है। बहरहाल, इसी स्तर पर पार्टी और राज्य की नींव रखी जाती है और केंद्रीय नेतृत्व की नीतियों और वैचारिक सोच के प्रति समर्थन जुटाया जाता है। वर्ष 1997 की पार्टी काँग्रेस में च्यांग त्समिन ने घोषणा की कि पार्टी यह सुनिश्चित करेगी कि "लोग सीधे अपने जनतांत्रिक अधिकारों का उपभोग करें, अपने फ़ैसले ख़ुद लें...। शहरी और ग्रामीण इलाक़ों में ज़मीनी स्तर पर सत्ता संगठनों और स्वशासी जन संस्थाओं को चुनाव की बेहतर जनतांत्रिक व्यवस्था करनी चाहिए"। दरअसल, कई इलाक़ों में 1994 के बाद प्रतिस्पर्धा के आधार पर गाँव कमेटियों का चुनाव हुआ है। एक आकलन के मुताबिक 1995 में चीन की दो-तिहाई गाँव कमेटियों के चुनाव में एक से ज़्यादा उम्मीदवार थे। वर्ष 1998 के बाद ऐसा पूरे चीन में

होने लगा। टाउनशिप के स्तर पर भी कुछ इलाक़ों में प्रतियोगी चुनाव (प्रत्येक पद के लिए एक से ज़्यादा उम्मीदवार होना) शुरू हुए। वह एक अपवाद था। वर्ष 2007 में यह साफ़ कर दिया गया कि चुनाव में एक से ज़्यादा उम्मीदवार होने का रिवाज यानी प्रतियोगी चुनाव सिर्फ़ गाँव कमेटियों तक सीमित रहेगा। शी जिनपिंग के शासनकाल में भी प्रतियोगी चुनाव को अन्य स्तरों पर लागू करने के कोई संकेत नहीं हैं। वर्ष 1994 के पहले प्रतिनिधियों और पदाधिकारियों का एक पैनल उच्च स्तर और निचले स्तर के बीच सलाह-मशविरा करके तय किया जाता था। इसके बदले अब एक से ज़्यादा लोग नामांकन दाख़िल करते हैं और गाँववासी अपनी पसंद के उम्मीदवार को वोट देते हैं। लेकिन गाँव कमेटियों के स्तर पर प्रतियोगी चुनाव की शुरुआत के दो दशक बाद अब हम पार्टी के दबदबे के परिवेश की वजह से उलटी धारा देख रहे हैं। हालाँकि सैद्धांतिक रूप से बहुत-से गाँवों में एक से ज़्यादा उम्मीदवार खड़े हो सकते हैं, पर कई बार पार्टी द्वारा मनोनीत लोग ही बार-बार चुने जाते हैं।

यह सब होता है स्थायित्व बनाए रखने के नाम पर, क्योंकि पार्टी नेतृत्व को यह अंदेशा है कि टाउनशिप, काउंटी और प्रांतीय स्तर पर प्रतियोगी चुनाव से अस्थायित्व के आसार पैदा होंगे। वे मानते हैं कि तंग श्याओफिंग द्वारा तय और उनके उत्तराधिकारियों द्वारा सख़्ती से अमल में लाए गए विकास की आकांक्षा और दो शताब्दी समारोहों के लिए तय लक्ष्यों को हासिल करने के लिए 2021 तक एक आम तौर पर ख़ुशहाल समाज और 2049 तक एक ताक़तवर, समृद्ध औसत दर्जे का विकसित राष्ट्र बनने के लिए इस तरह की राजव्यवस्था ज़रूरी है। इस दिशा में विकास की गति को बरक़रार रखने के लिए स्थायित्व को निर्णायक सिद्धांत माना जाता था। पर सवाल यह है कि क्या इस तरह का स्थायित्व सामाजिक तनाव तो नहीं पैदा करेगा, जो एक दिन ज्वालामुखी की तरह फट पड़े। "एजेंसी के फंदे" की यही नियति है। पार्टी नीत राज्य की इस एजेंसी ने केंद्रीकृत नेतृत्व के बलबूते सामाजिक और राजनीतिक स्थायित्व बहाल रखते हुए भारी आर्थिक सफलता हासिल की है। इसलिए इसके अधिनायकवादी चरित्र को बदला नहीं जा सकता, क्योंकि वह कामकाजी और कारगर है। लेकिन यही पार्टी-राज्य मशीनरी जनतांत्रिक कायापलट को बाधित करती है और विलगाव और सामाजिक तनावों को जन्म देती है। भले ही इसे "चीनी विशेषताओं वाला समाजवादी जनवाद" कहा जाता हो पर उसमें एक राजनीतिक अंतरविरोध अंतरनिहित है। वैचारिक स्तर पर इस परिघटना को समझना मुश्किल रहा है।

जनतंत्र, स्थायित्व और विकास

"जनतंत्रीकरण" के बारे में पाश्चात्य विमर्श शायद ही यह समझ पाए कि चीन स्थायित्व पर इतना ज़ोर क्यों देता है। पश्चिमी उदारवादियों की समझ से जनतंत्रीकरण का मूल मतलब है "नागर समाज का सशक्तिकरण" और उसकी सक्रियता।[16] ख़ेमाबंद दलगत राजनीति,

सामाजिक प्रक्रिया की शासनकारी क़ानूनी संस्थाओं में दबाव समूहों की खुली भागीदारी और मोलतोल नागर समाज की कुछ अहम ख़ासियत हैं। यह प्रक्रिया चीन में भी मौजूद है, पर उसका स्वरूप अलग है। लेकिन पश्चिमी उदारवादी नज़रिए से वे जनतांत्रिक संस्थाओं के मामले में पीछे हैं। चीन में जनतंत्र के सवाल पर पश्चिमी विमर्श एकमत नहीं है। कुछ स्वतंत्रता के दायरे को बढ़ाने की बात करते हैं, तो कुछ उसे अतिकेंद्रीकृत "लेनिनवादी अधिनायकवादी शासन" मानते हैं। कुछ तो उसे "ख़ालिस तानाशाही" समझते हैं।[17] सभी पश्चिमी टिप्पणियों में एक बात समान है मानवाधिकारों का सम्मान करने के लिए चीन पर दबाव। बहरहाल, अगर विभिन्न देशों पर नज़र डालें तो लगभग सभी देशों में मानवाधिकारों की कमी नज़र आती है। चीन में जनतंत्र के विमर्श की एक ख़ास बात है। च्यांग त्समिन के शासनकाल में चीन में अधिनायकवादी नियंत्रण के पक्ष में यह तर्क दिया जाता था कि एक विकासशील देश में विकास और सामाजिक प्रबंध की कई समस्याएँ हैं। इस वजह से तेज़ विकास के लिए एक ताक़तवर केंद्रीय नेतृत्व ज़रूरी है और चीन अभी पश्चिमी क़िस्म के जनतंत्र के लिए "तैयार नहीं" है।[18] चीनी कम्युनिस्ट पार्टी की 2007 में सत्रहवीं काँग्रेस के कुछ समय बाद एक अलग ही धुन सुनाई पड़ने लगी कि चीन कभी पश्चिमी क़िस्म का जनतंत्र नहीं अपनाएगा और "चीनी विशेषताओं वाले सामाजिक जनवाद" के रास्ते पर ही चलता रहेगा। शी जिनपिंग के सत्तारूढ़ होने के बाद यह सोच और साफ़ हो गई।

अक्टूबर 1992 में चीनी कम्युनिस्ट पार्टी की चौदहवीं काँग्रेस में समाजवादी बाज़ार अर्थव्यवस्था का नज़रिया अपनाया गया और चीनी विशेषताओं वाले समाजवाद के निर्माण के तंग के विचार को लक्ष्य घोषित किया गया। उसके बाद से दीर्घकालीन स्थायित्व मुख्य सरोकार बन गया। इसकी आंशिक वजह थी तंग की मृत्यु के बाद सुधारों को जारी रखने की चिंता और आंशिक रूप से चीन के भीतर चल रही विरोध की गतिविधियाँ। मानवाधिकार और अन्य मुद्दों पर पश्चिमी दबाव को तो छोड़ ही दें। घर और बाहर की नई चुनौतियों और राष्ट्रवादी लक्ष्यों को हासिल करने के अंदरूनी दबाव ने उन्हें मौजूदा व्यवस्था के तहत "स्थायित्व" को बनाए रखने के प्रति और भी कट्टर बना दिया।

कह सकते हैं कि "जनतंत्रीकरण" के सिद्धांत पर पश्चिम में भी हमले हो रहे हैं। सभी समाजों में समूहों के बीच सत्ता का बँटवारा असमान है। अगर राजनीति उन्हीं समूहों तक सीमित रहे जो सौदेबाज़ी की ज़्यादा ताक़त रखते हैं, तो कमज़ोर समूह जनतंत्र से वंचित रह जाते हैं। इसलिए बहुत-से समूह जो इस व्यवस्था के बाहर हैं या उसके ख़िलाफ़ हैं, वे भी जनतांत्रिक अधिकारों का दावा करते हैं और उनका यह दावा जायज़ भी है। लेकिन उदारवादी सिद्धांतकार दरअसल उन्हें नागर समाज से बाहर छोड़ देते हैं। स्वतंत्र और निष्पक्ष चुनाव जनतंत्र की जान है, पर आधुनिक संचार माध्यमों के इस्तेमाल से जन गोलबंदी ने कई ऐसे लोकलुभावन नेताओं को जन्म दिया है, जनतंत्र के प्रति जिनकी निष्ठा पर सवाल

उठते रहे हैं। इस प्रकार संस्थानिक प्रक्रियाओं पर ज़ोर ने जनतंत्र की कई कमियों को उजागर किया है। इसलिए जनतांत्रिक रूपांतरण के सिद्धांत का विस्तार करना होगा। उसमें जनतंत्र के लिए ढाँचागत उपायों के निर्माण के साथ-साथ विरोध और राजनीतिक बहस-मुबाहसे, स्वतंत्र चुनाव और संस्थागत कामकाज की ज़रूरत पर ज़ोर देना होगा। मतलब यह कि जनतंत्रीकरण का बाज़ारवादी सिद्धांत उतना ही नाकाफ़ी है जितना कि सोवियत सिद्धांत। बाज़ारवादी सिद्धांत अधिकारहीन समूहों को बाहर रखता है और नई असमानताओं को जन्म देता है, वहीं सोवियत सिद्धांत समर्थकारी संस्थाओं और बराबरी के संस्थागत हालात पैदा करनेवाली राजनीतिक भागीदारी की प्रक्रियाओं के महत्त्व को नज़रअंदाज़ करता है। सांस्कृतिक क्रांति के हिमायतियों ने जनतंत्र के बारे में जो नज़रिया अपनाया वह राज्य और कम्युनिस्ट पार्टी की मौजूदा राजनीतिक संस्थाओं का माखौल बनाता था। उन्होंने "क्रांतिकारी कमेटियों" का गठन किया और जन आंदोलनों और सार्वजनिक विवाद के ज़रिए राजनीति की। उस दौर में संस्थाओं को स्थगित कर दिया गया और इस प्रकार मनमाने फ़ैसलों और अंधाधुँध उत्पीड़न का रास्ता साफ़ किया। जन आंदोलन मददगार हो सकते हैं, पर संस्थाओं की जगह नहीं ले सकते।[19]

सांस्कृतिक क्रांति के दौरान एनपीसी की बैठक सिर्फ़ एक बार दस साल बाद 1975 में हुई। इसके उलट 1978 के बाद उसकी नियमित सालाना बैठक होने लगी। चीनी जन गणराज्य का संविधान और राजकीय संस्थाओं को आज के चीन में काफ़ी महत्त्व दिया जाता है। वर्ष 1994 में चीनी जनगणराज्य के संविधान के लागू होने और एनपीसी की स्थापना की चालीसवीं सालगिरह के मौक़े पर कई समारोह आयोजित किए गए। इसी प्रकार, चीनी जनगणराज्य की स्थापना की पचासवीं और साठवीं सालगिरह के मौक़े पर न सिर्फ़ चीन की आर्थिक उपलब्धियों को दिखाने की कोशिश की गई, बल्कि "चीनी विशेषताओं वाले जनवाद" की संस्थाओं के महत्त्व को रेखांकित किया गया। एनपीसी को चीनी जनवादी तानाशाही का संस्थागत स्वरूप माना जाता है, जिसे "जनता चुनती है और उसकी निगरानी करती है"। यह "जनतंत्र को कार्यकुशलता" के साथ जोड़ती है। राष्ट्रीय, प्रांतीय, काउंटी और टाउनशिप के स्तर पर जन काँग्रेस की व्यवस्था को चीनी विशेषताओं वाले समाजवादी जनवाद का मूलाधार माना जाता है। प्रत्येक स्तर पर चुनावों में पदों से ज़्यादा उम्मीदवार होना आम प्रचलन बन गया है। किस उम्मीदवार को कितने मत मिले इसकी खुलेआम घोषणा अब कोई अनोखी बात नहीं रह गई है। निर्णय प्रक्रिया में ग़ैर-कम्युनिस्ट पार्टियों और व्यक्तियों की भागीदारी का दायरा बढ़ता जा रहा है। चीनी जन राजनीतिक सलाहकार सम्मेलन (सीपीपीसीसी) की राष्ट्रीय कमेटी की बैठक एनपीसी की सालाना बैठक के समय होती है और वह मुख्य नीतिगत दस्तावेज़ों पर विचार-विमर्श करती है। चीनी कम्युनिस्ट पार्टी के नेतृत्व में अन्य जनतांत्रिक पार्टियों की भूमिका की वजह से चीनी जन राजनीतिक

सलाहकार सम्मेलन (सीपीपीसीसी) की कार्यवाही की लोकप्रियता बढ़ी है। मिसाल के तौर पर, आठवीं एनपीसी के चौथे सत्र के अध्यक्ष मंडल में ग़ैर-कम्युनिस्ट पार्टियों, ग़ैर-पार्टी व्यक्तियों और अखिल चीन उद्योग और वाणिज्य फ़ेडेरेशन के 16 नेता शामिल थे। हालाँकि 160 सदस्यीय अध्यक्ष मंडल में उनकी तादाद महज़ 10 प्रतिशत थी। वर्षों से यही आम प्रचलन रहा है। राज्य पर चीनी कम्युनिस्ट पार्टी का स्पष्ट नेतृत्व है। हालाँकि राज्य तंत्र का अपना अलग महत्त्व है।

जैसा कि हम पहले इंगित कर चुके हैं पार्टी-राज्य के कामकाज पर प्रत्येक शासन का अलग असर रहा है। च्यांग त्समिन के नेतृत्व में 25–28 सितंबर 1994 को हुई चीनी कम्युनिस्ट पार्टी की चौदहवीं केंद्रीय कमेटी के यादगार चौथे प्लेनम में उत्तर-तंग युग, ख़ासकर थ्येनआनमन विद्रोह के बाद की तैयारी को लेकर नेतृत्व की चिंता साफ़ झलकती थी। उसने "पार्टी निर्माण को तेज़ करने" पर ज़ोर दिया, "जनवादी केंद्रीयता" के सिद्धांत में भरोसा दुहराया, ज़मीनी स्तर पर पार्टी संगठन के निर्माण और "राजनीतिक रूप से ईमानदार और सक्षम" नेतृत्व के प्रशिक्षण और प्रोत्साहन पर ज़ोर दिया। यह भ्रष्टाचार और अपराध, नैतिक पतन और उपभोक्तावाद की बढ़ती प्रवृत्ति और क़ीमतों में वृद्धि तथा ग़ैर-बराबरी-जैसी आर्थिक समस्याओं का जवाब था। आम तौर पर विकास की ऊँची दर के बावजूद एकमुश्त बाज़ारीकरण की जगह वृहत्तर आर्थिक नियंत्रण को बाज़ार अर्थव्यवस्था को दिशा देने के लिए ज़रूरी माना गया। शहरों की ओर बड़े पैमाने पर पलायन ने एक नई स्थिति को जन्म दिया, जिसमें पार्टी इकाइयों ने अपने सदस्यों पर नियंत्रण खो दिया। पार्टी सेल पर "पूँजीवाद की बुराइयाँ, ख़ानदान आधारित, गिरोहबंद और अन्य भूमिगत संगठनों के साथ-साथ ईसाइयत समेत अन्य धर्मों का प्रचार-प्रसार" हावी हो गया।[20] इन प्रवृत्तियों की काट और समाजवादी नैतिक सभ्यता के निर्माण के सांस्कृतिक काम, अनुशासन लागू करने और विकास की गति को बनाए रखने के लिए पार्टी नेतृत्व को मज़बूत करने का आह्वान किया गया।

इसका ख़ाका तंग और उनके सहयोगी उप-प्रधानमंत्री और आर्थिक योजनाकार छन युन ने साझा रूप से तैयार किया था, जब वे दोनों चीनी कम्युनिस्ट पार्टी की पोलित ब्यूरो के सदस्यों की हाज़िरी में 24 जुलाई 1994 को मिले और आठ बिंदुओं पर सहमत हुए। तंग की गंभीर बीमारी और छन युन की मृत्यु के पहले दोनों वरिष्ठ नेताओं के बीच यह अंतिम मुलाकात थी। जिस ख़ाका पर आपसी सहमति बनी, उसमें स्थायित्व, चीनी कम्युनिस्ट पार्टी का नेतृत्व और केंद्रीय और स्थानीय स्तर पर पहल के बिंदु शामिल थे। छन ने "पाँच बिंदुओं" को रेखांकित किया, जिन्हें चीनी प्रेस में काफ़ी प्रचारित किया गया। इनमें केंद्रीय अधिकारियों के सम्मान की रक्षा, कृषि और ग्रामीण काम की केंद्रीयता पर ज़ोर और अंधाधुँध "विघटन और सुधार" (*पो काई*) का विरोध शामिल था।[21] यह इस बात को इंगित करता था कि तंग और छन युन दोनों "चीनी विशेषताओं वाले समाजवादी जनवाद"

के बारे में एक राय रखते थे। वे राजनीतिक विपक्ष के काम के पक्ष में नहीं थे और न ही वे सड़कों पर प्रदर्शन या चीनी कम्युनिस्ट पार्टी को किसी भी तरह की राजनीतिक चुनौती की इजाज़त देते थे।

तंग के बाद इक्कीसवीं सदी में चीन राजनीतिक तौर पर किस रास्ते पर चलेगा इसका ख़ाका धीरे-धीरे साफ़ होने लगा। सांगठनिक नेतृत्व कैसा होगा, उसकी नीतिगत सोच क्या होगी और वैचारिक दृष्टि कैसी होगी। वर्ष 1994 में चीनी कम्युनिस्ट पार्टी की केंद्रीय कमेटी के चौथे प्लेनम ने पहले पक्ष पर विचार किया, जबकि पाँचवें प्लेनम ने राष्ट्रीय आर्थिक और सामाजिक विकास के लिए नौवीं योजना (1996–2000) का जो प्रस्ताव तैयार किया और 2010 के लिए जो दीर्घकालीन लक्ष्य तय किए, उसने नीतिगत सोच को स्पष्ट कर दिया। मार्च 1996 में एनपीसी में पेश ली फंग की रिपोर्ट ने इसे और विस्तार दिया। संकेत यह था कि चीनी कम्युनिस्ट पार्टी की पंद्रहवीं काँग्रेस के पहले केंद्रीय कमेटी का अंतिम छठा प्लेनम विचार, संस्कृति और नैतिकता के सवालों पर ग़ौर करेगा। इसके साथ ही तीसरी पीढ़ी के उस नेतृत्व की पकड़ को मज़बूत करने के उपाय कर लिए गए जिसके केंद्र में च्यांग त्समिन थे।

च्यांग त्समिन के पास तीन पद थे— पार्टी के महासचिव का पद, राज्याध्यक्ष का पद और पार्टी और राज्य के केंद्रीय सैन्य आयोग के अध्यक्ष का पद। सितंबर 1995 में पाँचवें प्लेनम के समापन सत्र में *बारह प्रमुख संबंधों* के बारे में उनके भाषण ने वैचारिक रूप से पार्टी नेतृत्व पर उनकी पकड़ को पुख़्ता बना दिया। इसकी तुलना अप्रैल 1956 के माओ त्से-तुंग के *दस प्रमुख संबंधों* से की जाती है जिसमें माओ ने इसी तरह अति से बचते हुए आम नीतियों को रेखांकित किया था।[22] हालाँकि च्यांग त्समिन अब भी सामूहिक नेतृत्व का हिस्सा थे, पर वे तंग श्याओफिंग द्वारा निर्धारित रास्ते पर चीन के विकास को निर्देशित करनेवाले सबसे महत्त्वपूर्ण नेता बनकर उभरे थे। सितंबर 1994 में चौथे प्लेनम के बाद से पार्टी नेतृत्व आमतौर पर "च्यांग त्समिन का उल्लेख केंद्र के रूप में" करता रहा है। क्षेत्रीय सैनिक कमान और प्रांतीय नेतृत्व में परिवर्तन की घटनाओं से च्यांग के नेतृत्व को दृढ़ बनाने के क़दमों को साफ़ देखा जा सकता है।

वर्ष 1995 में पाँचवें प्लेनम ने नौवीं योजना के दौरान आर्थिक विकास के ख़ाके और 2010 तक के लक्ष्यों पर अपनी मुहर लगाई। इसके सबसे महत्त्वपूर्ण निर्देश इस प्रकार थे:

- राष्ट्रीय अर्थव्यवस्था के सतत, तेज़ और सुदृढ़ विकास को बनाए रखें,
- उच्च आर्थिक लाभ को सुनिश्चित करते हुए आर्थिक विकास के रास्ते में बदलाव को पूरी ताक़त से प्रोत्साहित करें,
- विज्ञान, प्रौद्योगिकी, शिक्षा और अर्थव्यवस्था पर भरोसा रखें,
- बाहरी दुनिया के लिए दरवाज़ा पूरी तरह खोल दें,
- वृहत नियंत्रण को बाज़ार से एकीकृत करें।

हालाँकि परवर्ती नेताओं ने इसमें नए मुद्दे जोड़े, लेकिन यह भावी योजनाओं और नीतियों के लिए मुख्य निर्देशक सिद्धांत बना रहा।

"सुधार, विकास और स्थायित्व" के इस ढाँचे के तहत स्थानीय राजनीतिक प्रक्रिया को पुनर्गठित किया गया। पहले दौर के शुरुआती वर्षों (1979–82) में कृषि में पारिवारिक क़रार की व्यवस्था लागू कर कम्यून व्यवस्था की जगह *श्यांग* ढाँचे को अमल में लाया गया। सन् 1982–87 की अवधि में सरकारी इकाइयों को उद्यमी संगठनों की तरह काम करने को कहा गया। इस दौर में स्थानीय पार्टी नेतृत्व को प्रशासनिक मुखिया या टाउनशिप और ग्रामीण उद्यमों के प्रबंधकों की पहल पर छोड़ दिया गया। थ्येनआनमन की घटना की रोशनी में 1989–91 के बीच चली बहस, 1992 की शुरुआत में तंग के "दक्षिण दौरा" के बाद सुधार के नए दौर ने एक नया आर्थिक आवेग पैदा किया, जिसकी वजह से प्रशासनिक पुनर्गठन का नया दौर शुरू हुआ। ग्रामीण अर्थव्यवस्था में विविधता, ग्रामीण उद्योग-धंधों का तेज़ विकास— जिनमें कई विदेशी पूँजी के सहयोग से शुरू किए गए और तरह-तरह के मालिकानावाले थे— और श्रम और पूँजी की तरलता स्थानीय शासन की नाज़ुक स्थिति पर भारी पड़ रही थी। इस संदर्भ में 1994 में चौथे प्लेनम की तैयारी बैठक ने यह लक्ष्य किया कि 75 प्रतिशत ग्रामीण पार्टी संगठन पंगु बन गए हैं और 30 प्रतिशत टाउनशिप और ग्रामीण प्रशासन अपेक्षित भूमिका नहीं निभा रहे हैं। इसलिए प्लेनम ने ज़मीनी स्तर पर पार्टी संगठनों को मज़बूत बनाने का फ़ैसला किया और तदनुरूप नवंबर 1994 में इस संदर्भ में एक सर्कुलर जारी किया गया। सर्कुलर में गाँव के स्तर पर पार्टी के निर्माण के लिए दिशानिर्देश निरूपित किए गए और टाउनशिप तथा गाँव के स्तर पर प्रशासन, वैचारिक शिक्षण और कामकाज के तौर-तरीक़ों में "इंजीनियरिंग प्रणाली की दृष्टि" अपनाने की वकालत की गई। च्यांग त्समिन के नेतृत्व ने भागीदारी और प्रतिनिधित्व की गतिशील व्यवस्था की स्थापना की मंशा के साथ 1998 में संशोधित ग्रासरूट्स डेमोक्रेसी लॉ पारित किया। इस क़ानून के तहत पूरे देश में ग्रामीण परिषदों के लिए प्रतियोगी चुनाव शुरू किए गए। हालाँकि यह परिपाटी 1988 के बाद से ही कई इलाक़ों में शुरू हो गई थी, पर 1998 के बाद चीन में प्रत्येक तीन साल में नियमित चुनाव कराने की प्रथा चालू की गई। यह चीनी कम्युनिस्ट पार्टी के नेतृत्व में ग्रामीण चीन के केंद्रीकृत, समन्वित राजनीतिक प्रबंधन का हिस्सा था, जिसे उसी समय से अमल में लाया गया।

यह सिलसिला हु चिनथाओ और शी जिनपिंग के शासन में भी चलता रहा। बहरहाल, हु चिनथाओ ने "विकास के प्रति वैज्ञानिक दृष्टिकोण" की अपनी प्रमुख सोच के तहत उसमें दो नए तत्त्व जोड़े। पहले तो 2003 में चीनी कम्युनिस्ट पार्टी के तीसरे प्लेनम में पार्टी को जनपक्षीय बनाने पर ज़ोर दिया गया। इस प्रकार, यह स्वीकार किया गया कि पार्टी आम लोगों से कट रही है। दूसरे, 2004 में चौथे प्लेनम में "शासन क्षमता को बढ़ाने" (*च्याछ्यांग चचंग नंग्ली*) का महत्त्वपूर्ण प्रस्ताव पारित किया गया। यहाँ शासन क्षमता से

मतलब सिर्फ़ कार्यकुशलता और जवाबदेही नहीं थी, बल्कि उसमें पारदर्शिता और भ्रष्टाचार मुक्त कामकाज भी शामिल था।[23]

बहरहाल, यह पार्टी और सरकार के भीतर फैले भ्रष्टाचार को रोकने के लिए नाकाफ़ी था। इसी वजह से भ्रष्टाचार-विरोध पार्टी के नए नेता शी जिनपिंग के शासन का मूलाधार बन गया। शासन पर निगाह टिकाए रखते हुए हु चिनथाओ ने इस बात को एजेंडे पर ला दिया था कि सुधार और आर्थिक प्रगति के क्रम में कई गंभीर समस्याएँ भी उठ खड़ी हुई हैं। उन्होंने संतुलित और समन्वित विकास के लिए "वैज्ञानिक नज़रिया" अपनाने पर बल दिया ताकि सामाजिक ग़ैरबराबरी, क्षेत्रीय विषमता और पर्यावरण संबंधी समस्याओं से निपटा जा सके। नवंबर 2012 में अट्ठारहवीं पार्टी काँग्रेस में पेश हु चिनथाओ की राजनीतिक रिपोर्ट इस बात को साफ़ उजागर करती है। शी जिनपिंग ने कई सांगठनिक पहलों के ज़रिए पार्टी को अपनी नीतियों को लागू करनेवाली लोकप्रिय, कारगर, मूल्य आधारित एजेंसी में तब्दील करने की कोशिश की।[24] टिप्पणीकारों के बीच इस बात को लेकर बहस है कि यह कितना पार्टी, राज्य और सैन्य मशीनरी पर उनकी निजी पकड़ को मज़बूत करने के उद्देश्य से निर्देशित था। पर इस बात पर संदेह नहीं किया जा सकता कि यह राजव्यवस्था के भीतर भ्रष्ट तत्त्वों के ख़िलाफ़ एक कठोर क़दम था।

चीनी राजनीतिक व्यवस्था की स्थूल समझ के साथ अब हम टाउनशिप के स्तर पर स्थानीय राजनीतिक व्यवस्था के ढाँचे पर क़रीबी नज़र डालेंगे ताकि ज़मीनी स्तर पर यह राजनीतिक व्यवस्था किस तरह काम करती है, इसे समझ सकें।

कम्यून व्यवस्था में बदलाव

ग्रामीण जन कम्यून (1958–78) ने एक एकीकृत राजनीतिक नेतृत्व का निर्माण किया था जो ज़मीनी स्तर पर सामूहिक अर्थव्यवस्था का प्रबंधन सँभालता था (देखें तालिका 4.1)। वह प्रशासनिक ज़िम्मेदारियों को आर्थिक प्रबंधन, सुरक्षा, शिक्षा और स्वास्थ्य संबंधी काम से जोड़कर देखता था। कम्यून के स्तर पर एक केंद्रीकृत नेतृत्व था जो ब्रिगेडों और उत्पादन टीमों को नियंत्रित करता था। माओ के बाद का नेतृत्व इस व्यवस्था को अस्वास्थ्यकर मानता था जो निर्णय-प्रक्रिया को स्वेच्छाचारी बनाता था और उसमें जवाबदेही का

तालिका 4.1: चीन में ग्रामीण प्रसासन का ढाँचा

काउंटी/उपनगर ज़िला के नीचे	
1980 के पहले	*1980 के बाद*
जन कम्यून (*रनमिन कुङ्श*)	ग्रामीण प्रशासनिक क्षेत्र/टाउनशिप (*श्यांग*)
उत्पादन ब्रिगेड (*शंगत्सान तातुई*)	प्रशासनिक गाँव (*छुन*)
उत्पादन टीम (*शंगत्सान तुई*)	टीम/कार्य समूह (*त्सरान छुन*/कुदरती गाँव)

अभाव था। अतः दिसंबर 1978 में ग्यारहवीं केंद्रीय कमेटी के तीसरे प्लेनम में पार्टी, सरकारी प्रशासनिक कामकाज और उद्यमों के प्रबंधन (*तांग चंग छिए फन्खाई*) के बीच फ़र्क़ करने का अहम फ़ैसला किया गया। उसके बाद आर्थिक निर्णय का अधिकार उत्पादन टीमों को दे दिया गया। पारिवारिक ज़िम्मेदारी व्यवस्था लागू होने के बाद किसान परिवारों को अपेक्षाकृत स्वायत्त रूप से अपना फ़ैसला करने का अधिकार मिल गया। इस प्रकार, ब्रिगेड या *छुन*-स्तर पर उद्यम स्वायत्त बना दिए गए। ग्रामीण सुधारों के पूर्ण क्रियान्वयन के बाद कम्यून को टाउनशिप का नाम दे दिया गया, जिसे 1958 में बदल दिया गया था। अब वह मूलतः एक प्रशासनिक इकाई बन गया। वर्ष 1982 के बाद वुशी की काउंटियों और ज़िलों में टाउनशिप सरकार सत्ता का निम्नतम अंग बन गई। टाउनशिप सरकार के मातहत ग्राम (*छुन*) कमेटी जन या सामुदायिक संगठन का काम करती थी।

वर्ष 1979 में जब मैं पहली बार वुशी गया तब कम्यून व्यवस्था के ढाँचे के अवशेष देखे जा सकते थे। उस पर तीसरे प्लेनम के फ़ैसले का ज़्यादा असर नहीं हुआ था। हला जन कम्यून के उपनिदेशक लिऊ वेईपिंग उस वक़्त निदेशक का काम सँभाल रहे थे, क्योंकि सुधारों की शुरुआत के बाद निदेशक को पद से हटा दिया गया था। लिऊ ने मौजूदा राजनीतिक व्यवस्था के बारे में विस्तार से बताया। उसने ज़मीनी स्तर पर सुधार के ढाँचे को समझने में काफ़ी मदद की।

कम्यून क्रांतिकारी कमेटी (*कुंग्स रनमिन वेईयुआनहुई*) और कम्यून जन काँग्रेस (*कुंग्स रनमिन ताइपियाओ ताहुई*)

सांस्कृतिक क्रांति के दौरान कारख़ानों, कार्य इकाइयों और कई अन्य क्षेत्रों में क्रांतिकारी कमेटियों के रूप में सत्ता के एक नए अंग का गठन किया गया। उन्हें 1978 के बाद धीरे-धीरे ख़त्म कर दिया गया। लेकिन हला में 1979 में भी कम्यून क्रांतिकारी कमेटी सत्ता का मुख्य अंग बनी रही। एक साल बाद उसका नाम बदल कर कम्यून प्रबंधन कमेटी कर दिया गया। एक बार फिर वर्ष 1982 के बाद उसकी जगह टाउनशिप सरकार के नए ढाँचे ने ले ली।

कम्यून क्रांतिकारी कमेटी के 32 सदस्य थे जिनमें तीन महिलाएँ थीं। उसके एक अध्यक्ष और तीन उपाध्यक्ष थे। दूसरे सदस्यों को "ज़मीनी प्रतिनिधि" कहा जाता था। इस कमेटी में उत्पादन ब्रिगेड के तीन गाँव स्तर के नेता और पाँच उत्पादन टीम के बसाहट स्तर के नेता थे। उनमें से एक फ़ैक्टरी का निदेशक था और दूसरा "मॉडल श्रमिक"। परवर्ती चऊ यांग्याओ 1956 से मछलीपालन टीम के नेता थे। क्रांतिकारी कमेटी के छह सदस्य वुशी नगरपालिका जन काँग्रेस में और एक सदस्य च्यांग्सू प्रांतीय जन काँग्रेस में भेजे गए थे। वह प्रतिनिधि च्यांग्सू प्रांतीय क्रांतिकारी कमेटी का सदस्य था। "मॉडल श्रमिक" भी था। हला क्रांतिकारी कमेटी का एक सदस्य पाँचवीं जनप्रतिनिधि काँग्रेस के लिए भी चुना गया। ग़ौर करने की बात है कि गाँव स्तर का एक नेता प्रांतीय और राष्ट्रीय स्तर के सभी उच्चतम निकायों का सदस्य था।

वर्ष 1979 की क्रांतिकारी कमेटी का चुनाव अगस्त 1978 में कम्यून जन काँग्रेस ने अपनी छठी बैठक में किया था। इसके पहले जन काँग्रेस की अंतिम बैठक काफ़ी पहले 1969 में हुई थी। बीच के काल में सांस्कृतिक क्रांति के दौरान जन काँग्रेस की बैठक ही नहीं हुई। साफ़ है कि इस दौर में संस्थानिक प्रक्रियाएँ स्थगित कर दी गई थीं। संयोग से कम्यून का नेता एक "क्रांतिकारी विद्रोही" था— सांस्कृतिक क्रांति और लिन प्याओ या चौकड़ी (गैंग ऑफ़ फ़ोर) के प्रबल समर्थकों के लिए इसी उपनाम का इस्तेमाल किया जाता था। सांस्कृतिक क्रांति के शुरुआती पाँच वर्षों में 1971 तक लिन प्याओ और अंतिम दौर (1974–76) में चौकड़ी, जिसमें माओ की पत्नी च्यांग छिंग भी शामिल थीं, का बोलबाला था। वर्ष 1978 में उन्हें हटा दिया गया। इस तरह लिऊ वेईपिंग कार्यकारी नेता बन गए।

वर्ष 1978 में कम्यून जन काँग्रेस के 246 प्रतिनिधि थे। प्रत्येक गाँव (ब्रिगेड) ने कोटा के मुताबिक अपने प्रतिनिधि भेजे जो कम्यून के कुल सदस्यों की संख्या का 10 प्रतिशत था। बताया गया कि यदि ब्रिगेड ज़्यादा "विकसित" हो तो प्रतिनिधियों की संख्या ज़्यादा हो सकती थी। चूँकि इसका कोई तय पैमाना नहीं था, इसलिए संबंधित ब्रिगेड के नेताओं को ही अपने विवेक से तय करना होता था। प्रतिनिधियों में 41 प्रतिशत औरतें थीं। जन काँग्रेस में 18 प्रतिशत प्रतिनिधि उद्योग से, 3 प्रतिशत वाणिज्य से, 8 प्रतिशत शैक्षणिक और सांस्कृतिक इकाइयों से और 69 प्रतिशत कृषि क्षेत्र से थे। इस प्रकार चुनाव भौगोलिक आधार पर होता था, लेकिन ब्रिगेड के कोटे में गतिविधियों के अन्य क्षेत्रों को भी प्रतिनिधित्व दिया जाता था।

तब भी 1978–79 में कई प्रतियोगियों के बीच चुनाव नहीं होता था। ऊपरी स्तर कम्यून चयन समिति को नियुक्त करता था, जो जन काँग्रेस के लिए ज़रूरी प्रतिनिधियों की संख्या को प्रकाशित करती थी। फिर उत्पादन टीम के निचले स्तर से कई अनुशंसाएँ की जाती थीं। उसके बाद चयन समिति एक संभावित सूची घोषित करती थी और लोगों से उनकी राय पूछती थी। फिर सूची को अंतिम रूप दिया जाता था और वोट के लिए प्रस्तावित किया जाता था। कम्यून के सदस्य ब्रिगेड की सामूहिक सूची पर अपना मत देते थे। अगर वे चाहते तो किसी नाम को काट भी सकते थे और उसे नामंज़ूर कर सकते थे।

लिऊ वेईपिंग के मुताबिक सांस्कृतिक क्रांति के दौर में मतदान औपचारिकता भर था; 1978 के बाद स्थिति बदल गई। मिसाल के तौर पर, 1978 के चुनाव में तीन प्रतिनिधियों को महज़ 60 प्रतिशत मत मिले, जबकि दूसरों को लगभग 100 प्रतिशत। यह उनके प्रति समर्थन में कमी का संकेत था।

अमूमन कम्यून जन काँग्रेस की बैठक साल में एक बार होती थी। वर्ष 1979 के बाद उसकी बैठक साल में दो बार होने लगी। साल की शुरुआत में उसकी बैठक में पिछले साल क्रांतिकारी कमेटी के कामकाज की रिपोर्ट पेश की जाती और अगले साल के लिए कार्यक्रम

बनाए जाते। कम्यून जन काँग्रेस इन बिंदुओं पर विचार करती— (क) कृषि, वानिकी और उद्योग की उत्पादन योजना, (ख) आर्थिक और वित्तीय योजना, (ग) पूँजीगत निर्माण परियोजनाएँ जिनके लिए निवेश ज़रूरी हो (सिंचाई, इत्यादि), (घ) कृषि मशीनीकरण योजना, (ङ) वैज्ञानिक शोध, और (च) जन कल्याण।

वर्ष 1958 के बाद से यही परिपाटी चली आ रही थी। वर्ष 1967 तक स्थानीय संस्थाएँ कारगर ढंग से काम कर रही थीं। कम्यून जन काँग्रेस साल में कम-से-कम एक बार मिलती थी। कम्यून कमेटी और उत्पादन ब्रिगेड कमेटी की बैठक नियमित रूप से होती थी। लेकिन सांस्कृतिक क्रांति के दौरान फ़ैसले लेने की शक्तियाँ कम्यून के नेता, जो क्रांतिकारी कमेटी के अध्यक्ष थे, के हाथ में केंद्रित हो गई थीं। यह कमेटी इतनी बड़ी थी कि उसे सामूहिक कामकाजी इकाई बनाना संभव नहीं था। ऐसे भी उसकी बनावट पर कम्यून नेतृत्व का दख़ल था। काँग्रेस के प्रतिनिधियों और क्रांतिकारी कमेटी के सदस्यों के चुनाव में कम्यून नेतृत्व या ज़िला नेतृत्व द्वारा मनोनीत लोगों को तरजीह दी जाती थी। हालाँकि कृषि का मुख्य काम उत्पादन टीम के ज़िम्मे था, पर सबसे निचली इकाई होने के कारण उसके हाथ में अख़्तियार कम ही था। टीम के नेता का चयन ब्रिगेड नेतृत्व के ज़रिए "टीम के सदस्यों" या गाँव के परामर्श से किया जाता था और कम्यून नेतृत्व से मंज़ूरी ली जाती थी। वह हमेशा ब्रिगेड नेतृत्व की देखरेख में काम करता/करती थी। ब्रिगेड कुछ सामूहिक खेती, उद्योग और वाणिज्य को संचालित करता था। लेकिन उसकी सारी योजनाओं पर कम्यून नेतृत्व की रज़ामंदी ज़रूरी थी।

ग्रामीण जन कम्यून का मूल मकसद था राजनीतिक निर्णय और उत्पादन प्रक्रिया में ज़मीनी स्तर की भागीदारी को सुनिश्चित करना। सांस्कृतिक क्रांति की शुरुआत भी जन भागीदारी के दायरे को विस्तारित करने के मकसद से की कई थी। जैसे-जैसे उस पर गुटों का संघर्ष हावी होता गया, कम्यून का मूल स्वरूप भी बदलता गया और उसने एक अलग ही शक्ल अख़्तियार कर ली। किसानों और समाज के बीच सेतु बनने की जगह कम्यून नेतृत्व राजसत्ता और पार्टी प्राधिकार का संकेंद्रित औज़ार बन गया। उसकी ग़लतियों पर लगाम लगाने का कोई तरीक़ा नहीं था। जिस चीज़ की स्थापना संयोजन के ढाँचे, जन भागीदारी की प्रक्रिया के रूप में की गई थी वह स्थानीय स्तर पर नौकरशाही केंद्रीकरण का औज़ार बन गया। ऐसे में उत्तर-माओ शासन को पुनर्गठन का बहाना मिल गया।

जब तक पुनर्गठन की प्रक्रिया पूरी होती संक्रमणकालीन क़दम के रूप में कम्यून क्रांतिकारी कमेटी का नाम बदल कर कम्यून प्रबंधन कमेटी (*कुंग्शे क्वानली वेईयुआनहुई*) कर दिया गया। लिऊ वेईपिंग जून 1980 में भी उसके नेता थे। मार्च 1980 में कम्यून जन काँग्रेस की बैठक बुलाई गई और उसने एक 17-सदस्यीय प्रबंधन कमेटी का चुनाव किया। चुनाव की प्रक्रिया पहले जैसी ही बनी रही। लेकिन यह एक छोटी कमेटी थी। कम्यून ने नौ केंद्रीय कार्यालय कायम किए।

टाउनशिप सरकार का नया ढाँचा

टाउनशिप 1958 के पहले चीन की ग्रामीण प्रशासनिक इकाई थी, 1982 में कम्यून का नाम बदल कर फिर से टाउनशिप कर दिया गया। नाम में इस बदलाव से ग्रामीण राजनीतिक अर्थव्यवस्था के ढाँचे में बुनियादी बदलाव की शुरुआत हुई। टाउनशिप सरकार राज्य की सबसे निचली इकाई बन गई।[25] अब वह आर्थिक, सांस्कृतिक और राजनीतिक गतिविधियों का एकीकृत केंद्र नहीं रही। पार्टी, सरकार और उद्यम प्रबंधन के बीच फ़र्क़ होना चाहिए, इस सिद्धांत पर अमल किया गया। राजनीतिक गतिविधियों को कम कर दिया गया और पैदावार बढ़ाने पर ज़ोर दिया जाने लगा। प्रत्येक इकाई को उत्पादन की स्वायत्तता और ज़िम्मेदारी दे दी गई। अगर वे बेहतर काम करते तो उन्हें ज़्यादा लाभांश मिलता। अगर वे लक्ष्य से कम उत्पादन करते तो उनकी कमाई कम हो जाती।

हला *श्यांग* के नए निदेशक चांग वेईनान और उनके सहयोगियों ने 1985 में मुझे बदले ढाँचे के बारे में बताया।[26] (अब टाउनशिप सरकार के मुखिया को *श्यांग चांग* कहा जाता था। ठीक उसी तरह जैसे कि प्रांतीय सरकार के प्रमुख को *शंग चांग* और सिटी सरकार के प्रमुख को *श चांग* कहा जाता था। पहले *चुरन* शब्द को प्रयोग होता था, जिसका मतलब था प्रमुख ज़िम्मेदार शख़्स।) बदली परिस्थिति की मुख्य बात थी उत्पादन इकाइयों को स्वायत्तता देना। पहले ब्रिगेड और टीम के पास अपनी उत्पादन योजना बनाने का हक़ नहीं था। उच्च अधिकारी यानी कम्यून अधिकारी जो योजना बना देते, वे उसका अनुपालन भर करते थे, लेकिन अब वे तय कर सकते थे कि किस चीज़ की और कैसे पैदावार की जाए। इसी तरह, औद्यागिक और वाणिज्यिक इकाइयों को भी स्वायत्त कंपनी बना दिया गया और टाउनशिप सरकार सिर्फ़ योजना बनाने में उद्यमों और गाँव का मार्गदर्शन करती थी। आर्थिक फ़ैसले लेने का पूरा अधिकार गाँव को मिल गया था। सुधार कार्यक्रम का यह एक अहम पहलू था। इस बात पर ज़ोर दिया गया कि आर्थिक निर्णय प्रक्रिया में कोई हस्तक्षेप नहीं किया जाएगा और उद्यमों की तरह परिवारों या व्यक्तियों को बाज़ार के मुताबिक काम करना होगा और कड़े श्रम से अपने लाभ को बढ़ाना होगा।

कम्यून दौर के विपरीत अब गाँव कमेटियों और उद्यमों की ताक़त बढ़ गई थी। वे अपने फ़ैसले ख़ुद करते थे। वे टाउनशिप के भीतर और बाहर की अन्य इकाइयों के साथ आर्थिक लेनदेन कर सकते थे। मज़दूरी का बँटवारा कैसे होगा प्रत्येक इकाई अलग-अलग तय करती थी। वे अपने उत्पादन मे विविधता ला सकते थे और नया उत्पाद बना सकते थे।

नई टाउनशिप सरकार तरह-तरह के काम करती थी : कर वसूलना, औद्योगिक उत्पादन, व्यवसाय, न्याय व्यवस्था, वित्तीय प्रबंधन, चिकित्सा और सार्वजनिक स्वास्थ्य, शिक्षा मुहैया करना और उद्यमों का प्रबंधन। लेकिन ये सभी काम प्रांतीय और काउंटी सरकार के प्रशासन की देखरेख में किए जाते थे।

वर्ष 1985 में हला *श्यांग* का मुख्यालय हला गाँव कार्यालय से हटा कर एक नई भव्य इमारत में शिफ़्ट कर दिया गया था। टाउनशिप सरकार के कार्यालयों को पुनर्गठित किया गया। श्यांग निदेशक के मातहत पाँच उपनिदेशक काम करते थे, जिनमें से प्रत्येक एक विभाग का प्रमुख था— उद्योग, कृषि, व्यवसाय, वित्त और कार्यालय प्रबंधन। उनमें एक महिला थी। (1979 में वह हला कम्यून के महिला फ़ेडेरेशन की नेता थी) फिर छह सहायक थे : (क) पड़ोसियों के बीच विवादों को निपटाने में मददगार, पारिवारिक कलह आदि की स्थिति में परामर्श देनेवाला नागरिक मामला (*मिन शी*); (ख) न्यायिक कार्य; (ग) योजना और निर्माण (गृह निर्माण, कारख़ानों के लिए ज़मीन का आवंटन, आदि); (घ) शिक्षा और स्वास्थ्य; (ङ) परिवार नियोजन और (च) वित्तीय मामले। इन सभी मामलों का प्रबंध पार्टी सचिव की सलाह से टाउनशिप निदेशक द्वारा नियुक्त कैडर करते थे।

टाउनशिप निदेशक की देखरेख में तीन कार्यालय थे : (क) कर कार्यालय, जो उद्यमों और गाँवों से कर वसूलता था; (ख) उद्योग और व्यवसाय, जो टाउनशिप और उपनगरीय ज़िला के बीच संपर्क कायम करता था; और (ग) थाना, जो इलाक़े में शांति और सुरक्षा बनाए रखता था।[27]

चार स्वायत्त कंपनियों (*कुंग्स*) की स्थापना की गई थी— (क) उद्योग, (ख) कृषि, (ग) मछलीपालन और (घ) अनुपूरक उत्पादन (*फुये*)। पहले इन गतिविधियों की देखभाल की ज़िम्मेदारी आर्थिक मामला संबंधी कमेटी करती थी। अब इस कमेटी को भंग कर दिया गया है क्योंकि निर्णयकारी क्षमता विकेंद्रित कर दी गई है। इन कंपनियों और उद्यमों को अपने-अपने इलाक़ों में उत्पादन इकाइयों का संयोजन ख़ुद करना था। श्यांग के संयुक्त नेतृत्व में दो सहकारी समितियाँ भी थीं— एक ऋण सहकारी समिति और एक विपणन सहकारी समिति थी।

हला के *श्यांग* दफ़्तर में किस तरह के बदलाव हुए 1987 तक इस बारे में और विस्तार से जानकारी उपलब्ध हो गई थी। इन बदलावों में पार्टी की नई समायोजन नीतियाँ साफ़ झलकती थीं। अब काम करनेवालों की संख्या कम कर दी गई थी। तीन उपनिदेशक बहाल किए गए थे। चार कंपनियाँ, जो अनुपूरक उत्पादन जारी रखे हुए थीं, उनकी जगह वाणिज्य और पर्यटन कंपनी (*शांग ये लुयौ कुंग्स*) ने ले ली थी, जो वुशी उपनगर के समृद्ध होटल और पर्यटन व्यवसाय को संचालित करती थी। दूसरी महत्त्वपूर्ण बात थी आर्थिक प्रबंध कार्यालय (*चिंगची क्वानली पाल कुंग्स*) की स्थापना। इस समय देश भर में आर्थिक प्रबंध में सुधार की मुहिम चल रही थी। इसीलिए हला टाउनशिप ने यह क़दम उठाया। इसके अलावा 1987 में उद्यम जाँच कार्यालय के नाम से एक नए दफ़्तर की स्थापना की गई, जिसका काम विभिन्न उद्यमों के उत्पादों की गुणवत्ता की जाँच करना था। उसके पहले ग्रामीण उद्योगों के उत्पादों की खराब गुणवत्ता के बारे में कई शिकायतें

मिल रही थीं। सरकार के उच्च अधिकारी भी यह जाँच करने के लिए औचक निरीक्षण करने लगे थे कि उद्यम उत्पादन योजना के मुताबिक काम कर रहे हैं या नहीं और क़ानून और नियम-क़ायदे का सही-सही पालन कर रहे हैं।

सन् 1990 के दशक में टाउनशिप सरकार के संगठन में कई बदलाव दिखे। यह सब संभवतः प्रबंधन में दक्षता पर ज़ोर देने के अनुरूप था। हम इसकी तफ़सील में चर्चा करेंगे ताकि स्थानीय प्रशासनिक प्रक्रिया को बेहतर ढंग से समझ सकें। वर्ष 1993 में पाँच की जगह चार उपनिदेशक ही थे। उनमें से एक उद्योग, व्यवसाय और विदेशी व्यापार के मामलों को देखता था। ज़्यादातर देशों के उलट चीन में प्रत्येक टाउनशिप में अलग विदेशी मामले का विभाग और अंतरराष्ट्रीय व्यापार और निवेश कार्यालय था। निस्संदेह, वे केंद्रीकृत देखरेख में काम करते हैं, लेकिन वे अपनी पहल कर सकते हैं और विदेशी व्यवसायी उनसे सीधे संपर्क कर सकते हैं। एक प्रखंड ग्रामीण इलाक़ों में अस्पताल, स्कूल, सड़क और जलापूर्ति-जैसे निर्माण कार्यों के लिए ज़िम्मेदार था। एक नई महिला नेता थांग शुमिन को पड़ोस की टाउनशिप में स्थानांतरित कर दिया गया था। उन्होंने अपनी पूर्ववर्ती मैडम शेन का काम सँभाल रखा था। वे परिवार नियोजन, शिक्षा, क़ानूनी मामलों, ब्रॉडकास्टिंग, संचार और वृद्धजन गृह-जैसे सामाजिक मामलों को देखती थीं। साथ ही वे टाउनशिप सरकार के कार्यालयों के प्रशासन के लिए भी ज़िम्मेदार थीं।

एक और उपनिदेशक छन ताश्या कृषि और मवेशीपालन के प्रमुख थे। उनके विभाग में मछलीपालन, जो इलाक़े की तब एक सबसे महत्त्वपूर्ण गतिविधि थी, सब्जी की खेती, बाग़वानी और भूमि प्रबंधन का एक अन्य महत्त्वपूर्ण काम भी शामिल था। विज्ञान और प्रौद्योगिकी, स्वास्थ्य, मनोरंजन, खेलकूद और सुरक्षा का ज़िम्मा एक अन्य उपनिदेशक चांग छिफंग के पास था।

सहायकों की तादाद छह से घटाकर पाँच कर दी गई थी और उसके अनुरूप स्थानीय सरकारी कार्यालयों को भी एक हद तक पुनर्गठित किया गया। अब नए कार्यालय थे—(क) स्वास्थ्य/चिकित्सा, (ख) सामाजिक/नागरिक मामले, (ग) शिक्षा और संस्कृति, (घ) क़ानूनी मामले और (ङ) परिवार नियोजन।

हला टाउनशिप में तीन थाना थे, जो ज़िला सुरक्षा कार्यालय (*कुंग आन पु*) के मातहत काम करते थे। बहरहाल, स्थानीय पुलिस अधिकारी टाउनशिप सरकार के प्रति जवाबदेह थे। मतलब यह कि अपने भूभाग में शांति और सुरक्षा बहाल रखने की ज़िम्मेदारी टाउनशिप सरकार के प्रमुख की थी। साथ ही, ज़िला, शहर और प्रांतीय स्तर तक प्राधिकार की एक कड़ी भी थी। इस प्रकार, टाउनशिप निदेशक राजनीतिक पदाधिकारी के साथ-साथ प्रशासनिक प्रमुख की भूमिका भी निभाता था। साथ ही, सुधारों के संदर्भ में वह मुख्य आर्थिक प्रबंधक भी था।

ग़ौरतलब है कि स्वास्थ्य और शिक्षा के अलग-अलग दफ़्तर थे, जिससे उनपर बेहतर ढंग से ध्यान दिया जा सके। हालाँकि योजना और निर्माण को सहायक के कार्यालय से हटाकर उपनिदेशक के मातहत कर दिया गया था। हला में टाउनशिप सरकार और टाउनशिप पार्टी को एक ही दफ़्तर से संचालित करने की परिपाटी जारी थी। पर कई अन्य टाउनशिप में पार्टी और सरकार के दफ़्तर अलग-अलग थे। इस तरह हला टाउनशिप में चार दफ़्तर थे : (क) पार्टी और सरकारी कार्यालय, (ख) आर्थिक प्रबंधन कार्यालय, (ग) अंकेक्षण कार्यालय और (घ) वित्त कार्यालय।

उद्योग के उपनिदेशक के मातहत तीन निगम (*कुंग्स*) थे। उद्योग, वाणिज्य और निर्यात के लिए अलग-अलग निगम थे, जिनका अपना अलग प्रबंध कार्यालय था। चौथा निगम कृषि के उपनिदेशक के मातहत काम करता था, जिसके नीचे कृषि, मवेशीपालन आदि के लिए अलग-अलग प्रभाग थे। सन् 1980 के दशक के उलट वाणिज्य और निर्यात पर ज़्यादा ज़ोर था। अब दोनों के लिए अलग-अलग निगम थे। निगमों के अपने-अपने मैनेज़र थे, जिन्हें अब प्रबंध निदेशक का दर्जा दे दिया गया था। अब वे टाउनशिप सरकार के एक उपनिदेशक के नेतृत्व में काम करते थे। इस प्रकार, ज़िम्मेदारी व्यवस्था के तहत ज़्यादा जवाबदेही को सुनिश्चित किया जाता था। यह साफ़ नहीं था कि उन्हें कितनी स्वायत्तता हासिल थी। पुरानी आर्थिक मामलों से संबंधित कमेटी की प्रणाली में कंपनी सामूहिक नेतृत्व के प्रति जवाबदेह होती थी। अब प्रत्येक स्तर पर एक ज़िम्मेदार प्रबंधक था, जिसे अपना प्रदर्शन दिखाना होता था। उत्पादन ज़िम्मेदारी की व्यवस्था में यह साफ़ था।

ऋण सहकारी समितियों, आपूर्ति एवं विपणन सहकारी समितियों और उद्योगों और वाणिज्य इकाइयों की शाखाओं की स्थिति पहले-जैसी ही बनी रही। उन्हें ऊपरी स्तर से काम सौंपा जाता था। टाउनशिप सरकार में कार्यालय स्टॉफ़ समेत 145 लोग काम करते थे जिनमें 40 महिलाएँ थीं— यह अनुपात पहले की तुलना में बड़ा था।

बहरहाल, स्टेट काउंसिल के मानकों के मुताबिक टाउनशिप कार्यालय के कर्मचारियों की संख्या ज़्यादा थी। वर्ष 1993 में आठवीं एनपीसी ने ऊपर से नीचे तक नौकरशाही की संख्या कम करने और उसे चुस्त-दुरुस्त बनाने का अहम फ़ैसला किया था। प्रधानमंत्री ली फंग ने इस फ़ैसले को लागू करने के लिए ख़ुद कई क़दम उठाए और उनके बाद प्रधानमंत्री चु रूंगची ने इस दिशा में क़रीबी से काम किया।[28] हला में कर्मचारियों की संख्या में 30–50 प्रतिशत की कटौती करने का तय किया गया। साथ ही, वे ज़्यादा पढ़े-लिखे नौजवानों की भर्ती करना चाहते थे, जो आर्थिक मामलों के प्रबंधन में सक्षम हों। सुधारों के पहले दो दशकों में चीन में कैडरों के चयन का दिलचस्प पहलू यह था कि प्रशासन का स्तर जितना नीचा होता, आय उतनी ही ज़्यादा होती। लिहाज़ा शहर का कैडर उपनगरीय ज़िला या काउंटी में जाना चाहता था। काउंटी का कैडर टाउनशिप में जाना पसंद करता, क्योंकि वहाँ प्रति व्यक्ति आय ज़्यादा थी। अंत में गाँव अपने कैडरों को टाउनशिप से

ज़्यादा वेतन देते थे। सन् 1980 और 1990 के दशक में टाउनशिप और ग्रामीण उद्यमों की बढ़त के दिनों में चीन में निचले स्तर के कैडरों को ज़्यादा वेतन देने की परिघटना आम तौर पर असाधारण बात थी। बाद के दशकों में जब ग्रामीण अर्थव्यवस्था शहरी अर्थव्यवस्था से पिछड़ने लगी ग्रामीण सरकार के कर्मियों को शहरी कर्मियों से काफ़ी कम मिलने लगा।

इस तरह ग्रामीण चीन के स्थानीय सार्वजनिक प्रशासन में 1980 और 1990 के दशक की शुरुआत में भारी फेरबदल आया। सन् 1970 के दशक के उलट जब राजनीतिक गोलबंदी पर ज़ोर दिया जाता था, उसकी जगह अब आर्थिक प्रबंधन केंद्रीय बात बन गई। सन् 1980 के दशक की शुरुआत में टाउनशिप प्रशासन की स्थापना स्वायत्त औद्योगिक इकाइयों और पारिवारिक खेती का समन्वय करनेवाले केंद्र के रूप में की गई थी ताकि पैदावार बढ़ाई जा सके और वे मुनाफ़ा कमा सकें। पार्टी प्रबंधन में न के बराबर दख़ल देती थी। सन् 1990 के दशक की शुरुआत में टाउनशिप नेतृत्व ने सामाजिक मामलों के प्रबंधन और आर्थिक समस्याओं के निपटारे के साथ-साथ अर्थव्यवस्था के लिए योजना बनाने और उसे निर्देशित करने की अहम भूमिका अपना ली। अब पार्टी आर्थिक प्रबंधन में ज़्यादा सक्रिय रूप से दख़ल देने लगी। लेकिन विदेशी पूँजी के सहयोग से संयुक्त उपक्रमों और अस्थिर उपभोक्ताओं की तादाद बढ़ने से टाउनशिप सरकार आधुनिक अर्थव्यवस्था के प्रबंधन में ज़्यादा पेशेवर बन गई थी। स्वायत्त उत्पादन इकाइयों का नेटवर्क जारी रहा, लेकिन टाउनशिप के स्तर पर नेतृत्व की पकड़ मज़बूत होती गई। चीनी कम्युनिस्ट पार्टी की राष्ट्रीय नीति वृहत आर्थिक समन्वय और सामाजिक-राजनीतिक स्थिरता पर ज़ोर देती थी। ज़मीनी स्तर पर भी यही दिखता था।

वर्ष 1992 के बाद स्थिति तेज़ी से बदली। ग्रामीण उद्यमों का निजीकरण आम हो गया। धीरे-धीरे आर्थिक अवसरों और राजनीतिक संरक्षण का लाभ उठाते हुए एक नए ग्रामीण अभिजात वर्ग का अभ्युदय हुआ। वर्ष 1998 के बाद चुनावों ने स्थानीय तनावों के प्रबंध का रास्ता खोल दिया। लेकिन कई इलाक़ों में स्थानीय अभिजात वर्ग ने पार्टी तंत्र पर क़ब्जा जमा लिया और राजनीतिक अर्थव्यवस्था पर हावी हो गया। नतीजतन, ग्रामीण तनाव बढ़ते गए और 1990 के दशक के अंत और उसके बाद जन प्रतिरोध आम परिघटना बन गए। क्या स्थानीय राजनीतिक तंत्र इस बदलती स्थिति से निपटने में सक्षम था?

टाउनशिप जन काँग्रेस

व्यवहार में पुनर्गठित टाउनशिप जनभागीदारी का कोई पुख़्ता इंतज़ाम किए बग़ैर ज़िम्मेदारियों के बँटवारे के ज़रिए कुशल प्रबंधन पर ज़्यादा ज़ोर देती थी। लिहाज़ा नई व्यवस्था के तहत टाउनशिप जन काँग्रेस की सदस्य संख्या घटा दी गई थी और उसकी भूमिका भी बदल दी गई थी। जन काँग्रेस का काम अब सिद्धांत के तौर पर ही सही नेतृत्व के कामकाज की

निगरानी करना नहीं रहा, बल्कि नई भूमिका के अनुसार उसे उत्पादन योजनाओं और लक्ष्यों पर सिर्फ़ बहस करने का हक़ था।

हला की नई टाउनशिप जन काँग्रेस अगस्त 1984 में चुनी गई थी और उसका कार्यकाल तीन साल का था। सन् 1982 में स्वीकृत चीनी जनगणराज्य के संविधान के मुताबिक एनपीसी का कार्यकाल पाँच साल का और प्रांतीय एवं स्थानीय जन काँग्रेस का कार्यकाल तीन साल का था। हला जन काँग्रेस की सदस्य संख्या को पहले के 246 में भारी कमी कर अब 77 कर दिया गया था। ज़ाहिरा तौर पर ऐसा इस मकसद किया गया था कि उसे गंभीर बहस का फ़ोरम बनाया जा सके। चुनाव की प्रक्रिया पुरानी ही बनी रही। प्रत्येक गाँव और प्रत्येक ग्रामीण उद्यम से प्रतिनिधि चुने जाते थे।

सन् 1987 के चुनाव के बाद प्रतिनिधियों की तादाद और घटाकर 57 कर दी गई। उनमें से 12 या क़रीब 20 प्रतिशत महिलाएँ थीं। याद रहे कि 1979 में औरतों का अनुपात काफ़ी ज़्यादा (41 प्रतिशत) था। तब तक कुछ बातें साफ़ हो चुकी थीं। ज़्यादा-से-ज़्यादा नौजवान और शिक्षित लोगों को ज़िम्मेदार निकायों में बड़ी तादाद में शामिल करने की कोशिश की जा रही थी। (सितंबर 1985 में चीनी कम्युनिस्ट पार्टी के विशेष सम्मेलन का यही विषय था। उसके बाद से 35 से 40 वर्ष के लोग भाग्यशाली माने जाने लगे और उम्रदराज लोगों को दरकिनार किया जाने लगा।)

1987 में उम्र के लिहाज़ से हला श्यांग की जन काँग्रेस के प्रतिनिधियों की बनावट इस प्रकार थी :

30 साल से कम	30 प्रतिशत
30–50 साल	60 प्रतिशत
50 साल से ऊपर	10 प्रतिशत

शिक्षा के स्तर के लिहाज़ से अब कोई भी माध्यमिक स्कूल (नौवीं कक्षा) से कम पढ़ा-लिखा नहीं था। उनमें से लगभग 40 प्रतिशत हाई स्कूल (बारहवीं कक्षा) से ज़्यादा पढ़े-लिखे थे।

जन काँग्रेस साल में कम से कम एक बार ज़रूर मिलती थी— आम तौर पर साल के अंत में। वह निदेशक की रिपोर्ट सुनती और उसपर विस्तार से चर्चा करती। रिपोर्ट न सिर्फ़ टाउनशिप के विभिन्न विभागों के बीते साल के कामकाज का ब्योरा पेश करती, बल्कि आगामी वर्ष की योजनाओं का ख़ाका भी पेश करती थी। आम तौर पर निदेशक पार्टी सचिव और ज़िला निदेशक की सलाह से अपनी रिपोर्ट तैयार करता था।

नई जन काँग्रेस की एक दिलचस्प ख़ासियत यह थी कि 40 प्रतिनिधि चीनी कम्युनिस्ट पार्टी से बाहर के होने चाहिए। दरअसल, संयुक्त मोर्चा संगठन टाउनशिप जन राजनीतिक सलाहकार सम्मेलन को अब पहले से भी सक्रिय कर दिया गया था। इस नए प्रावधान ने यह सुनिश्चित कर दिया कि विभिन्न मतों के लोग— गैर-पार्टी और बाहर के समूह— नई

आर्थिक गतिविधियों से जुड़े हों। यह नीति स्थानीय, प्रांतीय स्तर से लेकर राष्ट्रीय स्तर तक काम करती थी। इस नीति का मकसद था आर्थिक विकास के लिए ज़्यादा-से-ज़्यादा लोगों को गोलबंद करना।

इस बात का उल्लेख ज़रूरी है कि नए ढाँचे के तहत कमेटी का दबदबा समाप्त हो गया था। श्यांग निदेशक और उपनिदेशकों की उनकी टीम को साल में एक बार श्यांग जन काँग्रेस के सामने बुलाया जाता था। पहले कम्यून कमेटी या कम्यून क्रांतिकारी कमेटी के ज़रिए सामूहिक नेतृत्व पर ज़ोर दिया जाता था, पर अब माना जाता था कि यह व्यवस्था किसी ख़ास व्यक्ति को ज़िम्मेदार नहीं ठहराती थी। इसके अलावा सांस्कृतिक क्रांति के दौरान इसने अध्यक्ष या सचिव के हाथों में सत्ता के केंद्रीकरण को बढ़ावा दिया, लेकिन उन्हें आर्थिक परिणाम के प्रति ज़िम्मेदार नहीं बनाया। बड़े पैमाने पर जन भागीदारी को कारगर प्रबंधन और नवाचार के मामले में नेतृत्व की क्षमता के सामने गंभीर रुकावट के रूप में देखा गया। तंग शासन की यही समझ थी, इसीलिए निदेशक प्रधान की नई व्यवस्था लागू की गई।

टाउनशिप की निदेशक-प्रधान व्यवस्था

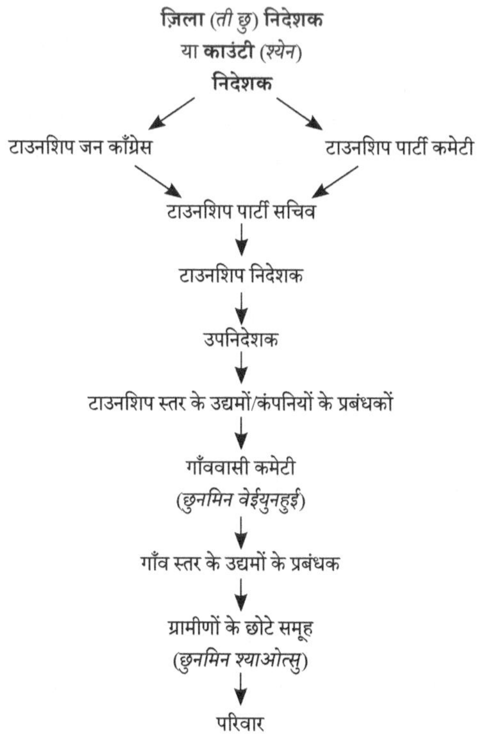

वर्ष 1993 में मैंने फिर से *श्यांग* जन काँग्रेस में प्रतिनिधियों की संख्या में बढ़ोतरी देखी। नवंबर 1993 में हुए चुनाव में 172 प्रतिनिधि चुने गए, जिनमें 35 प्रतिशत महिलाएँ थीं। प्रतिनिधियों की औसत उम्र 40 वर्ष थी। यह ज़िम्मेदार पदों पर नौजवान लोगों को लाने की प्रवृत्ति का ही द्योतक था। इनमें उद्योग, कृषि, शिक्षा, विज्ञान व तकनीकी, स्वास्थ्य सेवा और संस्कृति से जुड़े मैनेजरों, मज़दूरों, कैडरों आदि के प्रतिनिधि शामिल थे।

श्यांग जन काँग्रेस का चुनाव 1995 में तयशुदा समय पर हुआ। उसमें प्रतिनिधियों की संख्या घटाकर महज़ 70 कर दी गई, जिनमें 30 प्रतिशत महिलाएँ थीं। एक नया निदेशक चुना गया। पुराने निदेशक को पदोन्नत कर हला का पार्टी सचिव बना दिया गया। परिपाटी के मुताबिक नया निदेशक श्यांग पार्टी कमेटी का उपसचिव था। निवर्तमान निदेशक ने श्यांग सरकार के कामकाज की रिपोर्ट पेश की, जिसमें पिछले साल के आर्थिक प्रदर्शन का ब्योरा देने के साथ आगामी साल में हला श्यांग की योजनाओं और कार्यभार को रेखांकित किया गया था। निदेशक ने उद्यमों को ज़्यादा स्वायत्तता देते हुए ढाँचागत सुधारों को जारी रखने की घोषणा की। सरकार वृहत संयोजन और नियंत्रण के साथ-साथ उद्यमों के कामकाज की निगरानी और उन्हें सूचना उपलब्ध कराने का काम कर सकती है। इस तरह से सरकारी संस्थान प्रत्यक्ष प्रबंधन के बदले उद्यमों के परोक्ष मार्गदर्शन का काम करेंगे और उनके कामकाज में प्रत्यक्ष प्रशासनिक दख़ल से बचेंगे। इसके अलावा, रिपोर्ट में अर्थव्यवस्था के वैज्ञानिक और तकनीकी स्तर में सुधार पर ज़ोर दिया गया। इस मकसद से मैनज़रों और कैडरों को समय-समय पर प्रशिक्षण दिया जाएगा और बाहर से प्रौद्योगिकी की ख़रीद की जानी चाहिए। साथ ही, प्रत्येक उद्यम के पास अपना शोध और विकास अंग होना चाहिए।

गाँव स्तर पर

टाउनशिप के पुनर्गठित ढाँचे में कम्यून के दौर के उत्पादन ब्रिगेड को छुन या गाँव का नाम दिया गया और उत्पादन की इकाई के रूप में उसे और मज़बूत बनाया गया। साथ ही, सबसे निचली इकाई, उत्पादन टीम जो कम्यून के दिनों में सामान्यतया छोटा गाँव और ज़मीन के मालिकाने, उत्पादन और वितरण की सामूहिक इकाई हुआ करती थी, उसे व्यवहार में विघटित कर दिया गया। टीम की जगह जहाँ ज़रूरी हो ग्रामीणों के छोटे-छोटे समूह (*छुनमिन श्याओत्सु*) बनाए गए। वुशी इलाक़े में खेतिहर परिवारों के ऐसे कई छोटे समूह थे।

हला के 13 ब्रिगेडों को गाँव कहा जाने लगा। प्रत्येक गाँव में एक गाँववासी कमेटी (*छुनमिन वेईयुआनहुई*) थी, जिसके 1985 में तीन से पाँच सदस्य थे, जिसे 1987 में घटाकर दो से तीन सदस्य कर दिया गया। उस समय इस निकाय के गठन के लिए गाँव कमेटी के संभावित सदस्यों के नाम पहले टाउनशिप सरकार द्वारा सुझाए जाते थे, बाद में गाँव प्रतिनिधि सभा उन्हें चुनती थी। जन काँग्रेस उसी तर्ज पर गाँव के निदेशक और उपनिदेशक

का चुनाव भी करती थी। इस तरह टाउनशिप सरकार का ऊपरी स्तर नई व्यवस्था के तहत अब भी गाँव के प्रशासन में भारी दख़ल रखता था। वर्ष 1998 में प्रतियोगी चुनाव की शुरुआत के बाद से यह स्थिति बदल गई। फिर भी ज़्यादातर मामलों में टाउनशिप सरकार की पसंद के उम्मीदवारों की सूचना गाँववालों को लग ही जाती थी। इसलिए अक्सर गाँववालों की पसंद सीमित ही रहती थी।

लेकिन जैसे-जैसे सुधार दौर का आर्थिक एजेंडा साफ़ होता गया, गाँव का स्तर लगभग पूरी तरह आर्थिक इकाई में तब्दील हो गया।[29] उसका राजनीतिक और प्रशासनिक कामकाज *श्यांग* सरकार या पार्टी के ज़िम्मे आ गया था। गाँव स्तर के पास अब कृषि, उद्योग और वाणिज्य की अपनी कंपनियाँ थीं और उसने अपने उपक्रम भी शुरू किए थे। प्रत्येक उपक्रम के अलग मैनेजर थे। गाँवों में जहाँ कामकाज उतना फैला नहीं था, वहाँ सिर्फ़ एक गाँव निदेशक होता था और कंपनियों के मैनेजरों की बहाली टाउनशिप निदेशक करता था। वे उत्पादन योजना और प्रदर्शन की रिपोर्ट उसे ही करते थे। वही उनके कामों का मूल्यांकन करता था और बोनस बढ़ाने या घटाने की सिफ़ारिश करता था।

गाँव स्तर के नीचे ग्रामीणों के समूह थे, जिन्हें अब भी स्थानीय बोलचाल की भाषा में उत्पादन टीम (*शंगछान तुई*) कहा जाता था। हला में पहले 90 टीमें थीं। वर्ष 1985 में उनकी तादाद 85 रह गई। लेकिन बाद में उन्हें कई कार्यदलों में बाँट दिया गया। किसानों ने साग-सब्ज़ी उगाने, मछलीपालन, वानिकी के लिए अलग-अलग कार्यदल बना लिए, जबकि अनाज उत्पादन का काम परिवार करते रहे। हला में साग-सब्ज़ी उगाने के लिए 45 टीमें सामूहिक इकाई के बतौर काम करती रहीं। टीम या कार्य दल गाँव या विपणन इकाई के साथ क़रार करते थे। इसी तरह, 30 टीमें मछलीपालन करती थीं और उनमें से प्रत्येक दो या तीन समूहों में विभाजित थीं। सन् 1990 के दशक तक ऐसा ही चलता रहा।

जहाँ टीम और गाँववासी समूह ग्राम नेतृत्व के मातहत काम करते थे, वहीं ग्राम नेतृत्व टाउनशिप सरकार के प्रति जवाबदेह था, जिसका निदेशक गाँव और राज्य या उच्च पदाधिकारियों के बीच संपर्कसूत्र की भूमिका निभाता था। इस तरह से टाउनशिप निदेशक एक तरफ उत्पादन की बुनियादी इकाई, यानी खेतिहर परिवार, गाँववासी समूह और उद्यम और दूसरी तरफ राज्य के बीच संपर्क, निरीक्षण और नियंत्रण का एकमात्र ज़रिया था।

टाउनशिप निदेशक (*श्यांग चांग*)

सुधार के दौरान चीन के गाँवों में *श्यांग चांग* या टाउनशिप निदेशक सबसे महत्त्वपूर्ण अधिकारी बन गया था। चीन के सुधारकालीन ढाँचे के तहत *श्यांग* निदेशक सरकारी पदाधिकारी या राजकीय कैडर (*क्वच्या कान्पु*) होता था, पर उसे टाउनशिप जन काँग्रेस चुनती थी। वह पार्टी सचिव के बाद टाउनशिप का दूसरा सबसे शक्तिशाली पदाधिकारी था।

निदेशक और उपनिदेशक का वेतन सरकार देती थी। सरकार उनकी बहाली करती थी और समय-समय पर ऐसे कैडरों का एक से दूसरे टाउनशिप में तबादला करती रहती थी, ज़्यादातर एक ही इलाक़े में। बहाली और चुनाव एक ऐसी प्रक्रिया थी, जिसमें पार्टी और सरकार के ऊपरी और निचले स्तर के अधिकारी परस्पर भाग लेते थे। सरकार से यहाँ हमारा मतलब ज़िला या काउंटी के फौरी ऊपरी स्तर से है। इसमें नगर सरकार (*श चंगफू*) भी शरीक हो सकती थी, जो प्रांतीय सरकार के निदेशन में काम करती थी।

पर टाउनशिप निदेशक के काम की प्रकृति के चलते तस्वीर कहीं ज़्यादा जटिल बन जाती थी। जैसा कि हम पहले बता चुके हैं टाउनशिप निदेशक का पद निर्वाचित होने के साथ-साथ नियुक्त पदाधिकारी होने की वजह से उसे तरह-तरह के काम करने पड़ते थे। लिहाज़ा निदेशक को या तो उसी इलाक़े का होना होता या इलाक़े का ख़ासा जानकार होना होता था।

हला टाउनशिप के निदेशक चांग वेईनान ने 1987 में उत्साहपूर्वक बताया कि पहले *श्यांग* निदेशक सरकार द्वारा बहाल किया जाता था, अब उसे जन काँग्रेस जनतांत्रिक ढंग से चुनती है। लेकिन उनके ख़ुद के मामले में हुआ यह कि उन्हें पहले नवंबर 1983 में नियुक्त किया गया और बाद में अगस्त 1984 जब जन काँग्रेस की बैठक हुई, उसने उन्हें चुना और उच्च अधिकारियों ने उनकी नियुक्ति का "अनुमोदन" किया। मतलब यह कि दरअसल निदेशक की नियुक्ति उच्च पदाधिकारियों द्वारा की गई थी। बाद में उसने जन काँग्रेस को इस तरह से गठित किया कि वह उसका समर्थन करे। जो सूरत थी उसमें अगर लोग यह जानते कि उसकी नियुक्ति उच्च निकाय ने की है तो वे औपचारिक रूप से उसे ही चुनते। व्यवहार में *श्यांग* निदेशक का अब भी प्रतियोगी चुनाव नहीं होता।

लिऊ वेईपिंग और चांग वेईनान, दोनों ही हला टाउनशिप से ही थे। पहले जब लिऊ मछलीपालन ब्रिगेड के नेता थे तब चांग उसके उपनेता थे। चांग लुंगशान गाँव के निवासी थे। वे 1972 में लुंगशान उत्पादन टीम के नेता बने और 1976 में लुंगशान उत्पादन ब्रिगेड के पार्टी सचिव बन गए। वर्ष 1980 में उनकी पदोन्नति हुई और उन्हें कम्यून प्रबंधन कमेटी का उपनिदेशक बना दिया गया। टाउनशिप निदेशक के पद पर काम करने के बाद चांग वेईनान को अगले उच्चतर पद पर पदोन्नत कर दिया गया और वे ज़िला कैडर बन गए— 1993 में उन्हें उपनगर ज़िला सरकार का उपनिदेशक बनाया गया।

टाउनशिप निदेशक को पार्टी सचिव के वैचारिक और राजनीतिक देखरेख में काम करना होता था। वास्तव में *श्यांग* निदेशक पार्टी का उपसचिव होता था। लेकिन बदले माहौल में समीकरण उल्लेखनीय था। सन् 1980 के दशक के मध्य में निदेशक, कंपनी प्रबंधक और उद्यम निदेशक संबंधित स्तर पर पार्टी सचिव से ज़्यादा महत्त्व रखते थे। लेकिन सभी नियुक्तियों में टाउनशिप निदेशक को पार्टी सचिव की रज़ामंदी हासिल करनी होती थी।

इसके अलावा पार्टी सचिव के पास निगरानी, रिपोर्ट और प्रभाव का अपना अलग और समानांतर ज़रिया था। वह ज़िला और काउंटी स्तर की उच्चतर पार्टी कमेटी को अपनी रिपोर्ट भेज सकता था।

वह गाँव पार्टी इकाई से रिपोर्ट माँग सकता था। लेकिन पार्टी-सरकार-प्रबंधन के बीच विभेद का सिद्धांत स्पष्ट था और इस दौर में आर्थिक प्रशासन में पार्टी हस्तक्षेप नहीं कर सकती थी। बहरहाल, पार्टी ने चूँकि नई आर्थिक नीतियों पर अमल का रास्ता, जैसे कि "बाज़ार की ज़रूरतों के मुताबिक उत्पादन", "काम की गुणवत्ता और मात्रा के मुताबिक मज़दूरी" और "निजी उद्यमों को प्रोत्साहन" का रास्ता अपनाया था, पार्टी के स्थानीय नेता प्रक्रिया में अड़ंगा नहीं लगा सकते थे। लेकिन अगर कुछ ग़लत होता तो पार्टी सचिव टाउनशिप पार्टी कमेटी के ज़रिए हस्तक्षेप कर सकता था, निदेशक और उपनिदेशक भी जिसके सदस्य थे।

सुधारों के संदर्भ में *श्यांग* निदेशक की भूमिका की चांग ने 1987 में इस तरह से व्याख्या की–

1. पूरे टाउनशिप के लिए विकास के सिद्धांतों और लक्ष्यों को निरूपित करना जिसमें कृषि, उद्योग और वाणिज्य के लिए भूमि संसाधनों, जल, जंगल और मानव संसाधनों का बेहतर इस्तेमाल हो सके।
2. सभी उपनिदेशक और विकासकर्मी कारगर ढंग से अपना काम कर सकें इसे सुनिश्चित करना।
3. अगर ऐसी समस्याएँ पैदा हों जो एक से ज़्यादा विभागों से संबंधित हों उन्हें हल करने की कोशिश करना।

आर्थिक और प्रशासनिक मामलों में अंतिम फ़ैसला लेने का हक़ निदेशक को प्राप्त था। वह अपनी या किसी विभाग की ग़लतियों के लिए ख़ुद ज़िम्मेदार था। हालाँकि 1993 में ज़ोर स्पष्टतया विकास की गति को तेज़ करने पर था। जैसा कि हम आगे चलकर देखेंगे यह 1992 की शुरुआत में तंग के आह्वान का नतीजा था।

कुल मिलाकर टाउनशिप निदेशक ग्रामीण प्रशासन के सुधारकालीन ढाँचे का केंद्रीय अधिकारी था। उसे उत्पादन के मामले में उपलब्धि दिखानी होती थी। अगर उसका प्रदर्शन प्रभावशाली हो तो उसे ऊँचा बोनस मिलता या पदोन्नति मिलती। उसे निचले स्तर को ख़ुश रखते हुए उनका राजनीतिक समर्थन जुटाना होता और उसके साथ ही ऊपरी स्तर की भी कृपादृष्टि बनाए रखनी होती। चूँकि निचले स्तर पर राजनीति और उच्च निकायों के साथ रिश्ते का कोई संस्थागत ढाँचा नहीं था, बहुत कुछ विभिन्न स्तरों से उसके निजी रिश्ते पर निर्भर करता था।

सुधारों के दौरान टाउनशिप के स्तर पर असरदार नेतृत्व देने के लिए जिस निदेशक-केंद्रित प्रशासनिक ढाँचे का निर्माण हुआ, वह आसानी से "एजेंसी के फंदे" में फँस सकता था। इसके दो कारण थे। पहले, निदेशक चूँकि पद पर बने रहने के लिए उच्च अधिकारियों की अनुकंपा पर निर्भर था, उसे ऊपर से मिलनेवाले निर्देशों का पालन करना होता। वह ज़मीनी स्तर पर लोगों का नुमाइंदा होने की जगह वास्तव में केंद्रीय शासन का अभिकर्ता बन जाता। दूसरे, बाज़ार अर्थव्यवस्था में चूँकि ग्रामीण परिदृश्य पर कई उद्यमियों और प्रबंधकों का दबदबा होता, वह अक्सर पार्टी की नीति को लागू नहीं कर पाता था। टाउनशिप जन काँग्रेस और टाउनशिप पार्टी कमेटी-जैसी "परामर्शदायी" संस्थाएँ जनमंच नहीं थीं। वे पार्टी नीतियों को वैधता प्रदान करने और उन्हें लागू करनेवाली संस्थाएँ थीं। लेकिन उन्हें "सुधार, विकास और स्थायित्व" पर अमल करना होता था।

ज़िला/काउंटी अधिकारियों की निगरानी

जैसा कि हम जानते हैं 1990 के दशक में हला उपनगर ज़िला ऐसे 10 टाउनशिप में से एक था, जिसके मातहत 110 गाँव और 936 छोटे समूह या उत्पादन टीमें थीं। श्यांग के शहरी क्षेत्र में छह स्ट्रीट दफ़्तर थे और उनके मातहत 65 पड़ोसी कमिटियाँ थीं। नई नीतियाँ शहरी और ग्रामीण अर्थव्यवस्थाओं को एक-दूसरे का अनुपूरक (*छंग-श्यांग चिएह*) बनाने पर निर्भर थीं। इसीलिए च्यांग्सू प्रांत को प्रशासनिक रूप से प्रीफ़ेक्चर स्तरीय शहरों में बाँटा गया, जिनमें नगर और ग्रामीण दोनों ही तरह के क्षेत्र शामिल थे।

ज़िले में एक निदेशक और पाँच उपनिदेशक थे, जिनमें एक महिला थी। इनमें से प्रत्येक अलग-अलग विभागों का प्रभारी था— (क) उद्योग, (ख) कृषि, (ग) वाणिज्य, (घ) संस्कृति, शिक्षा और स्वास्थ्य और सामाजिक कल्याण और (ङ) शहरी और पड़ोसी कार्य। उसका अपना अलग सुरक्षा विभाग नहीं था। शायद इसलिए कि टाउनशिप में प्रांतीय सुरक्षा विभाग की अपनी शाखा थी। निदेशक और उपनिदेशक प्रत्येक *श्यांग* में अपने-अपने क्षेत्र की देखरेख करते थे। इसमें वे न सिर्फ़ टाउनशिप निदेशक की मदद लेते थे, बल्कि उनके अपने भी सीधे माध्यम थे। ज़िला जन काँग्रेस जिसके 220 सदस्य थे, उन्हें तीन साल के लिए चुनती थी। पर यह चुनाव भी ग़ैर-प्रतियोगी होता था। उच्चतर स्तर यानी म्युनिसिपल सरकार स्थिति का जायजा लेकर एक पैनल पेश करती, जिसे जन काँग्रेस मंज़ूर कर लेती।

ज़िला सरकार का मुख्य काम था कि वह केंद्र सरकार या पार्टी केंद्रीय कमेटी की नीतियों की व्याख्या करे और उन्हें टाउनशिप तक पहुँचाए और उनका अनुपालन सुनिश्चित करे। वर्ष 1987 के बाद अपनाई गई "अर्थव्यवस्था में नई जान फूँकने" (*चिनयिपु काओहुओ चिंगची*) की नीति की रोशनी में ज़िला अधिकारी उद्यम क़ानून पर अमल, लक्ष्य तय करने में मदद देने और उत्पादन की गुणवत्ता की जाँच करने में व्यस्त थे। कहा जाता है कि

पारिवारिक क़रार की व्यवस्था को पूरी तरह लागू करके और ग्रामीण उद्यमों का विस्तार करके 1987 में ग्रामीण सुधारों का एक महत्त्वपूर्ण चरण पूरा कर लिया गया। अगला काम था तकनीक के स्तर में बेहतरी के ज़रिए उत्पादन के ढाँचे में सुधार लाना। इस नए चरण को आर्थिक रूप से कारगर बनाने के लिए प्रबंधन में सुधार लाने पर ज़ोर दिया गया। कृषि के साथ-साथ उद्योग और वाणिज्य में विशिष्ट उत्पादन को बढ़ावा देने के लिए तकनीक और प्रबंधन का इस्तेमाल नया नारा था। अक्टूबर 1992 के बाद स्वामित्व के ढाँचे में विविधता लाकर "समाजवादी बाज़ार व्यवस्था" के निर्माण पर ध्यान दिया गया। वर्ष 1995 में पार्टी के पाँचवें प्लेनम के बाद समेकन पर ज़ोर दिया गया। टाउनशिप के प्रदर्शन की ज़िम्मेदारी ज़िला अधिकारियों पर डाल दी गई।

टाउनशिप और गाँव के स्तर पर स्थानीय शासन की यह व्यवस्था हु चिनथाओ और शी जिनपिंग के मातहत बदलती प्राथमिकताओं के बावजूद जारी रही। हु-वन के शासनकाल में स्थानीय सरकार का ज़ोर लोगों के साथ क़रीबी रिश्ता बनाते हुए उनकी समस्याओं के हल पर था। उनके शासनकाल में 1992 के बाद की आर्थिक रणनीति के नतीजतन "तीन ग्रामीण समस्याएँ" उठ खड़ी हुईं। उस परिस्थिति में स्थानीय सरकार पदाधिकारियों का वेतन देने तक के लिए भी केंद्र सरकार से मिलनेवाले अनुदान पर आश्रित थी। शी जिनपिंग के मातहत ज़मीनी सरकारों को स्पष्ट निर्देश दिया गया कि वे पूरा ज़ोर ऊँची विकास दर हासिल करने पर देने से बचें। कामयाब पदाधिकारी का नया पैमाना प्रचलित किया गया, जिसमें लोगों की ज़रूरतों को पूरा करने, भ्रष्ट तौर-तरीक़ों पर लगाम लगाने और ईमानदारी, सेवा और अनुशासन के साम्यवादी मूल्यों के अनुरूप जीवन जीने पर ज़ोर दिया गया। पार्टी प्रत्येक स्तर पर सीधे नेतृत्व देती थी।

चीन में पार्टी के नेतृत्व में शासन की एक विकेंद्रित व्यवस्था ने जड़ें जमा ली थीं। यह विकेंद्रित व्यवस्था थी, यह इससे स्पष्ट था कि आर्थिक मामलों में फ़ैसला लेने का अधिकार उत्पादन इकाइयों के मैनेजरों के हाथों में बना रहा। हालाँकि गाँव के स्तर पर कई उम्मीदवारों के आधार पर चुनाव के बावजूद राजनीतिक सत्ता का विकेंद्रीकरण नहीं हुआ। पार्टी मनोनीत टाउनशिप नेतृत्व का चुनाव टाउनशिप जन काँग्रेस द्वारा किया जाता है, यह सच बहस-मुबाहसे का मौक़ा देता है और कई जगह आधिकारिक उम्मीदवारों को चुनौती दी जाती है और क़ानून द्वारा प्रदत्त वापस बुलाने के अधिकार का भी इस्तेमाल किया जाता है। लेकिन नई व्यवस्था में सत्ता के केंद्रीकरण की प्रवृत्ति निहित है। स्थानीय स्तर पर उद्यम मैनेजर, टाउनशिप निदेशक और ज़िला निदेशक सत्ता के नए केंद्र हैं। उनमें से कई पहले ख़ुद उद्यमी और मैनेजर रह चुके हैं। जो बात साफ़ है वह यह कि जन काँग्रेस और कमेटियों के ज़रिए निर्णय प्रक्रिया में जन भागीदारी का माध्यम तैयार करने पर ज़ोर नहीं दिया जा रहा। वे पार्टी के फ़ैसलों पर बहस का मंच भर हैं या लोगों की राय इकट्ठा करने का ज़रिया हैं।[30]

पार्टी द्वारा संचालित इस व्यवस्था ने प्रत्येक शासन के दौरान नई भूमिका अपनाई है। कभी तो उसने आर्थिक इकाइयों और प्रशासन को स्वायत्तता प्रदान की और कभी उन सारे कामों को अपने हाथों में ले लिया। लेकिन ज़मीनी स्तर का नेतृत्व हमेशा प्रत्यक्ष या परोक्ष रूप से अपने हाथ में रखा।

यह तथ्य हमें पार्टी की भूमिका पर क़रीबी से ग़ौर करने के लिए प्रेरित करता है।

टिप्पणियाँ

1. माओ त्से-तुंग, "सम क्वेश्चन्स कंसर्निंग मेथड्स ऑफ़ लीडरशिप", *सेलेक्टेड वर्क्स ऑफ़ माओ त्से-तुंग*, खंड 3 (फ़ॉरेन लैंग्वेज़ेज प्रेस, पेइचिंग, 1965, पृ. 119 जब तक अवाम पर रणनीतिक निर्भरता न हो कैसे यह केंद्रीकरण में बदल जाता है इसे समझने के लिए देखें मनोरंजन महांति, *दी पॉलिटिकल फिलॉसफी ऑफ़ माओ त्से-तुंग* (आकार बुक्स, नई दिल्ली, 2012, पृ. 46–47)।
2. अगर प्यू रिसर्च सेंटर के समय-समय पर कराए गए मतसंग्रह को सही माना जाए तो आबादी का आधे से ज़्यादा हिस्सा हमेशा मौजूदा व्यवस्था की नीतियों के पक्ष में रहा है। निस्संदेह, ख़ास-ख़ास नीतियों के बारे में उनकी राय अलग रही है। मिसाल के तौर पर देखें 10 अक्टूबर 2014 का मतसंग्रह, उपलब्ध : www.pewresearch.org लेकिन ये मतसंग्रह शासन की स्वीकार्यता के सवाल का फ़ैसला नहीं करते।
3. इंस्टीट्यूट ऑफ़ सोशियोलॉज़ी, सीएएसएस और पेइचिंग यूनिवर्सिटी ने कई सर्वे कराए हैं। उनमें से कोई भी शासन या व्यवस्था के प्रति असंतोष का खुलासा नहीं करता।
4. डेनियल ए. बेल, *दी चाइना मॉडल : पॉलिटिकल मेरिटोक्रेसी एंड दी लिमिट्स ऑफ़ डेमोक्रेसी* (प्रिंसटन यूनिवर्सिटी प्रेस, प्रिंसटन एनजे, 2015)। चीनी राजनीतिक व्यवस्था कंफ़्यूसियसवादी मूल्यों और कम्युनिस्ट पार्टी की प्रतिबद्धता और अनुशासन के मेल पर आधारित है और इसलिए जटिल समस्याओं से निपटने की क्षमता रखती है, जो पश्चिम की जनतांत्रिक व्यवस्था के लिए मुश्किल है। ऐसे में चीनी राजनीतिक व्यवस्था का यह एक दिलचस्प चित्रण है। फिर भी यह "अभिकर्ता के फंदे" की परिघटना को रोक नहीं पाती क्योंकि उसके भीतर भागीदारी, जवाबदेही और सुधार को संस्थागत रूप से हल करने के उपाय नहीं हैं।
5. ग्रेट लीप फ़ॉरवर्ड की नाकामी की रोशनी में चीनी कम्युनिस्ट पार्टी की केंद्रीय कमेटी के लुशान प्लेनम में कई महत्त्वपूर्ण तब्दीली की गई। उनमें शामिल था गणराज्य के राष्ट्रपति के पद से माओ का इस्तीफ़ा और पद पर लिऊ शाओछी का चुना जाना।
6. शी जिनपिंग, "स्टडी, डिसेमिनेट एंड इंप्लीमेंट दी गाइडिंग प्रिंसिपल्स ऑफ़ दी एट्टीन्थ सीपीसी नेशनल काँग्रेस (17 नवंबर 2012)", *दी गवर्नेंस ऑफ़ चाइना* (फ़ॉरेन लैंग्वेज़ेज प्रेस, पेइचिंग, 2014, पृ. 10)।
7. व्यवस्था में निहित अधिनायकवादी और अन्य तत्त्वों की पड़ताल करते समय ज़रूरी है कि हम आधिकारिक सूत्रीकरणों को ध्यान में रखें। कई सूत्रीकरण चीनी राज्य के चरित्र की दिलचस्प व्याख्या करते हैं। बाज़ार अर्थव्यवस्था के निर्माण के लिए एक उदारवादी-जनतांत्रिक राज्य का निर्माण ज़रूरी नहीं। वह राज्य की संयोजनकारी और निगरानी की भूमिका को कभी ख़त्म नहीं करना चाहता था। जब 1990 के दशक के अंत में संस्थानिक सुधारों के ज़रिए बाज़ार सुधारों को बढ़ावा दिया गया, ग्रामीण उद्यमों के निजीकरण और करों के ढाँचे के पुनर्गठन के साथ स्थानीय प्रशासन को भी पुनर्गठित किया गया। ताली एल. यांग यह मानते हैं कि 2000 के दशक की शुरुआत तक संस्थानिक सुधारों की राजनीति ने एक स्थिर, राज्य-नियंत्रित और सुचारू रूप से काम करने वाली बाज़ार अर्थव्यवस्था के ढाँचे की नींव डाल दी थी। उनका यह कहना सही है कि "चीनी नेताओं ने अपनी राजनीतिक मशीनरी को धीरे-धीरे राज्य के साँचे में ढाल लिया था"। ताली एल. यांग, *रीमेकिंग दी चाइनीज़ लेवियाथन* (स्टैनफ़ोर्ड यूनिवर्सिटी प्रेस, स्टैनफ़ोर्ड, 2004, पृ. 297)। लेकिन हु चिनथाओ के अंतिम वर्षों और शी जिनपिंग के पहले कार्यकाल से ज़ाहिर था कि चीनी नेतृत्व आर्थिक प्रबंधन में काफ़ी निपुण है लेकिन अस्थिरता और विलगाव के स्रोत बदस्तूर बने हुए हैं, जैसा कि भ्रष्टाचार-विरोधी मुहिम के दौरान दिखा।

8. मनोरंजन महांति, "शी जिनपिंग एंड दी चाइनीज़ ड्रीम", *आइडियोलॉज़ी मैटर्स : चाइना फ्रॉम माओ त्से-तुंग टू शी जिनपिंग* (आकार, नई दिल्ली, 2014)।
9. ली फंग, *रिपोर्ट ऑन दी वर्क ऑफ़ दी गवर्नमेंट*, एनपीसी की बैठक में 5 मार्च 1996 को पेश (शिन्हुआ प्रेस विज्ञप्ति, पेइचिंग)।
10. देखें च्यांग त्समिन, *होल्ड हाई दी ग्रेट बैनर ऑफ़ तंग श्याओफिंग थ्योरी फ़ॉर एन ऑल राउंड एडवांसमेंट ऑफ़ दी कॉज़ ऑफ़ बिल्डिंग सोशियलिज़्म विथ चाइनीज़ कैरेक्टरिस्टिक्स टू दी 21स्ट सेंचुरी*, चीनी कम्युनिस्ट पार्टी की पंद्रहवीं राष्ट्रीय काँग्रेस में पेश रिपोर्ट (फ़ॉरेन लैंग्वेज़ेज प्रेस, पेइचिंग, 12 सितंबर 1997)।
11. देखें च्यांग त्समिन, "रिफ़ॉर्मिंग दी पॉलिटिकल स्ट्रक्चर एंड स्ट्रेंथनिंग डेमोक्रेसी एंड दी लीगल सिस्टम", *होल्ड हाई दी ग्रेट बैनर ऑफ़ तंग श्याओफिंग थ्योरी फ़ॉर एन ऑल राउंड एडवांसमेंट ऑफ़ दी कॉज़ ऑफ़ बिल्डिंग सोशियलिज़्म विथ चाइनीज़ कैरेक्टरिस्टिक्स टू दी 21स्ट सेंचुरी*, चीनी कम्युनिस्ट पार्टी की पंद्रहवीं राष्ट्रीय काँग्रेस में पेश रिपोर्ट (12 सितंबर 1997)। उपलब्ध : Available at: http://www.bjreview.com.cn/document/txt/2011-03/25/content_363499_10.htm (देखा 7 जून 2017)।
12. शी जिनपिंग, पृ. 116–17, देखें पादटिप्पणी 6.
13. ली खछ्यांग, *रिपोर्ट ऑन दी वर्क ऑफ़ दी गवर्नमेंट*।
14. *चीनी जनगणराज्य का संविधान* (पीपुल्स पब्लिशिंग हाउस, पेइचिंग, 20014, पृ. 15)। चीनी कम्युनिस्ट पार्टी का संविधान भी इसकी पुष्टि करते हुए कहता है कि चीनी कम्युनिस्ट पार्टी "चीनी कम्युनिस्ट पार्टी के नेतृत्व में बहुदलीय सहयोग और निगरानी की व्यवस्था" का हिमायत करती है। लेकिन जैसा कि हम देखते हैं इन पार्टियों के साथ सहयोग का स्वरूप राजनीतिक परिवेश पर निर्भर है।
15. आठ जनतांत्रिक पार्टियाँ हैं – रिवोल्यूशनरी कमेटी ऑफ़ क्वोमिंतांग, चाइना डेमोक्रेटिक लीग, चाइना डेमोक्रेटिक नेशनल कंस्ट्रक्शन एसोसिएशन, चाइना एसोसिएशन फ़ॉर प्रोमोटिंग डेमोक्रेसी, चाइनीज़ पीज़ंट्स एंड वर्कर्स डेमोक्रेटिक पार्टी, चाइना च कुंग तांग, च्युशान सोसायटी और ताइवान डेमोक्रेटिक सेल्फ़-गवर्नमेंट लीग। यांग फंगचुन, *चाइनीज़ गवर्नमेंट* (फ़ॉरेन लैंग्वेज़ेज प्रेस, पेइचिंग, 2004)। यांग के अनुसार वे "राजकाज में भागीदारी करते हैं... विभिन्न समूहों के हितों का प्रतिनिधित्व करते हैं" (पृ. 66–67)। ग़ौर करने की बात यह है कि यह राजसत्ता में हिस्सेदारी निभाने से अलग है। इस तरह से उनकी भूमिका सलाह देने की है।
16. शी जिनपिंग शासन ने चीन में विदेशी ग़ैर-सरकारी संगठनों की भूमिका को नियंत्रित करने के लिए एक नया क़ानून पारित किया, जिसकी पश्चिमी प्रेस में काफ़ी आलोचना हुई। देखें *दी गार्ज़ियन*, "चाइना पासेज़ लॉ इंपोज़िंग सिक्यूरिटी कंट्रोल्स ऑन फ़ॉरेन एनजीओज़", 28 अप्रैल 2016. उपलब्ध : https://www.theguard-ian.com/world/2016/apr/28/china-passes-law-imposing-security-controls-on-foreign-ngos (देखा 18 अप्रैल 2017)।
17. स्टेन रिंगेन, *दी परफ़ेक्ट डिक्टेटरशिप : चाइना इन दी 21स्ट सेंचुरी* (हांगकांग यूनिवर्सिटी प्रेस, हांगकांग, 2016)। इस अध्ययन के मुताबिक शी जिनपिंग के मातहत राज्य "मौलिक रूप से ज़्यादा निर्मम और ज़्यादा वैचारिक" हुआ है।
18. च्यांग त्समिन ने 2002 में सोलहवीं पार्टी काँग्रेस के सामने अपनी राजनीतिक रिपोर्ट में "पश्चिम की राजनीतिक व्यवस्थाओं की तर्ज पर कोई भी मॉडल" अपनाने से मना कर दिया। च्यांग त्समिन, *पॉलिटिकल रिपोर्ट टू दी सिक्सटींथ पार्टी काँग्रेस इन 2002* (फ़ॉरेन लैंग्वेजेज़ प्रेस, पेइचिंग, 2002, अनुच्छेद V, पैरा 1)।
19. तंग श्याओफिंग ने इस संदर्भ में निर्णायक पहल करते हुए 1978 में तीसरे प्लेनम में "वर्ग संघर्ष की जगह आर्थिक निर्माण" पर ज़्यादा ज़ोर दिया। राजनीतिक ढाँचे का मुख्य लक्ष्य सामाजिक स्थायित्व को बहाल रखते हुए तेज़ आर्थिक विकास हासिल करना हो गया। यही वजह है कि सुधार युग में जन प्रदर्शनों पर रोक लगा दी गई।
20. *सीपीसी की चौदहवीं केंद्रीय कमेटी के चौथे प्लेनरी सेशन की प्रेस विज्ञप्ति* (शिन्हुआ प्रेस रिलीज़, पेइचिंग, 24–28 सितंबर 1994)।
21. त्सू चियामू, "चेन युन एंड तंग श्याओफिंग इन दी इनीशियल स्टेज ऑफ़ रिफ़ॉर्म एंड ओपेनेनिंग अप"। उपलब्ध : http://www.cssn.cn/upload/2013/01/d20130111154110755.pdf (देखा 4 जुलाई 2014)।

22. माओ त्से-तुंग, "ऑन टेन मेजर रिलेशनशिप्स" (1956, 25 अप्रैल)। उपलब्ध : https://www.marxists.org/reference/archive/mao/selected-works/volume-5/mswv5_51.htm (देखा 18 अप्रैल 2017)। इसमें उन्होंने भारी उद्योगों और लघु उद्योगों और कृषि के बीच, तटीय प्रदेशों और अंदरूनी प्रदेशों के औद्योगिकीकरण के बीच, अर्थव्यवस्था और रक्षा के बीच, राज्य, सामूहिकों और उत्पादकों के बीच, केंद्रीय और स्थानीय अधिकारियों के बीच, हान राष्ट्रीयता और अल्पसंख्यकों के बीच, पार्टी और ग़ैर-पार्टी ताक़तों के बीच, क्रांति और प्रतिक्रांति के बीच, सही और ग़लत बरताव के बीच और चीन और विदेशी मुल्कों के बीच के संबंधों के बारे में आम नीतिगत सोच पर विचार किया था।
23. मनोरंजन महांति, "चाइनाज़ फ़ोकस ऑन गवर्नेंस"।
24. शी जिनपिंग, "इंप्रूव पार्टी कंडक्ट, अपहोल्ड इंटीग्रिटी एंड कंबैट करप्शन", *दी गवर्नेंस ऑफ़ चाइना* (फ़ॉरेन लैंग्वेजेज़ प्रेस, पेइचिंग, 2014, पृ. 436)। उसी किताब में देखें, "इस्टैब्लिश एंड प्रोमोट दी कंडक्ट ऑफ़ 'थ्री स्ट्रीक्ट्स एंड थ्री अर्नेस्ट्स'", पृ. 421. वे स्वविकास, सत्ता के इस्तेमाल और आत्म-अनुशासन के मामले में सख़्ती बरतने और योजनाओं के निर्माण, नए उपक्रम शुरू करने और निजी ईमानदारी को बनाए रखने के लिए तत्पर रहने की बात करते हैं।
25. देखें ल्यानचिंग ली, "डाइरेक्ट टाउनशिप इलेक्शंस", एलिज़ाबेथ जे. पेरी और मर्ले गोल्डमैन (संपा.), *ग्रासरूट्स पॉलिटिकल रिफ़ॉर्म्स इन कंटेंपररी चाइना* (हार्वर्ड यूनिवर्सिटी प्रेस, कैंब्रिज़, एमए, 2007)।
26. मैं 1985–87 के दौरान टाउनशिप निदेशक से मिला, जबकि पार्टी सचिव मुझसे मिलने से कतराते रहे।
27. यह सूचना टाउनशिप के अधिकारियों के साथ मेरी बातचीत पर आधारित है।
28. देखें यिन-छुंग वांग, *फ़्रॉम तंग श्याओफिंग टू च्यांग त्समिन : टू डिकेड्स ऑफ़ पोलीटिकल रिफ़ॉर्म्स इन दी पीपुल्स रिपब्लिक ऑफ़ चाइना* (यूनिवर्सिटी प्रेस ऑफ़ अमेरिका, लैनहैम, एमडी, 2005, पृ. 112)।
29. इस प्रक्रिया को ज्याँ सी. ओइ "स्थानीय राजकीय निगमवाद" कहते हैं। ज्याँ सी. ओइ, "दी इवोल्यूशन ऑफ़ लोकल स्टेट कॉरपोरेटिज्म", एंड्रयू जी. वॉल्डर (सं.), *त्सौपिंग इन ट्रांजीशन : दी प्रॉसेस ऑफ़ रिफ़ॉर्म इन रूरल चाइना* (हार्वर्ड यूनिवर्सिटी प्रेस, कैंब्रिज़, एमए, 1998)। वृहत्तर राज्य की तरह स्थानीय राज्य गतिशील है, अंतरविरोधों से भरी सत्ता प्रक्रिया को राज्य और समाज के बीच सिर्फ़ अंतरविरोधी रिश्ते के रूप में परिभाषित नहीं किया जा सकता, क्योंकि राज्य ख़ुद समाज की सत्ता के ढाँचे का समुच्चय है। मनोरंजन महांति, "डुअलिटी ऑफ़ दी स्टेट प्रॉसेस", घनश्याम शाह (सं,), *कैपिटलिस्ट स्टेट : क्रिटिकल एसेज,* फ़ेलिसिटेशन वॉल्यूम इन ऑनर ऑफ़ ए.आर. देसाई (पॉपुलर प्रकाशन, मुंबई, 1990)। चीन में स्थानीय राज्य जटिलता से भरा है जिसमें लोग प्राधिकार को चुनौती देते हैं और उसका अनुपालन करने करते हैं और सत्ता प्रक्रिया के साथ कई तरीक़े का रिश्ता रखते हैं। इसलिए स्थानीय स्तर पर ढाँचे का पुनर्गठन समय-समय पर उभरनेवाली ऐसी परिघटनाओं से निपटने का तरीक़ा है। केविन जे. ओ'ब्रियन, "बाउंड्री-स्पैनिंग कंटेशन इन चाइना", पीटर हेज ग्राइज और स्टेनली रोजेन (सं.), *स्टेट एंड सोसाइटी इन 21स्ट सेंचुरी चाइना : क्राइसिस, कंटेशन एंड लेजिटिमेशन* (रूटलेज कर्ज़न, न्यू यॉर्क, एनवाई, 2004)।
30. क्या यह चीन को एक "परामर्शी जनतंत्र" बनाता है, जैसा कि कई चीनी विद्वान कहते हैं? देखें फांग निंग, *चाइनाज़ डेमोक्रेसी पाथ* (चाइना सोशल साइंस प्रेस, पेइचिंग, 2014, पृ. 8)। सुधार के पहले दशक के बाद विवियन शुए का मानना था कि "माओवादी अतीत के थकेहारे स्थानीय कैडरों की बनिस्पत नया निगमीकृत राजकीय ढाँचा गाँवों में कहीं ज़्यादा असरदार साबित होने के साथ-साथ आधुनिकीकरण और विकास की सोच के प्रति कहीं ज़्यादा समर्पित हो सकता है"। इसे वे मधुमक्खी के छत्ते-जैसा कहती हैं। विवियन शुए, *दी रीच ऑफ़ दी स्टेट : स्केचेज ऑफ़ दी चाइनीज़ बॉडी पॉलिटिक* (स्टैनफ़ोर्ड यूनिवर्सिटी प्रेस, स्टैनफ़ोर्ड, 1988, पृ. 152)। सुधार के तीन दशकों के बाद स्थानीय राजनीतिक शासन आर्थिक विकास के लक्ष्य हासिल करने में कारगर रहा है, लेकिन सामाजिक-राजनीतिक माँगों को पूरा करने में नकारा साबित हुआ है। इस तरह निगमीकृत राजकीय ढाँचा आम लोगों से कट-सा गया है।

5 पार्टी और उसकी शासन क्षमता

मंच अभिनेताओं से अटा है
पर नाटक का निर्देशक तो पार्टी है।

–ज़िला पार्टी पदाधिकारी

चीन में पार्टी शासन की संकल्पना

हमने पार्टी की चर्चा राज्य और सरकार के कामकाज पर नज़र दौड़ाने के बाद शुरू की है। ऐसा क्यों इसे साफ़ करना ज़रूरी है, क्योंकि चीन की राजनीतिक व्यवस्था के बारे में चीन के भीतर और बाहर की ज़्यादातर चर्चाएँ पार्टी से शुरू होती हैं। बेशक, चीनी कम्युनिस्ट पार्टी चीन की शासक शक्ति है। लेकिन चीन समेत सभी समाज संविधान निर्मित राज्य व्यवस्था द्वारा संचालित होते हैं। सैनिक तानाशाही और राजशाही इसके अपवाद हैं। सैनिक शासन की स्थिति अलग है। किसी राजव्यवस्था, समाज या अर्थव्यवस्था के अध्ययन के लिए राज्य के चरित्र को समझना बेहद ज़रूरी है। राजसत्ता किसके पास है, यह समझने के लिए हम एक तरफ़ राजनीतिक शक्तियों और दूसरी तरफ़ सामाजिक ताक़तों पर नज़र डालते हैं। प्रतियोगी पार्टी व्यवस्था के तहत चुनाव जीतने वाली राजनीतिक पार्टी संविधान द्वारा नियत अवधि के लिए सत्ता सँभालती है। एक पार्टी वाली व्यवस्था के तहत हमें यह देखना होगा कि वह पार्टी उस भूमिका में कैसे पहुँची। इसी वजह से क्रांति या स्वतंत्रता आंदोलन की ऐतिहासिक प्रक्रिया को समझना महत्त्वपूर्ण हो जाता है। लेकिन उन सामाजिक ताक़तों की पड़ताल करना भी उतना ही अहम है, जो शासक पार्टी और राज्य का समर्थन करते हैं। समाजवादी राज्यों या कम्युनिस्ट पार्टी के शासन का अध्ययन करते वक़्त ज़्यादातर अध्येता राज्य, सरकार और समाज को एक-दूसरे के साथ गड्डमड्ड कर देते हैं। इनमें फ़र्क़ करना और उन्हें गतिशील ऐतिहासिक दृष्टिकोण से देखना बेहद ज़रूरी है।

तब आधुनिक राज्य की शासन रणनीति को समझना आसान हो जाएगा। हालाँकि राज्य अपने आप में सत्ता का संघटन है, उसकी शासन रणनीति में बहुआयामी प्रशासन रणनीति निहित होती है। राज्य अपने अस्तित्व को बनाए रखने के लिए दमन, जवाबदेही और वैधता की शक्तियों का इस्तेमाल करता है। हाँ, उनका मेल समय-समय पर बदलता रहता है।[1]

यह बात साफ़ हो जाती है जब हम यह देखते हैं कि चीन में च्यांग त्समिन के बाद चीनी कम्युनिस्ट पार्टी का महासचिव ही गणराज्य के राष्ट्रपति का पद सँभालता है। वही सैनिक कार्य आयोग (एमएसी) का भी अध्यक्ष होता है। इस सच्चाई से यह और भी स्पष्ट हो जाता है। सेना का नेतृत्व करनेवाला यह आयोग पार्टी की केंद्रीय कमेटी का संगठन होने के साथ ही एनपीसी द्वारा नियुक्त संस्था के रूप में राज्य व्यवस्था का भी अंग है। कोई शक नहीं कि

प्रत्येक पाँच साल पर होनेवाली पार्टी की राष्ट्रीय काँग्रेस सामाजिक-राजनीतिक विकास की दिशा तय करती है और प्रत्येक पाँच साल बाद एनपीसी के चुनाव से ज़्यादा राजनीतिक महत्त्व रखती है। लेकिन प्रधानमंत्री के नेतृत्व में स्टेट काउंसिल भी राजकीय मामलों में अहम स्थान रखता है। इसकी भूमिका महज़ अधीनस्थ अमल करनेवाले तक सीमित नहीं होती। प्रधानमंत्री, उपप्रधानमंत्री और लगभग सभी मंत्री पार्टी संगठन के भी सबसे महत्त्वपूर्ण सदस्य होते हैं। प्रत्येक स्तर पर दोहरी सदस्यता— एक ही शख्स राज्य मशीनरी और पार्टी का पदाधिकारी होता है— पार्टी-राज्य के रिश्ते को असरदार बनाती है।

चीनी कम्युनिस्ट पार्टी की संरचना

चीनी कम्युनिस्ट पार्टी की राष्ट्रीय काँग्रेस प्रत्येक पाँच साल पर चुनती है
केंद्रीय कमेटी और केंद्रीय अनुशासन निरीक्षण आयोग
केंद्रीय अनुशासन निरीक्षण आयोग चुनता है
सचिव
केंद्रीय कमेटी चुनती है
पोलित ब्यूरो, स्थाई कमेटी, महासचिव और सैनिक कार्य आयोग का
अध्यक्ष और कई उपाध्यक्ष

जहाँ तक नीति निर्धारण का सवाल है, राज्य और पार्टी के सभी निकाय अपना मत ज़ाहिर करते हैं उसके बाद पोलित ब्यूरो और उसकी स्थाई कमेटी के नेतृत्व में पार्टी की केंद्रीय कमेटी आम नीतियों का ख़ाका तैयार करती है।[2] उसके आधार पर स्टेट काउंसिल नीतियों का निर्धारण करता है और एनपीसी और उसकी स्थाई कमेटी क़ानून बनाती है। लाइन या आम दिशा या दृष्टिकोण को तय करने का प्रत्येक फ़ैसला पहले पार्टी केंद्रीय कमेटी में लिया जाता है। जैसे कि सांस्कृतिक क्रांति शुरू करने का फ़ैसला केंद्रीय कमेटी ने मई 1966 में लिया, ग्यारहवीं केंद्रीय कमेटी के तीसरे प्लेनम ने दिसंबर 1978 में "सुधार और खुला दरवाज़ा" नीति अपनाने का फ़ैसला किया जिसके बाद एकमुश्त सुधारों का सिलसिला शुरू हुआ। इसी तरह उदाहरण के लिए केंद्रीय कमेटी के तीसरे प्लेनम ने 2013 में "बाज़ार अर्थव्यवस्था को मज़बूत बनाने और निर्णायक भूमिका अपनाने देने", हुखऊ व्यवस्था में ढील, बदली "एक संतान नीति" को स्वीकार किया जबकि 2014 में चौथे प्लेनम ने "क़ानून का राज" कायम करने के लिए नए क़दमों की घोषणा की। उसके बाद राजकीय अंगों ने समुचित क़ानून बनाए और प्रशासनिक क़दम उठाए। पाँचवें प्लेनम ने 2015 में तेरहवीं पंचवर्षीय योजना का ख़ाका तैयार किया जिसके आधार पर एनपीसी ने मार्च 2016 में विस्तृत योजना दस्तावेज़ पारित किया। एक बार किसी चीज के बारे में जब प्रारंभिक फ़ैसला ले लिया जाता है नीतियाँ सार्वजनिक कर दी जाती हैं ताकि लोग

प्रारूप पर अपने सुझाव दे सकें और सार्वजनिक बहस कर सकें। केंद्रीय कमेटी के छठे प्लेनम द्वारा अक्टूबर 2016 में स्वीकृत पार्टी के भीतर राजनीतिक जीवन के मानक और पार्टी की अंदरूनी निरीक्षण नियमावली के निर्णायक दस्तावेज़ों के मामले में भी यही प्रक्रिया अपनाई गई। इसी प्लेनम में शी जिनपिंग को नेतृत्व का "कोर" घोषित किया गया। पोलित ब्यूरो ने मार्च 2016 में शुरुआती प्रस्ताव तैयार किया था और उसे अंतिम रूप देने के पहले देश भर में सुझाव के लिए बाँटा गया। निचली इकाइयों से सभी पहलुओं पर अपनी राय देने को कहा गया। शुरुआती फ़ैसला लेने के पहले कुछेक इकाइयों को नीतियों की आजमाइश के लिए भी प्रेरित किया जाता है। ऐसे भी मामले हैं जिनमें केंद्रीय नेतृत्व इधर-उधर के प्रयोगों की जानकारी इकट्ठी करता है और राष्ट्रीय नीति के रूप में अपनाने के पहले उनपर विचार-विमर्श करता है। खेतिहर सहकारी और जनकम्यूनों की जगह पारिवारिक ज़िम्मेदारी और विशिष्टताप्राप्त खेतिहर परिवारों की व्यवस्था को लागू करने के पहले इन नीतियों को प्रायोगिक तौर पर कई जगह आजमाया गया था, इसके कई उदाहरण मौजूद हैं। ये प्रयोग विविध मत समूहों या वैचारिक लाइन से जुड़े गुटों या क्षेत्रीय आधार या हित समूह के ज़रिए पार्टी मंचों में प्रतिबिंबित होते हैं। महत्त्वपूर्ण आर्थिक और राजनीतिक मसलों पर ग़ैर-पार्टी फ़ोरमों में भी रूटीन चर्चा की जाती है और नीतिगत फ़ैसला लेने के पहले उनकी प्रतिक्रियाओं पर भी गंभीरता से विचार किया जाता है।

चीनी कम्युनिस्ट पार्टी को ऊपर से नीचे तक एकरूप पार्टी की तरह चित्रित करना सच्चाई से मेल नहीं खाता। संभव है कि "जनवादी केंद्रीयता" में केंद्रीकरण हावी हो और जनवाद ग़ायब हो, मास लाइन ज़्यादातर मामलों में गोलबंदी का ज़रिया भर हो, लेकिन उसे अनिवार्य सांगठनिक सिद्धांत के बतौर स्वीकार करना अपने-आपमें महत्त्वपूर्ण है। इसे ही माओ त्से-तुंग येनान युग में जब वे चीनी परिवेश के माफ़िक़ क्रांति की नई रणनीति तैयार कर रहे थे, "व्यवहार ही सच्चाई की एकमात्र कसौटी है" और "तथ्यों से सच हासिल करना" कहते थे। माओ त्से-तुंग इसे चीन की ठोस मौजूदा परिस्थिति में मार्क्सवाद-लेनिनवाद के रचनात्मक अमल का नाम देते थे। तंग श्याओफिंग ने इन्हीं अवधारणाओं का सहारा लेते हुए सुधारों की शुरुआत की और इस बात पर ज़ोर दिया कि पार्टी को अपने कामकाज में नवोन्मेषी होना चाहिए, "पत्थरों को टटोलते हुए नदी पार करना" चाहिए और आगे बढ़ते हुए नीतियाँ बनानी चाहिए। उन्होंने "समाजवादी बाज़ार अर्थव्यवस्था" की अवधारणा प्रतिपादित की। लेकिन एक ख़ाके के तहत ठोस रूप से नीतियों को कैसे तैयार किया जाए, इसपर कई राय थी और कई वैकल्पिक नीतियाँ प्रस्तावित थीं। पार्टी नेतृत्व को उनमें से किसी एक को चुनना था और आपसी रज़ामंदी तैयार करना था। इस तरह से मतों की बहुलता और ज़मीनी तजरबों की विविधता चीनी कम्युनिस्ट पार्टी के कामकाज का एक महत्त्वपूर्ण पहलू है।

टिप्पणीकार अक्सर चीन में पार्टी-सरकार-सेना के त्रिगुट के शासन की बात करते हैं। बेशक क्रांति के दौरान अपनी भूमिका की वजह से जनमुक्ति सेना (पीएलए) चीन के संदर्भ में एक स्वायत्त ताक़त रही है। सांस्कृतिक क्रांति के दौरान लिन प्याओ ने पार्टी के भीतर अपने विरोधियों के ऊपर हमला करने में जनमुक्ति सेना का इस्तेमाल किया। दरअसल, सेना ने माओवाद की उनकी व्याख्या को प्रचारित करने के लिए 1965 में एक जनआंदोलन शुरू किया था। इससे यह बात और साफ़ हो जाती है। जनमुक्ति सेना और पार्टी के एक हिस्से द्वारा सन् 1976 में गैंग ऑफ़ फ़ोर के ख़िलाफ़ तख़्तापलट की सैनिक कोशिश पराजित हुई और तंग श्याओफिंग सत्ता में वापस आए। जब च्यांग त्समिन चीनी कम्युनिस्ट पार्टी के महासचिव और चीनी गणराज्य के राष्ट्रपति बने, तब भी तंग सैनिक कार्य आयोग के अध्यक्ष बने रहे। सैनिक कार्य आयोग के अध्यक्ष के बतौर तंग ने जनमुक्ति सेना को जून 1989 में थ्येनआनमन के युवा विद्रोह को दबाने का आदेश दिया। शी जिनपिंग समेत चीनी कम्युनिस्ट पार्टी के सभी नेता सैनिक कमांडरों का तबादला करते रहे हैं, जिससे कि वे अपना समर्थन आधार बनाए रख सकें। दरअसल, पार्टी-सरकार-सेना का यह रिश्ता पूरी व्यवस्था पर हावी रहा है। फिर भी चीन को पीएलए-नियंत्रित या सैनिक राजव्यवस्था नहीं कहा जा सकता। "पार्टी बंदूक का नियंत्रण करती है और बंदूक को पार्टी पर हावी होने की इजाज़त नहीं", यह सुनिश्चित करने के लिए विस्तृत राजनीतिक और संस्थानिक उपाय किए गए हैं और वैचारिक प्रस्थापनाएँ तैयार की गई हैं।[3]

चीन की पार्टी नीत राजव्यवस्था को समझने के लिए सुधारों की शुरुआत के पहले और उसके बाद दशकों से चलनेवाली वास्तविक राजनीतिक और सामाजिक प्रक्रिया को समझना होगा। पहले तो केंद्रीय कमेटी और पोलित ब्यूरो के अपने पार्टी समूह हैं, जो प्रमुख नीतियों को संचालित करते हैं। उदाहरण के लिए, शी जिनपिंग के नेतृत्व में चलनेवाला ख़ास पार्टी समूह सुधारों को सँभालता है। जब केंद्रीय कमेटी के चौथे प्लेनम ने 2013 में "सुधारों को सर्वांगीण रूप से गहरा करने" का अभियान चालू किया तो केंद्रीय कमेटी ने उसके संचालन और देखरेख के लिए शी के नेतृत्व में एक विशेष समूह गठित किया। शी कई नए समूहों का मुखिया थे, जो राष्ट्रीय सुरक्षा से लेकर आंतरिक सुरक्षा से जुड़े महत्त्वपूर्ण नीतियों को निरूपित करते और निगरानी करते थे। इसके अलावा उद्यमों, दफ़्तरों, स्कूलों, विश्वविद्यालयों, शोध संस्थानों, सांस्कृतिक संस्थानों समेत सरकारी विभागों और सेना इकाइयों समेत लगभग सभी संगठनों में पार्टी कमिटियाँ हैं। राजनीतिक रूप से प्रत्येक पार्टी सचिव संबंधित स्तर के औपचारिक प्रशासनिक मुखिया से ज़्यादा ताक़तवर होता है। लेकिन ज़्यादातर मामलों में प्रशासनिक प्रमुख पार्टी का उपसचिव भी होता है। वे आपसी सहमति से काम करते हैं। पार्टी के प्रमुख की भूमिका एक सचेत पर्यवेक्षक और आम सलाहकार की होती है। हालाँकि फ़ैसले असल में प्रशासनिक प्रमुख

द्वारा लिए जाते हैं, लेकिन वे पार्टी के आम मार्गदर्शन का सम्मान करते हैं और जब केंद्रीय नीति से कोई भटकाव दिखता है या अनियमितता होती है, पार्टी नेता हस्तक्षेप करता है और उच्च अधिकरियों को रिपोर्ट करता है।

पार्टी के सदस्यों की संख्या कम हो तो भी प्रत्येक स्तर पर काँग्रेस, सम्मेलन और पार्टी कमिटियाँ या पार्टी शाखाएँ होती हैं। इसके साथ ही, चीनी जन राजनीतिक सलाहकार सम्मेलन के अपने अंग हैं, जो ग़ैर-कम्युनिस्ट पार्टियों और समूहों का संयुक्त मोर्चा है। यह प्रत्येक स्तर पर मौजूद है, टाउनशिप के निचले स्तर तक जो पर्यवेक्षण या अंकेक्षण की भूमिका निभाता है। चूँकि ग्रामीण चुनाव बहस और वोटरों की गोलबंदी का मौक़ा देता है। इसके अलावा, निगरानी के अन्य ज़रिए भी हैं। चीन में 2014 के बाद इंटरनेट और सोशल मीडिया के प्रचार-प्रसार के बाद पार्टी के केंद्रीय अनुशासन निरीक्षण आयोग ने भ्रष्ट आचरण की अज्ञात शिकायतों को भी सुना है। इससे स्थिति गुणात्मक रूप से बदल गई है। यह संस्थानिक ढाँचा चीन में नियंत्रण और संतुलन प्रणाली का काम कर सकता है। लेकिन यह इंगित करना होगा कि ऐसे इंतज़ाम चीन में या कहीं भी प्रणाली के लक्ष्यों को हासिल करने में शायद हमेशा समुचित रूप से कारगर न हो पाएँ।

चीनी कम्युनिस्ट पार्टी तंग श्याओफिंग से शी जिनपिंग तक

एक के बाद एक प्रत्येक शासन के मातहत चीनी कम्युनिस्ट पार्टी अलग-अलग तरीक़े से काम करती रही है। ख़ुद माओ त्से-तुंग के जीवनकाल में कई बदलाव आए, पर उनके पार्टी नेतृत्व के बारे में दो बातें साफ़ थीं। पहले तो वे पार्टी के सर्वमान्य नेता थे, कई मौक़ों पर उनकी ख़ास नीतियों को चुनौती दिए जाने की हालत में भी। दूसरे, उनका जनाधार इतना व्यापक था कि वे राज्य और पार्टी की संस्थाओं को दरकिनार करते हुए अपनी नीतियों और मुहिमों के लिए सीधे जनता से अपील कर सकते थे। इस वजह से उनके जीवन के अंतिम दशक में, ख़ासकर सांस्कृतिक क्रांति के दौरान पार्टी का सांगठनिक ढाँचा कमज़ोर हुआ।[4]

माओ की वैधता की वजह क्रांति के दौरान उनका नेतृत्व था, जो उनकी मौत के बाद उनकी नीतियों की कटु आलेचना के बाद भी बना रहा। तंग श्याओफिंग ने ठोस आर्थिक नतीजों का वादा किया और आम लोगों के लिए उसे साकार किया और इस तरह से वैधता हासिल की। क्रांति के साथ-साथ सांस्कृतिक क्रांति के समय तक सरकार के अपने लंबे अनुभवों का इस्तेमाल करते हुए तंग ने आधुनिकीकरण का नज़रिया सामने रखा, जिसने चीनी लोगों में काफ़ी उत्साह पैदा किया। उनका मानना था कि चीन राज्य की सत्ता और पार्टी की वैधता का इस्तेमाल करते हुए अच्छी-ख़ासी आर्थिक प्रगति हासिल कर सकता है। इसके लिए उसे प्रोत्साहन की एक व्यवस्था बनानी होगी और वैश्विक पूँजी, प्रौद्योगिकी और बाज़ार का इस्तेमाल करना होगा। उन्होंने शासन के संस्थानिक नियम बनाए। समाज

की ग़ैर-कम्युनिस्ट ताक़तों के साथ व्यापक सलाह-मशविरा और सर्वसम्मति बनाते हुए उन्होंने एनपीसी-सरीखे राजकीय निकायों को नियमपूर्वक आहूत करने, पार्टी संगठनों और सम्मेलनों को नियत अवधि में आयोजित करने के नियम बनाए और उनकी कार्यावधि और उत्तराधिकार प्रक्रिया को निरूपित किया (देखें तालिका 5.1, जिसमें 1982 के बाद नियमित पार्टी काँग्रेसों का ब्योरा दिया गया है)। "एक देश, दो प्रणाली" जैसा इंतज़ाम हांगकांग और मकाओ-जैसे पुराने उपनिवेशों को एक करने और ताइवान के लिए दरवाजे खोलने में कारगर रहा, जिसे वैश्विक नागरिक समाज ने काफ़ी सराहा। संकट के समय, जैसे कि थ्येनआनमन विद्रोह के दौरान उन्होंने कठोर क़दम उठाए, पर सुधार के रास्ते से पैर नहीं खींचे। सन् 1992 के दक्षिणी दौरे में उन्होंने निजी पूँजी और बाज़ार की शक्तियों को अर्थव्यवस्था के विकास के लिए पूरी छूट देने की वकालत की और घोषित किया कि "पूँजीवाद से डरो नहीं, पार्टी उसकी काट करने में सक्षम है"।[5]

च्यांग त्समिन के नेतृत्व में पार्टी के सामाजिक जनाधार में भारी बदलाव आया। उन्होंने विदेशी पूँजी के आमंत्रण पर सभी पाबंदियों को हटा लिया और निर्यातोन्मुखी प्रगति की गति तेज़ कर दी। उन्होंने पार्टी सदस्यता के दरवाज़े उद्यमियों के लिए खोल दिए; उन्हें देशभक्त ताक़त कहा गया, जो मातृभूमि के विकास में सहयोग करते हैं। यह चीनी कम्युनिस्ट पार्टी की वर्ग आधारित सदस्यता की परिपाटी से स्पष्ट विचलन था। पहले पार्टी के सदस्य वर्गीय

तालिका 5.1: 1945 के बाद चीनी कम्युनिस्ट पार्टी की काँग्रेस और सदस्य संख्या

पार्टी काँग्रेस	*वर्ष*	*चेयरमैन/महासचिव*	*कुल सदस्य संख्या*
सातवीं	1945	माओ त्से-तुंग (चेयरमैन)	1,211,128
आठवीं	1956	माओ त्से-तुंग	10,734,384
नौवीं	1969	माओ त्से-तुंग	20,000,000
दसवीं	1973	माओ त्से-तुंग	28,000,000
ग्यारहवीं	1977	हुआ कुओफंग	35,000,000
बारहवीं	1982	हु याओपाओ (महासचिव)	39,650,000
तेरहवीं	1987	चाओ त्सयांग	46,000,000
चौदहवीं	1992	च्यांग त्समिन	51,000,000
पंद्रहवीं	1997	च्यांग त्समिन	58,000,000
सोलहवीं	2002	हु चिनथाओ	66,000,000
सत्रहवीं	2007	हु चिनथाओ	73,000,000
अठारहवीं	2012	शी जिनपिंग	82,000,000
उन्नीसवीं	2017	शी जिनपिंग	89,000,000

स्रोत : http://english.cpc.people.com.cn/; http://english.people.com.cn/90785/7910578.html (देखा 28 जुलाई 2017)।

पृष्ठभूमि के लिहाज से आम तौर पर मज़दूर, किसान, सैनिक और प्रगतिशाल बुद्धिजीवी होते थे। चूँकि पार्टी सदस्यता ऐसा विशेषाधिकार था जो पार्टी, राज्य और अर्थव्यवस्था में पद सुनिश्चित करता था और सामाजिक रुतबे में इज़ाफ़ा करता था, इसलिए पार्टी के चरित्र पर उसका काफ़ी असर पड़ता था। च्यांग त्समिन ने अपनी पहल को "तीन प्रतिनिधित्व" के रूप में संगत बनाया, जिसका दूरगामी असर हुआ।[6] प्रधानमंत्री चु रूंगची ने नौकरशाही पर लगाम लगाने और पार्टी एवं सरकार के पदाधिकारियों को ज़्यादा कुशल बनाने के लिए कई क़दम उठाए।

हु चिनथाओ का मुख्य काम था आर्थिक विकास की गति को न सिर्फ़ बनाए रखना, बल्कि उन गंभीर समस्याओं का भी समाधान ढूँढ़ना, जो सुधार के दौर में उभर आई थीं। उन्हीं के शासनकाल में पार्टी की "शासन क्षमता" का सवाल चीन के राजनीतिक विमर्श का एक केंद्रीय मुद्दा बनकर उभरा। उनके पूर्ववर्ती च्यांग त्समिन ने "भ्रष्टाचार से लड़ने" को "पार्टी के लिए जीवन-मरण का प्रश्न" बताया था। हु ने एक क़दम आगे बढ़ते हुए चेतावनी दी कि यदि चीनी कम्युनिस्ट पार्टी शासन चलाने यानी लोगों की अपेक्षाओं को पूरा करने में नाकाम रहती है, तो एक शासक पार्टी के रूप में उसका अस्तित्व ही ख़तरे में पड़ जाएगा। उन्हीं के शासनकाल में "तीन ग्रामीण समस्याओं" को सबसे ज़्यादा प्रचार मिला और बारहवीं पंचवर्षीय योजना में "नए समाजवादी गाँवों के निर्माण" के उपाय किए गए। पार्टी से "लोगों की सेवा" की परंपरा पर चलने का आग्रह किया गया और विकास के पाँच क्षेत्रों— आर्थिक, राजनीतिक, सामाजिक, सांस्कृतिक और पारिस्थितिकी में संतुलित, समन्वित विकास के हु चिनथाओ की वैज्ञानिक विकास के नज़रिए पर चलना पार्टी का नया वैचारिक मंत्र बन गया।

लेकिन इस नज़रिए को व्यवहार में लागू करना पार्टी के लिए अब भी छलावा बना रहा और शी जिनपिंग के नेतृत्व का भी ध्यान इसी पर केंद्रित रहा। एक तरफ़ उन्होंने चीनी अवाम की राष्ट्रवादी भावनाओं को उभारने के लिए "चीनी राष्ट्र के महान पुनरुत्थान के चीनी सपने" को साकार करने का नारा दिया। दूसरी तरफ़, उन्होंने पार्टी के पुनर्निर्माण पर गंभीरता से ध्यान दिया। इसके लिए उन्होंने दो मोर्चों पर ठोस क़दम उठाए। उनमें से पहला था पार्टी के भीतर केंद्रीय अनुशासन निरीक्षण आयोग के ढाँचे के तहत उनकी मशहूर भ्रष्टाचार विरोधी मुहिम। यह मुहिम अर्थव्यवस्था, समाज और राजव्यवस्था के सभी क्षेत्रों में फैल गई, क्योंकि पार्टी पदाधिकारी इन सभी क्षेत्रों पर हावी थे।[7] एक तरफ़ 2013 में पार्टी केंद्रीय कमेटी और केंद्रीय अनुशासन निरीक्षण आयोग ने "सज़ा और रोकथाम के ज़रिए भ्रष्टाचार पर लगाम लगाने की संपूर्ण व्यवस्था की कार्ययोजना" जारी की। दूसरी तरफ़ प्रत्येक पार्टी पदाधिकारी को पार्टी मूल्यों के अनुकूल आचरण का उदाहरण पेश करना था और उच्च विचार और सादा जीवन के आदर्शों पर चलते हुए अपनी जन-पक्षधर और कुशल छवि पेश

करनी थी।[8] उन्होंने अर्थव्यवस्था और विदेश नीति को नई दिशा देने के लिए कई नीतिगत क़दम उठाए और सर्वसम्मति के नए बिंदु तैयार किए, जिन्हें वे "नया मानक" कहते थे। जैसे कि औसत वृद्धि दर, घरेलू माँग पर आधारित अर्थव्यवस्था। सुरक्षा की नई अवधारणा और "एक इलाक़ा, एक मार्ग" और पड़ोसी नीति का ख़ाका तैयार करना उनके अन्य बड़े नीतिगत क़दम थे।

जैसा कि हम पहले ही बता चुके हैं तंग श्याओफिंग और च्यांग त्समिन के बाद शी जिनपिंग के विचारों को पार्टी के वैचारिक ढाँचे में शामिल कर लिया गया है और "उनके भाषणों, चीन के शासन के प्रति उनकी नई सोच, दृष्टि और रणनीति" का हवाला दिया जाता है। मूल रूप से उनके विचार "चार समग्रता" के रूप में चित्रित किए जाते हैं : "चीन को एक चौतरफ़ा, सामान्य रूप से समृद्ध समाज बनाना", "सुधारों को समग्र रूप से गहरा करना", "क़ानून के शासन को समग्र रूप से लागू करना" और "सख़्ती से पार्टी के शासन पर समग्र अमल"। शी जिनपिंग ने 2013 के केंद्रीय कमेटी के तीसरे प्लेनम के बाद प्रत्येक प्लेनम का इस्तेमाल इन मुद्दों पर फ़ोकस करने के लिए किया है। अक्टूबर 2016 में हुए छठे प्लेनम ने न सिर्फ़ शी को नेतृत्व का "कोर" घोषित किया, बल्कि दो बड़े राजनीतिक दस्तावेज़ भी स्वीकृत किए, जिनका पार्टी की शासन क्षमता पर दूरगामी असर होगा।[9] च्यांग त्समिन को "कोर" के रूप में चित्रित किया गया था— हु चिनथाओ ने इस परिपाटी को जारी नहीं रखा। शी जिनपिंग के लिए उसी चित्रण का फिर से इस्तेमाल का मतलब यह था कि पार्टी के भीतर ऐसी ताक़तें थीं, जो उनके नज़रिए से सहमत नहीं थीं और कई संदेहास्पद प्रवृत्तियाँ मौजूद थीं। सन् 1980 के पार्टी मानकों की जगह नए मानकों को अपनाए जाने का औचित्य बताते हुए शी ने सदस्यों की कई गंभीर ख़ामियों का जिक्र किया था, जिनमें "अनुशासन में ढीलापन, लोगों से अलगाव, मनमर्ज़ी और निष्क्रियता, व्यक्तिवाद, गुटबाज़ी, धन की पूजा और औपचारिकतावाद, सुखवाद और फ़िज़ूलखर्ची से जुड़े अपराध" के अलावा भाई-भतीजावाद, चुनावी धोखाधड़ी, पद का दुरुपयोग शामिल थे। स्थिति कितनी भयावह थी, उनके बयान की आधिकारिक रिपोर्टों से साफ़ ज़ाहिर है :

> ख़ासकर चंद पार्टी पदाधिकारी अपनी राजनीतिक भूख और सत्ता के लालच में आकर गुट बनाकर अपना स्वार्थ साधने के लिए खुली अनुशासनहीनता में संलिप्त राजनीतिक षडयंत्र रचने लगे हैं।[10]

ध्यान रखना चाहिए कि हु चिनथाओ के साथ हमेशा प्रधानमंत्री वन च्यापाओ का भी जिक्र किया जाता है और उनके शासनकाल को हु-वन शासन कहा जाता है। आज शी अविवादित नेता हैं और प्रधानमंत्री ली खछ्यांग स्पष्टतया वन च्यापाओ की तरह की भूमिका निभा रहे हैं। लिहाज़ा कोई आश्चर्य नहीं कि शी जिनपिंग के 2013–14 के बीच के चुनिंदा भाषणों के संकलन का शीर्षक *गवर्नेंस ऑफ़ चाइना* रखा गया। उनके कई भाषण,

ख़ासकर "एक बड़े देश का शासन छोटी मछली तलने के समान है" शीर्षक का उनका भाषण स्पष्ट दिखाता है कि वे मौजूदा शासनादेश के चरित्र के प्रति सचेत हैं।[11]

सच है कि हु चिनथाओ ने पार्टी की शासन क्षमता पर सवाल उठाया और शी जिनपिंग ने पार्टी, जो अपेक्षाओं पर खरा नहीं उतरती थी, उसे फिर से एक भ्रष्टाचार-मुक्त, मूल्य आधारित और असरदार संगठन बनाने के हरसंभव प्रयास किए। यह सच हमारे इस तर्क को पुष्ट करता है कि पार्टी एजेंसी के फंदे में फँस गई थी। वह विकास प्रक्रिया का एक कुशल अंग बन गई थी, लेकिन भ्रष्टाचार में लिप्त थी और वैज्ञानिक विकास के लिहाज़ से उठनेवाले सवालों का हल ढूँढ़ने में असमर्थ थी। ऐसे में वह आबादी की बहुसंख्या से अलग-थलग हो गई थी। इसलिए शी के भ्रष्टाचार विरोधी मुहिम और सांगठनिक पहलों को इस एजेंसी के फंदे को तोड़ने और पार्टी को अपना लक्ष्य हासिल करने में सक्षम और भागीदारीपूर्ण विकास का एक पारदर्शी, जनपक्षीय, असरदार औज़ार बनाने की कोशिश के रूप में देखा-समझा जा सकता है।

इस प्रकार, चीन में पार्टी के नेतृत्व में व्यवस्था को एक परिप्रेक्ष्य में रखना होगा ताकि हम उसके चरित्र और कामकाज के तरीक़े को बेहतर ढंग से समझ सकें।

पार्टी और सुधार

कम्युनिस्ट पार्टी का घोषित मकसद रहा है सामाजिक प्रक्रिया का समाजवाद और साम्यवाद की दिशा में संचालन। ठोस रूप से उसका काम है केंद्रीय कमेटी द्वारा तय नीतियों को प्रत्येक स्तर पर लागू करना। इस कर्तव्य को वह नीति निर्माण प्रक्रिया की निगरानी और वैचारिक शिक्षण और प्रचार-प्रसार के ज़रिए अंजाम देती है। कैडरों की पदोन्नति और पदावनति आम तौर पर पार्टी नेतृत्व करता है। पार्टी की यह भूमिका शाश्वत है। पर हमने पार्टी को सुधारों के पहले और बाद तीन तरह की भूमिका में देखा है। पहला, जब पार्टी सरकार और उद्यम मैनेजर, दोनों का काम करती थी। मतलब यह कि पार्टी सचिव ही टाउनशिप निदेशक होता था और किसी उद्यम का मैनेजर भी। सिद्धांत में सुधारों के पहले यही स्थिति थी। हालाँकि पार्टी सचिव हमेशा उद्यम का मैनेजर नहीं होता था, फिर भी वह बड़ी आर्थिक भूमिका निभाता था। जैसा कि हम पहले चर्चा कर चुके हैं 1978 के तीसरे प्लेनम ने तीनों भूमिकाओं में फ़र्क़ करने पर ज़ोर दिया। दूसरी स्थिति वह थी जिसे 1978 के तीसरे प्लेनम ने वांछित बताया था, यानी पार्टी सचिव को राजनीतिक और वैचारिक नेता होना चाहिए और स्थानीय शासन और उद्यम मैनेजर को पूरी स्वायत्तता देनी चाहिए। ऐसा करना इसलिए ज़रूरी था कि स्वायत्त मैनेजर बाज़ार की स्थिति के अनुसार काम कर सके, संसाधनों के बँटवारे का फ़ैसला ले, उत्पादन और विपणन की योजना बनाए और इन सारी बातों को ध्यान में रखते हुए उद्यम का संचालन करे। चीन में 1979 से लेकर 1989 तक, सुधारों के पहले दशक में यही स्थिति बनी रही। यह समय ऐसा था जब ग्रामीण उद्यम फल-फूल रहे थे और ग्रामीण

अर्थव्यवस्था और पूरी राष्ट्रीय अर्थव्यवस्था में भारी योगदान कर रहे थे। तीसरी भूमिका तब शुरू हुई जब उद्यम मैनेजर को विशेष दर्जा दिया गया और पार्टी और सरकारी पदाधिकारियों से मैनेजरों का अनुसरण करने को कहा गया। पूरी व्यवस्था पर आर्थिक विकास की ज़रूरत हावी हो गई। इस अवधि में कई पार्टी पदाधिकारी ख़ुद उद्यम मैनेजर भी थे। यह रुझान 2002 तक जारी रहा, जब पार्टी कैडरों से राजनीतिक निगरानी की भूमिका निभाने का आग्रह किया गया। तब भी राजव्यवस्था पर आर्थिक चालक हावी थे और जब हु चिनथाओ और वन च्यापाओ का केंद्रीय नेतृत्व जनपक्षीय कार्यप्रणाली और संतुलित विकास पर ज़ोर दे रहा था, प्रांतों और नीचे आर्थिक अभिजात को ही प्रमुखता दी जा रही थी। विभिन स्तरों पर कई पार्टी नेता ख़ुद व्यवसायी लोग थे। कई पार्टी नेताओं के परिवार के लोग सीधे कंपनियों के प्रबंधक या मालिक थे। सार्वजिनिक उपक्रमों या निजी कंपनियों में उनकी बड़ी हिस्सेदारी थी। चीन में निवेश करनेवाली विदेशी कंपनियों और दुनिया के प्रत्येक हिस्से में चीनी निर्यात को नियंत्रित करनेवाली कंपनियों के साथ जुड़ाव पार्टी नेताओं को भारी मुनाफ़ा कमाने का मौक़ा देता था। व्यक्तिगत रिश्ते और गठबंधनों के नेटवर्क— चीनी व्यवस्था का मशहूर *क्वान्शी* (रिश्ता) घटक— राजनीतिक प्रभाव का इस्तेमाल करते हुए अनुबंधों को हासिल करने और आर्थिक मुहिम शुरू करने में बड़ी भूमिका अदा करते थे। यह आर्थिक विकास के लक्ष्यों को हासिल करने का निर्णायक कारक बन गया था। इस तरह से "उद्यमी के रूप में पार्टी" चीन की नई परिघटना बन गई। इसने चीन को अमेरिका के बाद दुनिया की दूसरी सबसे बड़ी अर्थव्यवस्था बना दिया। लेकिन इसने समस्याओं के सिलसिले को जन्म दिया और गहरा कर दिया।

हु-वन शासन ने चुनौतियों की गंभीरता को स्वीकार किया और पार्टी के चरित्र को बदलने की प्रक्रिया शुरू की। लेकिन वे ज़्यादा प्रभाव नहीं डाल सके। इसे शी जिनपिंग पर छोड़ दिया गया कि वे पहली बार यह घोषित करें कि आर्थिक प्रगति की ऊँची दर हासिल करना चीनी कम्युनिस्ट पार्टी का मुख्य लक्ष्य नहीं है, बल्कि उसका काम है विकास की समन्वित, संतुलित, समतावादी और टिकाऊ रणनीति के ज़रिए चीनी राष्ट्र में नई जान फूँकना। उन्होंने इसके लिए मास लाइन संगठन के रूप में कम्युनिस्ट पार्टी की परिकल्पना को पुनर्जीवित किया, जिसके कैडर ईमानदारी और सच्चाई से प्रेरित हों। इसलिए भ्रष्टाचार-विरोधी मुहिम का मकसद सिर्फ़ भ्रष्ट कैडरों को दंडित करना और एक पारदर्शी और जवाबदेह शासन व्यवस्था स्थापित करना नहीं था, बल्कि पार्टी की राजनीतिक-वैचारिक भूमिका को फिर से बहाल करना भी था। एक तरीक़े से तंग श्याओफिंग इसी ढाँचे की वकालत करते थे, जब वे पार्टी, सरकार और उद्यम के बीच फ़र्क़ करने की बात करते थे। लेकिन उसे सरकार के प्रशासनिक कामकाज और उद्यम प्रबंधन में रोज़ाना के हस्तक्षेप को कम करने तक सीमित कर दिया गया, जो सांस्कृतिक क्रांति के दौरान आम हो गया था।

चार दशकों के तजरबे से सीखने के बाद बिना इस बात को नज़रअंदाज़ किए शी की नीति थी कि सरकारी पदाधिकारियों और उद्यम मैनेजरों की विशिष्ट भूमिका है पार्टी नेतृत्व को प्रत्येक स्तर पर निर्णय प्रक्रिया में सक्रिय भागीदार बनाना। एक "नवोन्मेषी समाज" गढ़ने की मुहिम– न सिर्फ़ विज्ञान और प्रौद्योगिकी के क्षेत्र में, बल्कि हु चिनथाओ के मातहत शुरू और शी जिनपिंग द्वारा पुनर्नुमोदित प्रत्येक क्षेत्र में— और शी द्वारा प्रत्येक पार्टी सदस्य और पदाधिकारी से नैतिक मूल्यों पर चलने का आग्रह पार्टी को सामाजिक बदलाव की अगुआ ताक़त की एक नई भूमिका सौंपता है। अब वह मुनाफ़ाख़ोर मैनेजर या अराजनीतिक नौकरशाही नहीं बनी रहती।

अगर पार्टी नीतियों ने न सिर्फ़ उत्पादन और किसानों की आय में बढ़ोतरी की होती, लेकिन साथ ही निर्णय प्रक्रिया में किसानों और मज़दूरों की बढ़ी भागीदारी के ज़रिए ग़ैरबराबरी को भी पाटा होता तो हम कह सकते थे कि वे चीन को स्वतंत्रता के पैमाने पर ऊपर ले गई हैं। तस्वीर मिली-जुली है। जहाँ कृषि उत्पादन और किसानों की आय में बढ़ोतरी हुई है, वहीं ज़मीनी स्तर पर राजनीतिक भागीदारी काफ़ी सीमित है। कम्यून के शुरुआती वर्षों में जनभागीदारी में उछाल आया था। लेकिन सांस्कृतिक क्रांति के दौरान हालाँकि निर्णय प्रक्रिया में जनभागीदारी में बढ़त का नारा दिया गया था, असल में कम्यून का प्रधान ज़्यादा ताक़तवर बन गया था। पार्टी नेतृत्व और क्रांतिकारी कमेटियों का नेतृत्व एकरूप और एकजुट हो गए।

स्थानीय स्तर पर पार्टी को ग्रामीण समाज में उत्पादन संबंधों को बदलते हुए हस्तक्षेप करना था और उसने वैचारिक और शिक्षण गतिविधियों के आयोजन में प्रत्यक्ष नेतृत्व किया। सन् 1950 के दशक के शुरुआती वर्षों में भूमि सुधारों और सहकारिता पर स्थानीय जनभागीदारी के ज़रिए अमल किया गया, पार्टी ने उसे ऊपर से नहीं थोपा। कम्यून की स्थापना भी जन राजनीतिक संगठन के रूप में की गई, हालाँकि पार्टी के प्रत्यक्ष नेतृत्व में। कम्यून कमेटी और पार्टी कमेटी में फ़र्क़ था। सत्ता पर पार्टी का एकाधिकार होने के बावजूद उसका नज़रिया व्यापक जनभागीदारी को बढ़ावा देने का था। लेकिन सांस्कृतिक क्रांति के दौरान क्रांतिकारी कमेटी ने न सिर्फ़ पार्टी और राज्य के बीच अंतर को मिटा दिया, बल्कि उसमें आम जन प्रतिनिधियों को भी शामिल कर लिया गया। प्रत्येक स्तर पर सांस्कृतिक क्रांति का नेतृत्व करनेवाले पार्टी गुट के प्रति निष्ठा निर्णायक बन गई। इस तरह से पार्टी के भीतर गुटबाज़ी शुरू हो गई और वह आम लोगों से कटती गई।

उत्तर-माओ नेतृत्व ने इस प्रवृत्ति को उलट दिया और पार्टी को सरकारी प्रशासन और उद्यम प्रबंधन से अलग करने का फ़ैसला किया। इसका मकसद था प्रशासकों और मैनेजरों की जवाबदेही तय करना ताकि पार्टी दूर रह कर उनके प्रदर्शन को परख सके। मान्यता यह थी कि पार्टी का हस्तक्षेप उन्हें अकुशल बनाता है। नियंत्रण और संतुलन की व्यवस्था में

हालाँकि कुशल ढंग से काम करने की काफ़ी गुंजाइश है, लेकिन उसे व्यवहार में उतारना आसान नहीं है।

सन् 1960 के दशक में जनभागीदारी को बढ़ावा देने की भूमिका से हट कर चीनी कम्युनिस्ट पार्टी 1970 के दशक में सक्रिय रूप से प्रशासन और प्रबंधन का संचालन करने लगी और 1980 के दशक में फिर से निगरानी की भूमिका में चली गई। जब जनतांत्रिक अधिकारों की माँग लोकप्रिय होने लगी और असहमति के स्वर तेज़ होने लगे, इस भूमिका पर क्रमशः सवाल उठने लगे। गाँव संबंधी आर्थिक नीतियों और विदेशियों के लिए चीन के दरवाज़े खोलने की आम प्रवृत्ति ने चीन में एक नए माहौल को जन्म दिया।

जून 1989 में थ्येनआनमन की घटना से लेकर अक्टूबर 1992 में चीनी कम्युनिस्ट पार्टी की चौदहवीं काँग्रेस तक चीनी नेतृत्व के भीतर सुधारों के भविष्य और उसमें पार्टी की भूमिका को लेकर काफ़ी विवाद था। तानाशाही किस हद तक ज़रूरी है, जनतंत्र को कितना बढ़ावा दिया जाए, उत्पादन में बढ़ोतरी की गति क्या हो और देश को किस हद तक बाहरी दुनिया के लिए खोला जाए, पार्टी की वैचारिक दिशा क्या हो, ऐसे सवालों पर पार्टी के भीतर कड़ी बहस चल रही थी। कई महत्त्वपूर्ण घरेलू और अंतरराष्ट्रीय घटनाएँ इन बहसों पर गहरा असर डाल रही थीं। थ्येनआनमन चौक के विशाल प्रदर्शन के पहले भी समय-समय पर जनतंत्र के लिए युवकों के आंदोलन होते रहे थे। इन प्रवृत्तियों पर लगाम लगाने में नाकाम रहने पर जनवरी 1987 में हु याओपांग को चीनी कम्युनिस्ट पार्टी के महासचिव के पद से हटा दिया गया था। उनके उत्तराधिकारी चओ त्सयांग को जून 1989 में थ्येनआनमन संकट के बाद वही क़ीमत चुकानी पड़ी। युवाओं के प्रदर्शनों को "प्रतिक्रांतिकारी विद्रोह" घोषित कर उसे पूरे सैनिक ताक़त के साथ कुचलकर तंग श्याओफिंग के नेतृत्व में पार्टी ने चीनी समाज पर तानाशाही थोपते हुए अपने आपको अगुआ दस्ते के रूप में पुनर्स्थापित किया।[12]

चीनी कम्युनिस्ट पार्टी को 1990 में पूर्वी यूरोप की उथल-पुथल की घटनाओं और 1991 में सोवियत संघ के पतन से भरे अंतरराष्ट्रीय परिवेश का सामना करना पड़ा। थ्येनआनमन प्रदर्शनों के समय पश्चिम को यह लगा कि चीन में कम्युनिस्ट शासन के अंत की शुरुआत हो चुकी है। चीनी कम्युनिस्ट पार्टी के भीतर कुछ नेताओं के सामने एक विकल्प यह था कि सुधारों की गति को धीमा कर दिया जाए; अंतरराष्ट्रीय व्यापार और निवेश पर रोक लगाई जाए, मार्क्सवादी वैचारिक प्रचार को तेज़ किया जाए और व्यवस्था पर पार्टी नेतृत्व की पकड़ को मज़बूत बनाया जाए। इस सोच को आम तौर पर छन युन के साथ जोड़ा जाता है, जिन्होंने तंग के साथ मिलकर 1978 में ग्यारहवीं केंद्रीय कमेटी के तीसरे प्लेनम में सुधार प्रक्रिया की नींव डाली थी। हालाँकि इस मौक़े पर छन सुधारों के स्वरूप और उसकी गति को लेकर सावधानी बरतना चाहते थे। दूसरी तरफ़, हु याओपांग और चओ त्सयांग की सोच

राजव्यवस्था और अर्थव्यवस्था को ज़्यादा उदार बनाने की थी। वे जन काँग्रेस प्रणाली के तहत प्रतियोगी राजनीति के तत्त्वों के समावेश, अभिव्यक्ति और संगठन बनाने की आज़ादी देने, और बाज़ार अर्थव्यवस्था के पूर्ण विकास के साथ-साथ बुद्धिजीवियों के बीच खुली और बेबाक बहस को इजाज़त देने के पक्ष में थे। यह साफ़ नहीं है कि क्या वे सत्ता पर चीनी कम्युनिस्ट पार्टी के एकाधिकार को छोड़ने को तैयार थे या नहीं।[13]

तंग श्याओफिंग ने इस बहस में हस्तक्षेप करते हुए घटनाक्रम पर फ़ैसलाकुन असर डाला। यह जनवरी-फरवरी 1992 में तंग के शनचन, वुछंग, चुहाई और शांहाई के दौरे के रूप में सामने आया। विशेष आर्थिक क्षेत्र (सेज़) अपनी स्थापना की दसवीं सालगिरह मना रहे थे। तंग ने न सिर्फ़ विकास के उनके ढर्रे का समर्थन किया, बल्कि सुधारों को तेज़ करने का आह्वान भी किया।[14] तंग ने कहा कि–

> सुधार और खुलेपन की कोई उपलब्धि नहीं होती अगर हमने 4 जून की घटना का टेस्ट पास नहीं किया होता। ...हमारे देश में उस घटना के बाद भी स्थायित्व इसलिए बना रहा क्योंकि सुधार और खुलेपन ने आर्थिक विकास को बढ़ावा दिया और लोगों के जीवनयापन में सुधार हुआ और सेना तथा सरकार ने इस रास्ते, इस व्यवस्था और इन नीतियों का समर्थन किया।[15]

इस आह्वान ने निजी अर्थव्यवस्था के विकास, विदेशी पूँजी के प्रसार और बढ़त दर को नई गति दी। छन युन और चओ त्सयांग, दोनों की सोच पीछे रह गई, लेकिन उनके हिमायती लुप्त नहीं हुए।

इसी सोच के तहत अक्टूबर 1992 में चौदहवीं पार्टी काँग्रेस में "समाजवादी बाज़ार व्यवस्था" की अवधारणा को प्रतिपादित किया गया और "चीनी विशेषतावाले समाजवाद" गढ़ने के तंग श्याओफिंग विचार को स्वीकार किया गया। तंग की सोच के मुताबिक चीन में बाजार अर्थव्यवस्था के निर्माण के साथ कम्युनिस्ट पार्टी के नेतृत्व और राज्य की "जनवादी तानाशाही" पर ज़ोर देने की ज़रूरत है ताकि विकास के समाजवादी स्वरूप को बरकारार रखा जा सके। इस राजनीतिक स्वरूप और सूक्ष्म आर्थिक आयोजना में राज्य की भूमिका को बाज़ार अर्थव्यवस्था की "चीनी ख़ासियत" माना गया।

इस दृष्टिकोण का असर नीचे ज़मीनी स्तर तक देखा जा सकता था। उत्पादन में बढ़ोतरी करना और विदेशी पूँजी के साथ मिलकर संयुक्त उपक्रम चलाना विकास रणनीति का अनिवार्य हिस्सा बन गया। साथ ही, इस आर्थिक प्रक्रिया को तेज़ करने के लिए पार्टी कैडर की भूमिका को मज़बूत बनाया गया।

मैं अगस्त 1993 में अपने अध्ययन के दौरान वुशी और अन्य स्थानों में इस सोच के असल अमल का प्रत्यक्ष गवाह रहा। जैसा कि एक ज़िला पार्टी नेता ने कहा, चीनी नेतृत्व के पास सोवियत संघ की तरह पतन के ख़िलाफ़ दो गारंटियाँ थीं– एक तो उत्पादन में बढ़ोतरी

के ज़रिए लोगों के जीवनस्तर में बेहतरी और दूसरे, कम्युनिस्ट पार्टी की कड़ी निगरानी और नियंत्रण। पहले ने लोगों को व्यवस्था से ख़ुश रखा और दूसरे ने शुरू से ही अफ़रा-तफ़री फैलने पर अंकुश लगाया। उस पदाधिकारी का यह कहना था कि गोर्बाचेव दोनों ही मोर्चों पर नाकाम रहे। एक तरफ़, सोवियत अर्थव्यवस्था ने सोवियत नागरिकों की रोज़मर्रा की ज़रूरतों का ख़याल नहीं रखा और दूसरी तरफ़, ग्लासनोस्त और पेरेस्त्रोइका ने लोगों को अपनी नाराज़गी ज़ाहिर करने का मौक़ा दिया, लिहाज़ा व्यवस्था भराभरा कर गिर गई। इसलिए पार्टी के नेतृत्व में स्थायित्व बनाए रखना और पूरे उत्साह से उत्पादक शक्तियों और लोगों की आय का विकास ने चीन में समाजवादी विकास का नया रास्ता खोला। आर्थिक विकास पर ज़ोर देने के साथ-साथ पार्टी को लोगों की बेहतर जीवनस्तर की माँग को पूरा करने का दृढ़ प्रयास करना चाहिए और नैतिकता पर ध्यान देना चाहिए। इस उद्देश्य से उत्पादक शक्तियों का ठोस विकास करने जी ज़रूरत थी, जिससे कि लोगों की बुनियादी ज़रूरतों की आपूर्ति की जा सके।

इस नज़रिए को सितंबर 1994 में चीनी कम्युनिस्ट पार्टी के चौथे प्लेनम में और साफ़ किया गया। इस प्लेनम में पार्टी निर्माण के ठोस उपायों की भी घोषणा की गई। पाँचवें प्लेनम में समापन भाषण देते हुए च्यांग त्समिन ने इसे और आगे बढ़ाया और जैसा कि हम पहले चर्चा कर चुके हैं चीन में विकास की मौजूदा अवस्था में 12 मुख्य रिश्तों की बात की। इसे हासिल करने के लिए स्थानीय, राष्ट्रीय और अंतरराष्ट्रीय स्तर पर अलग-अलग क्षेत्रों में तरह-तरह की गतिविधियाँ चलाना ज़रूरी था। जब 2002 में च्यांग त्समिन रिटायर हुए उन्होंने विरासत के रूप में चीनी कम्युनिस्ट पार्टी की वैचारिक सोच के लिए तीन प्रतिनिधित्व का सिद्धांत छोड़ा। चीन देशी और विदेशी निजी पूँजी की पूर्ण गोलबंदी के साथ आर्थिक विकास के रास्ते पर डटा रहा। और निर्यात के लिए उत्पादन के साथ ग्रामीण अर्थव्यवस्था से शहरी अर्थव्यवस्था की ओर झुकाव को सख़्ती से अमल में लाया गया।

जैसा कि पहले कहा गया है हु चिनथाओ के शासनकाल में प्रगति की ऊँची दर पर ज़ोर देने के साथ ही पार्टी को ग्रामीण-शहरी ग़ैरबराबरी, बढ़ती आय विषमता और गंभीर पर्यावरण ख़तरों-जैसी समस्याओं से निपटने के लिए तैयार करना शुरू कर दिया गया। इस तरह से हु-वन की सोच विकास को सामाजिक और पर्यावरण संबंधी सरोकारों से जोड़ती थी। लेकिन उनके शासनकाल के बड़े हिस्से में पार्टी ऊँची आर्थिक बढ़त के रास्ते पर डटी रही। वर्ष 2008 में ओलिंपिक आयोजन के चलते दुनिया भर में पार्टी की प्रतिष्ठा बढ़ी। वह लगभग 500 बिलियन डॉलर के प्रोत्साहन पैकेज का आवंटन कर 2008–09 में वैश्विक वित्तीय संकट से पार पाने में सफल रही। विरासत में मिली इन उपलब्धियों और समस्याओं के साथ उनके उत्तराधिकारी शी जिनपिंग ने कई नैतिक-राजनीतिक पहलों के बलबूते पार्टी के पुनर्निर्माण की कोशिश की। ज़मीनी स्तर पर यह परिदृश्य कैसे-कैसे उद्घाटित हुआ, पार्टी संगठन के इस अनूठे कामकाज का एक दिलचस्प नज़ारा पेश करता है।

ज़िला/काउंटी के स्तर पर पार्टी की भूमिका

ज़िला स्तर पर पार्टी के कामकाज पर नज़र डालने से पता चलता है कि यह स्थानीय राजनीतिक प्रक्रिया पर निगरानी का महत्त्वपूर्ण पड़ाव है। ज़िला के नीचे टाउनशिप ग्रामीण इलाक़ों की राजनीतिक जीवन के निगरानी की सक्रिय इकाई है। ज़िला के ऊपर प्रांतीय स्तर वृहत्तर नीतियों से वास्ता रखता है। मिसाल के तौर पर, वह केंद्रीय सरकार से निवेश और आवंटन के मामले में सौदेबाज़ी करता है। लेकिन टाउनशिप को मिलनेवाला प्रत्येक अनुदान ज़िला या काउंटी होकर ही जाता है। उपनगर ज़िला या काउंटी स्तर तक जल्दी पहुँचनेवाले अक्सर जल्द ही प्रांतीय स्तर तक पहुँच जाते थे।

सन् 1985 में वुशी उपनगर ज़िले की 2,77,000 की आबादी में चीनी कम्युनिस्ट पार्टी के 7,712 सदस्य थे।[16] वर्ष 1987 में जब आबादी 3,00,000 हो गई, सदस्य संख्या बढ़कर 8,100 हो गई। ज़िला में पार्टी के ढाँचे में पार्टी काँग्रेस शामिल थी, जो ज़िला पार्टी कमेटी का चुनाव करती थी, जो आगे चलकर स्थाई समिति के साथ-साथ एक सचिव और एक उपसचिव का चुनाव करती थी। इस मामले में आठ सदस्यों की एक स्थाई समिति के साथ एक सचिव और एक उपसचिव था। (ज़िला और काउंटी स्तर से लेकर ऊपरी सभी कमेटियों में स्थाई कमेटी चुनी जाती थी क्योंकि पार्टी कमिटियाँ काफ़ी बड़ी होती थीं और स्थाई कमेटियों के मार्फत सामूहिक नेतृत्व और अनवरत काम को सुनिश्चित किया जा सकता था।) ज़िला कमेटी में 30 से ज़्यादा सदस्य होते थे।

ज़िला पार्टी कमेटी के मातहत 10 विभाग होते थे : (क) प्रचार, (ख) कार्मिक, (ग) ग्रामीण कार्य, (घ) अनुशासन निरीक्षण, (ङ) कम्युनिस्ट युवा लीग, (च) महिला फ़ेडेरेशन, (छ) ट्रेड यूनियन, (ज) पार्टी प्रशिक्षण, (झ) प्रशासनिक कार्यालय और (ञ) मिलिशिया कार्य। ज़िला सरकार की तुलना में ज़िला पार्टी कमेटी का काम अलग तरह का होता था, बहुत सारे आर्थिक मामलों को ज़िला सरकार पर छोड़ दिया जाता था। ध्यान रखना चाहिए कि ज़िला सरकार के उलट पार्टी के ज़िम्मे मिलिशिया का भी काम था जो सुरक्षा बलों के साथ संपर्क बनाए रखता था।

सन् 1985 में वुशी उपनगर ज़िला पार्टी कमेटी के सचिव 42 वर्षीय तिंग हौशिंग थे। वे अक्टूबर 1983 से पद पर बने हुए थे। उसके पहले वे पार्टी उपसचिव थे और उसके भी पहले वे टाउनशिप पार्टी कमेटी का सचिव रह चुके थे। यह किसी नेता की आम गतिशीलता को दिखाता है। मौजूदा चलन के मुताबिक पार्टी सचिव ज़िला सरकार का निदेशक नहीं होता था। सन् 1985 में वुशी ज़िला सरकार के निदेशक 38 वर्षीय रूंग तहाई थे— वे कॉलेज शिक्षित थे और एक ब्रिगेड का पार्टी सचिव रह चुके थे। बाद में कम्यून का पार्टी सचिव बने और अंततः ज़िला सरकार का उपनिदेशक। वे अब ज़िला पार्टी कमेटी के उपसचिव भी थे। हालाँकि दूसरा उपसचिव एक 41 वर्षीय महिला सदस्य

थी, जो ज़िला के अनुशासन निरीक्षण आयोग का प्रमुख भी थी। वह पहले टाउनशिप पार्टी कमेटी की सचिव भी रह चुकी थी।

सन् 1993 के मध्य तक उपनगर के स्तर पर कुछ बदलाव आए। अब पार्टी सदस्यों की संख्या बढ़कर लगभग 15,000 हो गई, जिनमें 30 प्रतिशत महिलाएँ थीं। (ध्यान रहे 30 प्रतिशत महिला सदस्यों का जिक्र कई बार आता है।) वुशी उपनगर ज़िला पार्टी कमेटी में अब 21 सदस्य थे, पर उनमें सिर्फ़ पाँच महिलाएँ थीं। चूँकि उस स्तर की पार्टी कमेटी बड़ी थी, उसकी स्थाई कमेटी में नौ सदस्य थे, जो अलग-अलग रोज़मर्रा के काम के प्रभारी थे। यह ग़ौर करना चाहिए कि स्थाई कमेटी में कोई भी महिला सदस्य नहीं थी। दरअसल, जब हम पार्टी और सरकार के ऊपरी स्तर पर नज़र दौड़ाते हैं महिलाओं का प्रतिनिधित्व उत्तरोत्तर कम होता जाता है। पार्टी कमेटी की औसत उम्र 45 वर्ष थी। पुराने पार्टी सदस्यों का शैक्षणिक स्तर उतना ऊँचा नहीं था। ज़्यादातर नेता उच्च माध्यमिक पास थे या पेशागत प्रशिक्षण हासिल कर रखा था। पार्टी काँग्रेस में कुल सदस्यों का 20 प्रतिशत प्रतिनिधि के बतौर शरीक होता था। उपनगर ज़िला वुशी पार्टी काँग्रेस में 11 प्रतिनिधियों को भेजता था। चूँकि हला मध्यम दर्जे की सफलता की दास्तान था, इसलिए सफल उपनगर ज़िले के सफल टाउनशिप की बात ज़्यादा सुनी जाती।

इलाक़े के पार्टी नेतृत्व में गतिशीलता दिखती थी, पर उसकी गति धीमी थी। चांग वेईनान जो 1985–87 में टाउनशिप निदेशक थे, 1992 में पदोन्नत होकर ज़िला कैडर बन गए। हला टाउनशिप के पुराने पार्टी सचिव पाओ थिए चुंग उपनगर ज़िला पार्टी कमेटी के नए उपसचिव थे। टाउनशिप के एक अन्य पुराने पार्टी सचिव त्साओ शखुन अब आम कार्यों के प्रभारी उपनिदेशक थे, जो ज़िला स्तर पर एक अहम ज़िम्मेदारी थी।

ज़िला में विभिन्न पदों पर बहाली में उपनगर पार्टी कमेटी एक महत्त्वपूर्ण भूमिका निभाती थी। सभी सरकारी विभागों के निदेशकों को पहले पार्टी कमेटी मनोनीत करती थी, फिर ज़िला जन काँग्रेस उनका अनुमोदन करती थी। अनुशंसा करते वक़्त पार्टी नेतृत्व ऊपरी स्तर की भी सलाह लेता था। इसके अलावा पार्टी राजनीतिक एवं वैचारिक शिक्षण और राजनीतिक अर्थव्यवस्था की आम निगरानी का महत्त्वपूर्ण काम भी करती थी। लेकिन 1980 के दशक में उसने प्रशासनिक और आर्थिक गतिविधियों में प्रत्यक्ष भागीदारी से अपने को दूर रखा।

सरकार और प्रबंधन से पार्टी का यह सख़्त अलगाव असंभव था क्योंकि सरकारी नेता और उद्यम प्रबंधक अपने संबंधित स्तर पर पार्टी के सदस्य भी थे। इसका मतलब सिर्फ़ यह था कि पार्टी सचिव अब रोजमर्रा के काम में दख़ल नहीं देगा। हालाँकि पार्टी मंचों पर बहस और मूल्यांकन ज़रूर होता था। इस ढाँचे के भीतर ज़िला पार्टी नेतृत्व टाउनशिप स्तर के काम की निगरानी करता था। बहरहाल, 1990 के दशक के मध्य तक पार्टी-सरकार के रिश्ते का ख़ाका साफ़ हो गया। पार्टी आर्थिक कार्यों का सीधे संचालन करती थी और इलाक़े पर राजनीतिक नियंत्रण रखती थी।

उपनगर ज़िला पार्टी की सदस्यता 1996 में बढ़कर 30,000 हो गई। यह बड़ी बढ़ोतरी थी। इसकी एक वजह यह थी कि पुराने सदस्य रिटायर नहीं हुए और बहुत से नए सदस्य जुड़ गए। नए सदस्य ज़्यादा पढ़े-लिखे थे और 21–35 वर्ष की उम्र के थे। उपनगर ज़िला कमेटी में 11 सदस्य बने रहे, जिसमें उपनगर ज़िला सरकार का एक निदेशक और एक उपनिदेशक भी था। पार्टी कमेटी का एक महासचिव और तीन उपमहासचिव थे। पार्टी कमेटी के चार विभाग थे : प्रचार, अनुशासन निरीक्षण, संगठन (कार्मिक) और सुरक्षा बल। मैं अक्टूबर 1996 में जब उपनगर ज़िला नेता से मिला तो छठे प्लेनम का असर साफ़ दिखता था। समाजवाद के सांस्कृतिक और सभ्यतामूलक पक्षों की चर्चा ज़ोरों पर थी। पार्टी सदस्य नशीले पदार्थों, जुआख़ोरी और वेश्यावृत्ति, जो समाज के लिए गंभीर ख़तरा थे, उनपर अंकुश लगाने के उपायों पर चर्चा कर रहे थे। उनकी चिंता का मुख्य विषय था विकास के सांस्कृतिक और आर्थिक मुद्दों पर कैसे समान ध्यान दिया जाए। पतनशील पश्चिमी विचारों के कुप्रभावों के ख़िलाफ़ लड़ाई के मुद्दे पर भी सुगबुगाहट दिखती थी। इस दृष्टिकोण को उस वृहत्तर ढाँचे में रखा गया, जिसे पंद्रहवीं पार्टी काँग्रेस में पेश किया गया।

टाउनशिप पार्टी कमेटी

टाउनशिप पार्टी का महत्त्व इस बात में निहित है कि यह निर्णायक ग्रामीण इकाई है, जो उत्पादन के साथ प्रशासन का भी निर्देशन करती है। चीनी टाउनशिप का पार्टी सचिव इलाक़े का मुख्य नेता होता है।[17]

वर्ष 1979 में हला कम्यून में पार्टी सदस्यों की कुल संख्या 678 थी, जिन्होंने 1977 में 103 प्रतिनिधियों को चुनकर पार्टी काँग्रेस में भेजा था। अनुपात के हिसाब से सात सदस्यों ने एक प्रतिनिधि को चुना था। टाउनशिप पार्टी कमेटी में एक सचिव और चार उपसचिवों समेत 17 सदस्य थे। पार्टी सदस्यता का बँटवारा मोटामोटी इस प्रकार था : कृषि से 400, वाणिज्य से 40, शिक्षा और संस्कृति के क्षेत्र से 50 और उद्योगों से 100 से ऊपर। (लिऊ वेईफिंग के मुताबिक 1969 में हला में पार्टी सदस्यों की संख्या सिर्फ़ 300 के आसपास थी और 1959 में 50 से थोड़ी ऊपर।) ज़्यादातर मौजूदा सदस्य युवा थे। लगभग आधे (47 प्रतिशत) 30 वर्ष से नीचे, 30 प्रतिशत 50 के नीचे और बाक़ी 20 प्रतिशत 50 के ऊपर की उम्र के।

सांस्कृतिक क्रांति के चलन के मुताबिक पार्टी कमेटी का सचिव कम्यून क्रांतिकारी कमेटी का अध्यक्ष भी था। लेकिन 1979 के मध्य तक ग़लतियों के लिए हला पार्टी सचिव वु तछंग की आलोचना शुरू हो गई थी। वरिष्ठ उपसचिव लिऊ वेईफिंग कम्यून के उपप्रमुख भी थे।

हला के पार्टी ढाँचे में 1980 तक कोई ख़ास बदलाव नहीं आया। लिऊ वेईफिंग नेता के अपने औपचारिक पद पर बने रहे, वे पार्टी उपसचिव थे। अब उन्हें कम्यून प्रबंध कमेटी का उपनिदेशक कहा जाता था। पार्टी की सदस्यता बढ़कर 800 हो गई थी, शायद

कलंकित सदस्यों को फिर से शामिल किए जाने और नए सदस्यों के प्रवेश की वजह से। कम्यून पार्टी कमेटी की सदस्य संख्या घटकर 11 रह गई। यह छोटी कमेटियों की शुरुआत थी। कम्यून नेता कम्यून पार्टी काँग्रेस के आयोजन की तैयारी में व्यस्त थे। वे दस्तावेज़ों और केंद्रीय नेतृत्व के निर्देशों का अध्ययन कर रहे थे। पहले नेता उनका अध्ययन करते और आपस में चर्चा करते। उसके बाद वे पार्टी सदस्यों से चर्चा करते। उस वर्ष चर्चा का मुख्य मुद्दा था "प्रत्येक पार्टी सदस्य के (वैचारिक) स्तर को कैसे ऊँचा उठाया जाए"। इस बात पर ज़ोर दिया गया कि "चार आधुनिकीकरण के रास्ते को सुगम बनाने के लिए पार्टी को काफ़ी महत्त्वपूर्ण भूमिका निभानी होगी"। हालाँकि केंद्र की धुन इस बार कुछ अलग ही थी। केंद्र पार्टी को प्रशासन और उद्यम प्रबंधन से अलग करने पर ज़ोर दे रहा था। कम्यून पार्टी नेताओं ने उसकी चर्चा शुरू कर दी थी, लेकिन वे उसे पूरी तरह समझते नहीं थे। वर्ष 1982 तक इसे हासिल कर लिया गया और 1985 में पार्टी अलग भूमिका निभाने लगी थी।

हला टाउनशिप की पार्टी कमेटी और भी छोटी हो गई थी, अब उसमें एक सचिव और एक उपसचिव समेत मात्र सात सदस्य रह गए थे। पार्टी सचिव चऊ शखुन पहले राज्य पदाधिकारी थे, जिन्हें किसी अन्य टाउनशिप से जून 1984 में हला स्थानांतरित किया गया था। कमेटी के सदस्यों को दिसंबर 1982 में टाउनशिप पार्टी काँग्रेस ने तीन साल के लिए चुना था। पार्टी काँग्रेस में पार्टी सदस्यों द्वारा निर्वाचित 45 प्रतिनिधि शामिल हुए थे। हला टाउनशिप पार्टी काँग्रेस ने उपनगर ज़िला पार्टी काँग्रेस में छह और प्रांतीय पार्टी काँग्रेस में एक प्रतिनिधि चुनकर भेजा था।

टाउनशिप का निदेशक चांग वेईनान के मुताबिक 1985 में टाउनशिप में 667 पार्टी सदस्य थे। यह उनकी संख्या में कमी को दिखाता है, लेकिन ज़रूरी नहीं कि इस कमी की वजह सांस्कृतिक क्रांति के दौरान "वामपंथी" भटकाव के लिए आलोचना का निशाना बने सदस्यों का निष्कासन हो। "पार्टी सुदृढ़ीकरण आंदोलन" के दौरान कुछ लोगों की सदस्यता छीन ली गई हो सकती है। लेकिन ज़्यादा महत्त्वपूर्ण कारण आबादी के कुछ हिस्सों को शहरी खाते में शामिल करना हो सकता है। लिहाज़ा कुछ पार्टी सदस्यों को शहर के उनके संगठनों में शामिल कर लिया गया हो। टाउनशिप के पार्टी सदस्य वही होंगे जो टाउनशिप का काम कर रहे हों और गाँव की आर्थिक गतिविधियों में संलग्न हों।

वर्ष 1987 में टाउनशिप पार्टी ढाँचे के बारे में ज़्यादा पूर्ण जानकारी उपलब्ध थी। टाउनशिप पार्टी सचिव, टाउनशिप निदेशक और उपनिदेशक के साथ अन्य लोगों ने मुझे कई बातें और विस्तार से बताईं। वर्ष 1987 में पार्टी सदस्यता बढ़कर 825 हो गई थी। उनमें एक-चौथाई से ज़्यादा यानी 217 महिला सदस्य थीं। महिला सदस्यों की संख्या में बढ़ोतरी की बात महिला फ़ेडेरेशन की पूर्व अध्यक्षा और टाउनशिप की मौजूदा उपनिदेशक ने भी

पुष्ट की। इस बढ़ोतरी की आंशिक वजह थी ग्रामीण उद्यमों के फैलाव के साथ महिलाओं के लिए रोज़गार के नए अवसरों का पैदा होना और अंशतः इसलिए क्योंकि एक सक्रिय महिला नेतृत्व ने महिलाओं को कारगर ढंग से गोलबंद किया था।

उम्र के लिहाज़ से सदस्यों का विभाजन इस प्रकार था :

25 वर्ष तक	16 सदस्य
26–35 वर्ष	175 सदस्य
36–50 वर्ष	340 सदस्य
51–60 वर्ष	144 सदस्य
60 वर्ष से ऊपर	150 सदस्य
कुल	**825 सदस्य**

यह बताना ज़रूरी है कि लगभग 300 सदस्य 50 से ज़्यादा उम्र के थे, लेकिन बहुसंख्या कम उम्र के सदस्यों की थी। दस साल पहले 36–50 वर्ष के समूह की उम्र 26–40 के बीच रही होगी जो सांस्कृतिक क्रांति में काफ़ी सक्रिय रहे होंगे। लेकिन आज वे ग्रामीण सुधारों का लाभ उठानेवाले समूह में बदल गए थे। युवाओं पर ज़ोर दिया जा रहा था, 25 और 35 को नई विभाजक रेखा बनाने से यही संकेत मिलता है। महत्त्वपूर्ण ज़िम्मेदारियों के लिए 35 के क़रीब के कैडर को सबसे ज़्यादा पसंद किया जाता था।

शैक्षणिक स्तर के हिसाब से भी पार्टी सदस्यता की बनावट में काफ़ी सुधार आया था :

विश्वविद्यालय के स्तर तक (कॉलेज तक पढ़े)	18
उच्च माध्यमिक (*काओ चुंग श्वे*) और तकनीकी माध्यमिक स्कूल	226
माध्यमिक पास	340
निम्न माध्यमिक पास (*श्याओ श्वे*)	241
कुल	**825**

कॉलेज तक पढ़े सदस्यों के साथ-साथ उच्च माध्यमिक पास सदस्यों की संख्या बढ़ गई थी। फिर भी 231 सदस्यों की बड़ी संख्या निम्न माध्यमिक स्कूल यानी छठी कक्षा तक ही पढ़ पाई थी। किसानों के लिहाज़ से यह असामान्य नहीं था। लेकिन उपनगर ज़िला के लिए यह बड़ी संख्या थी। संभावित था कि वुशी-जैसे आर्थिक रूप से विकसित इलाक़े में शैक्षणिक स्तर कहीं ऊँचा होगा। लेकिन यह एक विरोधाभास था। सुधार नीतियाँ एक तरफ़ तो शैक्षणिक स्तर को ऊँचा करने की बात करती थीं, दूसरी तरफ़ ग्रामीण उद्योग गाँव के नौजवानों को मिडिल स्कूल पास करते ही बहाल कर लेते थे। वे उन्हें विश्वविद्यालय शिक्षित लोगों से ज़्यादा वेतन देती थे।

वर्ष 1993 तक हला टाउनशिप में पार्टी सदस्यों की संख्या और बढ़कर 1,163 हो गई। मतलब यह कि 1987 में जो संख्या 825, थी उसमें 41 प्रतिशत का इज़ाफ़ा हुआ। महिलाओं का प्रतिशत भी बढ़ा। वर्ष 1987 में महिला सदस्यों की संख्या 25 प्रतिशत थी, जो अब बढ़कर कुल सदस्यता का 38 प्रतिशत हो गई। औसत उम्र 45 वर्ष थी। यह इस बात का संकेत था कि पार्टी में बड़े पैमाने पर नौजवानों की भर्ती हुई है। टाउनशिप पार्टी काँग्रेस में भेजे जानेवाले प्रतिनिधियों की संख्या 45 से बढ़कर 252 हो गई थी, जिनकी औसत उम्र 35 वर्ष थी। टाउनशिप पार्टी काँग्रेस की कार्यकाल तीन साल का होता था और उसकी बैठक प्रत्येक साल दो बार होती थी। इन प्रतिनिधियों में 30 प्रतिशत महिलाएँ थीं। हला में टाउनशिप स्तर का चुनाव दिसंबर 1992 में हुआ था, जिसमें नई टाउनशिप पार्टी कमेटी को चुना गया था।

टाउनशिप पार्टी कमेटी का आकार छोटा बना रहा, हालाँकि उसके सदस्यों की संख्या सात से बढ़कर नौ हो गई। एक सचिव के अलावा पार्टी कमेटी के दो उपसचिव थे। उनमें से एक टाउनशिप का निदेशक था। टाउनशिप पार्टी कमेटी में दो महिला सदस्य थीं, जिनमें से एक महिला फ़ेडेरेशन की अध्यक्षा थी।

वर्ष 1987 में टाउनशिप पार्टी कमेटी के आठ सदस्य थे, जो 1985 के मुकाबले एक ज़्यादा था। एक सचिव पाओ थाईचुंग के अलावा दो उपसचिव थे, जिनमें से एक टाउनशिप निदेशक चांग वेईनान थे। दूसरे का नाम छु हुंगचौ था, जिनके बारे में जानकारी दी गई कि वे उपनगर ज़िला पार्टी स्कूल में पढ़ रहे हैं। (छु संगठन में शामिल होने के पहले उपनगर ज़िला विभाग में स्कूल शिक्षक थे, जहाँ से उनका तबादला टाउनशिप में कर दिया गया।) बाक़ी के पाँच सदस्यों का विवरण इस प्रकार था : (क) टाउनशिप का एक उपनिदेशक, जो टाउनशिप उद्योग विभाग की देखरेख करता था, (ख) संगठन विभाग का प्रभारी सदस्य, (ग) अनुशासन निरीक्षण का प्रभारी सदस्य, (घ) कार्मिक मामलों (नियुक्ति और संबंधित मामलों) का प्रभारी सदस्य और (ङ) एक उन्नत कैडर। हालाँकि ज़िले में अनुशासन निरीक्षण और संगठन का प्रभारी अलग से था, फिर भी टाउनशिप पार्टी कमेटी में प्रत्येक का प्रभारी अलग-अलग था। पार्टी का टाउनशिप प्रशासन के साथ क़रीबी रिश्ता एक अन्य उल्लेखनीय ख़ासियत थी। टाउनशिप निदेशक के अलावा उद्योग का प्रभारी उपनिदेशक भी सदस्य था। यह इस बात का परिचायक है कि ग्रामीण विकास के मौजूदा दौर में उद्योग को एक केंद्रीय दर्जा दिया जाता था।

हला टाउनशिप पार्टी कमेटी

2 मुख्य शाखाएँ

(*त्सुंग चपु*)

46 पार्टी शाखाएँ

(*तांग चपु*)

पार्टी संगठन केवल प्रादेशिक नहीं था। प्रादेशिक इकाइयों के साथ-साथ उद्यमों और संस्थानों की भी इकाइयाँ थीं। जहाँ कम-से-कम 50 सदस्य थे, वहाँ पार्टी की मुख्य शाखा थी। जहाँ कम-से-कम तीन सदस्य थे, वहाँ पार्टी शाखा थी। टाउनशिप स्तर के विभागों के लिए एक मुख्य शाखा थी और गाँव स्तर के विभागों के लिए एक अन्य मुख्य शाखा। फ़ैक्टरियों में 20 शाखाएँ थीं, कृषि में लगे सदस्यों के लिए चार, विभिन्न कंपनियों में चार, संस्कृति, शिक्षा और स्वास्थ्य के क्षेत्र के सदस्यों के लिए सात और 12 अन्य शाखाएँ। प्रत्येक शाखा का शाखा सचिव वहाँ का नेता होता था। प्रत्येक शाखा की महीने में दो बार बैठक होती थी, जिनमें आर्थिक और राजनीतिक काम की समीक्षा होती थी, उच्चतर पार्टी कमेटियों के निर्देशों का अध्ययन किया जाता था और भविष्य की कार्ययोजनाओं पर विचार किया जाता था।

मुख्य शाखा पार्टी का नया अंग थी, जिसे 1987 में शुरू किया गया था। (टाउनशिप पार्टी सचिव के मुताबिक पहले ये मौजूद नहीं थीं क्योंकि उनका शैक्षिक स्तर उतना उन्नत नहीं था।) टाउनशिप कमेटी और छोटी पार्टी शाखा के बीच में एक मध्यवर्ती स्तर की ज़रूरत थी, जो पार्टी मामलों पर विचार कर सके। लेकिन साथ ही यह नियंत्रण के बिंदु को बढ़ा सकता था।

टाउनशिप निदेशक टाउनशिप पार्टी कमेटी के उपसचिव थे। यह तथ्य उन्हें पार्टी सचिव का मातहत बना देता था। लेकिन उनका आपसी रिश्ता उनके व्यक्तित्व, उच्चतर स्तर के

तालिका 5.2: हला के पार्टी सचिव

वर्ष	*नाम*	*परवर्ती पद*
1958	वु चाओ	वुशी के उप मेयर
और उसके बाद पर अवधि पता नहीं	तिंग वेईछंग	
1965	तिंग शुश्या	
1967	वु वन् ह	छोगान ज़िला पार्टी कमेटी के महासचिव
1969	शी चत	मशान ज़िला सरकार के निदेशक
1975	श्या थिंगइ	वुशी उपनगर ज़िला बैंक के निदेशक
1978	वु तछेंग	'ग़लतियों के दोषी, अब साधारण कैडर'
1983	चु युनान (कार्यकारी)	शानपेइ टाउनशिप के सदस्य, निगरानी और शोध
1984	तु क्वोपिंग	निदेशक, टाउन मैनेजमेंट, वुशी उपनगर ज़िला
1985	चओ शिखुन	उपसचिव, वुशी उपनगर ज़िला पार्टी कमेटी
1987	चांग वेईनान	उपनिदेशक, वुशी उपनगर सरकार
1992	हुआंग कुईल्यांग	

स्रोत : वुशी के स्थानीय कैडरों के साक्षात्कार से एकत्र सूचना।

राजनीतिक संरक्षण और पार्टी की मौजूदा नीतियों पर निर्भर था। वर्ष 1980 में हला के टाउनशिप निदेशक का रुतबा बड़ा था क्योंकि उच्चतर नेतृत्व के साथ उनके अच्छे रिश्ते थे। लिऊ वेईफिंग और चांग वेईनान दोनों का व्यक्तित्व दमदार था और मछलीपालन तथा प्रशासन में उनके प्रामाणिक तजुर्बे को देखते हुए उनका अच्छा-ख़ासा असर था। साथ ही, चूँकि 1978 के बाद पार्टी नीति उत्पादन और आर्थिक प्रदर्शन पर ज़ोर देती थी, इसलिए प्रशासनिक प्रमुख को ज़्यादा स्वायत्तता हासिल थी। लेकिन उत्तर-थ्येनआनमन माहौल में पार्टी अधिकारियों की भूमिका ज़्यादा महत्त्वपूर्ण हो गई।

ज़्यादातर मामलों में टाउनशिप निदेशक और पार्टी सचिव सामूहिक रूप से निर्णय लेते थे। लेकिन कभी-कभी उनके बीच मतभेद बना रहता था। इसी वजह से हला में पार्टी सचिव बार-बार बदलते रहते थे। जैसा कि टाउनशिप निदेशक कहना था : "यह ढाँचागत कमी थी जिसे तभी दूर किया जा सकता था, जब राजनीतिक और वैचारिक काम को एक कर दिया जाए"। शायद उनकी मंशा थी कि एक ही शख़्स दोनों काम का प्रभारी होना चाहिए।

वर्ष 1993 में हला टाउनशिप के नए पार्टी सचिव हुआंग कुईल्यांग दिसंबर 1992 से अपने पद पर थे। उसके पहले हुआंग तीन साल तक हला टाउनशिप के निदेशक और उसके पहले उद्योग और वाणिज्य के प्रभारी उपनिदेशक थे। टाउनशिप में पद सँभालने के पहले हुआंग उसी टाउनशिप के लुंगशान गाँव के पार्टी सचिव थे। उनके पूर्ववर्ती विश्वविद्यालय नहीं गए थे और उनका प्रशिक्षण काम के दौरान ही हुआ था, इसके विपरीत हुआंग ने एक अल्पकालिक छात्र के रूप में 1989 में पड़ोस के शहर सुचऊ स्थित सुचऊ विश्वविद्यालय से पढ़ाई पूरी की थी। आम चलन के अनुसार टाउनशिप पार्टी कमेटी के अन्य सदस्यों में टाउनशिप के निदेशक और दो उपनिदेशक शामिल थे। बाक़ी के पाँच पार्टी के कैडर थे, जो अनुशासन निरीक्षण, सांगठनिक मामलों, प्रचार और मिलिशिया कार्यों के प्रभारी थे। हला गाँव (हला टाउनशिप के 13 गाँवों में से एक) की सचिव मैडम वांग सुचन भी पार्टी कमेटी का सदस्य थीं।

पार्टी कमेटी की बनावट और कामकाज का बँटवारा स्पष्टतया आर्थिक प्रदर्शन के माफ़िक़ था। पार्टी काम के फ़ोकस के बारे में पूछने पर कैडर और सदस्य आम तौर पर बताते थे कि 1978 के तीसरे प्लेनम के बाद वर्ग संघर्ष के बदले आर्थिक पुनर्निर्माण पर ज़ोर दिया जाने लगा। उत्तर-1992 काल में पार्टी की 1980 के दशक में तय भूमिका में बदलाव आया। पहले पार्टी निगरानी और मार्गदर्शन की भूमिका में थी, जबकि सुधार का काम उद्यमों के मैनेजर और टाउनशिप निदेशक देखते थे। वर्ष 1992 के बाद पार्टी ने आर्थिक प्रबंधन और प्रशासन का काम सीधे ख़ुद सँभाल लिया। कई उद्यमों में तो पार्टी सचिव ख़ुद फ़ैक्टरी मैनेजर भी था। 4 जून 1989 का घटना के बाद बुर्जुआ उदारीकरण का विरोध करने में पार्टी की भूमिका पर बल दिया गया और आर्थिक कामकाज में सावधानी बरतने का माहौल बना। लेकिन 1992 के शुरू में तंग के दक्षिणी दौरे और चौदहवीं पार्टी काँग्रेस के बाद बड़ी संख्या

में पार्टी सदस्यों ने आर्थिक मामलों में ज़्यादा सक्रिय पहल करने में बढ़-चढ़कर हिस्सा लिया। पहले जो कैडर हिचकिचा रहे थे, अब निर्भीक होकर विदेशी पूँजी को आमंत्रित करने लगे, निजी व्यवसाय को बढ़ावा देने लगे और उत्पादन में विविधता लाने लगे।

पार्टी, सरकार और उद्यम प्रबंधन के कामकाज में फ़र्क़ करने का सिद्धांत अब भी बरक़रार था। पार्टी नेता इस बात पर ज़ोर देते थे कि वे उद्यमों के प्रबंधन में दख़ल नहीं देते, वे सिर्फ़ सलाह देते हैं और उनके काम की समीक्षा करते हैं। वे कहते थे कि पहले अगर कोई पार्टी सदस्य कोई ग़लती करता था तो वह दंड का भागी होता था। नई कार्यशैली पार्टी सदस्यों को निडर तजरबे करने को प्रोत्साहित करती थी और ग़लती करने पर उन्हें सीखने और सुधार करने में मदद करती थी। पहले की तरह कठोर सज़ा का कोई मामला नहीं दिखता था। टाउनशिप पार्टी अधिकारियों के मुताबिक 1993 में पिछले सालभर में सिर्फ़ तीन सदस्यों को आर्थिक अपराध या लैंगिक दुराचार के लिए निष्कासित किया गया था। जैसा कि चांग वेईनान ने बताया, "कभी-कभी हमें अपना आर्थिक और राजनीतिक लक्ष्य हासिल करने के लिए पार्टी, सरकार और प्रबंधन को एक मानते हुए उनमें परस्पर जुड़ाव की व्यवस्था को जारी रखना पड़ता है, हालाँकि अंततः उनमें फ़र्क़ करना होगा"।[18] तमाम बातें इस अस्थाई इंतज़ाम के लंबे समय तक जारी रहने की ओर इशारा करती थीं।

टाउनशिप पार्टी सदस्यता 1996 में बढ़कर 1,200 हो गई, जिनमें से 30 प्रतिशत महिलाएँ थीं। कुल 48 पार्टी शाखाएँ थीं, 13 गाँवों में से प्रत्येक में एक और बाक़ी अपेक्षाकृत बड़े उद्यमों में। वर्ष 1995 में आयोजित पार्टी काँग्रेस में त्साओ युंगनिएन को नया पार्टी सचिव चुना गया। पहले वे हला टाउनशिप के निदेशक थे। टाउनशिप पार्टी कमेटी में वही 11 सदस्य बने रहे, जिनमें से दो पहले की तरह महिलाएँ थीं। आम चलन के मुताबिक दो उपसचिव थे, जिनमें से एक टाउनशिप निदेशक था और दूसरा राजनीतिक कार्यों का प्रभारी।

राष्ट्रीय स्तर की तर्ज पर हमेशा पार्टी काँग्रेस के पहले जन काँग्रेस होती थी। टाउनशिप के स्तर पर भी टाउनशिप का पार्टी सचिव राजनीतिक रिपोर्ट पेश करता था, जिसमें पिछले साल के काम का लेखा-जोखा होता था और आगामी साल के लिए आर्थिक विकास संबंधी प्रस्ताव। वर्ष 1995 में सचिव की रिपोर्ट का केंद्रीय मुद्दा यही था कि पार्टी के काम में आर्थिक विकास पर ज़्यादा ध्यान दिया जाना चाहिए। पूरे सुधार के काल में "एक फ़ोकस, दो बिंदु" के ढाँचे के तहत यही मुद्दा केंद्रीय बना रहा। लेकिन पार्टी के ज़िम्मे हमेशा राजनीतिक और वैचारिक काम सौंपा गया। वर्ष 1992 में जब "समाजवादी बाज़ार व्यवस्था" के निर्माण को मार्गदर्शक ख़ाके के रूप में स्वीकार किया गया, तब पार्टी इकाइयों से आर्थिक विकास को अपना मुख्य वैचारिक काम बनाने को कहा गया। लेकिन उसी समय पार्टी-सरकार में फ़र्क़ के साथ सरकार-उद्यम के फ़र्क़ पर भी ज़ोर दिया गया। उद्यमों को पूरी तरह स्वायत्त होना था और उत्पादन के काम में बाज़ार की माँग का ध्यान रखना था। सरकार का मूल काम व्यापक निगरानी रखना, अचल परिसंपत्तियों के मूल्य की गारंटी करना और उनके मूल्य

में इज़ाफ़ा करना था। सरकार यह सुनिश्चित करती थी कि स्थायित्व बना रहे और परिवेश आर्थिक विकास के अनुकूल हो। उससे अपेक्षा की जाती थी कि वह लोगों के सामाजिक कल्याण और शिक्षा, स्वास्थ्य और संस्कृति संबंधी ज़रूरतों का ख़याल रखेगी। पार्टी को मूल रूप से आर्थिक विकास पर ध्यान देने के साथ-साथ वैचारिक मुद्दों पर भी ध्यान देना था, जैसे कि समाजवादी बाज़ार अर्थव्यवस्था का निर्माण, चीनी विशेषताओं वाले समाजवाद के निर्माण की तंग श्याओफिंग विचार आदि। इसके साथ ही उसे नीति-निर्माण और कर्मियों की तैनाती का काम भी करना था। ध्यान रहे कि सभी महत्त्वपूर्ण बहाली, तबादला और पदोन्नति पार्टी नेतृत्व ही करता था, न कि सरकार। यहाँ तक कि उद्यम मैनेजरों की बहाली में उद्यम पार्टी कमेटी और टाउनशिप पार्टी नेतृत्व की भूमिका होती थी।

पार्टी नेतृत्व ही ऊपर से संसाधनों और अनुमति का इंतज़ाम कर सकता है। टाउनशिप प्रशासन, ख़ासकर निदेशक गाँव की आम अर्थव्यवस्था का संयोजन करता है और उच्चतर स्तर की उपनगर ज़िला और शहरी सरकार तक पहुँच रखता है। सबसे बड़ी बात यह है कि उद्यम मैनेजर को अपने उद्यम में मुनाफ़ा दिखाना होता है, जिसके अभाव में टाउनशिप के ख़राब प्रदर्शन के लिए टाउनशिप निदेशक और पार्टी सचिव को ज़िम्मेदार ठहराया जा सकता है। सभी टाउनशिप और उपनगर ज़िला के साथ-साथ पूरे शहर के आम सामाजिक-राजनीतिक परिवेश से बँधे होते हैं। किसान, मज़दूर, व्यवसायी और तकनीकी विशेषज्ञ सभी तरह-तरह के हित समूहों के माध्यम से एक-दूसरे से जुड़े होते हैं। समृद्ध किसान, उद्यमी और मैनेजर आज ग्रामीण इलाक़े के ताक़तवर तबके हैं, जो पार्टी और सरकार से जुड़े हैं। यह पार्टी के नेतृत्व में जनसंगठनों, ट्रेडयूनियनों, किसान सभाओं, नौजवान लीग और महिला फ़ेडेरेशनों का पुराना दौर नहीं है। किसान सभा तो कम्यून अवधि के समाप्त होते ही विलुप्त हो गई, लेकिन अन्य तीन बने रहे। लेकिन वे पार्टी का अंग थे, स्वायत्त संगठन नहीं।

इसलिए नए परिवेश में राजनीतिक नेतृत्व को विभिन्न समूहों की माँगों के प्रति सचेत होना ज़रूरी था। चीनी कम्युनिस्ट पार्टी और दूसरी पार्टियों, ग़ैर-पार्टी समूहों और व्यक्तियों के बीच परस्पर परामर्श के ढाँचे के बावजूद चीनी कम्युनिस्ट पार्टी को प्रत्येक स्तर पर अंतिम मध्यस्थ की भूमिका निभानी होती थी। लिहाज़ा सभी समूह अपना लक्ष्य हासिल करने के लिए पार्टी में दख़ल बनाना चाहते थे। उभरते उद्यमी और इंजीनियर पार्टी का सदस्य और कैडर बनना चाहते थे। यह ज़मीनी स्तर पर दिखनेवाला चीन का नया परिदृश्य था। जैसा कि मैंने 1990 के दशक में देखा कई मामलों में उद्यम मैनेजर ही पार्टी सचिव भी था। वह गाँव का नया धनाढ्य भी था। आर्थिक विकास को पार्टी का केंद्रीय काम बनाने के सिद्धांत का मतलब था समाज के उभरते समृद्ध लोग पार्टी के भीतर निर्णायक पदों पर भी हावी हो जाएँ। समृद्धिशाली हला टाउनशिप में चीनी कम्युनिस्ट पार्टी के सदस्य ही आर्थिक अभिजात भी थे।

चीनी कम्युनिस्ट पार्टी के छठे प्लेनम ने 1996 में यह वैचारिक मुहिम चलाई थी और च्यांग त्समिन ने 1997 में पंद्रहवीं पार्टी काँग्रेस में दुहराया था कि इन तबकों को "चीनी विशेषतावाली समाजवादी नैतिकता" की ओर मोड़ना होगा। पार्टी की इस पहल की समीक्षा करते हुए समाज को "समग्रता में आच्छादित करनेवाले" पार्टी निर्माण के राष्ट्रीय मॉडल के रूप में स्वीकार किया। उभरते ग़ैर-सरकारी संगठनों, पार्टी संगठित ग़ैर-सरकारी संगठनों (*पोंगो*) और मिलेजुले नागरिक समूहों और पेशेवर परोपकारी संगठनों ने पार्टी की छत्रछाया में कल्याण गतिविधियाँ शुरू कर दीं। वे प्रायोजन तक सीमित नहीं थे, बल्कि स्थानीय पार्टी कमेटियों की मदद भी करते थे और आंतरिक सक्रिय पार्टी सेल भी बनाते थे, जो भर्ती और कई तरह के बुनियादी काम को अंजाम देती थीं।[19] दरअसल, नागरिक समाज के बरअक्स पार्टी की भूमिका ने समकालीन चीन में शासन की एक नई प्रवृत्ति की शुरुआत की। मैनेजर-उद्यमी के रूप में पार्टी कैडर के अवतार ने आर्थिक विकास का नेतृत्व करने के साथ-साथ राज्य, पार्टी और समाज के अवयवों का मेल करते हुए सामाजिक शक्तियों की पूर्ण गोलबंदी की। यह 1990 और 2000 के दशक का परिदृश्य था। इसने चमत्कारी आर्थिक विकास हासिल किया, लेकिन सामाजिक विभेद भी बढ़ा और समाज, अर्थव्यवस्था और राजव्यवस्था गाँव से लेकर उच्चतम स्तर तक भ्रष्टाचार बढ़ गया। इस स्थिति से हु चिनथाओ ने निपटने की शुरुआत की और शी जिनपिंग ने कड़ी पहलें कीं।

स्थानीय और राष्ट्रीय

माओ त्से-तुंग और तंग श्याओफिंग के दिनों से लेकर शी जिनपिंग के शासन तक चीनी कम्युनिस्ट पार्टी की एक सामान्य विशेषता रही है, स्थानीय ऊर्जा और लोगों की पहल को प्रोत्साहन देने और व्यवस्था के कामकाज में उन्हें स्वायत्तता देने की आकांक्षा के साथ-साथ उनसे केंद्रीय निर्देशों को पालन करने की माँग। यह द्वंद्व अलग-अलग समय और अलग-अलग जगह पर विभिन्न रूप लेता रहा है। स्वायत्तता की बात सिर्फ़ कागज़ी नहीं है। "अवाम से अवाम तक" की जनदिशा चीनी कम्युनिस्ट पार्टी की संस्कृति का अभिन्न हिस्सा बन चुकी है। लेकिन सत्ता की राजनीति अपनी पूरी भूमिका निभाती है, जिसके तहत विविध हित, गुट और मत समूह अपने समर्थन में गोलबंदी करने और अपनी आकांक्षाओं को पूरा करने में पूरी सक्रियता के साथ संलग्न रहते हैं। इसलिए चीनी जनगणराज्य संविधान के मुताबिक "एकात्मक राज्य" होते हुए भी वास्तव में चीन के प्रांतों और काउंटियों को काफ़ी हद तक स्वायत्तता देता है।

हु-वन शासन के शुरुआती वर्षों में, ख़ासकर 2002 से 2007 के बीच वैश्विक वित्तीय संकट के पहले ग्रामीण अर्थव्यवस्था में नई जान फूँकने की स्पष्ट कोशिश की जा रही थी। ऐसे में स्थानीय सरकार को ज़्यादा पहल करने की इजाज़त दी गई। लेकिन 2008 के बाद

यह प्रवृत्ति दब गई और केंद्रीय समन्वय पर ज़्यादा ज़ोर दिया जाने लगा ताकि आर्थिक विकास की गति को बनाए रखा जा सके। शी जिनपिंग की भ्रष्टाचार विरोधी नीतियों ने कई महत्त्वपूर्ण नीतिगत बदलावों की शुरुआत की, जैसे कि भूमि अधिकार, हुखऊ सुधार और एक-संतान नीति के बदले दो संतान नीति को लागू करना और "चार समग्रताओं" की बात, जिसमें केंद्रीकृत समन्वय शामिल था। भ्रष्टाचार-विरोधी मुहिम जो उनकी विशिष्टता थी, वह केंद्रीय अनुशासन निरीक्षण आयोग को नीचे प्रांतों, काउंटियों, ज़िलों, टाउनशिप और गाँवों तक ले गई। यह एक अलग किस्म का केंद्रीकरण था, जो प्रत्येक स्तर पर एक ज़िम्मेदार, ईमानदार, कुशल प्रशासन का निर्माण करता था। फिर भी यह केंद्रीकरण था और इसने स्थानीय इकाइयों को बेहद उत्तेजित और कमज़ोर किया।

पार्टी नियंत्रित यही राज्य मशीनरी चीन की कामयाबी की दास्तान की मुख्य अभिकर्ता रही है। लेकिन यही कामयाबी इसे शी जिनपिंग की गंभीर पहलों के बावजूद अपने को जनतांत्रिक बदलाव के कारगर अभिकर्ता में बदलने से रोकती है। स्थायित्व-आधारित केंद्रीकृत राजनीतिक व्यवस्था की इस कार्यकारी उपलब्धि की अपनी सीमाएँ हैं, जो उसे "अभिकर्ता के द्वंद्व" में फँसाती है। हम यह अनुभव समाज के विभिन्न क्षेत्रों और लोगों के जीवन में बेहद तफ़सील के साथ देखते हैं जैसे कि टाउनशिप ग्रामीण उद्यमों में।

टिप्पणियाँ

1. हाल के वर्षों में राज्य सिद्धांत ने सत्ता प्रक्रिया और आर्थिक, सामाजिक, सांस्कृतिक और राजनीतिक ताक़तों के मेलजोल के जटिल चरित्र को सर्जनात्मक रूप से समझा है। मनोरंजन महांति, *कंटेंपोरेरी इंडियन पॉलिटिकल थ्योरी* (संस्कृति, नई दिल्ली, 2000)।
2. चीनी कम्युनिस्ट पार्टी के एक प्रमुख सिद्धांतकार ली चुनरू सालाना नीति निर्धारण की प्रक्रिया को इस तरह बताते हैं। नए साल की शुरुआत में चीनी कम्युनिस्ट पार्टी की पोलित ब्यूरो तय करता है कि अगले साल कौन से काम किए जाएँगे और अध्ययन समूह गठित करता है, जो "दस्तावेज़ ड्राफ़्टिंग समूह" को अपने सुझाव देते हैं। नीतियों का एक प्रारूप लोगों के सामने रखा जाता है ताकि सोशल मीडिया पर और स्थानीय इकाइयों की मीटिंगों में यथासंभव ज़्यादा-से-ज़्यादा सुझाव आएँ। इस तरह से मिलनेवाले सुझावों के आधार पर पोलित ब्यूरो केंद्रीय कमेटी के लिए प्रस्ताव तैयार करता है, जिसका सालाना प्लेनम साल की अंतिम तिमाही में होता है। प्लेनम में नीतिगत निर्देशों को अंतिम रूप दिया जाता है और स्वीकार किया जाता है। इस आधार पर स्टेट काउंसिल और एनपीसी की स्थाई समिति निर्देश जारी करती है और क़ानून बनाती है। ली चुनरू, *एवरीथिंग यू वांट टू नो अबाउट दी कम्युनिस्ट पार्टी ऑफ़ चाइना* (फ़ॉरेन लैंग्वेजेज़ प्रेस, पेइचिंग, 2012, पृ. 113–34)।
3. माओ त्से-तुंग का पूरा उद्धरण कभी नहीं दिया जाता : "हर कम्युनिस्ट को यह समझ लेना चाहिए 'राजनीतिक सत्ता बंदूक की नली से निकलती है', हमारा सिद्धांत है कि बंदूक पार्टी के नियंत्रण में होती है और बंदूक को कभी पार्टी पर हावी नहीं होने दिया जाता"। माओ त्से-तुंग, "प्रॉब्लम्स ऑफ़ वार एंड स्ट्रैटेजीज़", *सेलेक्टेड वर्क्स ऑफ़ माओ त्से-तुंग*, खंड 2 (फ़ॉरेन लैंग्वेजेज़ प्रेस, पेइचिंग, 1965, पृ. 224)।
4. *रिज़ोल्यूशन ऑन सीपीसी हिस्ट्री (1949–1981)* में माओ के बारे में तंग नेतृत्व के इस मूल्यांकन को सामने रखा। देखें मनोरंजन महांति, "पावर ऑफ़ हिस्ट्री"।
5. इस तरह *चीनी ख़ासियतों वाला समाजवाद गढ़ने का तंग श्याओफिंग सिद्धांत* चीनी कम्युनिस्ट पार्टी की वैचारिक लाइन का प्रमुख अंश बन गया, जिसका माओ त्से-तुंग विचारधारा के बाद सबसे अधिक हवाला दिया जाता

है। तंग श्याओपिंग की बेटी तंग नान के भाषण के बारे में *साउथ चाइना मॉर्निंग पोस्ट* में छपी रिपोर्ट देखें, "हाउ माई फ़ादर्स स्पीचेज़ सेव्ड चाइनाज़ इकोनॉमिक रिफ़ॉर्म्स"। उपलब्ध : http://www. scmp.com/news/china/article/1578453/how-my-fathers-speeches-saved-chinese-economic-reform-deng-xiaopings (देखा 19 अप्रैल 2017)।

6. च्यांग त्समिन, *ऑन दी थ्री रिप्रजेंट्स* (फ़ॉरेन लैंग्वेजेज़ प्रेस, पेइचिंग, 2001)। इसे चीनी कम्युनिस्ट पार्टी की वैचारिक लाइन का भी अंश बनाया गया क्योंकि पार्टी के संविधान में तंग सिद्धांत के बाद "तीन प्रतिनिधित्व के महत्त्वपूर्ण विचार" की चर्चा की गई।
7. शी जिन फिंग, "इंप्रूव पार्टी कंडक्ट, अपहोल्ड इंटीग्रिटी एंड कंबैट करप्शन", पृ. 436–41.
8. शी जिन फिंग, "स्ट्रिक्टली इनफ़ोर्स डिलिजेंस एंड थ्रिफ़्ट, अपोज़ एक्स्ट्रावैगेंस एंड वेस्ट", *दी गवर्नेंस ऑफ़ चाइना* (फ़ॉरेन लैंग्वेजेज़ प्रेस, पेइचिंग, 2014, पृ. 399)।
9. *शिन्हुआ*, "शी स्पैल्स आउट दी पार्टी कोड ऑन स्ट्रिक्ट गवर्नेंस", 2 नवंबर 2016. उपलब्ध : http://news.xinhuanet.com/english/2016-11/03/c_135801399.htm (देखा 19 अप्रैल 2017)।
10. उपरोक्त। इस तरह के आचरण के उदाहरण के तौर पर चओ युंगकखांग, पो शिलाई, कुओ पाश्योंग, शु छाईहऊ और ली चिहुआ का नाम गिनाया और उनके आर्थिक और राजनीतिक कुकर्मों का हवाला दिया। स्पष्ट है कि ऐसे पदाधिकारी अब भी मौजूद हैं और षडयंत्रों और भ्रष्ट आचरण में लिप्त हैं।
11. "चूँकि लोगों ने मुझे यह काम सौंपा है, मुझे उन्हें हमेशा अपने दिल में सबसे ऊँचे स्थान पर रखना चाहिए, उनके इस गहरे यक़ीन को और उनके द्वारा सौंपी गई भारी ज़िम्मेदारियों को हमेशा ज़ेहन में रखना चाहिए", शी जिनपिंग, *दी गवर्नेंस ऑफ़ चाइना*, पृ. 458.
12. छन शीथुंग, "रिपोर्ट ऑन चेकिंग दी टर्मोइल एंड क्वेलिंग दी काउंटर रिवोल्यूशनरी रिबेलियन", *शिन्हुआ*, एफ़बीआईएस-सीएचआई, 6 जुलाई 1989, पृ. 20–36.
13. देखें झु चियामू, "छेन युन एंड तंग श्याओफिंग इन दी इनीशियल स्टेज ऑफ़ रिफ़ॉर्म एंड ओपनिंग अप"। उपलब्ध : http://www.cssn.cn/upload/2013/01/d20130111154110755.pdf (देखा 8 जून 2017)।
14. माइकल ई. मार्टी, *चाइना एंड दी लीगेसी ऑफ़ तंग श्याओफिंग : फ़्रॉम कम्युनिस्ट रिवोल्यूशन टू कैपिटलिस्ट इवोल्यूशन* (पोटोमैक बुक्स इंकॉर्पोरेटेड, डलॉस, वीए, 2002, पृ. 103)।
15. उपरोक्त।
16. यह और बाद में दिए गए ज़िला और टाउनशिप के स्तर पर पार्टी संगठन और कामकाज के विवरण मेरे फ़ील्ड नोट और विभिन्न कैडरों के साक्षात्कार पर आधारित हैं।
17. अगर भारत से तुलना करें तो टाउनशिप पार्टी सचिव प्रखंड विकास पदाधिकारी और पंचायत समिति के निर्वाचित अध्यक्ष की सत्ता और प्रतिष्ठा का मेल है। बड़ा अंतर यह है कि भारत में सभी पंचायत समिति के अध्यक्ष एक ही पार्टी के सदस्य नहीं हो सकते, जबकि चीनी टाउनशिप में वे सभी चीनी कम्युनिस्ट पार्टी के सदस्य होते हैं। तुलनात्मक अध्ययन के लिए देखें मनोरंजन महांति, जॉर्ज मैथ्यू, रिचर्ड बॉम और रोंग मा (सं.), *ग्रासरूट्स डेमोक्रेसी इन इंडिया एंड चाइना* (सेज़ पब्लिकेशंस, नई दिल्ली, 2009)।
18. जून 1987 में लेखक के साथ साक्षात्कार।
19. पैट्रिशिया एम. थॉर्नटन, "दी एडवांस ऑफ़ दी पार्टी : ट्रांसफॉर्मेशन ऑर टेकओवर ऑफ़ दी अर्बन ग्रासरूट्स सोसाइटी", *दी चाइना क्वार्टली* 213 (मार्च 2013, पृ. 2–3)।

खंड III
लोगों पर प्रभाव

6 चीन की सफलता की दास्तान के उत्प्रेरक टाउनशिप और ग्रामीण उद्यम : उनका परित्याग क्यों किया गया?

सुधार रणनीति के विकास पर विहंगम नज़र डालने और तेज़ी से शहरी रूप लेते ग्रामीण इलाक़ों की एक आम तस्वीर खींचने और समकालीन चीन में राष्ट्रीय और स्थानीय स्तर पर राज्य और चीनी कम्युनिस्ट पार्टी के कामकाज की समीक्षा करने के बाद अब हम ग्रामीण समाज और अर्थव्यवस्था में सुधार प्रक्रिया के कुछ चुनिंदा महत्त्वपूर्ण पक्षों का विश्लेषण करेंगे। इसके लिए हम एक तजरबे पर केंद्रित होंगे, जो कभी न सिर्फ़ ग्रामीण अर्थव्यवस्था में बल्कि देश भर में गतिशील परिवर्तन की उत्प्रेरक शक्ति थी। यह शक्ति थी टाउनशिप और ग्रामीण उद्यम की, जिसके अभ्युदय में व्यवस्था को कामयाबी के फंदे से बाहर निकालने की असीम क्षमता दिखती थी। इसने विकास प्रक्रिया को ऊर्जावान बनाया था, रोज़गार के अवसर पैदा करके किसानों की आय में इज़ाफ़ा किया था, स्वास्थ्य और शिक्षा की मदद की थी और राजनीतिक भागीदारी को एक स्तर तक बढ़ावा दिया था। मेरी नज़र में उसकी रणनीतिक भूमिका को तज देने की परवर्ती नीति ने शहरी-ग्रामीण खाई को चौड़ा किया, गाँवों में सुविधाओं के विकास में बाधक बनी, बेराज़गारी और शहर की ओर पलायन को बढ़ाया और कई अन्य समस्याओं को जन्म दिया।

गाँवों के उत्प्रेरक टाउनशिप और ग्रामीण उद्यम

टाउनशिप और ग्रामीण उद्यम इतना महत्त्वपूर्ण क्यों थे?

गाँव-शहर के बीच खाई को पाटना और शहर व गाँव दोनों के बाशिंदों को एक बेहतर जीवनस्तर मुहैया कराना सभी आधुनिक समाजों की आकांक्षा रही है। यूरोपीय औद्योगिक क्रांति ने जो मॉडल पेश किया, उसने शहरीकरण और शहरों की ओर ग्रामीण आबादी के पलायन को बढ़ावा दिया। विकासशील देशों के बहुतेरे नेताओं पर भी यही सोच हावी रही। लेकिन एक और सोच भी थी, ख़ासकर एशियाई देशों में, जो गाँवों को स्वशासन की इकाई में तब्दील करने, वहाँ समतावादी और टिकाऊ विकास को प्रेरित करने और गाँव और शहर को परस्पर निर्भर बनाने की वकालत करती थी। दोनों सोच की राजनीति और अर्थव्यवस्था पर आज़ादी की लड़ाई के दौरान और उसके बाद भारत और चीन में बहस चली। सन् 1990 के दशक में जब वैश्वीकरण की प्रक्रिया ने उन्हें अपनी चपेट में ले लिया शहरीकरण और महानगरों की सोच उनपर हावी हो गई और स्वशासित गाँवों की कल्पना पीछे धकेल दी गई। भारत में हालाँकि 1993 में पंचायतों और शहरी स्थानीय निकायों को संवैधानिक दर्जा मिला, लेकिन नए वैश्विक आर्थिक परिवेश में वे स्वविकास की इकाई बनने की बजाए केंद्र की सेवाओं के प्रदाता भर बन कर रह गए।[1] चीन में जनकम्यून उसी सोच पर आधारित थे, हालाँकि उनके साथ औद्योगिकीकरण के महत्त्वाकांक्षी लक्ष्य भी जुड़े थे। जैसा कि हमने ऊपर देखा सुधारों की शुरुआत के साथ विभिन्न कारणों से उन्हें भंग कर दिया गया। लेकिन शहरी इलाक़ों के साथ ही ग्रामीण इलाकों का विकास सुधार युग के पहले दो दशकों तक मार्गदर्शक सिद्धांत बना रहा। उस अनुभव की व्याख्या के मार्फत यहाँ यह दिखाया गया है कि टाउनशिप और ग्रामीण उद्यमों ने किस तरह चीन की कामयाबी की दास्तान में भारी योगदान किया। सन् 1990 के दशक के अंत से उनका पतन ग्रामीण संकट का सबब बन गया।

एनपीसी ने मार्च 2016 में चीन की तेरहवीं पंचवर्षीय योजना को स्वीकृत किया, जिसने घरेलू माँग बढ़ाने पर ज़ोर दिया। विडंबना यह है कि 1980 के दशक और 1990 के दशक के शुरुआती वर्षों में जब टाउनशिप और ग्रामीण उद्यम उभार पर थे ठीक यही किया गया था। किसानों की आमदनी बढ़ी और गाँवों में फलता-फूलता बाज़ार पैदा हुआ। टाउनशिप और ग्रामीण उद्यमों ने अतिरिक्त ग्रामीण श्रम को रोज़गार उपलब्ध कराया, किसानों की आमदनी में भारी इज़ाफ़ा किया, सामाजिक क्षेत्र के विकास में मदद की और कृषि और ग्रामीण ढाँचे के विस्तार के लिए धन जुटाया। वर्ष 1992 के बाद बढ़त की नई रणनीति का ध्यान वैश्विक बाज़ार को लक्ष्य करते हुए शहरी उद्यमों के विकास और उत्पादन बढ़ाने पर केंद्रित हो गया।

वर्ष 2000 तक टाउनशिप और ग्रामीण उद्यमों ने अपनी केंद्रीय भूमिका खो दी, 1980 के दशक की ग्रामीण विकास रणनीति धाराशायी हो गई और ग्रामीण संकट पैर पसारने लगा। हर तरफ़ तीन ग्रामीण समस्याओं की चर्चा हो रही थी। ग्रामीण-शहरी आमदनी की खाई चौड़ी होकर 1:3 हो गई, जिससे चीन की गिनती दुनिया के सबसे ग़ैरबराबर मुल्कों में होने लगी। निस्संदेह, तेज़ी से विकसित होती निर्यातोन्मुखी अर्थव्यवस्था चीन की जीडीपी को अभूतपूर्व स्तर तक ऊपर ले गई, लेकिन उसे उसकी क़ीमत चुकानी पड़ी। न सिर्फ़ सामाजिक और क्षेत्रीय ग़ैरबराबरी के रूप में, बल्कि पर्यावरण विनाश और बहुस्तरीय भ्रष्टाचार में बढ़ोतरी के रूप में भी। टाउनशिप और ग्रामीण उद्यमों को तजने का मतलब था गाँवों की घोर उपेक्षा। इसलिए टाउनशिप और ग्रामीण उद्यमों और सुधार युग के पहले डेढ़ दशक की ग्रामीण विकास रणतीति की बहस हमें पूरे सुधार युग में अपनाए गए विकास के रास्ते की जाँच के लिए प्रेरित करती है।

इस अध्याय में हम टाउनशिप और ग्रामीण उद्यमों के औचित्य की चर्चा करेंगे, कुछ केस स्टडीज़ के आधार पर एक ठोस तस्वीर बनाने की कोशिश करेंगे और फिर तीन उद्यमों में ट्रेड यूनियनों के कामकाज की जाँच करेंगे।

टाउनशिप और ग्रामीण उद्यमों का औचित्य

सन् 1980 के दशक में चीनी गाँवों के विकास की एक उल्लेखनीय ख़ासियत थी ग्रामीण उद्योगों का विस्तार, जिसने किसानों की आमदनी बढ़ाने में भारी योगदान किया।[2] वर्ष 1979 में ग्रामीण सुधार शुरू किए जाने के तुरंत बाद सरकार ने कम्यूनों (जिन्हें अब *श्यांग* या टाउनशिप कहा जाता है) और उत्पादन ब्रिगेड (*छुन* या गाँव कहे जानेवाले) से अपने स्तर पर सामूहिक मालिकाने में ग्रामीण उद्यम शुरू करने को कहा। बाद में कई निजी उद्यम और अंशधारी सहकारी समितियाँ भी स्थापित की गईं। पहले कम्यून के जमाने में (1958–78) ग्रामीण अर्थव्यवस्था के विविधीकरण के तहत भी एक हद तक औद्योगिकीकरण शामिल था। लेकिन उस समय नीति अनाज की उपज पर ज़ोर देती थी और अनुपूरक गतिविधि के रूप में मवेशीपालन और मछलीपालन की बात करती थी। कई कम्यूनों में कृषि मशीनीकरण और खाद्य प्रसंस्करण के लिए प्रासंगिक उद्योग भी लगाए गए। हालाँकि 1980 के दशक में झुकाव उद्योग लगाने पर हो गया। चाहे वह किसी भी चीज़ का उत्पादन करता हो, शर्त थी उसे मुनाफ़ा कमाना चाहिए।[3] अंदरूनी टाउनशिप भी स्थानीय बाज़ार की माँग के अनुरूप उपभोक्ता सामग्री बनाने लगे। उपनगर टाउनशिप और गाँव के उद्यम उपभोक्ता सामग्री के साथ ही शहरी कारख़ानों के लिए कल-पुरज़े बनाने लगे। उपनगरीय और दूर-दराज की काउंटियों के उद्यम शहरी कंपनियों के साथ उनके उत्पादों के प्रसंस्करण या उनके लिए कल-पुरज़ों की आपूर्ति का अनुबंध करने लगे।

सन् 1980 के दशक के मध्य तक चीन में ग्रामीण उद्योगों का विस्तार अपनी ऊँचाई पर पहुँच गया। वर्ष 1987 में ग्रामीण उद्योगों के उत्पादन की क़ीमत ने कृषि उपज को पीछे छोड़ दिया। उसके बाद भी यह रुझान जारी रहा और वह नई ऊँचाइयों पर पहुँच गया।

ग्रामीण उद्योगों के बारे में चीनी सरकार की नीतियाँ तीन बातों से संचालित थीं : (क) कृषि अतिरिक्त, ज़्यादातर स्थानीय स्तर पर सामूहिकों की बचत का इस्तेमाल; (ख) आर्थिक गतिविधियों के विस्तार के ज़रिए रोज़गार का सृजन और कृषि के अतिरिक्त श्रम को काम पर लगाना और (ग) उद्योग और सेवा क्षेत्र का कृषि से क़रीबी जुड़ाव और उसके साथ-साथ शहरी अर्थव्यवस्था को ग्रामीण अर्थव्यवस्था के साथ एकीकृत करना।[4] राज्य द्वारा खाद्यान्नों की ख़रीद की क़ीमत में बढ़ोतरी की वजह से 1979 में किसानों की आमदनी अचानक बढ़ गई। पारिवारिक अनुबंध के तहत उत्पादन ज़िम्मेदारी व्यवस्था के चलते वे ज़्यादा उपज करने और ज़्यादा मुनाफ़ा कमाने के लिए कड़ी मेहनत करते। किसानों के पास अब मौक़ा था कि वे नए घरेलू सामान ख़रीद सकें, घर बना सकें और बचत कर सकें। टाउनशिप और गाँव के पास बचत जमा होने से वे नए उद्योग-धंधे लगा सकते थे।

आगे बढ़ने के पहले हमें इस पर साफ़ हो लेना चाहिए कि किस तरह "टाउनशिप और ग्रामीण उद्यम" की संज्ञा चीन में चलन में आई। कम्यून दौर में ग्रामीण उद्योग या ग्रामीण उद्यम शब्द का इस्तेमाल होता था। वर्ष 1978 के बाद से, ख़ासकर 1980 के दशक की शुरुआत में ग्रामीण सामूहिकों के दो स्तरों, यानी टाउनशिप और उसके मातहत गाँवों को उद्यम चालू करने के लिए प्रेरित किया गया। वे मूलतः सामूहिक स्वामित्व और प्रबंध के मातहत थे। इस तरह 1984 में चीनी कम्युनिस्ट पार्टी के केंद्रीय नेतृत्व ने उन्हें टाउनशिप और ग्रामीण उद्यम के रूप में परिभाषित किया। हम इस अध्याय में देखेंगे कि बाद में निजीकरण की गति तेज़ हो गई और क्वांगतुंग और चच्यांग-सरीखे प्रांतों में निजी उद्यम फलने-फूलने लगे। इसलिए असल में वे अब टाउनशिप और गाँव के स्वामित्ववाले टाउनशिप और ग्रामीण उद्यम नहीं रहे। लेकिन ग्रामीण उद्यमों का इतना विस्तार हुआ कि टाउनशिप और ग्रामीण उद्यम की संज्ञा चलन में बनी रही और 1996 का टाउनशिप और ग्रामीण उद्यम क़ानून इसी सच्चाई को प्रतिबिंबित करता है। वर्ष 2000 तक ग्रामीण उद्यमों का स्वरूप इस क़दर बदल गया कि दुनिया भर में प्रचलित लघु और सूक्ष्म उद्योग का मुहावरा चीन की आधिकारिक भाषा में शरीक हो गया।

बहरहाल, 1980 के दशक में टाउनशिप और ग्रामीण उद्यम का औचित्य लुभावना था। जहाँ किसानों को अपने आवंटित ज़मीन के पारिवारिक टुकड़े पर खेतिहर उत्पादन को कामयाब बनाने के लिए कहा गया, वहीं सामूहिकों ने उद्योगों पर ध्यान लगाया। कम्यून के दौर में भी ब्रिगेड और कम्यून उद्योगों के मालिक थे और उन्हें संचालित करते थे। लेकिन उनके काम का आम ढाँचा अलग था। वे छोटे पैमाने पर काम करते थे और उसके लिए

उत्पादन टीमों के संचित कोष से धन जुटाते थे। सन् 1980 के दशक में ग्रामीण उद्यमों का विस्तार बड़े पैमाने पर हुआ।[5] उन्होंने अपनी पूँजी आंशिक रूप से अपने कोष से और आंशिक रूप से रियायती ब्याज पर बैंकों से प्रोत्साहन ऋण लेकर जमा की। स्वायत्त इकाई को इस पूँजी का इस्तेमाल करते हुए मुनाफ़ा कमाना था। उद्यमों को पहले तीन साल तक राज्य को कर अदा करने से भी छूट दी गई। उत्पादन के क्रम में उद्यमों ने मुनाफ़ा कमाया, जिसका एक हिस्सा उनके विस्तार में ख़र्च हुआ। इस प्रक्रिया में किसानों की आमदनी भी बढ़ती रही। चीनी किसानों की औसत आमदनी 1978 में 134 युआन थी, जो 1996 में बढ़कर 1,926 युआन हो गई, जिसमें से 30.61 प्रतिशत ग़ैर-खेतिहर क्षेत्र से आता था, जबकि 1978 में ग़ैर-खेतिहर आमदनी का हिस्सा महज़ 7.92 प्रतिशत था।[6]

ग्रामीण उद्योग चीन के गाँवों में रोज़गार का मुख्य स्रोत थे। पारिवारिक अनुबंध प्रणाली ने कृषि से श्रम को अच्छी-ख़ासी मात्रा में मुक्त कर दिया था, जो कम्यून के दौर में आधे-अधूरे रोज़गार में लगे थे। उस समय परिवार के सभी कामकाजी लोग उत्पादन टीम के लीडर के सामने हाज़िरी लगाते थे, जो उन्हें अलग-अलग जगह काम पर भेजता था। एक कम्यून से दूसरे कम्यून में स्थानांतरण मुश्किल था और शहरों में प्रवास के लिए उच्चतर अधिकारियों से इजाज़त लेनी पड़ती थी। नए संदर्भ में परिवार खेती में जितना ज़रूरी हो उतने ही लोगों का इस्तेमाल करता और बाक़ी के सदस्यों को शहरों में दूसरा काम ढूँढ़ने के लिए भेज देता। ग्रामीण उद्यमों में काम करते या स्वरोज़गार करते हुए वे परिवार की आमदनी बढ़ाने का अतिरिक्त रास्ता खोजते रहते। इस तरह से ग्रामीण उद्यम मुक्त मज़दूरों के लिए ख़ासकर नौजवानों के लिए एक महत्त्वपूर्ण ज़रिया थे। सन् 1980 के दशक में ग्रामीण उद्यमों ने 10 करोड़ से ऊपर ग्रामीण मेहनतकशों को काम दिया। लेकिन यह संख्या ग्रामीण चीन के अतिरिक्त श्रमिकों का आधा ही थी। हालाँकि बाक़ी के लिए संभावित बेरोज़गारी का ख़तरा बना रहा, फिर भी इसके समाधान में ग्रामीण उद्यमों ने बड़ा योगदान किया।

कम्यून दौर में भी ग्रामीण और शहरी अर्थव्यवस्थाओं के बीच जुड़ाव था। लेकिन ग्रामीण आमदनी कम थी। ग्रामीण और शहरी इलाक़े की चौहद्दी सख़्ती से तय होने की वजह से उनके बीच परस्पर आदान-प्रदान उतना सहज नहीं था। सुधार के ढाँचे के तहत दोनों अर्थव्यवस्थाएँ कई तरीक़े से एक-दूसरे से जुड़ी थीं। ग्रामीण उद्योग अब शहरी बड़ी इकाइयों के उत्पादों का प्रसंस्करण करते थे या उनके लिए अर्द्ध-निर्मित माल बनाते थे। उनके ज़रिए शहरी और ग्रामीण अर्थव्यवस्थाएँ एक-दूसरे से परस्पर लेन-देन करती थीं। ग्रामीण उद्योगों के ज़्यादातर मज़दूर किसान परिवारों से आते थे। इस प्रकार उद्यमों से होनेवाली उनकी आमदनी आंशिक रूप से परिवार की ज़मीन के टुकड़े पर कृषि निवेश में चली जाती और उसका कुछ अंश औद्योगिक सामग्री ख़रीदने पर ख़र्च हो जाता। इस तरह किसानों की क्रय शक्ति बढ़ जाती।

शहरी और ग्रामीण अर्थव्यवस्थाओं के बीच लेन-देन का एक नया रिश्ता आकार लेने लगा। कई शहर-शिक्षित तकनीशियन ग्रामीण उद्यमों में काम करते थे। किसानों ने उनका स्वागत किया, क्योंकि उनके कौशल के इस्तेमाल से किसानों की आमदनी बढ़ी। ग्रामीण उद्यमों के उत्पादों में विविधता आई और उन्होंने विदेशी कंपनियों के साथ रिश्ता बनाया। वे विदेश से अर्द्ध-निर्मित उत्पाद मँगाते और उन्हें प्रसंस्कृत कर पूरी तरह तैयार माल चीन के भीतर या विदेश में बेच देते।

शहरी और ग्रामीण राजनीतिक नेतृत्व अब औद्योगिक और खेतिहर गतिविधियों के क्षेत्र में ज़्यादा आपसी तालमेल के साथ काम करते। जब ग्रामीण चीन ने ज़्यादा बेहतर नतीजे दिखाने शुरू किए, उद्योग और कृषि के बीच व्यापार की शर्तें न सिर्फ़ कृषि के लिए बेहतर हो गईं, बल्कि चीन के किसान चीनी राजनीतिक व्यवस्था की वैधता का स्रोत बन गए। ग्रामीण उद्यमों के विकास के साथ-साथ खेतिहर उपज में वृद्धि ने इस प्रक्रिया में काफ़ी योगदान किया। निस्संदेह, कई समस्याएँ भी थीं। ज़्यादातर मामलों में ग्रामीण उद्योगों का कुकुरमुत्तों की भाँति अनियोजित विकास भयंकर रूप से ऊर्जा की खपत करता था और ऐसे सामान बनाता, जिनकी गुणवत्ता संदेहास्पद होती। अचानक उनके कुछेक उत्पादों के ख़रीददार मिलने बंद हो गए। पगार और कर्मी नीति में भारी विकृतियाँ दिखने लगीं। बहरहाल, यह स्वीकार करना होगा कि ग्रामीण उद्योगों ने किसानों की समृद्धि और ग्रामीण अर्थव्यवस्था के विकास में बड़ी भूमिका निभाई।

इसके अलावा करों में इन उद्यमों की वजह से 50 प्रतिशत की वृद्धि हुई, यद्यपि उनमें करों की दर आम तौर पर शहरी उद्यमों के मुकाबले कम थी। ग्रामीण उद्यमों के कई उत्पाद विदेशों में निर्यात किए जाते थे। यह प्रवृत्ति बढ़ती गई और सातवीं योजना के दौरान निर्यात से होनेवाली आय में 30 प्रतिशत का इज़ाफ़ा हुआ। इसके अलावा किसानों की प्रति व्यक्ति आय में आधा से ज़्यादा वृद्धि ग्रामीण उद्यमों से आती थी। वर्ष 1991 तक कुल ग्रामीण सामाजिक उत्पाद में 60 प्रतिशत से ज़्यादा योगदान इन ग्रामीण इकाइयों का था। उनकी अचल संपत्ति 40,000 करोड़ युआन के क़रीब थी, जो कुल ग्रामीण अचल संपत्ति का 80 प्रतिशत से अधिक था। चीन के 180 लाख ग्रामीण उद्यमों में से 60,000 उपक्रम अपने उत्पादों का निर्यात करते थे। देश की कुल विदेशी मुद्रा कमाई में उनका हिस्सा एक-चौथाई का था। उनकी अहमियत का एक और पैमाना यह था कि 1991 तक चीन की कुल राष्ट्रीय आय में उनका हिस्सा 30 प्रतिशत तक हो गया था।[7]

टाउनशिप और ग्रामीण उद्यमों की ख़ासियत

सुधार युग में चीन के बारे में अंग्रेज़ी भाषा के लेखन में टाउनशिप और ग्रामीण उद्यमों का उल्लेख बार-बार होता है। यह मूलतः टाउनशिप स्तर के और गाँव (*छुन*) स्तर के ग्रामीण उद्यमों के हवाले से होता है। हालाँकि चीनी भाषा के लेखन में उन्हें *श्यांग चन छिये* या *श्यांग*

या टाउनशिप स्तर और समकक्ष ग्रामीण कस्बा *चन* स्तर का उद्यम कहा जाता है। उनके नीचे *छुन* या गाँव स्तर के उद्यम होते हैं।

टाउनशिप उद्यमों की कई ख़ासियतें हैं।[8] पहला, उद्यम बनाने की पहल टाउनशिप या गाँव ने ख़ुद की। स्थानीय किसान और सरकार में बैठे उनके नेताओं ने मिलजुलकर उद्यम क़ायम करने और चलाने का फ़ैसला किया। दूसरा, स्थानीय सरकार ने ग्रामीण उद्यम में अपनी पूँजी का निवेश किया और उद्यम ने अपनी संचित पूँजी का इस्तेमाल कर विस्तार किया। वर्ष 1985 के बाद उद्यमों ने न सिर्फ़ अपनी संचित पूँजी का इस्तेमाल किया, बल्कि आधुनिकीकरण और विस्तार के लिए बैंकों से भी ऋण लेना शुरू कर दिया। सन् 1990 के दशक के तीसरे दौर में उन्होंने कई तरह के निवेशों का सहारा लिया, जैसे कि शेयरहोल्डिंग और संयुक्त उपक्रम। तीसरा, उद्यम अपनी लाभ-हानि के लिए ख़ुद ज़िम्मेदार थे। इस मायने में वे राजकीय स्वामित्ववाले उद्यमों से अलग थे। जैसे वे उत्पादन के बारे में निर्णय लेने के लिए स्वतंत्र थे, उसी तरह उन्हें अपने को बाज़ार के अनुरूप ढालते हुए अपने प्रदर्शन की ज़िम्मेदारी ख़ुद लेनी पड़ती थी। सन् 1990 के दशक में कई उद्यमों का कारोबार ठप हो गया, क्योंकि वे बाज़ार की प्रतिस्पर्द्धा झेल नहीं सके। स्थानीय सरकार ने भी उन्हें नहीं उबारा, जब तक कि उसे यह इत्मीनान नहीं हो गया कि उसका हस्तक्षेप उन्हें लाभकारी बना सकता है। चौथा, ग्रामीण उद्यम एक बहुरूपी अर्थव्यवस्था का हिस्सा थे। सभी ग्रामीण उद्यम उद्योग नहीं थे। उद्योग के अलावा वे वाणिज्य, निर्माण, परिवहन, खाद्य सेवा और कई तरह की आर्थिक गतिविधियों में लगे थे, यद्यपि उद्योग उनके काम का बड़ा हिस्सा था। ग्रामीण उद्यमों के पीछे यह सोच काम कर रही थी कि कामगारों के कामकाज का ढाँचा इतना लचीला है कि वे फ़ैक्टरी और खेती का काम साथ-साथ कर सकते हैं। इसलिए "गाँव छोड़े बिना खेती छोड़ने" या "शहर गए बिना औद्योगिक उत्पादन करने" की अवधारणा सामने आई।

बड़े, घनी आबादीवाले, खेतिहर देश में ग्रामीण अर्थव्यवस्था को बहुरूप बनाना निहायत ज़रूरी है। सिर्फ़ इसी तरीक़े से ग्रामीण अर्थव्यवस्था बढ़ती ग्रामीण आबादी को जोड़ सकती है और अत्यधिक शहर पलायन को रोक सकती है। ऐसा तभी हो सकता है जब गाँवों में सार्थक रोज़गार के अवसर उपलब्ध हों और शहरों के समान गाँवों का जीवनस्तर तेज़ी से सुधरे। उदाहरण के लिए, 1991 में चीन की 110 करोड़ की आबादी में से लगभग 90 करोड़ किसान थे। जब तक चीन के गाँवों में कृषि और बहुरूपी ग्रामीण अर्थव्यवस्था का तेज़ी से विकास नहीं होता वह आर्थिक प्रक्रिया में भारी उथल-पुथल लाएगा, जिससे सामाजिक अस्थिरता बढ़ेगी और राजनीतिक तनाव पैदा होगा। माना गया कि ग्रामीण उद्यम चीन के विकास में निर्णायक भूमिका निभाएँगे। लेकिन ऐसा खेतिहर विकास की क़ीमत पर नहीं किया जा सकता था। आख़िरकार इस विशाल आबादी की खाद्य ज़रूरतों को तो पूरा करना ही था।

वर्ष 1991 के अंत में अनुमानतः 190.8 लाख उद्यमों में 960 लाख मज़दूर काम करते थे। वर्ष 1996 में उनकी संख्या बढ़कर 15 करोड़ हो गई।[9] वर्ष 1991 में उनका कुल उत्पाद मूल्य 1,16,000 करोड़ युआन था, जो राष्ट्रीय उत्पाद मूल्य का एक-चौथाई और ग्रामीण उत्पाद मूल्य का 60 प्रतिशत था। इसमें से औद्योगिक उत्पाद मूल्य 87,000 करोड़ युआन था, जो 1991 में देश के औद्योगिक उत्पाद मूल्य का एक-तिहाई या 1987 के कुल राष्ट्रीय औद्योगिक उत्पाद मूल्य के बराबर था।

वर्ष 1980 के अंतिम हिस्से में ग्रामीण उद्यमों को सचेत रूप से निर्यातोन्मुखी बनाया गया। वर्ष 1991 के अंत तक निर्यात-केंद्रित 65,000 उद्यमों ने 1,800 करोड़ डॉलर की विदेशी मुद्रा कमाई। 3,500 से ज़्यादा उद्यमों में से प्रत्येक ने 10 लाख अमेरिकी डॉलर से ज़्यादा की कमाई की। लगभग 700 उद्यमों में से प्रत्येक ने 50 लाख अमेरिकी डॉलर से ज़्यादा की कमाई की। सन् 1990 के दशक में टाउनशिप के विदेशी और संयुक्त उपक्रमों ने तेज़ी से प्रगति की। इनमें से अधिकतर चीन के विकसित पूर्वी तटीय प्रदेश में स्थित थीं, ल्याओनिंग से लेकर पेइचिंग और थ्येनचिन, हुपेई, शानतुंग, शांहाई, च्यांगसु, चच्यांग, फुच्येन और क्वांगतुंग में।

टाउनशिप और ग्रामीण उद्यमों की बढ़त के एक विस्तृत ब्योरे से हमें अंदाज़ा लगा सकते हैं कि यह कितना व्यापक था।[10] चीन में 1978 से लेकर 2003 की शुरुआत तक टाउनशिप और ग्रामीण उद्यमों की तादाद 20 प्रतिशत बढ़ गई, लेकिन 1995 के बाद इस बढ़त की दर में कमी आई। वर्ष 2003 के अंत में उनकी तादाद 218.5 लाख थी, जिनमें 13 करोड़ 50 लाख लोग काम करते थे। वे जीडीपी में 30 प्रतिशत का योगदान करती थीं, औद्योगिक मूल्य में 49 प्रतिशत जोड़ती थीं और किसानों की आमदनी में 35 प्रतिशत का योग करती थीं। ये उद्यम कृषि और ढाँचों के विकास में भारी योगदान करते थे। सन् 1990 के दशक के मध्य तक सामूहिकों को क्रमशः निजी उद्यमों में बदल दिया गया था। उनमें से बहुत-सी आकार में छोटी और पारिवारिक मालिकानेवाली इकाइयाँ थीं। इस अध्ययन के मुताबिक सिर्फ़ 1,67,000 ही "आधुनिक उद्यम की भाँति" काम करती थीं।

टाउनशिप और ग्रामीण उद्यमों को "लघु और मध्यम उद्यम" का रूप देने का यह सिलसिला उसके बाद भी चलता रहा। वर्ष 2009 तक ऐसे उद्यमों की तादाद 4.3 करोड़ बताई जाती थी, जिनमें से 3.8 करोड़ निजी स्वामित्ववाले व्यवसाय थे। लघु और मध्यम उद्यम एसोसिएशन के मुताबिक 2009 में कुल सालाना जीडीपी में 58.2 प्रतिशत का योगदान करते थे, निर्यात में 68 प्रतिशत का और नए रोज़गार में 75 प्रतिशत का।[11]

लेकिन 1980 के दशक में ग्रामीण चीन के टाउनशिप और ग्रामीण उद्यम और 1995 में फलने-फूलने वाले लघु और मध्यम उद्यम एक ही नहीं थे। पहला मूलतः सामूहिक उपक्रम था, जिसके लिए धन का इंतज़ाम स्थानीय बचत से किया गया। उनसे रियायती दर पर कर

वसूला जाता था और उन्हें राज्य की ओर से कई तरह के अन्य प्रोत्साहन मिलते थे। उनकी वजह से किसानों की आमदनी बढ़ी और गाँवों में ढाँचागत विकास हुआ। लघु और मध्यम उद्यम निजी व्यवसाय थे। स्थानीय आबादी की आर्थिक और सामाजिक सरोकारों से उनका वास्ता कम ही था। वे मूलतः वैश्विक बाज़ार से जुड़ी पूँजी संचय की प्रक्रिया की सेवा करते थे। उनकी प्रगति से उद्यमियों का एक नया वर्ग अस्तित्व में आया, जो फैलती उत्पादन प्रक्रिया से फौरन लाभ कमाना चाहता था। इसलिए लघु और मध्यम उद्यमों की संख्या तो बढ़ी, लेकिन वे ग्रामीण विकास की गति को शहरी प्रगति के स्तर पर बनाए नहीं रख सके और ग्रामीण संकट तेज़ होने लगा।

इस आम दृष्टिकोण को ज़ेहन में रखते हुए हम इस बात पर विचार करेंगे कि टाउनशिप और ग्रामीण उद्यम उस दौर में किस तरह काम करते थे, जब वे अपने प्रदर्शन के शिखर पर थे।

चुनिंदा केस स्टडीज़

अब हम अपने अध्ययन क्षेत्र वुशी के हला टाउनशिप के कुछ चुनिंदा ग्रामीण उद्योगों के कामकाज पर नज़र डालेंगे। मैंने 1979, 1980, 1985, 1987, 1993, 1996 और 2003 में एक सप्ताह से लेकर छह सप्ताह के अपने दौरों में और 2006 और 2015 के अल्पावधि दौरों के दौरान इन उद्यमों के बारे में जानकारियाँ इकट्ठी कीं। पहले के दो दौरों में पुरानी अनुबंध आधारित खेती और ग्रामीण उद्योग कार्यक्रम की शुरुआत के अध्ययन पर ज़्यादा ध्यान दिया। वर्ष 1985 तक नई व्यवस्था स्थिर हो चुकी थी और ग्रामीण उद्योग तेज़ी से फल-फूल रहे थे। दो साल बाद यह तेज़ी बरक़रार थी और कई मोर्चों पर समायोजन किए गए। इस प्रकार से इस दौर के आँकड़े ग्रामीण औद्योगिकीकरण की बढ़त के दौर में अपनाई गई रणनीति के बारे में कई महत्त्वपूर्ण बातों को उजागर करते हैं।[12] बाद के वर्षों में उनका उत्पादन और बढ़ा और पैदा होनेवाली समस्याओं से निपटने के लिए कई क़दम उठाए गए। जैसे कि गुणवत्ता में ख़ामी, अत्यधिक ऊर्जा खपत और प्रतिस्पर्द्धा में कमी। वर्ष 1996 तक टाउनशिप और ग्रामीण उद्यमों के प्रति नीति बदल गई थी। अब निर्यात के लिए उत्पादन करनेवाले बड़े शहरी उद्यमों पर ज़ोर दिया जाना लगा था। वर्ष 2003 तक टाउनशिप और ग्रामीण उद्यम चीन की विकास रणनीति का बुनियादी अंग नहीं रह गए थे। वर्ष 2006 में तेज़ आर्थिक बढ़त की नई रणनीति पूरे ज़ोर-शोर से जारी थी। हालाँकि 2015 तक स्थानीय स्तर के नीति-निर्माताओं के बीच टाउनशिप और ग्रामीण उद्यमों को दरकिनार करने को लेकर खुसफुसाहट होने लगी थी कि क्या उन्हें तजने की नीति सही थी। लेकिन तब तक चीन उनसे इतना दूर चला गया था कि उसका फिर से उनकी ओर लौटना असंभव था।

यह जानकारी उद्यम, सरकार और कम्युनिस्ट पार्टी के कैडरों के साथ उनके दफ़्तरों में आम बातचीत के दौरान इकट्ठा की गई। फ़ैक्टरियों के दौरों और आम मज़दूरों के साथ

बातचीत से कुछ और जानकारी मिली। हमने तीन तरह के उद्यम चुने— टाउनशिप संचालित उद्योग, गाँव संचालित उद्योग, दोनों ही सामूहिक स्वामित्व के मातहत थे, और तुलनात्मक अध्ययन के मकसद से राज्य-संचालित उद्योग।

इस सैंपल के स्वरूप को समझने के लिए एक स्पष्टीकरण ज़रूरी है। च्यांगसु प्रांत खेती और उद्योग की दृष्टि से चीन का एक सबसे खुशहाल प्रांत है। वह ग्रामीण उद्यमों की वृद्धि-दर के मामले में देश का अगुआ है, जिनके औद्योगिक उत्पादन का मूल्य 1990 के दशक में प्रांत के कुल उत्पादन मूल्य का आधा से ज़्यादा था। वुशी उपनगर ज़िला निदेशक द्वारा दी गई जानकारी के हिसाब से 1986 में उपनगर ज़िला के उत्पादन मूल्य का 96 प्रतिशत उद्योगों से आता था। ये आँकड़े एक कामयाब इलाक़े की तस्वीर पेश करते थे, जिसे पश्चिमी और केंद्रीय चीन सरीखे पिछड़े इलाक़ों में ग्रामीण उद्योगों के विकास के मॉडल के रूप में पेश किया जाता था। इन आँकड़ों के आधार पर हम ग्रामीण उद्यमों की राजनीतिक अर्थव्यवस्था के बारे में एक धारणा बना सकते हैं और यह समझ सकते हैं कि व्यवहार में उनकी समस्याओं से कैसे निपटा गया। हमारा मकसद है ग्रामीण उद्यमों के विकास के मिज़ाज और प्रबंधन के ढाँचे और मज़दूरों की भूमिका में आनेवाले बदलावों के बारे में इंगित करना।

सन् 1993–96 की अवधि में नीति की एक बात स्थिर हो चुकी थी। यह कि बाज़ार के विकास के साथ-साथ अर्थव्यवस्था पर राज्य का आम नियंत्रण बना रहेगा। अक्टूबर 1995 में कम्युनिस्ट पार्टी की केंद्रीय कमेटी के चौथे प्लेनम से यह बात पूरी तरह साफ़ हो चुकी थी। इस भूमिका के ज़रिए राज्य उद्यमों के कामकाज की विभिन्न बाधाओं को सफलता के साथ दूर कर सकता था, जिनकी वजह से कई मामलों में मुनाफ़ा घटा था।

लघु और सूक्ष्म उद्योग के रूप में देखे जानेवाले टाउनशिप और ग्रामीण उद्यमों की तस्वीर इस प्रकार थी। वर्ष 1978 से लेकर 2003 तक चीन में टाउनशिप और ग्रामीण उद्यमों की संख्या सालाना 20 प्रतिशत की दर से बढ़ रही थी। वर्ष 2003 के अंत तक 218.5 लाख टाउनशिप और ग्रामीण उद्यम थे, जो 13.5 करोड़ लोगों को रोज़गार देते थे, जीडीपी में 30 प्रतिशत का योगदान करते थे, 49 प्रतिशत का औद्योगिक मूल्य जोड़ते थे और किसानों की आमदनी में 35 प्रतिशत का योग करते थे। ये उद्यम खेतीबाड़ी और ढाँचागत विकास में भी भारी योगदान करते थे। फिर भी ज़्यादातर टाउनशिप और ग्रामीण उद्यम आकार में छोटे थे और उनमें पारिवारिक संबंधों का बोलबाला था। माना जाता था कि उनमें से सिर्फ़ 1,67,000 ही आधुनिक उद्यम प्रणाली के तहत काम करते हैं।[13]

30 दिसंबर 2009 तक चीन में टाउनशिप और ग्रामीण उद्यमों की संख्या 4.3 करोड़ से बढ़ गई थी। एक स्रोत के अनुसार उनमें से 99.8 प्रतिशत से अधिक यानी 3.8 करोड़ निजी स्वामित्ववाले व्यवसाय थे। वर्ष 2009 में लघु और सूक्ष्म उद्यम चीन की जीडीपी में सालाना 58.5 प्रतिशत का योगदान करते थे, करों से आय का 50 प्रतिशत उनसे आता था, निर्यात

में उनका हिस्सा 68 प्रतिशत था और 75 प्रतिशत रोज़गार के नए अवसर वहीं होते थे। कुल मिलाकर लघु और सूक्ष्म उद्यम 80 प्रतिशत से ज़्यादा मज़दूरों को रोज़गार देते थे (चाइना एसोसिएशन ऑफ़ स्मॉल एंड मिडियम इंटरप्राइजेज़)। लेकिन वे स्वरूप और कामकाज में 1980 के दशक के टाउनशिप और ग्रामीण उद्यम से अलग थे।

वुशी में टाउनशिप और ग्रामीण उद्यम

वर्ष 1995 में वुशी में 16,000 ग्रामीण उद्यम थे, जिनमें 9,30,000 मज़दूर काम करते थे। उनका कुल उत्पादन मूल्य 1,75,400 करोड़ युआन था, जिसमें से 1,30,300 करोड़ युआन की आय बिक्री से होती थी। निर्यात से 33,400 युआन की आमदनी होती थी, जो कुल बिक्री का 28 प्रतिशत थी। वुशी में 3,200 संयुक्त उपक्रम थे। सिर्फ़ 1995 में 298 को मंज़ूरी दी गई। कुल 3,20 करोड़ अमेरिकी डॉलर निवेश का अनुबंध हुआ था, जिसमें से 1995 तक 85 करोड़ का निवेश हो चुका था। वुशी की जनसांख्यिकी और अर्थव्यवस्था की एक आम तस्वीर तालिका 6.1, 6.2 और 6.3 में दी गई है।

तालिका 6.1: चीन के टाउनशिप और ग्रामीण उद्यमों में रोज़गार

वर्ष	*रोज़गार (लाख में)*
1996	1350.8
2000	1282.0
2006	1468.0
2008	1541.0
2010	1589.3
2013	1029.4

स्रोत : नेशनल ब्यूरो ऑफ़ स्टैटिस्टिक्स ऑफ़ चाइना, *चाइना स्टैटिस्टिकल ईयरबुक*, 2001 (तालिका 5–1); 2011 (तालिका 4–1); चीनी जनगणराज्य का कृषि मंत्रालय, *चाइना एग्रीकल्चर ईयरबुक*, 2014, पृ. 143.

तालिका 6.2: वुशी के रोज़गारप्राप्त मज़दूरों की बदलती तस्वीर 1980–2015

चुनिंदा वर्ष	*रोज़गारप्राप्त मज़दूर (कुल लाख में)*	*प्राथमिक उद्योग (%)*	*द्वितीयक उद्योग (%)*	*तृतीयक उद्योग (%)*
1980	20.56	49.6	38.3	12.1
1985	23.67	25.8	56.3	17.9
1990	24.49	22.2	58.6	19.2
1995	23.79	16.5	57.2	26.3
2000	22.10	22.7	48.1	29.2
2004	27.46	12.8	54.8	32.4

चुनिंदा वर्ष	रोज़गारप्राप्त मज़दूर (कुल लाख में)	प्राथमिक उद्योग (%)	द्वितीयक उद्योग (%)	तृतीयक उद्योग (%)
2005	28.92	11.8	55.1	33.1
2010	38.23	6	55	39
2012	38.91	4.7	57.5	37.8
2013	38.92	4.6	57.6	38.2

स्रोत : स्टैटिस्टिकल ब्यूरो ऑफ़ वुशी सिटी, *वुशी स्टैटिस्टिकल ईयरबुक*, 2005, पृ. 47; 2011, पृ. 47; 2013 (तालिका 2–7) से संकलित।

तालिका 6.3: टाउनशिप और ग्रामीण उद्यमों की संख्या (1980–2013; इकाई : 10,000)

वर्ष	*चीन*	*च्यांगसु*
1980	142.46	—
1985	1,222.50	9.85
1990	1,873.43	11.31
1995	2,202.66	10.88
2000	2,084.66	90.34
2004	2,213.21	110.35
2010	2,742.46	65.29
2013	699.38	76.22

स्रोत : नेशनल ब्यूरो ऑफ़ स्टैटिस्टिक्स ऑफ़ चाइना, *चाइना स्टैटिस्टिकल ईयरबुक*, 2001 (5–1); 2011 (तालिका 4–1); चीनी जनगणराज्य का कृषि मंत्रालय, *चाइना एग्रीकल्चर ईयरबुक*, 2014, पृ. 143. स्टैटिस्टिक्स ब्यूरो ऑफ़ वुशी सिटी, *वुशी स्टैटिस्टिकल ईयरबुक*, 2005 (तालिका 15–1 और 15–2), 2014 (तालिका 15–3); ह खांङ, *चाइनाज़ टाउनशिप एंड विलेज इंटरप्राइजेज़* (फॉरेन लैंग्वेजेज़ प्रेस, पेइचिंग, 2006, पृ. 398)। चीनी जनगणराज्य का कृषि मंत्रालय, *चाइना एग्रीकल्चर ईयरबुक*, 2004, 2009; स्टैटिस्टिक्स ब्यूरो ऑफ़ च्यांगसु प्रोविंस, *च्यांगसु स्टैटिस्टिकल ईयरबुक*, 2000 (बेसिक सिचुएशन ऑफ़ रूरल टाउनशिप्स कलेक्टिव इंटरप्राइजेज़; http://www.jssb.gov.cn/jstj/jsnj/2000/jsnj02/ym03.htm (देखा 19 जून 2017); 2001; 2009 (तालिका 7–24)।

ग्रामीण उद्यमों ने वुशी के आर्थिक विकास में बड़ी भूमिका निभाई। उन्होंने 1995 में शहर की जीडीपी में 50 प्रतिशत का, उसके निर्यात व्यापार में 72 प्रतिशत का और औद्योगिक उत्पादन मूल्य में 80 प्रतिशत का योगदान किया। अगर 1990 के स्तर से तुलना करें तो प्रत्येक टाउनशिप का औसत उत्पादन मूल्य जहाँ 20 करोड़ युआन था, वह 1995 में पाँच गुना से ज़्यादा बढ़कर 150 करोड़ युआन पर पहुँच गया। अगर गाँव के स्तर पर देखें तो औसत औद्योगिक उत्पादन मूल्य 1990 के 50 लाख युआन से बढ़कर 1995 में चार करोड़ युआन हो गया। ग्रामीण उद्यमों के मामले में तो औसत उत्पादन मूल्य में और ऊँची उछाल दिखती है। वह 18 लाख युआन से बढ़कर 100 लाख युआन हो गया। वर्ष 1996 में वुशी में ग्रामीण उद्यमों की संख्या देश भर में सबसे ज़्यादा थी। च्यांगसु प्रांत के 46 प्रतिशत

ग्रामीण उद्यम वहीं थे जिनमें से 93 उद्यम राष्ट्रीय स्तर के माने जाते थे, जो उन्नत तकनीक का इस्तेमाल करते हुए ऊँची गुणवत्तावाले सामान बनाते थे। वे सीधे केंद्रीय कृषि मंत्रालय की देखरेख में संचालित होते थे, जो उन्हें कई तरह से तरजीह देता था। उनमें से तीन उद्यम उपनगर ज़िला में स्थित थे, पर हला टाउनशिप में एक भी नहीं था।

लघु उद्योगों और कपड़ा उद्योग की बुनियाद पुख़्ता की जा चुकी थी। उनके अलावा इलेक्ट्रॉनिक, मैकेनिकल, केमिकल और धातुकर्म उद्योग लगाने के लिए नए क़दम उठाए गए। वुशी में कोई उद्यम शायद ही कभी बीमार होने की वजह से बंद हुआ हो। उसे आम तौर पर दूसरे उद्योग के साथ जोड़ दिया जाता है और विविधतापूर्ण उत्पादन के ज़रिए उसमें नई जान डाल दी जाती है। उसे इस उद्देश्य से किसी निजी उद्यमी को पट्टे पर दिया जा सकता है।

वुशी में 1990 के दशक में स्वामित्व के ढाँचे के पुनर्गठन के मामले में अच्छी-ख़ासी प्रगति हुई। ज़्यादातर उद्यम टाउनशिप या गाँव के सामूहिक स्वामित्व में थे, लेकिन प्रबंधन ज़िम्मेदारी व्यवस्था के तहत 500 से अधिक उद्यमों के निजी उद्यमियों को पट्टे पर दे दिया गया। इस प्रणाली के तहत उत्पादन प्रक्रिया का तो निजीकरण कर दिया गया, पर स्वामित्व टाउनशिप या गाँव के पास ही रहा। आम तौर पर ठेका देने के लिए बोली लगाने की प्रक्रिया अपनाई गई।

वुशी में 1500 अंशधारी उद्यम थे। किसी उद्यम में अंशधारक होने के तीन तरीक़े थे : पहला, सामूहिक यानी टाउनशिप या गाँव या ख़ुद उद्यम अंशधारक हो सकता था; दूसरे, उद्यम के मज़दूर उसका अंशधारक हो सकते थे और तीसरे, कोई सामाजिक क़ानूनी संस्था अंशधारी हो सकती थी। इनमें कोई अकेला संगठन भी हो सकता था और देश-विदेश की कंपनियाँ भी हो सकती थीं। बहरहाल, 1996 तक सामूहिकों के पास ज़्यादा शेयर थे और विदेशी शेयरधारी कम ही थे।

वर्ष 1996 तक ग्रामीण उद्योगों के 60 प्रतिशत मज़दूर पुरुष थे। एक तरफ़, कुछ हल्के उद्योगों में महिला मज़दूरों की संख्या 80 प्रतिशत के आसपास थी, दूसरी तरफ़, केमिकल और धातुकर्म-जैसे उद्योगों में ज़्यादा पुरुष ही काम करते थे। कुछ उद्यमों में प्रौद्योगिकी में बेहतरी से औरतें प्रभावित हुईं। लेकिन वुशी के ग्रामीण उद्यम निदेशक के मुताबिक अगर किसी इकाई में अतिरिक्त मज़दूर थे तो उन्हें दूसरे उद्योगों में भेज दिया गया। वे प्रवासी मज़दूरों को भी अलग-अलग इकाइयों में बहाल करने की नीति अपनाते थे। वुशी में ग्रामीण उद्यमों के 35 प्रतिशत मज़दूर शहर के बाहर से आए थे। कुछ-कुछ उद्यमों में तो उनकी संख्या 80 प्रतिशत तक थी। जब कभी कोई टाउनशिप या गाँव स्थानीय मज़दूरों को बहाल करना चाहता, वह प्रवासी मज़दूरों की छँटनी कर देता। इस तरह से यह स्पष्ट था कि तकनीकी आधुनिकीकरण और उत्पादकता के नाम पर औरतों की छँटनी कर

दी जाती थी और प्रवासी मज़दूर रोज़गार की असुरक्षा का शिकार हो जाते थे। लिहाज़ा, ग्रामीण उद्यमों का लचीलापन लैंगिक समानता और पिछड़े इलाक़ों को उलटे ढंग से प्रभावित करता था।

वुशी के ग्रामीण उद्यमों के मज़दूरों की औसत आमदनी 1996 में 4,500 युआन थी और बोनस तथा रियायतों को मिलाकर तक़रीबन 8,000 युआन तक पहुँचती थी। मज़दूरों की पगार उत्पादन ख़र्च का हिस्सा थी। ग्रामीण उद्यम उच्च संचय की नीति पर चलते थे। आमदनी का 17 प्रतिशत राष्ट्रीय कर (*क्वो शुई*) के रूप में और 5 प्रतिशत स्थानीय कर (*तिफांग शुई*) के रूप में चुका देने के बाद उद्यम अपने शुद्ध मुनाफ़े में से 30 प्रतिशत टाउनशिप सरकार को देता था और 30 प्रतिशत अपने विस्तार पर लगाता था और बाक़ी बचा 40 प्रतिशत उसका बोनस होता था। ग़ौर करने की बात है कि बोनस मुनाफ़े का बड़ा हिस्सा था, जिसे प्रदर्शन के अनुसार मज़दूरों और मैनेजरों के बीच बाँट दिया जाता था। उद्योग से कृषि को सबसिडी देने की नीति पर ज़ोर वुशी में 1990 के दशक में जारी रहा। इसे उद्यम के उत्पादन लागत में जोड़ लिया जाता था। इसी तरह, उद्यम शिक्षा, स्वास्थ्य और मज़दूरों के कल्याण पर भी ख़र्च करता था। इसे भी उत्पादन लागत का ही हिस्सा माना जाता था। इस तरीक़े से उद्यम का बोझ कम हो जाता था और मुनाफ़े को सिर्फ़ संचय और बोनस में बाँटा जाता था। राष्ट्रीय कर को भी उत्पादन लागत के हिसाब में शामिल किया जाता था। वुशी में चूँकि सामग्री और तकनीकी की क़ीमत और मज़दूरी तथा पगार ऊँची थी, इसलिए कुल उत्पादन मूल्य का 80 प्रतिशत उत्पादन लागत पर ख़र्च हो जाता था। तब भी मुनाफ़े का 20 प्रतिशत आर्थिक प्रगति की रफ़्तार को बनाए रखने के लिए काफ़ी था।

टाउनशिप स्तर के उद्यम

चीन में सार्वजनिक क्षेत्र में तीन तरह के औद्योगिक उद्यम थे : राजकीय स्वामित्ववाले उद्यम, टाउनशिप स्तर के सामूहिक स्वामित्ववाले उद्यम और गाँव स्तर के सामूहिक स्वामित्ववाले उद्यम। सन् 1980 के दशक में चीन में तरह-तरह के निजी स्वामित्ववाले उद्यम भी सामने आए, क्योंकि उद्यमों पर राज्य, सामूहिक और निजी उद्यमियों का संयुक्त स्वामित्व हो सकता था। ऐसे भी संयुक्त उपक्रम थे जिनमें विदेशी पूँजी भी शामिल थी। राजकीय स्वामित्ववाले उद्योग केंद्रीय मंत्रालय या प्रांतीय विभाग या नगर सरकार के मातहत हो सकते थे। उन पर लागू होनेवाले नियम और सिद्धांत टाउनशिप या गाँव स्तर के सामूहिक उद्यमों से अलग थे। वे ग्रामीण अर्थव्यवस्था का अंग थे, जो खेतिहर परिवारों के कुछ सदस्यों को रोज़गार देते थे और कई तरीक़े से खेतिहर गतिविधियों से जुड़े थे। वे कम्यून दौर की सामूहिक अर्थव्यवस्था के साथ संपर्क सूत्र थे और अपने टाउनशिप या गाँव के आम विकास में योगदान के लिए ज़िम्मेदार थे। इसके साथ ही वे मुनाफ़ा कमाने, कड़ी मेहनत को पुरस्कृत करने, बाज़ार की

माँग के अनुसार काम करने और लाभ व हानि का ज़िम्मा उठाने की नई सोच के तहत काम कर रहे थे। उत्पादन ज़िम्मेदारी प्रणाली के तहत उन्हें अपने उत्पादन प्रदर्शन के लिए अगली ऊपरी कमेटी को जवाब देना होता था। व्यवहार के दौरान प्रबंधन के सिद्धांत और वेतन निर्धारण का तौर-तरीक़ा ग्रामीण और शहरी दोनों ही उद्यमों के लिए समान हो गया। यह पण्य अर्थव्यवस्था के विकास का सामान्य हिस्सा था।

अब हम सुधारों की शुरुआत से लेकर टाउनशिप और ग्रामीण उद्यमों के उत्कर्ष के दौर तक कुछ चुनिंदा उद्यमों पर ग़ौर करेंगे। वे परस्पर अनुपूरक ग्रामीण-शहरी अर्थव्यवस्था के ढाँचे में टाउनशिप और ग्रामीण उद्यमों की ज़रूरत को रेखांकित करते हैं। यह ध्यान में रखना चाहिए कि कम्यून दौर की उत्पादन प्रणाली और वेतन नीति को बदल दिया गया और 1980 के दशक में ऐसी सोची-समझी उत्पादन योजना बनाई गई, जो बाज़ार को ध्यान में रखती हो और इस तरह की वेतन नीति अपनाई गई, जो हुनरमंद श्रम का सम्मान करती हो।

सुधार के शुरुआती दौर में एक टाउनशिप उद्यम : हला कम्यून कृषि मशीन संयंत्र

जहाँ तक ग्रामीण उद्योग का मामला है 1980 के दशक में कम्यून संचालित फ़ैक्टरी के अध्ययन से हमारे सामने कम्यून व्यवस्था में सुधार के ढाँचे में रूपांतरण की तस्वीर साफ़ होती है। हला कम्यून कृषि मशीन संयंत्र को कृषि और मछलीपालन के लिए उपयोगी मशीनें बनानेवाले पुराने क़िस्म के सामूहिक उद्यम से बदल कर नए क़िस्म का वैविध्यपूर्ण सामूहिक उद्यम बना दिया गया, जो शहरी फ़ैक्टरियों के लिए कई तरह के कल-पुरज़े बनाता था। कृषि मशीन संयंत्र की स्थापना जुलाई 1966 में हला कम्यून द्वारा की गई थी। बुनियादी सिद्धांत यह था कि उद्योग को कृषि की मदद करनी चाहिए। इसके तहत शहर की बड़ी फ़ैक्टरियों ने कुछ कम्यूनों को उद्योग लगाने में मदद की। वुशी टेक्सटाइल मशीनरी संयंत्र ने हला कम्यून को मदद के रूप में कई उपकरण दिए। कम्यून ने अपने पैसे भी लगाए। उसने 3,000 युआन की पूँजी और 30 मज़दूरों के साथ शुरुआत की। टेक्सटाइल संयंत्र से ख़रीदी गई सात पुरानी मशीनों के साथ कम्यून उद्यम की स्थापना एक पुराने मंदिर के प्रांगण में की गई (यह पता नहीं कि इसका सांस्कृतिक क्रांति के दौरान गाँव जाने या धार्मिक स्थलों के प्रति उसके दृष्टिकोण से कुछ लेना-देना था या नहीं)। उद्यम के मज़दूरों को टेक्सटाइल कारख़ाने में भेज कर प्रशिक्षण दिलाया गया। शुरुआत में कम्यून कारख़ाना सिर्फ़ टेक्सटाइल फ़ैक्टरी के लिए कल-पुरज़े बनाता था। सोचा गया था कि अंततः यह मशीनीकरण को बढ़ावा देने में मददगार होगा। प्रशिक्षित मज़दूर कम्यून द्वारा इस्तेमाल की जानेवाली खेतिहर मशीनरी की भी मरम्मत करते थे।

बाद में राज्य ने भारी मशीनरी मुहैया कराई ताकि कम्यून कारख़ाना स्थानीय परिस्थिति के हिसाब से कृषि मशीनरी बना सके। इस तरह से वे धान रोपाई की मशीन, थ्रेसर और स्वचालित पंप बनाते थे। उनके कुछ पुरज़े स्थानीय तौर पर बनाए जाते और कुछ बड़ी फ़ैक्टरियों में। वर्ष 1973 के बाद कम्यून ने अपने मछलीपालन के काम का तेज़ी से विस्तार किया। तदनुरूप, कम्यून कारख़ाने से मछलीपालन में इस्तेमाल की जानेवाली मशीनरी बनाने के लिए कहा गया : एयरेटर, बहुद्देशीय पंप, स्नेल-चूसक और चक्की आदि। उनमें कई की आपूर्ति राज्य के माध्यम से दूसरे कम्यूनों को भी की जाती थी। लेकिन कारख़ाने के उत्पादों से उतना मुनाफ़ा नहीं होता था। वे बड़े आकार के थे और उनकी उतनी माँग नहीं थी। लिहाज़ा कारख़ाने से मुनाफ़ा कमाने के अवसर ढूँढ़ने को कहा गया। इसलिए हाल के वर्षों में उसने शहरी कारख़ानों के लिए कल-पुरज़े बनाने शुरू किए। जैसे कि वह वुशी साइकल फ़ैक्टरी के लिए साइकल ब्रेक बनाता था और उससे अच्छा-ख़ासा मुनाफ़ा कमा लेता था।

वर्ष 1980 में हला कम्यून कृषि मशीन संयंत्र में अन्य कर्मचारियों को लेकर 330 मज़दूर काम करते थे। मज़दूरों को कम्यून की विभिन्न उत्पादन टीमों से लिया गया था और वे खेतीबाड़ी के अलावा फ़ैक्टरी का काम भी करते थे। किसानी के व्यस्त दिनों में वे खेत में काम करने चले जाते और फ़ुरसत के दिनों में कारख़ाने में काम करने आ जाते। जब कभी साग-सब्ज़ी की खेती और मछलीपालन का काम तेज़ी पर होता उन्हें कारख़ाने से छुट्टी दे दी जाती थी। इस प्रकार से ग्रामीण अर्थव्यवस्था की विभिन्न शाखाओं में श्रम समय का लचीले ढंग से आवंटन किया जाता था। एक ही शख़्स अलग-अलग समय पर किसान और मज़दूर के रूप में काम करता था।

हला संयंत्र में अलग-अलग क़िस्म की 82 मशीनें थीं और उसके पास 15 लाख युआन की अचल संपत्ति थी। उसका कुल उत्पादन मूल्य 1978 में 22.4 लाख युआन और 1979 में 32.1 लाख युआन था। उसका सकल मुनाफ़ा 1978 में 4,80,000 युआन था और 1979 में 10.4 लाख युआन, जो उल्लेखनीय बढ़त को दिखाता था। मज़दूरों की औसत सालाना आमदनी 1978 में 623 युआन और 1979 में 700 युआन थी। वर्ष 1978 में अधिकतम आमदनी 1,000 युआन थी तो न्यूनतम 400 युआन। वर्ष 1979 में न्यूनतम आमदनी 500 युआन थी। राज्य कर और वेतन के मद में 20 प्रतिशत निकाल देने के बाद 1978 में शुद्ध मुनाफ़ा 2,00,000 युआन था। वर्ष 1979 में मुनाफ़ा बढ़कर 8,20,000 हो गया। संयंत्र ने अपने विकास के लिए 1978 में 1,80,000 युआन का और 1979 में 2,00,000 युआन का पुनर्निवेश किया और बाक़ी कम्यून के पूँजी निर्माण कोष में दे दिया। पहले शुद्ध मुनाफ़े का 50 प्रतिशत कम्यून को दे दिया जाता था। लेकिन 1979 में ज़्यादा बड़ा हिस्सा कम्यून को देने पर सहमति बनी, क्योंकि कम्यून उद्यमों के विस्तार की योजना बना रहा था। यह पूँजी संचय की एक दिलचस्प मिसाल है, जबकि वेतन में औसतन 628 युआन की

बड़ी बढ़त दर्ज की गई। कम्यून के दौर में वेतन में इतनी बड़ी बढ़त की इजाज़त नहीं थी, बल्कि इसके बदले संचय निधि में ज़्यादा योगदान किया जाता।

इसके अलावा वेतन के वितरण के तौर-तरीक़ों में भी अंतर आया। पहले संयंत्र वर्क प्वाइंट का हिसाब करता था और वेतन की रकम संबंधित उत्पादन टीम को दे देता था, जो किसानों द्वारा खेतीबाड़ी से अर्जित वर्क प्वाइंट में उसे जोड़कर कुल रकम किसान को सौंप देती थीं। वर्ष 1979 के बाद से संयंत्र ख़ुद मज़दूरों को सीधे वेतन देता था। पहले यह एक क़िस्म की सबसिडी थी, जिसे फ़ैक्टरी टीमों को उनके किसानों के श्रम का इस्तेमाल करने की एवज़ में देती थी। कई साल तक फ़ैक्टरी प्रति मज़दूर 123 युआन की दर से टीम को सालाना हरजाना देती थी। मज़दूर एक दिन के काम के लिए 13 से 17 वर्क प्वाइंट अर्जित करते थे। वेतन की 10 श्रेणियाँ थीं, जिनमें बढ़ते क्रम में आधा वर्क प्वाइंट का अंतर होता था। वर्ष 1979 में कम्यून के उद्योग और वाणिज्य विभाग ने 10 वर्क प्वाइंट का मूल्य 1.45 युआन तय किया। चूँकि उस साल संयंत्र ने कोटा से ज़्यादा उत्पादन किया था, इसलिए प्रत्येक 10 वर्क प्वाइंट का मूल्य बढ़ाकर 2.2 युआन कर दिया गया। मज़दूरों में 51 प्रतिशत औरतें थीं। लगभग 40 प्रतिशत उच्च या मँझोले दर्जे के हुनरमंद थे और 20 प्रतिशत ने प्राथमिक स्तर का तकनीकी प्रशिक्षण ले रखा था और उनमें से 20 प्रतिशत नौसिखुआ थे। मज़दूरों के लिए किसी विशेष आवास का इंतज़ाम नहीं था। वे सभी अपनी उत्पादन टीम में अपने घरों में रहते थे।

वर्ष 1979–80 की अवधि में कम्यून संचालित फ़ैक्टरी के इस बयान से दो बातें साफ़ हैं। पहली यह कि निर्णय प्रक्रिया में स्वायत्तता के साथ संयंत्र ने शहरी फ़ैक्टरियों के लिए ज़रूरी कल-पुरज़े बनाने का फ़ैसला किया। इससे उसकी आमदनी बढ़ी। दूसरे, उद्यम के हिसाब-किताब की पद्धति को संगत बनाने की दिशा में काम शुरू हुआ। उसे कृषि क्षेत्र से, यानी उत्पादन टीम से अलग कर दिया गया। पारिवारिक अनुबंध प्रणाली की शुरुआत के साथ यह और सरल हो गया। इसके साथ ही सामूहिक अर्थव्यवस्था का लाभ उठाते हुए मज़दूरों को बढ़ा वेतन देने के साथ-साथ संचय निधि में ज़्यादा पैसा जमा करना संभव था। संचय निधि का इस्तेमाल कर स्थानीय सरकार न सिर्फ़ अपने उद्यमों में सुधार ला सकती थी, बल्कि खेतीबाड़ी की मदद के साथ-साथ ग्रामीण इलाक़ों में शिक्षा, स्वास्थ्य और सामाजिक कल्याण पर ख़र्च कर सकती थी।

टाउनशिप और ग्रामीण उद्यमों का उत्कर्ष : हला मशीन टूल फ़ैक्टरी

विविधतापूर्ण उत्पादन को प्रोत्साहन देने के लिए हला कम्यून कृषि मशीन संयंत्र का पुनर्गठन किया गया और उसका नाम बदल कर हला मशीन टूल फ़ैक्टरी कर दिया गया। मैं 1985 में वहाँ गया था। उस समय टाउनशिप संचालित इस उद्यम में 475 मज़दूर काम करते थे। मछली के तालाबों के लिए एयरेटर और साइकल ब्रेक-जैसे उत्पाद बनाने के साथ-साथ वह रेल कोचों के लिए भी ब्रेक बनाता था और उसने धातुओं को काटनेवाले नए उपकरण भी

विकसित किए थे। वर्ष 1985 में इस फ़ैक्टरी में छह कार्यशालाएँ थीं, जिनमें एक फ़ाउंड्री, एक मशीनरी बनानेवाली और एक ब्रेक बनानेवाली कार्यशाला शामिल थी। इसके उत्पादों में अब बहुद्देशीय पंप और ड्रिलिंग उपकरण भी शामिल थे। वर्ष 1985 में इस टाउनशिप-संचालित उद्यम ने राष्ट्रीय ख्याति अर्जित कर ली थी। उसके तीन उत्पादों को पुरस्कृत किया गया था। वर्ष 1975 के बाद से उसे लगातार 10 साल तक "उन्नत उद्यम सम्मान" से नवाजा गया। इस उद्यम का उत्पादन मूल्य जो 1981 में 37 लाख युआन था, 1985 में बढ़कर 79.5 लाख युआन हो गया। मुनाफ़ा भी लगभग दुगना हो गया। वर्ष 1983 के बाद से सरकार ने सभी उद्यमों की आमदनी पर 55 प्रतिशत का एकसमान कर लगा दिया। बहरहाल, रोज़गार 1981 के 419 से बढ़कर 1985 में 473 हो गया। इनमें मज़दूरों के साथ-साथ कर्मचारी भी शामिल थे। इससे यही पता लगता है कि उत्पादन मूल्य बढ़ने से रोज़गार के अवसरों में तुलनात्मक या उल्लेखनीय वृद्धि नहीं हुई। दरअसल, श्रम की उत्पादकता बढ़ाने पर ज़ोर दिया गया, जो 1981 और 1984 के बीच 9,801 युआन से बढ़कर 24,322 युआन हो गई। इसलिए इससे यह निष्कर्ष नहीं निकाला जा सकता कि ग्रामीण उद्यमों का उत्पादन मूल्य बढ़ने से रोज़गार के अवसर भी उसी अनुपात में बढ़ेंगे। हाँ, कुछ हद तक ऐसा हुआ भी। श्रम की उत्पादकता में वृद्धि और रोज़गार उपलब्ध कराने के बीच संतुलन बनाना होगा।

हला मशीन टूल संयंत्र में एक मज़दूर का औसत सालाना वेतन 1981 में 715 युआन था, वह 1984 में बढ़कर 1,147 युआन हो गया। जबकि एक मज़दूर की अधिकतम आमदनी 1,800 युआन थी और न्यूनतम 700 युआन। इस फ़ैक्टरी में काम करनेवाले मज़दूरों में 55 प्रतिशत महिलाएँ थीं। रिटायर मज़दूरों को प्रत्येक महीने 30 युआन का पेंशन मिलता था (तालिका 6.4)।

यह दिखाता है कि सामूहिक स्वामित्ववाले एक ग्रामीण उद्यम ने कैसे आधुनिक परिस्थितियों से तालमेल बिठाया। तदनुरूप, उसने अपने उत्पादन मूल्य और वेतन में भारी बढ़ोतरी की और 55 प्रतिशत की ऊँचा आयकर देकर राष्ट्र निर्माण की प्रक्रिया में योगदान किया। उसने स्थानीय ढाँचे में सुधार में मदद की और सामाजिक क्षेत्र में भी बड़ा विस्तार हुआ।

तालिका 6.4: हला मशीन टूल फ़ैक्टरी

क्रम	*श्रेणी*	*1981*	*1982*	*1983*	*1984*	*1985*
1.	उत्पादन मूल्य (लाख युआन)	37	46.2	70.2	110	79.5
2.	मुनाफ़ा (युआन)	565,600	633,600	777,900	1,000,000	1,100,000
3.	प्रति व्यक्ति उत्पादकता (युआन)	9,801.09	10,851.64	15,531.93	24,322.83	—
4.	मज़दूरों और कर्मचारियों की संख्या	419	426	452	473	—
5.	प्रति मज़दूर सालाना वेतन (युआन)	715	833.75	884.46	1,147.37	—

स्रोत : उद्यम नेतृत्व द्वारा 1985 में उपलब्ध आँकड़े।

गाँव-संचालित उद्यम

हला ब्रिगेड ने 1975 में हला टुथपेस्ट सॉफ़्ट ट्यूब फ़ैक्टरी की स्थापना की थी। इसके लिए उसने कम्यून बैंक से उधार लिया था। ब्रिगेड ने इसकी स्थापना ग्रामीण अर्थव्यवस्था के विविधीकरण के कार्यक्रम के तहत की थी। ये सॉफ़्ट ट्यूब टुथपेस्ट बनानेवाले कारख़ानों के लिए बनाए जाते थे। उसमें 90 मज़दूर काम करते थे, जिसमें से 50 औरतें थीं। उसका उत्पादन मूल्य 1979 में 4,00,000 युआन था और मुनाफ़ा 70,000 युआन। वर्ष 1980 में उसे अपना उत्पादन मूल्य 7,00,000 युआन और मुनाफ़ा 1,30,000 युआन करने का लक्ष्य हासिल करना था। फ़ैक्टरी को 1980 तक कोई राज्य कर नहीं देना होता था। मज़दूरों की मज़दूरी 400 युआन और 800 युआन के बीच थी। यह मज़दूरी सीधे मज़दूरों को फ़ैक्टरी द्वारा दी जाती थी।

मतलब यह कि फ़ैक्टरी द्वारा उत्पादन टीम को वर्क प्वाइंट हस्तांतरित करने की प्रथा को समाप्त कर दिया गया था। मज़दूरों को बोनस दिया जाता था, जिसे मौसमी तौर पर और साल के अंत में तय किया जाता था। जो अपने कोटा से ज़्यादा उत्पादन करते उन्हें ज़्यादा मज़दूरी मिलती। यह फ़ैक्टरी ब्रिगेड के नेतृत्व में चलती थी (1980 में गाँव को इसी नाम से बुलाया जाता था)।

शीशान गाँव ऊनी स्वेटर कार्यशाला

शीशान ऊनी स्वेटर कार्यशाला-जैसे एक अन्य गाँव-संचालित उद्यम पर सरसरी नज़र डालने से इस बात का अंदाज़ा लगता है कि 1980 के दशक की शुरुआत में हला टाउनशिप में ग्रामीण उद्योग के विस्तार का मिज़ाज और गति क्या थी। जैसा कि ऊपर बताया जा चुका है कि शीशान गाँव को पहले ब्रिगेड कहा जाता था और वह हला टाउनशिप के 14 गाँवों (*छुन*) में एक था। वहाँ के 311 परिवारों में 358 कामगार थे और उसकी आबादी 1,244 थी। वे पहले साग-सब्ज़ी उगाने, सुअर पालने-जैसा काम करते थे और कुछ उद्योगों में मज़दूरी करते थे। शहरी निर्माण के लिए उनकी ज़मीन राज्य द्वारा ले लिए जाने के बाद उनके पास काम के लिए कुछ उद्योग ही बचे थे। वर्ष 1985 में गाँव में पाँच जूते गाँठने, प्लास्टिक उत्पाद बनाने, पंपों की मरम्मत करने और परिधान बनानेवाली फ़ैक्टरियाँ थीं। उनमें 221 पुरुष और 137 औरतें काम करती थीं। वर्ष 1985 में इन फ़ैक्टरियों का उत्पादन कोटा 45 लाख युआन और अनुमानित मुनाफ़ा 5,60,000 युआन तय किया गया था। उन्होंने अगस्त तक ही वर्ष के लिए तय लक्ष्य और मुनाफ़ा हासिल कर लिया था। उनका मुनाफ़ा 10.8 लाख हो गया था। अनुमान था कि 1985 में उनका उत्पादन मूल्य 100 लाख युआन के आसपास होगा। उत्पादन में इस बढ़त का श्रेय उत्पादन ज़िम्मेदारी प्रणाली को दिया गया। वर्ष 1984 में प्रति मज़दूर सालाना आमदनी 1,513 युआन थी और उम्मीद की जा रही थी

कि 1985 में मज़दूरी का स्तर राज्य-नियंत्रित सिल्क फ़ैक्टरी से 100 युआन ज़्यादा होगा। दरअसल, गाँव उद्यमों में मज़दूरी कहीं ज़्यादा थी, यानी 1984 में 126 युआन प्रति माह और 1985 में 220 युआन प्रति माह। ग्रामीण उद्योगों के मज़दूर सिल्क फ़ैक्टरी की तुलना में कम प्रशिक्षित थे, इसके बावजूद उन्हें ऊँची मज़दूरी मिलती थी। ज़्यादातर नौजवान थे, जिन्होंने अभी तक उच्च माध्यमिक स्कूल भी पूरा नहीं किया था।

शीशान ऊनी स्वेटर कार्यशाला को 1980 में चालू किया गया था और 1985 में जब मैंने उसका दौरा किया उसमें 75 मज़दूर काम करते थे। वहाँ चीन में बनी 25 मशीनों और स्वीट्ज़रलैंड में बनी 40 मशीनों पर काम होता था। वर्ष 1980 में उसका मुनाफ़ा 50,000 युआन था, जो 1984 में बढ़कर 90,000 युआन हो गया था। वहाँ ऊनी के साथ-साथ सिंथेटिक स्वेटर भी बनते थे। उसके स्वेटर देश भर में बेचे जाते थे। इस उद्यम में सालाना मज़दूरी 1980 में 800 युआन से बढ़कर 1984 में 1,513 युआन हो गई थी और अनुमान था कि 1985 में वह 2,300 युआन हो जाएगी। उद्यम के उत्पाद मूल्य में मुनाफ़ा की दर आम तौर पर 20 प्रतिशत थी।

शीशान गाँव बड़ी रकम सार्वजनिक रिज़र्व निधि में जमा कर देता था, जिससे गाँव के 253 सेवानिवृत्त किसानों को पेंशन दी जाती थी। औसत मासिक पेंशन 19.5 युआन थी। वह 13 से 48 युआन के बीच होती थी। इस निधि का इस्तेमाल गाँव में कल्याण के काम के लिए भी किया जाता था, जैसे कि स्कूली शिक्षा के लिए इमदाद, शिशुओं के लिए बालवाड़ी के संचालन, सार्वजनिक शौचालयों के निर्माण और पानी की आपूर्ति की व्यवस्था पर। स्वेटर कार्यशाला के मामले में मुनाफ़े का 5 प्रतिशत मज़दूरों की भलाई पर ख़र्च किया जाता था। इसमें उनकी पोशाक और मनोरंजन का ख़र्च शामिल था।

हला गाँव ट्रांसफॉर्मर मरम्मत कार्यशाला

यह कार्यशाला शहर और उपनगर की ज़रूरतों को पूरा करती थी। पर वह ग्राम नेतृत्व के मातहत थी। इसे 1980 के अंत में स्थापित किया गया था। उसके बाद से उसका उत्पादन मूल्य लगातार तेज़ी से बढ़ता रहा था। वर्ष 1980 में उसका उत्पादन मूल्य 11.5 लाख युआन और मुनाफ़ा 2,76,000 युआन था। वर्ष 1984 में उत्पादन मूल्य बढ़कर 32 लाख युआन हो गया और मुनाफ़ा 5,40,000 युआन तक पहुँच गया। शुरू में उसमें 109 मज़दूर काम करते थे और 1985 में उनकी संख्या 120 हो गई, जिनमें 72 औरतें थीं। साफ़ है कि ग्रामीण उद्योग औरतों को रोज़गार के ज़्यादा अवसर मुहैया कराते थे। मज़दूरों की सालाना आमदनी भी 1,059 युआन से बढ़कर 1,420 युआन हो गई थी। वर्ष 1984 में अधिकतम आमदनी 2,750 युआन थी तो न्यूनतम 700 युआन। इस प्रकार, विशिष्ट फ़ैक्टरी में आमदनी का यह अंतर काफ़ी बड़ा हो सकता था। वर्ष 1980 में कार्यशाला में सिर्फ़ एक तकनीकी व्यक्ति था,

जो तकनीकी काम के साथ-साथ सामान्य काम भी करता था। वर्ष 1985 में कार्यशाला में एक इंजीनियर और दो पूर्णकालिक तकनीशियन थे। उद्यम ने उत्पाद की गुणवत्ता पर काफ़ी ध्यान दिया था। वर्ष 1985 में नौ पूर्णकालिक गुणवत्ता निरीक्षक थे। मज़दूरों के हुनर का स्तर भी बढ़ा था। उनमें से कइयों ने तकनीकी शिक्षा के लिए रात्रि पाठशाला में दाखिला ले लिया था। उद्यम ने मरम्मत का काम छोड़कर नए उत्पाद बनाना शुरू कर दिया था।

ग्रामीण उद्यम के कामकाज ने ग्रामीण राजनीतिक अर्थव्यवस्था में दो प्रवृत्तियों को जन्म दिया। एक तो उद्यम को अपने उत्पादन से होनेवाले भारी मुनाफ़े से किसान मज़दूरों की आमदनी भी काफ़ी बढ़ी थी। इस तरह से, ग्रामीण चीन में औद्योगिक उत्पादों का एक गतिशील और फैलता बाज़ार उत्पन्न हुआ था। दूसरे, एक विचित्र बात शुरू हुई थी। नौजवानों को पढ़ाई जारी रखने यानी स्कूल के बाद उच्च शिक्षा हासिल करने की ज़रूरत नहीं थी, क्योंकि उन्हें माध्यमिक स्कूल पास करते ही अच्छी-ख़ासी आमदनीवाला काम मिल जाता था। इसका दूरगामी नकारात्मक असर हो रहा था। यह प्रवृत्ति हुनर की कमी को ऊँचे लाभ से पुरस्कृत करती थी। लेकिन इससे उच्चतर हुनर की माँग के ज़रिए निपटा जा सकता था। हाँ, अनौपचारिक व्यावसायिक शिक्षा का इंतज़ाम करना होता।

टाउनशिप और गाँव स्तर के उद्यमों की और विविधतापूर्ण ग्रामीण अर्थव्यवस्था के विकास में उनकी भूमिका और किसानों की आमदनी में बढ़ोतरी में उनके योगदान की समीक्षा के बाद अब हम उच्चतर स्तर— शहर-संचालित उद्यमों पर नज़र डालेंगे। वे सामूहिक उद्यमों से अलग थे और राज्य-संचालित उद्यमों की श्रेणी में आते थे। तो भी सामूहिक अर्थव्यवस्था के कुछ नियम उनपर लागू होते थे। टाउनशिप और ग्रामीण उद्यमों को वेतन-नीति और उत्पादन योजना के मामले में राज्य-संचालित उद्यमों से ज़्यादा स्वायत्तता मिली हुई थी।

राज्य-संचालित उद्यम

वुशी सिल्क फ़ैक्टरी

वर्ष 1980 तक कम्यून और ब्रिगेड-संचालित उद्यम प्रबंधन और उत्पादन के विशेष सिद्धांत पर चलते थे, जो राज्य-नियंत्रित फ़ैक्टरियों से अलग थे। जब सुधार नीतियाँ शुरू की गईं अगले कुछ वर्षों में सभी उद्यमों में उत्पादन ज़िम्मेदारी और बाज़ार के प्रति जवाबदेही के एकसमान सिद्धांतों को लागू किया गया। फिर भी सरकारी करों के भुगतान, वेतन और निवेश निधि का अनुपात तय करने में लचीलापन और मैनेजरों को स्वायत्तता के मामले में ग्रामीण उद्यमों को राजकीय उद्यमों से ज़्यादा छूट मिली हुई थी। ऐसे में राज्य-संचालित उद्यम से तुलना उपयोगी होगी।

सन् 1949 में मुक्ति के पहले के 900 मज़दूरों के मुकाबले फ़ैक्टरी में 1980 में 1,700 मज़दूर काम करते थे और कामगारों में 80 प्रतिशत औरतें थीं। वर्ष 1979 में 320 टन कच्चे

रेशम का उत्पादन किया जाता था, जबकि मुक्ति के पहले ज़्यादा से ज़्यादा 40 टन रेशम ही बन पाता था। इसके लगभग 90 प्रतिशत उत्पाद निर्यात के लिए बनाया जाते थे। इस फ़ैक्टरी की सालाना उत्पादन बढ़त दर 4 प्रतिशत थी।

मेरे साथ 1980 के एक साक्षात्कार में मैनेजर ने दावा किया कि फ़ैक्टरी ने राज्य को अपने मुनाफ़े से एक करोड़ अमेरिकी डॉलर दिए हैं। एक मज़दूर को औसतन लगभग 58 युआन मासिक मज़दूरी मिलती थी, अधिकतम 89 युआन और न्यूनतम 39 युआन। विदेशी मुद्रा की अच्छी-ख़ासी कमाई और मुनाफ़े की ऊँचे दर के बावजूद मज़दूरों की मज़दूरी अन्य ग्रामीण उद्यमों के बराबर ही थी। उदाहरण के लिए, हला कम्यून कृषि मशीन संयंत्र में भी 1979 में मज़दूरों को औसतन 58 युआन ही मिलता था। लेकिन बाद के वर्षों में ग्रामीण उद्यमों में मज़दूरी राजकीय उद्यमों के मुकाबले ज़्यादा तेज़ी से बढ़ी। यह बात ध्यान में रखनी चाहिए कि वुशी सिल्क फ़ैक्टरी सीधे प्रांतीय और केंद्रीय अधिकारियों के मातहत थी। उनके द्वारा तय योजनाओं के अनुसार काम करती थी। दूसरी तरफ़, ग्रामीण उद्यमों ने उत्पादन संबंधी फ़ैसलों में काफ़ी स्वायत्तता हासिल कर ली थी।

सुधार नीति पर अमल के दौरान "पुनर्समायोजन और समेकन" की प्रक्रिया के बाद वुशी सिल्क फ़ैक्टरी का चेहरा 1985 में पूरी तरह बदल गया। अब आर्थिक नतीजे दिखाना मूल बात बन गई। उत्पादों की गुणवत्ता और मज़दूरों के कल्याण पर ज़ोर दिया गया। लेकिन संयंत्र का आकार नहीं बदला। फ़ैक्टरी में कई तकनीकी बदलाव किए गए। कताई के नए उपकरण लगाए गए। प्रबंधन और उत्पादन के लिए स्टेट काउंसिल द्वारा तय मानक अब फ़ैक्टरी के कामकाज का आधार बन गए। कार्यशाला के स्तर पर समूहों और व्यक्तियों के लिए उत्पादन ज़िम्मेदारी प्रणाली को लागू किया गया। ज़्यादा और बेहतर काम के लिए ज़्यादा वेतन सुनिश्चित किया गया। राज्य पूरी फ़ैक्टरी के लिए उत्पादन कोटा तय करता और प्रबंधन फ़ैक्टरी के अंदर प्रत्येक विभाग का कोटा। मज़दूरों और कर्मचारियों की संख्या 1,700 से घटा कर 1,600 कर दी गई। उसी में 100 पदाधिकारी और कर्मचारी भी शामिल थे। इसकी वजह शायद यह हो कि तकनीक में सुधार से कुछ मज़दूर फालतू हो गए और साथ ही ज़िम्मेदारी प्रणाली के चलते मज़दूर ज़्यादा उत्पादन के लिए प्रेरित हुए। महिला मज़दूरों का अनुपात 80 प्रतिशत से घटकर 75 प्रतिशत पर आ गया। संभव है कि हुनरमंद महिलाएँ उस तादाद में उपलब्ध न हों, जो नए औज़ारों को सँभाल सकें।

अब फ़ैक्टरी का कुल उत्पादन मूल्य 2.2 करोड़ युआन पर पहुँच गया था, जिसमें मुनाफ़े का हिस्सा 28 लाख युआन था। मुनाफ़े का हिसाब 55 प्रतिशत राज्य कर निकालकर किया जाता है। हम देख सकते हैं कि राजकीय उपक्रमों को ऊँचा कर चुकाना पड़ता था। फिर भी औसत मासिक वेतन 59 युआन ही बना रहा, लेकिन अब मूल वेतन की भरपाई काफ़ी हद तक बोनस और अन्य भुगतानों के द्वारा कर दी जाती थी। इससे मूल वेतन में लगभग 100 युआन मासिक जुड़ जाते थे। वुशी सिल्क फ़ैक्टरी में एक मज़दूर की अधिकतम सालाना

आमदनी 1,600 युआन थी और न्यूनतम 800 युआन। निवेश और कामकाज के फैलाव को देखते हुए इन मज़दूरों की औसत कमाई ग्रामीण उद्यमों के मज़दूरों से कम थी। इसे वाजिब ठहराते हुए फ़ैक्टरी मैनेजर का कहना था कि टाउनशिप या गाँव को अपना मुनाफ़ा राज्य को नहीं देना होता, जबकि राजकीय उद्यम को ऐसा करना पड़ता था। टाउनशिप और ग्रामीण उद्यम छोटा-सा हिस्सा ही कर के रूप में देते थे और बाक़ी के मुनाफ़े को वे फिर से निवेश के लिए संचय को काटकर अपने सदस्यों में बाँट देते थे।

वुशी शहर एलीवेटर फ़ैक्टरी

शहर-संचालित यह फ़ैक्टरी टाउनशिप और गाँव-संचालित उद्यमों से कई मामलों में अलग तस्वीर पेश करती है, ख़ासकर प्रबंधन और उत्पादन के नए सिद्धांतों पर अमल के मामले में। वर्ष 1985 में वुशी के नगर सरकार के तत्वावधान में नई एलीवेटर फ़ैक्टरी की एक नई इकाई का शुभारंभ किया गया। वुशी शहर तेज़ी से फैल रहा था और वहाँ कई बहुमंज़िला इमारतों का निर्माण हो रहा था। इसे ध्यान में रखते हुए सरकार ने एलीवेटर फ़ैक्टरी स्थापित करने का फ़ैसला किया। उसने विदेशी तकनीक का इस्तेमाल किया और राष्ट्रीय बाज़ार में प्रवेश किया।

वर्ष 1985 में वुशी शहर एलीवेटर फ़ैक्टरी में 350 मज़दूर काम करते थे। उनमें 75 औरतें थीं। उसका उत्पादन मूल्य 1984 में 75 लाख युआन था और मुनाफ़ा 20 लाख। वर्ष 1977 में स्थापित इस फ़ैक्टरी ने 1984 तक 500 एलीवेटर बनाए थे और उन्हें 27 प्रांतों में बेचा था। ये आँकड़े दिखाते हैं कि उसकी उत्पादन क्षमता कम थी। वह तीन तरह के एलीवेटर बनाती थी— लोगों के लिए, माल ढोने के लिए और अस्पतालों में बिछावन समेत मरीजों को लाने-ले जाने के लिए। उसमें चार कार्यशालाएँ थीं— प्रोसेसिंग, कोल्ड ट्रीटमेंट, मेंटेनेंस और कंट्रोल पैनल। फ़ैक्टरी में आठ प्रशिक्षित पेशेवर इंजीनियर, 10 कॉलेज ग्रेजुएट, आठ माध्यमिक तकनीकी स्कूल प्रशिक्षित और 90 उच्च माध्यमिक पास तकनीशियन थे। बाक़ी जूनियर और माध्यमिक स्कूली शिक्षा प्राप्त थे। इस फ़ैक्टरी में शिक्षित और तकनीकी स्टॉफ़ की संख्या अन्य जगहों से ज़्यादा थी। अन्य विशिष्ट राजकीय उद्योगों के विपरीत यहाँ महिला कामगारों और कर्मचारियों की संख्या कम थी।

इस फ़ैक्टरी में उत्पादन ज़िम्मेदारी प्रणाली लागू थी और वेतन मुनाफ़ा से जुड़ा था। वर्ष 1984 में इस फ़ैक्टरी के एक मज़दूर की औसत सालाना कमाई 1,398 युआन थी। इसमें 720 युआन का मूल वेतन और 678 युआन का बोनस और अन्य अतिरिक्त कमाई शामिल थी। प्रत्येक साल के अंत में कारख़ाने के मुनाफ़े का एक हिस्सा अतिरिक्त बोनस के तौर पर बाँट दिया जाता था। यह सामान्य बोनस के अलावा होता था, जो हर माह मुनाफ़े में बढ़ोतरी से जुड़ा होता था। वेतन प्रणाली में सुधार के पहले तय एकमुश्त वेतन मिलता

था और उसमें वृद्धि की दर भी तय होती थी। लेकिन सुधार के बाद मज़दूरों के वेतन को प्रत्येक चरण में मुनाफ़े के परिमाण से जोड़ दिया गया। प्रत्येक व्यक्ति और प्रत्येक अनुभाग के कामकाज का मूल्यांकन किया जाता था। अगर शहर की औद्योगिक कमेटी द्वारा तय कोटे से ज़्यादा उत्पादन होता तो कारख़ाने को कर में छूट और विशेष अनुदान के रूप में अतिरिक्त प्रोत्साहन मिलता था। वर्ष 1985 में प्रबंधन ने रिपोर्ट दी कि सुधारों के पहले संयंत्र ने प्रति माह सात एलीवेटर बनाए थे तो सुधारों के बाद उत्पादन 17 एलीवेटर प्रति माह तक पहुँच गया था।

इस संयंत्र में भी उत्पादन की गुणवत्ता बनाए रखने और बाज़ार की ज़रूरतों के मुताबिक काम करने पर ज़ोर दिया गया। इससे उत्पादन की अवधि कम हुई और मरम्मत के साथ-साथ इंस्टालेशन सुविधाओं में सुधार हुआ। लेकिन 1987 में इस प्रक्रिया में कुछ समस्याएँ उठ खड़ी हुईं। सरकार ने फ़ैक्टरी में निर्मित एलीवेटरों की ख़राब गुणवत्ता की जाँच के आदेश दिए। वर्ष 1987 में फ़ैक्टरी का प्रबंधन अपनी पूँजी और तकनीकी का इस्तेमाल करते हुए उत्पादन में विविधता लाने की चेष्टा कर रहा था ताकि बेहतर नतीजे हासिल किए जा सकें। इस मामले से यह दिखता है कि किस तरह तुरंत-फुरंत मुनाफ़ा कमाने की ललक में गुणवत्ता को कुर्बान कर दिया जाता है। यह परिघटना टाउनशिप और ग्रामीण उद्यमों तक सीमित नहीं थी। इसे राजकीय उद्यमों में भी देखा जा सकता था। इस वजह से कई उद्यमों को बंद कर दिया गया। लेकिन कुशलता के स्तर को ऊँचा उठाने की कोशिश की जा सकती थी और गुणवत्ता की कड़ाई से जाँच की व्यवस्था बनाई जा सकती थी। ग्रामीण उद्यमों के विकास की रणनीति को छोड़ना ज़रूरी नहीं था।

मैनेजर और मज़दूर

हम इस अध्याय में टाउनशिप और ग्रामीण उद्यमों के बारे में अपनी चर्चा जारी रखेंगे। हमारा ज़ोर उद्यमों में प्रबंधन व्यवस्था और मज़दूरों की भूमिका पर होगा। मज़दूरों की भागीदारी के साथ समाजवादी प्रबंध का सिद्धांत सिर्फ़ सैद्धांतिक बहस का मुद्दा था। टाउनशिप और ग्रामीण उद्यमों का पूरा ध्यान उत्पादन और मुनाफ़ा बढ़ाने, मज़दूरों को आर्थिक प्रोत्साहन देने और इस प्रकार किसानों की आमदनी में इज़ाफ़ा करने पर केंद्रित था। यह उद्यम प्रबंधन के बारे में सांस्कृतिक क्रांति के दौरान अपनाए गए "लाल और कुशल" के दृष्टिकोण से बड़ा भटकाव था।[14] लेकिन सुधार-हिमायती शासन ने 1990 के दशक के मध्य तक, जब निजी अर्थव्यवस्था और उससे जुड़ी प्रबंधन नीतियाँ स्थिर हो गईं, प्रबंधन नीति में बदलाव को जारी रखा।[15] इस प्रक्रिया में कृषक-मज़दूर सदी के अंत तक एक विचित्र मुसीबत में फँस गए। पहले टाउनशिप और ग्रामीण उद्यम का मज़दूर होने के नाते उन्हें न सिर्फ़ अच्छी-ख़ासी कमाई का लाभ मिल रहा था, बल्कि गाँव सामूहिक में उन्हें एक हद तक भागीदारी भी

हासिल थी। टाउनशिप और ग्रामीण उद्यमों के पतन से किसानों की आमदनी कम हो गई। उनके परिवार को सामूहिक से मिलनेवाली शिक्षा और स्वास्थ्य की मदद काफ़ी कम हो गई। सबसे बड़ी बात यह थी कि गाँव कमेटी के चुनाव के बावजूद ग्रामीण नागरिक की एक महत्त्वपूर्ण आर्थिक गतिविधि के क्षेत्र में रही-सही राजनीतिक भूमिका भी समाप्त हो गई। ऐसे में प्रबंधन प्रणाली में आए बदलाव और ट्रेड यूनियनों की भूमिका हमें इस प्रक्रिया को समझने में मदद करेगी।

बदलती प्रबंधन प्रणाली

दिसंबर 1978 में ग्यारहवीं केंद्रीय कमेटी के तीसरे प्लेनम के फ़ैसले के बाद चीन में उद्यमों की प्रबंधन प्रणाली में तेज़ी से बदलाव हुए। सबसे पहले ग्रामीण उद्यमों ने प्रबंधन की नई प्रणाली अपनाई। बाद में राजकीय उद्यमों ने भी प्रबंधन सुधारों पर अमल शुरू किया। नई प्रबंधन प्रणाली में तीन ख़ास बातें थीं : (क) एक तरफ़ उद्यम प्रबंधन को सरकार से अलग करना और दूसरी तरफ़ उसे कम्युनिस्ट पार्टी के नियंत्रण से मुक्त करना, (ख) प्रबंधन कमेटी की जगह उद्यम के प्रभारी के तौर पर एक मैनेजर को नियुक्त करना, और (ग) मज़दूरों की भागीदारी को मज़दूर प्रतिनिधि सम्मेलन (डब्ल्यूआरसी) और ट्रेड यूनियन-जैसे संस्थानिक उपायों तक सीमित करना। जब इन सिद्धांतों को व्यवहार में लागू किया गया तो अलग-अलग इलाक़ों और उद्यमों में ठोस परिस्थितियों के मुताबिक काफ़ी अंतर देखा गया। पर उत्पादन ज़िम्मेदारी प्रणाली पर ज़ोर देना जारी रहा, मैनेजर को लाभ-हानि के लिए जवाबदेह बना दिया गया और मज़दूरों को तभी लाभांश मिलता जब उत्पादन में बढ़ोतरी हो। इस उद्देश्य से उद्यम को अपना फ़ैसला ख़ुद करने की पूरी छूट दे दी गई। वर्ष 1978 के तीसरे प्लेनम ने तय किया था कि "नेतृत्व के मार्गदर्शन में प्राधिकार को साहसपूर्वक निचले स्तर तक ले जाना ज़रूरी था ताकि स्थानीय अधिकारी और औद्योगिक एवं कृषि उद्यम के पास एकीकृत योजना के तहत प्रबंधन के मामले में फ़ैसला लेने की ज़्यादा क्षमता हो।"[16]

यह सांस्कृतिक क्रांति दौर के व्यवहार से उलटा था। उस समय तीन-में-एक के मेल से गठित मज़दूरों, तकनीशियनों और पार्टी कैडर की क्रांतिकारी कमेटी प्रत्येक उद्यम का संचालन करती थी। वर्ष 1978 के बाद उसे प्रबंधन कमेटी का नाम दे दिया गया। सांस्कृतिक क्रांति के दौर में आनशान चार्टर के प्रेरित हो प्रबंधन में मज़दूरों की प्रत्यक्ष भागीदारी की व्यवस्था की गई थी। तंग ने इस दृष्टिकोण की दो मायनों में तीव्र भर्त्सना की। पहले तो तंग के अनुसार प्रबंधन में अनुशासन के अभाव की वजह से उद्यमों को उत्पादन में भारी नुकसान उठाना पड़ा। दूसरे, मज़दूरों के उत्साह को बढ़ावा नहीं दिया गया क्योंकि उन्हें बेहतर प्रदर्शन के लिए पुरस्कार नहीं दिया जाता था। तंग श्याओफिंग की इस सोच के आधार पर "लौह

तश्तरी" की व्यवस्था की जगह "उत्पादन ज़िम्मेदारी" को लागू किया गया। परवर्ती व्यवस्था के तहत बेहतर प्रदर्शन के लिए प्रोत्साहन वेतन दिया जाता था। सन् 1979–87 के बीच मेरी यात्राओं के दौरान मैंने देखा कि सभी उद्यमों के मैनेजर ख़ुशी-ख़ुशी नई वेतन नीति की बात कर रहे थे और अतीत की "समतामूलक" नीतियों की आलोचना कर रहे थे।

पुरानी व्यवस्था के तहत उत्पादन संबंधी फ़ैसले उच्चतर स्तर पर लिए जाते थे। जैसे कि प्रांत या काउंटी सरकार के संबंधित विभागों द्वारा और उद्यमों को सिर्फ़ उनपर अमल करना होता था। रोजमर्रा के प्रशासन पर फ़ैक्टरी स्तर की पार्टी कमेटी क़रीबी निगरानी रखती थी, जिसका मतलब था उद्यम प्रबंधन में लगातार दख़लअंदाज़ी। उद्यम पार्टी सचिव आम तौर पर प्रबंधन कमेटी के प्रमुख से ज़्यादा ताक़तवर होता था। कई उद्यमों में तो सचिव और मैनेजर के दोनों पदों पर एक ही शख़्स क़ाबिज़ होता था। उद्यम पार्टी कमेटी इस बात पर नज़र रखती थी कि उद्यम प्रबंधन उच्चतर स्तर के निर्देशों का पालन करे। इन सबका एक ही मतलब था कि पुरानी व्यवस्था के तहत उद्यम प्रबंधन को कम ही स्वायत्तता थी। जब सुधारों को चालू किया गया तो उद्यम प्रबंधन को पूरी छूट दे दी गई कि वह उत्पादन संबंधी फ़ैसले ख़ुद ले और मुनाफ़ा कमाने के लिए काम करे। मतलब यह कि स्वायत्तता के साथ जवाबदेही भी ज़रूरी थी और जवाबदेही को ठोस आर्थिक परिणाम से आँका जा सकता था। मैनेजर की तनख्वाह, मज़दूरों की मज़दूरी और प्रत्येक का बोनस उसके प्रदर्शन के हिसाब से बदलता रहता था।

अगर निचली इकाई अच्छा प्रदर्शन नहीं करती तो वह ऊपरी स्तर पर असर नहीं डाल सकती थी और उसे बोनस और अनुदान नहीं मिलता। इसलिए प्रत्येक स्तर को अपने से निचले स्तर की मदद करनी पड़ती कि वह ज़्यादा और बेहतर उत्पादन करे ताकि व्यवस्था चलती रहे। लेकिन साथ ही, इसका मतलब यह भी था कि प्रत्येक स्तर को अपने से ऊपरी स्तर के समर्थन पर निर्भर रहना पड़ता था। उन्हें लक्ष्य पूरा करके ऊपरी नेतृत्व के सामने अपने प्रदर्शन को साबित करना होता था। जब निचला स्तर ऊपरी स्तर के समान महत्त्व रखता हो तो जवाबदेही का स्तर ऊँचा हो जाता है। सन् 1990 के दशक के अंतिम हिस्से में टाउनशिप औऱ ग्रामीण उद्यमों पर दबाव बढ़ने लगा। बढ़त दर को ऊँचा बनाए रखना शासन का मुख्य लक्ष्य बना हुआ था। ऐसे में समर्थन व्यवस्था को चालू रखना ज़्यादा से ज़्यादा कैडरों, मैनेजरों और उद्यमियों की परस्पर संतुष्टि पर निर्भर था। यह भ्रष्टाचार का स्रोत बन गया, जो ज़मीनी स्तर से लेकर काउंटी, प्रांत और यहाँ तक कि केंद्रीय स्तर तक फैल गया था। यह परिघटना इतनी शिथिलकारी थी और व्यवस्था के लिए इतना बड़ा ख़तरा बन गई थी कि शी जिनपिंग को भ्रष्टाचार के ख़िलाफ़ लड़ाई को अपना एक मुख्य काम बनाना पड़ा। लेकिन उत्पादन और स्वामित्व का विस्तार और स्वरूप इस तरह का था कि 2000 के बाद चीन में विकेंद्रित उत्पादन और प्रबंधन को बहाल करना मुश्किल था।

सन् 1980 के दशक की शुरुआत में नई प्रबंधन नीति के मातहत पार्टी की भूमिका काफ़ी बदल गई थी। उद्यम पार्टी कमेटी मूलतः राजनीतिक और शैक्षणिक भूमिका निभाती थी। शैक्षणिक भूमिका से मतलब है वैचारिक कक्षाएँ आयोजित करना और केंद्रीय नेतृत्व के नीतियों को समझाना। सांस्कृतिक क्रांति के मुकाबले ऐसी कक्षाएँ कम ही आयोजित की जाती थीं। उन्हें उत्पादन प्रक्रिया में दख़ल देने का हक़ नहीं था। असल में, 1980 के दशक में उनकी संख्या कम होती गई, जब तक कि जून 1989 में थ्येनआनमन की घटना के बाद पार्टी ने उनपर ज़ोर देने का फ़ैसला नहीं किया। दरअसल, 1980–87 के दौर में फ़ैक्टरी का मैनेजर पार्टी सचिव या *शुची* से ज़्यादा अहमियत रखता था। मैंने लक्ष्य किया कि 1980 के पहले विदेशी आगंतुकों की अगवानी पार्टी सचिव करता था। बाद में मैनेजर यह काम करने लगा। बहरहाल, पार्टी कमेटी का अस्तित्व बना रहा और 1989 के मध्य से लेकर नवंबर 1991 के आठवें प्लेनम तक उसे ज़्यादा महत्त्व दिया जाना लगा। तंग के दक्षिण दौरे के बाद एक बार फिर से मैनेजर की भूमिका पर ज़ोर दिया जाने लगा। सन् 1980 के दशक में मज़दूरों को कम ही समय मिलता था कि वे पार्टी कक्षा में शरीक हो सकें। वे ज़्यादा से ज़्यादा समय उत्पादन और ज़्यादा कमाई पर लगाना पसंद करते थे। फ़ैक्टरी के काम और घरेलू काम के बाद किसी और काम के लिए कम ही समय बचता था। औरतें ज़्यादातर ग्रामीण उद्यमों के काम, खेतीबाड़ी और घरेलू काम में फँसी रहती थीं— ज़ाहिर है उन्हें बाहर और घर दोनों जगह दुहरा काम करना पड़ता था। लेकिन माहौल ऐसा था कि सभी को काम मिल जाता था।

प्रबंधन कमेटी की जगह एक "एकल मैनेजर की नियुक्ति की व्यवस्था" की ओर बदलाव एक बड़ा क़दम था, जिसका चीन के उद्यमों पर बड़ा असर हुआ। असल में, "एकल मैनेजर की व्यवस्था" 1950 के दशक के मध्य और 1960 के दशक की शुरुआत में चीन की कई फ़ैक्टरियों में चालू की गई थी। सोवियत संघ में यह प्रथा कई वर्षों तक प्रचलित थी। चीनी कम्युनिस्ट पार्टी का एक तबका इसे चीन में भी चालू करने की पैरवी कर रहा था। लेकिन माओ त्से-तुंग के अनुयायी इसे संशोधनवादी क़दम कहते हुए इसकी भर्त्सना करते थे। इसके बदले उन्होंने आनशान मॉडल को प्रोत्साहित किया। महान अग्रगामी छलांग (ग्रेट लीप फॉरवर्ड) और सांस्कृतिक क्रांति के दौरान सामूहिक प्रबंधन की व्यवस्था लागू करने की चेष्टा की गई, जिसमें मज़दूरों की सीधी भागीदारी हो। इस प्रकार, समाजवाद के निर्माण के रास्ते से जुड़े कई अन्य सवालों की तरह उद्यम प्रबंधन का मुद्दा भी चीन में तीक्ष्ण वैचारिक और राजनीतिक विवाद का विषय बन गया। यह विवाद 1978 में तंग श्याओफिंग की सोच के पक्ष में चला गया। उसके बाद प्रबंधन व्यवस्था में तेज़ी से बदलाव हुए और औद्योगिक इकाइयों में एकल-मैनेजर की व्यवस्था को लागू कर दिया गया। लेकिन यह सोवियत संघ या अतीत के चीन में प्रचलित एकल-निदेशक की व्यवस्था से काफ़ी अलग था। यह नई एकमुश्त नीतियों का हिस्सा था, जो उत्पादन ज़िम्मेदारी व्यवस्था और चीन में बाज़ार की ताक़तों के विकास पर आधारित था।

वुशी के कई उद्यमों में मैंने देखा कि एक ही शख़्स मैनेजर भी है और पार्टी सचिव भी। केंद्रीय सरकार की नीतियों में बदलाव से निपटने का यह एक चतुराई भरा तरीक़ा था। लेकिन बड़ी फ़ैक्टरियों में इस पद पर दो कैडर क़ाबिज़ होते थे। आम अहसास यह था कि च्यांग त्समिन के शासनकाल में मैनेजर की भूमिका स्पष्ट थी। डब्ल्यूआरसी और ट्रेड यूनियनों समेत सभी मज़दूर संगठनों पर हमले हो रहे थे। डब्ल्यूआरसी की भर्त्सना की जाती थी क्योंकि उसे चुनाव के कुछ नियमों का पालन करना होता था और उसपर तीन-में-एक के मेल (एक-तिहाई पार्टी, एक-तिहाई सेना, एक-तिहाई क्रांतिकारी जन/मज़दूर) का सिद्धांत लागू नहीं होता था। इस व्यवस्था के तहत प्रभुत्वशाली स्थानीय गुट पार्टी या सेना के भीतर अपने हिमायतियों को विभिन्न उद्यमों का प्रभारी बना सकता था। दूसरे हाथ, डब्ल्यूआरसी मज़दूर प्रतिनिधियों की एक छोटी-सी संस्था थी, जिसकी बैठकों में सभी मज़दूर भाग नहीं लेते थे। उसका काम था उत्पादन और मज़दूरों के कल्याण से संबंधित मुद्दों पर चर्चा करना और मैनेजर से सिफ़ारिश करना। इस तरह से डब्ल्यूआरसी को प्रबंधन में मज़दूरों की भागीदारी की पैरवी करनेवाले लोग अपर्याप्त और सीमाबद्ध संस्था मानते थे।

सुधारकालीन प्रबंधन की प्रणाली में डब्ल्यूआरसी को क़ानूनी प्रावधानों के मुताबिक काम करने के लिए बाध्य किया गया। उसे साल में एक बार मज़दूरों की आमसभा में चुना जाता था और उद्यम संबंधी मामलों में मैनेजर को परामर्श देने के लिए समय-समय पर उसकी बैठक होती थी— कहीं मासिक तो कहीं तिमाही। तकनीकी रूप से मैनेजर डब्ल्यूआरसी के प्रति जवाबदेह था, लेकिन नए परिवेश में उत्पादन ज़िम्मेदारी की प्रणाली सब पर लागू होती थी— मैनेजर पर भी और मज़दूर पर भी। उदाहरण के लिए, अगर उद्यम को मुनाफ़ा हो रहा हो और उत्पाद की गुणवत्ता भी स्तरीय हो तो डब्ल्यूआरसी मैनेजर की आलोचना नहीं कर सकता था। असल में, मैनेजर ने डब्ल्यूआरसी के सहयोग से उद्यम प्रबंधन और उत्पादन के नए रास्ते खोज लिए थे। व्यवहार में, डब्ल्यूआरसी की भूमिका मैनेजर के कामकाज को वैध ठहराने और औपचारिक समर्थन देने तक सीमित हो गई थी।

सांस्कृतिक क्रांति के नेताओं ने उद्यमों की ट्रेड यूनियनों पर "अर्थवाद पर अमल" का आरोप लगाते हुए उनकी आलोचना की थी। दरअसल, उनको भंग कर दिया गया था। उनपर आरोप था कि वे सिर्फ़ आर्थिक लाभ की माँगों को उठाती हैं, जैसे कि उच्च वेतन और बेहतर जीवनस्तर, और क्रांतिकारी बदलाव के लिए काम नहीं करतीं। सुधार के ढाँचे के तहत मज़दूरों के कल्याण की हिमायती की भूमिका में ट्रेड यूनियनों को बहाल कर दिया गया। समाजवादी देशों में आम तौर पर ट्रेड यूनियनों को मज़दूरों की हड़ताल संगठित करने की इजाज़त नहीं होती। माना जाता है कि चूँकि मज़दूरों का राज क़ायम हो गया है, ट्रेड यूनियनों को राजनीतिक संघर्ष करने और उनकी माँगों पर लड़ाई लड़ने की ज़रूरत नहीं है। इसलिए मौजूदा और अतीत के समाजवादी देशों में तर्क दिया जाता रहा है कि ट्रेड यूनियनों की भूमिका मज़दूरों के बीच राजकीय नीतियों के पक्ष में माहौल बनाने और मज़दूरों के लिए

आवास, स्वास्थ्य, शिक्षा और शिशुओं की देखरेख की बेहतर सुविधाएँ सुनिश्चित करने तक सीमित है। लिहाज़ा, जिन ट्रेड यूनियनों को बने रहने की इजाज़त दी जाती है, वे उद्यमों की प्रायोजित यूनियनें होती हैं और पार्टी से संबद्ध होती हैं। प्रत्येक उद्यम में सिर्फ़ एक यूनियन बनाने की इजाज़त होती है, जिसका नेतृत्व उच्चतर अधिकारियों द्वारा मनोनीत होता है। इस प्रकार, ट्रेड यूनियन नेतृत्व सरकार, पार्टी, उद्यम प्रबंधन और जनसंगठनों की एकीकृत सत्ता के ढाँचे का अंग होता है। मतलब यह कि जनसंगठन के रूप में ट्रेड यूनियन स्वायत्त संगठन नहीं होते।

इस सोच को सबसे पहले पोलैंड में स्वतंत्र मज़दूर संगठन, सोलिडैरिटी बनाकर चुनौती दी गई। इसके परवर्ती अवतार और राजनीतिक परिणाम जो भी रहे हों, सन् 1980 के दशक की शुरुआत में सोलिडैरिटी ने एक महत्त्वपूर्ण सैद्धांतिक मुद्दे को उजागर किया। समाजवादी क्रांति के बाद अंततः मज़दूरों का राज गढ़ने की कोशिश शुरू होती है। इस प्रक्रिया में जनतांत्रिक भागीदारी के लिए कई राजनीतिक, आर्थिक और सांस्कृतिक उपाय किए जाते हैं। इस उद्देश्य से ट्रेड यूनियन के रूप में मज़दूरों का स्वायत्त संगठन ज़रूरी होता है ताकि मज़दूर राज के नाम पर पार्टी और सरकार निरंकुश नौकरशाही ढाँचा न खड़ा कर दें। लेकिन इस मुद्दे को लेकर मार्क्सवादियों के बीच काफ़ी विवाद रहा है। सांस्कृतिक क्रांति के नेताओं ने अखिल चीन फ़ेडेरेशन ऑफ़ ट्रेड यूनियंस (एसीएफ़टीयू) की निंदा की थी। दरअसल, ट्रेड यूनियन राजनीति की धारणा ने 1975 में चीनी संविधान में "हड़ताल के अधिकार" को मौलिक अधिकार के रूप में जोड़ा था। बहरहाल, तंग श्याओफिंग शासन ने उसे 1982 में नए चीनी संविधान से हटा दिया। इस प्रकार, 1980 के दशक की शुरुआत से हड़ताल फिर से ग़ैरक़ानूनी बन गई। वर्ष 1989 में अप्रैल-जून के छात्र आंदोलन के बाद पेइचिंग और कई अन्य शहरों में स्वायत्त ट्रेड यूनियन और मज़दूर संगठन उभर आए। पेइचिंग की कैपिटल आयरन एंड स्टील कंपनी का "स्वायत्त मज़दूर संगठन" एक प्रमुख समूह था, जिसने पेइचिंग के थ्येनआनमन प्रदर्शनों में भाग लिया। लेकिन ऐसे सभी संगठनों को चीनी सरकार ने ग़ैरक़ानूनी घोषित कर दिया और उनके नेताओं को गिरफ़्तार कर लिया।

बहरहाल, मज़दूर हड़ताल 2005 के बाद चीन में बार-बार की परिघटना बन गई। उस समय तक आर्थिक समस्याएँ शहर और गाँव दोनों में जमा होने लगी थीं। सन् 2012–15 के बीच उत्तरीपूर्व चीन में मज़दूरों की हड़ताल इतनी जल्दी-जल्दी होने लगी कि चीनी कम्युनिस्ट पार्टी के नेतृत्व को वेतन, रोज़गार और कल्याण संबंधी अपनी नीतियों पर फिर से विचार करना पड़ा।

लेकिन सुधार के वर्षों में चीनी उद्यमों की ट्रेड यूनियनों ने कुल मिलाकर प्रबंधन से साँठगाँठ की भूमिका ही निभाई और इस तरह चीन की आर्थिक तरक़्क़ी का लाभ उठाया। बड़े उद्यमों में तो उन्हें मज़दूरों की कल्याण संबंधी ज़रूरतों का ख़याल रखना पड़ता था,

लेकिन छोटे-मोटे ग्रामीण उद्यमों में उनकी भूमिका न्यूनतम ही थी। कई उद्यमों में तो कोई ट्रेड यूनियन थी ही नहीं। सिर्फ़ टाउनशिप के स्तर पर एक ट्रेड यूनियन थी, जो हर तरह के मज़दूरों की कल्याण संबंधी ज़रूरतों का ख़याल रखती थी।

इन बातों को ज़ेहन में रखते हुए हला टाउनशिप के कुछ ग्रामीण उद्यमों में प्रबंधन और ट्रेड यूनियन के कामकाज की ठोस हालत का जायजा लेना दिलचस्प होगा। वे टाउनशिप और ग्रामीण उद्यमों की कामयाबी के दौर में सुधार नीतियों के कुछ आम पहलुओं को उजागर करती हैं। प्रबंधन की कार्यप्रणाली और वेतन संबंधी नीतियों के कुछ पहलू काफ़ी दिलचस्प हैं। वे दिखाते हैं कि कैसे प्रबंधन नीति में कुछ तब्दीलियों ने ग्रामीण संकट का रास्ता साफ़ किया।

ग्रामीण उद्यमों में ट्रेड यूनियन और प्रबंधन

वर्ष 1980 में हला टुथपेस्ट ट्यूब फ़ैक्टरी हला ब्रिगेड या गाँव के मातहत काम करती थी। वहाँ कोई प्रबंधन कमेटी नहीं थी। सिर्फ़ एक निदेशक था और एक उपनिदेशक, जिन्हें बाद में मैनेजर और डिप्टी मैनेजर कहा जाने लगा। कोई पार्टी शाखा भी नहीं थी। फ़ैक्टरी के पार्टी सदस्य ब्रिगेड पार्टी शाखा के नेतृत्व में काम करते थे। दिलचस्प बात यह थी कि उद्यम में कोई ट्रेड यूनियन नहीं थी। जब मैंने ट्रेड यूनियन के बारे में पूछा तो बताया गया कि उद्यम में काम करनेवाले सभी लोग मूलतः "किसान" हैं, इसलिए वहाँ कोई ट्रेड यूनियन नहीं है। लेकिन सभी जगह यही स्थिति नहीं थी। हला टाउनशिप के कुछ उद्यमों में ट्रेड यूनियनें थीं। यह अपेक्षाकृत छोटा उपक्रम था, जिसमें तक़रीबन 90 मज़दूर काम करते थे। शायद इसी वजह से वहाँ अब तक कोई ट्रेड यूनियन नहीं थी।

मैनेजर को काफ़ी स्वायत्तता हासिल थी, फिर भी उसे कम्यून या टाउनशिप के उद्योग और वाणिज्य विभाग की देखरेख में काम करना पड़ता था। उत्पादन कोटा और पीसरेट मज़दूरी तय करने में अंतिम फ़ैसला टाउनशिप नेतृत्व लेता था। उद्यम को आम तौर पर वुशी उपनगर ज़िला के उद्योग ब्यूरो (जिसे बाद में कंपनी कहा जाने लगा) के नियमों को भी मानना होता था। इस तरह से उद्यम प्रबंधन की निर्णय क्षमता टाउनशिप और ज़िला के निर्देशों के अधीन थी।

गाँव-चालित फ़ैक्टरी, शीशान ऊनी स्वेटर कार्यशाला में एक मैनेजर (30 साल का नौजवान), एक डिप्टी मैनेजर (35 साल का) और वित्त, विपणन और तकनीकी प्रभाग के तीन प्रमुख थे। इस फ़ैक्टरी के मैनेजर को टाउनशिप सरकार ने बहाल किया था। मैनेजर को सालाना 2,700 युआन का वेतन मिलता था और डिप्टी मैनेजर को साल में 2,400 युआन। उस समय यह अपेक्षाकृत ऊँचा वेतन था। दस साल बाद यह दस गुना बढ़ गया और बढ़ना जारी है। तय कोटा से ज़्यादा उत्पादन करने पर मैनेजरों के साथ-साथ मज़दूरों को भी मोटा

बोनस मिलता था। विडंबना यह थी कि उन मैनेजरों को, जिन्होंने सिर्फ़ जूनियर माध्यमिक स्कूल (6 साल प्राइमरी + 3 साल) पास किया था, उन्हें विश्वविद्यालय के लेक्चरर या राजकीय फ़ैक्टरी में काम करनेवाले इंजीनियर से ज़्यादा पगार मिलती थी। (1980 के दशक के मध्य में मैनेजर की मासिक पगार 225 युआन के मुकाबले लेक्चरर या इंजीनियर की शुरुआती पगार 150 युआन ही थी।) सन् 1990 के दशक के शुरू में मैनेजर की आमदनी 3–10 गुना बढ़ गई, लेकिन लेक्चरर का वेतन बमुश्किल दुगना ही हो पाया।

हला गाँव ट्रांसफॉर्मर मरम्मत कार्यशाला में भी एक मैनेजर और एक डिप्टी मैनेजर था। 44-वर्षीय मैनेजर को कारख़ाने के उत्पादन प्रभाग के प्रमुख के पद से 1984 में पदोन्नत किया गया था। यहाँ भी उद्यम प्रबंधन को उत्पादन ज़िम्मेदारी से जोड़ने पर काफ़ी ज़ोर दिया गया। मज़दूरों के तकनीकी स्तर को उठाने के लिए सायंकालीन कक्षाओं के ज़रिए उनके प्रशिक्षण पर काफ़ी ध्यान दिया गया। मैंने वुशी और अन्य जगहों के कई मज़दूरों और मैनेजरों से इसकी पुष्टि की और इस नतीजे पर पहुँचा कि मौजूदा और नए भर्ती मज़दूरों का कौशल विकास टाउनशिप और ग्रामीण उद्यमों के प्रबंधन और कार्यप्रणाली का हिस्सा था।

कम्यून या टाउनशिप-चालित फ़ैक्टरी में भी प्रबंधन कमेटी की जगह एकल-निदेशक प्रणाली चालू की गई। वर्ष 1980 में हला कम्यून कृषि मशीन प्लांट में एक निदेशक, एक उपनिदेशक और सात प्रभाग प्रमुख थे। इन प्रभागों को किस तरह बाँटा गया था, यह देखना काफ़ी दिलचस्प होगा। वे न तो सोवियत ढर्रे से मेल खाते थे और न ही फ़ैक्टरी संगठन के पश्चिमी तौर-तरीक़ों से।

ये सात प्रभाग थे : योजना और उत्पादन प्रबंधन, तकनीकी और गुणवत्ता निरीक्षण, आपूर्ति, विपणन और परिवहन, उत्पादन और ऊर्जा, राजनीतिक कार्य, सुरक्षा और प्रशासन और वित्त। इकाई को उसी स्तर पर बनाए रखने के लिए तरह-तरह की गतिविधियाँ संचालित की जाती थीं। मैनेजर को अगले उच्चतर स्तर, यानी ज़िला या काउंटी के उद्योग निदेशक की देखरेख में काम करना होता था। इस उद्यम में भी कोई ट्रेड यूनियन नहीं थी। कारण भी वही था कि गाँव-चालित इस उद्यम में सभी काम करनेवाले किसान थे। लेकिन इस फ़ैक्टरी में महिला फ़ेडेरेशन की एक शाखा थी। जैसा कि पहले बताया गया है 330 मज़दूरों में से 51 प्रतिशत महिलाएँ थीं। लेकिन यह प्लांट में काम करनेवाली महिला मज़दूरों का स्वायत्त संगठन नहीं था। वह हला कम्यून स्तर की इकाई की शाखा थी, जो ख़ुद अखिल चीन महिला फ़ेडेरेशन की शाखा थी।

प्लांट अपेक्षाकृत बड़े आकार का था, इसलिए यहाँ पार्टी की एक शाखा थी, जिसमें एक सचिव, एक उपसचिव और तीन सदस्य थे। प्लांट के मज़दूरों में 12 पार्टी के सदस्य थे। वर्ष 1978 के बाद पार्टी की भूमिका को धीरे-धीरे प्रबंधन से अलग कर दिया गया था। उद्यम मैनेजर पार्टी शाखा का उपसचिव था। सिद्धांततः सचिव राजनीतिक रूप से उससे ऊपर था।

पर उसकी भूमिका अप्रत्यक्ष समीक्षक की थी। पार्टी सचिव फ़ैक्टरी के प्रबंधन से ज़्यादा राजनीतिक शिक्षण से सरोकार रखता था। जैसा कि पहले चर्चा की गई है, शी जिनपिंग के शासनकाल में पार्टी की भूमिका पर फिर से ज़ोर दिया गया। स्थानीय उद्यम के स्तर पर कई बार एक ही शख़्स पार्टी सचिव और उद्यम मैनेजर के पद पर क़ाबिज़ होता था।

उद्यम की उत्पादन योजना उद्यम मैनेजर और टाउनशिप के उद्योग विभाग के निदेशक संयुक्त रूप से उपनगर ज़िला उद्योग ब्यूरो की देखरेख में तैयार करते थे। सन् 1980–87 के बीच उद्यम को ख़ुद अपनी उत्पादन योजना तैयार करने के लिए प्रोत्साहित किया गया, पर उसे हमेशा ऊपरी स्तर की रज़ामंदी हासिल करनी होती थी। सन् 1992 से लेकर 1997 के बीच योजना मूलतः ऊपरी स्तर द्वारा तय की जाती थी और निचले स्तर को उसपर अमल करना होता था। रुझान साफ़ था। नई रणनीति के तहत टाउनशिप और ग्रामीण उद्यमों को तेज़ रफ़्तार से निर्यातोन्मुखी प्रगति की ज़रूरतों को पूरा करना था, न कि स्थानीय श्रम को रोज़गार मुहैया करने के मूल लक्ष्य के मुताबिक स्थानीय संसाधनों के भरोसे स्थानीय विकास में योगदान करना था।

अगर कोई ट्रेड यूनियन न हो तो भी उद्यम प्रबंधन मज़दूरों के कल्याण का ख़याल रखता था। उसने इसके लिए चंद क़दम उठाए थे। उद्यम के पास अपना डॉक्टर था, जो मामूली बीमारियों का इलाज करता था। सहकारी मेडिकल सेवा की व्यवस्था थी, जो बीमार पड़नेवाले मज़दूरों की देखभाल करती थी।

टाउनशिप-चालित कृषि मशीनरी प्लांट, जिसे बाद में हला मशीन टूल फ़ैक्टरी का नाम दे दिया गया, उसमें 1985 के बाद कई बदलाव आए। निदेशक को अब मैनेजर कहा जाने लगा। उसकी नियुक्ति टाउनशिप सरकार ने की थी और मैनेजर ने डिप्टी मैनेजर और अनुभाग प्रमुखों को बहाल किया। अनुभाग प्रमुखों ने अपने मातहतों को बहाल किया। मैनेजरों के स्तर पर बहाली की इस नई प्रणाली को उचित ठहराने के लिए उत्पादन ज़िम्मेदारी प्रणाली का हवाला दिया जाता था। उन्हें नतीजा दिखाने के लिए बहाल किया गया था। अगर वे नतीजा नहीं दिखा पाते तो उन्हें पदावनत किया जा सकता था या उनका तबादला कर दिया जा सकता था। उनकी इकाई के उत्पादन के अनुसार उनका वेतन और बोनस घटाया-बढ़ाया जा सकता था। नियुक्ति की नई प्रणाली अपनाने की एक और वजह थी। सन् 1980 के दशक के बीच में "जीवनपर्यंत कार्यकाल की समाप्ति", बूढ़े नेताओं के उत्तराधिकारियों की तलाश और नौजवान लोगों की ज़िम्मेदार पदों पर पदोन्नति को लेकर काफ़ी बहस चली थी। यह सोच सभी जगह घर करती जा रही थी। कई नौजवानों को फ़ैक्टरियों का प्रभारी बनाया गया था। वर्ष 1985 में फ़ैक्टरी प्रबंधन को एक हद तक विस्तारित किया गया। उसमें अब दो डिप्टी मैनेजर थे।

पार्टी शाखा में अब भी पाँच सदस्य थे— सचिव, उपसचिव और तीन सदस्य, जिनमें एक औरत थी। फ़ैक्टरी मज़दूरों में पार्टी सदस्यों की संख्या 1980 के 12 से बढ़कर 1985

में 16 हो गई थी। उनमें पाँच महिला सदस्य थीं। पार्टी शाखा अब मज़दूरों को तरह-तरह के कौशल हासिल करने में मदद करती थी। अनुभाग प्रमुखों और अन्य कैडरों को उद्यम प्रबंधन सीखने के लिए वुशी कैडर स्कूल भेजा गया। सन् 1980 के दशक के मध्य में उद्यम कैडर "आधुनिक प्रबंधन के 18 तौर-तरीक़ों" की बात कर रहे थे, जो उन्हें कैडर स्कूल में सिखाया गया था। उनमें से ज़्यादातर जापानी प्रबंधन प्रथा से लिए गए थे, जबकि कुछ पर वैज्ञानिक प्रबंधन की अमेरिकी सोच की छाप दिखती थी। कुछ, जो ख़ासकर उत्पादन ज़िम्मेदारी प्रणाली से संबंधित थे, पेइचिंग की कैपिटल आयरन एंड स्टील कंपनी द्वारा विकसित किए गए थे। प्रबंधन की यह व्यवस्था 1990 के दशक में पूरे ज़ोरशोर से जारी थी, जब आधुनिक प्रबंधन की अमेरिकी रिवाजों ने जड़ें जमा लीं। इसके तहत कर्मचारियों की हाज़िरी और प्रदर्शन की जाँच के लिए इंफ्रारेड और रोबोटिक नियंत्रण का सहारा लिया जाता था।

वुशी नगरपालिका सरकार संचालित वुशी सिल्क फ़ैक्टरी में भी 1980 के दशक में प्रबंधन की व्यवस्था में इसी तरह के परिवर्तन हुए। उसमें एक निदेशक था जिसकी बहाली वुशी नगरपालिका सरकार करती थी। सरकार तीन उपनिदेशकों को भी बहाल करती थी, जो उत्पादन, आर्थिक प्रबंधन और सहयोगी सेवाओं के प्रभारी थे। उत्पादन अनुभाग के मातहत चार विभाग थे— उत्पादन तकनीक, गुणवत्ता निरीक्षण, योजना और शोध। आर्थिक प्रबंधन अनुभाग के मातहत तीन विभाग थे— वित्त और लेखा, कच्चे माल की आपूर्ति, उत्पादों का विपणन और कार्मिक। सहयोगी सेवाओं का अनुभाग मूलतः मज़दूरों के कल्याण, उनके जीवनस्तर में बेहतरी और स्वास्थ्य एवं आवास की सुविधाओं से सरोकार रखता था।

वुशी सिल्क फ़ैक्टरी में प्रबंधन का दो स्तर था। एक तो पूरी फ़ैक्टरी के लिए और दूसरा पाँचों कार्यशालाओं के स्तर पर। ये कार्यशालाएँ रेशम उत्पादन की पाँच प्रक्रियाओं से संबंधित थीं। प्रत्येक कार्यशाला में एक निदेशक और एक उपनिदेशक था, जिन्हें प्रबंधन का पूरा अधिकार प्राप्त था। उनकी बहाली फ़ैक्टरी प्रबंधन द्वारा की जाती थी। पहले कार्यशाला निदेशकों और उपनिदेशकों की नियुक्ति भी सरकार करती थी। इस प्रथा को बदल दिया गया था। सुधारों के बाद प्रत्येक निदेशक और उपनिदेशक को फ़ैक्टरी का मैनेजर दो साल के लिए बहाल करता था। कार्यकाल की समाप्ति पर उनके काम की समीक्षा की जाती और उनकी बहाली को चालू रखने का फ़ैसला किया जाता। इससे फ़ैक्टरी के प्रबंधन में मैनेजर को ज़्यादा अधिकार मिल जाता था।

चूँकि यह बड़ा उद्यम था जिसमें 1,700 मज़दूर थे, इसलिए यहाँ की पार्टी कमेटी भी बड़ी थी। उसमें नौ सदस्य थे। उसके मातहत 12 पार्टी शाखाएँ थीं। प्रत्येक शाखा में पाँच सदस्यों की कमेटी थी। प्रत्येक शाखा का सचिव कोई मज़दूर होता था, पर पार्टी कमेटी के सचिव और उपसचिव पार्टी के पूर्णकालिक कैडर थे। ध्यान रहे कि सांस्कृतिक क्रांति के दौरान इन उच्च-स्तरीय पार्टी कैडरों को भी आम मज़दूर की तरह फ़ैक्टरी का काम करना होता था।

फ़ैक्टरी में 300 से ज़्यादा पार्टी सदस्य थे, जिनकी संख्या मज़दूरों की कुल संख्या का 17.6 प्रतिशत थी। फ़ैक्टरी मज़दूरों में पार्टी सदस्यों के ऊँचे अनुपात के लिए यह कहा जाता था कि इस फ़ैक्टरी का लंबा इतिहास है और इसके कई मज़दूर अनुभवी कामगार हैं। पार्टी सचिव फ़ैक्टरी का मैनेजर नहीं था। मैनेजर पार्टी कमेटी का सदस्य था। फ़ैक्टरी के स्तर पर पार्टी कमेटी का काम था : (क) पार्टी की आम सोच और नीतियों पर अमल की जाँच करना, (ख) कोटा को पूरा करने और भावी योजना बनाने में मदद करना, (ग) कार्यशालाओं के अगुआ की बहाली और कैडरों के तबादले और इस्तीफ़ों पर फ़ैसला लेने में मदद करना और (घ) फ़ैक्टरी में पूँजीगत निर्माण के फ़ैसलों में भाग लेना, जैसे कि नए बायलरों की ख़रीद, कार्यशाला की इमारतों का विस्तार, मसलन अस्पतालों और मज़दूरों के लिए आवासीय खंडों का निर्माण।

दिलचस्प है कि 1980 में वुशी सिल्क फ़ैक्टरी के मैनेजर ने मौजूदा प्रबंधन प्रणाली को आनशान चार्टर के सिद्धांतों के अनुरूप, ख़ासकर शारीरिक श्रम में नेता की भागीदारी और प्रबंधन में मज़दूरों की भागीदारी के सिद्धांतों के अनुरूप बताया। हालाँकि उन्होंने कहा कि प्रत्येक फ़ैक्टरी को ठोस परिस्थिति के मुताबिक इन सिद्धांतों को लागू करना होता है। ध्यान रखना चाहिए कि सुधार युग में आनशान चार्टर की आलोचना की गई और उसे अस्वीकार कर दिया गया कि वह उत्पादन में व्यवधान और अराजकता पैदा करता है। सन् 1980 के दशक के मध्य से फ़ैक्टरी स्तर के कैडरों ने श्रम में भाग लेना बंद कर दिया, जबकि कार्यशाला स्तर के कैडर ऐसा करते थे। सांस्कृतिक क्रांति के पहले वुशी सिल्क फ़ैक्टरी में पेशेवर प्रबंधन व्यवस्था थी और एक निदेशक प्रभारी था। सांस्कृतिक क्रांति के दशक में सभी नेतृत्वकारी कैडरों को राजनीतिक आलोचना झेलनी पड़ी। पेशेवर कैडरों की जगह फ़ैक्टरी के नेता बारी-बारी से बहाल किए जाते थे। फ़ैक्टरी में तब केंद्रीकृत प्रबंधन था। कार्यशालाएँ फ़ैक्टरी प्रबंधन की इकाइयों के रूप में काम करती थीं। सन् 1970 के दशक के अनुभवों को ध्यान में रखते हुए 1980 में एक मैनेजर ने बताया कि "ऐसी व्यवस्था में अनुभवों का निचोड़ निकालना काफ़ी मुश्किल था। सभी काम अस्त-व्यस्त थे"।

वुशी सिल्क फ़ैक्टरी में एक नियमित ट्रेड यूनियन थी, जो सीधे फ़ैक्टरी पार्टी कमेटी के मातहत काम करती थी। जैसा कि ट्रेड यूनियन नेता का कहना था, "उसका प्रमुख काम था मज़दूरों को शिक्षित करने के काम में पार्टी की मदद करना"। ट्रेड यूनियन कमेटी में 17 सदस्य थे, जिन्हें मज़दूर चुनते थे। प्रत्येक कार्यशाला में ट्रेड यूनियन की शाखा (*फन कुंग हुई*) थी, जिसमें पाँच से सात सदस्य थे। फ़ैक्टरी ट्रेड यूनियन कमेटी हर पखवाड़े मिलती थी और काम की स्थितियों की समीक्षा करती थी और भविष्य की योजनाएँ बनाती थी। वह समय-समय पर श्रम प्रतिस्पर्द्धा मुहिम चलाती ताकि मज़दूरों को मॉडल मज़दूर का अनुकरण करते हुए बेहतर प्रदर्शन के लिए प्रेरित किया जा सके। वह उन्नत मज़दूरों को आगे पढ़ाई

जारी रखने के लिए गोलबंद करती और उन्हें मॉडल मज़दूर बनने के लिए प्रेरित करती, जिसका दूसरे अनुकरण कर सकें। वह मज़दूरों को शिक्षित करने के लिए हर महीने एक-दो कक्षाएँ आयोजित करती थी।

वुशी सिल्क फ़ैक्टरी में एक डब्ल्यूआरसी थी, जो साल में दो बार मिलती थी। वर्ष 1980 में उसमें 220 प्रतिनिधि थे, जिन्हें मोटामोटी पाँच मज़दूरों पर एक प्रतिनिधि के हिसाब से मज़दूरों द्वारा चुना गया था। जैसा कि पहले बताया गया है, इस फ़ैक्टरी में 1,570 मज़दूर (81 प्रतिशत औरतें) और 130 कर्मचारी थे। प्रत्येक सदस्य 0.25 युआन हर माह ट्रेड यूनियन निधि में जमा करता था। नए कामगार 0.10 युआन देते थे। मज़दूर प्रतिनिधि डब्ल्यूआरसी के सालाना सत्र में अपनी रिपोर्ट पेश करते थे जिनपर विस्तार से चर्चा की जाती थी। डब्ल्यूआरसी की सालाना और मध्यकालीन सम्मेलन में उत्पादन रुझान, योजना और प्रबंधन की कार्यप्रणाली पर चर्चा की जाती और सुझाव दिए जाते।

वह इकलौती संतानवाले परिवारों से कोई शुल्क नहीं लेती थी। इसी तरह इकलौती संतानवाले परिवारों से कोई मेडिकल शुल्क भी नहीं लिया जाता था। फ़ैक्टरी में एक छोटा-सा मेडिकल क्लिनिक था। मज़दूरों को आठ घंटे काम करना होता और उन्हें हर हफ़्ते एक दिन की छुट्टी मिलती। औरतों को दिन में दो बार 20 मिनट का अवकाश मिलता कि वे बच्चों को दूध पिला सकें। गर्भ के सात महीने बाद उनके काम की अवधि आठ घंटे से घटा कर सात घंटे कर दी जाती। प्रसव के बाद औरतों को पूरे वेतन के साथ 56 दिन का मातृत्व अवकाश मिलता था। इस फ़ैक्टरी में समान काम के लिए औरत और मर्द के वेतन में कोई अंतर नहीं था। लेकिन अन्य फ़ैक्टरियों में औरतों और मर्दों के वेतन में उल्लेखनीय फ़र्क़ था और यह फ़र्क़ बढ़ता जा रहा था। हम इस मुद्दे पर अध्याय 8 में चर्चा करेंगे।

वुशी सिल्क फ़ैक्टरी के प्रबंधन की ये प्रवृत्तियाँ 1980 के दशक की शुरुआत में ढाँचागत सुधारों के क्रम में 1985 तक काफ़ी अहम बन गईं। प्लांट के आकार को बदले बिना उत्पादन के समेकन और पुनर्समायोजन पर ज़ोर दिया गया। यह फ़ैक्टरी चीन के दूसरे क़िस्म के उद्यमों में शुमार की जाती है, जहाँ औद्योगिक पुनर्गठन की शुरुआत की गई थी। इस व्यवस्था के तहत आर्थिक नतीजों की ज़िम्मेदारी निदेशक/मैनेजर ने ले ली। पहले की तरह ही मैनेजरों की बहाली नगर सरकार द्वारा की जाती थी और वह अपने डिप्टी (सहयोगी) को बहाल करता था। कोटा आधारित उत्पादन ज़िम्मेदारी की प्रणाली अब ज़्यादा सख़्ती से लागू की जाती थी। प्रबंधन और मज़दूर के बीच आदान-प्रदान डब्ल्यूआरसी के माध्यम से चलता रहा, जिसकी संख्या 220 से घटाकर 100 कर दी गई थी। डब्ल्यूआरसी की संख्या में घटत यह दिखाता है कि प्रबंधन कम प्रतिनिधियों से निपटना चाहता था और ज़्यादा अधिकार हासिल करना चाहता था ताकि कारगर ढंग से प्रबंधन चला सके और नतीजे दिखा सके। वर्ष 1985 तक जनवादी प्रबंधन मज़दूर समूह के नाम से एक नई संस्था

बन गई थी, जिसके 30 सदस्य थे, प्रत्येक कार्यशाला से 5–6 सदस्य। यह समूह आम तौर पर महीने में एक बार बैठकर उत्पादन योजना और वित्तीय मामलों पर चर्चा करता था। लेकिन डब्ल्यूआरसी पहले की तरह छह महीने में एक बार बैठती थी। कहा जाता था कि मज़दूर-प्रबंधन परस्पर विचार-विमर्श को इस तरह से सुव्यवस्थित कर दिया गया था और मज़दूर समूह इस जनवादी प्रबंधन का मुख्य ज़रिया बन गया था। बहरहाल, यह प्रथा अन्य फ़ैक्टरियों में जड़ नहीं जमा सकी।

फ़ैक्टरी स्तर की पार्टी कमेटी के सदस्यों की संख्या नौ से घटकर सात रह गई, जिसमें तीन महिलाएँ थीं। बड़े पैमाने पर सेवानिवृत्ति के बाद मज़दूरों के बीच पार्टी सदस्यों की संख्या 160 रह गई। ट्रेड यूनियन की भूमिका वही बनी रही। उसके काम का मुख्य विषय अब भी मज़दूरों का कल्याण, बेहतर जीवनस्तर और सुविधाओं को लेकर विभिन्न व्यक्तिगत समस्याएँ थीं। ट्रेड यूनियन की सात सदस्यीय स्थाई समिति थी, जिसमें एक पूर्णकालिक सचिव था। उसका मासिक वेतन 80 युआन था, जो उसे फ़ैक्टरी के खाते से मिलता था।

ग्रामीण उद्यम और राजकीय फ़ैक्टरी में दो बड़े अंतर थे। पहले तो वुशी सिल्क फ़ैक्टरी-जैसी बड़ी राजकीय फ़ैक्टरियों में चार-आयामी प्रबंधन व्यवस्था थी, जिसमें मैनेजर या निदेशक और उसके डिप्टी, पार्टी कमेटी और पार्टी शाखाएँ, डब्ल्यूआरसी और ट्रेड यूनियन शामिल थे। दूसरी तरफ़, टाउनशिप और गाँव-चालित उद्यम में न तो ट्रेड यूनियन थी और न ही डब्ल्यूआरसी। सिर्फ़ उन टाउनशिप इकाइयों में, जहाँ मज़दूरों की संख्या अच्छी-ख़ासी थी, पार्टी की शाखा थी। लेकिन कुल मिलाकर उद्यम मैनेजर को उद्यम के प्रबंधन में काफ़ी अख़्तियार था। निस्संदेह, वे टाउनशिप, काउंटी और उपनगर ज़िला के संबद्ध विभाग की देखरेख में काम करते थे। लेकिन वे फ़ैसला लेने में काफ़ी स्वायत्त थे। अगर वे विविधता ला पाते, नवोन्मेष कर पाते और कल्पनाशील तरीक़े से निवेश कर पाते जिससे मुनाफ़ा हो, तो यह उनकी ताक़त थी। यह कभी-कभी समस्याएँ भी पैदा करती थी, जैसे कि अवांछनीय तजरबे, ग़ैर-लाभकारी निवेश और वेतन निर्धारण में मनमर्ज़ी।

दूसरा फ़र्क़ राष्ट्रीय अर्थव्यवस्था के साथ उद्यम के जुड़ाव से संबंधित था। हालाँकि ग्रामीण उद्यम और राज्य-संचालित शहरी उद्यम, दोनों ही आम तौर पर राज्य की आम योजना के अनुसार काम करते थे, लेकिन राज्य-संचालित फ़ैक्टरियों पर सरकारी निगरानी व्यवस्था की पकड़ ग्रामीण उद्यमों से ज़्यादा मज़बूत थी। ग्रामीण उद्यम के प्रति सरकार ज़्यादा उदार रुख़ अपनाती थी ताकि टाउनशिप और गाँव नए उद्यम चालू करने और उनके प्रबंधन में ज़्यादा स्वायत्त हों। उसके पीछे मंशा थी अतिरिक्त श्रम को रोज़गार देना, ग्रामीण बचत का इस्तेमाल करना और किसानों के जीवनस्तर को ऊपर उठाना। उसका मकसद सिर्फ़ यही नहीं था कि ग्रामीण बाज़ार को विकसित किया जाए ताकि उपभोक्ता सामग्री की आपूर्ति बढ़ाई जा सके, बल्कि किसानों में शासन के प्रति समर्थन बढ़ाना भी था। लेकिन एक

मामले में वे समान थे। उत्पादन ज़िम्मेदारी प्रणाली में कोई ढील नहीं थी, चाहे वह ग्रामीण उद्यम हो या शहरी उद्यम।

सन् 1990 के दशक में प्रबंधन के तौर-तरीक़ों में और सुधार किया गया। समूह अनुबंध (*चिथि छनपाओ*) की अवधारणा को सख़्ती से लागू किया गया। प्रत्येक उद्यम ने विभिन्न एजेंसियों के साथ क़रार किए और उसका मुनाफ़ा इसके नतीजे पर निर्भर था। उद्यम के भीतर इंजीनियरों, तकनीशियनों, मज़दूरों और अनुभाग मैनेजरों ने भी जनरल मैनेजर या निदेशक के साथ क़रार किए। हर किसी की पगार, ख़ासकर बोनस, उसके प्रदर्शन के अनुसार बदलता रहता था।

इस प्रणाली के तहत नई आर्थिक व्यवस्था में मँझोले दर्जे के उद्यमों का मैनेजर संपन्न बन गया। उसकी सालाना आमदनी 50,000 युआन और 60,000 युआन के बीच थी। बड़े उद्यमों में उसकी आमदनी और भी ज़्यादा थी— 2,00,000 से लेकर 3,00,000 युआन तक। इंजीनियरों को मैनेजरों से कम मिलता था। उनका वेतन और बोनस उनके प्रदर्शन पर आधारित था। सन् 1980 के दशक से तुलना करें तो 10,000 युआन (*यी वान* युआन) की आमदनी को उल्लेखनीय माना जाता था। अब एक नया वर्ग सामने था। वे चीन के नए अभिजात थे। न सिर्फ़ ग्रामीण इलाक़ों में, बल्कि शहरी इलाक़ों में भी इन परिवारों की पकड़ थी, अपने आर्थिक लेन-देन के कारण या परिवार के किसी सदस्य के कारण।

मैनेजर और पार्टी सचिव के बीच आपसी रिश्ता कैसा है यह हमेशा से मौजूदा राजनीतिक ढाँचे का दिलचस्प संकेतक रहा है। जैसा कि पहले बताया गया है 1980 के दशक में राजनीतिक ढाँचे में मैनेजर की भूमिका दोनों जगह, शहर के स्तर पर और गाँव के स्तर पर भी प्रमुख हो गई थी। दूसरे दौर में, 1980 के दशक के अंतिम हिस्से में पार्टी सचिव फिर से उद्यम का नेता बन गया। इस दौर में कुछ टाउनशिप और ग्रामीण उद्यमों में पार्टी सचिव और मैनेजर के बीच तनाव भी दिखा। सन् 1992 के बाद स्थिति ने नई करवट ले ली। अब पार्टी नेतृत्व सीधे आर्थिक प्रशासन का भी प्रभारी बन गया। काम में उद्यम पार्टी शाखा ने टाउनशिप स्तर पर उद्यम मैनेजर को पूरी स्वायत्तता दे दी। बड़ी संख्या में टाउनशिप और गाँव स्तर के उद्यमों में मैनेजर ही उद्यम पार्टी शाखा का सचिव भी होता था।

वुशी में ग्रामीण उद्योगों के फैलाव ने बड़े पैमाने पर खेतिहर ज़मीन पर कब्ज़ा कर लिया था। इसलिए उपनगर ज़िला सरकार और संबंधित टाउनशिप सरकार को औद्योगिकीकरण की प्रक्रिया और कृषि पर उसके असर की निगरानी करनी पड़ती थी। खेतिहर ज़मीन के बेहतर इस्तेमाल और योजनाबद्ध वैज्ञानिक कृषि के विकास के लिए प्रत्येक टाउनशिप सरकार ग्रामीण उद्यम की आय का एक हिस्सा खेतीबाड़ी की मदद पर ख़र्च करती थी। वुशी नगरपालिका सरकार ने भी खेतिहर ढाँचे में सुधार पर 50 करोड़ युआन ख़र्च किए। लेकिन कृषि में निवेश का बड़ा स्रोत टाउनशिप और गाँव की रिज़र्व निधि थी। इस प्रकार ग्रामीण

उद्यम मैनेजर अपने उद्यम की प्रगति और मुनाफ़ा में बढ़ोतरी के साथ-साथ व्यापक विकास प्रक्रिया में अपनी भूमिका निभाते थे।

नई व्यवस्था के तहत वे ग्रामीण चीन में हुनर, संपदा और प्रभाव के नए तबके के रूप में उभरे। विशेष खेतिहर परिवारों के साथ मिलकर वे मज़दूरों और किसानों से ज़्यादा कमाते थे, इंजीनियरों और पार्टी कैडरों से भी ज़्यादा। दरअसल, 1990 के दशक में तकनीकी रूप से प्रशिक्षित पार्टी कैडरों को उद्यम मैनेजर की भूमिका सौंपने की प्रवृत्ति सामने आई।

टाउनशिप और ग्रामीण उद्यमों का महत्त्व

वुशी के चंद ग्रामीण उद्यमों का यह बयान चीन के गाँवों में तीन प्रवृत्तियों को रेखांकित करता है। पहले तो ग्रामीण अर्थव्यवस्था में विविधता का यह प्रयास औद्योगिकीकरण की ओर निर्देशित था। विविधता के बारे में पुरानी धारणा बदल गई थी, जिसका मतलब था वानिकी, मवेशीपालन, मछलीपालन और ऐसे ही अन्य अनुपूरक उत्पादन। अब उद्यमों ने नए-नए उत्पाद बनाना शुरू कर दिया था, एलीवेटर से लेकर डिज़ाइनर परिधान तक। दूसरा था वेतन नीति में सुधार। मेहनताना अब मज़दूर के काम की मात्रा और गुणवत्ता से जुड़ा था, और प्रत्येक अतिरिक्त काम के लिए तुरंत पुरस्कृत किया जाता था। तीसरे, प्रबंधन व्यवस्था को बदल दिया गया था। उद्यमों को काफ़ी स्वायत्तता दी गई थी और उसका मैनेजर बाज़ार के मुताबिक काम करके अपने प्रदर्शन में सुधार ला सकता था।[17]

वर्ष 1978 में भी कम्यून उद्योगों के शुरुआती उभार ने ख़राब गुणवत्तावाले सामान के उत्पादन को बढ़ाया। इसलिए 1980 के दशक में ग्रामीण उद्योगों को सक्षम बनाने पर काफ़ी ध्यान दिया गया। तंग श्याओफिंग ने औद्योगिकीकरण की रणनीति का नया ख़ाका बनाया, जिसमें अलग-अलग स्तर के उद्योग खड़ा करना शामिल था।[18] प्रख्यात अर्थशास्त्री तु रनशंग तंग शासन के मुख्य सलाहकार थे। वे उसे ग्रामीण सुधारों के बारे में सलाह देते थे। वर्ष 1984 में उनका कहना था कि ग्रामीण उद्यमों को "छोटा, पर विशिष्ट" होना चाहिए, उन्हें उत्पादन की उच्च तकनीक का इस्तेमाल करना चाहिए।[19] यह उन्हें बाज़ार में प्रतिस्पर्द्धा के लिए तैयार करेगा। उनकी सलाह यह भी थी कि उन्हें स्थानीय रूप से उपलब्ध कच्चे माल का इस्तेमाल करना चाहिए। "असंगत औद्योगिक मेल" का मुद्दा 1992 में बहस का विषय बन गया। यह उद्यमों में बेतरह ऊर्जा की खपत से कम गुणवत्तावाले सामानों के उत्पादन की समस्या की ओर इंगित करता था। इसलिए 1990 के दशक में ग्रामीण उद्यमों के विकास के लिए नई रणनीति बनाई गई, जो सुधरी तकनीक, मज़दूरों के बेहतर प्रशिक्षण और प्रबंधन के ज़्यादा कारगर तौर-तरीक़ों पर ज़ोर देती थी।

ग्रामीण उद्योगों को चुस्त-दुरुस्त बनाने के लिए 1990 के दशक में कई नए क़दम उठाए गए।[20] पहला, पूर्वी चीन के यांग्त्सी नदी डेल्टा में उन्हें ग्रामीण अर्थव्यवस्था के साथ और

क़रीबी से जोड़ा गया। इसके लिए समन्वित आर्थिक विकास का एक कार्यक्रम तैयार किया गया। इसमें अपनी भूमिका निभाने के लिए नगरों के बड़े और मँझोले उद्योगों, स्थानीय विश्वविद्यालयों और शोध संस्थानों को लाभ मिलनेवाला था। दूसरा, उद्यम समूह बनाकर बड़े पैमाने का लाभ लेनेवाले थे, अपनी तकनीकी स्तर में सुधार करनेवाले थे। इससे सबका साथ-साथ विकास होता। सन् 1992 के शुरू तक ऐसे 40,000 समूह बन गए थे। कुछ समूह में तो राजकीय उद्यम भी शामिल थे। तीसरा, कुछ उद्यमों ने अंशधारक व्यवस्था चालू की थी ताकि वे अतिरिक्त पूँजी जमा कर सकें। जहाँ लोगों के पास बचत के लिए पैसा था, उन्होंने लोगों को उनके इलाक़ों में लाभकारी विकल्प उपलब्ध कराए। केवल च्यांग्सू में ऐसे 500 उद्यम चालू किए गए थे। चौथा, कई ग्रामीण उद्यम निर्यातोन्मुखी अर्थव्यवस्था के निर्माण में लगे थे। इस तरह के 60,000 उद्यम थे। विदेशी पूँजी के साथ साझा स्वामित्व में चलनेवाले 7,000 संयुक्त उपक्रमों में 1,000 अकेले च्यांग्सू में स्थित थे। इनमें 50 करोड़ अमेरिकी डॉलर की पूँजी लगी थी। कुछ ग्रामीण उद्यमों ने तो विदेशों में भी उत्पादन इकाई लगाई थी। पाँचवाँ, गुणवत्तापूर्ण उत्पादन और उच्चतर मुनाफ़ा के मकसद से कई ग्रामीण उद्यमों ने श्रम-सघन उत्पादन प्रक्रिया की जगह तकनीकी-आधारित उत्पादन प्रक्रिया अपनाने का फ़ैसला किया था। च्यांग्सू प्रांत इस प्रवृत्ति में सबसे आगे था। यह सब ग्रामीण उद्यम को ग्रामीण इलाक़े के समग्र आर्थिक, सांस्कृतिक और सामाजिक विकास का केंद्र बनाने की रणनीति का हिस्सा था। लेकिन इस प्रयास को अंजाम तक नहीं पहुँचाया गया और 1990 के दशक के अंत तक चीन की अर्थव्यवस्था में टाउनशिप और ग्रामीण उद्यमों की भूमिका कमज़ोर होती चली गई।

ग्रामीण चीन के बाशिंदों की प्रति व्यक्ति असल आय 1978 में 255 युआन थी, जो 2.1 गुणा बढ़कर 1988 में 545 युआन हो गई। सालाना औसत बढ़ोतरी के हिसाब से यह बढ़त 11.8 प्रतिशत की थी। वर्ष 1991 में यह और बढ़कर 710 युआन तक पहुँच गई। इस नाटकीय बढ़त की वजह काफ़ी हद तक ग्रामीण उद्योग थे। यह तजरबा दिखाता है कि बड़ी आबादीवाले किसान समाज में ग्रामीण औद्योगिकीकरण ग्रामीण राजनीतिक अर्थव्यवस्था के लिए उत्प्रेरक का काम करता है। लेकिन ऐसा अनाज की पैदावार और आबादी की उपभोक्ता ज़रूरतों को पूरा करनेवाली अन्य प्रक्रियाओं की अनदेखी करके नहीं किया जा सकता। इसी वजह से चीनी कम्युनिस्ट पार्टी के महासचिव च्यांग त्समिन ने 1992 में चौदहवीं पार्टी काँग्रेस में पेश अपनी राजनीतिक रिपोर्ट में अनाज और कपास की पैदावार की बढ़त को सुनिश्चित करने पर बल दिया, फिर "टाउनशिप उद्यमों को जोशोख़रोश के साथ विस्तारित करने" की बात की, ख़ासकर पिछड़े मध्य और पश्चिमी इलाक़े में, जहाँ अल्पसंख्यक राष्ट्रीयताओं की बहुतायत है। संभव है कि नई ग्रामीण नीतियों ने गाँवों में विषमता, उपभोक्तावाद और नैतिक पतन को बढ़ाया हो। फिर भी चीन के किसानों के लिए बेहतर जीवन की भौतिक सुविधाएँ जुटाने में ग्रामीण उद्यमों ने प्रेरक का काम किया। उन्होंने

प्रत्येक किसान परिवार की आमदनी में बढ़ोतरी की, खेतिहर प्रगति में योगदान किया और ग्रामीण आबादी के लिए प्राथमिक शिक्षा और स्वास्थ्य सुविधाओं को सुनिश्चित करने में मदद की। सही है कि उनके उत्पाद ख़राब गुणवत्तावाले और ऊर्जा की फ़िज़ूलख़र्ची करनेवाले थे। लेकिन टाउनशिप और ग्रामीण उद्यमों को मज़बूत करते हुए इन समस्याओं का हल ढूँढ़ने के बदले नई रणनीति ने 1992 के बाद कहीं और ध्यान देने का फ़ैसला किया।

हु चिनथाओ के शासनकाल में मैनेजर और पार्टी सचिव की भूमिका में तालमेल कायम किया गया था। जब शी जिनपिंग सत्ता में आए तो पार्टी सचिव की भूमिका प्रमुख बन गई।

अंततः नए ढाँचे में मज़दूर की भूमिका में भारी बदलाव आया। उत्पादन योजना बनाने में मज़दूरों की प्रत्यक्ष भागीदारी के सांस्कृतिक क्रांति की कार्यप्रणाली को त्याग दिया गया। पहले फ़ैक्टरी के सभी मज़दूर बार-बार मिलते थे— कहीं हफ़्ते में एक बार तो कहीं दो बार— ताकि वे उद्यम से संबंधित विभिन्न मुद्दों पर चर्चा कर सकें। वे "बिग-कैरेक्टर-पोस्टर"(हस्तलिखित पोस्टर) फ़ैक्टरी की दीवारों और गेट पर चिपका देते थे। इनमें वे फ़ैक्टरी प्रबंधन के बारे में टिप्पणी करते और अक्सर प्रबंधन कमेटी की आलोचना करते। प्रौद्योगिकी और उत्पाद से लेकर मज़दूरी और काम की स्थिति के बारे में सभी मुद्दों पर आमसभाओं में, जिन्हें मज़दूर असेंबली कहा जाता था, चर्चा होती थी। सांस्कृतिक क्रांति के दौरान ट्रेड यूनियन और डब्ल्यूआरसी-जैसी मौजूदा संस्थाओं का स्थान क्रांतिकारी कमेटियों ने ले लिया था। ये भी मज़दूरों की भागीदारी के संस्थागत उपायों से उन्हें वंचित करती थीं। सुधार युग में भी निर्णय प्रक्रिया में मज़दूरों की भागीदारी का सवाल काग़ज़ों पर ही बना रहा। स्वतंत्र ट्रेड यूनियन जो चीनी कम्युनिस्ट पार्टी से संबद्ध न हों, उन्हें बनाने की इजाज़त चीन में नहीं थी। ट्रेड यूनियन की भूमिका मज़दूरों की परेशानियों को दर्ज करने और उनकी शिकायतों को अधिकारियों तक पहुँचाने के कल्याणकारी माध्यम तक सीमित थी। अन्यथा, यह एक जनसंगठन है, जहाँ नेताओं को बाद में पार्टी पद सँभालने के लिए प्रशिक्षित किया जाता है।

सू नान मॉडल

ग्रामीण उद्यमों के क्षेत्र में वुशी के तजरबे को सू नान मॉडल (च्यांग्सू प्रंत का दक्षिणी क्षेत्र और यांग्त्सी नदी मॉडल भी) कहा जाता है। इस मॉडल की ख़ासियतें इस प्रकार थीं : एक, ग्रामीण उद्योग ने खेतिहर अर्थव्यवस्था के रूपांतरण में केंद्रीय भूमिका निभाई। दो, औद्योगिक उपक्रमों में ज़्यादातर लघु और सूक्ष्म उद्यम थे। तीन, जहाँ तक स्वामित्व का सवाल है कमोबेश सभी में सामूहिक स्वामित्व था। चार, उद्यमों में निवेश के लिए पैसा ग्रामीण अर्थव्यवस्था से ही जुटाया गया, जिसने बाद में खेतीबाड़ी की ही मदद की।[21]

ग्रामीण उद्यमों ने वुशी की अर्थव्यवस्था को इस हद तक बदल दिया कि इलाक़ा पूरे चीन में अव्वल नंबर पर पहुँच गया। इस प्रयास में कामयाबी ने अर्थव्यवस्था के अन्य हिस्सों में

तालिका 6.5: टीवीइज़ का कुल उत्पादन (1980–2013; करोड़ युआन)

वर्ष	*चीन*	*च्यांग्सू*
1980	6,783.2	—
1985	27,284	3,521.2
1990	97,803.4	9,513.6
1995	6,95,686.6	52,374.6
2000	11,61,502.7	1,13,884.9
2004	17,25,157.3	2,44,010.9
2010	11,22,320	8,24,690.6
2013	52,23,756.8	12,13,496.2

स्रोत : खंग, *चाइनाज़ टाउनशिप एंड विलेज इंटरप्राइजेज़* (पृ. 403–04); चीनी जनगणराज्य का कृषि मंत्रालय, *चाइना एग्राकल्चर ईयरबुक*, 2014; स्टैटिस्टिकल ब्यूरो ऑफ़ च्यांग्सू प्रोविंस, *च्यांग्सू स्टैटिस्टिकल ईयरबुक*, 2000 (बेसिक सिचुएशन ऑफ़ रूरल टाउनशिप्स कलेक्टिव इंटरप्राइजेज़); 2001; 2011 (बेसिक इंडीकेटर्स ऑफ़ टीवीईज़, तालिका 10–22).

भी असर डाला। यह कृषि में पूँजी निर्माण का मुख्य स्रोत बन गया। इसके साथ ही तृतीयक क्षेत्र समेत नए ग्रामीण उद्यमों में भी तेज़ी आई। अतिरिक्त श्रम के एक बड़े हिस्से को रोज़गार देकर इसने किसानों की पारिवारिक आय में भी बढ़ोतरी की। इलाक़े पर इसका भारी असर हुआ, जो सघन आबादी के साथ-साथ ज़मीन की क़िल्लत का शिकार था। ग्रामीण उद्यमों के विकास के बिना इसके लिए किसानों के जीवनस्तर में बेहतरी लाना असंभव था। जैसा कि वुशी के एक अधिकारी ने कहा, ग्रामीण उद्यमों ने "नए समाजवादी गाँवों" का निर्माण किया। कई वर्षों तक शायद यह सही था। उसके बाद शहरी-ग्रामीण खाई चौड़ी हो गई (तालिका 6.5)।

रणनीति में बदलाव और टाउनशिप और ग्रामीण उद्यमों का परित्याग

सन् 1990 के दशक के मध्य में चीन में ग्रामीण उद्यमों के कामकाज की एक समग्र समीक्षा की गई। सवाल यह था कि क्या वे अपने चरम पर पहुँच गई हैं। असल में, वुशी के एक अधिकारी ने माना कि उनके तजरबे की समीक्षा ज़रूरी थी। बहस का नया बिंदु यह था कि उनकी गुणवत्ता में सुधार कैसे किया जाए, तकनीकी कैसे उन्नत की जाए, उनके प्रबंधन को कैसे और चुस्त-दुरुस्त बनाया जाए और कैसे उन्हें बाज़ार के प्रति ज़्यादा जवाबदेह बनाया जाए। महसूस किया गया कि राजकीय उद्यमों और कई निजी उद्यमों के मुकाबले ग्रामीण उद्यमों को जो शुरुआती बढ़त हासिल थी, वह लुप्त हो चुकी थी। अब वे उनका मुकाबला नहीं कर सकते, इसलिए उनमें सुधार ज़रूरी था। जनवरी 1997 में चीन की स्टेट काउंसिल ने ग्रामीण उद्यमों के बारे में एक राष्ट्रीय सम्मेलन प्रायोजित किया। उसके आलोक में कम्युनिस्ट पार्टी की केंद्रीय कमेटी और स्टेट काउंसिल ने मार्च में ग्रामीण उद्यमों की

स्थिति और उनमें भावी सुधार और विकास के बारे में एक सर्कुलर जारी किया। उसके बाद 1 जुलाई 1997 को ग्रामीण उद्यमों के बारे में एक नया क़ानून बनाया गया। कुल मिलाकर इन उपायों ने ग्रामीण उद्यमों का अनवरत विकास जारी रखा। क़ानून ने ग्रामीण उद्यमों के कामकाज को एक नियम में ढाल दिया और उद्यमों और उनमें काम करनेवालों के हितों और क़ानूनी अधिकारों की रक्षा की। उसने उद्यमों से अपना कामकाज सुधारने, जनवादी प्रबंधन लागू करने और अपनी कार्यक्षमता बढ़ाने और श्रम सुरक्षा के उपायों को पुख़्ता करने का आह्वान किया। इन उपायों में उत्पादों की गुणवत्ता सुधारने की बात सहजगोचर थी। उद्यमों से खेतिहर ज़मीन का इस्तेमाल कम करने के लिए कहा गया। कई प्रावधानों में उद्यमों से ऊर्जा की बचत करने और प्रदूषण पर लगाम लगाने के लिए कहा गया। वर्ष 1996 में हुआइह नदी के किनारे बसे 5,000 छोटे काग़ज कारख़ानों, चर्मशोधन और रँगाई कारख़ानों को बंद कर दिया गया क्योंकि वे नदी को काफ़ी प्रदूषित कर रहे थे। उनमें से ज़्यादातर ग्रामीण उद्यम थे।

दो नए क़दम ऐसे थे जिन्हें नई नीति के तहत काफ़ी प्रचारित किया गया। पहला, कई ग्रामीण उद्यमों को एक गुच्छे के भीतर एक विकास क्षेत्र या छोटे नगर में लाना था। वुशी में इस नीति पर 1993 से ही अमल शुरू कर दिया गया था। अगर पूरे देश को देखें तो 1995 के अंत तक ऐसे 10,000 विशेष क्लस्टर तैयार कर लिए गए थे, जिनमें लगभग 10 लाख उद्यम शामिल थे। जैसा कि पहले कहा गया है इन विकास क्षेत्रों को विशेष रूप से रोड और रेल से जोड़ा गया और ऊर्जा स्रोतों का बेहतरीन इस्तेमाल किया गया। बाज़ार और सामाजिक सुविधाओं-जैसी सेवाओं का साझा इंतज़ाम किया गया। दूसरा, पूर्व के तटीय ग्रामीण उद्यमों को पश्चिम के पिछड़े इलाकों में उद्यम लगाने के लिए प्रेरित किया गया। इस नीति के तहत 1995 और 1996 में 152 संयुक्त परियाजनाएँ चालू की गईं, जिनमें कृषि मंत्रालय और चीन के कृषि बैंक ने 510 करोड़ युआन निवेश किए थे। वर्ष 1996 में पूर्वी प्रांतों और पश्चिमी इलाक़े के ग्रामीण उद्यमों के बीच 15,000 क़रार किए गए, जिनमें 3,500 करोड़ का निवेश होना था। चियांग्सू सरीखे प्रांतों के विकसित उद्यमों ने वित्तीय निवेश और तकनीकी जुटाई, जबकि पश्चिमी इलाक़ों के उद्यमों ने अपने कुदरती संसाधनों और श्रम का इस्तेमाल किया। इस सहभागिता से पूर्वी प्रांतों को ज़्यादा मुनाफ़ा हुआ, जबकि पिछड़े पश्चिमी क्षेत्र को विकास में मदद मिली। यह ग़रीबी उन्मूलन की राष्ट्रीय नीति का भी अंग था। कृषि मंत्रालय द्वारा केंद्रीय आवंटन के अलावा पूर्वी प्रांतों के ग्रामीण उद्यमों ने पश्चिमी प्रांतों में ग्रामीण उद्यमों, वाणिज्य, बाग़वानी के साथ-साथ कृषि के विकास में भी मदद की।

सन् 1990 के दशक में इस परिदृश्य में और बदलाव आए। निजी स्वामित्व में ग्रामीण उद्यमों का विकास 1990 के दशक में चीन की विकासमान परिघटना थी। एक आकलन के मुताबिक 1995 आते-आते ग्रामीण क्षेत्र के लगभग आधा सामूहिक उद्यमों को निजी स्वामित्ववाले उद्यमों में बदल दिया गया। वुशी के आँकड़े भी इसी प्रवृत्ति को दिखाते हैं

(तालिका 6.2)। बेरोज़गारी के गंभीर संकट को देखते हुए इसे और बढ़ावा दिया गया। राज्य के स्वामित्व में चलनेवाले उद्यमों में सुधार ने कई मज़दूरों के सामने छँटनी का संकट खड़ा कर दिया था। दूसरी तरफ़, ग्रामीण उद्यम अपने तकनीकी स्तर का सुधार करने में लगे हुए थे, जिससे नए कामगारों की भर्ती रुक गई थी और अतिरिक्त कामगारों की छँटनी शुरू हो गई थी। यह उम्मीद की जा रही थी कि निजी उद्यम ज़्यादा नवोन्मेषी होंगे और इस क्रम में बीमार इकाइयों के उद्धार के साथ-साथ नए उपक्रम शुरू करेंगे, जिससे कुछ और कामगारों को काम मिलेगा। नए उद्यमी अपने उत्पादन में विविधता लाएँगे और एक उद्यम से होनेवाले मुनाफ़े को दूसरे उद्यमों में लगाएँगे।

ग्रामीण उद्यमों के प्रति क्या दृष्टिकोण अपनाया जाए इसे लेकर राष्ट्रीय पैमाने पर बहस चल रही थी। एक सोच उन्हें बहुस्तरीय औद्योगिकीकरण कार्यक्रम का हिस्सा बनाना चाहती थी। बहुस्तरीय से उनका मतलब था स्वामित्व के अलग-अलग रूपों का इस्तेमाल— निजी, सामूहिक, साझा क्षेत्र, अंशधारी निगम और राजकीय। यह सोच सीएएसएस के प्रोफ़ेसर छी च्यांग्सू के इस वक्तव्य में झलकती थी, "टाउनशिप उद्यम एक विशेष समय की विशेष उपज थे।" वे कम-कुशल श्रम, पुरातन प्रबंधन, पूँजी की कमी, ख़राब प्रौद्योगिकी, ऊर्जा की बेतहाशा खपत और प्रतिस्पर्द्धा की कमी की ओर इशारा करते थे, जिसे लंबे समय तक अपने मूल रूप में चालू नहीं रखा जा सकता था।

जबकि दूसरा दृष्टिकोण चीन के आर्थिक विकास में ग्रामीण उद्यमों की महत्त्वपूर्ण भूमिका पर ज़ोर देता था। अतिरिक्त ग्रामीण कामगारों की विशाल फ़ौज को सिर्फ़ ग्रामीण उद्यम ही खपा सकते थे। असल में, 1997 के अंत तक 13 करोड़ श्रमिकों को रोज़गार मिला हुआ था। ग्रामीण संचय का इस्तेमाल करते हुए विविधतापूर्ण ग्रामीण अर्थव्यवस्था के विकास से ग्रामीण उद्यम लगाना और ग्रामीण उद्यमों के मुनाफ़े का कृषि के विकास के लिए इस्तेमाल और दोनों की मदद से शिक्षा, स्वास्थ्य और अन्य बुनियादी ढाँचों का निर्माण पूँजी संचरण की एक प्रणाली को पैदा करता है, जो ग्रामीण विकास को बड़े हद तक ख़ुद वित्तपोषित बना देती है। ग्रामीण उद्यमों ने किसानों की आय में बढ़ोतरी में बड़ी मदद की। इस तरह से उन्होंने ग्रामीण चीन को चीनी और साथ ही विश्व उद्योग के फैलते बाज़ार का हिस्सा बना दिया। इस विकास के परिणामस्वरूप ग्रामीण चीन के सामाजिक और राजनीतिक स्थायित्व का भारी महत्त्व था। पलायन का विस्फोट और व्यापक ग्रामीण बेरोज़गारी बड़े पैमाने पर सामाजिक तनाव बढ़ा सकती थी। विशाल ग्रामीण आबादी को ग्रामीण अर्थव्यवस्था में सार्थक रूप से काम पर लगाए रखना और जीवनस्तर में सुधार लाना 1980 के दशक में तंग श्याओफिंग की प्रमुख नीति रही थी।

इस नीति के सामाजिक पहलू को कम करके नहीं आँका जा सकता। चीनी किसान अपने जन्मस्थान से प्यार करते हैं और अपना गाँव नहीं छोड़ना चाहते। जब शहर में काम

के लिए उन्हें अपने गाँव से दूर जाना पड़ता है, तो भी वे गाँव से रिश्ता बनाए रखते हैं। आधुनिकीकरण के दौर ने परिवार के एक हिस्से को देश और विदेश के अन्य शहरों में बिखेर दिया है, जबकि एक हिस्सा पुश्तैनी जगह (*लाओच्या*) ही बना रहा है। इस तरह से किसानों के कायाकल्प के बारे में *पीजेंट लाइफ़ इन चाइना* नामक पुस्तक में व्यक्त फेई श्याओथुंग की सोच, जो सबसे पहले 1930 के दशक में सामने आई थी और 1970 के दशक के अंत में दुहराई गई, आज भी सही साबित हो रही है। चीन में ग्रामीण रूपांतरण के लिए ग्रामीण उद्यम लगाना और छोटे नगरों का विकास बेहद ज़रूरी है। इस प्रकार, ग्रमीण उद्यमों को भले ही समय-समय पर पुनर्गठित कर लिया जाए और उनका आधुनिकीकरण कर दिया जाए, वे इक्कीसवीं सदी में भी चीन के विकास की धुरी बने रहेंगे। लेकिन जब चीन प्रगति का दूसरा रास्ता अपनाते हुए सफलता के फंदे में फँस गया तो उनकी केंद्रीय भूमिका को तिलांजलि दे दी गई।[22]

अगर भारत और अन्य विकासशील देशों को "सफलता के फंदे" में फँसने से बचना है तो उन्हें ग्रामीण अर्थव्यवस्था पर ध्यान देना होगा। सफलता का यह फंदा उन्हें वृद्धि की ऊँची दर हासिल करने में मदद तो कर सकता है, पर उन्हें इसके लिए ग़ैरबराबरी, मुसीबत के मारे पलायन और पर्यावरण की बिगड़ती स्थिति के रूप में भारी क़ीमत चुकानी पड़ सकती है।[23] भारत के लिए तीन ठोस सबक हैं। उनमें से कोई भी टाउनशिप और ग्रामीण उद्यमों के तजरबे की नक़ल को प्रेरित नहीं करता। पहले तो ब्लॉक और पंचायत-जैसी प्रत्येक ग्रामीण इकाई को ग्रामीण उद्यम लगाने के लिए प्रेरित करना होगा, जो स्थानीय और बाहरी दोनों ही तरह के संसाधनों का इस्तेमाल करे। चीन में उन्होंने कृषि से अर्जित अतिरिक्त का और सामूहिकों की बचत का उपयोग किया। उसके साथ ही उन्होंने बैंकों से भी कर्ज़ लिया। सरकार ने टैक्स को कम रखकर उसमें मदद की। सामूहिक अर्थव्यवस्था को निजी निवेश और प्रबंधन की भी मदद मिली। लेकिन समन्वित ग्रामीण रूपांतरण के सिद्धांत के तहत गाँव कमेटी की अगुआई को बहाल रखना पड़ा। भारत में सत्ता के विकेंद्रीकरण के चलते उपलब्ध संसाधनों से ग्रामीण विकास के साथ-साथ ग्रामीण वित्त के और भी स्रोत तलाशने होंगे। दूसरे, राहत कार्यक्रमों के तहत ग्रामीण रोज़गार देने के अलावा कई तरह के लाभकारी उद्यमों के ज़रिए भी रोज़गार उपलब्ध कराने होंगे। टाउनशिप और ग्रामीण उद्यमों ने शुरुआती वर्षों में जिस तरह से आधुनिक तकनीक आधारित आधुनिक उद्यम कायम करने के प्रयास किए और शहरी उद्यमों के साझे में उद्यम खड़े किए वह एक दृष्टांत हो सकता है। इसके लिए ग्रामीण इलाक़ों में स्थानीय सरकार को शिक्षा और स्वास्थ्य व्यवस्था को मज़बूत करना होगा और साथ ही व्यावसायिक प्रशिक्षण की भी व्यवस्था बनानी होगी। तीसरे, ग्रामीण विकास को समग्र ग्रामीण-शहरी विकास के सिलसिले का हिस्सा बनाना होगा, जिसमें शहर और नगर गाँवों से कई स्तर पर जुड़े हों। दुर्भाग्यवश, भारत और चीन के नेताओं की मौजूदा सोच

शहरीकरण और ऊँची बढ़त दर की महानगरीय विचारधारा से प्रेरित है। सुधार के नेताओं की शुरुआती सोच थी कि "गाँव और शहर एक-दूसरे के पूरक हैं" और यही पहले तीन दशकों तक चीन की अर्थव्यवस्था का निर्देशक सिद्धांत भी था। हम याद कर सकते हैं कि भारत में आज़ादी की लड़ाई के कई नेताओं की भी यही सोच थी। लेकिन टाउनशिप और ग्रामीण उद्यम चीन में सुधार के इतिहास का एक चरण थे। चीनी कम्युनिस्ट पार्टी के नेता ऊँची बढ़त दर और उससे जुड़ी समस्याओं से निपटने के रास्ते पर आगे निकल गए हैं। ख़ुशहाली के बावजूद किस तरह इन नीतियों ने चीन के गाँवों में संकट पैदा किया यह अगले अध्याय का विषय है।

टिप्पणियाँ

1. भारत में पंचायती राज पर बहस का यह केंद्रीय मुद्दा रहा है। देखें महांति, मैथ्यू, बॉम और मा, *ग्रासरूट्स डेमोक्रेसी इन इंडिया एंड चाइना*; नीरजा जयाल (सं.), *लोकल डेमोक्रेसी इन इंडिया* (ऑक्सफ़ोर्ड यूनिवर्सिटी प्रेस, नई दिल्ली, 2006) और गिरीश कुमार, *लोकल डेमोक्रेसी इन इंडिया* (सेज़ पब्लिकेशंस, नई दिल्ली, 2006)।
2. माना जाता है कि टाउनशिप और ग्रामीण उद्यम अपनी "ऐतिहासिक ज़िम्मेदारी" निभा रहे हैं, वह "नेतृत्वकारी ताक़त हैं, जिसने चीन की बाज़ार अर्थव्यवस्था को आगे बढ़ाया है, ग्रामीण अर्थव्यवस्था का आधारस्तंभ हैं और राष्ट्रीय अर्थव्यवस्था का महत्त्वपूर्ण पहलू हैं"। खंग (सं), *चाइनाज़ टाउनशिप एंड विलेज इंटरप्राइज़ेज*, पृ. 293. इसमें अनुलग्नक के रूप में टाउनशिप और ग्रामीण उद्यम के बारे में चीनी जनगणराज्य के क़ानून को भी दिया गया है जो 1 जनवरी 1997 से प्रभावी हुए। लेकिन इसने उनके स्वरूप को वैधता प्रदान की। साथ ही देखें श्ये ल्यांग, "दी इवोल्यूशन ऑफ़ टाउनशिप एंड विलेज इंटरप्राइज़ेज (टीवीईज) इन चाइना", *जर्नल ऑफ़ स्मॉल बिजनेस एंड इंटरप्राइज़ डेवलपमेंट* 13, नं. 2 (2006: 225–41)।
3. वर्ष 1984 के पहले सर्कुलर (*चंगफा*, हर साल पार्टी केंद्र नए साल के पहले दिन ग्रामीण काम के बारे में पहला सर्कुलर जारी करता था) में कहा गया –

   > मौजूदा कम्यून और उत्पादन ब्रिगेड उद्यम ग्रामीण अर्थव्यवस्था की आधारशिला हैं और कुछ तो बड़े शहरी उद्योगों की जान हैं। उनका अनवरत समेकन, ज़िम्मेदारी की व्यवस्था की स्थापना और सुधार, प्रबंधन और कामकाज में सुधार, समुचित तकनीक का इस्तेमाल और बेहतर आर्थिक नतीजे हासिल करना ज़रूरी है, इससे उनकी सेहत में सुधार होगा।

   ल्यू सुईनान और वु छुनकान (सं.), *चाइनाज़ सोशलिस्ट इकॉनमी : एन आउटलाइन हिस्ट्री 1949–1984* (पेइचिंग रिव्यू प्रेस, पेइचिंग, 1986, पृ. 666–67)।
4. ग्रामीण काम के बारे में चीनी कम्युनिस्ट पार्टी की केंद्रीय कमेटी का सर्कुलर (1 जनवरी 1984)। अनुलग्नक, ल्यू सुईनान और वु छुनकान (सं.), *चाइनाज़ सोशलिस्ट इकॉनमी : एन आउटलाइन हिस्ट्री 1949–1984* (पृ. 666–67)। साथ ही देखें संपादक मंडल का लेख "हाऊ टाउनशिप एंड विलेज इंटरप्राइज़ेज डेवलप्ड", ह खंग (सं.) (फ़ॉरेन लैंग्वेजेज़ प्रेस, पेइचिंग, 2006, पृ. 1–45)।
5. सातवीं एनपीसी के पाँचवें सत्र में सरकार के कामकाज के बारे में अपनी रिपोर्ट पेश करते हुए प्रधानमंत्री ली फंग ने कहा :

   > टाउनशिप और ग्रामीण उद्यमों का ग्रामीण अर्थव्यवस्था में महत्त्वपूर्ण हिस्सा रहा है, वे आम अर्थव्यवस्था का महत्त्वपूर्ण अवयव बन गए हैं… उम्मीद की जाती है कि यह उन्हें जल्द ही पिछड़ेपन से बाहर निकलने में मदद करेगा और उनके बाशिंदों के जीवनस्तर को ऊँचा उठाएगा।

ली फंग, *न्यूज़ फ्रॉम चाइना* 4, नं. 21 (15 अप्रैल 1992, पृ. 5–6)। साथ ही देखें *शिन्हुआ*, "रूरल इंटरप्राइज़ेज इन चाइना गेटिंग मैच्योर", पेइचिंग, *शिन्हुआ*, 26 अप्रैल 1992, *न्यूज़ फ्रॉम चाइना* 4, नं. 23 (29 अप्रैल 1992)।

6. चीन का कृषि मंत्रालय, खंग द्वारा उद्धृत, *चाइनाज़ टाउनशिप एंड विलेज इंटरप्राइजेज़*, पृ. 185.
7. तु रनशंग, "मोर विलेज एंड टाउन बेस्ड इंडस्ट्रीयल इंटरप्राइजेज़ बाइ चाइनाज़ पीज़ेंट्स", *चाइनाज़ इकोनॉमिक रिफ़ॉर्म* (फ़ॉरेन लैंग्वेजेज़ प्रेस, पेइचिंग, 1989, पृ. 57)।
8. टाउनशिप और ग्रामीण उद्यमों के उभार का दौर केंद्रीय कमेटी और राज्य परिषद द्वारा समय-समय लिए गए फ़ैसलों पर निर्भर था। सिर्फ़ 1996 में एनपीसी की स्थाई कमेटी ने टाउनशिप और ग्रामीण उद्यम संबंधी क़ानून बनाया, जो जनवरी 1997 से प्रभावी हुआ। यह स्वरूप और कामकाज के नियमों को तय करती है।
9. श्यू ल्यांग, "दी इवॉल्यूशन ऑफ़ टाउनशिप एंड विलेज इंटरप्राइजेज़ (टीवीईज़) इन चाइना", *जर्नल ऑफ़ स्मॉल बिज़नेस एंड इंटरप्राइज डेवलपमेंट* 13, नं. 2 (2006: पृ. 225–41)।
10. युंगछ्यांग ली, "एन ओवरव्यू ऑफ़ टाउनशिप एंड विलेज इंटरप्राइजेज़ इन चाइना ड्यूरिंग 1949–2009", *प्रोसीडिंग्स ऑफ़ दी सेकेंड इंटरनेशनल कांफ्रेंस कॉर्पोरेट गवर्नेंस*, पृ. 240–61. उपलब्ध : https://www.researchgate.net/publication/265315175_An_Overview_of_Township_and_Village_Enterprises_in_China_during_1949-2009 (देखा 30 जुलाई 2017)।
11. उपरोक्त।
12. वर्ष 1985 में हला *श्यांग* के निदेशक द्वारा उपलब्ध 19 उद्यमों की सूची से हमें सामूहिक स्वामित्व में चलनेवाले उद्योगों की जानकारी मिलती है :

    1. वुशी शि एलीवेटर संयंत्र
    2. वुशी शि वेहिकल पार्ट्स संयंत्र
    3. सन माइका संयंत्र
    4. फ़ोम लेदर फ़ैक्टरी
    5. काष्ठ उत्पाद
    6. पेपर बॉक्सेज़ फ़ैक्टरी
    7. मेटल उत्पाद फ़ैक्टरी
    8. मवेशी चारा संयंत्र
    9. निर्माण स्टेशन
    10. इलेक्ट्रॉनिक उपकरण फ़ैक्टरी
    11. ऊनी कार्य
    12. परिवहन स्टेशन
    13. कोल्ड स्टोरेज
    14. लांग मार्च औषधि संयंत्र
    15. इलेक्ट्रिक मीटर संयंत्र
    16. मछली ब्रीडिंग मशीनरी संयंत्र
    17. हला रेडियो कंपोनेंट्स
    18. वस्त्र फ़ैक्टरी
    19. मशीन टूल फ़ैक्टरी

13. वुशी के ग्रामीण उद्यम ब्यूरो के आर्थिक डिवीजन के उपनिदेशक चु शउसुंग के साथ 9 अक्टूबर 1996 को लेखक का साक्षात्कार। साथ ही देखें च्यांग वांती, "ऑप्टीमिस्टिक अबाउट टाउनशिप इंडस्ट्री", *पेइचिंग रिव्यू*, 40, नं. 47, पृ. 18 (17–23 नवंबर 1007)।

14. तंग श्याओफिंग के तीन लेखों में से एक लेख उद्यम सुधार के बारे में था। सांस्कृतिक क्रांति के अंतिम दिनों (1974–76) में गैंग ऑफ़ फ़ोर नियंत्रित मीडिया द्वारा उनकी खूब आलोचना की गई। तंग श्याओफिंग, "सम कमेंट्स ऑन इंडस्ट्रीयल डेवलपमेंट (18 अगस्त 1975)", *सेलेक्टेड वर्क्स ऑफ़ तंग श्याओफिंग 1975–1982* (फ़ॉरेन लैंग्वेजेज़ प्रेस, पेइचिंग, 1984)।
15. पामेला यात्सको, "न्यू ओनर्स : प्राइवेटाइज़ेशन कम्स टू चाइनाज़ टाउनशिप इंटरप्राइजेज़", *फ़ार-ईस्टर्न इकनॉमिक रिव्यू* 161, नं. 6 (5 फ़रवरी 1998)। यह मामला नई प्रवृत्ति को दिखाता है। च्यांग्सु प्रांत के यांग्यांग टाउनशिप की स्नीकर बनानेवाली एक इकाई घाटे में चल रही थी। पहले से रसोई उपकरण बनानेवाली व्यवसायी शु फाचान और उनके पति ने उसका अधिग्रहण कर लिया। उन्होंने उसे मेटल उत्पाद बनानेवाली फ़ैक्टरी में बदल डाला और भारी मुनाफ़ा कमाने लगे।
16. *कम्युनिक ऑफ़ दी थर्ड प्लेनरी सेशन ऑफ़ दी 11थ सेंट्रल कमेटी*। अनुलग्नक ल्यू सुइनियन और वु छुनकान, *चाइनाज़ सोशलिस्ट इकॉनमी : एन आउटलाइन हिस्ट्री* (1949–1984), पूर्व उद्धृत, पृ. 569.
17. चार काउंटियों, जिनमें से दो अन्य के मुकाबले कम ख़ुशहाल थीं, में ग्रामीण उद्यमों के तुलनात्मक अध्ययन के लिए देखें विलियम ए. बॉर्ड और लिन छिंगसुंग (सं.), *चाइनाज़ रूरल इंडस्ट्री : स्ट्रक्चर, डेवलपमेंट एंड रिफ़ॉर्म* (ऑक्सफ़ोर्ड यूनिवर्सिटी प्रेस, न्यू यॉर्क, एनवाई, 1990)।
18. तंग श्याओफिंग, "सम कमेंट्स ऑन इंडस्ट्रीयल डेवलपमेंट (18 अगस्त 1975)"।
19. तु रनशंग, "मोर विलेज एंड टाउनशिप-बेस्ड इंडस्ट्रीयल इंटरप्राइजेज़ बाइ चाइनाज़ पीजेंट्स"।
20. वुशी के आर्थिक डिविज़न ग्रामीण उद्यम ब्यूरो के उपप्रममुख चु शऊसुंग के साथ 9 अक्टूबर 1996 को लेखक का एक साक्षात्कार।
21. खंग (सं), *चाइनाज़ टाउनशिप एंड विलेज इंटरप्राइजेज़* (पृ. 335–37)।
22. मनोरंजन महांति, "चाइनाज़ सक्सेस ट्रैप" (स्थपना दिवस लेक्चर, मद्रास इंस्टीट्यूट ऑफ़ डेवलपमेंट स्टडीज़, 18 अप्रैल 2013)।
23. मनोरंजन महांति, *टीवीईज़ इन चाइनाज़ सक्सेस स्टोरी : लेशंस फ़ॉर इंडिया* (सातवाँ वी.बी. सिंह मेमोरियल लेक्चर, गिरी इंस्टीट्यूट ऑफ़ डेवलपमेंट स्टडीज़, लखनऊ, 25 जुलाई 2016)।

7 गाँवों में समृद्धि और समस्याएँ

ग्रामीण चीन का कायाकल्प

सुधार युग में चीनी गाँव की कहानी चीन की सफलता की दास्तान और सफलता के फंदे का बयान है। गाँवों के लोगों ने बढ़ती समृद्धि का लाभ उठाया। नए घर बनाए, जीवन की सुविधाएँ जमा कीं, तमाम तरह के उपकरण ख़रीदे, गाँव में नई सड़कें बनीं, स्थानीय शॉपिंग मॉल बने, जो विदेशी सामान और तरह-तरह की उपभोक्ता सामग्री बेचते थे। लोगों का खान-पान पूरी तरह बदल गया। लोग ज़्यादा माँसाहार खाने लगे क्योंकि उसे ख़ुशहाली की निशानी माना जाता था। आम बातचीत कुछ इस ढर्रे पर चलती थी : माओ के चीन में लोग ज़्यादातर चावल-सब्ज़ी खाते थे और कभी-कभार सुअर का माँस; तंग के चीन में अब सुअर का माँस मुख्य भोजन है और थोड़ी सब्ज़ी। दरअसल, जिस भी पैमाने से देखें हर मायने में सुधार काल में ग्रामीणों का जीवनस्तर काफ़ी सुधर गया है। प्रति व्यक्ति सालाना आमदनी सामान्यतया दस गुना बढ़ी है। सन् 1990 से 2015 के बीच वह 686.3 युआन से बढ़कर 11,421 युआन हो गई है। सन् 1990 में ज़्यादा कमाई (518.6 युआन) खेतीबाड़ी समेत पारिवारिक गतिविधियों से होती थी और मज़दूरी और वेतन का हिस्सा महज़ 138.8 युआन था। आमदनी का यह ढाँचा 2013 तक पूरी तरह बदल गया। अब दोनों से होनेवाली आमदनी लगभग बराबर हो गई, 3,793.2 युआन पारिवारिक गतिविधियों से और 4,025.4 युआन मज़दूरी और वेतन के रूप में।[1] इसी तरह, 2015 में मज़दूरी और वेतन के रूप में होनेवाली आमदनी 4,600 युआन थी।[2] उद्यमों की प्रगति के साथ आमदनी के स्रोत भी बदल गए। चीन के गाँवों की कामयाबी की दास्तान की सबसे ख़ास बात है ग़रीबी में भारी कमी (तालिका 7.1 और चित्र 7.1)। एक चीनी आधिकारिक आकलन के मुताबिक 1978 में जहाँ 25 करोड़ या 30.7 प्रतिशत लोग ग़रीबी रेखा के नीचे थे तो 2007 में उनकी संख्या घटकर 1.5 करोड़ या 1.6 प्रतिशत रह गई। ग्रामीण इलाक़ों में ग़रीबी के ख़ात्मे के संशोधित मानक के अनुसार 2013 में आधिकारिक आँकड़ा 8.2 करोड़ या कुल आबादी का 8.5 प्रतिशत था[3] और 2015 के अंत में 5.57 करोड़ या 5.7 प्रतिशत था। इस हिसाब से ग़रीब लोगों की संख्या 1980 में 50 करोड़ आँकी गई, जो 30 सालों में घटकर 10 करोड़ से थोड़ा नीचे आ गई। मार्च 2017 में बारहवीं एनपीसी के समक्ष प्रधानमंत्री ली खछ्यांग ने रिपोर्ट दी कि 2016 में 1.24 करोड़ लोगों को ग़रीबी रेखा के ऊपर उठाया गया और योजना थी कि हर साल 1 करोड़ लोगों को ग़रीबी रेखा के ऊपर लाया जाए, जिससे कि 2020 तक बाक़ी बचे 4.3 करोड़ लोग भी ग़रीबी रेखा के ऊपर आ जाएँ।[4] शहरी-ग्रामीण ग़ैरबराबरी से संबंधित तालिका 7.2 भी दिखाती है कि इस दिशा में ख़ासी प्रगति हुई है। लेकिन यह इस कहानी का एक हिस्सा है।

तालिका 7.1: ग्रामीण चीन में ग़रीबी

वर्ष	*ग़रीब आबादी (10,000 लोग)*	*ग़रीबों का अनुपात (%)*
1980	22,000	26.8
1985	12,500	14.8
1990	8,500	9.4
1995	6,540	7.1
2000	3,209	3.5
2005	6,432	6.8
2010	2,688	2.8
2013	8,249	8.5
2015	5,575	5.7

स्रोत : नेशनल ब्यूरो ऑफ़ स्टैटिस्टिक्स ऑफ़ चाइना, *चाइना स्टैटिस्टिकल ईयरबुक*, 2014, पृ. 206; 2015, पृ. 170; 2016 (तालिका 6–35).

नोट : वर्ष 2010 में ग़रीबी उन्मूलन मानक 2010 की स्थिर क़ीमतों पर 2300 युआन प्रति व्यक्ति प्रति वर्ष तय किया गया।

चित्र 7.1: ग्रामीण चीन में ग़रीबी

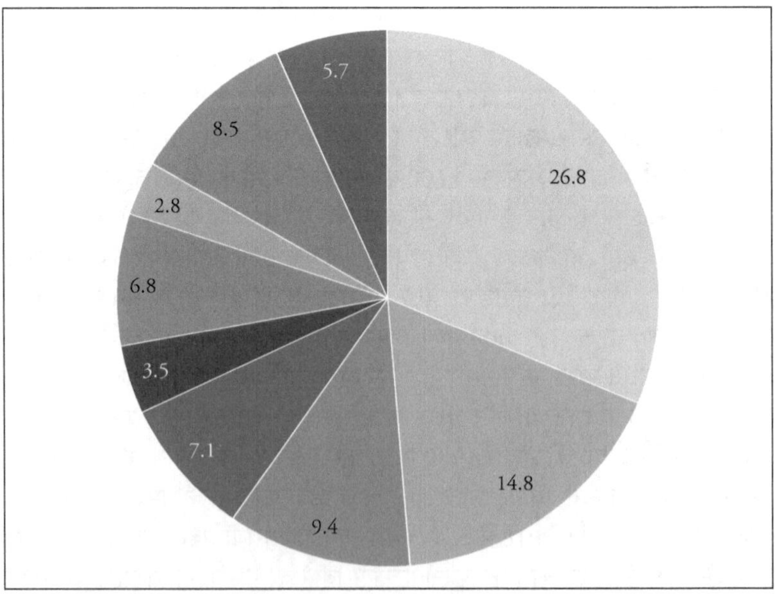

स्रोत : नेशनल ब्यूरो ऑफ़ स्टैटिस्टिक्स ऑफ़ चाइना, *चाइना स्टैटिस्टिकल ईयरबुक*, 2014, पृ. 206; 2015, पृ. 170; 2016 (तालिका 6–35)।

कहानी का दूसरा पक्ष है ग्रामीण चीन में मुसीबत। खेतीबाड़ी उतनी लाभदायक नहीं रही और ग्रामीण उद्यमों में उतने रोज़गार नहीं पैदा हुए कि लोगों की ज़रूरतें पूरी हो सकें। इसलिए लाखों ग्रामीण मज़दूर शहर पलायन कर गए। प्रवासी मज़दूरों के बारे में आकलन 25 करोड़ से 50 करोड़ के बीच बदलता रहता था। वे शहरों में दोयम दर्जे के नागरिक-जैसे थे, जिन्हें शिक्षा, स्वास्थ्य और कल्याणकारी सुविधाओं से वंचित रखा गया था। इसके साथ ही, कृषि के मशीनीकरण और गाँवों में खेतों की चकबंदी ने बहुत-से ग्रामीण मज़दूरों की छँटनी कर दी।[5] ग्रामीण *हुखऊ* की उनकी हैसियत बनी रही। हुखऊ नियमों में कुछ बदलाव हुए, उनमें ढील दी गई— 2013 के तीसरे प्लेनरी सत्र में शी जिनपिंग के नेतृत्व में मँझोले शहरों में उन्हें शहरी बाशिंदों के बराबर हक़ दिए गए— फिर भी व्यवस्था ने उनके साथ भेदभाव जारी रखा।[6] इसलिए मर्द शहरों में पलायन कर गए और औरतें और बच्चे बुज़ुर्गों के साथ पीछे रह गए। गाँवों में शिक्षा और स्वास्थ्य सेवा शहरों के मुकाबले पिछड़ी रह गई। आय और रहन-सहन के मामले में ग्रामीण-शहरी फ़र्क़ ऊँचा बना रहा या बढ़ता चला गया (तालिका 7.2)। चीनी कम्युनिस्ट पार्टी ने भी 2000 में "तीन ग्रामीण समस्याओं" को स्वीकार किया। वे थीं : कृषि की नीची उत्पादकता, किसानों की कम आय और ग्रामीण ढाँचे की ख़स्ता हालत। उसके बाद 2003 से पार्टी ने ग्रामीण विकास की एक योजना बनाई, जिसे "नए समाजवादी गाँवों के निर्माण" की योजना कहा गया। लेकिन 2010 के बाद ये दोनों ही विषय सार्वजनिक विमर्श से ग़ायब हो गए। आर्थिक प्रगति के साथ "नया शहरीकरण" नया मंत्र बन गया।

जैसा कि पहले बताया गया है तेरहवीं पंचवर्षीय योजना ने ग्रामीण इलाक़ों के आधुनिकीकरण के लिए तकनीकी-आधारित व्यवसाय का रास्ता चुना। पहले तो पर्याप्त मात्रा में अनाज की पैदावार के लिए–2017 में 55 करोड़ टन–कुछ ज़मीन को "स्थाई बुनियादी फ़सल भूमि" घोषित किया गया, जिसमें हर मायने में बेहतर लागत (इनपुट) का उपयोग होना था। दूसरे, कृषि, उद्योग और सेवाओं के समेकित विकास पर ज़ोरशोर से काम करना था। इसके लिए आधुनिक तकनीकी और आईटी प्रेरित व्यावसायिक रणनीति का अधिकतम उपयोग करना था और राष्ट्रीय और वैश्विक बाज़ार के साथ तालमेल कायम करना था। तीसरे, सामूहिक स्वामित्व के प्रचलित ढाँचे के तहत तरह-तरह के भूमि अधिकारों को स्वीकार किया गया। चौथे, ग्रामीण बाशिंदों के लिए, ख़ासकर महिलाओं, बच्चों और शहरों के प्रवासी मज़दूरों के लिए कई सामाजिक सुरक्षा नीतियाँ घोषित की गईं। दूसरे अन्य उपाय थे तेरहवीं योजना (2016–20) के दौरान 10 करोड़ प्रवासी मज़दूरों को शहरी बाशिंदा का दर्जा देना और उनके लिए शिक्षा और स्वास्थ्य सेवा का विस्तार करना।[7]

मार्च 2014 में नई राष्ट्रीय शहरीकरण योजना (2014–20) का शुभारंभ किया गया। यह समकालीन चीन में शहरी-ग्रामीण विकास के रास्ते को तय करती थी। नए शहरीकरण

तालिका 7.2: ग्रामीण चीन में प्रगति

आइटम	*1990*	*1995*	*2000*	*2005*	*2010*	*2013*	*2015*
प्रति व्यक्ति सालाना आमदनी (युआन)	686.31	1,577.74	2,253.42	—	5,919.01	9,426.6	11,421.7
प्रति व्यक्ति सालाना ख़र्च (युआन)	548.6	1,310.4	1,670.1	—	4,381.8	7,485.2	9,222.6
प्रत्येक 100 परिवारों में टिकाऊ उपभोक्ता सामान							
—वाशिंग मशीन (इकाई)	9.1	16.9	28.6	40.2	57.3	71.2	78.8
—रेफ्रिजरेटर (इकाई)	1.2	5.2	12.3	20.10	45.2	72.9	82.6
—मोटरसाइकल (इकाई)	0.9	4.9	21.9	40.70	59	61.1	67.5
—एयर कंडीशनर (इकाई)	—	0.2	1.3	6.40	16	29.9	38.8
—कंप्यूटर (इकाई)	—	—	0.5	2.10	10.4	20	25.7
—रंगीन टीवी सेट (इकाई)	4.7	16.9	48.7	84.08	111.8	112.9	116.9
प्रमुख खाद्यों का प्रति व्यक्ति उपभोग							
—अनाज (किलो)	262.1	256.1	250.2	208.5	181.44	178.5	159.5
—माँस, पोल्ट्री और प्रसंस्कृत खाद्य	12.59	13.56	18.30	22.42	22.15	22.4[क]	23.1
—दूध और दुग्ध उत्पाद	1.10	0.60	1.06	2.86	3.55	5.7	6.3
—जलीय उत्पाद	2.13	3.36	3.92	4.94	5.15	6.6	7.2
—ताजी साग-सब्ज़ी	134	104.6	106.7	102.8	93.28	90.6	88.7
—फल और प्रसंस्कृत उत्पाद	5.89	13.01	18.31	17.18	19.64	29.5	32.3

स्रोत : नेशनल ब्यूरो ऑफ़ स्टैटिस्टिक्स ऑफ़ चाइना, *चाइना स्टैटिस्टिकल ईयरबुक*, 1990, 1995, 2000, 2005, 2010, 2013, 2015.

नोट : [क] पोल्ट्री उत्पादों की सालाना प्रति व्यक्ति खपत का आँकड़ा 2013 में 6.2 किलो था, और 2015 में सुअर के माँस की प्रति व्यक्ति खपत 19.5 किलो थी।

का मकसद था समन्वित या संतुलित विकास, बेहतर ख़ाका, बेहतर पर्यावरण योजना और सांस्कृतिक समृद्धि।[8] विचार की दृष्टि से यह एक निरपवाद सोच थी। लेकिन इस योजना के पीछे सुधार रणनीति का तर्क छुपा था, जो पिछले दशक में उजागर हुआ। वर्ष 2013 में शहरी आबादी 54 प्रतिशत थी और अंदाज़ा था कि वह 2020 तक 60 प्रतिशत तक हो जाएगी और यह रुझान आगे भी जारी रहेगा। इसलिए "सुधार और खुलेपन" के ढाँचे में औसत या ऊँची वृद्धि दर को बरकारार रखते हुए बड़े शहरों का निर्माण और शहरी-ग्रामीण विषमता और पर्यावरण के नाश की समस्याओं को सुलझाने के साथ-साथ "हर मायने में ख़ुशहाल समाज" के घोषित लक्ष्य को हासिल करना चीनी कम्युनिस्ट पार्टी की नीतिगत सोच थी। इस दिशा पर अमल करते हुए चीनी कम्युनिस्ट पार्टी के नेतृत्व ने महानगरों की विचारधारा अपना ली। यही विश्व पूँजीवादी विकास के मौजूदा दौर की चालक सोच है, जिसमें "वैश्विक शहर" पूँजी संचय, उन्नत तकनीकी, नवोन्मेष और व्यापार औऱ वाणिज्य के केंद्र की अहम भूमिका निभाता है। इस ढाँचे के तहत हम देखते हैं कि ग़ैरबराबरी, विलगाव और टकराव की समस्याएँ बनी रहती हैं और परिणामस्वरूप पार्टी-राज्य के केंद्रीकरण की प्रवृत्ति जारी रहती है।

समय-समय पर साफ़ होता रहा है कि चीनी कम्युनिस्ट पार्टी का नेतृत्व गाँवों की गंभीर समस्याओं को लेकर सचेत है। शी जिनपिंग के नेतृत्व में 2013 में पार्टी के तीसरे प्लेनरी सत्र ने फ़ैसला किया कि "शहरी-ग्रामीण इलाक़े के समेकित विकास" के लिए त्रि-आयामी नीति बनाने की ज़रूरत है। पहला, "कृषि में नए ढंग के कामकाज की व्यवस्था बनाने में तेज़ी लाना"। इसके लिए किसानों को सहकारी समितियों से लेकर विशेष खेतिहर परिवारों से उपअनुबंध की इजाज़त देना, कृषि में निवेश आमंत्रित करना आदि-आदि। दूसरा, "किसानों को ज़्यादा संपत्ति अधिकार देना" जिसके तहत वे ज़मीन को गिरवी रख सकते हैं। तीसरा, उत्पादन के कारकों के बीच समान विनिमय को बढ़ावा देना, जिससे प्रवासी मज़दूरों को समान काम के लिए समान मज़दूरी मिल सके और शहरी और ग्रामीण बाशिंदों को शिक्षा, स्वास्थ्य बीमा और जीवन की न्यूनतम सुविधाएँ समान रूप से हासिल हो सकें।[9] लेकिन इनमें से बहुत कुछ, ख़ासकर शहरी आवास और सामाजिक सुरक्षा के प्रावधान सिर्फ़ उन किसानों पर लागू होते थे "जो शहरी बाशिंदे के रूप में पंजीकृत" थे और प्रवासी मज़दूरों के लिए शहरी बाशिंदा के रूप में अपने को रजिस्टर करना आसान नहीं था।

इस अध्याय में हम सुधारों की शुरुआत के बाद वुशी के ग्रामीण इलाक़ों में आ रहे बदलावों की प्रक्रिया पर नज़र डालेंगे। जैसे-जैसे सुधार बढ़े वे शहर का अंग बनते गए। ग्रामीण टाउनशिप नगर का शहरी ज़िला (*शी छू*) बन गया। गाँव शहरी ज़िला की गली (*चिएताओ*) या मुहल्ला बन गए। गाँव सामूहिक के मालिकानेवाली ग्रामीण ज़मीन, जो किसानों को खेतीबाड़ी या मछलीपालन के लिए दी गई थी, राज्य के मालिकाने में शहरी भूमि बन गई। वहाँ अब रीयल स्टेट का विकास होने लगा, बाज़ारी इमारतें बनने लगीं या

दफ़्तर बनने लगे या शहरी पार्क बनने लगे। हाँ, ग्रामीणों को हरजाना दिया गया। जैसे कि उनके परिवार के सदस्यों को फ़्लैट दिए गए, दुकान की जगह दी गई और कुछ मामलों में रोज़गार भी दिया गया। गाँवों की तफ़सील हमें इस बात का अंदाज़ा देती है कि शहरीकरण में तेज़ी के पहले उन्हें किस तरह के मौक़े हासिल थे और बाद के विकासों से उनके सामने किस तरह से आमदनी के नए दरवाज़े खुले पर उनके साथ नई समस्याएँ भी पैदा हुईं। हम पहले ही बता चुके हैं कि यह इलाक़ा पूर्वी चीन का समृद्ध इलाक़ा है और यहाँ के गाँव शहरों से सटे हुए हैं। लेकिन यह प्रक्रिया पूरे चीन में चल रही थी। बेशक, कुछ इलाक़ों में शहरीकरण की प्रक्रिया कहीं धीमी थी।

गाँव एक बुनियादी इकाई

गाँव या *नुंगछुन* का मतलब था "प्रशासनिक गाँव"। वह उत्पादन ब्रिगेड (*शंगछान तातुई*) था, कम्यून युग में जनकम्यून और उत्पादन टीम के बीच का मध्यवर्ती स्तर। उस समय उत्पादन टीम आम तौर पर कुदरती गाँव या बसाहट थी। वह बेहद अहम सामूहिक इकाई थी। ग्रामीण सुधारों के क्रम में 1980 के दशक और 1990 के दशक के शुरू में गाँव ज़मीनी स्तर पर चीन की ग्रामीण अर्थव्यवस्था की सबसे महत्त्वपूर्ण इकाई बन गया। उत्पादन टीम स्वामित्व और हिसाब-किताब की निर्णायक इकाई थी। उसे व्यवहारतः भंग कर दिया गया और उसकी जगह चीन के कई हिस्सों में "ग्रामीणों के कार्यदल" ने ले ली। नई व्यवस्था में उत्पादन ब्रिगेड को गाँव के रूप में पुनर्गठित किया गया, जो उत्पादन की सबसे निचली इकाई बन गया। वह कृषि में पारिवारिक अनुबंध प्रणाली की देखरेख करता था। वह अपने स्तर पर ग्रामीण उद्योगों और वाणिज्य का भी प्रबंधन करता था। टाउनशिप सरकार की आम देखरेख में काम करनेवाले गाँव ने उत्पादन प्रक्रिया के प्रत्यक्ष प्रबंधन का ज़िम्मा अपने ऊपर ले लिया। सन् 1992 में तंग श्याओफिंग के दक्षिणी दौरे के बाद जब बाज़ार अर्थव्यवस्था की बढ़त का ज़ोर बढ़ने लगा, तब गाँव का नया-नया महत्त्व कम होने लगा। गाँव स्तर पर सामूहिक अर्थव्यवस्था की जगह उभरते वैश्विक बाज़ार की ज़रूरतों को पूरा करनेवाले निजी या संयुक्त उद्यमों ने ले ली। इसके लिए ज़रूरी केंद्रीकृत उत्पादन योजना के लिए निवेश और शहर और देश के स्तर पर विभिन्न क्षेत्रों में विपणन रणनीति बनाने की ज़रूरत थी।

उसने ग्रामीण अर्थव्यवस्था के चरित्र को पूरी तरह बदल डाला और गंभीर समस्याएँ पैदा कीं जिन्हें चीनी सरकार ने 2000 में "तीन ग्रामीण समस्याओं" (*सान नुंग वन्थी*) के रूप में चिह्नित किया। इस संकट के दो कारक थे। सभी आधुनिक कृषि व्यवस्थाओं की तरह वहाँ भी "हरित क्रांति" के तौर-तरीक़ों का इस्तेमाल किया गया। इससे कुदरती संसाधन तेज़ी से ख़त्म होते गए। एक रिपोर्ट के मुताबिक चीन में पानी की खपत का 65 प्रतिशत 2014 में सिर्फ़ खेतीबाड़ी के लिए हुआ।[10] रासायनिक उर्वरकों का इस्तेमाल इस क़दर बढ़ गया था कि ज़मीन की गुणवत्ता नष्ट होने लगी थी। ऐसे में स्टेट काउंसिल को 2017 में नीति बनाकर

उसके इस्तेमाल में बढ़ोतरी पर प्रतिबंध लगाना पड़ा। उससे भी ज़्यादा गंभीर यह था कि उत्पादन के सभी प्रमुख कारकों को ग्रामीण अर्थव्यवस्था से हटा कर शहरी, औद्योगिक अर्थव्यवस्था की दिशा में मोड़ दिया गया।[11] ग्रामीण ज़मीन को खेती से हटाकर औद्योगिक और व्यावसायिक निर्माण में इस्तेमाल किया गया। इस प्रकार खेती के लिए ज़मीन की उपलब्धता कम हो गई। हालाँकि खेती का रकबा अब भी ख़तरे के निशान 12 करोड़ मू से ऊपर— 13.5 करोड़ मू था, लेकिन स्थित इतनी भयावह थी कि सरकार को "स्थाई बुनियादी फ़सल भूमि" की नीति बनानी पड़ी। जहाँ तक ग्रामीण श्रम की बात है पलायन बढ़ता ही जा रहा था। आधिकारिक आँकड़ों के मुताबिक प्रवासी मज़दूरों की संख्या 2015 में 27.75 करोड़ के क़रीब थी। लेकिन अनाधिकारिक आँकड़ा इससे काफ़ी ज़्यादा था। ग्रामीण पूँजी दो तरीक़े से बाहर जा रही थी : खेतिहर उपज की कम क़ीमत चुकाकर और फिर वित्तीय रास्ते से, जैसे कि बैंकों में बचत जमा के रूप में। सन् 1979–90 के बीच कृषि को उपज की कम क़ीमत के रूप में 50,000 करोड़ युआन गँवाना पड़ा और 1995–2014 के बीच बचत जमा के रूप में 35,76,000 करोड़ युआन बाहर चले गए।[12] यही तरीक़ा था जिससे संचय प्रक्रिया ने गाँवों से अतिरिक्त दूहकर औद्योगिकीकरण के लिए धन जुटाया। इसके अलावा और भी कई नए मुद्दे थे, जैसे कि उपलब्ध खाद्य की गुणवत्ता और मात्रा के साथ-साथ वैश्वीकरण के संदर्भ में खाद्य संप्रभुता से संबंधित मुद्दे। सामाजिक और भौतिक सुविधाओं की ख़राब हालत इन मुद्दों का दूसरा पक्ष सामने लाती थी।

इस संदर्भ में स्थिति से निपटने के लिए "एक नए समाजवादी गाँव" के निर्माण के कार्यक्रम के तहत कई पहल किए गए। इसी बीच चीनी कम्युनिस्ट पार्टी ने गाँव के स्तर पर प्रतियोगी चुनाव चालू किए। सबसे पहले 1988 में तजरबा के रूप में इसकी आजमाइश की गई और 1998 से प्रतियोगी चुनाव नियमित रूप से होने लगे। इसने गाँवों में एक नई राजनीतिक गतिशीलता को जन्म दिया, यहाँ तक कि समस्याओं से अटे ग्रामीण माहौल में भी। लिहाज़ा सुधार के क्रम में चीन की ज़मीनी राजनीतिक अर्थव्यवस्था में गाँव का एक निर्णायक इकाई के रूप में उभरना और वैश्वीकृत बाज़ार अर्थव्यवस्था की बढ़त के साथ उसका पतन ज़मीनी स्तर पर जनतंत्र और समताकारी विकास में रुचि रखनेवालों के लिए एक उपयोगी संदर्भ पेश करता है।

कई मायनों में 1980 के दशक की शुरुआत में सुधार के ग्रामीण ढाँचा ने टाउनशिप और गाँव के संदर्भ में ग्रामीण प्रशासन की परंपरागत व्यवस्था को फिर से बहाल किया। वह कई मामलों में मुक्ति-पूर्व ग्रामीण चीन में प्रचलित सामाजिक-आर्थिक विभेद के ढर्रे से भी मेल खाता था। उस समय टाउनशिप ग्रामीण विपणन ढाँचे की प्रमुख इकाई थी। गाँव बसाहटों का समुच्चय था, जिनमें ख़ास कुल के लोग और सगोत्रीय समूह रहते थे। बेशक, पिछले कुछ दशकों में चीन के ग्रामीण जीवन में भारी उलट-फेर हुआ था। फिर भी, 1980 के दशक में पुराने परंपरागत माहौल और चीन की आधुनिक संस्थाओं के बीच मेल बढ़ गया था।

प्रशासनिक और आर्थिक कारणों से गाँव पर नया ज़ोर कम उल्लेखनीय नहीं था। सन् 1979–80 में सामूहिक खेती के परित्याग के बाद ज़मीन खेती के लिए परिवारों को ठेके पर दे दी गई। ज़मीन का रकबा क्या होगा, यह परिवार में मेहनतकश लोगों की संख्या पर निर्भर था। वितरण की इस प्रक्रिया को अंजाम देने के लिए उत्पादन टीम काफ़ी छोटी इकाई थी और उसके पास उपलब्ध ज़मीन भी काफ़ी कम थी। गाँव के स्तर पर अनुबंध ज़िम्मेदारी प्रणाली के तहत ज़मीन का वितरण कहीं ज़्यादा व्यावहारिक था क्योंकि गाँव के पास काफ़ी ज़मीन थी। उसी तरह टाउनशिप इतना बड़ा इलाक़ा था कि वह पारिवारिक अनुबंध के तहत खेती की कारगर ढंग से देखरेख नहीं कर सकता था। इसे गाँव के स्तर पर बेहतर ढंग से किया जा सकता था।

इसके साथ ही गाँव को अपनी सामूहिक-संचालित उद्योग लगाने का हक़ है, जैसे कि टाउनशिप को अपने उद्योग संचलित करने का हक़। अगर उनके पास समुचित पूँजी है, जैसा कि वुशी के उपनगरों के धनी गाँवों के पास है, वे टाउनशिप की तरह अपना उद्योग लगा सकते हैं। इसके अलावा, गाँव के स्तर पर कम्युनिस्ट पार्टी और चीनी सरकार की भी उपस्थिति हो सकती है। चीन में पार्टी और राज्य के संगठित स्तर के रूप में टाउनशिप सबसे निचली प्रशासनिक इकाई है। जहाँ तक सामाजिक मामले के रूप में उत्पादन प्रबंधन का सवाल है सही में गाँव सबसे निचली इकाई है। कई गाँवों में गाँव स्तर के प्रमुख अधिकारी को "कृषि, उद्योग और वाणिज्य कंपनी का निदेशक" कहा जाता है। गाँवों में गाँव प्रतिनिधि काँग्रेस और गाँव प्रतिनिधि कमेटी भी होती है जिसका चरित्र जनसंगठन का है, न कि राज्य के अंग का। प्रत्येक गाँव में पार्टी की शाखा भी है। इस प्रकार, सुधारकालीन ढाँचा, ग्रामीण अर्थव्यवस्था का प्रबंधन गाँव केंद्रित है।

सुधार के दौर में जब गाँव ने महत्त्वपूर्ण आर्थिक भूमिका अपना ली और बहु उम्मीदवारों के बीच से चुनाव शुरू हुए, तब भी उसका राजनीतिक महत्त्व बना रहा। उसका औपचारिक संस्थागत स्वरूप जनसंगठन का बना रहा। चीनी जनगणराज्य के संविधान की धारा 111 कहती है : "रिहाइश की जगह के अनुसार शहरी और ग्रामीण बाशिंदों के बीच स्थापित बाशिंदा कमेटी और गाँव कमेटी ज़मीनी स्तर पर स्वप्रबंधन के जनसंगठन हैं"। दूसरी तरफ़, टाउनशिप और गाँव में जहाँ "जन सरकार" है, वे राज्य के सबसे निचले पायदान हैं। और योजना और राजनीतिक प्रबंधन के मामले में सारे महत्त्वपूर्ण फ़ैसले काउंटी या काउंटी-स्तर के नगरों द्वारा लिए जाते हैं।[13] ध्यान देने की बात है कि 2000 के दशक में और उसके बाद पार्टी दस्तावेज़ों और नेताओं के भाषणों में गाँव का उल्लेख अक्सर "सामुदायिक संगठन" के रूप में किया जाता था। लेकिन गाँव के ऊपर टाउनशिप होती थी और बसाहट या छोटा गाँव या पुरानी उत्पादन टीम उसके नीचे। सन् 1990 के दशक में जहाँ ग्रामीण शासन का ध्यान टाउनशिप या काउंटी पर था, वहीं सुधारों के पहले छोटा गाँव सामूहिक उत्पादन और गोलबंदी की इकाई था।

गाँव के मातहत टीम

जैसा कि पहले बताया गया है कि उत्पादन टीम त्रि-स्तरीय व्यवस्था का सबसे निचला पायदान था। इस व्यवस्था के तीन स्तर थे : कम्यून, उत्पादन ब्रिगेड और उत्पादन टीम। सन् 1950 के दशक में भूमि सुधार के पहले परस्पर सहयोग टीमें और सहकारी समितियाँ कमोबेश गाँव के स्तर पर काम करती थीं। अगर गाँव बहुत बड़ा हो तो उसे दो या तीन टीमों में बाँट दिया जाता था। उत्पादन की सामूहिक इकाई के असरदार प्रबंधन के लिहाज़ से ब्रिगेड या गाँव के स्तर पर लाने की बार-बार कोशिश की जाती थी। माओ त्से-तुंग इसी की पैरवी करते थे। लेकिन जनवरी 1961 के बाद से उत्पादन टीम खेतिहर पैदावार की सामूहिक इकाई बनी रही। मतलब यह कि छोटे गाँव के लोग या गाँव के एक हिस्से के लोग साझा रूप से अपने गाँव के आस-पास की ज़मीन के मालिक थे और अपने श्रम के मुताबिक आमदनी में हिस्सा बँटाते थे। सांस्कृतिक क्रांति के दौरान फिर से सामूहिक इकाई को ब्रिगेड के स्तर तक ले जाने की कोशिश की गई। लेकिन यह कम्यूनों के ऊपर छोड़ दिया गया। जैसा कि 1975 का संविधान कहता है :

> मौजूदा दौर में ग्रामीण जन कम्यूनों में सामूहिक स्वामित्व की आर्थिक व्यवस्था आम तौर पर तीन-स्तरीय स्वामित्व का रूप लेती है, जिसमें उत्पादन टीम बुनियादी स्तर पर है यानी स्वामित्व कम्यून, उत्पादन ब्रिगेड और उत्पादन टीम का है, जिसमें उत्पादन टीम हिसाब-किताब की इकाई है।
>
> जब विकास और सामूहिक अर्थव्यवस्था में जन कम्यून की प्रमुखता सुनिश्चित हो जाए तो जन कम्यून के सदस्य अपनी निजी ज़रूरतों के लिए ज़मीन के एक छोटे टुकड़े पर खेती कर सकते हैं, वे सीमित रूप से घरेलू अनुपूरक उत्पादन कर सकते हैं और चारागाह के इलाक़ों में निजी ज़रूरतों के लिए छोटी संख्या में मवेशी पाल सकते हैं।

इस प्रकार, जब 1975 में कृषि में ताचाई से सीखने का सम्मेलन आयोजित किया गया, सामूहिक को ऊँचे स्तर पर ले जाने पर ज़ोर नहीं दिया गया, बल्कि उत्पादन टीम को मज़बूत करते हुए धीरे-धीरे कृषि का मशीनीकरण करने की बात कही गई।

निम्नलिखित मामलों में कम्यून व्यवस्था को उत्पादन टीम पर पूरा अधिकार था :

1. राजकीय योजना को ध्यान में रखते हुए फ़ैसला करती थीं कि उन्हें कौन सी फ़सल उगानी है।
2. लक्ष्यों को हासिल करने के लिए टीमों को अपनी नीतियाँ और क़दम तय करने का हक़ था।
3. टीम को अपने तरीक़े से उद्योग का प्रबंधन चलाने और अपने को समूहों में बाँटने और उनके लिए कोटा तय करने का हक़ था।

4. टीम वितरण का अपना सिद्धांत बना सकती थी और तय कर सकती थी, भुगतान नकद हो या जिंस में और अगर नकद हो तो कितना नकद दिया जाए।
5. ऊपर के आदेशों को आँखें मूँद कर नहीं मानना चाहिए, बल्कि अपने अधिकार का दावा करना चाहिए क्योंकि क़ानून हर स्तर के अधिकारों को स्पष्ट तय करता है।

बहरहाल, सुधारों ने अलग दृष्टिकोण अपनाया। परिवारों को खेतिहर पैदावार की प्राथमिक इकाई बना दिया गया। ज़मीन अब भी क़ानूनी तौर पर गाँव सामूहिक के मालिकाने में थी, पर उसे लंबे समय के लिए परिवारों को खेती के लिए ठेके पर दे दिया गया था। ज़मीन का वितरण बराबरी के साथ किया गया था क्योंकि किसको कितनी ज़मीन दी जाए यह परिवार के कामकाजी सदस्यों की संख्या पर निर्भर था। पहले बताया जा चुका है कि शुरू में ठेका 15 वर्षों के लिए दिया गया, बाद में उसे बढ़ाकर 30 साल के लिए कर दिया गया और फिर गाँव यदि चाहे तो अनिश्चित काल के लिए। जिस बात पर ध्यान देने की ज़रूरत है वह यह कि गाँव के नीचे भी परंपरागत बसाहटें थीं, जो कुल के अनुसार बँटी थीं। पहले वे सामूहिक इकाई यानी उत्पादन टीम थीं। सामूहिक इकाई के तौर पर वे 1980 के बाद निष्क्रिय हो गईं लेकिन कुछ ठोस परिस्थितियों में वे कार्य समूह या छोटी सहकारी समितियों की तरह काम करती थीं, जिन्हें सन् 2000 के दशक में फिर से जिंदा किया गया था।

हला टाउनशिप-जैसी जगहों पर मछलीपालन और साग-सब्ज़ी उगाना मुख्य धंधा था। वहाँ काम के लिए टीम ज़रूरी थी। लिहाज़ा ग्रामीणों ने कार्यदल या ग्रामीणों के छोटे समूह (*चुमिन श्याओ चु*) बनाए, जो विभिन्न क़िस्म की श्रमिक और विपणन सहकारी समितियाँ थीं। लेकिन खेतिहर पैदावार की आधारभूत इकाई के रूप में टीम की उपादेयता ख़त्म हो गई थी और अगले उच्चतर स्तर यानी गाँव को विविधतापूर्ण अर्थव्यवस्था के लिए ज़्यादा उपयुक्त स्तर और कारगर आर्थिक इकाई माना जाता था।

चीन में सुधार के आर्थिक ढाँचे के तहत परिवार फिर से बुनियादी आर्थिक इकाई बनकर उभरा था। ज़मीन पर क़ानूनी स्वामित्व का कोई पट्टा नहीं था, फिर भी दीर्घकालीन अनुबंध से उन्हें ज़मीन का एक टुकड़ा मिल गया था, जिसे परिवार की पहचान के तौर पर देखा जाता था। अभी तक उसके पास रिहाइश की जगह थी और ज़मीन का निजी टुकड़ा था। साथ में पारिवारिक घर-गृहस्थी के सामान थे और बैंक में जमा रकम थी। नई भूमि प्रबंधन प्रणाली ने गाँव में सामूहिक आर्थिक गतिविधियों के नेटवर्क को भी बदल डाला था। पहले उत्पादन टीम न सिर्फ़ अन्न की पैदावार का प्रबंध करती थी, बल्कि अनुपूरक उत्पादन, वाणिज्य और उद्योग का भी प्रबंध देखती थी। अलावे वह समुदाय की स्वास्थ्य, शिक्षा और अन्य कल्याणकारी सुविधाओं की ज़रूरतों का भी सामूहिक रूप से ख़याल रखती थी। अब ग़ैर-खेतिहर उद्यमों को गाँव संचालित करता था या टाउनशिप या निजी उद्यमी।

पहले कम्यून व्यवस्था के अंतर्गत परिवार भी एक आर्थिक इकाई था। परिवार के सभी कामकाजी लोग— पति-पत्नी और साथ रहनेवाली उनकी वयस्क संतान— परिवार चलाने के लिए अपनी आमदनी जोड़ लेते थे। उनकी बचत से नए मकान बनाए जाते, घर-गृहस्थी के नए सामान ख़रीदे जाते इत्यादि, इत्यादि। यह कहना सही नहीं होगा कि कम्यून के दौर में परिवार ने सामाजिक इकाई के रूप में काम करना बंद कर दिया था। हाँ, यह सच था कि परिवार के पास श्रम के आवंटन का अधिकार नहीं था। वह नए उपक्रमों में निवेश नहीं कर सकता था। परिवार के श्रम का इस्तेमाल कैसे होगा इसे टीम तय करती थी। पर जब कोई शिक्षा हासिल कर लेता तो वह रोज़गार के लिए शहर जा सकता था। वह सेना में भर्ती हो सकता था। पर ऐसे प्रवास के लिए टीम और उसके नेता की इजाज़त की ज़रूरत थी।

मर्द और औरत दोनों कमाते थे, अलबत्ता टीम उन्हें असमान मज़दूरी देती थी। इसलिए कम्यून के दौर में औरतों की ज़्यादा ऊँची हैसियत थी— ग्रामीण सुधारों से उन्हें जो मिला उससे सिर्फ़ तुलनात्मक रूप से। यकीनन, सामाजिक मान्यताएँ अब भी पुरुषों को जीवन और रोज़गार में ज़्यादा महत्त्व देती थीं। सुधार के ढाँचे में ज़मीन का पट्टा परिवार के पुरुषों के नाम ही मिलता था। श्रम का बँटवारा भी असमान ढंग से होता था। कुछ इलाक़ों में औरतें घर के अंदर सीमित होती थीं, सुअर पालती थीं या ऐसे ही काम करती थीं, जबकि मर्द खेतों में काम करते थे। तुंग हंगशान में औरतें ग्रामीण हल्के उद्योगों में काम करती थीं और मर्द खेती करते थे। कई अन्य टीमों में औरतें खेतों में काम करतीं और मर्द शहर के उन्नत उद्योगों में। कई टीमों में औरत और मर्द दोनों ही आधा समय खेती करते और बाक़ी समय में उद्योग में काम करके मज़दूरी कमाते। वही उनकी आजीविका का मुख्य साधन था। कई मामलों में परिवार को औरतों के लिए मर्दों के मुकाबले "हल्के काम और कम मज़दूरी" से संतोष करना पड़ता था। यह अभिव्यक्ति प्रचलित सोच को दिखाती थी।

क्या सुधार के नए ढाँचे ने व्यक्तिगत स्वतंत्रता को आगे बढ़ाया? जिस हद तक व्यक्ति परिवार के भीतर नया पेशा अपनाने के लिए स्वतंत्र है, उस हद तक इस सवाल का जवाब सकारात्मक हो सकता है। वह उस मकसद से स्वतंत्रतापूर्वक शहर भी जा सकता है। यह कुछ हद तक परिवार की निर्णय प्रक्रिया से राज्य के हटने को दिखाता है। लेकिन अब व्यक्ति को अपना रोज़गार ढूँढ़ने के लिए अकेला छोड़ दिया गया। श्रम की स्थिति ऐसी थी कि व्यक्ति लंबे अरसे तक बेरोज़गार रह सकता था। दूसरी तरफ़, कम्यून व्यवस्था प्रत्येक वयस्क को, औरत हो या मर्द, सभी को खेतों में या खेतिहर ढाँचे के निर्माण में किसी न किसी उत्पादक काम में लगा देती थी। मुसीबत के वक़्त सामूहिक कम्यून निधि का सहारा ले सकता था और हद तक सामाजिक सुरक्षा की गारंटी कर सकता था। लेकिन उथल-पुथल के वर्षों ने इस व्यवस्था को लगभग अस्त-व्यस्त कर दिया। दोनों ही स्थितियों में स्वतंत्रता के भौतिक साधन निर्मित हुए। लेकिन नई परिस्थिति में आमदनी और अवसरों में पहले से

भारी विभदीकरण आया। धनी परिवार थे और ग़रीब भी। उसी दौरान आमदनी बढ़ने से लोगों का रहन-सहन अच्छा हुआ। परिवारों की बचत बढ़ी, जिससे वह नए उद्यमों में निवेश कर सकते थे। व्यक्ति अपने को काम के नए अवसर तलाशने में ज़्यादा सक्षम महसूस करता था। नौजवान किसान नए माहौल के बारे में कुछ ऐसा ही सोचते थे। जहाँ तक राजनीतिक माहौल की बात है गाँव सामूहिकों ने किसानों को भागीदारी के और अवसर मुहैया कराए थे। सुधारकालीन ढाँचे ने किसानों को स्वायत्त उद्यमी बना दिया था, पर वह बाज़ार की ताक़त के अधीन था, जिस पर उसका कोई वश नहीं था। सांस्कृतिक रूप से किसान अब अपने आपको गाँव के बाहर के व्यापक बाज़ार में संघर्ष करती इकाई के रूप में देखता था। गाँव से सांस्कृतिक बंधन टूट गया था, सामुदायिकता खो गई थी। सुधारों के बाद चीन में विलुप्त होती टीम ने गाँवों में विलगाव के नए दौर को जन्म दिया।

ग्रामीण चुनाव

जब एक नए क़ानून के ज़रिए चीन में कई उम्मीदवारों के साथ चुनाव शुरू किए गए, तब देश भर में और बाहर भी काफ़ी उत्साह दिखा। उम्मीद थी कि यह "पाँचवाँ आधुनिकीकरण" की शुरुआत है यानी बहु-पार्टी उदारवादी जनतांत्रिक व्यवस्था की शुरुआत है।[14] लेकिन दो दशकों के बाद यह साफ़ था कि यह मूलतः समुदाय को शामिल करने की गतिविधि थी। यह ध्यान रखना चाहिए कि हर संस्थागत पहल का अपना तर्क था, जिसके अपने नतीजे थे। इसलिए, गाँव के स्तर पर वैधानिक रूप से प्रतियोगी चुनाव की शुरुआत ने एक राजनीतिक प्रक्रिया को प्रारंभ किया, जिसके जनतांत्रिक नतीजे थे।[15] हमारी नज़र में मूल सवाल है कि क्या यह चीन को "अभिकर्ता के द्वंद्व" से बाहर निकाल पाएगा?

ज़मीनी सरकार के संबंध में पहला संवैधानिक क़ानून 1987 में बनाया गया, जो 1988 से अमल में आया। उसे कुछ इलाक़ों में आजमाइशी तौर पर लागू किया गया। वर्ष 1998 में उसके संशोधित रूप को पूरे चीन में लागू किया गया। यह प्रांतों पर छोड़ दिया गया कि वे कब उस पर अमल करते हैं। वर्ष 2000 आते-आते व्यवहारतः सभी प्रदेशों ने गाँव कमेटियों के चुनाव का पहला दौर पूरा कर लिया था।

समकालीन चीन में ज़मीनी चुनावों के दो तरह के मूल्यांकन उपलब्ध हैं। एक मानता है कि इसने चीन में जनतांत्रिक माहौल का सृजन किया है। यह एक सकारात्मक मूल्यांकन है। दूसरा इसे ग्रामीण तनावों को कम करने और पार्टी-राज्य के नेतृत्व में स्थानीय हितों को जगह देने का तरीक़ा भर मानता है। पहला दृष्टिकोण इसे "एक पार्टी राज्य में जनतंत्र के समावेश" के तरीक़े के रूप में देखता है, जो ग्रामीण नागरिकों को "भागीदारी के अधिकार" के उपभोग और चुनाव के मौक़े का इस्तेमाल कर गंभीर सवाल पूछने की इजाज़त देता है। चूँकि क़ानून जन हस्ताक्षर अभियान के ज़रिए गाँववासी कमेटी के सदस्यों की "वापसी" (रिकॉल) का

प्रावधान करता है, कई ग्रामीणों ने इस प्रावधान का इस्तेमाल किया है और कुछ सदस्यों को बाहर करने में सफल रहे हैं।[16]

जैसे-जैसे सोशल मीडिया और इलेक्ट्रॉनिक मीडिया की पहुँच बढ़ी है और जन आंदोलनों ने गाँवों को शहरों से जोड़ दिया है, स्थानीय बहसें भी तेज़ी से चर्चा में आ जाती हैं। विदेशी मीडिया की उपस्थिति ने भी अच्छा-ख़ासा असर डाला है। इसलिए, ज़मीन की ख़रीद-बिक्री में भ्रष्ट आचरण, इलाक़े में प्रदूषण और मज़दूरी की माँग से लेकर बाँधों, उद्योग और खनन परियोजनाओं से विस्थापन तक सभी मुद्दे सबकी निगाह में आ गए हैं। गाँव के चुनावों ने इन मुद्दों को सामने लाने का मौक़ा दिया है।

दूसरा दृष्टिकोण जो इसे स्वशासन का संस्थागत स्वरूप नहीं मानता, बल्कि स्थानीय प्रबंधन का हथकंडा मानता है, यह समझता है कि स्थानीय अभिजात वर्ग ने गाँव स्तर के दफ़्तरों पर कब्ज़ा कर लिया है। उसने पार्टी, सरकार और उद्यमिता को एक में मिला दिया है। कई इलाकों में एक ही शख़्स को बार-बार चुना जाता है और अक्सर वह पार्टी द्वारा नामित होता है। तकनीकी रूप से एक से ज़्यादा उम्मीदवार हो सकते हैं। कई बार उच्चतर पार्टी नेतृत्व भी एक से ज़्यादा नाम सुझाता है, जिसमें से गाँववासी एक को चुनते हैं। वे इस बात की ओर भी इशारा करते हैं कि बहु-उम्मीदवार चुनाव की व्यवस्था को अगले स्तर यानी टाउनशिप के स्तर पर कराने के कोई आसार नहीं दिखते। साथ ही, गाँव को सामुदायिक संगठन माना जाता है और स्थानीय स्तर पर राजसत्ता का राजनीतिक अंग नहीं माना जाता।

कुल मिलाकर गाँव चुनावों का राजनीतिक महत्त्व है, इसे स्वीकार किया जाना चाहिए। अगर अभिजात ने कब्ज़ा कर लिया हो और गाँवों का नया बुर्जुआ वर्ग गाँव की अर्थव्यवस्था को नियंत्रित करने और सामजिक-राजनीतिक परिवेश पर अपना दबदबा कायम करने के लिए इस संस्था का इस्तेमाल करता हो, तब भी चुनाव की प्रक्रिया महत्त्वपूर्ण मुद्दों पर राजनीतिक बहस का रास्ता खोलती है। जैसा कि हम कई गाँवों के ब्योरों में देखते हैं कई महत्त्वपूर्ण उद्यम गाँवों में स्थित हैं। अगर उनपर निजी उद्यमियों का मालिकाना हक़ हो तो भी मुद्दे चुनाव के वक़्त सार्वजनिक बहस का अंश बन जाते हैं।

ठीक उसी समय यह भी सही है कि गाँव चुनावों के नतीजे मिलेजुले रहे हैं। इसने आबादी के भीतर बड़े पैमाने पर बेरुख़ी पैदा की क्योंकि वह मूलतः "गंदे काम" करनेवाला राज्य का एजेंट बन गया है। उसके ज़िम्मे टैक्स की वसूली, परिवार नियोजन नीतियों पर अमल और सामाजिक स्थिरता बनाए रखने-जैसे काम थे।[17] इसे गाँव के ऊपर तक ले जाने की हाल-फ़िलहाल कोई योजना नहीं थी। फिर, कुछ आलोचक यह भी इंगित करते थे कि ऐसा जनतंत्रीकरण अराजकता पैदा करेगा। इससे शासन का स्तर नीचे गिरेगा और स्थानीय जनतंत्र के प्रति अविश्वास बढ़ेगा। उनका मानना था कि संस्थानिक स्वरूप के बावजूद इसने असल में प्रतियोगी चुनाव को मज़बूत नहीं किया है।[18]

गाँव चुनाव जनतांत्रिक राजनीति की ओर एक छोटा-सा क़दम हो सकते हैं, पर उनका राजनीतिक महत्त्व बड़ा है। यह ध्यान देना दिलचस्प है कि शी जिनपिंग ने चीनी कम्युनिस्ट पार्टी का महासचिव बनने के बाद इसका बार-बार उल्लेख किया कि उन्होंने सांस्कृतिक क्रांति के दौरान पार्टी की एक गाँव सचिव के रूप में सेवा की है। वह गाँव था चीन के उत्तरपश्चिम में शान्शी प्रांत की येनछवान काउंटी का ल्यांगच्याह गाँव। इसलिए ज़मीनी स्तर पर किसी कैडर का अनुभव उसे बड़ी ज़िम्मेदारियों की ओर ले जा सकता है।

अब हम हला टाउनशिप के कुछ गाँवों पर क़रीबी नज़र डालेंगे। हम दो अपेक्षाकृत विकसित और एक अल्पविकसित गाँव को लेते हैं। हमारी जाँच-पड़ताल की अवधि है 1979 और 1993 के बीच का दौर, जब ग्रामीण उद्योग ग्रामीण विकास के प्रमुख प्रेरक थे। उन्होंने खेतिहर बुनियाद खड़ा करने में मदद की और साथ ही, स्थानीय स्वास्थ्य सेवा और शिक्षा सुविधाओं का ढाँचा तैयार किया। यह बयान दिखाता है कि शहरीकरण का मिज़ाज क्या था जो इन वर्षों में और उनके बाद भी तेज़ी से जारी था। ऐसा न सिर्फ़ इस-जैसे उपनगरों में हो रहा था, बल्कि दूर-दराज के ग्रामीण इलाक़ों में भी घटित हो रहा था। छोटे शहरों के उदय के साथ गाँव शहरों में मिलते जा रहे थे। इन सबमें जारी अर्थव्यवस्था का कायाकल्प और शहरीकरण की प्रक्रिया और लोगों के रहन-सहन पर उनका असर हमारी दिलचस्पी के बिंदु हैं।

हला गाँव

टाउनशिप के 13 गाँवों में हला गाँव (हला टाउनशिप से अलग) और ल्येन ह गाँव दो ख़ुशहाल गाँव थे। टाउनशिप मुख्यालय पहले हला गाँव में स्थित था, उसे 1985 आते-आते ल्येन ह गाँव के एक विस्तृत अहाते में शिफ़्ट कर दिया गया है। टाउनशिप के उत्तरपश्चिम में बसा छिंगशिन गाँव तुलनात्मक रूप से कम विकसित है। पहले के दोनों गाँवों में ज़्यादा ग्रामीण उद्योग हैं, जो उन्हें समृद्ध बनाते हैं, जबकि छिंगशिन की आमदनी का बड़ा हिस्सा खाद्यान्नों की पैदावार से आता है। हम मछलीपालक गाँव की भी चर्चा करेंगे, जो छोटे-सा कार्यदल संचालित सामूहिक उद्यम है। बाद में उसका नाम बदलकर लीहुंग कर दिया गया। उन्हें अब भी गाँव कहा जाता है, हालाँकि टाउनशिप टाउन बन गया और फिर स्ट्रीट या गली।

सन् 1980 में हला गाँव में 1081 परिवार बसते थे, जिनकी संख्या 1985 में घटकर 853 रह गई और आबादी 2,554 से घटकर 2,181 पर आ गई। परिवारों की संख्या में इस कमी की मुख्य वजह यह थी कि उनमें से कई शहरी उद्यमों या दफ़्तरों के पूर्णकालिक कर्मी बन गए, इसलिए उनकी गिनती "ग्रामीण परिवार" में नहीं की गई। कई परिवार शहर में आवंटित मकान में चले गए। जबकि कई परिवार, जो अब भी अपने ही मकान में रहते थे, ग्रामीण अर्थव्यवस्था का अंग नहीं थे। इस प्रकार, उपनगरों का गाँव आंशिक तौर पर ही कामकाजी श्रेणी था और आंशिक रूप से भौगोलिक श्रेणी। ऐसे में उसे शहरी इकाई माना जाए या ग्रामीण इकाई, यह दुविधा बनी हुई थी। जब कोई गाँव-संचालित उद्योग में काम करता था

उसे गाँव का सदस्य माना जाता था। खेत में काम करनेवाले यकीनन गाँव के सदस्य थे और उनकी संख्या ज़्यादा थी।

यह मूलतः साग-सब्ज़ी उगानेवाला ब्रिगेड था, जो अपनी अर्थव्यवस्था में विविधता लाने में लगा था। हला ब्रिगेड के मातहत 15 उत्पादन टीमें थीं, जिनमें से नौ साग-सब्ज़ी उगाती थीं, पाँच साग-सब्ज़ी उगाने के साथ-साथ रेशमकीट पालती थीं और एक मूल रूप से रेशमकीट पालती थी। नए-नए तरह की आर्थिक गतिविधियों की तलाश पहले से ही चल रही थी क्योंकि ब्रिगेड तेज़ी से अपनी ज़मीन खोता जा रहा था। शहर निर्माण कार्यों के लिए उसकी ज़मीन पर कब्ज़ा करता जा रहा था। साथ ही, ब्रिगेड भी अपनी ज़मीन पर औद्योगिक इकाइयाँ चालू कर रहा था। कुछ ज़मीन का इस्तेमाल नए आवास बनाने के लिए भी किया गया।

वर्ष 1978 और 1979 के बीच हला ब्रिगेड में मज़दूरों की संख्या और आबादी 1,400 और 2,800 से घटकर क्रमशः 1,128 और 2,554 रह गई। साग-सब्ज़ी उगानेवाले इलाक़े का रकबा 1,450 मू से कम होकर 307 मू पर आ गया और शहतूत की बाग़वानी का क्षेत्र 120 मू से कम होकर 79 मू रह गया।

ब्रिगेड मूलतः शहरी आबादी के लिए साग-सब्ज़ी उगाता था। उत्पादन में विविधता आने से ब्रिगेड की अर्थव्यवस्था में काफ़ी सुधार आया। ब्रिगेड प्रत्येक मू में 401.40 युआन की साग-सब्ज़ी पैदा करता था। वर्ष 1979 में 1978 के उत्पादन मूल्य से भारी बढ़त हासिल की गई।

वर्ष 1979 और 1980 में उत्पादन के ढर्रे में बदलाव स्पष्ट दिख रहे थे। वर्ष 1978 में चीनी कम्युनिस्ट पार्टी की केंद्रीय कमेटी के तीसरे अधिवेशन में अन्न उत्पादन पर ज़ोर बना रहा था। जैसा कि ब्रिगेड के नेताओं ने बताया चौगुटे के पतन के पहले ग्रामीण काम का निर्देशक सिद्धांत था "अन्न उत्पादन को मूल कड़ी बनाओ"।

उप प्रधानमंत्री चांग छुनछयाओ सांस्कृतिक क्रांति के दौरान चौगुट के सदस्य थे। उन्होंने एक कथित टिप्पणी की थी कि जो साग-सब्ज़ी उगाते हैं, उन्हें अन्न नहीं खाना चाहिए। उनकी इस कथित टिप्पणी का मज़ाकिया उल्लेख करते हुए स्थानीय नेताओं ने उनकी कड़ी आलोचना की। हर किसी को अपनी ज़रूरत के साथ-साथ बाज़ार के लिए भी अन्न उपजाना पड़ता था। उनका कहना था कि कई वर्षों तक इसका साग-सब्ज़ी की उपज पर प्रतिकूल प्रभाव पड़ा। इसी तरह, ग्रामीण उद्यमों को खोलने पर भी प्रतिबंध लगा दिया गया था। जब तीसरे अधिवेशन ने "फ़ोकस को बदल दिया" तो सामूहिक आमदनी और साथ ही किसानों की आमदनी बढ़ाने का आह्वान किया गया। इसने अर्थव्यवस्था को विविध बनाने के रास्ते खोल दिए। किसानों ने बड़े पैमाने पर साग-सब्ज़ी उगाना शुरू कर दिया।

रेशमकीट पालने का काम तेज़ी से बढ़ा, ग्रामीण उद्यम शुरू हुए और धीरे-धीरे मवेशीपालन भी फैला। ब्रिगेड नेताओं ने बताया कि उद्योग से होनेवाली आमदनी का इस्तेमाल कर खेतिहर ढाँचे का निर्माण किया जा सकता था। उसका इस्तेमाल स्वास्थ्य

सुविधा, शिक्षा और अन्य कल्याणकारी उद्देश्यों के लिए भी किया जा सकता था। औसत आमदनी में भारी बढ़ोतरी दर्ज की गई। प्रति व्यक्ति आय (जिसमें बूढ़ों और बच्चों को भी शामिल किया जाता है) तिहाई बढ़ गई। प्रति सदस्य आय के मामले में भी ऐसा ही हुआ। आय में फ़र्क़ जो 1978 में 2:7 था, अब 1:5 पर आ गया। सांस्कृतिक क्रांति के दौरान आमदनी पर एक सीलिंग थी। किसी भी कम्यून सदस्य को 200 युआन प्रति वर्ष से ज़्यादा कमाने की इजाज़त नहीं थी। अतिरिक्त को या तो सार्वजनिक संचय निधि में जमा कर दिया जाता या रिज़र्व के रूप में रख लिया जाता था, जिसे भविष्य में वितरित किया जा सके। तीसरे अधिवेशन के बाद इस सीलिंग को उठा लिया गया। सुधार की सोच के मुताबिक कुछ लोग धनी बन जाएँ, इसमें कोई हर्ज नहीं था। इससे चीनी समाज में सामजिक विभेदीकरण की प्रवृत्ति सर उठाने लगी। इन सालों में ग़ैरबराबरी का बढ़ना चिंता की बात नहीं थी क्योंकि उत्पादन और मुनाफ़े को बढ़ाना ही लक्ष्य था।

यद्यपि उद्योग के मामले में 1980 में भी मुनाफ़ा का 50 प्रतिशत तक फ़ैक्टरी में पुनर्निवेश के लिए रख लिया जाता था। बाक़ी मज़दूरों के बीच उनके श्रम के हिसाब से बाँट दिया जाता था। सन् 1980 में हला गाँव की फ़ैक्टरियाँ मूलतः शहरों के लिए प्रसंस्करण का काम करती थीं। संक्रमण के दौर में मज़दूरों को उनकी उत्पादन टीम द्वारा मज़दूरी दी जाती थी। फ़ैक्टरी मज़दूरों की मज़दूरी का हिसाब करती और उसके हिसाब से पैसा संबंधित उत्पादन टीम को मज़दूरों में बाँटने के लिए दे देती। अगर टीम में वर्क प्वाइंट का मूल्य फ़ैक्टरी के मूल्य से ज़्यादा हो तो टीम अपनी निधि से लेकर मज़दूरों की मज़दूरी चुकाती। अगर टीम में वर्क प्वाइंट का मूल्य फ़ैक्टरी मूल्य से कम हो तो वह कम भुगतान करती। यह मज़दूरों के उत्साह को कम कर देता। वैसे भी, सिर्फ़ कम्यून के वे सदस्य जो खेतीबाड़ी में लगे थे, वही अपनी निजी खाता-बही रखते थे, जबकि उद्यमों के मज़दूरों का राजकीय उद्यमों की तरह ही हाज़िरी कार्ड होता था। बहरहाल, बाद के वर्षों में इस व्यवस्था को सुधार दिया गया। टाउनशिप के उद्यमों और गाँव की फ़ैक्टरी के मज़दूरों को उनकी मज़दूरी सीधे उद्यम द्वारा दी जाने लगी।

सुधारों के बाद हला गाँव

सुधारों की शुरुआत के पाँच साल बाद हला गाँव की तस्वीर लगभग पूरी तरह बदल गई थी। सुन रूइते पहले हला ब्रिगेड के निदेशक थे। अब उन्हें हला गाँव एकीकृत कृषि, उद्योग और वाणिज्य कंपनी का महाप्रबंधक (जनरल मैनेजर) कहा जाता था। इस इलाक़े में ढाँचागत सुधारों पर अमल के बाद हला ब्रिगेड को एक साझा कंपनी बना दिया गया था। शहर के निर्माण के लिए ज़्यादा ज़मीन खो देने के बाद गाँव अब मुख्य रूप से उद्योग पर निर्भर था। कंपनी एक समग्र उपक्रम थी, जो महत्त्व के हिसाब से "उद्योग और वाणिज्य के साथ खेती का तालमेल" बिठा रही थी (तालिका 7.3 और 7.4)।

तालिका 7.3: चीन में ग्रामीण-शहरी असमानता : प्रति व्यक्ति आय और शहरी और ग्रामीण परिवारों का एंगेल्स कोएफ़िसिएंट (1980–2015)

	शहरी परिवारों की प्रति व्यक्ति व्यययोग्य आय		*ग्रामीण परिवारों की प्रति व्यक्ति शुद्ध आय*		*शहरी परिवारों का एंगेल्स कोएफ़िसिएंट*	*ग्रामीण परिवारों का एंगेल्स कोएफ़िसिएंट*
वर्ष	*मूल्य (युआन)*	*1978 = 100 इंडेक्स*	*मूल्य (युआन)*	*1978 = 100 इंडेक्स*	*(%)*	*(%)*
1980	477.6	127	191.3	139	56.9	61.8
1990	1,510.2	198.1	686.3	311.2	54.2	58.8
2000	6,280	383.7	2,253.4	483.4	39.4	49.1
2010	19,109.4	965.2	5,919	954.4	35.7	41.1
2013	26,955.1	1,227	8,895.9	1,286.4	35	37.7
2015	31,790.3	1,396.9	10,772	1,510.1	—	—

स्रोत : नेशनल ब्यूरो ऑफ़ स्टैटिस्टिक्स ऑफ़ चाइना, "पीपल्स लीविंग कंडीशंस", *चाइना स्टैटिस्टिकल ईयरबुक,* 2014, 158 (तालिका 6.4); 2016 (तालिका 6–16)।

तालिका 7.4: हला ब्रिगेड का उत्पादन रुझान

उत्पाद	*इकाई*	*1978*	*1979*	*बढ़त (%)*
प्रति मू साग-सब्ज़ी की पैदावार	तान	—	132	9.53
प्रति मू उपज का मूल्य	युआन	—	401.40	11.25
रेशमकीट ककून	चिन	57.6	60.6	5.21
प्रति मू शहतूत के पत्ते		59.1	75.5	26.46
सरकार को बेचे गए सुअर	संख्या	1,149	1,453	26.46
ब्रिगेड उद्यमों का उत्पादन	युआन	471,800	854,800	81.18
उद्यमों का मुनाफ़ा	युआन	104,000	200,400	92.69
उद्यमों को छोड़कर उत्पादन मूल्य	युआन	946,500	1,047,800	10.7
टीम की लागत	युआन	181,100	147,700	18.8
सार्वजनिक संचय निधि — 60%	युआन	154,400	185,100	19.88
कल्याण कोष — 40%				
मज़दूरी वितरण	युआन	610,200	715,000	17.17
प्रति व्यक्ति आय	युआन	208	276	32.69
प्रति सदस्य मज़दूरी		410.60	545	22.73
न्यूनतम		200	300	
अधिकतम		700	1,500	

स्रोत : जून 1980 में हला ब्रिगेड के नेताओं से साक्षात्कार।

नोट : तान = 50 किलो; 1 चिन = 0.5 किलो।

हला गाँव में अब भी 10 उत्पादन टीमें थीं, जो साग-सब्ज़ी उगाती थीं। आबादी का ज़्यादा हिस्सा औद्योगिक कामों में लगा था। 559 मज़दूरों और कर्मियों में से 400 गाँव की नौ फ़ैक्टरियों में काम करते थे। बाक़ी सब 10 उत्पादन टीमों से जुड़े थे। इनमें से दो-दो मवेशी और मुर्गीपालन फ़ार्मों में, चार छोटे रेस्तराँओं में और एक डिपार्टमेंटल स्टोर में थीं। नौ फ़ैक्टरियों में से दो हार्डवेयर कारख़ाने थे, एक प्लास्टिक फ़ैक्टरी थी, एक टेक्सटाइल फ़ैक्टरी, एक मशीन बनानेवाली फ़ैक्टरी, एक बुनाई और जुराब फ़ैक्टरी, एक रेडियो के पुरज़े बनानेवाली फ़ैक्टरी, एक वाहन मरम्मत कार्यशाला और एक फर्नीचर कार्यशाला। उनमें से कुछ तो वुशी की बड़ी फ़ैक्टरियों की ज़रूरतें पूरा करती थीं, जबकि अन्य ज़्यादातर शहरी बाज़ार के लिए उपभोक्ता सामग्री बनाती थीं। इस प्रकार, इन उद्योगों के साथ-साथ गाँव में कुल 26 उत्पादन टीमें थीं, जो तरह-तरह के उत्पादन का काम करती थीं।

गाँव कंपनी ने 1984 में अपनी पुनरुत्पादन निधि से 50,000 युआन कृषि की मदद के लिए दिया था और 30,000 युआन सुअर पालन के लिए।

सन् 1984 में गाँव के उद्योगों को 18.9 लाख युआन का मुनाफ़ा हुआ था, जिसमें से 4,71,300 युआन मज़दूरी के भुगतान में चला गया और 6,49,600 युआन, यानी मज़दूरी की लगभग डेढ़ गुना राशि कंपनी के पुनरुत्पादन निधि में दे दी गई। मज़दूरी से थोड़ी कम रकम राज्य को कर के रूप में चुका दी गई। अच्छी-ख़ासी रकम सार्वजनिक कल्याण के कार्यों के लिए रखी गई, जैसे कि स्वास्थ्य, शिक्षा और मनोरंजन के लिए। इस प्रकार, ध्यान देने की बात है कि सुधार के ढाँचे में ग्रामीण उद्योगों के संचय की दर काफ़ी ऊँची थी और आमदनी के एक बड़े हिस्से को वेतन के रूप में बाँटा नहीं गया (तालिका 7.5)।

उद्योगों के मुनाफ़ा में वेतन का हिस्सा चौथाई का था, जबकि तिहाई हिस्सा कंपनी को पुनर्निवेश के लिए दे दिया गया। इस कोष से कंपनी सिंचाई सुविधा का विस्तार कर सकती थी और नए ढाँचे खड़े कर सकती थी। यहाँ तक कि नई चीज़ें बनाना भी शुरू कर सकती थी।

हला गाँव वुशी-जैसे समृद्ध शहर का उपनगर था। उसे मेडिकल सुविधाओं की व्यवस्था, पार्कों के निर्माण, स्कूलों के रखरखाव और अन्य कल्याणकारी कामों पर

तालिका 7.5: हला ग्राम उद्योगों के लाभ का आवंटन

मद	*रकम (युआन)*	*मुनाफ़ा का प्रतिशत*
मज़दूरी	471,300	24.90
राज्य को चुकता टैक्स	428,300	22.63
सार्वजनिक कल्याण	343,000	18.12
कंपनी को पुनरुत्पादन योगदान	649,600	34.33
उद्योग का कुल मुनाफ़ा	1,892,200	

स्रोत : 1985 में हला में किए गए साक्षात्कार।

ख़ासा ध्यान देना होता था। लिहाज़ा, मुनाफ़े का एक बड़ा हिस्सा सार्वजनिक कल्याण पर ख़र्च हो जाता था।

वर्ष 1984 में गाँव में एक किसान की सालाना आमदनी 1,481 युआन थी, जो 1978 में मिलनेवाली औसत मज़दूरी से तीन गुना ज़्यादा थी। गाँव के फ़ैक्टरी मज़दूरों को औसतन सालाना 1,403 युआन मिलता था। ल्येन ह गाँव में एक किसान की अधिकतम आमदनी 3,100 युआन थी और न्यूनतम 1,000 युआन से कम। गाँव में एक-दो परिवार ऐसे थे, जिनकी सालाना आमदनी 10,000 युआन से ऊपर थी। उन्हें *वानयुआनहु* (दस हज़ारी परिवार) की उपाधि मिली थी। तीस साल बाद यह आमदनी काफ़ी कम प्रतीत होती है क्योंकि अब इन गाँवों में कई करोड़पति-अरबपति परिवार (*वानवानहु*) उभर आए हैं। एक गाँव नेता ने जानकारी दी कि 1984 में गाँव के बहुतायत परिवार सालाना लगभग 3,000 युआन कमाते थे। कई परिवार जिनमें सदस्य कम थे या बीमार रहते थे, उनकी कमाई तुलनात्मक रूप से कम थी और वे साल भर में 1,500 युआन के आसपास ही कमा पाते थे। आम तौर पर मर्द गाँव के लिए काम करते और औरतें शहर के हल्के उद्योगों में काम करती थीं। इस तरह से मर्द क़रीब-क़रीब 2,000 युआन सालाना कमा लेते, जबकि औरतें उनके आधे से भी कम यानी 800 युआन सालाना ही कमा पातीं। गाँव नेता के मुताबिक मज़दूरी में इस भेद की वजह महिला मज़दूरों का ख़राब स्वास्थ्य और कम उत्पादकता थी।

आइए, हम सुधारों की शुरुआत में हला गाँव के मातहत एक टीम या छोटे गाँव पर नज़र डालते हैं।

हला उत्पादन ब्रिगेड की शांगलीतुंग टीम 1980 में एक दिलचस्प तुलना उजागर करती है। यह मूलतः एक साग-सब्ज़ी उगानेवाली टीम थी। उसकी कुछ ख़ास बातें थीं। यहाँ की आबादी 209 थी और 96 परिवार थे। सिर्फ़ 60 सदस्य ही टीम में शामिल थे क्योंकि कई गाँववासी टाउनशिप या शहरी फ़ैक्टरियों में काम करते थे। दरअसल, जब कभी राज्य ज़मीन का अधिग्रहण करता, टीम मोलभाव करती और फ़ैक्टरी में ग्रामीणों के लिए कुछ नौकरी सुनिश्चित कर लेती। इस प्रकार, 1978 और 1980 के बीच टीम की खेती की ज़मीन का रकबा 125 मू से घटकर महज़ 26 मू रह गया था।

शांगलीतुंग की उत्पादन टीम ने साग-सब्ज़ी उगाने पर ध्यान दिया ताकि वह बाज़ार की बढ़ती ज़रूरतों को पूरा कर सके। इस तरीक़े से वह राज्य द्वारा तय बाज़ार की ज़रूरतों के अनुरूप काम करने की शर्त को पूरा करना चाहती थी। हला ब्रिगेड में एक कृषि वैज्ञानिक शोध केंद्र था, जो उपनगर ज़िला के शोध विभाग की देखरेख में काम करता था। टीम इस केंद्र से हमेशा सलाह लेती थी कि साग-सब्ज़ी की पैदावार बढ़ाने के लिए कौन-से वैज्ञानिक तौर-तरीक़ों को अपनाया जाए। टीम उत्पादन के काम के हिसाब से दो कार्यदलों (*श्याओ चु*) में विभाजित थी। लेकिन वे उत्पादन टीम के एकीकृत नेतृत्व में काम करती थीं।

सन् 1980 में प्रतियोगी व्यवस्था लागू की जा चुकी थी। इसके अनुसार ज़्यादा उत्पादन का मतलब था ज़्यादा आमदनी।

टीम की प्रति व्यक्ति आय 1978 के 220 युआन से बढ़कर 1979 में 253 युआन हो गई थी। टीम के सदस्यों की औसत सालाना आमदनी कहीं ऊँची थी। वह 1978 में 480 युआन थी, जो 1979 में बढ़कर 620 युआन हो गई। प्रति व्यक्ति के हिसाब से गणना करने पर वह कम हो जाती थी क्योंकि बहुत सारे बच्चे और बुज़ुर्ग गाँव में रह गए थे, जबकि कमासुत सदस्य शहरों में काम करते थे। यह ध्यान रखना चाहिए कि उनकी शहरी कमाई टीम के हिसाब-किताब में शामिल नहीं की जाती थी।

अन्य टीमों की तरह यहाँ भी वर्क प्वाइंट की गणना काम के अलग-अलग मूल्यांकन पर निर्भर थी। टीम नेता वर्क प्वाइंट का हिसाब करने में तीन तरीक़ों का सहारा लेता था :

1. ताचाई तरीक़ा : किसानों की उच्च सामाजिक चेतना पर भरोसा करना। वर्क प्वाइंट का बँटवारा परिवार के सदस्यों की संख्या के अनुसार किया जाता था। इसलिए किसानों का असमान प्रदर्शन मानी नहीं रखता था।
2. किसान के काम की गुणवत्ता और मात्रा के अनुसार गणना : एक किसान जो दिन भर में ज़्यादा खेत की जुताई करता है, उसे ज़्यादा मिलेगा। इसकी गणना का तरीक़ा काफ़ी जटिल है। कोई मर्द ज़्यादा से ज़्यादा 15 वर्क प्वाइंट अर्जित कर सकता है और औरत 12 वर्क प्वाइंट जबकि कम से कम उन्हें 10 और 8 वर्क प्वाइंट मिलते हैं।
3. ज़िम्मेदारी प्रणाली : वर्क प्वाइंट की गणना किसी समूह द्वारा किए गए उत्पादन के उत्पादन मूल्य के हिसाब से की जाती है। यह पद्धति उच्चतर उत्पादन को पुरस्कृत करती है। शांगलीतुंग उत्पादन टीम इसी पद्धति का इस्तेमाल करती थी।

शांगलीतुंग टीम में पारिवारिक आय की गणना के तरीक़े की 1980 की तस्वीर बढ़ती समृद्धि के साथ-साथ विभेदीकरण को दिखाती है :

1. पैंतीस प्रतिशत परिवार 800 युआन से ज़्यादा कमाते थे।
2. चालीस प्रतिशत परिवार 600 युआन से ज़्यादा कमाते थे।
3. पच्चीस प्रतिशत परिवार 400 युआन से ज़्यादा कमाते थे।

लेकिन यह एक ऐसी स्थिति थी, जिसमें ज़्यादा कामकाजी सदस्योंवाला परिवार ज़्यादा कमाता था।

शांगलीतुंग टीम में एक टीम कमेटी थी जिसके उस समय तीन सदस्य थे। (बताया गया कि आम तौर पर कमेटी में एक महिला होती थी, लेकन उस वक़्त वह किसी काम से बाहर गई हुई थी और उसकी जगह किसी और को बहाल नहीं किया गया था।) कमेटी में तीन

से पाँच सदस्य होते थे। टीम में तीन पार्टी सदस्य थे, जो एक छोटे से समूह (*श्याओ चु*) का हिस्सा थे, जिसकी हफ़्ते में एक बार बैठक होती थी।

एक ही टाउनशिप के विभिन्न गाँवों में संगठन की बनावट और गतिविधि में इस अंतर का मतलब था कि टीम को, जो आबादी और प्रबंधन की सबसे निचली इकाई थी, पुरानी व्यवस्था में काफ़ी स्वायत्तता प्राप्त थी।

हला गाँव की कहानी समकालीन चीन में शहरीकरण के स्वरूप को दिखाती है। उसके तीन तत्त्व थे। पहला, उत्पादन संबंध स्पष्टतया बदल रहे थे। सामूहिक अर्थव्यवस्था की जगह निगम अर्थव्यवस्था ले रही थी, जो निजी उद्यम, मुनाफ़े को अधिकतम स्तर पर पहुँचाने के सिद्धांतों पर चलती थी। धीरे-धीरे उद्यमों पर निजी मालिकों ने कब्ज़ा करना शुरू कर दिया था। यह रुझान 1990 के दशक तक पूरा हो चुका था। दूसरा, ग्रामीण अर्थव्यवस्था में विविधता लाने का प्रयास तेज़ हो गया था। कृषि को पहले ही बहुरूपी बनाया जा चुका था। तरह-तरह के फ़सलों की खेती, मवेशीपालन और मछलीपालन का काम शुरू हो चुका था। तरह-तरह के उद्योग-धंधे, नए और पुराने खुलने लगे। उनके साथ वाणिज्य और पर्यटन-जैसा "तीसरा उद्योग या *सान ये*" भी तेज़ी से फला-फूला। तीसरा, ज़मीन उद्योग और रीयल स्टेट विकास के लिए शहरों को सौंप दी गई। यह प्रवृत्ति पूरे देश में फैली। इस प्रकार, हला गाँव में ग्रामीण विकास का एक "स्व-विकास मॉडल" शुरू हुआ। यकीनन, चीन का अधिकांश ग्रामीण हिस्सा शहरी विकास के लिए बाज़ार अर्थव्यवस्था के ज़रिए संसाधनों के दोहन का स्रोत बन गया। नतीजतन, खेतीबाड़ी, ग्रामीण ढाँचे, ग्रामीण स्वास्थ्य और शिक्षा की उपेक्षा हुई। इस कारण से शहरों की ओर पलायन अनवरत बढ़ता गया। बहरहाल, इस उपनगर गाँव के मामले में गाँव पूरी तरह शहर में मिल गया और शहरी ज़िला का एक स्ट्रीट या गली या *चिएताओ* बन गया। सन् 2000 के दशक में और उसके बाद पुराने हला गाँव में शॉपिंग मॉल थे, इलेक्ट्रॉनिक फ़ैक्टरियाँ थीं और बहुमंज़िला इमारतें थीं। यह सब समकालीन चीन में रीयल स्टेट के नए उभार को दिखाते थे। पूरे चीन के ग्रामीण इलाक़ों में कमोबेश यही प्रक्रिया जारी थी।

ल्येन ह गाँव

पड़ोस के ल्येन ह गाँव की तस्वीर भी कोई अलग नहीं थी। यहाँ भी उत्पादन का फ़ोकस कृषि से हटकर उद्योग पर टिक गया था। हला की तरह इस गाँव में भी एक एकीकृत कंपनी (*थुंगल्येन कुंग्स*) ने थाईहु झील और उपनगर ज़िला के इस हिस्से के मशहूर बाग़ों (गार्डेन) की कुदरती ख़ूबसूरती का भरपूर लाभ उठाया। गाँव ने 1984 में एक होटल खोला था, जिसका बाद के वर्षों में आधुनिकीकरण और विस्तार चल रहा था। यहाँ 11 टीमें साग-सब्ज़ी की उपज, मुर्गीपालन और सुअरपालन और बाग़ानों और फुलवारियों के विकास में लगी थीं। सन् 1984 में गाँव कंपनी को कुल 8,30,000 युआन का मुनाफ़ा हुआ और 6,00,000 युआन टैक्स

और अन्य ख़र्चों के लिए काट कर उसके पास 2,30,000 युआन बच गए, जिसे वह वेतन के रूप में बाँट सकती थी। इस गाँव में उत्पादन मूल्य का 70 प्रतिशत उत्पादन लागत के रूप में ख़र्च कर दिया जाता था। सुधारों के शुरुआती वर्षों की ख़ासियत थी निवेश के लिए उच्च बचत और ऊँची उत्पादन लागत। बाद के वर्षों में जब वेतन को बड़े पैमाने पर बढ़ा दिया गया, तब भी सामूहिक की बचत से सार्वजनिक निवेश की रकम काफ़ी बड़ी थी।

साग-सब्ज़ी की पैदावार बढ़ाने के लिए गाँव कंपनी ने किसानों को कई प्रोत्साहन दिए। उसने किसानों को साग-सब्ज़ी की खेती के लिए अग्रिम दिए। उसने कई तरह की रियायतें दीं और बोनस दिए। टाउनशिप ने गाँव के लिए कोटा तय किया और गाँव ने प्रत्येक किसान का कोटा तय किया। उदाहरण के लिए, ल्येन ह में प्रत्येक किसान से प्रति मू 80–90 टन के हिसाब से साग-सब्ज़ी उगाने की उम्मीद की जाती थी। कोटा तय करते वक़्त गाँव पिछले साल की पैदावार को ध्यान में रखता था। उसने साग-सब्ज़ी की गुणवत्ता की जाँच के उपाय भी किए थे। अगर कोई किसान अपने कोटा को पूरा कर लेता तो उसे लाभकारी मूल्य मिलता था। अगर पैदावार कोटा से ज़्यादा होती तो उन्हें ऊँचा प्रोत्साहन मूल्य मिलता। साग-सब्ज़ी उगाने के लिए कितनी ज़मीन ज़रूरी है, इसे ध्यान में रखते हुए ल्येन ह गाँव कंपनी ने किसानों को 3–5 मू प्रति कामकाजी सदस्य के हिसाब से ज़मीन आवंटित की थी। ध्यान रखना चाहिए कि ल्येन ह में गाँव कंपनी ने परिवार के साथ अनुबंध नहीं किया था, बल्कि प्रत्येक किसान के साथ व्यक्तिगत स्तर पर किया था। उत्पादन ज़िम्मेदारी प्रणाली के तहत ऐसी स्थानीय विविधता पूरे चीन में प्रचलित थी। इस प्रकार, तंग श्याओफिंग के आर्थिक दर्शन को, जिसकी मूल बात थी प्रोत्साहन नीति, प्रत्येक गाँव में पूरी तरह अमल में लाया गया।

गाँव के विविधतापूर्ण उत्पादन में उद्योग, साग-सब्ज़ी की खेती और बाग़वानी, सभी कुछ शामिल था। ल्येन ह गाँव कंपनी ने कीनू, आड़ू और अंगूर की बाग़वानी शुरू की थी। हालाँकि यह कंपनी के मालिकाने में चलनेवाला सामूहिक फ़ार्म था और उसका प्रबंधन उत्पादन टीम करती थी, फिर भी टीम ने बाग़वानी और पेड़ों की देखभाल के लिए किसानों से क़रार किया था। सामूहिक स्वामित्व और किसानों की व्यक्तिगत उत्पादन ज़िम्मेदारी का यह मेल मध्यस्तरीय प्रबंधन के मातहत ल्येन ह गाँव में अच्छी तरह काम करता था।

सन् 1990 के दशक में ल्येन ह गाँव

ल्येन ह गाँव में उद्योग और वाणिज्य का फलना-फूलना जारी था। सन् 1995 में औद्योगिक उत्पादन मूल्य पाँच करोड़ युआन तक चला गया और 1996 में छह करोड़। सन् 1993 के बाद से चार नई फ़ैक्टरियाँ चालू की गईं। उनमें सबसे प्रमुख थी ताइवान के एक निवेशक के साझे में चलनेवाली फ़ैक्टरी, जो चमड़े के सामान बनाती थी। उनमें से अधिकांश निर्यात

के लिए होता था। इस उपनगरीय गाँव में औद्योगिक प्रसार के स्वरूप को निम्नलिखित नौ गाँव-चालित उद्यमों की सूची से समझा जा सकता है :

1. वुशी सिटी एनवॉयरमेंट प्रोटेक्शन इंजीनियरिंग इक्वीपमेंट कॉर्पोरेशन (वुशी शहर पर्यावरण सुरक्षा अभियांत्रिकी उपकरण निगम)
2. ल्येन ह कॉटन क्लॉथ्स फ़ैक्टरी (ल्येन ह सूती कपड़ा फ़ैक्टरी)
3. वुशी-ल्येन ह कंप्रिहेंसिव प्रोडक्शन फ़ैक्टरी (वुशी-ल्येन ह समग्र उत्पादन फ़ैक्टरी, जो कोयले के चूल्हे बनाती थी)
4. इलेक्ट्रिक वोल्टेज कंट्रोल बोर्ड फ़ैक्टरी (बिजली वोल्टेज नियंत्रण बोर्ड फ़ैक्टरी)
5. ऑटोमोबाइल रिपेयर एंड मेनटेनेंश कंपनी (स्वचालित वाहन मरम्मत और रखरखाव कंपनी, जो मित्सुबिशी के साझे में चलती थी)
6. वुशी प्लास्टिक प्रोडक्ट्स (वुशी प्लास्टिक उत्पाद)
7. प्रिंटिंग प्रेस (छपाईखाना)
8. डेकोरेशन प्रोडक्ट्स (सज़ावटी उत्पाद)
9. प्लास्टिक मेटल स्प्रिंग यूनिट (प्लास्टिक धातु स्प्रिंग इकाई)

ध्यान रहे कि कपड़ा, कोयला चूल्हा और प्लास्टिक उत्पाद अपेक्षाकृत पुरानी उत्पादक इकाइयाँ थीं, जबकि चमड़ा, पर्यावरण अभियांत्रिकी उपकरण और वाहन अभियांत्रिकी इकाइयाँ नए उद्यम थे, जिनमें उन्नत तकनीकी का इस्तेमाल होता था और निवेश भी काफ़ी बड़ा था। वह सभी स्वायत्त उद्यम थे जो उत्पादन ज़िम्मेदारी प्रणाली से संचालित होते थे। उनमें गाँव का मालिकाना और नियंत्रण था। जैसा कि पहले बताया गया है गाँव को एकीकृत उद्योग-वाणिज्य-कृषि निगम में बदल दिया गया था, जो औद्योगिक उद्यम भी चलाती थी। गाँव के नेता हऊ हुईचुंग थे। वे 1996 से अपने पद पर बने हुए थे और पार्टी, प्रशासन और प्रबंधन, सभी पर उनकी पकड़ थी। वे चीनी कम्युनिस्ट पार्टी की गाँव शाखा के सचिव थे, गाँव जनकम्यून के प्रमुख/निदेशक थे और एकीकृत गाँव निगम के महाप्रबंधक थे। पार्टी, प्रशासन और प्रबंधन में फ़र्क़ करने की प्रवृत्ति 1978 के तीसरे महाधिवेशन के बाद पार्टी की नीति बन गई और 1980 के दशक में साफ़ दिखती थी। ऐसा लगता है कि नई प्रवृत्ति एकीकृत नेतृत्व को तरजीह देती थी। बहरहाल, फ़र्क़ यह था कि स्थानीय कैडरों का राजनीतिक दृष्टिकोण उतनी अहमियत नहीं रखता था, जितनी उद्यम प्रबंधन में उसकी कुशलता रखती थी। सन् 1990 के दशक के मध्य से यह साफ़ हो गया था। स्थानीय कैडर को प्रशंसा पाने के लिए अपना उत्पादन में बेहतरीन प्रदर्शन दिखाना होता था।

ल्येन ह कम्यून विकास करता रहा। उसने *हंगशान* (सीधी पहाड़ी) के निकट शॉपिंग कंप्लेक्स को विस्तारित कर 60 दुकानें खोल ली थीं। उसकी बिक्री 1995 में एक करोड़

युआन थी। गाँव रेस्तराँ और फल बाज़ार भी चलाता था। गाँव के मज़दूरों में से 800 उद्योग में काम करते थे और लगभग 20 वाणिज्य का काम करते थे।

गाँव 400 मू में साग-सब्ज़ी उगाता था। इन्हें 110 परिवारों को अनुबंध पर दिया गया था। ये सभी यांग्त्सी नदी के उत्तर से आए थे और उन्हें गाँव द्वारा ल्येन ह में रहने की जगह दी गई थी। वे सभी बड़े हॉलों में रहते थे, जिन्हें छोटी कोठरियों और शयनगारों में बाँट दिया गया था। ल्येन ह में खेती का काम करनेवाले कामगारों की कमी थी, लेकिन टाउनशिप सरकार ने उसे साग-सब्ज़ी उगाने का कोटा दिया था। इस प्रकार से गाँव ने च्यांग्सू के अपेक्षाकृत पिछड़े इलाक़े से आए इन प्रवासी मज़दूरों की अगवानी करने का तय किया था। गाँव प्रमुख ने मुझे जो जानकारियाँ दीं, उनके अनुसार पिछले पाँच सालों में उनके रहन-सहन ओर आमदनी में काफ़ी सुधार आया है। वे पहले जहाँ साल भर में प्रति दंपति 5,000 से 6,000 युआन कमा पाते थे, वहीं अब प्रति वर्ष 10,000 युआन से ऊपर कमाने लगे हैं। उनके बच्चे गाँव के स्कूलों में पढ़ते हैं। अपेक्षाकृत पिछड़े इलाक़ों से विकसित इलाक़े में प्रवास की यह परिघटना 1990 के दशक का उल्लेखनीय रुझान थी। इसकी वजह थी विकसित इलाकों में कामगारों की बढ़ती माँग। सन् 2000 के बाद जब ग्रामीण उद्यम अवनति का शिकार होने लगे और ध्यान शहरी बड़ी औद्योगिक इकाइयों पर केंद्रित हो गया ताकि बढ़ती वैश्विक माँग की पूर्ति की जा सके, तो इस तरह का प्रवास रुक गया। तब ग्रामीण मज़दूर काम की तलाश में शहरों की ओर जाने लगे। शहर में आने-जानेवालों की आबादी बढ़ने लगी।

ल्येन ह गाँव में उत्पादन के प्रबंधन का संगठन करते वक़्त कैडरों को अलग-अलग क्षेत्रों की ज़िम्मेदारी दी गई। गाँव का नेता, जो महाप्रबंधक था, वह उद्योग की देखभाल करता था। उसके मातहत एक सहायक महाप्रबंधक था, जो कृषि और वाणिज्य का प्रभारी था। कृषि में काम करनेवाले मज़दूरों को पाँच उत्पादन समूहों में बाँटा गया था, जिनका निर्देशन इस गाँव के नेता करते थे। सन् 1996 में बातचीत के दौरान नेताओं ने बताया कि अब उद्योग कृषि को सबसिडी देता है। वर्ष 1993 में जब उत्पादन कोटा तय करने की प्रथा को समाप्त कर दिया गया, तब स्थिति बदल गई। तब भी उद्योग और वाणिज्य प्रति मू 300 युआन का सालाना निवेश करते थे ताकि खेती का प्रबंध करनेवाले कर्मियों को उनका वेतन दिया जा सके, कृषि टैक्स का भुगतान हो सके और खेतिहर ज़मीन पर बुनियादी ढाँचा खड़ा किया जा सके। ऐसा इसलिए किया जाता था कि साग-सब्ज़ी की पैदावार को जारी रखा जा सके और उत्पादन के विभिन्न क्षेत्रों के बीच संतुलन बनाए रखा जा सके। कृषि के प्रति लोगों का नज़रिया काफ़ी बदल गया था क्योंकि उससे पर्याप्त आमदनी नहीं हो पाती थी, जबकि उद्योग ऐसा करने में समर्थ था। यह बात सिर्फ़ हला टाउनशिप के उपनगर-जैसे इलाक़ों पर ही लागू नहीं होती थी, बल्कि दूर-दराज के ग्रामीण इलाक़ों की भी ऐसी ही हालत थी। व्यवस्था कृषि को लाभकारी बनाए रखने में नाकाम थी और कृषि, उद्योग और सेवाओं को साथ-साथ विकसित नहीं कर सकती थी। यह ज़मीन पर दिखने लगा था।

सन् 1996 में ल्येन ह की आबादी 2,700 थी, जिनमें से 1,100 किसान थे और 1,600 बाशिंदे। बाशिंदे गाँव की ज़मीन पर बने मकानों में रहते थे। उनमें 300 ल्येन ह गाँव के थे और लगभग 500 प्रवासी थे, जो विभिन्न उद्यमों में काम करते थे। कुल मज़दूरों में 60 प्रतिशत औरतें थीं। जैसा कि पहले बताया गया है मर्द आम तौर पर भारी उद्योगों और शहरों में काम करते थे और औरतें हल्के उद्योगों में। ल्येन ह के कामकाजी सदस्यों की औसत सालाना आमदनी 1995 में 6,000 युआन थी और उम्मीद की जाती थी कि अगले साल उसमें 1,000 युआन का इज़ाफ़ा हो जाएगा। पर इसमें सिर्फ़ गाँव उद्यमों और खेती से होनेवाली आमदनी को ही जोड़ा जाता था। इसके अलावा परिवार अब निजी व्यवसाय भी करते थे या कोई और उत्पादक काम करते थे। साथ ही, कई सदस्य गाँव के बाहर की उत्पादक इकाइयों में भी काम करते थे। उदाहरण के लिए, 300 स्थानीय कामगार गाँव के 300 परिवारों से थे। ज़ाहिर है कि अन्य सदस्य कहीं और काम करते थे या व्यवसाय या किसी और काम में लगे थे। परिवार अपनी आमदनी के सभी स्रोतों को गाँव कमेटी के सामने नहीं बताते थे। गाँव के एक नेता के अनुसार कुछ परिवारों की आमदनी प्रति वर्ष 10 लाख युआन से भी ज़्यादा थी। इस तरह से लखपति परिवारों (*पाईवान हु*) की परंपरा की शुरुआत 1990 के दशक के अंतिम हिस्से में हो चुकी थी।

ल्येन ह में विकास का अनुभव कमोबेश हला के आम मॉडल-जैसा ही है। सन् 1979 के पहले खेतिहर पैदावार पर ज़ोर दिया गया। अगर अन्न की पैदावार के लक्ष्य को हासिल नहीं किया जा पाता तो पार्टी सचिव की बरख़ास्तगी का ख़तरा रहता। सन् 1980 के बाद से खेतिहर पैदावार और औद्योगिक विकास पर साथ-साथ ज़ोर दिया गया। किसी कैडर का सचिव पद पर बने रहना इस बात पर निर्भर था कि वह उद्योग के क्षेत्र में साफ़-साफ़ बेहतर प्रदर्शन दिखा पाता है या नहीं। वर्ष 1988 के बाद उद्योग और वाणिज्य ग्राम नेतृत्व के निर्णायक काम बन गए। इस विकास प्रक्रिया के लिए धन जुटाने का मुख्य ज़रिया गाँव के अपने मुनाफ़े से किया गया संचय था। सन् 1980 के दशक में ल्येन ह गाँव अपने उद्यमों से होनेवाले मुनाफ़े का 70 प्रतिशत संचय निधि में जमा कर देता था। यद्यपि स्व-संचय प्रमुख स्रोत बना रहा, विभिन्न परियोजनाओं के लिए अंदरूनी और विदेशी स्रोतों से पूँजी जुटाना शुरू कर दिया गया। इस प्रवृत्ति ने संयुक्त उपक्रमों और शेयरहोल्डिंग उद्योगों को जन्म दिया। स्वामित्व साझा बन गया। इस बात पर ज़ोर देना होगा कि कम्यून दौर में और सुधारों के शुरुआती पहले दशक में स्व-संचय का दर ऊँचा बना रहा था। हालाँकि कम्यून दौर में संचय की दर 30 से 40 प्रतिशत थी, लेकिन ल्येन ह-जैसी जगहों पर 1980 के दशक की शुरुआत में यह 70 प्रतिशत तक पहुँच गई थी। ऐसा इस कारण से था कि मज़दूरों को ऊँचा वेतन देने के बावजूद इन उद्यमों का मुनाफ़ा बड़े पैमाने पर बढ़ गया था।

टाउनशिप सरकार और गाँव उद्यम का रिश्ता भी 1990 के दशक में काफ़ी बदल गया था। टाउनशिप सरकार, बल्कि उपनगर ज़िला सरकार मुख्य रूप से आम दिशानिर्देश या पूरी

व्यवस्था के आम प्रबंधन से सरोकार रखना चाहती थी और वह धन कहाँ से जुटाया जाएगा या उत्पादन योजना क्या होगी, इस बारे में नहीं सोचना चाहती थी। यह गाँव की ज़िम्मेदारी थी और उसे इसका पूरा हक़ था। सन् 1980 के दशक के अंत से लेकर उद्यमों की स्वायत्तता की इस प्रवृत्ति को पूरे चीन में बढ़ावा दिया गया।

हाँ, जहाँ तक टैक्स का सवाल है उच्चतर स्तर का काफ़ी प्रभाव था। प्रत्येक उद्यम को गाँव और टाउनशिप सरकार को स्थानीय कर (*ती शुई*) चुकाना होता था और साथ ही, राष्ट्रीय कर (*क्वो शुई*) भी देना होता था। वर्ष 1995 में ल्येन ह गाँव ने हला टाउनशिप को 7,50,000 युआन 13 क़िस्म के शुल्क, अंशदान और टैक्स के रूप में चुकाए। वर्ष 1996 में यह राशि बढ़कर 9,00,000 युआन हो गई। गाँव उद्यम अपने मुनाफ़े का 40 प्रतिशत स्थानीय और राष्ट्रीय कर चुकाने पर ख़र्च करते थे। इसमें से 17 प्रतिशत राष्ट्रीय कर चुकाने में चला जाता था। कुछ संयुक्त उपक्रमों को ख़ास समय के लिए कर चुकाने से छूट मिली हुई थी। कुछ हस्तशिल्प इकाइयों को टैक्स में रियायत भी मिलती थी। इसलिए 2007 में जब राष्ट्रीय सरकार ने कृषि कर को ख़त्म करने का तय किया, किसानों और ग्रामीण मज़दूरों को, ख़ासकर गाँव सरकारों को इससे बड़ी राहत मिली।

गाँव नेताओं के मुताबिक सुधार दौर में बाशिंदों का जीवनस्तर काफ़ी सुधर गया है। 1979-पूर्व स्थितियों के विपरीत, हर घर में रंगीन टीवी है, रेफ़्रीजरेटर है, वाशिंग मशीन है और लगभग 50 प्रतिशत के पास एयर कंडीशनर हैं। सन् 1996 में 20 प्रतिशत घरों में टेलीफोन था। इनकी संख्या दिन-ब-दिन बढ़ती जा रही है। तक़रीबन 70 प्रतिशत परिवारों ने 1979 के बाद अपने मकानों का जीर्णोद्धार करा लिया था और 1990 के दशक में नए मकान बना लिए थे। लगभग 10 प्रतिशत परिवारों के पास निजी महलनुमा भवन हैं, जिनमें बड़ा-सा अहाता और लॉन है। इन वर्षों में 80 प्रतिशत परिवारों ने अपने मकानों में अंदरूनी साज-सजावट करा ली है, जो सुधार के पहले के युग में इक्का-दुक्का ही देखने को मिलता था। चालीस प्रतिशत से ऊपर परिवारों के पास अब अपना आरामदेह घर है।

जिन गाँव कैडरों और लोगों से मैं अपने पहले के दौरों में भी मिला था, उनके साथ बातचीत से यह साफ़ था कि हर कोई बेहतर भौतिक सुविधाओं से लैस आरामदेह ज़िंदगी हासिल करने की फ़िराक में लगा है। इस प्रक्रिया में ग्रामीण चीन में तबकों में बँटे समाज का उदय हो रहा है। कुछ परिवार धनी बन गए हैं, जबकि कुछ पीछे छूट गए हैं।

छिंगशिन : धान के कटोरे-जैसा गाँव

जहाँ हला और ल्येन ह गाँव ने कई ग्रामीण उद्योग-धंधे लगाए थे, जो उनकी आमदनी का मुख्य स्रोत थे, वहीं 1990 के दशक में भी टाउनशिप का एक गाँव ऐसा था, जिसने खेतीबाड़ी को अपना मूल पेशा बना रखा था। वह गाँव था टाउनशिप के धुर उत्तर-पश्चिम में

बसा छिंगशिन गाँव। यह गाँव भी औद्योगिकीकरण के रास्ते पर चल पड़ा था, फिर भी उसमें वह हला गाँव या ल्येन ह गाँव से काफ़ी पीछे था।

वर्ष 1985 में छिंगशिन गाँव की आबादी 1,698 थी, जिसमें 900 कामगार थे। दूसरे गाँवों की तरह 1984 में इसने भी 400 मू खेतिहर ज़मीन टाउनशिप-संचालित फ़ैक्टरियों के निर्माण के लिए खो दी थी। उसके बाद उसके पास 1,052 मू खेतिहर ज़मीन बच गई थी, जिसमें 727 मू पर धान की खेती की जाती थी, 115 मू में फलों के बाग़ और जंगल थे, 105 मू में वाटर ओट पैदा किए जाते, 55 मू में तरबूज उगाए जाते और 50 मू में साग-सब्ज़ी उगाई जाती। दो साल पहले तक गाँव सिर्फ़ धान और गेहूँ की ही खेती करता था। अब वे नकदी फ़सल भी उगाने लगे हैं। सन् 1983–85 के दौरान उन्होंने कुछ उद्योग भी लगाए थे। उनके पास अब छह गाँव-चालित उद्योग थे। वर्ष 1984 में गाँव उद्योगों का उत्पादन मूल्य 17 लाख युआन और कृषि का 5,77,000 युआन था। इस प्रकार, जहाँ तक सामूहिक अर्थव्यवस्था का सवाल है औद्योगिक उत्पादन कृषि से आगे निकल गया था। कहें तो कृषि के आँकड़ों में किसानों की निजी आमदनी नहीं शामिल है। कुल मिला दें तो छिंगशिन के किसानों की प्रति व्यक्ति आय 254 युआन थी, जबकि प्रत्येक मज़दूर को 853 युआन मिलते थे। यह हला और ल्येन ह की आय से काफ़ी कम थी। फिर भी उन्होंने 1984 के स्तर से काफ़ी प्रगति की थी। तब उनकी प्रति व्यक्ति आय 173 युआन थी और प्रत्येक मज़दूर को 418 युआन मिलते थे।

वर्ष 1985 में छिंगशिन गाँव को उद्योगों में बड़ा उछाल आने की उम्मीद थी, उनका उत्पादन मूल्य 35 लाख युआन तक पहुँचनेवाला था। शुरुआत में इस गाँव में सिर्फ़ एक हार्डवेयर फ़ैक्टरी और पत्थर की एक खदान थी। हाल के वर्षों में उसने एक प्रबलित ग्लास फ़ैक्टरी, एक पूर्वनिर्मित घटक संयंत्र स्थापित कर लिया था; वह कार्बन के लिए तैलीय स्याही भी बनाता था और पॉलीथीन पर छपाई का काम करता था। गाँव पहले एक सोडा फ़ैक्टरी भी चलाता था, जो अब दिवालिया हो गई थी। इसलिए उसे शराब कारख़ाने में बदल दिया गया था। हार्डवेयर फ़ैक्टरी को भी मशीन-निर्माता फ़ैक्टरी बना दिया गया था। ग्रामीण उद्योगों से 1984 में 2,80,000 युआन का मुनाफ़ा हुआ, जो 1985 में बढ़कर तक़रीबन 8,00,000 युआन तक पहुँचने वाला था। इसमें से 30 प्रतिशत राज्य को कर चुकाने में चला जाता था, 30 प्रतिशत उद्यमों को पुनर्निवेश और कल्याणकारी कामों के लिए दे दिया जाता और 40 प्रतिशत वेतन के रूप में बाँटने के लिए रख लिया जाता।

कृषि और उद्योग का यह मेल गाँव में एक ख़ास तरीक़े से काम करता था। गाँव के 457 परिवारों को दो समूहों में बाँटा गया था। एक समूह के सदस्य मूलतः उद्योग में काम करते थे और दूसरे समूह का कोई भी सदस्य उद्योग में काम नहीं करता था। पहले समूह के प्रत्येक परिवार को प्रति व्यक्ति 0.6 मू के हिसाब से ज़मीन का एक छोटा-सा टुकड़ा आवंटित किया गया था, जिसपर वे अपने उपभोग के लिए खेती करते थे। दूसरे समूह के परिवारों को थोड़ा

बड़ा टुकड़ा दिया गया था— प्रति सदस्य एक मू की अतिरिक्त ज़मीन— जिस पर वे अनाज की पैदावार करते और राज्य को तय उसका हिस्सा दे देते। गाँव कंपनी ने परिवारों की हालत को देखते हुए ज़मीन का यह बँटवारा किया था।

व्यवहार में जो हुआ वह यह था कि परिवार के एक सदस्य को ज़मीन की देखभाल के लिए छोड़ दिया गया, जबकि परिवार के बाक़ी सदस्य फ़ैक्टरियों में काम करते थे। आम तौर पर सभी सदस्य अपने बचे समय में खेती का भी कुछ काम कर लेते थे। छिंगशिन में ज़्यादातर औरतें और बुज़ुर्ग ही खेती में काम करते दिखते थे। सन् 1984 में गाँव में प्रति मू 1,107 चिन चावल की पैदावार होती थी और गेहूँ की 717 चिन। राज्य द्वारा कोटा के चावल की ख़रीद क़ीमत प्रति क्विंटल 27.20 युआन थी और गेहूँ की प्रति क्विंटल 31.60 युआन। अगर किसान कोटा से ज़्यादा बेचता था, तो राज्य उसे ऊपर से 50 प्रतिशत प्रोत्साहन क़ीमत के रूप में देता था। इस गाँव में कंपनी या सामूहिक ने किसानों को कई सहुलियतें दे रखी थीं, जैसे कि खेत की जुताई और सिंचाई और जल निकासी की सुविधा। हालाँकि किसान व्यक्तिगत रूप से धान की रोपाई करते थे और खाद, कीटनाशक और अन्य ज़रूरी लागत का प्रयोग करते हुए पौधों की देखभाल करते थे। टाउनशिप प्रशासन ख़ुद भी इस पिछड़े गाँव के किसानों की मदद के लिए तत्पर रहता था। टाउनशिप ने 1984 में धान की मोरी उगाने के लिए "ग्रीन हाउस" तैयार करने के लिए 2,600 युआन दिए। गाँव को टाउनशिप क्रेडिट बैंक से भी 1,00,000 युआन का कर्ज मिला। इस प्रकार, यह पिछड़ा गाँव टाउनशिप के विकसित इलाक़ों की मदद से धीरे-धीरे विकास करने लगा। यह इस बात का दिलचस्प उदाहरण है कि गाँव की सामूहिक अर्थव्यवस्था ने किस तरह व्यक्तिगत परिवारों की मदद की और किस तरह एक उन्नत सामूहिक ने पिछड़े गाँव की सहायता की कि वह अन्य के साथ खाई को पाट सके।

छिंगशिन गाँव की तस्वीर 1987 तक थोड़ी-बहुत बदल गई। चूँकि सरकार ने और खेतिहर ज़मीन निर्माण कार्यों के लिए ले ली थी, खेती के लिए उपलब्ध ज़मीन का रकबा 1,200 मू से घटकर 800 मू रह गया (गाँव को प्रत्येक मू पर 1,500 युआन का हरजाना दिया गया, जिसका 15 प्रतिशत टाउनशिप के कोष से भुगतान किया गया)। आठ सौ मू में से आधी ज़मीन पर धान की खेती की जाती थी और बाक़ी के आधे में तरबूज और साग-सब्ज़ी उगाई जाती थी। किसान साल में दो फ़सल लेते थे, एक बार धान और एक बार गेहूँ। वे तीन फ़सल नहीं ले पाते थे, जैसा कि 1979–80 में होता था। उस समय सघन खेती को प्रोत्साहित किया गया था, लेकिन बाद में ऐसा करना छोड़ दिया गया क्योंकि इससे ज़मीन की उत्पादकता प्रभावित हो रही थी। सन् 1987 में अर्थव्यवस्था का फ़ोकस ग्रामीण उद्यमों के विस्तार पर था, फिर भी पिछले दो साल में कोई नया उद्योग खोला नहीं गया था।

उद्योग का उत्पादन मूल्य 1985 में 30 लाख युआन से बढ़कर 1986 में 40 लाख युआन और 1987 में 80 लाख युआन हो गया था। उन सालों में ग्रामीण उद्यमों का मुनाफ़ा

6,00,000 युआन से बढ़कर क्रमशः 8,00,000 युआन और 10,00,000 युआन हो गया। कहें तो इस पिछड़े गाँव में भी उद्योग पीछे नहीं रह गए थे।

कृषि का कुल उत्पादन मूल्य 1987 में 3,00,000 युआन था। खेतीबाड़ी पूरी तरह पारिवारिक अनुबंध प्रणाली के अंतर्गत आ गई थी। लेकिन कृषि से गाँव को कोई मुनाफ़ा नहीं होता था और उद्योग की कमाई के अतिरिक्त का इस्तेमाल कृषि विकास की मदद के लिए किया जाता था। ऐसे में लोग ज़्यादा-से-ज़्यादा ग्रामीण उद्योगों में काम करना पसंद करते थे। वे पूरी तरह खेती से बँधे नहीं रहना चाहते थे। पहले की तरह फ़ैक्टरियाँ अपने मुनाफ़ा का 20 प्रतिशत गाँव को सहयोग के रूप में दे देती थीं।

सन् 1987 में छिंगशिन के 960 लोग खेती में संलग्न थे, तो 300 उद्योग में। मज़दूरों की औसत आय 1985 में 1,100 युआन से बढ़कर 1986 में 1,250 युआन और 1987 में 1,300 युआन हो गई। किसी कामगार की सर्वाधिक आय 10,000 युआन थी। ज़मीन परिवारों को ठेके पर दे दी गई थी, उन्हें मिलाकर गाँव में 10 टीमें बनाई गई थीं ताकि उत्पादन का समन्वय किया जा सके। बहरहाल, ये टीमें पहले की उत्पादन टीमों-जैसी नहीं थीं।

छिंगशिन का अनुभव कई दिलचस्प बातों को उजागर करता है, जिनके विकासशील देशों के ग्रामीण रूपांतरण के लिए महत्त्वपूर्ण नतीजे हैं। पहला, इसने सामूहिक अर्थव्यवस्था के सकारात्मक तत्त्वों के साथ व्यक्तिगत और परिवार-आधारित खेती को जोड़ा। गाँव सामूहिक ने खेतिहर गतिविधियों के लिए ढाँचा विकसित किया, वहीं परिवारों ने खेत के अपने टुकड़ों पर ध्यान दिया। दूसरा, इस पिछड़े गाँव के विकास की कुंजी स्थानीय संसाधनों का भरपूर इस्तेमाल करते हुए अर्थव्यवस्था को बहुरूप बनाने में निहित थी। अनाज की पैदावार को विस्तारित कर उसके साथ साग-सब्ज़ी उगाने और बाग़वानी के विकास को जोड़ा गया। औद्योगिक उद्यम भी चालू किए गए। कुछ ने इलाक़े में पत्थरों के भंडार का इस्तेमाल किया। तीसरा, आंचलिक इकाइयों की परस्पर निर्भरता ने पिछड़े इलाक़ों के विकास में योगदान किया। हला और ल्येन ह-जैसे गाँवों में ग्रामीण उद्योगों के विशाल मुनाफ़े ने अतिरिक्त को जन्म दिया, जिसका एक अंश उच्चतर स्तर, यानी टाउनशिप सरकार के नियंत्रण में जमा था। वह उसे पिछड़े इलाके में उत्पादन क्षमता बढ़ाने में लगा सकती थी। उसी समय, एक गाँव के लोग दूसरे गाँवों में स्थित ग्रामीण उद्योगों में रोज़गार पा सकते थे, हालाँकि ग्रामीणों को तरजीह दी जाती थी।

मछलीपालन ब्रिगेड

पुरानी कम्यून व्यवस्था और नए सुधारकालीन ढाँचे में एक दिलचस्प जुड़ाव दिखता था। इस जुड़ाव की कड़ी थी मछलीपालन ब्रिगेड या मछलीपालक गाँव। यह एक सामूहिक उपक्रम था। साथ ही, नई व्यवस्था के मातहत यह एकीकृत मछलीपालन फ़ार्म की तरह काम करता था। सन् 1985 में इसने विविध आर्थिक गतिविधियों के एक समग्र उद्यम का रूप ले लिया।

हला टाउनशिप नदी, नालों और तालाब से भरा हुआ था। सारे नदी-नाले थाईहु झील से जुड़े थे। सन् 1976 के तुरंत बाद कम्यून ने झील से कई तालाब बनाए थे। अब मछलीपालन के लिए 1,155 मू में तालाब उपलब्ध थे। इनमें से 903 मू में बाज़ार में बेची जा सकनेवाली बड़े आकार की मछलियाँ पाली जाती थीं और 252 मू का इस्तेमाल मछलियों के प्रजनन के लिए होता था। मछलीपालन के अलावा भी कई सहायक काम शुरू किए गए थे। सन् 1985 में वहाँ 156 सुअरों का एक सुअरबाड़ा था, 123 गाएँ थीं और 20,000 बत्तख थे। मवेशीपालन और पॉल्ट्री का मकसद मछलियों के प्रजनन की मदद करना था क्योंकि गाय के गोबर और सुअरों एवं कुत्तों की विष्ठा का इस्तेमाल तालाब के पानी में मछलियों के प्रजनन के लिए होता था। तालाब के खर-पतवार को भी मछलियाँ खा लेती थीं। कचरे का यह इस्तेमाल पर्यावरण की दृष्टि से लाभकारी था और टिकाऊ विकास में मददगार।

ब्रिगेड ने अपनी गतिविधियों में मछलीपालन और मवेशीपालन के अलावा उद्योग और वाणिज्य को भी शामिल कर लिया था। उसके पास पाँच कंपनियाँ थीं : (क) मछली प्रजनन, (ख) मवेशीपालन और पॉल्ट्री, (ग) बत्तख के माँस का प्रसंस्करण और रेशमकीटों के ककूनों का उत्पादन (उनके पास तालाबों के किनारे शहतूत के कुछ पेड़ थे), (घ) ट्रैवल एजेंसी (उसके पास होटल, पाँच टूरिस्ट बसें, 10 कारें, एक नौका और एक रेस्तराँ था, जो थाईहु झील के पर्यटन उद्योग की ज़रूरतों को पूरा करते थे) और (ङ) एक वाणिज्य कंपनी (फ़ार्म के उत्पादों की बिक्री के लिए उसके पास अपने डिपार्टमेंटल स्टोर और विपणन के अन्य साधन थे)। यह दिखाता है कि ब्रिगेड के कामकाज में काफ़ी विविधता आई थी। मछलीपालन के मुनाफ़े का निवेश अन्य गतिविधियों, जैसे कि उद्योग और पर्यटन में किया जाता था, जिनसे अच्छी कमाई होती थी।

ब्रिगेड या गाँव ने अपने शोध के बलबूते मछलीपालन की तकनीकी में अनवरत सुधार किया था। इसमें वुशी स्थित एशिया-पैसिफ़िक फ्रेश वाटर फ़ीशरीज़ रिसर्च इंस्टीट्यूट की खोजों ने भी काफ़ी मदद की थी। कुछ साल पहले तक प्रति मू 500 या 600 चिन मछली का उत्पादन होता था। वर्ष 1984 में यह बढ़कर 2,000–5,000 चिन हो गया। इसकी वजह थी कि उन्होंने मछली के बीज का मोज़ांबिक और मिश्र से आयात किया था। ये उच्च प्रोटीनयुक्त अच्छी आकार की मछलियाँ थीं। कैंटन में विकसित एक अन्य प्रजाति की पैदावार 10,000 चिन प्रति मू थी। उन्होंने कई तरह की मछलियों की क्रॉसब्रिडिंग की थी। उदाहरण के लिए, ओसाका की मशहूर कुशन कार्प प्रजाति की मछली से हला की सिल्वर कुशन कार्प प्रजाति का विकास किया गया था। वर्ष 1976 में मछली की पैदावार एक लाख चिन थी, जो 1984 में 14.5 लाख चिन हो गई थी। इससे 10.2 लाख युआन का मुनाफ़ा हुआ। कर्मियों को वेतन और मज़दूरी देने और सरकार का टैक्स चुकाने के बाद शुद्ध मुनाफ़ा 8,50,000 युआन था। चीन के टैक्स क़ानूनों के मुताबिक मछलीपालन, मवेशीपालन और

पॉल्ट्री पर काफ़ी कम आयकर देना होता था, जबकि उद्योग, वाणिज्य और पर्यटन पर भारी आयकर चुकाना होता था। पिछले वर्षों में मछलीपालन से होनेवाली औसत आय 1980 में 960 युआन से बढ़कर 1984 में 1,850 युआन हो गई। गाँव का एक कामगार ज़्यादा-से-ज़्यादा सालाना 6,000 युआन कमा सकता था, जिसमें से वह 4,000 युआन मछलीपालन से कमाता तो बाक़ी गाँव के दूसरे कामों से। फ़ार्म की विभिन्न शाखाओं में औसत आमदनी इस प्रकार थी : मछली प्रजनन— 2,400 युआन, पॉल्ट्री— 2,300 युआन, पर्यटन— 1,650 युआन, वाणिज्य— 1,800 युआन, उद्योग— 1,900 युआन। मछली प्रजनन के काम को कड़ी मेहनत का काम माना जाता था। इसलिए वहाँ मज़दूरी ऊँची थी। पॉल्ट्री और सुअरपालन में ज़्यादा समय लगता था और उसे गंदा काम माना जाता था, इसलिए उनमें काम करनेवालों को दूसरे कामों से ज़्यादा मज़दूरी मिलती थी। एकीकृत मछलीपालन फ़ार्म में 500 कामगार थे, जिनमें से 30 प्रतिशत औरतें थीं। अधिकांशतः मर्द मछलीपालन का काम करते, जबकि औरतें पर्यटन का काम देखती थीं। उद्योगों में मर्द और औरत, दोनों ही काम करते थे।

फ़ार्म जिसे अब औपचारिक रूप से एकीकृत उद्यम जनरल कंपनी कहा जाता था, उत्पादन ज़िम्मेदारी प्रणाली के मातहत काम करता था। उसने शाखा कंपनियों के साथ विशेष कार्यों के लिए क़रार कर रखा था। मछली प्रजनन के मामले में भी उत्पादन टीमों के साथ ऐसा ही क़रार था। कुल पाँच उत्पादन टीमें थीं। प्रत्येक में 20 प्रतिशत औरतें थीं। एक टीम का काम विशेष रूप से मत्स्य बीज का प्रजनन था। टाउनशिप ने एकीकृत कंपनी के साथ क़रार किया था और कंपनी ने शाखा कंपनियों और टीमों का कोटा तय कर दिया था। अगर वे अपने कोटे से ज़्यादा उत्पादन करते, तो अतिरिक्त को आपस में बाँट लेते। अगर टीम अपने कोटे को पूरा नहीं कर पाती, तो घटत को उनकी आमदना से काट लिया जाता। टीम सामूहिक के रूप में काम करती थी, लेकिन प्रत्येक मज़दूर का अलग-अलग मूल्यांकन किया जाता और उसके हिसाब से उसे मज़दूरी दी जाती। इस प्रकार, यह एक तरह से सामूहिक व्यवस्था और विभेदित मज़दूरी का मेल था। सामूहिक संचय से नई उत्पादक गतिविधि शुरू करने में आसानी होती। जैस-जैसे सामूहिक की आमदनी बढ़ती मज़दूरी भी बढ़ती रहती।

लीहुंग गाँव : मछलीपालक ब्रिगेड का नया नाम

मछलीपालक ब्रिगेड का नाम बदलकर लीहुंग गाँव कर दिया गया। इसमें और इलाकों को भी जोड़ दिया गया। मैं वहाँ 1996, 2001 और 2004 में गया। इस गाँव की ख़ास बात यह थी कि यह मछलीपालन को नई व्यवसायिक ऊँचाइयों पर ले गया था और साथ ही, ग्रामीण उद्योगों और वाणिज्य का विकास जारी रखा था। इसके अलावा इसने 1977 में एक विशेष मछलीपालन परियोजना शुरू की जो बाद में एक प्रमुख उद्यम बन गई।

इसकी कुल आबादी 3,500 थी, जिसमें 50 प्रतिशत औरतें थीं और 1,100 परिवार थे। यहाँ कामगारों की संख्या 1996 में 1,220 थी। उनमें से 470 उद्योग में काम करते थे, 260 मछलीपालन में लगे थे और 50 वाणिज्य में। इसके अतिरिक्त यहाँ 500 प्रवासी मज़दूर भी थे। कामगारों में 60 प्रतिशत औरतें थीं। ज़्यादा औरतें इलेक्ट्रॉनिक्स में काम करती थीं और मर्द मशीनरी का। प्रबंधनकर्मियों में कुछ ही औरतें थीं। ग्राम नेतृत्व के मुताबिक वे समान काम के लिए समान वेतन की नीति पर अमल करते थे। लेकिन साथ ही, उन्होंने यह भी जोड़ा कि यह हुनर और प्रदर्शन पर निर्भर था। मतलब यह कि चूँकि औरतों का प्रदर्शन मर्दों के मुकाबले कमतर होता था, वे कम कमा पाती थीं। चीन की सातवीं और आठवीं योजना के दौरान ग्रामीण उद्योगों और वाणिज्य का धीरे-धीरे विकास हुआ, लेकिन इस गाँव में मछलीपालन पर ज़ोर दिया गया। इसने 1987 में स्पार्क कार्यक्रम को लागू किया और उसके लक्ष्यों को हासिल कर लिया।[19] प्रत्येक मू में 65 किलो की पैदावार से शुरू करके उसे 1.030 किलो तक पहुँचा दिया गया। वर्ष 1995 में उसने 1,000 टन मछली उत्पादित की जिसका मूल्य एक करोड़ युआन था। लेकिन मछली के तालाबों का रकबा 1,400 मू से घटकर 1,150 मू रह गया। बहरहाल, गाँव के उद्योगों का उत्पादन मूल्य 23 करोड़ युआन तक था और वाणिज्य से छह करोड़ युआन की कमाई हो जाती थी। सत्रह प्रतिशत राष्ट्रीय कर और 33 प्रतिशत स्थानीय कर चुकाने के बाद 1995 में मुनाफ़ा 137.9 लाख युआन था। उस साल कृषक-मज़दूरों की औसत सालाना आय 8,000 युआन थी।

ऊँची आय की वजह से रहन-सहन सुधर गया था। गाँव का प्रत्येक परिवार कोयले का चूल्हा छोड़कर रसोईघर में तरल गैस का प्रयोग करने लगा था। लगभग 50 प्रतिशत घरों में टेलीफोन था।

नौवीं योजना का लक्ष्य था आर्थिक विकास की गति को तेज़ करना और साथ ही, "संस्कृति और शिक्षा" पर भी ध्यान देना। हालाँकि संस्कृति और शिक्षा की बातें हो रही थीं, पर ऊँचे उत्पादन लक्ष्यों को हासिल करने पर ज़ोर साफ़ था। वर्ष 2000 तक उत्पादन मूल्य 100 करोड़ तक ले जाना और कृषक-मज़दूरों की औसत सालाना आय को 25,000 युआन के स्तर तक पहुँचाना लक्ष्य रखा गया था। सन् 1995 के पाँचवें महाधिवेशन के दिशानिर्देशों पर अमल करते हुए गाँव अपने तकनीकी के स्तर को सुधारना, विदेशी पूँजी की अगवानी और बिक्रीयोग्य वस्तुओं का उत्पादन करना चाहता था। गाँव के नेता आस्ट्रेलिया, सिंगापुर और मलेशिया की कंपनियों के साथ बातचीत कर रहे थे कि वे उनके साथ मिलकर साझा उपक्रम शुरू करें और उनके यहाँ निवेश करें। कुछ बड़े राष्ट्रीय उद्यमों को भी गाँव के साथ साझा काम शुरू करने के लिए आमंत्रित किया गया था। गाँव की तीन-सूत्री योजना थी : (क) मछलीपालन का दृढ़ता से विकास, (ख) उद्योगों का तेज़ विकास और (ग) कड़ी मेहनत से तृतीयक उपक्रमों का विकास। गाँव ने कई क्षेत्रों में बाज़ारोन्मुखी विकास की योजना

तैयार की थी। जलीय उत्पादों का बाज़ार नगरीय उत्पादन और विपणन कंपनियों से जुड़ा हुआ था। उसी के साथ शहर से अपनी निकटता का इस्तेमाल करते हुए उसने अपने कृषि और व्यवसायिक व्यापार केंद्रों की स्थापना की और उनका विस्तार किया। इसके अलावा, 1996 में अनुपूरक उत्पादों की थोक बिक्री के लिए एक बड़ा प्रतिष्ठान निर्मित हो रहा था।

ल्यांग्शी नदी और थाईहु झील को जोड़नेवाले जलक्षेत्र में माल ढुलाई के लिए एक बंदरगाह बनाया गया था। इसके साथ ही गाँववासी कमेटी ने मछली के तालाबों और मछली प्रसंस्करण और शीतीकरण सुविधाओं का भी निर्माण किया था। उसके शोध केंद्र में विशेष क़िस्म की मछलियों के विकास पर काम चल रहा था। मछलियों की ये प्रजातियाँ ऊँची क़ीमत पर बिकती थीं। टाउनशिप के बाहर उनको बेचना काफ़ी लाभकारी था, भले ही उनकी मात्रा कम हो। गाँव अपने लक्ष्यों के पूरा करने के लिए च्यांगनान लाइट इंडस्ट्री यूनिवर्सिटी और वुशी के अन्य शोध संस्थानों के साथ क़रीबी रूप से काम कर रहा था और कई तेजतर्रार विशेषज्ञों की मदद ले रहा था। उसने चीन और बाहर के कई बड़े निगमों से रिश्ता बना रखा था कि वे गाँव में आकर उद्यम चालू करें और इलाक़े में उपलब्ध सस्ती ज़मीन और श्रमशक्ति का इस्तेमाल करें।

सन् 1990 के दशक के उत्तरार्ध में ग्राम नेतृत्व अक्सर "दिमाग को उन्मुक्त करने" की बातें करता था। मतलब यह कि बाज़ार के तौर-तरीक़ों को अपनाने में हिचक को छोड़ना ज़रूरी है। यह प्रवृत्ति 1992 में तंग श्याओफिंग की दक्षिणी दौरे के बाद राष्ट्रव्यापी पैमाने पर ज़ोरों पर थी और बाज़ार अर्थव्यवस्था के निर्माण की ज़ोरदार पैरवी करती थी। स्थानीय नेताओं द्वारा बार-बार इसका हवाला देने का मतलब था कि गाँव के कुछ लोग सामूहिक स्वामित्व की जगह अंशधारक व्यवस्था को अपनाने से हिचक रहे थे। विरोधी शायद पूरी तरह मज़दूर के उत्पादन या उद्यम के प्रदर्शन के हिसाब से मज़दूरी के विभेदीकरण की नई व्यवस्था का भी विरोध कर रहे थे। ग्राम नेतृत्व ने अब दृढ़ता के साथ तय कर लिया था कि भुगतान को प्रदर्शन से जोड़ा जाएगा और बेहतर प्रदर्शन को पुरस्कृत किया जाएगा और नाकामी के लिए कटौती की जाएगी। ग्राम नेतृत्व हाल के वर्षों में ग्रामीण सुधारों के बारे में सरकार की नीति में "दो बदलावों" का कड़ाई से पालन कर रहा था। उनमें पहला था श्रम-सघन उत्पादन की जगह उन्नत प्रौद्योगिकी आधारित उत्पादन को प्रोत्साहित करना और दूसरा था परंपरागत अर्थव्यवस्था की जगह बाज़ार अर्थव्यवस्था को प्रश्रय देना। नीति में आए इन दो बदलावों को स्थानीय नेताओं ने जिस तरीक़े से लागू किया उसके कई गंभीर परिणाम हुए। पहला, उत्पादन बढ़ाने के लिए उन्नत तकनीकी अपनाने की मुहिम ने अक्सर बेरोज़गारी को बढ़ाया। ऐसे में पहली गाज औरतों पर गिरी, उनकी छँटनी कर दी गई। दूसरा, जिसे परंपरागत अर्थव्यवस्था कहा जाता था, उसका असली मतलब था सामूहिक अर्थव्यवस्था। इसे हटाकर बाज़ार अर्थव्यवस्था लाने से कई मोर्चों पर असंतुलन

पैदा हो सकता था। जब कैडरों से इस बारे में पूछा गया तो उनका कहना था कि यह उच्चतर अधिकारियों का सिरदर्द है। गाँव से उत्पादकता और मुनाफ़ा बढ़ाने के लिए इन दो बदलावों पर अमल करने को कहा गया। गाँव भर में उत्पादन गतिविधियों के समन्वय के लिए एक गाँव प्रबंधन समूह की स्थापना की गई है, जो गाँववासी कमेटी से अलग है। उसका मुख्य काम है आर्थिक लक्ष्यों का पूरा करना। लीहुंग गाँव का अनुभव यह दिखाता है कि किस तरह पार्टी ने 1990 के दशक के अंतिम दिनों में च्यांग त्समिन के शीर्षस्थ नेतृत्व में चीन की आर्थिक प्रगति के लिए बाज़ार अर्थव्यवस्था के विकास की नीति को लागू किया। इसमें कोई शक नहीं कि सामाजिक और पर्यावरण संबंधी नतीजों के बावजूद वह आर्थिक लक्ष्यों को हासिल करने में कामयाब रहा।

इस प्रकार, विभिन्न क़िस्म की उत्पादक गतिविधियों से हला टाउनशिप लाभान्वित हुआ। हला और ल्येन ह गाँवों के उन्नत उद्योग, छिंगशिन गाँव की कृषि और समृद्ध मछलीपालन हला टाउनशिप के विकास की तस्वीर को पूरा करते हैं। विभिन्न गाँवों की गतिविधियों का समन्वय टाउनशिप प्रशासन करता था और उसके साझा कोष का ज़रूरत के मुताबिक गाँवों के लिए इस्तेमाल किया जा सकता था।

हला टाउनशिप में मत्स्य उद्योग इतना महत्त्वपूर्ण बन गया था कि टाउनशिप ने एक पौंड फ़िश रिसर्च इंस्टीट्यूट की स्थापना की। सन् 1985 में हला टाउनशिप के पूर्व निदेशक लिऊ वेईफिंग को इसका निदेशक बनाया गया। यह चीन के विज्ञान और प्रौद्योगिकी आयोग द्वारा शुरू स्पार्क कार्यक्रम का अंग था। लिऊ वेईफिंग को मछली प्रजनन में काफ़ी महारत हासिल थी और उन्हें मत्स्य उद्योग के विस्तार का प्रभारी बनाए जाने के पहले ही कई पुरस्कार मिल चुके थे।[20] सन् 1986–90 की योजना में 93 हेक्टेयर में मछली तालाब बनाने की योजना थी। वर्ष 1990 के लिए उत्पादन का लक्ष्य 15 टन मछली प्रति हेक्टेयर या एक टन प्रति मू रखा गया था। यकीनन, उत्पादन उससे ज़्यादा हुआ और सुधार युग में हला की मछली अर्थव्यवस्था समृद्ध होती गई।

राजनीतिक संगठन और प्रबंधन

हला टाउनशिप के बारे में हमारी चर्चा यह दिखाती है कि 1980 के दशक के बाद सुधारों के दौरान गाँव स्तर पर राजनीतिक संगठन में किस तरह बड़े बदलाव आए। सबसे पहले 1970 के दशक की ब्रिगेड क्रांतिकारी कमेटी का स्थान ब्रिगेड प्रबंधन कमेटी ने ले लिया और उसके बाद उसकी जगह गाँव कंपनी के मैनेजर ने ले ली। उसके बाद निर्वाचित गाँववासी कमेटी प्रशासन का प्रभारी थी और विभिन्न उद्यमों में स्वायत्त प्रबंधन था। इस पूरे दौर में पार्टी की शाखा थी। सांस्कृतिक क्रांति के दौर की क्रांतिकारी कमेटी सर्वशक्तिमान नेतृत्व का हथियार थी, जो सामूहिक कृषि का निर्देशन करती थी। सन् 1980 के दशक के शुरुआत की

प्रबंधन कमेटी अब भी सामूहिक अर्थव्यवस्था की ज़रूरतों को पूरा करती थी। पारिवारिक ज़िम्मेदारी प्रणाली को पूरी तरह लागू किए जाने के बाद प्रबंधन की व्यवस्था में बदलाव आया। अब अर्थव्यवस्था के प्रत्येक क्षेत्र का प्रभारी व्यक्तिगत मैनेजर बन गया, प्रत्येक ग्रामीण उद्यम की जवाबदेही थी कि वह अपने काम के क्षेत्र में मुनाफ़ा कमाए। तदनुरूप, पार्टी की भूमिका सीमित हो गई। गाँव का पार्टी नेता को अब उत्पादन प्रक्रिया में रोज़ाना दख़ल देने की इजाज़त नहीं थी। उसी समय ऊपरी स्तर यानी टाउनशिप स्तर का नियंत्रण कम हो गया। सन् 1980 के दशक के मध्य में गाँव को पहले से ज़्यादा स्वायत्तता मिल गई। बहरहाल, गाँव चूँकि कई मायनों में टाउनशिप प्रशासन पर आश्रित था, उसे सहयोगी रिश्ता बनाकर रखना होता था। उत्पादन के मामले में निर्णय-प्रक्रिया के विकेंद्रीकरण की राष्ट्रीय नीति ने गाँव को अच्छी-ख़ासी स्वायत्तता दी थी। और गाँव ने अपने स्तर पर किसान परिवारों को ज़्यादा स्वायत्तता दी थी। बहरहाल, इस सच्चाई के बावजूद कि पारिवारिक ज़िम्मेदारी प्रणाली एक सफल संस्थागत पहल थी, उसकी अपनी कुछ सीमाएँ थीं। स्वायत्तता ने भूमि के बँटवारे को जन्म दिया क्योंकि प्रत्येक परिवार को उसके आकार के मुताबिक ज़मीन दी गई। यह अलग-अलग जगह पर उर्वरकता के हिसाब से अलग-अलग था और कुछ ज़मीन रास्ता और बाड़ा बनाने में जाया चली गई।[21] इन ख़ामियों ने मशीनीकरण औऱ बुनियादी खेतिहर ढाँचे के विकास की संभावनाओं को कई प्रांतों में कुंद किया।

वर्ष 1978 में हला ब्रिगेड क्रांतिकारी कमेटी (*कमिन वेईय्वानहुई*) को ब्रिगेड प्रबंधन कमेटी (*क्वानली वेईय्वानहुई*) बना दिया गया। सन् 1967 के पहले भी यही व्यवस्था थी। वर्ष 1980 में ब्रिगेड प्रबंधन कमेटी में सात सदस्य थे, जिनमें दो औरतें थीं। यह दिलचस्प है कि उनमें से तीन भंग कर दी गई क्रांतिकारी कमेटी के भी सदस्य थे। ब्रिगेड नेताओं के अनुसार गाँव के पुराने नेताओं ने कोई गंभीर ग़लती नहीं की थी, इसलिए किसी को हटाया नहीं गया था। तीन पुराने सदस्यों का तबादला कहीं और कर दिया गया था। ब्रिगेड में सौ प्रतिनिधियों का एक सम्मेलन (*ताईप्याओ हुईयि*) होता था, जिन्हें टीम सदस्यों द्वारा चुना जाता था। प्रबंधन कमेटी को प्रतिनिधि सम्मेलन चुनता था, जो प्रत्येक साल अपने काम की रिपोर्ट पेश करती थी। यह चुनाव आंशिक रूप से प्रतिनिधियों के बीच अनौपचारिक सलाह-मशविरे के आधार पर होता था और आंशिक रूप से उच्चतर स्तर की सहमति से। सालाना सम्मेलन में पेश सालाना रिपोर्ट पर चर्चा ज़मीनी स्तर के कार्यकर्ताओं को ग्राम नेतृत्व के साथ आपसी आदान-प्रदान का मौक़ा मुहैया करती थी।

सन् 1985 में गाँव बना दिए गए ब्रिगेड में एकीकृत कृषि, उद्योग और वाणिज्य कंपनी का एक महाप्रबंधक था। उसके दफ़्तर ने पुरानी प्रबंधन कमेटी के प्रमुख के दफ़्तर की जगह ले ली थी। उसके नीचे ख़ास-ख़ास उद्यम के मैनेजर होते थे। प्रबंधन कमेटी की जगह मैनेजरों की नई प्रणाली ने ले ली थी, जो गाँववासी कमेटी (*मिन वईय्वानहुई*) और प्रतिनिधि सम्मेलन

की सलाह से काम करते थे। वर्ष 1985 में हला गाँव के प्रतिनिधि सम्मेलन में 170 प्रतिनिधि थे, जिनमें से 25 औरतें थीं। गाँववासी कमेटी में 18 सदस्य थे, जिनमें सिर्फ़ दो औरतें थीं। पहले से ही अपेक्षाकृत नौजवान लोगों को नेतृत्वकारी पदों पर लाने पर ज़ोर दिया जा रहा था। इस कमेटी में औसत उम्र 45 वर्ष थी। वैसे भी गाँववासी कमेटी में तीन सदस्य ऐसे थे जो उत्पादन के बदले पूरी तरह प्रबंधन का काम सँभालते थे। इस तरह से गाँव के स्तर पर एक तरीक़े से पेशेवर प्रबंधन की शुरुआत 1980 के दशक में ही कर दी गई थी। बाद में इस प्रवृत्ति ने ज़ोर पकड़ लिया और ज़मीनी कैडर प्रशासनिक प्रशिक्षण के लिए पार्टी स्कूल में समय गुजारने लगे।

ल्येन ह गाँव में भी व्यवस्था ऐसी ही थी। एक एकीकृत कंपनी थी, जो गाँववाली कमेटी की सलाह से काम करती थी। महत्त्वपूर्ण यह है कि हला और ल्येन ह, दोनों मामलों में गाँववासी कमेटी का प्रमुख और एकीकृत कंपनी का महाप्रबंधक एक ही शख़्स नहीं था। इसी तरह पार्टी का नेता भी अलग शख़्स था। ऐसा इसलिए किया गया था ताकि महाप्रबंधक को पूरी स्वायत्तता मिले क्योंकि उसे अपने उद्यम के लिए उत्पादन योजना बनानी होती थी और राष्ट्रीय स्तर पर तय प्राथमिकताओं के अनुरूप नतीजे दिखाने होते थे। सिद्धांत में वे सभी जनसंगठनों की सलाह से काम करते थे, यानी गाँववासी कमेटी और स्थानीय पार्टी शाखा की सलाह से काम करते थे। बाद में जब तीनों पदों पर एक ही शख़्स बहाल होने लगा, तब स्थानीय नेता पार्टी का "मैनेजर कैडर" बन गया और आर्थिक नतीजे दिखाने पर ज़्यादा ज़ोर देने लगा। यह परिघटना 1990 के दशक के अंत और 2000 के दशक की शुरुआत में पूरे चीन पर हावी थी। ल्येन ह गाँववासी कमेटी का एक निदेशक था और चार अन्य लोग उसके सदस्य थे। इनमें दो उपनिदेशक थे, जिनमें से एक औरत थी। दिसंबर 1995 में गाँव में तीन-साला चुनाव हुए। यहाँ रहनेवाले प्रवासी परिवारों को वोट देने का हक़ नहीं था। उन्हें गाँव चुनाव में भाग लेने के लिए अपनी मूल जगह जाना पड़ता था।

वर्ष 1996 में ल्येन ह गाँव में कम्युनिस्ट पार्टी के 55 सदस्य थे, जिनमें से 27 औरतें थीं। वे सभी 40–51 वर्ष के अपेक्षाकृत नौजवान लोग थे। पाँच-सदस्यीय पार्टी शाखा में एक सचिव, दो उपसचिव (एक औरत) और दो अन्य सदस्य थे। उनचास वर्षीय हऊ हुईचांग, जिन्होंने 1985 में मेरी अगवानी की थी, गाँव के नेता बने हुए थे। यह दिखाता है कि उन्होंने पिछले दशक में किस तरह अपने आपको नेतृत्व से बदलती अपेक्षाओं के अनुरूप ढाल लिया था।

लीहुंग गाँववासी कमेटी के पाँच सदस्य थे, जिनमें दो औरतें थीं और औसत उम्र 30–50 वर्ष थी। यह साफ़ था कि प्रत्येक नई कमेटी का शैक्षणिक और तकनीकी स्तर पहले से ऊँचा था। कमेटी सदस्यता इन बातों पर निर्भर थी : (क) "सांस्कृतिक स्तर", इसका मतलब था सदस्य की शैक्षणिक योग्यता; (ख) "व्यावहारिक अनुभव" या किसी क्षेत्र में सक्रिय

भूमिका; (ग) "पार्टी से रिश्ता" यानी स्थानीय और उच्चतर पार्टी कैडरों की अनुशंसा; और (घ) "गाँव के प्रतिनिधित्व की क्षमता" या ग्रामीणों के बीच उसकी छवि कि वह गाँव की भलाई के लिए काम करने को उत्सुक है या नहीं। इस गाँव में दिसंबर 1995 में चुनाव हुए थे। अट्ठारह वर्ष या उससे ऊपर के सभी लोगों ने उनमें भाग लिया था। कोई भी 10 लोग उम्मीदवार का नाम प्रस्तावित कर सकते थे। पैनल में अक्सर जितने लोगों को चुना जाना था, उससे एक या दो उम्मीदवार ज़्यादा होते थे। पाँच सदस्य चुने जाने के बाद अपनी पहली बैठक में गाँव के नेता या गाँववासी कमेटी के निदेशक का चुनाव करते थे। गाँव के नेताओं ने बेबाक़ी से मुझे बताया कि टाउनशिप नेतृत्व इस पूरी प्रक्रिया का निर्देशन करता था। इससे सबकुछ बदल जाता है। हाल-हाल तक, प्रतियोगी चुनाव का क़ानून बनने के पहले तक, गाँव नेता का मनोनयन टाउनशिप नेतृत्व द्वारा किया जाता था। अब टाउनशिप नेतृत्व सिर्फ़ पूरी प्रक्रिया का "निर्देशन" करता है। हालाँकि इसका मतलब था निचले स्तर के चुनावों पर उच्चतर स्तर का बड़े पैमाने पर नियंत्रण, लेकिन इसमें पूरी तरह मनमानी नहीं हो सकती थी। इसके दो कारण थे। पहला, टाउनशिप नेतृत्व को ख़ुद भी सभी गाँवों के उद्यमों में अपना अच्छा प्रदर्शन दिखाना होता था। इसके लिए उसे उद्यम मैनेजरों का और गाँव के नेताओं का सहयोग और समर्थन चाहिए होता था। वे अपने स्तर पर मज़दूरों के प्रदर्शन और स्थानीय कैडरों के सहयोग पर आश्रित होते थे। इसके अलावा, कुछ गाँव धनी और शक्तिशाली थे। ऊपरी स्तर पर उनका काफ़ी प्रभाव होता था। दूसरा, चीन में जनतंत्र का आंदोलन काफ़ी असरदार हो गया था। एक पद के लिए कई उम्मीदवारों का सामने आना जनतांत्रिक विकल्प बनता जा रहा था। दिसंबर 1995 में लीहुंग के चुनावों में यही स्थिति थी। इस प्रकार, राजनीतिक प्रक्रिया के स्वरूप को समझना होगा, जिसमें पार्टी के ऊपरी स्तर और निचले स्तर के बीच आपसी सलाह-मशवरा ज़रूरी था, पार्टी पूरी राजनीतिक प्रक्रिया पर निगरानी रखती थी और ग़ैर-कम्युनिस्ट समूहों और आम लोगों के बीच अपनी वैधता को स्थापित करना चाहती थी।

लीहुंग में चीनी कम्युनिस्ट पार्टी के 52 सदस्य थे, जिनमें 40 प्रतिशत औरतें थीं। औरतों का यह अनुपात काफ़ी ऊँचा था। शायद इस वजह से कि अर्थव्यवस्था के सेवा क्षेत्र के विस्तार के साथ औरतों में रोज़गार बढ़ा था। बहरहाल, पार्टी शाखा के सात सदस्य थे, जिनमें से सिर्फ़ एक औरत थी। सभी कम-से-कम सीनियर मिडिल स्कूल पास थे। दो उपसचिव इंजीनियर थे। इस गाँव में पार्टी सचिव ही महाप्रबंधक था और एक उपसचिव गाँववासी कमेटी का निदेशक और मछलीपालन निगम का मैनेजर भी था। पार्टी, सरकार और प्रबंधन के कामकाज में फ़र्क़ करने की राष्ट्रीय नीति के बारे में पूछने पर लीहुंग गाँव के नेता ने बताया कि यह नीति टाउनशिप सरकार और उसके ऊपर लागू होती है। गाँव तो ज़मीनी स्तर का संगठन है, यहाँ ऐसा फ़र्क़ कर पाना मुश्किल है। इस गाँव में 1996 में भी सामूहिक

मालिकाना ही चल रहा था। लेकिन गाँव धीरे-धीरे अंशधारी कंपनियों के लिए तैयार हो रहा था। सन् 2003 तक उद्यमों में निजी या साझा स्वामित्व पूरी तरह कायम हो चुका था।

छिंगशिन में भी एकीकृत कृषि, उद्योग और वाणिज्य कंपनी थी, लेकिन यहाँ महाप्रबंधक ही पार्टी सचिव भी था। सवाल उठता है कि क्या ऐसा इस कारण था कि पिछड़े इलाक़े को आगे लाने के लिए सम्मिलित प्रयास किए जा सकें या यह सिर्फ़ उचित शख़्स तलाश न कर पाने का सीधा-सादा मामला था। छिंगशिन के महाप्रबंधक की मदद करने के लिए उसके दो डिप्टी मैनेजर थे। गाँववासी कमेटी में 10 टीमों के नेता शामिल थे। प्रतिनिधि सम्मेलन में टीम नेता और हर टीम से चार प्रतिनिधि होते थे। कुलमिलाकर उनकी संख्या 50 थी। गाँववासी कमेटी का एक प्रमुख और दो उपप्रमुख थे।

गाँव स्तर पर पार्टी

सुधारों के शुरुआती वर्षों में ज़मीनी स्तर पर चीनी कम्युनिस्ट पार्टी की राजनीतिक भूमिका को पुनर्परिभाषित किया गया। उत्पादन के क्षेत्र में स्थानीय पार्टी इकाई दख़ल नहीं देती थी या आर्थिक प्रबंधन का काम नहीं करती थी। फिर भी, पार्टी की स्थानीय इकाई राष्ट्रीय स्तर के फ़ैसलों के प्रधान व्याख्याकार की भूमिका निभाती थी। वह उद्यम मैनेजरों और गाँव कंपनी मैनेजरों पर कड़ी निगरानी बनाए रखती थी कि वे राष्ट्रीय नीतियों के ढाँचे में ही काम करें। बहरहाल, व्यवहारिक स्तर पर यह बारीक इंतज़ाम हमेशा कारगर नहीं होता था। पदाधिकारियों को लगातार पार्टी से उद्यम प्रबंधन में और उसके विपरीत उद्यम प्रबंधन से पार्टी में स्थानांतरित किया जाता रहता था। इसके अलावा उद्यमों या गाँव कंपनियों में निर्णायक पदों पर बैठे लोग अक्सर पार्टी के भी पदाधिकारी होते थे। आम तौर पर गाँव प्रमुख या उद्यम मैनेजर उस स्तर की पार्टी इकाई का उपसचिव होता था। इसका मतलब यह था कि राजनीतिक तौर पर पार्टी सचिव मैनेजर या निदेशक के ऊपर था। प्रशासन और प्रबंधन के मामले में वे सर्वाधिकारी होते थे। सन् 1980 के दशक के मध्य तक, जब उत्पादन और आमदनी बढ़ाना चीन में सब जगह पहली प्राथमिकता थी, स्थानीय पार्टी नेता कम ही दिखता था। मैनेजर और निदेशक आगंतुकों के मन में कोई गुंजाइश नहीं छोड़ते थे कि धुन कौन बजा रहा है। वे, न कि उनका पार्टी सचिव। वर्ष 1992 के बाद पार्टी की भूमिका में एक बदलाव आया, वह प्रधान बन गई और पार्टी कैडर ख़ुद ही उद्यमों के मैनेजर बन बैठे।

वर्ष 1979 में हला ब्रिगेड के 58 सदस्य थे, जिनमें से एक-तिहाई औरतें थीं। पार्टी शाखा (मतलब है पार्टी शाखा कमेटी, लेकिन कमेटी शब्द का इस्तेमाल अमूमन टाउनशिप के ऊपर की शाखाओं के लिए होता है) के सात सदस्य थे। उनमें से कोई भी टाउनशिप की ऊपरी पार्टी कमेटी का सदस्य नहीं था। मतलब यह कि ऊपर के स्तर पर किसी और गुट का दबदबा था या उनमें से कोई भी इतना अनुभवी नहीं था कि उसे ऊपरी कमेटी में शामिल

किया जाए। शाखा की महीने में तीन बार बैठक होती थी। हला ब्रिगेड की सभी टीमों के सभी नेता पार्टी शाखा के सदस्य नहीं थे। वर्ष 1985 में पार्टी सदस्यों की संख्या 55 थी, यानी 1979 से तीन कम। इसका मतलब यह नहीं कि उन्हें निष्कासित कर दिया गया था या उन्होंने इस्तीफ़ा दे दिया था। इसका कारण कहीं और तबादला भी हो सकता है (चित्र 7.2)। पार्टी शाखा के अब पाँच सदस्य थे, पहले से दो कम। ऐसा कामकाज को चुस्त-दुरुस्त बनाने के लिए किया गया था (चित्र 7.3)।

हला के वर्तमान निदेशक सुन सुइते पहले पार्टी शाखा के उपसचिव थे। सचिव 39-वर्षीय महिला नेता थी। वह एक किसान थी, जो 1978 से ही सचिव थी। पार्टी समय-समय पर पार्टी सदस्यों का आम सम्मेलन आयोजित करती थी।

वर्ष 1985 में छिंगशिन में पार्टी के 33 सदस्य थे, जिनमें सात औरतें थीं। पार्टी शाखा में पाँच सदस्य थे, जिसमें एक औरत थी। वर्ष 1987 में पार्टी सदस्यों की संख्या 34 बनी रही। पार्टी शाखा की औसत उम्र 50 वर्ष थी। शैक्षणिक स्तर इस मामले में कुछ नीचा था। किसी भी सदस्य ने विश्वविद्यालय में शिक्षा नहीं प्राप्त की थी। एक उच्चतर माध्यमिक स्कूल पास था और दो मिडिल स्कूल पास।

इस मछलीपालक गाँव में पार्टी और प्रबंधन नेतृत्व एक ही था। वर्ष 1985 में 37-वर्षीय शी फुमिन पार्टी शाखा का सचिव होने के साथ-साथ एकीकृत कंपनी के महाप्रबंधक भी थे। प्रत्येक शाखा कंपनी का अपना मैनेजर था। इस मछलीपालक गाँव में 30 पार्टी सदस्य थे। पार्टी शाखा में पाँच सदस्य शामिल थे, जिसमें एक औरत थी। वह कंपनी मुख्यालय के चार प्रभागों में से एक का प्रभारी थी। सितंबर 1985 में मैंने दो नेताओं का साक्षात्कार लिया। उनमें एक रूंग फुलिन पार्टी शाखा के उपसचिव थे और दूसरे च्यांग रूंगखुन पहले मत्स्य फ़ार्म के मैनेजर थे और हाल ही में 67 साल का हो जाने के बाद रिटायर हो गए थे। मछलीपालक गाँव के अनुभवों से इस बात का अंदाज़ा मिलता है कि चीन में हर जगह पार्टी और उद्यम प्रबंधन में फ़र्क़ नहीं किया जाता था।

ग्रामीण कायाकल्प के केंद्र के रूप में गाँव का उदय और पतन

हला, ल्येन ह और छिंगशिन वुशी के उपनगरीय गाँव थे। वे चीन के दूर-दराज के गाँवों का सही-सही प्रतिनिधित्व नहीं कर सकते, फिर भी हमें इस बात के महत्त्वपूर्ण संकेत मिलते हैं कि चीन में 1979 में सुधारों की शुरुआत के बाद के चार दशकों में किस तरह के बदलाव आ रहे थे। पहले डेढ़ दशक में ज़मीनी स्तर पर विकास रणनीति गाँव द्वारा संचालित थी। इसने अर्थव्यवस्था को विविध रूप देने, अन्न के साथ-साथ नकदी फ़सलों की खेती और ग्रामीण उद्योगों के विकास में निर्णायक भूमिका निभाई। गाँव अब मवेशीपालन के साथ-साथ कृषि, वाणिज्य, पर्यटन और तरह-तरह की आर्थिक गतिविधि शुरू करने के लिए स्वतंत्र थे। सबसे

चित्र 7.2: 1980 के बाद गाँव स्तर पर सांगठनिक ढाँचा

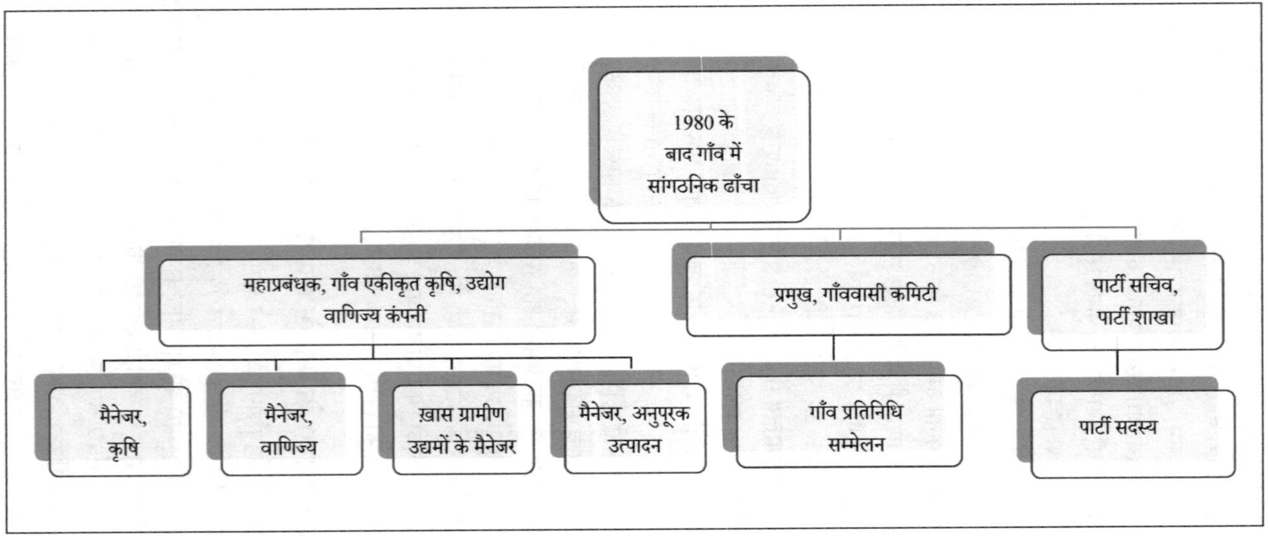

चित्र 7.3: 1980 के पहले उत्पादन ब्रिगेड के स्तर पर सांगठनिक ढाँचा

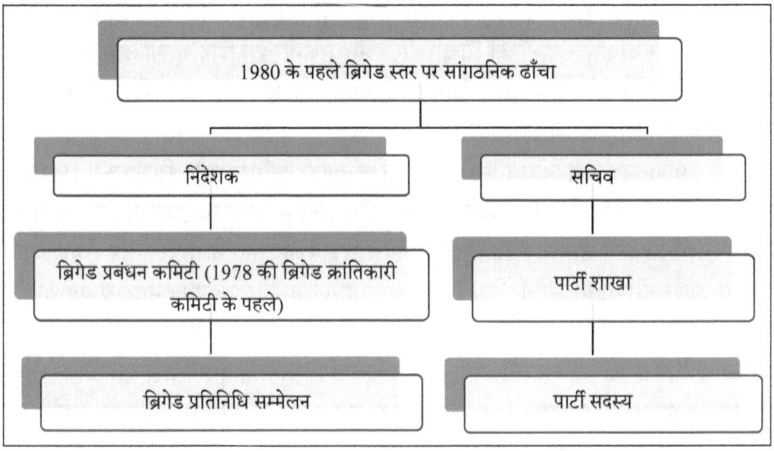

निचले स्तर यानी उत्पादन टीम को लगभग भंग कर दिया गया था और कृषि में पारिवारिक अनुबंध की शुरुआत हो चुकी थी। हालाँकि परिवार अब भी इकट्ठा होकर कार्यदल बना सकते थे या श्रम के सहकारी इस्तेमाल या आंशिक लागत के लिए छोटे गाँववासी समूह (*विलेज मिन त्सयाओ शु*) का गठन कर सकते थे। सांगठनिक रूप से उत्पादन प्रबंधन में पार्टी की दख़लअंदाज़ी पर लगाम लगा दी गई थी। हर मायने में उत्पादन ज़िम्मेदारी प्रणाली के कामकाज का प्रभारी मैनेजर था। एक कामकाजी इकाई के रूप में गाँव को राज्य से काफ़ी स्वायत्तता मिल गई थी। यहाँ तक कि टाउनशिप नेतृत्व का उच्चतर स्तर भी गाँव का सम्मान करता था और उसे ज़रूरी वित्तीय और प्रशासनिक सहयोग मुहैया कराता था। कम्यून के दौर के उत्पादन ब्रिगेड को कंपनी का रूप देना एक बड़ा अवधारणात्मक बदलाव था क्योंकि इसने जनगोलबंदी की एक संस्था को उत्पादकों का मुनाफ़ा कमानेवाले उद्यम में तब्दील कर दिया था। पुराने दौर के गोलबंदी के नज़रिए की जगह प्रतियोगी उत्पादन ने ले ली थी, जिसका समन्वय गाँव के स्तर पर होता था। बहरहाल, यह सांस्कृतिक दरार इतनी बड़ी नहीं थी कि राजनीतिक विच्छेद को जन्म दे। जैसा कि पहले बताया गया है कि जो भी हो गाँव परंपरागत प्रशासनिक गाँव बना हुआ था।

सन् 1980 के दशक के अंत में ख़ासकर थ्येनआनमन की घटना के बाद जब ग्रामीण नीतियों का पुनर्गठन किया गया, तब कुछ ऐसे बदलाव किए गए जिनसे गाँव के कामकाज में फ़र्क़ आया। गाँव की अर्थव्यवस्था को वृहत्तर अर्थव्यवस्था का क़रीबी से अनुकरण करना था। इस प्रकार, राज्य ने एक आम ढाँचा खड़ा किया और अपनी निगरानी की ताक़त को बनाए रखा। टाउनशिप पर देश के नियंत्रण और गाँव के ऊपर टाउनशिप के नियंत्रण को बड़े

पैमाने पर बढ़ा दिया गया। अब उत्पादन योजना, ख़ासकर विविधता लाने और निवेश के प्रस्तावों पर उच्चतर स्तर का अनुमोदन ज़रूरी हो गया। संबंधित स्तर पर पार्टी की भूमिका पर ज़ोर दिया गया ताकि पार्टी की विचारधारा और राजनीतिक शिक्षण का अनुपालन होता रहे। फिर भी, गाँव और पारिवारिक ज़िम्मेदारी प्रणाली के ऊपर ज़ोर देने की ग्रामीण सुधारों की बुनियादी दिशा कायम रही।

सन् 1994 में चीनी कम्युनिस्ट पार्टी की चौदहवीं काँग्रेस और विशेषकर 1995 में केंद्रीय कमेटी के पाँचवें महाधिवेशन के बाद दीर्घकालीन नीति का ख़ाका साफ़ हो गया। उसने सबसे निचली उत्पादन इकाई को औपचारिक स्वायत्तता दे दी, लेकिन समाजवादी बाज़ार अर्थव्यवस्था की नीतियों पर अमल अनिवार्य बना दिया। इसका मतलब यह था कि राज्य ने वृहत्तर स्तर पर समन्वय करना जारी रखा। गाँव के स्तर पर प्रतियोगी चुनावों की शुरुआत ने विश्व को यह संदेश दिया कि चीन में ज़मीनी जनतंत्र को गंभारता से लिया जाता है। इस प्रकार, 1979 से लेकर 1995 के बीच गाँव उत्पादन और ग्रामीण चीन में राजनीतिक भागीदारी की बुनियादी इकाई के रूप में उभरा।

लेकिन जल्द ही ज़मीनी उत्पादन इकाई और स्थानीय जनतंत्र के आधार के रूप में उसका पतन शुरू हो गया। जब सामूहिक स्वामित्व में ग्रामीण उद्यमों में ढाँचागत तब्दीली आई, गाँव के संसाधन सूख गए। जैसा कि पहले बताया गया है कई टाउनशिप और ग्राम उद्यम बंद कर दिए गए क्योंकि वे बड़े उद्यमों से होड़ की क्षमता नहीं रखते थे। कई अन्य पर्यावरण नियमों पर खरा नहीं उतर पाए। कई उद्यम इसलिए बंद कर दिए गए क्योंकि उनके उत्पादों की गुणवत्ता उतनी स्तरीय नहीं थी। सन् 1992 में बाज़ार अर्थव्यवस्था और निजीकरण को तेज़ करने के तंग श्याओफिंग के आह्वान के बाद चीन के अंदर या विदेशों के कई निवेशक सामने आए, जो कुछ टाउनशिप और ग्राम उद्यमों पर कब्ज़ा जमाना चाहते थे। उन्हें केंद्रीय सरकार से कई तरह की छूट मिली हुई थी कि वे गाँवों में उद्योग खड़े करें। गाँव में ऊँची कमाई और उद्यम चालू करने के मकसद से ऊँची दर से बचत की प्रथा कृषि में मदद करती है और शिक्षा एवं स्वास्थ्य को बेहतर बनाती है, जैसा कि हमने वुशी के गाँवों में देखा अब अतीत की चीज़ बन गए हैं। गाँव का मुख्य काम रह गया है अपने क्षेत्र में ज़मीन की देखभाल करना और पारिवारिक ज़िम्मेदारी व्यवस्था का संचालन करना। उसे उन मामलों में ज़मीन को उपअनुबंध पर देने के बारे में सोचना पड़ता है, जहाँ परिवार शहर में किसी और काम में लग जाता है। जब कुछ परिवारों ने अपनी ज़मीन विशेष खेतिहर परिवारों को सौंपने का फ़ैसला किया तो ग्राम नेतृत्व को उन्हें इसकी इजाज़त देने का सोचना पड़ा। गाँव के समग्र विकास के अवसर खो देने के बाद ग्राम नेतृत्व अब ज़मीन से मुनाफ़ा कमाने की सोच रहा है। ऐसे में, रियल स्टेट के विकास के लिए और उद्योग स्थापित करने या कमर्शियल क्षेत्र बनाने के लिए ज़मीन पट्टे पर देना ग्राम नेतृत्व का मुख्य धंधा बन गया है। कई मामलों में तो

ग्राम नेतृत्व ने ऐसे निगमों के साथ क़रार किए, जो ग्रामीणों को मंज़ूर नहीं थे। ये क़रार या तो पर्यावरण मानकों का उल्लंघन करते थे या फिर स्थानीय नेताओं के भ्रष्टाचार के मामले के रूप में देखे जाते थे। नतीजतन, भूमि विवाद चीन के गाँवों में टकराव और तकरार का बड़ा स्रोत बन गए। सन् 2000 के दशक में और उसके बाद यही स्थिति बन गई थी। एक आकलन के मुताबिक 60 प्रतिशत "जन घटनाएँ" भूमि विवाद से जुड़ी थीं। उसी समय ग्रामीण स्वास्थ्य और शिक्षा व्यवस्थाएँ सरकार के नियमित सहयोग से वंचित हो गईं। इस तरह से 2000 के दशक की शुरुआत तक तीनों ग्रामीण समस्याएँ *(सान नुंग वन्थी)*— समुचित लागत के अभाव में कृषि की कम उत्पादकता, रोज़गार के अभाव में किसानों की आय में कमी और मज़दूरी की असमानताएँ और भौतिक सहुलियतों और सामाजिक सुविधाओं, दोनों ही में बुनियादी ढाँचों का पिछड़ापन— उभर कर सामने आ गईं। गाँव महज़ एक भूमि प्रशासन इकाई बन कर रह गया। कई प्रतियोगियों के आधार पर बहुप्रचारित चुनाव स्थानीय उद्यमियों और पार्टी गुटों का मिला-जुला अखाड़ा बन गए कि वे अपनी सत्ता और प्रभाव का द्वीप कायम कर सकें और उसे बनाए रख सकें। विडंबना यह है कि चीन के गाँव ज़मीन के सामूहिक स्वामित्व को छोड़कर भारत की पंचायतों-जैसे हो गए हैं, जिनके पास अपना कोई आर्थिक साधन नहीं है, वे पूरी तरह ऊपर से मिलनेवाले अनुदान पर आश्रित हैं। लेकिन वे राजनीतिक गतिविधि का अखाड़ा हैं। भारत के मामले में आरक्षण और गाँव स्तर पर राजनीतिक गोलबंदी पंचायतों को जनतांत्रिक संघर्ष की संस्था बनाने की संभावनाएँ तैयार करती है। चीन के मामले में यह संभावना भी क्षीण हो गई है क्योंकि ऊपरी स्तर का नेतृत्व उसे आर्थिक विकास में बाधक मानता है। इस प्रकार, विकास की राजनीतिक और आर्थिक इकाई और जनतंत्रीकरण के औज़ार के रूप में गाँवों का उदय और फिर उसका परिवारों के पंजीकरण की व्यवस्था के ज़रिए भूमि प्रबंधन और ग्रामीण नियंत्रण की एजेंसी बनकर रह जाना दुनिया भर के लिए कई सबक पेश करता है।

सुधारों के मातहत राजनीतिक अर्थव्यवस्था के पुनर्गठन की इस प्रक्रिया ने औरतों को किस तरह प्रभावित किया? यह अगले अध्याय में हमारी दिलचस्पी का विषय है।

टिप्पणियाँ

1. नेशनल ब्यूरो ऑफ़ स्टैटिस्टिक्स ऑफ़ चाइना, *चाइना स्टैटिस्टिकल ईयरबुक 2014* (चाइना स्टैटिस्टिक्स प्रेस, पेइचिंग, 2014, पृ. 165)।
2. नेशनल ब्यूरो ऑफ़ स्टैटिस्टिक्स ऑफ़ चाइना, *चाइना स्टैटिस्टिकल ईयरबुक 2016* (चाइना स्टैटिस्टिक्स प्रेस, पेइचिंग, 2016)।
3. नेशनल ब्यूरो ऑफ़ स्टैटिस्टिक्स ऑफ़ चाइना, *चाइना स्टैटिस्टिकल ईयरबुक 2014* (पृ. 170)। हालाँकि दूसरे मानक के अनुसार 3008 में चिह्नित कम आमदनी का आँकड़ा 2000 में 10.2 प्रतिशत और 2010 में 2.8 प्रतिशत था। उसमें और सुधार करके 2010 का मानक तय किया गया, जिसे ग़रीबी उन्मूलन मानक कहा जाता है। उसके मुताबिक 2010 का आँकड़ा 17.2 प्रतिशत था और 2013 में 8.2 प्रतिशत।

4. ली खछ्यांग, *रिपोर्ट ऑन दी वर्क ऑफ़ गवर्नमेंट* (पृ. 19)।
5. चाओ छन, मिंग लू और फंगतू नी, "अर्बनाइज़ेशन एंड रूरल डेवलपमेंट इन दी पीपुल्स रिपब्लिक ऑफ़ चाइना", एडीबीआई वर्किंग पेपर 596, 19 सितंबर 2016. उपलब्ध : https://ssrn.com/abstract=2853330 (देखा 13 जून 2017)। साथ ही देखें एफ़य ल्यू, "ए स्टडी ऑफ़ दी कंडीशंस ऑफ़ दी स्केल ऑपरेशन ऑफ़ फ़ॉर्मलैंड एंड ऑफ़ दी इफ़ेक्ट देयरऑफ़ : टेकिंग दी नॉर्थईस्टर्न कंट्रीसाइड एज़ ए केस", *मैनेजमेंट वर्ल्ड* 9, नं. 1 (2006): पृ. 71–79 (चीनी में)।
6. चीन में हुखऊ प्रणाली की शुरुआत राजशाही के जमाने में हुई थी। इसका मकसद था ग्रामीण पलायन पर लगाम लगाना। यह समकालीन चीन में भी जारी रहा। यह भारतीय जाति व्यवस्था से अलग हो सकता है, पर यह भी भेदभावकारी है और बहिष्कार पर आधारित है। जाति एक सामाजिक ढाँचा है, जिसकी जड़ें ब्राह्मणवाद की सांस्कृतिक विचारधारा में निहित हैं, जबकि *हुखऊ* प्रणाली शासकों द्वारा आरोपित राजनीतिक फ्रेम है, जो ग्रामीण बाशिंदों को अपनी पसंद से अपने इलाके से बाहर जाने से रोकती है। इसके सांस्कृतिक निहितार्थ के लिए देखें छाई फांग, "माइग्रेशन ऑब्स्टैकल्स, ह्यूमन कैपिटल एंड मोबिलिटी ऑफ़ रूरल लेबर फ़ोर्स इन चाइना", अमिताभ कुंडु (सं.), *इनइक्वैलिटी, मोबिलिटी एंड अर्बनाइज़ेशन* (आईसीएसएसआर और मानक, नई दिल्ली, 2000, पृ. 77)।
7. *दी 13थ फ़ाइव-ईयर प्लान*, खंड IV; *एनडीआरसी रिपोर्ट टू 12थ एनपीसी* (5 मार्च 2017, पृ. 33–34)।
8. चीनी कम्युनिस्ट पार्टी की केंद्रीय कमेटी का संकलन और अनुवाद ब्यूरो, *दी 13थ फ़ाइव-ईयर प्लान फ़ॉर इकनॉमिक एंड सोशल डेवलपमेंट ऑफ़ दी पीपुल्स रिपब्लिक ऑफ़ चाइना (2016–2020)* (सेंट्रल कंपाइलेशन एंड ट्रांसलेशन प्रेस, पेइचिंग, 2016)। साथ ही उपलब्ध : http://en.ndrc.gov.cn/newsrelease/201612/P020161207645765233498.pdf (देखा 31 जुलाई 2017)।
9. चीनी कम्युनिस्ट पार्टी की केंद्रीय कमेटी का संकलन और अनुवाद ब्यूरो, *डॉक्यूमेंट्स ऑफ़ दी थर्ड प्लेनरी सेशन ऑफ़ दी 18थ सेंट्रल कमेटी ऑफ़ दी कम्युनिस्ट पार्टी ऑफ़ चाइना* (फ़ॉरेन लैंग्वेजेज़ प्रेस, पेइचिंग, 2013, पृ. 94)।
10. चऊ ली, फांग फिंग और वांग छाइहुंग, "डांसिंग विथ थ्री हैंडूस : दी आइडेंटिकल रूट ऑफ़ चाइनीज़ एग्रीकल्चरल मिरेकल एंड क्राइसिस" (अप्रकाशित मोनोग्राफ, रेनमिन विश्वविद्यालय स्कूल ऑफ़ एग्रीकल्चरल इकनॉमिक्स एंड रूरल डेवलपमेंट, 2017, पृ. 9) में चीन के जल संसाधन मंत्रालय की चाइना वाटर रिसोर्सेज़ बुलेटिन 2014 को उद्धृत करते हुए।
11. ली चऊ और अन्य इस समस्या को सटीक तरीक़े से बयान करते हुए इसे तीन तत्त्वों — श्रम, पूँजी और भूमि का दूर जाना कहते हैं। उपरोक्त।
12. उपरोक्त, पृ. 10.
13. भारत में पंचायतों को कुछ लोग भारतीय राज्य का सबसे निचला पायदान मानते हैं, जिन्हें भारतीय संविधान के 73वें संशोधन के तहत कुछ काम सौंपे गए हैं और उनका चुनाव हर पाँच साल पर होना तय है। देखें जॉर्ज मैथ्यू, "लोकल गवर्नमेंट सिस्टम इन इंडिया एंड चाइना : लर्निंग फ़्रॉम इच अदर", मनोरंजन महांति, जॉर्ज मैथ्यू, रिचर्ड बॉम और रूंग मा (सं.), *ग्रासरूट्स डेमोक्रेसी इन इंडिया एंड चाइना : दी राइट टू पार्टिसिपेट* (सेज़ पब्लिकेशंस, नई दिल्ली, 2007)। पर मेरी राय में पंचायत राज्य और समाज का मेल है क्योंकि समाज ग्रामसभा (गाँव असेंबली) के माध्यम से काम करता है।
14. अटलांटा का कार्टर सेंटर, जो दुनिया भर में चुनावों की निगरानी करता है और वाशिंगटन स्थित इंटरनेशनल रिपब्लिकन इंस्टीट्यूट, जो दुनिया के अलग-अलग हिस्सों में लोगों को चुनावी जंनतंत्र के भीतर अपनी भूमिका निभाने के लिए प्रशिक्षित करता है, उन दोनों ने चीन के ग्रामीण चुनावों पर कई रिपोर्ट प्रकाशित की।
15. आम लोग और स्थानीय कैडर इस माहौल का फ़ायदा उठाने को प्रेरित हुए और उन्होंने भ्रष्टाचार को बेनकाब करने की पहल की। वे स्थानीय नेताओं के फ़ैसलों की निंदा करते और विरोधी गतिविधियों में शरीक होते, जिन्हें केविन जे. ओ'ब्रियन "चीन में चौहद्दी लाँघते विवाद" कहते हैं। केविन जे. ओ'ब्रियन, "बाउंड्री-स्पैनिंग कंटेशन इन चाइना" (पृ. 107–08)।

16. केविन जे. ओ'ब्रियन और ल्यानच्यांग ली, "एकोमॉडेटिंग डेमोक्रेसी इन ए वन-पार्टी स्टेट", *दी चाइना क्वार्टर्ली* 162, (जून 2000, पृ. 465–89)। "भागीदारी के अधिकार" को नया मानवाधिकार मानने के वैश्विक विमर्श के बारे में देखें मनोरंजन महांति, "इंट्रोडक्शन", मनोरंजन महांति, जॉर्ज मैथ्यू, रिचर्ड बॉम और रूग मा (सं.), *ग्रासरूट्स डेमोक्रेसी इन इंडिया एंड चाइना : दी राइट टू पार्टिसिपेट* (सेज़ पब्लिकेशंस, नई दिल्ली, 2007)।
17. केरी ब्राउन, "दी फ़्यूचर ऑफ़ विलेज इलेक्शंस इन चाइना", *दी न्यूज़लेटर* 53 (वसंत 2010)। उपलब्ध : http://iias.asia/the-newsletter/article/future-village-elections-china (देखा 13 जून 2017)।
18. रिचर्ड लेवी, "विलेज इलेक्शंस इन चाइना : डेमोक्रेसी ऑर फ़साड?" *न्यू पॉलिटिक्स* XII, नं. 4 (शरद 2010)। उपलब्ध : http://newpol.org/content/village-elections-china-democracy-or-fa%C3%A7ade (देखा 13 जून 2017)।
19. स्पार्क कार्यक्रम चीनी सरकार अनुमोदित पहला कार्यक्रम था, जो ग्रामीण अर्थव्यवस्था के विकास के लिए विज्ञान और तकनीकी पर भरोसा करता था और राष्ट्रीय आर्थिक और वैज्ञानिक और तकनीकी विकास की योजना का महत्त्वपूर्ण घटक था। कार्यक्रम का मकसद था ग्रामीण इलाक़ों में समुचित उन्नत तकनीकी का समावेश और किसानों को विज्ञान और प्रौद्योगिकी पर भरोसा करने के लिए प्रेरित करना, ग्रमीण उत्पादकता को बढ़ावा देना और कृषि और ग्रामीण अर्थव्यवस्था के टिकाऊ, तीव्र और सेहतमंद विकास को प्रेरित करना। उपलब्ध : http://ie.china-embassy.org/eng/ScienceTech/ScienceandTechnologyDevelopmentProgrammes/t1128 42.htm (देखा 13 जून 2017)।
20. जब मैं 1979 में पहली बार हला गया था लिऊ वेईफिंग हला टाउनशिप के नेता थे। वे 1984 में उस भूमिका से सेवानिवृत हुए और उन्हें मछलीपालन कार्यक्रम का प्रभारी बनाया गया। वर्ष 1984 में उन्होंने चांग वेईनान की जगह ली। चांग वेईनान ने अगले दशक और उसके बाद भी हला के शहरीकरण की योजना में निर्णायक भूमिका अदा की।
21. फू छन और जॉन डेविस, "लैंड रिफ़ॉर्म इन रूरल चाइना सिंस दी मिड-1980ज़", *लैंड रिफ़ॉर्म, लैंड सेटलमेंट, एंड कोऑपरेटिव्स* 6, नं. 2 (1998, पृ. 123–37)।

8 आधे आकाश से छँटते बादल : सफलता के फंदे में फँसी महिलाएँ

महिलाओं पर सुधारों का असर

चीन में 2010 में संपन्न हुई जनगणना में "गुमशुदा महिलाओं" (मिसिंग विमन) से संबंधित चिंताजनक आँकड़े आए हैं। इस जनगणना के अनुसार चीनी समाज में 51.27 प्रतिशत पुरुष और 48.73 प्रतिशत महिलाएँ हैं। महिला-पुरुष की संख्या का अनुपात निरंतर गिर रहा है। वर्ष 2009 में 100 महिलाओं की तुलना में 119.45 पुरुष थे। वर्ष 2010 में नवजात शिशुओं में 100 लड़कियों की तुलना में 118.6 लड़के थे, जो कि 10 वर्ष पूर्व 2000 के आँकड़ों की तुलना में बहुत ख़राब स्थिति थी। वर्ष 2000 में चीनी समाज में 116 लड़कों की तुलना में 100 लड़कियाँ थीं। पूर्वानुमान है कि स्त्री-पुरुष अनुपात में इस दर से आ रही गिरावट के परिणामस्वरूप 20 वर्ष बाद चीन में 15 प्रतिशत नौजवानों को उनकी संगिनी नहीं प्राप्त होगी।[1]

वस्तुतः 2015 तक लागू एक संतान की सरकारी नीति और कानूनी प्रतिबंध के बाद परिवारों द्वारा कन्या-भ्रूण का गर्भपात या नवजात कन्या की मृत्यु के कारण स्त्री-पुरुष अनुपात का असंतुलन बढ़ा है। इस प्रकार "गुमशुदा महिलाओं" की परिघटना ने गंभीर रूप धारण कर लिया। परंतु इससे भी अधिक यह निष्कर्ष चीन में सुधार कार्यक्रम के दौरान संचालित सामाजिक-आर्थिक कार्यक्रमों का महिलाओं पर विपरीत प्रभावों का चित्रण है। विश्व स्तर पर चीन के आर्थिक विकास की प्रशंसा और चीन द्वारा विश्व के अन्य देशों से इस विषय में शिक्षा लेने के बावजूद, इसके कुछ नतीजे काफ़ी व्याकुल करनेवाले हैं। इस सबको समझने के बाद ही एक संतान नीति के स्थान पर दो बच्चों की नीति जनवरी 2016 में लागू की गई, तब भी कम से कम 30 वर्षों तक पुरानी नीति का समाज और अर्थव्यवस्था पर असर दिखता रहेगा।[2]

चीन में सुधार नीतियाँ लागू होने के वर्षों में महिला विषयों से संबंधित बहसों में यह गंभीर बिंदु उभर कर सामने आए। चीन और भारत दोनों देशों के सुधार कार्यक्रमों में नीतिनिर्धारकों के चितंन में यह मत प्रभावशाली रहा है कि सामाजिक परिणामों की परवाह किए बिना आर्थिक विकास आवश्यक है। उनका तर्क है कि पर्याप्त मात्रा में उत्पाद और सेवाएँ उपलब्ध होने पर ही विभिन्न सामाजिक समूहों के बीच उसका उचित बँटवारा किया जा सकता है। कहा जाता है कि विकास के द्वारा ही सरकार (राज्य) के पास स्वास्थ्य और शिक्षा-जैसे मदों सहित कल्याणकारी कार्यों पर ख़र्च करने के लिए साधन स्रोत उपलब्ध

होंगे। सर्वोपरि, आर्थिक वृद्धि अनिवार्य रूप से परिवारों के जीवनस्तर को उन्नत करेगी, जिससे महिलाओं सहित सभी का भला होगा। इसके विपरीत यह विचार है कि यह विकास सामजिक, राजनीतिक और पर्यावरणीय असर डालता है, अतः विकास की रणनीति बनाते समय सामजिक न्याय, स्त्री-पुरुष समानता और पर्यावरण की रक्षा पर ध्यान देना चाहिए। वह विकास नीति का अभिन्न अंग होना चाहिए। महिलाओं के कल्याण को उनके अधिकार के रूप में देखना चाहिए, न कि उसे पैतृक सहायता या नेताओं या पार्टियों की मनोगत नीतियों से उत्पन्न "कल्याणकारी" नीति के रूप में। हु चिनथाओ के नेतृत्व के दशकों में यह प्रश्न उभर कर सामने आए और "विकास के वैज्ञानिक दृष्टिकोण" के सूत्रीकरण के आलोक में सामाजिक और पर्यावरण के मुद्दों पर सीधे ध्यान देते हुए अनेक पहलकदमियाँ ली गईं। परंतु उनके आलोचकों ने वृद्धि दर में कमी दर्शाते हुए इसे विकास की रणनीति से भटकाव के रूप में देखा। वैश्वीकरण और लिंग भेद संबंधी साहित्य में प्रचुर मात्रा में इसके संकेत मिलते हैं कि बाज़ार अर्थव्यवस्था आधारित आर्थिक वृद्धि के प्रभुत्वशाली ढर्रे ने महिलाओं के लिए कुछ क्षेत्रों में नए अवसर पैदा करने के बावजूद उनके लिए अनेक नई विपत्तियाँ पैदा की हैं। मार्च 2014 में एनपीसी की महिला प्रतिनिधियों ने चीन में विगत चालीस वर्षों में महिलाओं द्वारा हासिल उपलब्धियों का मूल्यांकन किया। परंतु इस मूल्यांकन के समय उन्होंने साहसपूर्वक महिलाओं के समक्ष मौजूद गंभीर समस्याओं के बारे में अपने विचार प्रस्तुत किए। एनपीसी की स्थाई समिति के सदस्य छन श्युरूंग ने अक्टूबर 2011 में प्रकाशित चीनी महिलाओं की हैसियत (चाइनीज़ वुमन स्टेटस) संबंधी सर्वेक्षण को बार-बार उद्धृत करते हुए लिंग असमानता और लिंग भेद के अनेक बिंदुओं को चिह्नित किया। राज्य द्वारा स्त्री-पुरुष समानता को प्रोन्नत करनेवाली नीति के बावजूद यह असमानताएँ मौजूद थीं।[3] एनपीसी की इन प्रतिनिधियों द्वारा स्पष्ट रूप से यह चिह्नित किया गया कि स्त्री-पुरुष संबंधी समुचित आँकड़ों के अभाव में किस प्रकार आर्थिक विकास की एकपक्षीय तस्वीर में सांख्यिकीय कमियाँ मौजूद थीं।[4]

दूसरा मुद्दा समाजवादी नारीवादी विचारों से उत्पन्न हुआ। विशेष रूप से यह विचार माओ त्से-तुंग युग में प्रचलित था। येनान की विरासत के तौर पर यह विचार जापान विरोधी युद्ध (1937–45) के दौरान उभरकर सामने आए थे, जब चीनी कम्युनिस्ट पार्टी ने क्रांति और बदलाव के विषय में अनेक महत्त्वपूर्ण विचारों का सूत्रीकरण किया था और महिला-पुरुष समानता के मूल्यों पर ज़्यादा ज़ोर दिया था। सन् 1949 के बाद निर्मित विभिन्न नीतियों द्वारा इसे लागू किया गया। वर्ष 1950 का विवाह क़ानून इस दिशा में महिलाओं की पसंदगी को सुरक्षा प्रदान करनेवाला एक प्रगतिशील क़दम था। (महिलाओं के अनेक अधिकारों की रक्षा के लिए कुछ नए प्रावधानों को शामिल कर इसका संशोधित रूप 1980 में सामने आया।) कम्यून के दौर में महिलाओं को घरेलू कामों से मुक्त किया गया और

इसकी सुगमता के लिए अनेक सामाजिक सेवा कार्यक्रमों की शुरुआत की गई। परंतु इन 17 वर्षों (1959–76) के दौरान महिलाओं की स्थिति के बारे में नारीवादी विद्वानों और कार्यकर्ताओं ने सर्वाधिक बहस सुधार के बाद के वर्षों में संचालित कीं।[5] सुधार नीतियों के आलोचकों ने कहा कि उस समय नेतृत्व द्वारा महिलाओं की विशेष योग्यताओं पर विचार नहीं किया गया।[6] हालाँकि वर्ग और लिंग संबंधी विषयों पर नए-नए सवाल उठ रहे हैं और बहस जारी है। लेकिन माओ त्से-तुंग के समय में सभी चीनी स्त्री-पुरुषों को सार्वजनीन शिक्षा और स्वास्थ्य सेवा तथा रोज़गार के अवसर प्रदान करने का स्थाई मूल्य आज भी है और इससे भविष्य में स्त्री-पुरुष समानता की संभावनाओं के द्वार खुले हैं। परंतु विभिन्न कार्यो में महिलाओं को कम वर्क प्वाइंट देने के कारण वेतन में असमानता जारी है। महिलाओं को कार्य का दोहरा बोझ उठाना पड़ता है। एक तरफ़, वह कार्यस्थल पर कार्य करती हैं, दूसरी तरफ़, उनको घेरलू काम भी करना होता है। पितृसत्तात्मक संस्कृति में अब भी परिवर्तन न होने से महिलाओं से आज भी घरों में एक पत्नी और माँ की भूमिका अपेक्षित रहती है। येनान आंदोलन के समय से लेकर आज तक पार्टी की नारीवादी सिद्धांतकार तिंग लिंग अपने विभिन्न लेखों व कहानियों में इस विषय को बराबर चिह्नित करती रही हैं।[7] माओ त्से-तुंग के समय में भी बहुत कम महिलाएँ ही नेतृत्व के सर्वोच्च स्तर पर पहुँच सकी थीं। कहें तो माओ त्से-तुंग के समय में महिलाओं के उत्थान के लिए संरचनात्मक परिस्थितियाँ काफ़ी अनुकूल थीं। उनकी तुलना में बाज़ार अर्थव्यवस्था वाले सुधार के समय में राज्य और समाज में पितृसत्तात्मक प्रभुत्व कायम है।

महिलाओं की मुक्ति संबंधी तीसरा केंद्रीय मुद्दा महिला एजेंसियों का विकास या महिलाओं में अपनी जीवन स्थितियों में परिवर्तन के लिए क्षमता विकसित करना है। एक स्तर पर यह महिलाओं को परिवार, समाज, अर्थव्यवस्था और राजनीति के प्रत्येक क्षेत्र में विभिन्न प्रकार के साधनों व उपायों से स्वायत्तता प्रदान करने से संबंधित विषय है। इस क्षेत्र में कुछ कार्य महिलाओं के स्वायत्त संगठनों द्वारा करना था। इसके लिए राज्य की नीतियों, सामाजिक व्यवहार और आर्थिक प्रवृत्तियों की आलोचना की इजाज़त देना शामिल था। कुछ एजेंसियाँ महिलाओं की शिक्षा, स्वास्थ्य सेवा और रोज़गार के अवसर का नतीजा हैं। महिलाओं की राजनीतिक भागीदारी, निर्णय लेने की प्रक्रिया व नेतृत्व में हिस्सेदारी पर काफ़ी ज़ोर दिया गया। हालाँकि परंपरागत पितृसत्तात्मक व्यवहार द्वारा महिलाओं को आगे बढ़ने का कोई अवसर न देना या उनमें से कुछ का इस्तेमाल महिला एजेंसियों को बढ़ावा देने के लिए किया जा सकता है बहस का एक अलग विषय है। नारीवादी साहित्य में महिला एजेंसियों के कार्यों पर काफ़ी समृद्ध और विविध बहसें संग्रहित हैं और चीन की परिस्थितियों में इन्हें अनेक रूपों में लागू किया गया है।[8] स्वायत्त महिला संगठनों को अनुमति न देनेवाली एक राजनीतिक पार्टी की सत्ता और एक ऐसा राजनीतिक नेतृत्व, जो आर्थिक वृद्धि को

प्राथमिकता देता है और प्रचुर पितृसत्तात्मक व्यवहारवाले सांस्कृतिक परिवेश में महिला एजेंसियों के तेज़ी से विकसित होने की संभावनाएँ कम हैं। इन सबके बावजूद क्रांति के बाद से चीन में और कुल मिलाकर विश्व स्तर पर महिला अधिकार आंदोलनों में निरंतर वृद्धि हो रही है। समाज विकास की ऐतिहासिक प्रक्रियाएँ स्वयं अपनी गति और प्रवाह निर्मित करती हैं। इस प्रकार, महिला मुक्ति की प्रगति को रोका नहीं जा सकता।

यह ध्यान देने योग्य है कि सितंबर 1995 में चौथी विश्व महिला काँग्रेस पेइचिंग में संपन्न हुई। यह एक युगप्रवर्तक घटना थी। यह घटना वैश्विक मामलों में चीन की बढ़ती साख का साक्षी थी।[9] चीन की यह सामाजिक हैसियत मुख्यतः 1978 के बाद लागू हुए सुधार कार्यक्रम के दौरान प्राप्त आर्थिक उपलब्धियों का परिणाम थी। विश्व महिला काँग्रेस का आयोजन, सुधार के दौरान महिला मुद्दों पर भी अपनी सफलता के प्रति चीनी नेतृत्व में एक स्तर के आत्मविश्वास का संकेत है। यह चीनी सत्ता द्वारा महिलाओं के विकास को प्रोन्नत करने और साथ-ही-साथ इस मोर्चे पर अपनी असफलताओं और उपलब्धियों को विश्व के साथ साझा करने में खुलेपन का भी द्योतक है। इस घटना के एक दशक बाद सन् 2005 में चीन की सरकार ने महिला मोर्चे पर की गई प्रगति का विस्तृत विवरण देते हुए श्वेत पत्र (व्हाइट पेपर) जारी किया। वर्ष 2007 में *पेइचिंग रिव्यू* ने "क्लाउड्स ओवर हॉफ़ दी स्काई" (आधे आसमान पर बादल) शीर्षक से आलेख छापा। इसके साथ माओ त्से-तुंग के प्रसिद्ध नारे "विमेन होल्ड अप हॉफ़ दी स्काई" का संदर्भ जुड़ा था।[10] चीन में महिलाओं की आम हैसियत में उल्लेखनीय उपलब्धि के बावजूद यह आलेख यूएनडीपी और विश्व बैंक द्वारा सर्वेक्षण की रिपोर्ट के आँकड़ों के हवाले से चीन में मौजूद लिंग भेद और उसके विभिन्न आयामों का वर्णन करता है। सन् 2010 में चीन की ग्यारहवीं पंचवर्षीय योजना की समाप्ति तक यह साफ़ हो गया था कि महिलाओं के विकास के संबंध में चीन की कामयाबी का फंदा किस तरह काम करता है। इसमें कोई शक नहीं कि सुधार कार्यों के वर्षों में व्यापक नए संरचनात्मक विकास और परिवारों के जीवनस्तर में बेहतरी का लाभ महिलाओं को भी मिला। परंतु इसके साथ-ही-साथ, ऐसा प्रतीत होता है कि विकासोन्मुखी सुधार की नीति को निरंतर लागू करनेवाले नेतृत्व, राज्य और पार्टी ने विकास प्रक्रिया के कुछ प्रतिकूल परिणामों को नज़रअंदाज़ करने का तय कर लिया है। प्रतिकूल लिंग अनुपात, कार्यस्थल की कठिनाइयाँ, वेतन में लिंग भेद और राजनीतिक नेतृत्व में महिलाओं के समुचित प्रतिनिधित्व का अभाव आधे आकाश का बादलों से ढँके होने के संकेत हैं।

मैं 1979 से ही वुशी में महिलाओं की स्थिति जानने के लिए अधिकारियों और ग्रामीणों से बातचीत करता रहा हूँ। मैंने 1993 में जब हला टाउनशिप और गाँवों में महिला कार्यकर्ताओं से बातचीत की, तब वह 1995 में आसन्न विश्व महिला काँग्रेस के बारे में अनभिज्ञ थे। परंतु जब 1996 में मैं इस इलाके में गया तो महिला और पुरुष, दोनों नेतृत्वकारी

कार्यकर्ता इस काँग्रेस के बारे में जानते थे और उनको मालूम था कि यह काँग्रेस पेइचिंग में संपन्न हुई और इसे चीनी कम्युनिस्ट पार्टी (सीपीसी) के महासचिव च्यांग त्समिन ने संबोधित किया और इसमें विश्व भर से आई हजारों महिला प्रतिनिधियों ने शिरकत की।[11] इस चौथी विश्व महिला काँग्रेस का चीनी महिलाओं पर बड़ा प्रभाव पड़ा। इस काँग्रेस ने महिला मुद्दों को ज़ोरशोर से उठाया और इसने महिला अधिकारों के प्रति उनकी चेतना जगाने में योगदान किया। परंतु जहाँ तक महिलाओं के रोज़गार, निर्णयकारी कमेटियों में उनके प्रतिनिधित्व और सांस्कृतिक व्यवहार का प्रश्न है, इस मोर्चे पर अब भी बहुत कुछ करने को बाक़ी था। दस वर्ष बाद 2006 में वुशी बिलकुल नए रूप में, एक नए आधुनिक महानगर के रूप में था। हला टाउनशिप भी बहुत कुछ वैसे ही दिख रही थी। वहाँ बड़ी-बड़ी ऊँची अपार्टमेंट की इमारतें और औद्योगिक स्थल नज़र आते थे। परिवार काफ़ी समृद्ध हुए थे, परंतु लिंग भेद अभी भी ध्यान आकर्षित करता था।

भारत-जैसे तीसरी दुनिया के देशों में महिला आंदोलन ने जिस प्रकार व्यापक स्तर पर सामाजिक आंदेलन का रूप ग्रहण किया, चीन में महिला आंदोलन का वह स्वरूप नहीं रहा। यह मुख्य रूप से चीनी कम्युनिस्ट पार्टी के नेतृत्व में संगठित जन संगठनों के माध्यम से संचालित है। अखिल चीन महिला फ़ेडेरेशन चीनी कम्युनिस्ट पार्टी का जन संगठन है। इसकी शाखाएँ विभिन्न अंचलों में प्रांत, शहर, टाउनशिप, चन (टाउन) और गाँव के निचले स्तर तक हैं। पूरे चीन में सभी स्तरों पर, उद्यमों में भी महिला फ़ेडेरेशन (*फुनु ल्येनहुई*) की इकाइयाँ सक्रिय हैं। चीनी कम्युनिस्ट पार्टी महिला फ़ेडेरेशन के माध्यम से महिलाओं के लिए अवसर विकसित करती है और उनके हित में काम करती है। अखिल चीन महिला फ़ेडेरेशन के साथ बीसवीं सदी के आंदोलनों की विरासत जुड़ी है जो महिला मुक्ति आंदोलन को अग्रगति प्रदान करती है। चार मई के लोकतांत्रिक और राष्ट्रीय आंदेलन में महिलाओं की भागीदारी ने चीन में महिला मुक्ति की शक्तियों को लामबंद किया था। चीन के महिला आंदोलन का प्रमुख वैचारिक आधार मार्क्सवादी परंपरा और विश्वव्यापी महिला मुक्ति की धाराएँ हैं, जो चीनी क्रांति के राजनीतिक व्यवहार से और फली-फूलीं। सन् 1949 के बाद इन दोनों धाराओं ने चीनी कम्युनिस्ट पार्टी को समय-समय पर महिला प्रश्न से संबंधित नीतियाँ निर्मित करने का आधार प्रदान किया।

यह उल्लेखनीय है कि चीन द्वारा बाहरी दुनिया के लिए दरवाज़े खोलने और विश्व स्तर पर महिला अधिकारों की प्रोन्नति के विचार ने चीनी सरकार की महिला विषयक नीतियों पर गहरा असर डाला। इससे चीनी महिलाओं में भी चेतना विकसित हुई। परिणामस्वरूप, प्रत्येक स्तर पर महिला संबंधी नीतियों और उसके परिणामों पर हो रही बहसों को देखा जा सकता है। पार्टी का एक जन संगठन होने के बावजूद अखिल चीन महिला फ़ेडेरेशन तुलनात्मक रूप से एक निगरानी रखनेवाली स्वायत्त संस्था के रूप में उभरी, जो महिला

अधिकारों के लिए दृढ़ता से प्रयत्नशील थी। महिला फ़ेडेरेशन की मासिक पत्रिका *विमेन ऑफ चाइना* ने लिंग भेद संबंधी अनेक लेख प्रकाशित किए हैं। यह पत्रिका चीनी सरकार की नीतियों के प्रति आलोचनात्मक रुख़ रखती है। विश्वविद्यालयों और शोध संस्थानों के जेंडर अध्ययन केंद्रों, की बौद्धिक गतिविधियों और साथ-ही-साथ महिलाओं की अनेक ग़ैरसरकारी संगठनों के उदय ने महत्त्वपूर्ण तरीके से महिला मुद्दों और उनकी हैसियत के प्रति ध्यान आकर्षित किया है। बहसें चलती रही हैं। कभी-कभी माओ युग के बाद सुधारों का महिलाओं पर पड़नेवाले प्रभाव पर तीखी बहसें संचालित होती हैं। क्या चीन की समाजवादी बाज़ार अर्थव्यवस्था ने महिला मुक्ति की स्थितियों को निर्मित किया है?

सन् 1980 के दशक के प्रारंभ में अनेक विश्लेषकों का मत था कि कुल मिलाकर सुधारों का प्रभाव महिला हितों के प्रतिकूल था।[12] उनका कहना था कि पारिवारिक ज़िम्मेदारी प्रणाली के तहत अतिरिक्त श्रमिकों के रूप में काफ़ी लोगों को कृषि कार्य से हटा दिया गया, परिणामस्वरूप पुरुष रोज़गार के लिए समीप के शहरों और टाउन में चले गए। कुछ ने अपनी दुकानें और सेवा केंद्र खोल लिए। परंतु अधिकांश महिलाएँ घरेलू कार्य और खेतीबाड़ी के काम में धकेल दी गईं। वे खेती करती हैं, लेकिन तेज़ी से विकसित हो रही प्रतियोगितापूर्ण, बाज़ारोन्मुख परिवेश में पुरुष भी अधिक उत्पादन सुनिश्चित करने के लिए कृषि में अधिक गंभीर कार्य करते हैं। दूसरी तरफ़, 1978 तक मौजूद कम्यून व्यवस्था ने महिलाओं की श्रम शक्ति का कृषि में उपयोग किया था और परंपरागत पारिवारिक संरचना से महिलाओं को मुक्त करने की प्रक्रिया भी स्थापित की थी। परंतु 1980 के दशक के प्रारंभ में यह प्रक्रिया विपरीत दिशा में जाती हुई दिखती है। सुधारों के प्रारंभिक वर्षों में शुरू हुई यह प्रवृत्ति इस प्रक्रिया के उलटाव को इंगित करती है।

सुधारों के प्रारंभिक वर्षों में जो धारणा बनी, ऐसा नहीं कि उसे चुनौती न मिली हो। ग्रामीण अर्थव्यवस्था के बहुआयामी विस्तार से महिलाओं और पुरुषों को रोज़गार के अधिक अवसर मिले। ग्रामीण क्षेत्र में अनाज उत्पादन, नगदी फ़सलों की खेती, मछली पालन और अन्य सहायक उत्पादनों और सर्वोपरि ग्रामीण उद्योगों ने ग्रामीण क्षेत्रों में विशाल स्तर पर रोज़गार के अवसर सृजित किए। कुछ ग्रामीण उद्योगों में तो महिलाएँ ही बहुसंख्यक थीं। वुशी-जैसे उपनगर ज़िलों में पुरुष विशेष क़िस्म की खेती, उद्योग और व्यापार में कार्य करना ज़्यादा पसंद करते थे और कृषि की देखभाल महिलाओं के ज़िम्मे छोड़ देते थे। यह हला टाउन में बिलकुल स्पष्ट नज़र आता था। इस प्रकार नई कृषि व्यवस्था ने दोनों तरह से महिलाओं पर अपना प्रभाव डाला है; कभी उनको कृषि कार्य से बाहर कर दिया और कभी उनको कृषि की निर्णायक ज़िम्मेदारी प्रदान की।

कृषि में सामूहिकों को भंग करने से स्वास्थ्य, शिक्षा और अन्य सामाजिक सेवाओं से सार्वजनिक सहयोग एक सीमा तक कम हुआ। पहले जन कम्यून स्वास्थ्य की सुविधाएँ

प्रदान करता था। स्कूलों, शिशु देखभाल केंद्रों और स्थानीय शिक्षा कार्यक्रमों को आर्थिक सहायता देता था। अब नई व्यवस्था के अनुसार टाउनशिप इन मोर्चों पर आंशिक ज़िम्मेदारी लेती है। अब इन सेवाओं के लिए परिवारों को अच्छा-ख़ासा शुल्क देना होता है। इस प्रकार, महिलाओं को मिलनेवाली स्वास्थ्य सेवाओं का आंशिक रूप से निजीकरण हुआ। यद्यपि परिवार नियोजन का काम सरकार ने जारी रखा है, परंतु सामाजिक क्षेत्र के सार्वजनिक हस्तक्षेप में आई कमी ने महिलाओं के स्वास्थ्य पर नकारात्मक प्रभाव डाला है।

ग्रामीण परिवारों की आय में उल्लेखनीय वृद्धि होने से किसानों के घर में भी घरेलू मशीनें और उपकरण दिखने लगे। उदाहरणस्वरूप वाशिंग मशीनों ने महिलाओं के घरेलू काम के बोझ में कुछ कमी की है। ऐसे ही बिजली के अन्य उपकरणों ने भी महिलाओं को सुविधा प्रदान की है। रंगीन टीवी व रेफ़्रीजरेटर ने उनके दैनिक जीवन का परिवेश बदल दिया है। नए-नए भवनों के निर्माण से अब सामूहिक परिवार के स्थान पर छोटे-छोटे परिवार बन गए हैं। घर की बहुओं को घर के इंतज़ाम से काफ़ी आजादी मिली है। बचत बढ़ी, कुछ महिलाएँ छोटे-मोटे घरेलू उद्यम शुरू कर अतिरिक्त धन कमाने लगीं। सुधार के काल में शिक्षा के क्षेत्र में विकास पर भारी ज़ोर दिया गया। विशेष रूप से व्यावसायिक और ग़ैर-औपचारिक शिक्षा का विस्तार हुआ। टीवी विश्वविद्यालय स्थापित हुए। चीन में 1979 से ही रेडियो और टेलीविज़न द्वारा उच्च शिक्षा की व्यावस्था लागू है। चीन में इस खुले विद्यालय और अध्ययन की व्यवस्था ने महिलाओं को सस्ती शिक्षा उपलब्ध कराई। इसके साथ-ही-साथ किसी भी क्षेत्र में नियमित शिक्षा प्राप्त करने के महिला अधिकार को एक नीति के रूप में लागू किया गया।

नई परिस्थिति में महिलाओं की हैसियत को प्रभावित करनेवाली अनेक नई सामाजिक प्रवृत्तियों ने जन्म लिया। चूँकि समाजवादी विचारधारा पर ज़ोर कम हुआ और पश्चिमी विचारों का प्रभाव बढ़ा, इससे परिवार की संस्था कमज़ोर होने लगी। यह आवश्यक नहीं कि यह प्रक्रिया महिला विरोधी ही हो। सैद्धांतिक रूप से यदि किसी महिला को आर्थिक रूप से स्वावलंबन का अवसर और राजनीतिक अधिकार मिले, तो परंपरागत परिवारों का कमज़ोर होना एक सकारात्मक बात हो सकती है। इस प्रकार, परिवारों का कमज़ोर होना वास्तव में पितृसत्तात्मक सामाजिक नियमों व बंधनों को तोड़ सकता है और महिलाओं की आज़ादी के नए परिवेश का निर्माण कर सकता है। परंतु चीन की वस्तुगत स्थिति में जहाँ महिलाओं को पर्याप्त आर्थिक अवसर नहीं हैं और राजनीतिक संस्थाओं पर पुरुषों का वर्चस्व है, परिवार की संस्था का कमज़ोर होना सामान्य रूप से महिलाओं के प्रतिकूल था। अपने पारिवारिक दायित्व के नाम पर पुरुषों ने नई व्यवस्था का लाभ उठाया। पति-पत्नी, अभिभावकों और बच्चों के बीच स्थापित परंपरागत पारिवारिक संबंध आपसी सम्मान और परस्पर सहयोग की अपेक्षा रखते हैं। इन्हें बाज़ार और आधुनिकीकरण ने प्रभावित

किया है। महिलाओं को गाँवों में छोड़कर बड़े पैमाने पर पुरुष शहरों की ओर चले गए। परिवार अपना श्रम मुनाफ़ा कमाने में लगाता, न कि स्त्री-पुरुष, दोनों को काम पर लगाने की कोशिश करता। चूँकि पुरुष के श्रम का उपयोग विशेष प्रकार की खेती या उद्योगों में कुशल कार्य या लाभकारी घरेलू उद्योगों में होता, इसलिए घरेलू कार्य की दैनिक ज़िम्मेदारी महिलाओं पर आ जाती।

ग्रामीण मज़दूरों का भारी संख्या में शहरों की ओर पलायन ने महिलाओं पर काफ़ी प्रतिकूल प्रभाव डाला। अक्सर महिलाओं और बच्चों को गाँव में छोड़कर पुरुष शहर चले जाते थे। इसके तीन कारण थे। चूँकि शहरों में निर्माण कार्य बड़े पैमाने पर हो रहा था, वहाँ निर्माण कार्य में पुरुष मज़दूर की अधिक माँग होने से पुरुषों को आसानी से काम मिल जाता था। विश्व बाज़ार के लिए माँग बढ़ने से तकनीकी कुशलता और हुनरमंद पुरुष मज़दूरों की माँग बढ़ती है। दूसरा यह कि *हुखऊ* व्यवस्था जारी रहने से ग्रामीण मज़दूर, शहरी मज़दूरों को मिलने वाली शिक्षा, स्वास्थ्य और अन्य सुविधाओं के पात्र नहीं होते हैं। इसलिए ग्रामीण मज़दूरों को अपना ग्रामीण निवास पंजीकरण जारी रखना होता है।

तीसरा कारण परिवार में एक संतान का नियम है, जिसके कारण पूरा परिवार उस बच्चे को अच्छी परवरिश देना चाहता है। एक तरफ़ तो उनको गाँव में पर्याप्त आमदनी नहीं होती और दूसरी तरफ़, शहरों को पलायन करनेवाला मज़दूर अपने बच्चे को शहरी स्कूल में प्रवेश नहीं दिला सकता और उसके पास रहने की भी उचित व्यवस्था नहीं होती। ऐसी परिस्थिति में पुरुष मज़दूर अपनी पत्नी और बच्चों को गाँव में ही छोड़ देता है। कई बार दोनों पति-पत्नी अपने बच्चे को दादा-दादी या सगे-संबंधी के पास छोड़कर मज़दूरी करने शहर चले जाते हैं। ऐसी परिस्थितियों में एशियाई देशों में लड़का पैदा करने की बड़े पैमाने पर चाहत भी प्रभाव डालती है। वे लड़कों की तुलना में बड़ी संख्या में लड़कियों को पीछे छोड़ देते हैं। इसी प्रक्रिया में "पीछे छोड़ी हुई महिला" (*लेफ्ट बिहाइंड विमेन*) और "पीछे छोड़े हुए बच्चों" (*लेफ्ट बिहाइंड चिल्ड्रेन*) की अति गंभीर परिघटना का उदय समकालीन चीन में हुआ। इसके अनेक आर्थिक व सामाजिक परिणाम देखने को मिले हैं।

ग्रामीण चीन में रहनेवाली औरतें अब अनुबंध पर मिली भूमि पर खेती करने की ज़िम्मेदार थीं। इस परिस्थिति ने एक सोची-समझी योजना के बग़ैर ही "कृषि में महिलाओं की प्रधानता" को जन्म दिया, यह पुरुषों के पलायन का अतिरिक्त परिणाम था। इससे बच्चों की देखभाल और कृषि कार्य का दोहरा भार महिलाओं पर आ पड़ा और परिणामस्वरूप, वह खेती में पूर्ण उत्पादकता भी सुनिश्चित नहीं कर पाती थीं। ग्रामीण महिलाएँ कम मज़दूरी पर या बिना मज़दूरी के ही काम करतीं। इस व्यवस्था से उनका वैवाहिक जीवन अस्त-व्यस्त हुआ और वे असुरक्षित हो गईं इस प्रक्रिया में उन्हें "अपने श्रम के नए क़िस्म के और गहरे शोषण का शिकार होना पड़ा और चीन के विकास के लिए भारी क़ीमत चुकानी

पड़ी"।[13] क्या चीन के विकास के लिए यह एक "कठोर चुनाव" था? इसे स्वीकार करना कठिन है।[14] इसी प्रकार "पीछे छोड़ दिए गए बच्चों" की भी समस्या समान रूप से परेशान करने वाली है। वर्ष 2010 की जनगणना के अनुसार इनकी जनसंख्या 6.1 करोड़ थी। यह समस्या केवल अविकसित, केंद्रीय और मध्य चीन क्षेत्र की नहीं है। च्यांग्सू, चच्यांग और क्वांगतुंग-जैसे विकसित प्रांतों में भी यह परिघटना स्पष्ट नज़र आती है क्योंकि शहरों को जाने वाले प्रवासी मज़दूर अपने पीछे पत्नी, बच्चे और अपने बूढ़े माता-पिता को भी छोड़ जाते हैं। कई अध्ययनों से पता चलता है कि ऐसे बच्चों में मानसिक बीमारी, आत्महत्याओं, अपराध और एचआईवी/एड्स सहित अनेक बीमारियों में वृद्धि हुई है। ऐसे में माता-पिता से अलगाव या कभी-कभी साल में एक-दो बार भेंट से बच्चों और अभिभावकों के लिए अनेक मनोवैज्ञानिक समस्याएँ उत्पन्न होती हैं।[15]

इस प्रकार, सुधार के काल में चीन की परिस्थिति अनेक अंतरविरोधों से भरी थी। एक तरफ़ आर्थिक बढ़त की सफलता, विशेषकर आय में वृद्धि, आधुनिक जीवन की सुविधाएँ और बाहरी दुनिया के साथ परस्पर क्रिया ने पूरे चीन में महिलाओं के लिए अनेक अवसर प्रदान किए। दूसरी तरफ़ औद्योगिकीकरण की पद्धति, ग्रामीण क्षेत्रों की उपेक्षा, स्वास्थ्य व शिक्षा के क्षेत्र में सरकारी सहयोग में कमी और उद्यमों द्वारा किए गए तकनीकी के चुनाव ने महिलाओं के विकास में अनेक समस्याएँ पैदा कीं। महिलाओं की स्वंतत्रता को बढ़ावा देनेवाला सबसे सकारात्मक क़दम, महिलाओं के बीच निरंतर उनके अधिकारों के प्रति चेतना विकसित करने का सुदृढ़ प्रयास था। विश्व स्तर पर महिला अधिकारों के लिए संचालित आंदोलन का चीनी महिलाओं पर पड़नेवाले प्रभाव को महिला विकास पर होनेवाली बहसों में आए परिवर्तन के रूप में देखा जा सकता है। महिला फ़ेडेरेशन से जुड़ी विद्वानों और कार्यकर्ताओं द्वारा महिला मुद्दों पर प्रस्तुत रिपोर्टों, विशेष रूप से ग्रामीण महिलाओं के बारे में उनकी भाषा और अवधारण आदि में 1990 दशक के अंत में आ रहे उल्लेखनीय परिवर्तन को स्पष्ट देखा जा सकता है। उनकी बहसें वैश्विक बहसों, विशेष रूप से तीसरी दुनिया की नारीवादी बहसों के समीप देखी जा सकती हैं।[16] चीन में संपन्न हुई वर्ल्ड विमेन काँग्रेस के बाद अखिल चीन महिला फ़ेडेरेशन ने प्रत्येक स्तर पर महिला विकास पर काफ़ी ध्यान देना शुरू किया है। यहाँ तक कि टाउनशिप और गाँव के स्तर तक महिला फ़ेडेरेशन की इकाइयों को ऊपरी कमेटियों को नियमित विस्तृत रिपोर्ट देने को कहा गया और प्रति वर्ष इनके आधार पर राष्ट्रीय स्तर पर तैयार की गई रिपोर्ट संयुक्त राष्ट्र को दी जाती। यह भी सच है कि विकास की बहुचर्चित सफलताओं के बावजूद महिलाओं के साथ पितृसत्तात्मक व्यवहार जारी है। इस प्रकार यह कहा जा सकता है कि समग्र रूप में सुधारों की प्रक्रिया ने महिला मुक्ति के नए अवसर प्रदान किए हैं, परंतु साथ-ही-साथ महिलाओं के लिए अनेक प्रतिकूलताओं को भी जन्म दिया है। इन प्रतिकूलताओं का चरित्र भी वैसा ही था

जैसा नवउदारवादी सुधारों का प्रभाव भारत सहित तमाम विकासशील देशों की महिलाओं पर पड़ा है। परंतु भारत और अन्य देशों की तुलना में चीन के विकास की गति इतनी तेज़ और क्षेत्र इतना विशाल है कि महिलाओं के लिए अधिकाधिक अवसर सामने आ रहे हैं। परंतु साथ ही, असमानता बहुत बढ़ी है और सामाजिक-सांस्कृतिक क्षेत्र में पड़नेवाले प्रभाव काफ़ी गहरे हैं। आर्थिक सफलता के साथ-साथ चलने वाला सांस्कृतिक पतन न केवल महिला मज़दूरों के श्रम और शारीरिक शोषण के नए रूपों और जारी पितृसत्तात्मक व्यवहार में दिखता है, बल्कि यह अफसरों और बड़े पूँजीपतियों के बीच मौजूद बड़े पैमाने के भ्रष्टाचार को भी दर्शाता है; जिन्होंने महिलाओं का शोषण किया है। मेरा यह विचार विगत चालीस वर्षों के सुधारों के दौरान हला और अन्य ग्रामीण अंचल की जाँच-पड़ताल और अनेक रिपोर्टों और जाँच रिपोर्टों के आधार पर निर्मित हुआ है।[17]

सुधारों के प्रारंभ में ग्रामीण महिलाएँ

जून 1979 में चीन के अर्धशहरी इलाके की स्थानीय महिला नेत्रियों के साथ साक्षात्कारों से तत्कालीन ग्रामीण महिलाओं की स्थिति की एक तस्वीर उभरती है। हालाँकि तकनीकी तौर पर दिसंबर 1978 में चीनी कम्युनिस्ट पार्टी की केंद्रीय कमेटी के तीसरे अधिवेशन के बाद ही सुधार अभियान शुरू हो गया था, परंतु ज़मीनी स्तर पर इसकी नीतियाँ लागू नहीं हुई थीं। इसलिए हम इन साक्षात्कारों से उभरनेवाली तस्वीर को सुधार काल से पहले ग्रामीण महिलाओं की स्थिति के रूप में देख सकते हैं। जून 1979 में 27 वर्षीय शन च्यानछन हला कम्यून महिला फ़ेडेरेशन का अध्यक्ष थीं। इसके बाद वह धीरे-धीरे उन्नति करती रहीं। मैं जब 1987 में उनसे मिला, तो वह टाउनशिप सरकार की उपनिदेशक थीं। वर्ष 1979 में शन के साथ ही मैंने 33 वर्षीय वांग शुईच्वान का भी साक्षात्कार किया था। वह हला बिग्रेड महिला फ़ेडेरेशन की अध्यक्ष थीं। वर्ष 1993 में जब शन उपनिदेशक के पद पर कार्यरत थीं, तब वांग, हला टाउनशिप महिला फ़ेडेरेशन का अध्यक्ष थीं। वर्ष 1958 में जब जनकम्यून की स्थापना हुई थी, उसी समय कम्यून के महिला फ़ेडेरेशन की भी स्थापना हुई थी। यह कम्यून के पार्टी नेतृत्व के अधीन कार्य करती थी। प्रत्येक उत्पादन बिग्रेड और टीम का एक महिला ग्रुप था, जो अखिल चीन महिला फ़ेडेरेशन की एक शाखा थी। महिलाओं को कृषि कार्य के लिए गोलबंद करने के साथ-साथ महिला फ़ेडेरेशन महिलाओं के बीच साक्षरता कार्यों पर विशेष ध्यान देता था। सन् 1976 में चौगुट का पतन हाने के बाद फ़ेडेरेशन का पूरा ध्यान चार आधुनिकीकरण उपकरणों (कृषि, उद्योग, विज्ञान, और प्रौद्योगिकी और रक्षा) पर केंद्रित हो गया।

शन ने 1979 में जो जानकारियाँ दीं उनके अनुसार कम्यून और बिग्रेड के उद्योगों में काम करनेवाली कामगारों की तिहाई संख्या यानी 2,100 औरतें थीं। इसमें से अधिकांश औरतें खेतीबाड़ी में, विशेष रूप से अनाज की पैदावार में लगी थीं। कम्यून के दौर में

मज़दूरी की गणना वर्क प्वाइंट के आधार पर होती थी। कुछ स्थानों पर महिलाओं व पुरुषों को समान वर्क प्वाइंट मिलते थे। एक दिन के काम के लिए 12 वर्क प्वाइंट। कुछ अन्य स्थानों पर महिलाओं को पुरुषों से कम, अर्थात आठ से नौ वर्क प्वांइट मिलते थे। यद्यपि वर्क प्वाइंट की क़ीमत अलग-अलग टीमों की आमदनी पर निर्भर होती थी और भिन्न होती थी। साग-सब्जी उगाने वाले क्षेत्रों में औसत 10 वर्क प्वाइंट की क़ीमत 1.30 युआन होती थी। आनाज की पैदावार के क्षेत्र में 10 वर्क प्वांइट की क़ीमत एक युआन थी। यह ध्यान की बात है कि काम के समान घंटों के लिए मज़दूरी में महिला-पुरुष का भेदभाव कम्यून के समय भी था और सुधार नीतियों के समय में भी जारी रहा।

साग-सब्जी उगानेवाले इलाकों में महिलाएँ बीज बोने, पौधों पर कीटनाशक दवाएँ छिड़कने, सब्जियाँ तोड़ने और खेतीबाड़ी के अन्य प्रबंधकीय काम करती थीं। धान उत्पादन के इलाकों में वे धान की रोपनी, रासायनिक खाद छिड़कने, कीटनाशक दवाएँ छिड़कने, फ़सल काटने, दँवनी (सामान्य रूप से मशीनों से), ढुलाई और बीजों से मोरी तैयार करने का काम करती थीं।

वर्ष 1979 में हला क्षेत्र में एक भी महिला ट्रैक्टर ड्राइवर नहीं थी। शहर में बस ड्राइवर महिलाएँ देखी जा सकती थीं। पुरुष ज़्यादातर भारी काम करते, जैसे यातायात का काम और खेतों तक खाद ढोने और खेतों से दँवनी के लिए अनाज ढोने का काम करते। वे ज़मीन को समतल करने का भी काम करते। गेहूँ की कटाई और धान की रोपाई के बाद कुछ खाली समय रहता है, उस समय पौधों की देखभाल करने के अतिरिक्त महिलाएँ कुछ अन्य काम, जैसे पक्षीपालन या सुअरपालन करती थीं। इन कामों में 70 से 80 प्रतिशत तक महिलाएँ काम करती थीं। वर्ष 1979 में हला क्षेत्र में रेशम उत्पादन एक महत्त्वपूर्ण काम था। रेशम उत्पादन में लगभग 95 प्रतिशत अधेड़ उम्र की महिलाएँ ही कार्यरत थीं। मछलीपालन में 55 प्रतिशत महिलाएँ कार्यरत थीं। महिलाएँ घास एकत्र करतीं और पानी से सीपी, घोंघा एकत्र करतीं। मोती उत्पादन में शत-प्रतिशत महिलाएँ ही कार्य करतीं। वनीकरण का काम हला क्षेत्र में मुख्यतः बाग़वानी का काम था। इसमें 30 प्रतिशत महिला मज़दूर थीं।

ग्रामीण उद्योगों में औसत मासिक वेतन महिलाओं को 36 युआन और पुरुषों को 45 युआन मिलता था। बाद के समय में 1980 दशक के मध्य में यह छह गुना बढ़ गया और इसके बाद भी बढ़ता रहा। कैडर वेतन में मौजूद इस विभेद का कारण भारी काम और महिला मज़दूरों के मुकाबले पुरुष मज़दूरों की कार्य कुशलता बताते थे। कुछ उद्यमों में महिलाएँ पहले से ही बहुसंख्यक थीं। जैसे रेडीमेड कपड़ों की सिलाई (गारमेंट) फ़ैक्टरियों में 80 प्रतिशत, चाय उद्योग में 70 प्रतिशत और बिजली उपकरण फ़ैक्टरी में 70 प्रतिशत महिलाएँ काम करती थीं।

इस प्रकार हम देखते हैं कि वेतन विभेद होने के बावजूद सुधार से पहले रोज़गार की स्थिति महिलाओं के अनुकूल थी। वे तरह-तरह के कृषि कार्यों और उद्योगों में सक्रिय थीं।

कम्यून के समय में महिला-पुरुष दोनों कार्य करते थे, अतः बच्चे नर्सरी में या किंडरगार्टन में रहते, जिनका इंतज़ाम उत्पादन बिग्रेड करती थी। हला बिग्रेड में प्रत्येक टीम की अपनी एक नर्सरी थी। हला कम्यून में भी क़रीब-क़रीब यही स्थिति थी। जब दिन भर काम करने के बाद महिला-पुरुष घर वापस जाते, तो सामान्य रूप से पुरुष बच्चों की देखभाल करते और महिलाएँ भोजन बनातीं और अन्य घरेलू कार्य करतीं। यदि घर में कोई बुजर्ग होता, तो वह बच्चों का ध्यान रखता। यह ध्यान देने योग्य है कि कम्यून के समय सेवाओं के सामाजीकरण की बातों के बावजूद यह नर्सरी और किंडरगार्टन में बच्चों की देखरेख तक ही सीमित थी। तब भी घरेलू काम का सारा बोझ महिलाओं पर ही पड़ता था, यद्यपि वे खेतों में या फ़ैक्टरियों में भी काम करती थीं और धनोपार्जन भी करती थीं। सुधार के समय में भी महिलाओं को काम का यह दोहरा बोझ उठाना पड़ता था, हालाँकि अब उनकी आमदनी काफ़ी अधिक थी, इसलिए वह घरेलू मशीनें और उपकरण रख सकती थीं। अपवादस्वरूप कुछ समृद्ध किसानों के परिवार में ही महिलाएँ घर पर रहतीं और सारा समय घरेलू कार्य व्यवस्थित करतीं।

हला क्षेत्र की महिलाओं में शिक्षा का स्तर 1979 में भारत के किसी भी उपनगरीय क्षेत्र की तुलना में काफ़ी अच्छा था। पचास प्रतिशत महिलाएँ जूनियर मिडिल स्कूल पास थीं, जबकि 10 प्रतिशत ने सीनियर मिडिल स्कूल पास किया था और 30 प्रतिशत प्राइमरी स्कूल ग्रेजुएट थीं। हला टाउनशिप में केवल 10 प्रतिशत महिलाएँ अनपढ़ थीं। वर्ष 1977–78 में हला टाउनशिप से छह महिलाएँ विश्वविद्यालय में शिक्षा ग्रहण करने गईं।

हला में एक परिवार में औसतन तीन या चार सदस्य थे। अधिकांश विवाहित जोड़े, माता-पिता के साथ रहते थे। यदि घर काफ़ी छोटा होता, तो पति-पत्नी बाहर रहते। एक बिग्रेड महिला नेत्री ने बताया, "पारिवारिक झगड़ों से बचने के लिए अधिकांश जोड़े माता-पिता से अलग रहना ही ठीक समझते हैं"। कुल मिलाकर युवा लोग अपने माता-पिता का सहयोग करते हैं। हालाँकि बहुत कम संख्या में अपवादस्वरूप "अकृतज्ञ बच्चों" के भी मामले हैं। परंतु ऐसे लोगों को समाज अच्छा नहीं समझता। किसी केस में जब कोई विकलांग बच्चा अपने माता-पिता का सहयोग नहीं कर पाता, तब सामूहिक उनको मासिक भत्ता देते हैं। बाद के वर्षों में जब युवा जोड़े अपनी आय बढ़ाने पर अधिक ध्यान देने लगे तो "अकृतज्ञ संतान" की परिघटना में काफ़ी वृद्धि हुई। ऐसे समय अपने बुजुर्ग माता-पिता की सहायता के लिए नौजवानों से अपील की गई और अभियान संचालित किए गए। जैसे-जैसे चीनी लोगों की औसत आयु में वृद्धि हुई और वृद्ध लोगों की संख्या बढ़ने लगी तो सरकार ने बुज़ुर्गों की देखभाल के लिए परिवार से अलग भी उपाय किए।

सन् 1970 के दशक के अंत से विवाह संस्था में नई-नई विशेषताएँ आने लगीं। टाउनशिप महिला नेत्री के अनुसार 90 प्रतिशत युवाओं में दो-तीन साल तक मित्रता के बाद प्रेम विवाह संपन्न होते। कुछ मामलों में यह मित्रता पाँच वर्षों तक भी चलती और विवाह के निर्णय में जाति और कुल का कोई विचार बाधा नहीं डालता। यहाँ तक कि युवक और

युवती दो भिन्न प्रांतों और भिन्न बोलीवाले भी हो सकते हैं। हालाँकि अधिकांश शादियाँ स्थानीय लोगों के बीच ही होती हैं। यहाँ तलाक़ की घटना अपवादस्वरूप ही होती। सन् 1976–79 के तीन वर्षों में हला कम्यून में तलाक़ के मामले दो देखने को मिले।

महिला लीडरों ने चिह्नित किया कि तलाक़ के मामले काफ़ी कम होते हैं, क्योंकि युवक-युवती ख़ुद ही एक-दूसरे का चुनाव करते हैं। हला में तलाक़ के दोनों ही मामले परंपरागत तरीके से हुए विवाह के थे, जिनमें धीरे-धीरे सौहार्द बिलकुल समाप्त हो गया था। परिवार में कलह और झगड़े के मामलों में जब स्थिति गंभीर हो जाती, तब टीम नेता द्वारा हस्तक्षेप कर उसे हल करने के प्रयास किए जाते। कभी-कभी यह मामले कम्यून के अधिकारियों के सामने भी पेश होते। (वास्तव में, लाओ मो या बूढ़ी मो, जिनके घर में मैं 1980 में कुछ दिनों तक रहा, वह हला टाउनशिप की सिविल अफ़ेयर्स डिपार्टमेंट की ओर से सामाजिक मध्यस्थता की इंचार्ज थीं। सन् 1993 तक वह रिटायर हो चुकी थीं।) चीन की मुक्ति से पहले के मुकाबले अब विधवा विवाह बहुत सामान्य था। किसी गंभीर बीमारी की शिकार विधवा का पुनर्विवाह ज़रूर काफ़ी कठिन था।

सन् 1979 और 1980 के दौरान का यह वर्णन कम्यून युग के अंत में महिलाओं की हालात का वर्णन है। सन् 1985 से 1987 तक का हमारा वर्णन सुधार नीतियों के दृढ़ता से लागू करने के दौरान महिलाओं पर पड़नेवाले प्रभावों को दर्शाता है। यद्यपि 1989–91 के बीच, अर्थात अप्रैल-जून 1989 में थ्येनआनमन चौक के प्रदर्शनों के बाद सावधानी के उपाय लागू किए गए। परंतु तंग श्याओफिंग का "दक्षिण दौरा" और 1992 के शुरू में शनचन और अन्य विशेष आर्थिक क्षेत्र के उनके दौरे ने सुधार नीतियों के लागू होने में गति प्रदान की और वास्तव में, इसने बाज़ारोन्मुख विकास को तीव्र गति से आगे बढ़ाया। जब दूसरी बार फ़ील्ड वर्क के लिए मैंने अगस्त 1993 में वुशी का दौरा किया, तब तंग द्वारा प्रेरित सुधार की गति चारों तरफ़ चर्चा में थी। सन् 1990 का दशक चीन में तीव्र गति से निजी उद्यमों के विस्तार और निर्यातोन्मुख उत्पादन प्रक्रिया का साक्षी रहा। इस दशक में चीन का पूरा ध्यान उच्च उत्पादन दर पर केंद्रित रहा और जेंडर संबंधी विषयों पर बहुत कम ध्यान दिया गया। वर्ष 2001 में च्यांग त्समिन का तीन प्रतिनिधित्व (थ्री रिप्रेजेंट्स) का महत्त्वपूर्ण विचार आया, जिसने देश में उद्यमियों की हैसियत को ऊँचा उठाया और उनको भी चीनी कम्युनिस्ट पार्टी में सदस्यता प्राप्त करने का अवसर दिया। सन् 2002 में संपन्न हुई चीनी कम्युनिस्ट पार्टी की सोलहवीं पार्टी काँग्रेस में "थ्री रिप्रेजेंट्स" को पार्टी विचारधारा के रूप में पार्टी संविधान में शामिल किया गया। इस पार्टी काँग्रेस में चीनी कम्युनिस्ट पार्टी की चौथी पीढ़ी के नेता हु चिनथाओ को चीनी कम्युनिस्ट पार्टी का महासचिव और बाद में चीनी जनगणराज्य का राष्ट्रपति निर्वाचित किया। वन च्यापाओ प्रधानमंत्री बने, जिन्होंने जेंडर सहित कई सामाजिक विषयों पर कुछ विशेष ध्यान दिया। ऐसा प्रतीत होता

है कि इन नेताओं ने अपने कार्यकाल के प्रारंभ में ही पार्टी कैडर और आम लोगों की इच्छा का अनुमान लगा लिया था। वे नेतृत्व के सहज परिवर्तन और उनके द्वारा "जन पक्षधर" नीतियों की घोषणा से अतिप्रसन्न थे। मैंने अपने फ़ील्डवर्क के दौरान 2001 में च्यांग त्समिन युग में आर्थिक विकास दर के चरम उत्कर्ष को देखा है। इसके बाद 2003 और 2006 में हु-वन के शासनकाल में अपने भ्रमण में मैंने देखा कि जनता के हितों की चर्चा करते हुए आर्थिक वृद्धि के रास्ते पर टिके रहने पर ज़ोर दिया गया। पार्टी द्वारा हु चिनथाओ के "विकास के प्रति वैज्ञानिक दृष्टिकोण" को दृढ़ता से लागू करने के कठोर प्रयासों के बावजूद हु-वन के शासनकाल में खुले दरवाज़े की नीति को काफ़ी दृढ़ता से लागू किया गया। आर्थिक विकास के साथ-साथ सामाजिक विकास पर ध्यान केंद्रित करने के प्रयास में आय और अंचलों के बीच मौजूद असमानता को कम करने पर कुछ ध्यान दिया गया, परंतु महिला-पुरुष असमानता पर कोई ख़ास ध्यान नहीं दिया गया। नवंबर 2012 में संपन्न हुई चीनी कम्युनिस्ट पार्टी की अट्ठारहवीं पार्टी काँग्रेस ने हु चिनथाओ के नज़रिए को पार्टी संविधान में जोड़ा और शी जिनपिंग को नया महासचिव निर्वाचित किया। "चीनी राष्ट्र के पुनर्जीवन के द्वारा चीनियों के स्वप्न" को पूरा करने के शी जिनपिंग के जोशीले आह्वान ने अन्य चीज़ों के साथ-साथ आर्थिक वृद्धि को एक मज़बूत भ्रष्टाचार-विरोधी मुहिम से जोड़ने की नीति का एक सामान्य फ्रेमवर्क प्रस्तुत किया। परंतु नवंबर 2013 में 18वीं केंद्रीय कमेटी के तीसरे अधिवेशन में जेंडर या अन्य सामाजिक असमानताओं पर विशेष रूप से ध्यान नहीं दिया गया। हालाँकि एक संतान नीति में बदलाव ने अप्रत्यक्ष रूप से महिलाओं के जीवन और सामाजिक स्तर को प्रभावित किया। इसके बारे में हम अगले अध्याय में चर्चा करेंगे।

सन् 1980 के दशक में महिलाओं की उपलब्धियाँ

सुधार नीतियों के लागू होने के पहले दस वर्षों में आर्थिक विकास के अवसरों और समाज कल्याण में महिलाओं के स्तर में उन्नति की सकारात्मक प्रवृत्ति स्पष्ट रूप से पूरे चीन में दिखाई दी। यद्यपि महिलाओं के प्रति सामाजिक व्यवहार और वेतन की असमानता विभिन्न रूपों में जारी रही। कृषि से आमदनी, ग्रामीण उद्यमों में रोज़गार और स्थानीय स्तर पर स्वास्थ्य सेवाओं और शिक्षा के लिए कोष की उपलब्धि इस विकास का मुख्य आधार थे। दूसरे दशक में, विशेष रूप से 1992 के बाद टाउनशिप और ग्रामीण उद्यमों के पतन से स्वास्थ्य व शिक्षा के क्षेत्र में आवंटन कम हो गया या स्थिर रहा, तो महिलाओं को भी नई कठिनाइयों का सामना करना पड़ा। उद्यमों को बाज़ार में अपने को टिकाए रखने के लिए संघर्ष करना पड़ रहा था। इसके लिए उन्हें प्रौद्योगिकी का नवीनीकरण और अधिक निवेश करना पड़ा और प्रबंधकीय स्वायत्तता की दावेदारी करनी पड़ी। अतः इस स्थिति में सर्वप्रथम

महिलाओं को ही नौकरी से छँटनी का शिकार होना पड़ा। हमने इस स्थिति को वुशी के उपनगर में देखा। चीन के सुदूर ग्रामीण इलाकों में यह संकट और भी गहरा था।

पाँच वर्षों तक सुधार नीति के पूरे ज़ोर-शोर से लागू होने के बाद मैंने अपने पर्यवेक्षणों और साक्षात्कारों से वुशी के उपनगर क्षेत्र में सितंबर-अक्टूबर 1985 में उल्लेखनीय परिवर्तन देखे। सन् 1979–1985 के दौरान कृषि की बजाए उद्योगों पर ज़्यादा ध्यान दिया गया। इसका मूल कारण यह था कि राज्य द्वारा बड़ी मात्रा में खेतिहर ज़मीन उद्योगों के लिए या व्यापारिक निर्माण कार्यो के लिए अधिग्रहित की गई। अतः कुछ किसान, शहरों या टाउनशिप की फ़ैक्टरियों मे काम करने लगे। टाउनशिप के 8,611 कामगारों में 53 प्रतिशत, अर्थात 4,545 महिलाएँ थीं। अब ग्रामीण उद्यमों में महिलाओं को कार्य के अधिक अवसर थे। लगभग 60 प्रतिशत महिलाएँ फ़ैक्टरियों में और 40 प्रतिशत खेतीबाड़ी में लगी थीं और बाक़ी महिलाएँ ग़ैर-औद्योगिक कार्यों में लगी थीं। हालाँकि हला टाउनशिप में पुरुष मज़दूरों की औसत आमदनी से महिला मज़दूरों की औसत आमदनी काफ़ी कम थी। महिला मज़दूर की औसत वार्षिक आमदनी 800–900 युआन थी, जबकि कम्यून सदस्यों में महिला-पुरुष की सम्मिलित वार्षिक औसत आय 1,410 युआन थी। एक महिला मज़दूर की न्यूनतम वार्षिक आय 500 युआन और अधिकतम 3,500 युआन थी, अर्थात पुरुष मज़दूर की आय महिला मज़दूर से बहुत अधिक थी।

यह प्रक्रिया 1980 के दशक के अंत से लेकर 1990 दशक की शुरुआत तक चलती रही। इस विषय में हला टाउनशिप महिला फ़ेडेरेशन की लीडर वांग शुईच्वान ने बताया कि 1970 के दशक में महिलाओं ने घर से बाहर काम करने के लिए क़दम निकाला; 1980 के दशक में उन्होंने आर्थिक निर्माण में भागीदारी की और 1990 के दशक में उनका दृष्टिकोण "आर्थिक मुकाबले में भाग लेना और अपनी हैसियत को और उन्नत करने" का बना। उनके कहने का अर्थ था कि इस प्रगति की प्रक्रिया में, महिलाओं को छँटनी से उत्पन्न नई चुनौतियों का सामना करना था और अपनी जीवन स्थितियों में कई समन्वय करने थे। वे या तो पुनः घर पर कार्य करने के लिए विवश थीं या फिर उनको नौकरी के लिए नई जगह तलाशनी थी। इस प्रकार, 1990 के दशक के बाद जब चीन में बाज़ार अर्थव्यवस्था फलने-फूलने लगी और बाज़ार की माँग महिलाओं के रोज़गार-जैसे कई विषयों पर हावी हो गई।

सन् 1980 दशक के मध्य में ग्रामीण उद्योगों के विस्तार ने स्पष्ट रूप से महिलाओं को नौकरी के ज़्यादा अवसर उपलब्ध कराए थे। ग्रामीण उद्यमों में मज़दूरों की माँग इतनी अधिक थी कि तमाम किशोर जूनियर मिडिल, अर्थात नौवीं क्लास की शिक्षा के बाद पढ़ाई छोड़कर नौकरी करने लगे। अनेक ने तो मिडिल की शिक्षा भी पूरी नहीं की। बहरहाल, उस समय महिलाओं को तकनीकी शिक्षा प्रदान करने का अभियान चलाया गया। फ़ैक्टरियों ने अपने मज़दूरों को सायंकालीन स्कूलों में जाने के लिए प्रोत्साहित किया।[18] महिलाओं को

कार्य के दस क्षेत्रों में ट्रेनिंग देने का अभियान संचालित हुआ। इसमें अधिकांश परंपरागत पेशों के साथ कुछ नए पेशे भी शामिल किए गए। यह पेशे (क) कृषि प्रौद्योगिकी (ख) वित्त अधिकारी : प्रबंधन और एकाउंटिग (ग) मेडिकल वर्कर (घ) परिवार नियोजन प्रचारक (ङ) क़ानूनी व्यवस्था प्रचारक (च) साफ़-सफ़ाई निरीक्षक (छ) कीटों और घरेलू मक्खियों का उन्मूलन, कचरा और मल-मूत्र का निस्तारण करनेवाले कर्मचारी (ज) किंडरगार्टन टीचर (झ) नर्सरी टीचर और (ञ) पाइप लाइन बिछाने और सार्वजनिक शौचालयों के निर्माण आदि के लिए ज़िम्मेदार सार्वजनिक कर्मचारी।

प्रशिक्षण ने इनमें से कुछ क्षेत्रों में महिलाओं को नौकरी के नए अवसर प्रदान किए। उदाहरणस्परूप, इससे पहले बहुत कम महिलाएँ कृषि तकनीशियन या वित्त अधिकारी थीं। अन्य तरह के प्रशिक्षणों का उद्देश्य पारंपरिक कार्य क्षेत्रों में स्थानीय स्तर पर महिलाओं को अधिक व्यवस्थित तरीके से कार्य संपादन में सक्षम बनाना था। इन सब क्षेत्रों में महिला फ़ेडेरेशन द्वारा महिलाओं के लिए आम प्रशिक्षण का इंतज़ाम किया जाता था। जहाँ तक औद्योगिक कुशलतावाले कार्यो में महिलाओं के प्रशिक्षण का सवाल है इसका इंतज़ाम उद्योग स्वयं करते थे। ऐसे समय पर जब उत्पादन ज़िम्मेदारी व्यवस्था ने अनेक महिलाओं को पुनः कृषि क्षेत्र में कार्य के लिए वापस घर भेज दिया था, तब महिलाओं की सेवा को जारी रखने के लिए यह महिला फ़ेडेरेशन द्वारा एक सचेत हस्तक्षेप था। इस प्रकार ग्रामीण उद्यमों में महिलाओं की नौकरी और ग्रामीण सामाजिक-आर्थिक गतिविधियों में अतिरिक्त प्रशिक्षण ने हला में पारिवारिक आय की वृद्धि में योगदान किया।

सन् 1990 के दशक के प्रारंभ में स्थिति में तब्दीली आई। सन् 1990 के दशक की शुरुआत और विशेष रूप से 1992 में बाज़ारोन्मुख सुधारों में तेज़ी के बाद महिला फ़ेडेरेशन ने महिलाओं के समक्ष आई नई स्थिति में सहायता के लिए सुधारों के साथ अपने कार्यक्रमों को मिलाने में अनेक नए क़दम उठाए। उन्होंने छँटनी में नौकरी से निकाली गई महिलाओं के लिए विशेष प्रशिक्षण कार्यक्रम आयोजित किए या महिलाओं को फ़ैक्टरियों में नई प्रौद्योगिकी के साथ काम करने योग्य बनाने का प्रयास किया। फ़ेडेरेशन ने महिलाओं को अपना रेस्तराँ खोलने के साथ-साथ कई उद्यम स्थापित करने में मदद की। नए नियमों के अनुसार उद्यमों में नई प्रौद्योगिकी के प्रयोग से फ़ैक्टरियों से निकाले गए मज़दूरों में अधिकांश महिलाएँ थीं। ऐसे समय महिला फ़ेडेरेशन ने उनको नई नौकरियाँ उपलब्ध कराने और नए कौशल का प्रशिक्षण देने का काम किया।

इन परिस्थितियों में भी पारिवारिक आमदनी बढ़ाने की सामान्य प्रक्रिया जारी रही। अधिकांश परिवारों ने रेफ़्रीजरेटर, वाशिंग मशीन, टीवी, टेप रिकार्डर-जैसे घरेलू उपयोग के बिजली उपकरण खरीदे। कई लोगों के पास मोटर साइकिल भी थी। वे पौष्टिक भोजन करते और लोगों के सुंदर कपड़ों से उनकी नई समृद्धि स्पष्ट नज़र आती थी। महिलाएँ अब

अधिक फैशन वाले कपड़े और आभूषण पहने नज़र आतीं। एक महिला नेत्री ने कहा कि आधुनिकीकरण और प्रतियोगिता के लिए चीनी महिलाओं को "सुंदर और आधुनिक" दिखना चाहिए।[19] हम सांस्कृतिक क्रांति के उस समय को याद कर सकते हैं, जब आज के मुकाबले कपड़ों में सादगी की बात होती थी और स्त्री-पुरुष दोनों के लिए प्रसिद्ध माओ सूट ही पोशाक होती थी। वर्ष 1979 में जब मैंने चीन की अपनी पहली यात्रा की, तब ऐसा ही परिदृश्य था, परंतु जब मैं 1990 के दशक के शुरू में फिर गया तो महिलाएँ विभिन्न प्रकार के रंगीन परिधान धारण किए थीं।[20]

सन् 1980 दशक के मध्य तक लगभग 80 प्रतिशत परिवारों ने नए दोमंज़िले मकान बना लिए थे। सन् 1993 में आधुनिक सुविधाओं से लैस नए मकान बनाने की लहर चल पड़ी थी। अनेक परिवारों के घरों में टेलीफोन कनेक्शन थे और अधिकांश परिवार कुछ बचत कर लेते थे। बैंकों में संयुक्त खातों की संख्या बढ़ रही थी। अनेक महिला नेत्रियों ने बताया कि 1985 में आमदनी बढ़ने के साथ-साथ महिलाओं के घर में रहने और घरेलू देखभाल करने प्रवृत्ति बढ़ी है, परंतु 1993 में इसके विपरीत प्रवृत्ति देखने को मिली। एक-दो साल तक घर में रहने के बाद उन महिलाओं ने पुनः नौकरी के लिए महिला फ़ेडेरेशन से अनुरोध किया। महिलाओं के लिए घर से बाहर का कार्य उनके आत्मसंतोष और उनके स्तर को उन्नत करने के लिए आवश्यक समझा जाता था।

कई लोगों ने मुझे जानकारी दी कि आम तौर पर पति अपनी आय पत्नी को दे देते हैं। एक नेता ने कहा कि "पत्नियाँ घरेलू मामलों की मंत्री" होती हैं। परंतु यह वाक्य महिलाओं की स्वंतत्रता के दायरे को नहीं बढ़ाता। कुछ क्षेत्रों ने महिलाओं को रोज़गार के अवसर प्रदान किए हैं, जबकि कुछ दूसरे क्षेत्रों में उनके सृजनात्मक कार्यों के लिए संभावनाएँ सीमित हो गई थीं। परंतु विभिन्न स्तरों पर महिला नेत्रियों की उपस्थिति विकास का सकारात्मक पहलू था। चार दशकों तक सुधार की नीति लागू होने के बाद भी चीन में महिलाओं की राजनीतिक भागीदारी बहुत कम थी।

राजनीतिक ढाँचे में महिलाएँ

चीन में स्थानीय संस्थानों में हालाँकि माहिलाओं की स्थिति में सुस्थिर विकास दिखता है, परंतु राष्ट्रीय स्तर पर उनकी उपस्थिति अच्छी नहीं है। चीनी कम्युनिस्ट पार्टी के पोलित ब्यूरो की स्थाई कमेटी-जैसी सर्वोच्च निर्णायक संस्था में एक भी महिला सदस्य नहीं है। नवंबर 2012 में 18वीं पार्टी काँग्रेस ने 205 सदस्योंवाली केंद्रीय कमेटी में मात्र 10 महिला सदस्यों को निर्वाचित किया। इसकी 25 सदस्यीय पोलित ब्यूरो में केवल दो महिलाएँ थीं। नवंबर 2017 में निर्वाचित केंद्रीय कमेटी के कुल सदस्यों की संख्या 204 में मात्र 10, यानी 4.9 प्रतिशत महिलाएँ हैं और पोलित ब्यूरो में 25 में से सिर्फ़ एक महिला है। वास्तव में

चीनी कम्युनिस्ट पार्टी की केंद्रीय कमेटी में महिलाओं का प्रतिनिधित्व घटा है। एनपीसी में 1954 में 12 प्रतिशत महिलाएँ थीं, 1975 में उनका प्रतिशत बढ़कर 22.6 प्रतिशत हो गया और बाद में 21 प्रतिशत के आसपास रह गया।[21] अंतरराष्ट्रीय मानकों के आधार पर यह एक सकारात्मक परिघटना है। तीन हज़ार से अधिक सदस्योंवाली एनपीसी की मीटिंग वर्ष में एक बार लगभग उत्सव के माहौल में होती है। इसके ज़्यादा क्रियाशील अंग, स्थाई कमेटी में महिलाओं का प्रतिनिधित्व काफ़ी कम 11 से 17 प्रतिशत है। हालाँकि स्थाई कमेटी की एक या दो उपाध्यक्ष हमेशा महिलाएँ होती हैं।[22] परंतु स्थानीय स्तर पर दूसरा ही दृश्य है। वर्ष 2010 में ग्रामीण क्षेत्र में काउंटी स्तर पर 68.2 प्रतिशत नेता महिलाएँ थीं। सन् 2000 की तुलना में यह संख्या 20 प्रतिशत अधिक थी और सिविल सर्विसेज में 42.5 प्रतिशत महिलाएँ थीं।[23]

हला कम्यून में 1979 में भी कम्यून क्रांतिकारी कमेटी थी। यह संस्था सांस्कृतिक क्रांति के तुरंत बाद भंग कर दी गई थी। बारह सदस्योंवाली इस कमेटी में चार महिलाएँ थीं। सन् 1973 से इस कमेटी में केवल दो महिलाएँ थीं। सन् 1978 में दो और महिलाओं को कमेटी में शामिल किया गया। वुशी उपनगर क्रांतिकारी कमेटी के उच्चतर स्तर पर 1978 से ही केवल एक महिला सदस्य थी। हला कम्यून पार्टी कमेटी में 1975 से ही केवल दो महिला सदस्य थीं। यह तथ्य 1970 दशक के उत्तरार्ध से प्रशासन और पार्टी के भीतर महिलाओं की भागीदारी के विकासमान स्थिति को दर्शाते हैं।

उत्पादन बिग्रेड के स्तर पर भी महिलाओं का प्रतिनिधित्व था। सात सदस्यीय बिग्रेड क्रांतिकारी कमेटी में दो महिलाएँ थीं। छोटी बिग्रेड में भी कम-से-कम एक महिला सदस्य ज़रूर थी। हला बिग्रेड पार्टी शाखा की पाँच सदस्यों में तीन महिलाएँ थीं। हालाँकि 1979 में हला कम्यून की 95 प्रोडक्शन टीमों में एक भी महिला टीम नेता नहीं थी। परंतु प्रत्येक टीम के "नेतृत्वकारी ग्रुप" में एक या दो महिलाएँ अवश्य थीं। कहें तो उत्पादन के काम के ज़मीनी स्तर पर एक भी महिला नेतृत्वकारी भूमिका में नहीं थी।

हला कम्यून के पार्टी सदस्यों का लगभग तिहाई महिला सदस्यों का था, यानी 491 पार्टी सदस्यों में 35 प्रतिशत महिला सदस्य थीं। हालाँकि हला बिग्रेड में महिला सदस्यों की संख्या 40 प्रतिशत थी। इससे स्पष्ट है कि उपनगरों में महिलाओं का राजनीतिक और शैक्षणिक स्तर काफ़ी ऊँचा था। यह सब महिला फ़ेडेरेशन के द्वारा प्रभावशाली तरीके से महिलाओं की लामबंदी के कारण ही संभव हो सका था।

अखिल चीन महिला फ़ेडेरेशन की शाखाएँ कम्यून स्तर तक गठित थीं। जैसा कि पहले उल्लेख किया गया है कि शन च्यानचन 1977 से महिला फ़ेडेरेशन की 11 सदस्यीय कम्यून कमेटी की प्रमुख थीं। हला में महिला फ़ेडेरेशन की इस कार्यकर्ता के निरंतर विकास का यह एक और साक्ष्य है। सन् 1977 से पूर्व वह कम्यून यूथ लीग की महासचिव थीं। कम्यून

महिला फ़ेडेरेशन की उनकी पूर्ववर्ती प्रमुख अब उपनगर की महिला फ़ेडेरेशन के अध्यक्ष पद पर प्रोन्नत हो गई थीं। शन के अनुसार महिला फ़ेडेरेशन के प्रमुख कार्य हैं : (क) महिलाओं के सैद्धांतिक-वैचारिक शिक्षण में पार्टी शाखा की सहायता करना, (ख) रोज़मर्रा के घरेलू कामों के सामाजीकरण संबंधी समस्याओं को हल करना ताकि महिलाओं को बाहर के कार्यो के योग्य बनाया जा सके, (ग) परिवार नियोजन को बढ़ावा देना और (घ) पारिवारिक अंतरविरोधों को हल करने में सहायता देना।

ध्यान देने की बात है कि 1980 के दशक में महिला फ़ेडेरेशन गतिविधियों का फ़ोकस आर्थिक निर्माण पर हो गया, जिसका उल्लेख ऊपर नहीं किया गया है। अगले दशक में परिवार नियोजन को काफ़ी महत्त्व दिया गया। सन् 1980 के दशक के अंत और 1990 के दशक में सामूहिक संचालित वृद्धा आश्रम, नर्सरी और कुछ शैक्षणिक और स्वास्थ्य सुरक्षा की सामाजिक सेवाओं में कमी आ गई। इस प्रकार, परिवारों को अपने भरोसे छोड़ दिया गया।

सन् 1980 के दशक में युवतियों को महिला फ़ेडेरेशन की इकाइयों का प्रभारी बनाने के अनेक प्रयास किए गए। इसके अतिरिक्त व्यावहारिक रूप से प्रत्येक गाँव में महिलाओं को नेतृत्वकारी ज़िम्मेदारी दी गई थी।

महिला फ़ेडेरेशन में नेतृत्व परिवर्तन को "पुर्नगठन" कहा गया। ल्येन ह गाँव में 1985 में महिला फ़ेडेरेशन की 29 वर्षीय नई अध्यक्ष को ज़िम्मेदारी दी गई। छिनलुंगशान गाँव की महिला फ़ेडेरेशन की 60 वर्षीय महिला नेत्री का स्थान एक 30 वर्षीय मिडिल पास महिला ने ले लिया। मेईयुआन गाँव में 37 वर्षीय महिला फ़ेडेरेशन की अध्यक्ष ने ग्राम प्रशासन की निदेशक का पद सँभाल लिया और उनके स्थान पर किंडरगार्टन की 40 वर्षीय अध्यापिका को ज़िम्मेदारी दी गई। लीछ्याव ग्राम की महिला यूनिट की प्रभारी 35 वर्षीय महिला फ़ैक्टरी की निदेशक नियुक्त हुई और उनके स्थान पर 29 वर्षीय नई महिला को कार्यभार सौंपा गया। यह परिवर्तन महिलाओं की राजनीतिक, प्रशासनिक और प्रबंधकीय पदों की ज़िम्मेदारी सँभालने की प्रक्रिया को भी दर्शाते हैं।

नेतृत्वकारी पदों पर महिलाओं की स्थिति का अध्ययन करने की दृष्टि से गाँव-गाँव की जाँच-पड़ताल करने के क्रम में 1979–85 के दौरान महत्त्वपूर्ण विकास देखने को मिले।

1. हला गाँव में जो महिला 1979 में महिला फ़ेडेरेशन की नेता थी, उसने पदोन्नति प्राप्त कर 38 वर्ष की उम्र में पार्टी शाखा के सचिव पद की ज़िम्मेदारी सँभाली।
2. लुंगशान गाँव में 1979 से ही एक महिला नेता पार्टी सचिव और गाँव की आर्थिक कोऑपरेटिव निदेशक पद की ज़िम्मेदारी सँभाल रही थी। इस गाँव में प्राथमिक चिकित्सक (*बेयरफ़ुट डॉक्टर*) तथा सामाजिक सुरक्षा निदेशक सहित कई महिला लीडर थीं। हालाँकि गाँव कमेटी का निदेशक एक पुरुष था।

3. ल्येन ह गाँव में वित्तीय प्रबंधन की प्रभारी एकाउंटेट एक 34 वर्षीय महिला थी।
4. वर्ष 1985 में मेईयुआन गाँव की महिला फ़ेडेरेशन की अध्यक्ष पद पर कार्यरत महिला अब गाँव की निदेशक पद की ज़िम्मेदारी सँभाल रही थी। पूरे अंचल में अति सक्रिय 37 वर्षीय छन छवानचन, ग्रामीण प्रशासन की प्रमुख बननेवाली कुछ ही महिलाओं में एक थीं। मेईयुआन गाँव में दो महिलाएँ प्राथमिक चिकित्सक थीं।
5. ताछी गाँव में आर्थिक सहकारी समिति की उपनिदेशक एक 42 वर्षीय महिला थी। वह सीनियर मिडिल स्कूल पास थीं और गाँव की महिला फ़ेडेरेशन की अध्यक्ष भी थीं।
6. छिनलुंगशान गाँव की 45 वर्षीय महिला फ़ेडेरेशन की पूर्व नेत्री अब पार्टी सचिव थी, वहीं पर एक और महिला आर्थिक सहकारी समिति की उपनिदेशक और महिला फ़ेडेरेशन की अध्यक्ष थी।
7. वुचिन गाँव के महिला फ़ेडेरेशन की नेत्री गाँव का एकाउंटेंट भी थीं। वहाँ फलों के बाग़ान की कृषि तकनीशियन भी महिला थी।
8. टाउनशिप के एक किनारे पर स्थित अनाज उत्पादक गाँव छिंगशिन में 36 वर्षीय, जूनियर मिडिल स्कूल पास महिला गाँव की निदेशक थी। वहाँ की कृषि तकनीशियन भी महिला थी।
9. शी शान गाँव में भी एकाउंटेंट 41 वर्षीय महिला थी।
10. तुलनात्मक रूप से समृद्ध गाँव श्येमिन में 1979 से एक महिला डॉक्टर थी (उनकी वार्षिक आमदनी 800 से बढ़कर 1985 में 3500 युआन हो गई थी)। वहाँ एकाउंटेंट और मेडिकल वर्कर भी महिला थी।
11. ली छयाओ गाँव में एक महिला डॉक्टर थी, जो बाद में गाँव में ही स्थापित जुराबों की फ़ैक्टरी में मैनेजर हो गई। उसकी उत्तराधिकारी भी महिला थी और वहाँ की मेडिकल वर्कर और एकाउंटेंट भी महिला ही थी।
12. सुनचिंग गाँव की निदेशक भी महिला थी। वहाँ की मेडिकल वर्कर और एकाउंटेंट के पदों पर भी महिलाएँ ही कार्यरत थीं।
13. अंत में मछलीपालक गाँव में भी एकाउंटेट और रिशेप्सनिस्ट के साथ-साथ निदेशक भी 30 वर्षीय महिला थी। *श्यांग* या टाउनशिप में भी महिला ही उपनिदेशक थी, परंतु वहाँ एक पार्टी सचिव के अतिरिक्त टाउनशिन स्तर पर एक भी कमेटी में महिला उपसचिव नहीं थी।

इस प्रकार, 1985 में छह गाँवों की प्रमुख या ग्रामीण प्रशासन की प्रमुख महिलाएँ थीं, जो ज़मीनी स्तर पर महिला नेतृत्व के विस्तार का उत्कृष्ट प्रमाण है। तीन गाँवों में महिलाएँ पार्टी सचिव थीं और दो गाँवों में कृषि तकनीशियन महिला थी। सात गाँवों में महिलाएँ एकाउंटेंट

के पद पर कार्यरत थी। एकाउंटेंट का पद काफ़ी ज़िम्मेदारी का है। इसमें डेस्क वर्क के साथ परिकलन और लेखा कार्य की कुशलता भी आवश्यक है। कुछ लोगों द्वारा इसे महिलाओं के लिए सबसे "उपयुक्त" कार्य माना जाता है।

सन् 1980 के दशक के अंत में गाँवों का राजनीतिक प्रशासन पूर्णरूपेण आर्थिक प्रबंधन के साथ एकीकृत था। गाँव कमेटी का प्रमुख ही कृषि, उद्योग और व्यवसाय के एकीकृत समुच्चय का महाप्रबंधक हो जाता था। सन् 1993 में हला टाउनशिप के 13 गाँवों में से हला और लुंगशान के दो गाँवों की महाप्रबंधक महिलाएँ थीं। यह दोनों गाँव काफ़ी विकसित गाँव थे। यह दोनों गाँव प्रति वर्ष 10 करोड़ युआन का मुनाफ़ा अर्जित करते थे। टाउनशिप संचालित किसी भी उद्योग में एक भी महिला मैनेजर नहीं थी, हालाँकि गाँव संचालित उद्योगों में कुछ महिलाएँ मैनेजर थीं। टाउनशिप की पार्टी कमेटी के तीन उपसचिवों में एक महिला थी और वह टाउनशिप के चार उपनिदेशकों में भी एक थी।

मई 1987 में संपूर्ण हला टाउनशिप के महिला फ़ेडेरेशन की दो दिवसीय कांफ्रेंस संपन्न हुई। इसमें 13 गाँवों की 80 प्रतिनिधि शामिल हुईं। सन् 1993 में महिला फ़ेडेरेशन की तीन वर्ष में चुनी जानेवाली 38 सदस्यीय कमेटी थी। प्रत्येक गाँव से एक प्रतिनिधि होता था और बाक़ी प्रतिनिधि 30 से अधिक महिला श्रमिकवाली फ़ैक्टरियों से भेजी जाती थीं। एक-एक प्रतिनिधि "शिक्षित क्षेत्र" और टाउनशिप सरकार से होता था। प्रत्येक गाँव में महिला फ़ेडेरेशन की इकाई और तीन से सात सदस्यों की कमेटी होती थी। फ़ेडेरेशन की वार्षिक कांफ्रेंस में हला टाउनशिप सुधारों को लागू करने में हुई प्रगति और महिलाओं की विशेष समस्याओं पर विचार किया जाता। गाँव और उद्योग के स्तर पर माह में एक बार फ़ेडेरेशन की इकाइयों की बैठक होती।

चीनी कम्युनिस्ट पार्टी के सर्वोच्च स्तर पर महिलाओं का प्रतिनिधित्व नगण्य है। सन् 1977 में पाँचवी केंद्रीय कमेटी की 19 सदस्यीय पोलित ब्यूरो में एक भी महिला नहीं थी। जैसा कि पहले बताया जा चुका है अट्ठारहवीं केंद्रीय कमेटी की पोलित ब्यूरो में दो महिलाएँ थीं। और उन्नीसवीं में सिर्फ़ एकमात्र सुन छुंलान थीं, जो एक उपप्रधानमंत्री भी हैं। दो निर्वाचित वैकल्पिक सदस्यों में वु ई नाम की केवल एक महिला थी। चीन में सर्वाधिक शक्तिशाली निर्णयकारी संस्था पोलित ब्यूरो की छह सदस्यीय स्थाई कमेटी में एक भी महिला नहीं थी। चीन लोकगणराज्य के इतिहास में चीनी कम्युनिस्ट पार्टी की पोलित ब्यूरो की स्थाई कमेटी में एक भी महिला नहीं रही। सोलहवीं पार्टी काँग्रेस के बाद केंद्रीय कमेटी ने वु ई को पोलित ब्यूरो का सदस्य निर्वाचित किया। आशा थी कि यह प्रक्रिया आगे बढ़ेगी परंतु 2007 में निर्वाचित सत्रहवीं केंद्रीय कमेटी की पोलित ब्यूरो में एक भी महिला सदस्य निर्वाचित नहीं हुई।

ज़मीनी स्तर पर टाउनशिप में एक महिला का उपनिदेशक नियुक्त होना सामान्य बात है। गाँव के स्तर पर भी कुछ महिला निदेशक हैं। मैंने जहाँ तक सर्वेक्षण किया, मुझे 1996

में एक भी उद्यम की मैनेजर महिला नहीं मिली। इसके बावजूद कि अनेक हल्के उद्योगों में कामगारों में महिलाएँ ही बहुसंख्यक हैं।

बहुत दिनों बाद 2011 में चीनी सरकार ने एक नए निर्णय की घोषणा की। इसके अनुसार गाँव की काउंसिल में 30 प्रतिशत और गाँव काउंसिल के प्रमुखों या निदेशकों के पदों पर 10 प्रतिशत महिलाओं की नियुक्ति अनिवार्य बना दी गई। यह निर्णय 2011–2020 के नेशनल प्लान फ़ॉर विमेन्स डेवलपमेंट की रूपरेखा का ही एक भाग है। इसकी घोषणा 9 अगस्त 2011 को स्टेट काउंसिल द्वारा की गई। इसके मुकाबले भारत में भी पहल ली गई। भारत में 73वें संविधान संशोधन के अनुसार महिलाओं को वैधानिक प्रतिनिधित्व देने के निर्णय ने एक अनुकूल परिस्थिति निर्मित की। इससे महिलाओं ने पंचायत (चीन का गाँव स्तर) या ब्लॉक (चीन का टाउनशिप स्तर) या ज़िला स्तर पर कम-से-कम तिहाई नेतृत्वकारी पद हासिल कर लिए। शहर या गाँव के स्थानीय निकायों में (शहरी प्रतिनिधित्व के मामले में 74वाँ संविधान संशोधन) तिहाई प्रतिनिधित्व महिलाओं को प्राप्त है। वर्ष 2009 से प्रारंभ होकर भारत के अनेक प्रांतों में प्रांतीय सरकारों ने एक क़दम और आगे बढ़कर स्थानीय निकायों में महिलाओं के लिए 50 प्रतिशत, यानी आधी सीटों का प्रतिनिधित्व दिया। इसे अखिल भारतीय स्तर पर लागू करने के लिए अभी भी नियम बनाना बाक़ी है। यद्यपि विधान सभाओं और संसद में महिलाओं को तिहाई आरक्षण देने का विषय आज भी लोकसभा में लंबित है।[24] हालाँकि चीन में 2011 तक किसी भी स्तर पर महिलाओं के लिए कोई वैधानिक प्रतिनिधित्व नहीं था। इस विषय को गाँव, टाउनशिप और उपनगर ज़िलों के नेतृत्व पर छोड़ दिया गया था कि वे अपने राजनीतिक कार्यालयों में महिलाओं की नियुक्त का निर्णय करें। परंतु यह सच्चाई है कि तत्कालीन नेतृत्व पुरुष वर्चस्ववादी था, इसलिए नेतृत्व में महिलाओं की भागीदारी काफ़ी कठिन थी। यहीं पर प्रतिनिधित्व के लिए हमें संवैधानिक प्रावधानों के महत्त्व को स्वीकारना चाहिए, हालाँकि केवल इससे ही महिलाओं को आवश्यक अधिकार और शक्ति नहीं मिलेगी। इसके साथ-साथ महिलाओं के उत्थान के लिए संरचनात्मक उपायों को भी पूरक के रूप में लागू करना होगा। उनको उत्पादन के उपकरण, रोज़गार, शिक्षा और सांस्कृतिक उपायों के द्वारा सहायता देनी होगी। इसमें कोई संदेह नहीं है कि सुधारों के दौरान इन मोर्चों पर चीन में अनेक उपाय किए गए हैं, परंतु यह महिला-पुरुष समानता और न्याय के लिए यथोचित नहीं हैं।

चीन में स्थानीय नेतृत्व में महिलाओं की शानदार उपस्थिति वहाँ का एक महत्त्वपूर्ण पहलू है। परंतु यह उपस्थिति पार्टी, प्रशासन और उद्योगों के प्रबंधन के प्रत्येक स्तर पर असमानता से भरी है। यद्यपि इन सभी क्षेत्रों में महिलाएँ कार्यरत थीं, परंतु यह क्षेत्र पूर्णतः पुरुष प्रभुत्व के क्षेत्र थे। वहाँ महिलाओं के लिए भारत की तरह कोई कोटा निर्धारित नहीं था, जैसा भारत में स्थानीय निकाय संस्थानों में महिलाओं को एक तिहाई सीटों पर संवैधानिक अधिकार प्राप्त है। परंतु चीन में अनौपचारिक नियमानुसार एक महिला को नेतृत्व के सहायक

(डिप्टी) पद पर होना चाहिए। महिला फ़ेडेरेशन के माध्यम से महिलाओं के अधिकारों और महिला कल्याण कार्यक्रमों को लागू करना वहाँ का अधिकृत तरीका था। परंतु यह तरीका सांगठनिक स्तर पर दोषपूर्ण था क्योंकि स्थानीय स्तर पर महिला फ़ेडेरेशन की यूनिटों को स्थानीय पार्टी यूनिट के नेतृत्व में काम करना होता था। अखिल चीन महिला फ़ेडेरेशन द्वारा व्यवहार में लागू की गई स्वायत्तता घरेलू और अंतरराष्ट्रीय परिस्थिति का संचयी परिणाम है, न कि किसी खास स्तर पर निभाई गई भूमिका। यह सब तब स्पष्ट होता है जब हम बाज़ार-आधारित अर्थव्यवस्था को ज़मीनी स्तर पर चुनौती देने के लिए की गई लामबंदी में महिलाओं द्वारा निभाई गई भूमिका को देखते हैं।

परिवार और आय वृद्धि का मिज़ाज

वर्ष 1987 में महिला फ़ेडेरेशन ने पूरे चीन के स्तर पर अपनी यूनिटों के लिए एक नई कार्ययोजना घोषित की। इस योजना में "दो लक्ष्य और चार विस्तारित कार्य" थे। दो लक्ष्यों में (1) भूमि संबंधी क़ानून और नियमों का अध्ययन और समझाने के लिए महिलाओं की गोलबंदी और (2) महिलाओं का शैक्षणिक स्तर उन्नत करना शामिल था। इसे चार विस्तारित योजनाओं के द्वारा पूरा करना था : (क) वैचारिक शिक्षा (ख) शिशु देखभाल में विज्ञान और प्रौद्योगिकी का प्रयोग (ग) कानूनों की जानकारी और (घ) महिला एवं शिशु स्वास्थ्य सुरक्षा का ज्ञान। इन कार्यक्रमों को केवल पठन-पाठन के द्वारा नहीं, बल्कि महिलाओं के बीच ठोस व्यवहारिक कार्यवाहियों के द्वारा लागू करना था।

इस परियोजना को एक बार फिर 1989 में थ्येनआनमन चौक के प्रदर्शन के बाद लागू किया गया, परंतु 1992 में तंग श्याओफिंग के "दक्षिण दौरे" के बाद फिर आर्थिक वृद्धि और पश्चिमी जीवनशैली के अनुरूप आधुनिकीकरण पर ज़ोर दिया गया।

सन् 1980 दशक के अंत में छात्र आंदोलन के उभार के बाद 1987 की परियोजना थोड़ी-सी सैद्धांतिक चौकन्नापन भी दिखाती है। जनवरी 1987 में चीनी कम्युनिस्ट पार्टी के महासचिव हु याओपांग का स्थान चाओ त्सयांग ने ले लिया। चीनी कम्युनिस्ट पार्टी के नेतृत्व ने "आध्यात्मिक प्रदूषण" के ख़िलाफ़ अभियान संचालित किया, साथ-ही-साथ विज्ञान और प्रौद्योगिकी की शिक्षा पर भी ज़ोर दिया। सुधार काल की इस विशेषता को महिलाओं के कार्यक्रम में भी शामिल किया गया। परंतु यह उल्लेखनीय है कि महिला फ़ेडेरेशन अभी भी महिलाओं की घरेलू कामों में भूमिका और शिशु देखभाल पर ही ज़्यादा ध्यान दे रहा था। हला टाउनशिप महिला फ़ेडेरेशन की नेत्री ने ज़ोर देकर कहा कि फ़ेडेरेशन महिलाओं को घरेलू कामों से छुटकारा दिलाने और बाहर के कार्यों के लिए प्रोत्साहित करने में निर्णायक भूमिका निभाता है। इसके साथ ही, उन्होंने कहा कि आधुनिकीकरण की प्रोन्नति के लिए अच्छे पारिवारिक संबंध आवश्यक हैं।

हला में अधिकांश महिलाएँ जूनियर मिडिल स्कूल या नवीं कक्षा पास हैं, बहुत कम महिलाओं ने हायर मिडिल स्कूल में दाखिला लिया है। सन् 1987 में यहाँ से एक भी व्यक्ति विश्वविद्यालय शिक्षा के लिए नहीं गया, परंतु 1993 में यहाँ उल्लेखनीय विकास देखने को मिला। लगभग 30 प्रतिशत महिलाएँ सीनियर मिडिल स्कूल की शिक्षा प्राप्त कर चुकी थीं। बीस प्रतिशत से अधिक विश्वविद्यालय में शिक्षा प्राप्त कर रही थीं और एक भी अनपढ़ नहीं थी। महिलाओं को तकनीकी, क़ानून, स्वास्थ्य और शिशु सुरक्षा की शिक्षा के लिए विशेष कार्यक्रम चलाए गए। शिशु देखभाल का कोर्स उत्तीर्ण करने के बाद वे नर्सरी की नौकरी कर सकती थीं।

सन् 1987 में महिलाओं के रोज़गार में काफ़ी सुधार हुआ। अधिकांश महिलाएँ, यानी 55 प्रतिशत महिलाएँ टाउनशिप और ग्राम संचालित उद्योगों में, 35 प्रतिशत कृषि में और 10 प्रतिशत शहरी उद्योगों में कार्यरत थीं। अब उनकी सालाना औसत आय 1,200 से 1,300 युआन थी, जबकि इससे पूर्व वे 800 से 900 युआन ही कमा पाती थीं। हला टाउनशिप की फ़ेडेरेशन नेत्री ने बताया कि नवंबर 1987 में महिलाओं का वेतन पुरुषों से 20 प्रतिशत कम था। केवल तकनीकी नौकरियों में दोनों को समान काम का समान वेतन मिलता था, हालाँकि महिला तकनीशियनों की संख्या काफ़ी कम थी।

अधिकांश उद्योगों में पीस रेट व्यवस्था[25] लागू थी। मैनेजरों के मुताबिक जो महिलाएँ पुरुषों के बराबर काम करती थीं, उन्हें पुरुषों के बराबर ही मज़दूरी मिलती थी या कभी-कभी वे पुरुषों से अधिक भी कमा लेती थीं। जिन उद्योगों में पीसरेट व्यवस्था नहीं लागू थी, वहाँ की स्थिति भिन्न थी। महिलाओं को तुलनात्मक रूप से हल्के काम दिए जाते थे और उनका वेतन कम होता था। फ़ैक्टरी मैनेजरों द्वारा अलग-अलग कार्यों का भिन्न वेतनमान निर्धारित किया जाता था। उत्पादन ज़िम्मेदारी व्यवस्था के अंतर्गत उत्पादन के अनुसार वेतन निर्धारित होता था।

इस प्रकार, 1979 से प्रारंभ हुए सुधारों के काल में महिला-पुरुष के बीच मज़दूरी की असमानता जारी थी। इससे पूर्व कम्यून के समय में भी महिलाएँ पुरुषों से कम वर्क प्वाइंट अर्जित करती थीं। हालाँकि सुधारों के फलस्वरूप दो नए पहलू देखने को मिले। प्रथम यह कि सामान्य रूप से आर्थिक स्थिति में सुधार होने से लोगों की आमदनी में वृद्धि हुई। दूसरा यह कि महिलाओं की शिक्षा और कार्यकुशलता में उल्लेखनीय उन्नति होने से इस अर्थव्यवस्था में उनको रोज़गार के अधिक अवसर प्राप्त हुए। वुशी-जैसे विकसित इलाकों में यह स्थिति स्पष्ट नज़र आती थी। पिछड़े इलाकों का परिदृश्य इससे भिन्न था। इन इलाकों में महिलाओं के लिए काफ़ी कम अवसर थे। अतः चाहे सामूहिक अर्थव्यवस्था हो या बाज़ार अर्थव्यवस्था हो, जब तक महिलाओं के साथ असमानता कम करने के विशेष प्रयास नहीं होते, विभिन्न रूपों में यह असमानता बनी रहेगी।

चीन की दूसरे जगहों की तरह हला में भी महिला व पुरुष रिटायरमेंट की उम्र भिन्न थी। पुरुष 60 वर्ष में और महिलाएँ 55 वर्ष में रिटायर हो जाती थीं। इस भिन्नता की व्याख्या करते हुए बताया गया कि तथ्यगत रूप से बच्चों को जन्म देने और अन्य शारीरिक समस्याओं के कारण वृद्धावस्था में महिलाएँ पुरुषों की तुलना में कमज़ोर हो जाती हैं। हालाँकि विश्व के अनेक अध्ययनों ने इस तर्क को खंडित किया है और यह प्रमाणित किया है कि बुढ़ापा और दुर्बलता का निर्धारण महिला-पुरुष के आधार पर नहीं होता। जो भी हो, इस पर विवाद हो सकता है। चीन में रिटायरमेंट की उम्र में लिंग भेद का कारण सांस्कृतिक विश्वास से जुड़ा है, न कि तार्किक निर्णय से। इसी विश्वास के आधार पर महिलाओं को कम वेतन देने की भी व्याख्या की जा सकती है।

महिला-पुरुष, दोनों के लिए पेंशन है, जो उनके वार्षिक वेतन और नौकरी के वर्षों के आधार पर निर्धारित होती है। ऐसे में महिलाओं का वेतन कम होने और उनके जल्दी रिटायर होने से उन्हें पेंशन भी कम मिलती है।

चीन में सामाजिक परिदृश्य धीरे-धीरे बदल रहा है। सन् 1985 में नया विवाह क़ानून लागू होने से महिलाओं की हैसियत में थोड़ा सुधार हुआ है। इस विवाह क़ानून के प्रावधानों के अनुसार विवाह की उम्र पुरुष के लिए 22 वर्ष और युवती की 20 वर्ष निर्धारित है। हला टाउनशिप में विवाह की औसत आयु 22.5 वर्ष है। यहाँ हाल के वर्षों में तलाक़ के मामलों में वृद्धि हुई है। एक हज़ार जोड़ों में 1985 में दो, 1987 में सात और 1993 में एक तलाक़ का मामला सामने आया। महिला फ़ेडेरेशन की नेत्री के अनुसार तलाक़ के कारण अनेक और जटिल होते हैं। किसी मामले में दोनों के बीच संबंध घनिष्ठ नहीं रहते, तो किसी केस में तीसरा व्यक्ति शामिल होता है। कुछ मामलों में महिला बहुत आगे बढ़कर काम करना चाहती थी, परंतु जब विवाह इसमें बाधक हुआ, तो उसने संबंध विच्छेद कर लिए। यह सब कारण कोई सकारात्मक या नकारात्मक प्रवृत्ति नहीं दर्शाते। इनमें परंपराओं से हटना अवश्य नज़र आता है। कुछ परिवार महिलाओं को अधिक अवसर देते हैं, तो कुछ बाधाएँ उत्पन्न करते हैं। किसी भी प्रकार देखा जाए तलाक़ के मामले इतने थोड़े थे कि कोई सामान्यीकरण नहीं किया जा सकता।

पार्टी ने परिवार को समाज का एक महत्त्वपूर्ण सेल मानकर उसके मूल्यों पर अधिक ज़ोर दिया है। पार्टी कैडर चीनी परिवारों के पारंपरिक सदगुणों की दुहाई देते, उसे परस्पर प्यार और सहयोग की संस्था बताते। महिला फ़ेडेरेशन की महिला नेत्री ने 1993 में मुझे बताया कि पत्नी, पति पर और उसकी उपलब्धियों पर बहुत आस लगाए रहती है और उसके लिए कोई भी बलिदान करने को तैयार रहती है और बदले में वह उससे अपने लिए चीज़ें प्राप्त करना चाहती है— यह गंभीर अंतरविरोधी था। समाज में अभी भी पत्नी द्वारा पति के लिए त्याग उत्कृष्ट माना जाता है। पारंपरिक चीनी परिवार का पितृसत्तात्मक पक्ष पति-पत्नी का

रिश्ता कंफ़्यूसियस के पाँच सिद्धांतों में से एक था, जिसे बाज़ार आधारित अर्थव्यवस्था के तहत उपलब्धि-उन्मुख स्थितियों में एक तरीक़े से पुनः मज़बूत किया जा रहा था। परंतु यह साफ़ था कि 1990 के दशक के अंत से 2000 के दशक तक छँटनी में निकाली गई महिलाओं को तार्किक ढंग से घरेलू कामों में लगाने में इसका प्रयोग हुआ।

जैसा पहले चिह्नित किया गया है, हला टाउनशिप के कामगारों में महिला श्रमिकों की बहुतायत उसका एक दिलचस्प पहलू है। कपड़ा उद्योग इस इलाक़े की सबसे प्रमुख उत्पादक गतिविधि थी। यहाँ महिला कामगारों की बड़ी माँग थी। इस उद्योग में 60 प्रतिशत से अधिक महिलाएँ कार्यरत थीं। वाणिज्य और मछलीपालन-जैसे अन्य क्षेत्रों में अधिकांश कामगार पुरुष थे। कृषि क्षेत्र में महिला-पुरुष, दोनों कामगारों की संख्या समान थी, जबकि साग-सब्ज़ी उत्पादन में महिलाओं की बहुतायत थी। इन तथ्यों से स्पष्ट है कि तुलनात्मक रूप से अधिक कुशल कार्यों में महिलाओं की भागीदारी सीमित थी, हालाँकि कपड़ा उद्योग में महिलाएँ अधिक थीं। परंतु शहरों की रेशम उत्पादक फ़ैक्टरियों और अन्य उद्योगों में तकनीकी आधुनिकीकरण के साथ महिला श्रमिकों की संख्या कम होने लगी। साग-सब्ज़ी उत्पादक क्षेत्रों में लगातार देखभाल के लिए महिलाओं को तरजीह दी गई, न कि किसी विशेष कुशलता की वजह से।

इलेक्ट्रॉनिक उद्योग के विकास के साथ महिलाओं के लिए नए काम के अवसर विकसित हुए। वुशी माइक्रोइलेक्ट्रॉनिक फ़ैक्टरी वुशी नगर सरकार, हला टाउनशिप और हला गाँव का संयुक्त उपक्रम थी। इसमें कार्यरत 800 कामगारों में 80 प्रतिशत महिलाएँ थीं। इस फ़ैक्टरी में रेडियो, टीवी, टेप रिकार्डर, कैसेट और टेलीफोन के कल-पुरज़ों का निर्माण होता था। यह उद्योग अमेरिका, जर्मनी, जापान और सिंगापुर की अनेक विदेशी कंपनियों के साथ अनुपूरक व्यापार के तहत काम करता था। इस फ़ैक्टरी में पीस रेट वर्क की व्यवस्था थी, अतः महिला-पुरुष की मज़दूरी में भेद नहीं था। नए श्रमिकों को तीन माह तक आजमाइशी तौर पर रखा जाता था। इन्हें पहले माह 1.40 युआन प्रतिदिन, दूसरे माह 1.60 युआन प्रतिदिन और तीसरे माह 1.80 युआन प्रतिदिन के दर से भुगतान होता था। निर्धारित कोटा से अधिक उत्पादन के लिए अतिरिक्त प्रोत्साहन राशि दी जाती थी। प्रत्येक श्रमिक के लिए 60 युआन प्रति माह की आजीविका राशि की गारंटी थी। कई बार बोनस की राशि वेतन से अधिक होती थी। फ़ैक्टरी में औसत आय 125 से 175 युआन प्रतिमाह थी। ध्यान देने योग्य है कि यह आय टाउनशिप और गाँव की अन्य फ़ैक्टरियों की तुलना में कम थी। उदाहरण के लिए, स्वेटर निर्माता कामगारों को 1985 में प्रतिमाह औसतन 220 युआन मिलता था।

सन् 1980 दशक के दौरान आर्थिक रुझानों ने महिलाओं के लिए बहुत अधिक अवसर प्रदान किए। कृषि उत्पादन में विविधिता और सामान्य रूप से ग्रामीण क्षेत्र में उद्योगों के विकास ने रोज़गार और आमदनी के नए-नए अवसर प्रदान किए। पुरुष उन्नत और जटिल

तकनीकी के साथ काम करना ज़्यादा पसंद करते हैं, लिहाज़ा महिला मज़दूरों का चुनिंदा क्षेत्रों में ही इस्तेमाल किया गया। इसके बहुत सारे उदाहरण मौजूद हैं। यह वहाँ जारी शिक्षा की संरचना में भी परिलक्षित होता है। यह परंपरागत सांस्कृतिक नियमों का ही प्रभाव है, जो महिलाओं को औद्योगिक कुशलता ग्रहण करने से रोकता है।[26] परंतु इसमें तब्दीली भी हो रही है। अब महिलाएँ कृषि तकनीशियन, चिकित्सा विज्ञान और अध्यापन के क्षेत्र में आ रही हैं। परंतु एक विडंबना भी दिखती है। नौ वर्ष तक शिक्षा प्राप्त करने के बाद जूनियर मिडिल स्कूल पास युवतियाँ आसानी से ग्रामीण उद्योगों में नौकरी पा जाती हैं और अच्छी शिक्षा प्राप्त शहरों में काम करनेवाले स्टाफ से अधिक कमा लेती हैं, परंतु उनकी कार्यकुशलता और शिक्षा निम्न स्तर की ही रह जाती है। कहें तो हायर मिडिल स्कूल या इससे ऊपर की शिक्षा प्राप्त करने में कोई अतिरिक्त आर्थिक लाभ नहीं है। फिर भी राजनीतिक और प्रबंधकीय पदों पर महिलाओं का प्रतिनिधित्व निरंतर बढ़ रहा है।

महिलाएँ ग्रामीण प्रशासन की प्रभारी, पार्टी सचिव और ग्रामीण उद्यमों में प्रबंधक हैं। सन् 1980 के दशक में महिला कार्यकर्ताओं का राजनीतिक उत्थान एक स्पष्ट प्रवृत्ति के रूप में दृष्टिगोचर था। यह अंशतः अखिल चीन महिला फ़ेडेरेशन और पार्टी द्वारा महिला अधिकारों के लिए संचालित अभियान का भी परिणाम था। उसी समय विश्व स्तर पर भी महिला अधिकारों का अभियान संचालित हो रहा था। इस संदर्भ में हला टाउनशिप की शन च्यानचन-जैसी महिला नेत्रियों की भूमिका भी समान रूप से महत्त्वपूर्ण है। परंतु यह राजनीतिक रुझान वुशी उपनगर-जैसे आर्थिक रूप से विकसित अंचलों के लिए शायद अधिक सही है। सुदूर गाँवों और अर्धविकसित क्षेत्रों में ऐसी स्थितियाँ नहीं थीं। जो भी हो, इस क्षेत्र में सुधारों और आधुनिकीकरण का महिलाओं पर मिश्रित प्रभाव पड़ा। राजनीतिक संरचना में महिलाओं के प्रतिनिधित्व की कोई निरंतरता नज़र नहीं आती, जो इस ओर इंगित करती हो कि 1980 दशक की गति बरक़रार रहेगी।

बाज़ार अर्थव्यवस्था का विस्तार और महिलाएँ

यह सर्वविदित है कि 1992 में तंग श्याओपिंग के "दक्षिण दौरे" के बाद पूँजीवादी पद्धतियों को निःसंकोच लागू करते हुए खुला दरवाज़ा नीति और सुधारों की नीतियों पर चलने की वकालत की गई, जिससे उत्पादन और मुनाफ़ा बढ़ाने की शक्तिशाली हवा चल पड़ी। इसका मतलब था कि चीन और विदेश, हर तरफ़ से निजी निवेश का स्वागत करना, प्रौद्योगिकी का आधुनिकीकरण करना, मज़दूरों को रोज़गार देने या निकालने में अधिक स्वायत्तता और बाज़ार के अनुरूप और आवश्यकतानुसार प्रत्येक कार्य करना। इसके बाद, सभी कैडर किसी भी प्रकार उत्पादन बढ़ाने और मुनाफ़ा अर्जित करने में लग गए। यह प्रवृत्ति 2002 तक चलती रही। नए परिवेश में जेंडर-जैसे सामाजिक मुद्दे पीछे धकेल दिए गए। सन् 1996

और 2001 के बीच मेरे द्वारा वुशी में किए गए साक्षात्कार इन महान आर्थिक उपलब्धियों के साथ-साथ बढ़ते जेंडर विभेद और अन्य विपरीत प्रवृत्तियों से भरी विरोधाभासी स्थिति को दर्शाते हैं। सन् 2004 में मेरी चीन यात्रा के दौरान महिला फ़ेडेरेशन की नेत्रियों के साथ हुई बातचीत इस परिस्थिति के अनेक गंभीर पहलुओं को उजागर करती है। एक तरफ़ पेइचिंग में संपन्न हुई विश्व महिला काँग्रेस ने चीनी कम्युनिस्ट पार्टी नेतृत्व को महिलाओं के विकास की आवश्यकता के प्रति सावधान किया और दूसरी तरफ़, आर्थिक विकास पर इस क़दर ज़ोर दिया कि बाक़ी सभी मुद्दे गौण हो गए।

सबसे बड़ी बात यह है कि आर्थिक निर्माण और मुनाफ़े को प्राथमिकता देने से दैनिक जीवन में महिला-पुरुष की समानता सुनिश्चित करने के लक्ष्य सहित अनेक सामाजिक लक्ष्यों पर विपरीत प्रभाव पड़ा। अनेक उद्यमों में जब प्रौद्योगिकी का आधुनिकीकरण किया गया और उन्हें प्रतियोगी बनाने की पहल की गई, तो नौकरी से निकाले जाने वाले मज़दूरों में सर्वाधिक महिलाएँ थी। इस परिस्थिति ने परिवारों को स्वयं अपने जीवन की योजना बनाने को बाध्य किया। छँटनी कर दी गई 45 महिलाओं के बारे में बात करते हुए महिला फ़ेडेरेशन की एक नेत्री लीछिंग ने अक्टूबर 1996 में मुझे बताया कि एक बार उच्च चेतना के साथ नई रोज़गार योजना में नौकरी करने पर, यदि किसी परिवार की अधिक आय हो तब भी नई चेतना से लैस महिला घर पर रहना और घरेलू काम करना स्वीकार नहीं करती। वह नए रोज़गार की तलाश करेंगी। या फिर अपना व्यवसाय करेंगी। चूँकि अधिकांश परिवार एक संतान वाले थे, इसलिए महिलाएँ अपने कार्य का निर्णय करने में अधिक स्वंतत्र थीं। यह तटवर्ती चीन के आर्थिक रूप से विकसित क्षेत्रों की नई प्रवृत्ति थी। बाज़ार आधारित अर्थव्यव्स्था और उद्यम प्रबंधन को मज़दूरों की छँटनी के अधिकार को स्वीकारने के बाद महिलाओं को अपने बल पर परिस्थिति का मुकाबला करना था। उनको सृजनात्मक क्षमता के बारे में अपनी नई जागरूकता को वृद्धि केंद्रित प्रतियोगितापूर्ण बाज़ार अर्थव्यवस्था के अनुरूप ढालना था। परंतु अनेक महिलाओं का विचार था कि यह नई तेज़ गतिवाला आर्थिक वातावरण उनके कैरियर की दृष्टि से अधिक अनुकूल है। कई देशों में इन आर्थिक सुधारों ने महिलाओं पर काफ़ी प्रतिकूल प्रभाव डाला है, फिर भी अनेक महिलाओं को अपनी योग्यता के अनुसार रोज़गार के अनेक अवसर मिले हैं।

महिलाओं के घर पर रहने, घरेलू काम करने और परिवार के सदस्यों की देखभाल करने की परंपरागत अवधारणा आज समृद्ध परिवारों में फिर से ज़ोर पकड़ रही है, परंतु वुशी अंचल में इनका असर बहुत कम था और महिलाओं के काम के मूल्य के बारे में नई चेतना का विस्तार तेज़ी से हो रहा था। यहाँ घन कमाने के परिवेश का भी प्रभाव था। पति कितना भी धनी क्यों न हो, महिला की आय उसकी पारिवारिक आय में योगदान ही करेगी। यह विचार महिलाओं को काम के लिए बाहर जाने को प्रेरित करता था।

इस नए सांस्कृतिक माहौल ने परिवार संस्था को कई तरह से प्रभावित किया है। बेशक, चीनी समाज में परिवार अभी भी एक मूल्यवान सामाजिक संस्था बनी हुई है। नई आर्थिक नीतियों ने वास्तव में परिवार की संस्था को मज़बूत ही किया है। भूमि का अनुबंध परिवार को ही दिया गया था। परिवार का मुखिया होने के नाते यह ठेका अभी भी पुरुष के ही नाम होता था।[27] नई विविधितापूर्ण अर्थव्यवस्था में परिवार का कोई सदस्य कृषि में कार्य करता, कोई उद्योग में और कोई वाणिज्य में, परंतु सभी अपनी आय इकट्ठा रखते ताकि परिवार समृद्ध हो और उनका जीवन स्तर उन्नत हो। इस प्रकार, बाज़ार आधारित अर्थव्यवस्था ने ग्रामीण चीन में, परिवार की संस्था को ही मज़बूत किया, जो परंपरागत चीनी समाज की एक प्रमुख संस्था थी। यहाँ तक कि परिवार के लड़के या लड़की के युवा और विवाहित होने पर भी माता-पिता सामान्य तौर पर लड़के के साथ ही रहते थे। परंतु नए विवाहित जोड़ों में अलग अपना घर बनाने की प्रवृत्ति तेज़ी से बढ़ रही थी। इसके बावजूद पारिवारिक रिश्ते मज़बूत बने हुए थे। कंफ़्यूसियस ने परिवार संबंधी जिन पाँच संबंधों के बारे में कहा था, उनमें से तीन संबंध (पिता-पुत्र, पति-पत्नी और बड़ा भाई-छोटा भाई) एक-दूसरे से अलग रहते हुए भी परिवारों में परस्पर सहायता और समृद्धि में सहायक हैं।

नौकरी के अवसरों में कमी या फिर एक का दूसरे की रुचियों को न पसंद करना या पति-पत्नी में से किसी के विवाहेत्तर संबंध विकसित हो जाने के कारण तलाक़ की दर बढ़ रही थी। इस नए परिवेश में तलाक़ को गंभीर समस्या नहीं समझा जाता था। टाउनशिप का सिविल अफ़ेयर्स डिपार्टमेंट पारिवारिक समस्याओं को हल करने के लिए अधिकृत था। यदि दोनों पक्ष आपसी सहमति से तलाक़ लेने पर सहमत हों, तो सिविल अफ़ेयर्स का अधिकारी संपत्ति के बँटवारे सहित उनके तलाक़ की शर्तों पर समझौता करवाता और बच्चों आदि के बँटवारे पर सहमति करवाता। टाउनशिप सरकार की स्वीकृति अंतिम होती और ऐसे मामलों में न्यायालय जाने की ज़रूरत नहीं थी। यदि एक पक्ष दूसरे से सहमत नहीं होता तभी न्यायालय जाने की आवश्यकता होती।

महिलाओं की जीवन स्थितियों को दर्शाने के लिए दो आँकड़े दिए जाते हैं। ज़िला स्तर पर महिलाओं की तुलना में पुरुष कामगारों की संख्या काफ़ी अधिक थी। वुशी उपनगर ज़िले में 56 प्रतिशत पुरुष और 46 प्रतिशत महिला कामगार अनेक प्रकार के कार्यों में लगे थे। निचले स्तर पर हला टाउनशिप में कुल कामगारों में 50 प्रतिशत महिला कामगार थीं। यह आँकड़े लिंग अनुपात का आधार नहीं हो सकते क्योंकि इनमें काफ़ी संख्या में वृद्ध महिलाएँ, किशोरियाँ और स्वरोज़गार वाली परित्यक्ताएँ शामिल नहीं हो सकती हैं। इन श्रेणी की महिला कामगारों को उपनगर महिला कामगारों में नहीं जोड़ा जाता। दूसरा आँकड़ा 1996 में हला टाउनशिप में संभावित उम्र से संबंधित है। यहाँ पुरुषों की संभावित आयु 70 वर्ष और महिलाओं की 74 वर्ष थी।[28] यह विडंबना ही है कि महिलाओं की संभावित आयु अधिक होने के बावजूद वे पुरुषों से पाँच वर्ष पूर्व रिटायर कर दी जाती थीं।

ग्यारह सदस्यीय टाउनशिप महिला फ़ेडेरेशन कमेटी में (1996 में) महिलाओं की औसत आयु 39 वर्ष थी। इनमें सभी सीनियर मिडिल स्कूल पास थीं और कुछ ने व्यावसायिक सेकेंड्री स्कूल की परीक्षा उत्तीर्ण की थी। तेरह ग्रामीण कमेटी निदेशकों में केवल लुंगशान में एक महिला निदेशक थी। पाँच ग्रामीण कमेटियों में महिलाएँ उपनिदेशक थीं। कहें तो प्रत्येक ग्राम कमेटी में उपनिदेशक भी महिला नहीं थी। जहाँ तक ग्राम स्तर पर पार्टी नेतृत्व की बात है, केवल एक जगह (हला गाँव में) शाखा सचिव महिला थी। अन्य तीन गाँवों में पार्टी शाखा की उपसचिव महिलाएँ थी। टाउनशिप के मालिकाने में चलनेवाली फ़ैक्टरियों में केवल एक महिला मैनेजर थी। गाँव स्तर की फ़ैक्टरियों में अनेक महिला मैनेजर थीं। जैसा पहले ही कहा गया है टाउनशिप उपनिदेशकों में केवल एक महिला थी। परंतु टाउनशिप में पार्टी कमेटी की एक भी महिला उपसचिव नहीं थी। टाउनशिप जन काँग्रेस में उपाध्यक्ष पद पर केवल एक महिला आसीन थी। इसके अतिरिक्त टाउनशिप पार्टी अनुशासन कमेटी में भी एक महिला उपनेता के पद पर कार्यरत थी।

टाउनशिप महिला फ़ेडेरेशन की नेता ली छिंग द्वारा अक्टूबर 1996 में दी गई जानकारी के अनुसार उस वर्ष 45 महिलाओं की छँटनी कर दी गई थी। उनमें से कुछ घर बैठकर नई नौकरी खोज कर रही थीं और उन्हें अपने काम का मूल वेतन मिलता था। सन् 1995 में 300 महिलाओं को नौकरी से हाथ घोना पड़ा था। उनमें से कुछ को ही नई नौकरी मिल सकी थी। महिला फ़ेडेरेशन ने पहल लेकर ता छिशान गाँव में नौकरी की व्यवस्था की। उनमें से केवल 10 को ही दुबारा नौकरी मिल सकी। महिला नेत्री के अनुसार पुनः नौकरी मिलने की दर काफ़ी कम थी।

जब 2000 के दशक में बाजारीकरण का तेज़ी से विस्तार हुआ तो महिलाओं की नौकरी की समस्या गंभीर हो गई। इस स्थिति के अनेक विवरण 2011 में प्रकाशित चीनी महिलाओं की स्थिति के तीसरे सर्वेक्षण की रिपोर्ट में दर्ज हैं। जेंडर के आधार पर नौकरी गँवानेवाली शहरी महिलाओं या काम की जगहों पर लिंग-भेद झेलनेवाली महिलाओं की संख्या नौकरी गँवानेवाले पुरुषों की तुलना में चार गुना अधिक थी।[29] इस काल में विभिन्न कार्यों में महिला कामगारों के प्रतिशत में गिरावट आई (देखें तालिका 8.1)। गाँव से पुरुषों के पलायन से महिला कामगारों की संख्या बढ़ी गई थी। एक अध्ययन के अनुसार ग्रामीण चीन में "पीछे छोड़ दी गई पत्नियों" (*लेफ़्ट बिहाइंड वाइव्स*) की संख्या 4.7 करोड़ थी। यह महिलाएँ आर्थिक कठिनाइयों के साथ-साथ भारी अवसाद (*डिप्रेशन*) और अनके बीमारियों का शिकार थीं।[30]

चीनी कम्युनिस्ट पार्टी के केंद्रीय नेतृत्व द्वारा महिला फ़ेडेरेशन को, पेइचिंग वर्ल्ड वूमेन काँग्रेस में च्यांग त्समिन द्वारा दिए गए भाषण को लोकप्रिय ढंग से प्रसारित करने और तीन राष्ट्रीय नीतियों पर ज़ोर देने को कहा गया : एक, परिवार नियोजन; दो, महिला-पुरुष समानता और तीन, आर्थिक विकास। महिला फ़ेडेरेशन की नेत्री के साथ बातचीत से यह

तालिका 8.1: स्थान और लिंग के आधार पर श्रमिकों की भागीदारी (%)

श्रेणी	*1982*	*1990*	*2000*	*2010*
कुल	78.7	78.8	76.9	64.2
पुरुष	86.45	84.6	83.0	51.26
महिला	70.56	72.6	70.6	48.73
शहरी	77.8	75.7	65.9	49.95
ग्रामीण	78.9	79.9	80.6	50.05

स्रोत : मारगेट माउरर फ़ैजिओ, जेम्स ह्यूज और तानतान चांग, "इकनॉमिक रिफ़ॉर्म्स ऐंड चेंजिंग पैटर्न्स आफ लेबर फ़ोर्स पार्टीसिपेशन इन अरबन एंड रूरल चाइना", *विलियम डेविडसन इंस्टीट्यूट वर्किंग पेपर*, नंबर 787 (अगस्त 2003: पृ. 34)। विश्व बैंक के आँकड़े उपलब्ध : http://data.worldbank.org/indicator/SL.TLF.CACT.ZS/countries (देखा 15 जून 2017)।

नोट : लिंग और भौगोलिक क्षेत्र के हिसाब से आबादी। उपलब्ध : http://www.ilo.org/ilostat/faces/home/statisticaldata/data_by_country/country-details/indicator-details?indicator (देखा 15 जून 2017)।

स्पष्ट था कि तत्कालीन आदेश में जेंडर समानता को प्राथमिकता नहीं दी गई थी। उन्होंने स्पष्ट कहा कि आर्थिक विकास सरकार की सर्वोच्च प्राथमिकता थी। वह इस बात से ख़ुश दिखीं। परंतु जब उनसे पूछा गया कि क्या सुधारों ने महिलाओं को भौतिक, राजनीतिक और सांस्कृतिक तौर पर अपनी आकांक्षाओं की पूर्ति में अधिक स्वतंत्रता या मुक्ति दिलाई है या क्या महिलाएँ आत्मनिर्भर हुई हैं? तो इसका कोई स्पष्ट उत्तर नहीं मिला।

समाजवादी बाज़ार अर्थव्यवस्था और तंग श्याओफिंग के सिद्धांत "चीनी विशेषताओं वाले समाजवाद का निर्माण" को अक्टूबर 1992 में स्वीकारने के बाद चीन में बाज़ारीकरण का विस्तार हुआ और उसकी जड़ें मज़बूत हुईं। इसका महिलाओं पर मिश्रित और कुछ सकारात्मक प्रभाव पड़ा। परंतु महिलाओं के अधिकारों को सुनिश्चित करने का प्रयास, पार्टी नेतृत्व में संचालित महिला फ़ेडेरेशन की राजनीतिक पहल तक सीमित रहा। अपने अधिकारों के पक्ष में महिलाओं को संगठित होने का राजनीतिक अधिकार नहीं था। जन संगठनों के सिद्धांत के तहत मज़दूरों, किसानों, महिलाओं और युवाओं के संगठन केवल पार्टी नेतृत्व में चलनेवाले संगठन थे। इस प्रकार, अर्थव्यवस्था में स्वंतत्र उद्यमों को प्रोन्नत करते हुए प्रोत्साहन और प्रतियोगिता के बीच बाज़ार की शक्तियों का उदय हुआ; परंतु राजनीतिक क्षेत्र में अभी भी स्वायत्त राजनीतिक संगठनों व आंदोलनों की अनुमति नहीं थी। पार्टी ने इसे चौतरफ़ा वृद्धि के लिए आवश्यक राजनीतिक स्थिरता की आवश्यकता बताया। इस समय भी महिलाओं में अपने अधिकारों और रोज़गार तथा राजनीतिक प्रतिनिधित्व के लिए विकसित हो रही चेतना के संकेत मिल रहे थे। सुधार की बातों में समाजवादी स्वतंत्रता के आयामों में समाजवादी नारीवाद नदारद था। समाजवादी बाज़ार अर्थव्यवस्था को विकसित कर आर्थिक वृद्धि प्राप्त करने का लक्ष्य, अर्थात कम्युनिस्ट पार्टी के नेतृत्व में बाज़ार आधरित अर्थव्यवस्था का लक्ष्य ही हावी रहा।

चीन में सामान्य मान्यता है कि आर्थिक विकास और उच्च जीवन स्तर प्राप्त कर लेने के बावजूद "वन लो एंड थ्री स्मॉल" की परिघटना बरक़रार है। "वन लो" का अर्थ महिलाओं की राजनीति में निम्नस्तरीय भागीदारी और "थ्री स्माल" का अर्थ उच्च स्तरीय निर्णयकारी संस्थाओं में महिलाओं की कम उपस्थिति, महत्त्वपूर्ण सेक्टरों और संस्थाओं में प्रमुख पदों पर उनकी कमी है।[31] सन् 2011 में नेशनल ब्यूरो ऑफ़ स्टैटिस्टिक्स और अखिल चीन महिला फ़ेडेरेशन द्वारा चीनी महिलाओं की स्थिति के बारे में संयुक्त रूप से संचालित तीसरे सर्वेक्षण में इसके कई कारण पाए गए। एक बिंदु यह भी था कि महिलाएँ कहती हैं कि उनमें राजनीतिक भूमिका निभाने का आत्मविश्वास नहीं है। आधी से ज़्यादा महिलाओं का मानना था कि पुरुषों को सार्वजनिक नौकरियाँ करनी चाहिए और महिलाओं को घरेलू कार्य करना चाहिए। उल्लेखनीय है कि वर्ष 2000 के बाद ऐसा सोचनेवाली महिलाओं की संख्या में वृद्धि हो गई। एक अध्ययन के अनुसार हनान प्रांत की शी प्रीफ़ेक्चर की एक टाउनशिप में 2006 में 87 प्रतिशत ग्रामीण और 54 प्रतिशत शहरी महिलाएँ किसी भी राजनीतिक गतिविधियों या नागारिक संगठनों या एसोसिएशनों में भाग नहीं लेती थीं। इसका मुख्य कारण था उन पर अत्यधिक घरेलू ज़िम्मेदारी। फिर भी 83.5 प्रतिशत से 88.6 प्रतिशत महिलाएँ यह मानती हैं कि महिलाओं में पुरुषों से कम क्षमता नहीं है।[32]

चीन के ग्रामीण इलाकों में "पीछे छोड़ दी गई" (*लेफ़्ट बिहाइंड*) महिलाओं के अतिरिक्त, उम्र और रोज़गार की दृष्टि से भी यह सामान्य परिघटना थी। विशेष रूप से शहरों में नए वातावरण में युवतियाँ उच्चशिक्षा और नौकरी की कोशिश करतीं और विवाह को स्थगित कर देतीं और जब वह विवाह करने की इच्छुक होतीं तो उनको उचित व्यक्ति नहीं मिलता। चीन का सांस्कृतिक परिवेश उनको ऐसी परिस्थिति में समस्या का समुचित समाधान देने में सहायक नहीं होता।[33]

क्या चीन में मौजूद स्त्री-पुरुष असमानता की चुनौती को हल करने में अखिल चीन महिला फ़ेडेरेशन ने मुख्य एजेंसी के रूप में समयोचित, क्षमतापूर्ण भूमिका निभाई है? दुर्भाग्यवश कहना पड़ता है कि 1995 में संपन्न हुई विश्व महिला काँग्रेस के बाद से इसकी बढ़ती गतिविधियों और स्वायत्त भूमिका के बावजूद इसकी क्षमता सीमित ही रही है। यह संगठन पार्टी नीतियों को लागू करने के लिए महिलाओं को तैयार करनेवाला पार्टी का जनसंगठन है, न कि महिला अधिकारों का मुख्य अभियान संचालक, हालाँकि धीरे-धीरे इसकी यही भूमिका घोषित की गई है। महिला फ़ेडेरेशन की अध्यक्ष पार्टी की केंद्रीय कमेटी की सदस्य होती है, पोलित ब्यूरो की नहीं। अक्टूबर 2013 में संपन्न अखिल चीन महिला फ़ेडेरेशन की 11वीं काँग्रेस में रिटायर होनेवाली अध्यक्ष एनपीसी की उपाध्यक्ष निर्वाचित हुई। महिला फ़ेडेरेशन की नेत्रियाँ शीर्षस्थ पार्टी नेतृत्व में कभी शामिल नहीं रहीं। पार्टी की प्रतिनिधि की हैसियत से महिला फ़ेडेरेशन की 11वीं काँग्रेस को संबोधित करते हुए वांग

छिशान ने महिलाओं को "चीनियों के सपने को चरितार्थ करने और मातृभूमि के विकास में योगदान करने" का आह्वान किया। अखिल चीन महिला फ़ेडेरेशन को पार्टी और महिलाओं के बीच एक मज़बूत कड़ी बताते हुए उन्होंने महिलाओं से "घर के भीतर गरमजोशी का परिवेश निर्मित करने" को कहा "जो संपूर्ण चीन की महिलाओं के बीच लोकप्रिय नारा है"। अखिल चीन महिला फ़ेडेरेशन की उपाध्यक्ष ने भी उसी धारा में काँग्रेस में रिपोर्ट प्रस्तुत करते हुए कहा कि "भावी पाँच वर्षों में महिलाओं को आर्थिक निर्माण के साधन और रोज़गार के अवसर उपलब्ध कराना चाहिए ताकि वे राष्ट्रीय सामाजिक मामलों को हल करने और सांस्कृतिक विकास में महत्त्वपूर्ण भूमिका निभा सकें।" उन्होंने वर्ष 2011–20 के नेशनल प्रोग्राम फ़ॉर वीमेन डेवलपमेंट को लागू करने के लिए अखिल चीन महिला फ़ेडेरेशन की ओर से पूर्ण निष्ठा व्यक्त की।[34] इस काँग्रेस और मार्च 2014 में संपन्न हुए एनपीसी के अधिवेशन के बीच सरकार ने महिलाओं को भूमि का अधिकार देने और यौन शोषण को समाप्त करने-जैसे मुद्दों पर कई महत्त्वपूर्ण क़दम उठाए।

तीन वर्षों में समकालीन चीन में स्त्री-पुरुष असमानता से संबंधित बढ़ती चिंता के कारण कई ठोस क़दम उठाए गए। सबसे पहले तो सरकारी और ग़ैर-सरकारी एजेंसियों द्वारा महिलाओं की स्थिति के बारे में शोधों, सर्वेक्षणों और दस्तावेज़ीकरण में तेज़ी आई है, हालाँकि आँकड़ों की अपर्याप्तता का सवाल बना हुआ था। अखिल चीन महिला फ़ेडेरेशन और राज्य सांख्यकी ब्यूरो द्वारा संयुक्त रूप से 1990, 2000, और 2011 में तीन सर्वेक्षणों के अतिरिक्त सीएएसएस के इंस्टीट्यूट आफ सोशियोलॉजी और पेइचिंग युनिवर्सिटी द्वारा भी कई व्यापक अध्ययन किए गए। चीन की सरकार द्वारा यूनीफ़ेम और यूएन वूमन को प्रस्तुत की गई रिपोर्ट इन्हीं सर्वेक्षणों पर आधारित थी। दी आल-चाइना यंग स्कालर्स जेंडर स्टडी फ़ोरम और चाइनीज़ विमेन स्टडीज़ सोसाइटी, अध्ययन व रिर्पोर्ट पेश करने और महिला अधिकारों के लिए अभियान संचालित करने में काफ़ी सक्रिय रही।[35] दूसरे, 2010 में महिलाओं के विकास के लिए राष्ट्रीय नीति की घोषणा की गई[36] और इसके बाद अनेक नई पहलक़दमियाँ की गईं। चीनी महिला उद्यमियों का संगठन दी चाइना एसोसिएशन ऑफ़ विमेन आंत्रेप्रेन्योर्स अधिक सक्रिय हो गया और समय-समय पर उसने विशेष प्रस्ताव दिए। इसी प्रकार एसोसिएशन आफ चाइनीज़ साइंटिफ़िक एंड टेक्नोलॉजिकल वर्कर्स ने भी अनेक पहलकदमियाँ लीं। अखिल चीन महिला फ़ेडेरेशन ने टास्क फोर्स गठित की और सरकार को अनेक प्रस्ताव भेजे। महिला फ़ेडेरेशन के नेतृत्व में महिला के भूमि अधिकारों के लिए कानूनी प्रवधान करने की मुहिम संचालित हुई। पारिवारिक ज़िम्मेदारी व्यवस्था ने परिवार के पुरुष सदस्य को भूमि का अनुबंध दिया था। अतः जब लड़कियाँ शादी के बाद अपने पति के घर चली जातीं, तो पिता के परिवार की भूमि में उनका हिस्सा नहीं रहता था। इस क़ानून में बदलाव आया और अब बेटियों के भूमि अधिकार को विवाह के बाद भी बहाल रखा गया। जब कभी तलाक़ की स्थिति आती तो महिलाओं को भूमि पर अधिकार न होने

से बहुत परेशनी उठानी पड़ती। दूसरा विषय निरंतर बढ़ रहे यौन शोषण के ख़िलाफ़ कठोर दंड का प्रावधान करने की माँग उठाई। सन् 2019 में एनपीसी ने इस बारे में एक शक्तिशाली क़ानून बनाया। महिलाओं पर कार्य स्थल और घरेलू काम, दोनों का बोझ महिला फ़ेडेरेशन का पहले से ही मुद्दा रहा है। इसे भी फ़ेडेरेशन निरंतर उठाता रहा है। तीसरा विषय जिसमें नए स्तर की चेतना प्रदर्शित होती है, वह मीडिया में महिला मुद्दों की छवि पेश करने के तरीके से संबंधित है। महिला अधिकारों के उल्लंघन के मामलों पर शीघ्र रिपोर्ट होती और सावधानीपूर्वक सरकार द्वारा की गई कार्रवाई की निगरानी की जाती। मीडिया के क्षेत्र में महिलाओं की भागीदारी में उल्लेखनीय विकास हुआ, परंतु महिलाओं की सांस्कृतिक छवि पहले की तुलना में काफ़ी जटिल हो गई थी।

परंतु चीनी समाज में उठी बाजारीकरण की लहर में महिला-पुरुष संबंधों को हल करने में उक्त तीनों सकारात्मक प्रक्रियाओं का सम्मिलित प्रभाव बहुत कारगर नज़र नहीं आता। महिला-पुरुष असमानता बढ़ रही है और महिलाओं के ख़िलाफ़ हिंसा और उनके प्रति भेदभाव जारी है। एक निरंकुश शासन व्यवस्था बाज़ार आधारित आर्थिक वृद्धि की व्यापक नीतियों को चालू रखती है और इसलिए महिलाएँ कामयाबी के उस फंदे में फँसी हैं।

सन् 1995 में संपन्न हुई विश्व महिला काँग्रेस में विश्व स्तर पर महिला अधिकारों के लिए हो रही बहस का जो उच्च स्तर दिखा, वह चीन में और विश्व स्तर पर निरंतर जारी है। इन विषयों पर तीखी बहस अनिवार्य है। परंतु आधे आकाश में बादलों की धुंध न सिर्फ भारत और चीन में बल्कि संपूर्ण विश्व में छाई है, हालाँकि इस धुंध को साफ करने के लिए स्त्री-पुरुष समानता की चेतना विश्व स्तर पर बढ़ रही है।

टिप्पणियाँ

1. इसाबेल हिल्टन, "चाइना में ग्रो ओल्ड बिफोर इट ग्रोज़ रिच", *दि गार्डियन* (लंदन) 28 अप्रैल 2011; उपलब्ध : https://www.theguardian.com (देखा 28 जुलाई 2017)।
2. सीपीसी पार्टी स्कूल के एक वरिष्ठ बौद्धिक ने चीन में परिवार नियोजन नीति को समाप्त करने की वकालत की थी। ल्यू लीली, "चाइनाज़ टू चाइल्ड पॉलिसी : वन ईयर ऑन"; *एशिया टाइम्स*, 19 अप्रैल 2017; उपलब्ध : http://www.atimes.com/writer/liu-lili (देखा 23 अप्रैल 2017)।
3. सुंग श्युआन का कहना था कि "चीन में आज भी महिलाएँ आर्थिक स्रोतों के बँटवारे और आर्थिक आमदनी के बँटवारे में चुनौतियाँ और समस्याएँ झेल रही हैं। उदाहरणस्वरूप, महिलाओं को श्रम बाजार में निम्न श्रेणी का काम मिलता है और आज भी औरत-मर्द विभेद और मज़दूरी का भेद जारी है"। ट्रेसी चु, "चाइना लोन्स यूएस डॉलर 28.9 बिलियन टु फ़ीमेल आंत्रेप्रेन्योर्स", 23 मई 2014; उपलब्ध : www.womenofchina.cn/html/womenofchina/report/173126-1.htm (देखा 28 मई 2014)।
4. फान वनचुन, "फ़ीमेल डिप्यूटीज एंसर क्वेश्चन ऑन वीमेंस डेवलपमेंट, राइट प्रोटेक्शन"; 12 मार्च 2014 को एनपीसी के समय अनुपूरक प्रेस वार्ता। उपलब्ध : www.womenofchina.cn/html/womenofchina/report/171211-1.htm (देखा 28 मई 2014)।
5. जेंडर स्टडीज़, तालियन युनिवर्सिटी की निदेशक ली श्याओच्यांग ने 2005 में भारतीय नारीवादी विद्धानों के एक समूह से कहा कि माओ के युग में "महिलाओं ने पुरुष मानकों से गढ़े गए समाज में प्रवेश किया"। मेरी ई. जॉन,

"वीमेन एंड फ़ेमनिज़्म इन चाइना एंड इंडिया : ए कंवर्सेशन विद ली श्याओच्यांग", *इकनॉमिक एंड पॉलिटिकल वीक्ली* 40, नं. 16 (16 अप्रैल 2005, पृ. 1596)।

6. व्यापक विश्वास यह है कि 1949 के ठीक बाद चीन में महिला मुक्ति की दिशा में भारी प्रगति हुई। रवनाई ठाकुर का कहना है कि "कम्युनिस्ट पार्टी के इतिहास में यह पहला दशक था, जब एक नया इतिहास गढ़ने की कोशिश की गई और एक हद तक सदियों पुरानी जेंडर अधीनता को समाप्त करने में सफलता हासिल हुई"। रवनाई ठाकुर, "विमेन स्टडीज़ इन चाइना टुडे", *इकनॉमिक एंड पॉलिटिकल वीक्ली* 41, नं. 42 (21 अक्टूबर 2006, पृ. 4457)। फिर भी 1980 के दशक में कुछ विद्वान नारी मुक्ति के बारे में चीनी कम्युनिस्ट पार्टी के नज़रिए को कुछ-कुछ संकीर्ण मानते थे। वे समझते थे कि यह नज़रिया "महिलाओं को अदृश्य श्रेणी के रूप में देखता था जिनके व्यक्तिगत प्रयासों और सुस्पष्ट, जटिल आत्मचेतनाओं को पितृसत्तात्मक राज्य की प्राथमिकताओं और समाजवादी विचारधारा के आगे कुर्बान कर देता था"। तुंग लिमिन, "हिस्टोरीसाइज़िंग जेंडर : ए स्टडी ऑफ़ चाइनीज़ विमंस लिबरेशन फ्रॉम 1949–1966", *डिफ़रेंसेज़ : ए जरनल ऑफ़ फ़ेमिनिस्ट कल्चरल स्टडीज़* 24, नं. 2 (ग्रीष्म 2013, पृ. 93–108)।
7. तिंग लिंग, *कलेक्टेड वर्क्स ऑफ़ तिंग लिंग* (पीपुल्स पब्लिशिंग हाउस, पेइचिंग, 1982)।
8. ली श्याओच्यांग इसे इस तरह से व्यक्त करती हैं : "संभव है कि समाज के लिए कुछ सृजन करते वक़्त वह अपने वजूद को भी हासिल कर लें — हमारी माँ शायद इसे नहीं समझती थी।" मेरी जॉन, "विमेन एड फ़ेमिनिज़्म इन चाइना एंड इंडिया" (पृ. 1596)। ली इस दृष्टिकोण की आगे और व्याख्या करती हैं। ली श्याओच्यांग, "दि प्राग्रेस ऑफ़ ह्यूमैनिटी एंड वीमंस लिबरेशन", *डिफ़रेंसेज़ : ए जरनल ऑफ़ फ़ेमिनिस्ट कल्चरल स्टडीज़* 24, नं. 2 (ग्रीष्म 2013, पृ. 22–50)।
9. यह जानना दिलचस्प है कि तत्कालीन चीनी कम्युनिस्ट पार्टी की पोलितब्यूरो स्टैंडिंग कमेटी के सदस्य हु चिनथाओ विश्व महिला काँग्रेस की तैयारी का मूल्यांकन कर रहे थे। उनका कहना था कि चीन द्वारा इस काँग्रेस को आयोजित करना दर्शाता है कि "सुधारों और खुला द्वार नीति के तहत चीन की वैश्विक हैसियत बढ़ रही है"। विदेश मंत्री छ्यान छिछन के अनुसार, यह विश्व को बताएगा कि "सुधारोंवाला खुला चीन अब सामाजिक समृद्धि के मज़े ले रहा है"। "चाइना प्रिपेयर्स फ़ॉर वर्ल्ड वीमेंस काँग्रेस", *न्यूज़ फ्रॉम चाइना* 7, नं. 15 (13 अप्रैल 1994)। साथ ही देखें "चाइना एक्टिवली प्रिपेयर्स फ़ॉर वर्ल्ड वीमेंस कांफ्रेंस", *पेइचिंग रिव्यू* (28 फ़रवरी-6 मार्च 1994)। 4 सितंबर 1995 को उद्घाटन सत्र में छन मुहुआ ने कहा "महिलाओं का स्तर उन्नत करना समय की माँग थी", छन मुहुआ, *पेइचिंग रिव्यू* 38, नं. 38 (18–24 सितंबर 1995, पृ. 10)।
10. वांग हुईरूंग, "क्लाउड्स ओवर हॉफ़ दी स्काई", *पेइचिंग रिव्यू* 50, नं. 52 (27 दिसंबर 2007, पृ. 24–25)।
11. एलिजाबेथ क्रॉल की पुस्तक, *चाइनीज़ विमेन सिंस माओ* (जेड प्रेस, लंदन, 1985); गोविंद केलकर के आलेख, "पीआरसी एट फ़ोर्टी : विमेन एंड दी लैंड क्वेश्चन इन चाइना", *चाइना रिपोर्ट,* 26, नं. 2 (1990, पृ. 113–31); शिरीन एम. राय के आलेख, "'जेंडर' एजुकेशन एंड इंप्लायमेंट इन पोस्ट-माओ चाइना : इश्यूज़ इन माडर्नाइजेशन", *चाइना रिपोर्ट*, 29, नं. 1 (1993, पृ. 10–14) में कुछ नकारात्मक परिणामों को चिह्नित किया गया है।
12. *चाइनीज़ विमेन सिंस माओ* नामक पुस्तक में क्रॉली द्वारा कुछ नकारात्मक परिणामों की चर्चा की गई है; केलकर के आलेख "पीआरसी एट फ़ोर्टी" और राय के आलेख "'जेंडर' एजुकेशन एंड इंप्लायमेंट इन पोस्ट-माओ चाइना" में भी कुछ संकेत किए गए हैं।
13. हुईफांग वू और चिंगचुंग यि, "हॉलो लाइव्स : वीमेन लेफ़्ट बिहाइंड इन रूरल चाइना", *जरनल आफ ऐग्रेरियन चेंज* (15 सितंबर 2014), उपलब्ध : http://onlinelibrary.wiley.com/doi/10.1111/joac.12089/ (देखा 23 अप्रैल 2017)।
14. सारा कुक और श्याओ-युआन तुंग, "हार्श च्वायसेज : चाइनीज वीमेन्स पेड वर्क एंड अनपेड केयर रिसपांसिबिल्टीज़ अंडर इकोनॉमिक रिफ़ॉर्म", *डेवलपमेंट एंड चेंज* (जुलाई 2011), उपलब्ध : http://onlinelibrary.wiley.com/doi/10.1111/j.1467-7660.2011.01721.x/full (देखा 23 अप्रैल 2017)।

15. वेई लू, "लेफ्ट बिहाइंड चिल्ड्रेन इन रूरल चाइना : रिसर्च बेस्ड ऑन दी यूज़ ऑफ़ क्वैलिटेटिव मेथड्स इन इनर मंगोलिया" (पीएचडी थिसिस, डिपार्टमेंट ऑफ़ सोशल पॉलिसी एंड सोशल वर्क, यूनिवर्सिटी ऑफ़ यॉर्क, जून 2011)। उपलब्ध : http://etheses.whiterose.ac.uk/1546/1/Wei%27s_thesis.pdf (देखा 23 अप्रैल 2017)। इसे भी देखें, मेलिशा हेलमैन, "कार्नर आफ चाइनाज़ राइज़ : ए सर्ज इन ट्रैफिकिंग ऑफ़ चिल्ड्रेन", *दी क्रिशचन साइंस मॉनीटर,* 27 जुलाई 2015; "चाइना टु प्रोटेक्ट माइग्रेंट वर्कर्स 'लेफ़्ट बिहाइंड' चिल्ड्रेन", बीबीसी, 15 फरवरी 2016. उपलब्ध : http://www.bbc.com/news/world-asia-35581716 (देखा 23 अप्रैल 2017)। साथ ही देखें अप्रैल मा की सीएनएन द्वारा प्रकाशित पीछे छोड़ दिए गए बच्चों के यौन शोषण की दास्तान। अप्रैल मा, "चाइना रेज़ेज ए जेनेरेशन ऑफ़ 'लेफ़्ट बिहाइंड' चिल्ड्रेन" (5 फ़रवरी 2014)। उपलब्ध : http://edition.cnn.com/2014/02/04/world/asia/china-children-left-behind/index.html (देखा 15 जून 2017)।
16. तमारा जैका, "एप्रोचेज़ टु वीमेन एंड डेवलपमेंट इन रूरल चाइना", *जरनल आफ कंटेंपररी चाइना* 15, नं. 49 (नवंबर 2006, पृ. 585–602)।
17. मेरे साक्षात्कार के इस डाटा को सरकारी रिर्पोटों और बौद्धिक अध्ययनों के साथ बार-बार मिलान करके प्रस्तुत किया गया है।
18. देखें विलियम लवली, श्याओ चनई, ली पोह्वा और रोनाल्ड फ्रीडमैन, "राइज़ इन फ़ीमेल एजूकेशन इन चाइना : नेशनल एंड रीजनल पैटर्न्स", *चाइना क्वाटरली*, नं. 121 (1990)।
19. पश्चिम और चीन में महिलाओं की प्रत्यक्ष स्थिति की जानकारी के लिए पढ़ें, पेट्रीशिया ओबरॉय, "दी चाइनीज़ वूमन इन दी कंस्ट्रक्शन ऑफ़ वेस्टर्न फेमिनिज़्म", *चाइना रिपोर्ट* 26, नं. 1 (1990: पृ. 71–88)।
20. देखें जे.सी. रॉबिनसन, "ऑफ़ वीमेन एंड वाशिंग मशीन्स : इम्प्लायमेंट, हाउसवर्क एंड रिप्रोडक्शन आफ मदरहुड इन सोशलिस्ट चाइना", *चाइना क्वाटरली*, नं. 101 (1985: पृ. 32–55)।
21. बेनश्यांग चंग, "वीमेन्स पॉलिटिकल पार्टीसिपेशन इन चाइना : इम्प्रूव्ड ऑर नॉट?" *जरनल आफ इंटरनेशनल वीमेन स्टडीज* 15, न. 1 (जनवरी 2014, पृ. 136–50)।
22. मार्च 2013 में एनपीसी की स्टैंडिंग कमेटी में 24 महिला सदस्य और दो उपाध्यक्ष निर्वाचित हुई।
23. बेनश्यांग चंग, "वीमेन्स पॉलिटिकल पार्टीसिपेशन इन चाइना"।
24. काँग्रेस, भाजपा और वामपंथी सभी प्रमुख राजनीतिक पार्टियों ने प्रस्ताव को स्वीकार कर लिया था, परंतु उत्तर भारत की दो राजनीतिक पार्टियों, उत्तर प्रदेश से समाजवादी पार्टी और बिहार से राष्ट्रीय जनता दल, जो पिछड़ी जातियों या मध्य जातियों का प्रतिनिधि हैं, उन्होंने यह कहते हुए कि महिलाओं की सुरक्षित सीटों पर सर्वाधिक शिक्षित और सचेत सवर्णों का क़ब्ज़ा हो जाएगा, उसका कड़ा विरोध किया। हालाँकि यह आरोप अतिशयोक्तिपूर्ण है क्योंकि राजनीतिक प्रक्रिया ख़ुद ही इसका हल निकाल लेगी।
25. पीस रेट व्यवस्था का मतलब है कि आपको उत्पादित पीस के आधार पर भुगतान मिलेगा, न कि काम के घंटों के अनुसार या काम के दिन के अनुसार।
26. पेइचिंग यूनिवर्सिटी के एक प्रोफ़ेसर ने एक बार निःसंकोच कहा कि लड़कियों को विज्ञान और प्रौद्योगिकी के विषयों का नहीं, केवल कला के विषयों का ही अध्ययन करना चाहिए। परंतु बदलती परिस्थति का प्रभाव था कि उनकी लड़की ने स्वयं बायो-केमेस्ट्री पढ़ने का फ़ैसला किया और इसी विषय में अपना कैरियर बनाया। यह परिवर्तन का ही संकेत है।
27. भारत में परिवार के लिए खाद्यान्न सुरक्षा की दिशा में महिला की भूमिका पर ज़ोर देते हुए खाद्य सुरक्षा अधिनियम 2013 के तहत परिवार की सबसे उम्रदराज़ महिला के नाम राशन कार्ड रजिस्टर करना भी महिलाओं की भूमिका बढ़ाने में एक छोटा-सा क़दम था।
28. टाउनशिप निदेशक के साथ साक्षात्कार। 11 अक्टूबर 1996 को हला महिला फ़ेडेरेशन की अध्यक्ष ली छिंग के साथ साक्षात्कार। उन्होंने कहा कि "महिला-पुरुष समानता, हमारी राष्ट्रीय नीति है" (*नान नु फिंगतंगशीक्वोची*)।

29. फान वनचुन, "एनपीसी की डिप्युटी पुसेज़ फ़ॉर जेंडर इक्वैलिटी, ट्रेनिंग फ़ॉर रूरल विमेन", 10 मार्च 2014 उपलब्ध : www.womenofchina.cn/html/womenofchina/report/171093-1htm (देखा 28 मई 2014)।
30. चिनयाओ वाई, पिन चुंग और शुछ्याओ याओ, "हेल्थ रिलेटेड क्वॉलिटी ऑफ़ लाइफ़ एंड इनफ़्लुएंसिंग फ़ैक्टर एमंग रूरल लेफ़्ट बिहांइड वाइव्स इन ल्युयांग, चाइना", *बीएमसी विमेन्स हेल्थ*, नं. 14 (2014)। उपलब्ध : https://bmcwomenshealth.biomedcentral.com/articles/10.1186/1472-6874-14-67 (देखा 31 जुलाई 2017)।
31. बेनश्यांग चंग, "वीमेन्स पॉलिटिकल पार्टीसिपेशन इन चाइना"।
32. उपरोक्त।
33. एडम टेलर, "चाइनाज़ 'ए-क्वॉलिटी वीमेन' आर गेटिंग लेफ़्ट बिहाइंड", *बिजनेस इनसाइडर* (30 जनवरी 2013)। उपलब्ध : http://www.businessinsider.in/Chinas-A-Quality-Women-Are-Getting-Left-Behind/articleshow/21409046.cms (देखा 23 अप्रैल 2017)।
34. देखें www.womenofchina.cn/html/womenofchina/report/168638-1.htm (देखा 7 जून 2014)।
35. बेजिंग में संपन्न 23–24 मई 2014 को अपनी वार्षिक मीटिंग में फ़ोरम और सोसाइटी, दोनों ने चीनी महिलाओं की समस्याओं को सामने रखा और अनेक सुझाव भी दिए। देखें www.womenofchina.cn/html/womenofchina/report/171093-1.htm (देखा 28 मई 2014)।

महिलाएँ और चीनी कम्युनिस्ट पार्टी की काँग्रेस

	(1997) 15वीं		*(2002) 16वीं*		*(2007) 17वीं*		*(2012) 18वीं*		*(2017) 19वीं*	
पार्टी संगठन	*कुल*	*%*	*कुल*	*%*	*कुल*	*%*	*कुल*	*%*	*कुल*	*%*
पार्टी काँग्रेस में महिलाएँ	344	16.8	382	18.1	445	20.1	521	23.0	550	24
पोलित ब्यूरो	0	0.0	1	4.2	1	4.0	2	8.0	0	4
केंद्रीय कमेटी	8	4.1	5	2.5	13	6.4	10	4.9	10	4.9
वैकल्पिक सदस्य	17	11.2	22	13.9	24	14.4	22	12.9	21	12.2
केंद्रीय अनुशासन निरीक्षण आयोग (सीसीडीआई)	14	12.1	14	11.6	17	13.4	13	10.0	9	6.7

स्रोत : विभिन्न काँग्रेसों के उपलब्ध आँकड़े; *पीपुल्स डेली ऑनलाइन*; http//news.xinhuanet.com/newscentre/2007-10/22/content (देखा 31 जुलाई 2017)।
http://www.ccdi.gov.cn/xxgk/ldjg/ (देखा 21 जनवरी 2020)

काँग्रेस	*कुल प्रतिनिधि*	*महिला प्रतिनिधि*	*%*	*एनपीसी की स्थाई कमेटी में महिलाएँ*	*%*
1954	1,079	147	12.0	4	5.0
1959	1,076	150	12.2	5	6.3
1964	2,492	542	17.9	20	17.4
1975	2,232	653	22.6	42	25.1

काँग्रेस	*कुल प्रतिनिधि*	*महिला प्रतिनिधि*	*%*	*एनपीसी की स्थाई कमेटी में महिलाएँ*	*%*
1978	2,755	742	21.2	33	21.0
1983	2,346	632	21.2	14	9.0
1988	2,344	634	21.3	16	11.6
1993	2,352	626	21.0	19	12.6
1998	2,329	650	21.8	19	12.7
2003	2,381	604	20.2	21	13.2
2008	2,987	634	21.2	29	16.6
2013	2,987	635	21.3	26	15.29
2018	2,975	742	24.9	19	11.04

स्रोत : विमेन इन नेशनल पार्लियामेंट्स, "वर्ल्ड क्लासीफिकेशन", 1 मार्च 2013 की स्थिति। उपलब्ध : http://www.ipu.org/wmn-e/arc/classif010313.htm (देखा 2 जून 2014); "ट्वेल्थ एनपीसी स्टैंडिग कमेटी", उपलब्ध : http://www.npc. gov.cn/npc/cwhhy/12jcwh/node_24674.htm (29 मई 2014); न्यू त्येन श्यू, *दी स्टडी ऑफ़ विमन्स पॉलिटिकल पार्टिसिपेशन इन कंटेंपररी चाइना : ए जेंडर जस्टिस पर्सपेक्टिव* (अप्रकाशित थिसिस, नानचिंग नॉर्मल युनिवर्सिटी, 2013)।

https://news.cgtn.com/news/3d3d674d78456a4d33457a6333566d54/index.html http://www.npc.gov.cn/npc/d13j15c/13j15c.shtml (देखा 21 जनवरी 2020)

36. स्टेट काउंसिल द्वारा 2005 में "जेंडर इक्विलिटी एंड वीमेन्स डेवलपमेंट इन चाइना" शीर्षक से जारी श्वेत पत्र, उपलब्ध : http://www.china.org.cn/english/features/cw/140980.htm (देखा 15 जून 2017)।

9 सामाजिक क्षेत्र की उपलब्धियाँ और संकट : स्वास्थ्य, परिवार नियोजन और शिक्षा

सामाजिक विकास को नज़रअंदाज़ करते हुए आर्थिक वृद्धि

सन् 1949 में चीनी जनगणराज्य (पीआरसी) की स्थापना के बाद से चीन की सबसे महत्त्वपूर्ण उपलब्धि मानव विकास के क्षेत्र में रही है। सत्तर वर्षों में संभावित उम्रसीमा दोगुनी हुई है, और शिशु मृत्यु दर, जो कि 1950 में हज़ार शिशुओं के जन्म पर 300 थी, वह 1999 में घटकर 31 पर आ गई।[1] यहाँ तक कि सुधार के दौर में सेहत की स्थिति में महत्त्वपूर्ण सुधार आया। सन् 1970–75 की समयावधि में संभावित उम्रसीमा 63.2 वर्ष से बढ़कर 2000–05 के दौरान 72 वर्ष हो गई और शिशु मृत्यु दर, जो 1970 में प्रति हज़ार पर 85 थी, वह भी 2005 में घटकर 23 पर आ गई।[2] वर्ष 2015 के अंत में, जन्म के समय संभावित उम्रसीमा 76 वर्ष थी, शिशु मृत्यु दर जन्म के समय हज़ार शिशुओं पर 9.2 थी।[3] शिक्षा के साथ भी इसी तरह की बात थी। सन् 1985–94 में 15 वर्ष और उसके अधिक के उम्र समूह में प्रौढ़ साक्षरता दर 77.8 प्रतिशत थी, जो 1995–2005 के दौरान बढ़कर 90.9 प्रतिशत हो गई और 2005–15 की समयावधि में 96.4 प्रतिशत पर पहुँच गई।[4] युवा साक्षरता के मामले में यह अभी भी उधिक थी— क्रमशः 94.3 प्रतिशत और 98.9 प्रतिशत[5] और 2005–15 की समयावधि में पुरुषों और महिलाओं, दोनों के लिए 99.7 प्रतिशत थी।[6] कोई यह रेखांकित कर सकता है कि बहुत से अन्य संकेतक स्वास्थ्य, शिक्षा और समाज कल्याण के क्षेत्र में चीन की उपलब्धियों को दर्शाते हैं। अगर भारत और अन्य विकासशील देशों से तुलना की जाए तो ये रिकॉर्ड उल्लेखनीय हैं। लेकिन सुधारों के दौर में हमने देखा कि इन क्षेत्रों की अपेक्षाकृत उपेक्षा की गई। ग्रामीण तथा शहरी क्षेत्रों और विभिन्न सामाजिक तथा क्षेत्रीय समूहों के बीच स्वास्थ्य संकट के नए स्रोत उभरे और पहुँच और गुणवत्ता में काफ़ी असमानताएँ देखी गईं।

हम यह रेखांकित करना चाहते हैं कि चीन में आर्थिक वृद्धि-केंद्रित नीतियों का सामाजिक क्षेत्र में बहुत गंभीर प्रभाव पड़ा। एक देश, जो ज़मीनी स्तर तक अपनी पूरी आबादी को स्वास्थ्य सेवा उपलब्ध कराने में गर्व महसूस करता था, वह 1990 के दशक और उसके बाद अपने को विचित्र स्थिति में पाता है। देश के ग्रामीण इलाक़ों में सार्वजनिक स्वास्थ्य व्यवस्था ध्वस्त हो चुकी है, निजी क्लीनिक उग आए थे। टाउनशिप और काउंटियों में सार्वजनिक

अस्पतालों में कर्मचारियों और बिस्तरों की कमी थी और सेवाओं के लिए शुल्क लिया जाता था। जो किसान भुगतान करने में सक्षम नहीं थे, उन्होंने स्वयं को संकट की स्थिति में पाया और बहुतों के लिए नई स्वास्थ्य स्थिति उनकी ग़रीबी के कारण में बदल गई थी। ग्रामीण क्षेत्रों में सार्वजनिक निवेश में कमी के चलते गाँवों और छोटे कस्बों में साफ़-सफ़ाई की आम व्यवस्था और स्वास्थ्य सेवा की स्थिति काफ़ी बिगड़ गई थी। जब 2003 में साँस की गंभीर बीमारी (सिवियर एक्यूट रेस्पिरेटरी सिंड्रोम) फैली, तो ग्रामीण क्षेत्रों में सार्वजनिक स्वास्थ्य और साफ़-सफ़ाई की व्यवस्था पहले से ही बहुत ख़राब हालत में पहुँच चुकी थी। यहाँ तक कि शहरों में भी, जो ग़रीब और बेरोज़गार थे, उन्हें इसी तरह की स्थिति का सामना करना पड़ा, हालाँकि शहरी स्वास्थ्य की दशा ग्रामीण क्षेत्रों के मुकाबले कहीं बेहतर थी। प्रवासी मज़दूर, जो काम की तलाश में गाँवों में अपना घर-बार छोड़कर शहरों में आ गए थे, उनकी पहुँच शहर के अस्पतालों में आसान नहीं थी, क्योंकि उनके पास *हुखऊ* या शहर में निवास पंजीकरण नहीं था।

शिक्षा में भी इसी तरह का रुझान दिखता था। ग्रामीण प्राथमिक और माध्यमिक स्कूलों में निवेश में गिरावट आई थी या फिर वह स्थिर था। प्राथमिक स्कूलों की संख्या में ज़बरदस्त कमी आई थी। इनकी संख्या 1980 में 917,316 से घटकर 1995 में 668,685 रह गई थी। प्राथमिक शिक्षा में बच्चों का नामांकन 1980 में 14,60,00,000 से कम होकर 1995 में 12,24,00,000 पर आ गया, लेकिन शिक्षकों की संख्या में मामूली बढ़ोतरी हुई, जो क्रमशः 54,99,000 से बढ़कर 55,82,000 हो गई।[7] यहाँ तक कि किंडरगार्टन, जो चीन के भीतरी इलाक़ों में आनेवाले सभी आंगतुकों के लिए प्रदर्शन की वस्तु थे, अब उनमें वो रंगत नहीं बची थी। सन् 1980 के दशक के मध्य से चीन की आर्थिक वृद्धि और अंतरराष्ट्रीय व्यापार की बढ़ती माँग को पूरा करने के लिए चीन की नई शिक्षा नीति ने पेशेवर गुणवत्ता और मानकीकरण पर ध्यान केंद्रित किया। प्रत्येक ज़िले में विशेष सुविधाओं से लैस स्कूल और चयनित विद्यार्थी सामने आए। निजी समूहों को प्राइवेट स्कूल खोलने की इजाज़त दी गई, जो नव धनाढ्य परिवारों की ज़रूरतों का ध्यान रखते थे। इस तरह, निजी स्कूलों की भरमार हो गई, जो सरकार द्वारा विभिन्न स्तरों पर उपलब्ध कोष पर निर्भर थे और वहीं दूसरी ओर जिन स्कूलों में बड़ी संख्या में ग्रामीण बच्चे पढ़ते थे, उन्हें अब साधनहीन बना दिया गया था।

सामाजिक क्षेत्र में इस संकट का मुख्य कारण एकीकृत ग्रामीण राजनीतिक अर्थव्यवस्था का ध्वस्त होना था। कम्यून के दौर में और साथ-ही-साथ ग्रामीण सुधारों के पहले दशक के दरम्यान, गाँव, टाउनशिप और काउंटी के स्तर पर त्रि-स्तरीय ग्रामीण अर्थव्यवस्था थी, जो नियमित अतिरिक्त पैदा करती थी और इसका एक अहम हिस्सा स्वास्थ्य, शिक्षा और समाज कल्याण के लिए ख़र्च किया जाता था। वर्ष 1978 तक कम्यून कल्याण कोष मुख्य स्रोत होता था। सन् 1980 के दशक की शुरुआत से यह टाउनशिप और ग्राम उद्यमों से

हासिल लाभ था, जिसका इस्तेमाल ग्रामीण सरकार द्वारा प्रत्येक स्तर पर शिक्षा, स्वास्थ्य, वृद्धा आश्रमों के साथ-साथ काफ़ी हद तक कृषि के बुनियादी ढाँचे में सुधार के लिए किया जाता था। निःसंदेह, ग्रामीण उद्यमों के लाभ का एक प्रमुख हिस्सा बढ़ी मज़दूरी के रूप में मजदूरों को दे दिया जाता था। ग्रामीण वित्तपोषण "स्व-वित्तपोषण और स्व-प्रबंधन विकास" के ढाँचे में काम करता था। जैसा कि हम बाद में देखेंगे, ग्रामीण क्लीनिक, टाउनशिप स्वास्थ्य केंद्र और काउंटी के अस्पताल अपनी सुविधाओं, विशेषताओं और बेहतर स्वास्थ्य सेवा को दर्शाने के लिए एक-दूसरे से प्रतिस्पर्धा करते थे। स्कूल के प्रदर्शन का भी "उत्पादन जवाबदेही व्यवस्था" के तहत समय-समय आकलन किया जाता था, परीक्षाओं में विद्यार्थियों के अच्छे नतीजों के अनुरूप शिक्षकों को अधिक बोनस दिया जाता था। स्थानीय सरकारें अपने ख़ुद के कोष से बनाए गए स्थानीय वृद्धावस्था आश्रमों, विकलांग लोगों के लिए अनुकूल सुविधाएँ, सांस्कृतिक केंद्र और बुनियादी ढाँचों को आगंतुकों को दिखाने में गर्व महसूस करती थीं।

हाल के वर्षों में सार्वजनिक स्वास्थ्य पर ख़र्च का काफ़ी हद तक विविधीकरण हुआ है। स्वास्थ्य पर वैयक्तिक ख़र्च 2001 में 60 प्रतिशत पहुँच गया और फिर हु-वन के शासन के दौरान यह थोड़ी गिरावट के साथ 52.2 प्रतिशत पर आ गया। सन् 1999–2005 के दौरान सरकारी ख़र्च अनुमानतः 15 से 17 प्रतिशत था।[8] तालिका 9.1 और 9.2 और चित्र 9.1

तालिका 9.1: सन् 1980–2015 के बीच स्वास्थ्य पर सार्वजनिक ख़र्च (लाख युआन)

मद	*1980*	*1985*	*1990*	*1995*	*2001*	*2005*	*2010*	*2015*
कुल व्यय	**1,432.3**	**2,790**	**7,473.9**	**21,551.3**	**50,259**	**86,599**	**1,99,803.9**	**4,09,746.4**
सरकारी बजट व्यय	519.1	1,076.5	1,872.8	3,873.4	8,006	15,525	57,324.9	1,24,752.8
सामाजिक स्वास्थ्य व्यय	609.7	919.6	2,931	7,678.1	12,114	25,864	71,966.1	1,65,067.1
आवासी वैयक्तिक व्यय	303.5	793.9	2,670.1	9,999.8	30,130	45,210	70,512.9	1,19,926.5

स्रोत : नेशनल ब्यूरो ऑफ़ स्टैटिस्टिक्स ऑफ़ चाइना, *चाइना स्टैटिस्टिकल ईयरबुक*, 2007, पृ. 87; 2016 (तालिका 22–19)।

तालिका 9.2: ग्रामीण और शहर में प्रति व्यक्ति स्वास्थ्य व्यय (1990–2014; युआन)

मद	*1990*	*1995*	*2000*	*2005*	*2010*	*2014*
कुल	**65.36**	**177.93**	**361.88**	**662.30**	**1,490.06**	**2,581.66**
शहरी	158.82	401.28	812.95	1,126.36	2,315.48	3,558.31
ग्रामीण	39.31	101.48	214.93	315.83	666.3	1,412.21

स्रोत : नेशनल ब्यूरो ऑफ़ स्टैटिस्टिक्स ऑफ़ चाइना, *चाइना स्टैटिस्टिकल ईयरबुक*, 2007, पृ. 87; 2016 (तालिका 22–19)।

चित्र 9.1: सार्वजिक स्वास्थ्य के लिए व्यय 1980–2015 (100 मिलियन युआन)

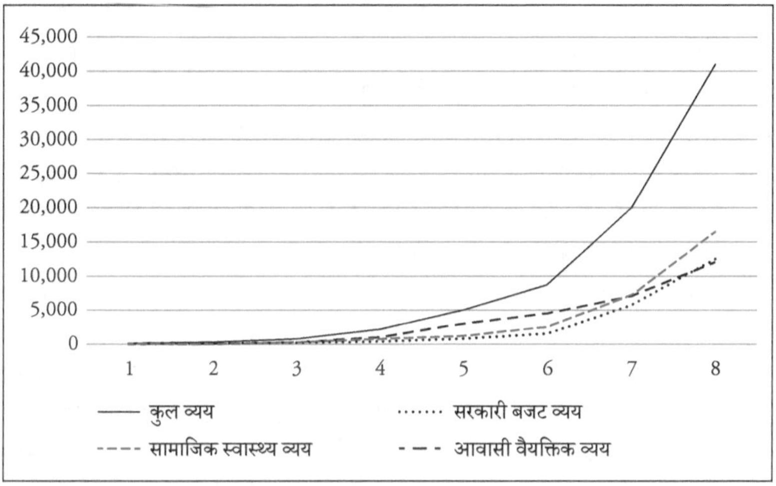

स्रोत : चाइना स्टैटिस्टिकल ईयरबुक, 2016 (तालिका 22–19)।

दर्शाते हैं कि उद्यमों और अन्य ग़ैर-सरकारी एजेंसियों ने किस तरह स्वास्थ्य सेवा का इंतज़ाम किया, हालाँकि उनका ख़र्च एक-तिहाई से अधिक था।

> सामाजिक स्वास्थ्य ख़र्च में ग़ैर-सरकारी बजट पूँजी निवेश का संदर्भ मुख्यतः स्वास्थ्य बीमा से संबंधित है। इसमें उद्यमों और ग्रामीण सामूहिक संस्थाओं द्वारा संचालित स्वास्थ्य संस्थानों पर व्यय शामिल है। इससे अधिक सरकारी कर्मचारियों का स्वास्थ्य व्यय, जिसे सरकारी स्वास्थ्य सेवा व्यवस्था के ज़रिए कवर किया जा सकता है, सरकारी इकाइयों द्वारा वहन किया जाता है।[9]

इसका तात्पर्य है कि गाँवों और क़स्बों (टाउनशिप) में अभी भी जो अस्पताल और क्लीनिक चल रहे हैं, वे "सामाजिक व्यय" की श्रेणी में शामिल हैं। लेकिन ग्रामीण क्लीनिकों और अस्पतालों में जो सुविधाएँ उपलब्ध हैं, 1990 के दशक में उनकी गुणवत्ता बहुत ज़्यादा ख़राब हो चुकी है।

सन् 2003 में स्वास्थ्य मंत्रालय ने स्वयं स्वीकार किया कि यद्यपि सार्वजनिक स्वास्थ्य के लिए बजट में आवंटित राशि एक दशक से बढ़ रही थी, लेकिन उसके अनुपात में ख़र्च में लगातार गिरावट आ रही थी। वर्ष 2000 में, डब्ल्यूएचओ के अनुसार, सार्वजनिक स्वास्थ्य में चीन का ख़र्च जीडीपी का केवल 2.7 प्रतिशत था, जिसने चीन को वैश्विक रैंकिंग में काफ़ी नीचे रखा था। सार्वजनिक स्वास्थ्य के आम स्तर के अर्थों में विश्व में उसे 144वें और सार्वजनिक स्वास्थ्य संसाधनों के वितरण में निष्पक्षता के मामले में 188वें

स्थान पर रखा गया था।[10] एक अनुमान के अनुसार, ग्रामीण क्षेत्रों में चीन की 70 प्रतिशत जनसंख्या केवल 30 प्रतिशत देश के चिकित्सा संसाधनों का उपभोग करती थी। सन् 1990 के दशक के दौरान स्वास्थ्य सेवाओं में ग्रामीण-शहरी असमानता लगातार बढ़ती जा रही थी। एक तरफ़, सहकारी स्वास्थ्य बीमा, जो कम्यून के दिनों से चल रहा था, में ग्रामीण सुधारों के लागू होने के बाद कमी आई; दूसरी तरफ़, स्वास्थ्य पर सरकारी व्यय 1978 में 32 प्रतिशत से गिरकर 1999 में 15 प्रतिशत रह गया।[11] सन् 1999 में, 49 प्रतिशत शहरी बाशिंदों के पास स्वास्थ्य बीमा था, वहीं केवल 7 प्रतिशत ग्रामीण निवासियों को ही यह सुविधा हासिल थी।[12]

स्वास्थ्य सेवा में ग्रामीण-शहरी असमानता के अलावा, 1990 के दशक में संक्रामक बीमारियों में बढ़ोतरी गंभीर चिंता की बात थी। चीनी जनगणराज्य की स्थापना के बाद स्वास्थ्य अभियानों के ज़रिए हैज़ा और अन्य संक्रामक रोगों की रोकथाम में बड़ी सफलता मिली थी। सन् 1950 और 1960 के दशकों में साफ़-सफ़ाई और टीकाकरण के साथ-साथ स्वास्थ्य शिक्षा में सुधार हुआ था। लेकिन 1990 के दशक में, लगभग छह करोड़ ग्रामीण चीनी कुष्ठ रोग, गॉइटर (घेंघा), प्लेग, मलेरिया और सिस्टोसोमियॉसिस— एक बीमारी, जो स्नेल वेक्टर के कारण होती है, जैसे संक्रामक रोगों से पीड़ित थे। एक रिपोर्ट के अनुसार, 1994 में तपेदिक़ (टीबी) की कोई भी घटना सामने नहीं आई थी, लेकिन 1999 में प्रति 1,000 लोगों पर 39.03 इससे पीड़ित थे और 2001 में उनकी संख्या बढ़कर 44.06 और 2004 में 71.95 पर पहुँच गई।[13] संक्रामक रोगों के कारण मृत्यु दर 1991 में प्रति 1,00,000 पर 188.62 थी, जो 1994 में बढ़कर 203.68 हो गई और फिर 1999 में गिरकर 197.63 रह गई, लेकिन फिर से इसमें बढ़ोतरी हुई और 2004 में 235.85 हो गई।[14] एचआईवी/एड्स, एवियन फ़्लू (बर्ड फ़्लू) और साँस लेने में तकलीफ़ (सार्स— सीवियर एक्यूट रेस्पिरेटरी सिंड्रोम) ने लोगों के सामने नए ख़तरों को पैदा किया और इस तथ्य को भी उघाड़ कर रख दिया कि स्वास्थ्य सेवा का पहले से मौजूद सामूहिक ढाँचा काफ़ी हद तक ध्वस्त हो चुका है, इसलिए राज्य और समुदाय की इस तरह की महामारियों से निपटने की क्षमता कमज़ोर हुई है। लेकिन चीनी कम्युनिस्ट पार्टी नेतृत्व ने 2003 में तेज़ी से आवश्यक सार्वजनिक लामबंदी की और सार्स को फैलने से रोक दिया गया। हालाँकि स्वास्थ्य प्रशासकों का शुरुआती रुख़ सार्स के प्रकोप के वास्तविक आकार को छिपाने का था।[15] एवियन फ़्लू-जैसी नई महामारियों का रिश्ता पर्यावरण के विनाश, कोयला-आधारित उद्योगों और अन्य कारणों से होनेवाले प्रदूषण और देश के भीतरी हिस्सों में रहन-सहन की स्थितियों से जुड़ा है। विश्व बैंक का आकलन है कि 2020 तक यदि नीति में बदलाव नहीं होते, तो चीन को कोयले के जलने की वजह से अप्रत्यक्ष रूप से होनेवाली बीमारियों के इलाज के लिए 39,000 करोड़ अमेरिकी डॉलर का भुगतान करना होगा।[16]

हाल के वर्षों में भारत में किसानों की आत्महत्या को प्रमुखता से प्रचार मिला है, जबकि ग्रामीण चीन में आत्महत्या की ऊँची दर के बारे में कम ही जाना जाता है। शहरी क्षेत्रों के मुकाबले ग्रामीण क्षेत्रों में आत्महत्या की दर तिगुनी अधिक है। यह बुज़ुर्गों और महिलाओं में ऊँची है।[17] सन् 1990 के दशक के दौरान और बाद में, ग्रामीण स्वास्थ्य संकट की प्रकृति स्पष्ट हो गई थी। दो चीजें हुईं। पहला, टाउनशिप सरकारों की ग्रामीण स्वास्थ्य सेवाओं के लिए धन जुटाने की क्षमता में अत्याधिक कमी आई। दूसरा, कम्यून के समय की कुछ कार्यप्रणालियों को, जो बदनाम थीं, छोड़ दिया गया। कम्यून के दौरान और ग्रामीण सुधार के शुरुआती वर्षों में ग्रामीण सामाजिक सेवाओं का लगातार सामुदायिक वित्तपोषण एक विशेषता रही थी। एक लेखक के अनुसार,

> स्वास्थ्य सेवा के इस सामुदायिक वित्तपोषण और संगठन मॉडल के बारे में बहुत से लोगों का विश्वास था कि इसने चीन के सबसे पहले स्वास्थ्य सेवा क्रांति के निष्पादन में महत्त्वपूर्ण तरीक़े से योगदान दिया था। इसके ज़रिए लगभग प्रत्येक चीनी को रोकथाम के उपाय और प्राथमिक स्वास्थ्य सेवा उपलब्ध कराई गई और शिशु मृत्यु दर को हज़ार शिशुओं के जन्म पर 200 (1949) से घटाकर 1973–75 में 47 कर दिया गया तथा संभावित उम्रसीमा को 35 से बढ़ाकर लगभग 65 वर्ष पर पहुँचा दिया गया।[18]

सहकारी चिकित्सा व्यवस्था 1980 के दशक के प्रारंभ तक मौजूद थी। इसे सहकारी चिकित्सा कोष से वित्तपोषित किया जाता था, जिसमें प्रत्येक किसान परिवार वार्षिक अंशदान करता था। उसमें उत्पादन टीम स्तर और फिर गाँव और कम्यून के स्तर पर सामूहिक कल्याण कोष और उच्च सरकारी स्तरों से मिलनेवाली सबसिडी पूरक की भूमिका निभाती थी। लेकिन कम्यून को भंग किए जाने के बाद, स्वास्थ्य में सार्वजनिक निवेश में तेज़ी से कमी आई। यद्यपि स्वास्थ्य बजट का आकार बढ़ता रहा, बजट में स्वास्थ्य पर आवंटन 1979 में 2 प्रतिशत था, 1983 में यह बढ़कर 3.2 प्रतिशत हो गया और 1999 में फिर घटकर 2.88 फीसदी रह गया। सहकारी चिकित्सा व्यवस्था की सबसिडी 1979 में 3.4 करोड़ युआन से कम होकर 1988 में 2.2 करोड़ युआन पर आ गई।[19] इसके बाद टाउनशिप के अस्पतालों की उपेक्षा की गई और गाँवों में स्वास्थ्य क्लीनिकों में सुविधाएँ जीर्ण-शीर्ण हो गईं। यह तब हुआ जब निजी प्रैक्टिस करनेवाले डॉक्टर परिदृश्य पर नमूदार हुए। उनकी फ़ीस आमतौर पर ऊँची थी और आर्थिक रूप से ख़ुशहाल परिवार ही उनकी सेवाएँ ले सकते थे।

"बेयरफ़ुट डॉक्टरों" की प्रथा, जो कम्यून के दौर में स्थानीय स्वास्थ्य सेवा की प्रशंसनीय विशेषता थी और सांस्कृतिक क्रांति के दौर में "नई पैदा हुई समाजवादी चीज़ों" में से एक थी, उसका सुधार के दौर में एक ग़ैर-पेशेवर पैबंद— पुराने समय के ख़ुमार— के रूप में

तालिका 9.3: ग्रामीण चीन में स्वास्थ्य सेवाओं का ढाँचा

इकाई	*कम्यून के वर्ष*	*1980 के दशक में सुधारों के बाद*	*1990 के दशक के बाद*
गाँव	स्वास्थ्य स्टेशन/क्लीनिक, पूर्णकालिक स्वास्थ्य कार्यकर्ता, बेयरफ़ुट डॉक्टर, सार्वजनिक स्वास्थ्य अभियान, साफ़-सफ़ाई और टीकाकरण अभियान	स्वास्थ्य स्टेशन/ क्लीनिक अंशकालिक स्वास्थ्य कार्यकर्ता	क्लीनिक (सार्वजनिक और निजी) अंशकालिक स्टॉफ, निजी क्लीनिक स्टॉफ, सार्स के फैलने के बाद 2003 में मुहिम की बहाली
टाउनशिप	कम्यून स्वास्थ्य सेंटर, पूर्णकालिक चिकित्सक	टाउनशिप स्वास्थ्य केंद्र, पूर्णकालिक चिकित्सक	टाउनशिप स्वास्थ्य केंद्र निजी क्लीनिक, निदान केंद्र और विशेषीकृत अस्पताल, प्राथमिक स्वास्थ्य देखभाल और क्लीनिकों का निरीक्षण
काउंटी	काउंटी अस्पताल, विशेषीकृत सेवाओं के साथ बड़े चिकित्सा केंद्र	काउंटी अस्पताल, विशेषीकृत सेवाओं के साथ बड़े चिकित्सा केंद्र	काउंटी अस्पताल, विशेषीकृत सेवाओं के साथ बड़े चिकित्सा केंद्र, रेफरल मामले (निर्दिष्ट मामले), निजी अस्पताल और काउंटी टाउनों में आधुनिक निदान केंद्र

स्रोत : लेखक।

मज़ाक उड़ाया गया। "बेयरफ़ुट डॉक्टर" की अवधारणा मुख्यतः ग्रामीणों में से प्रशिक्षित पारा-मेडिकल स्टॉफ का एक कैडर बनाना था, जो अपने क्षेत्र में मरीज़ों को आपातकालीन सेवा उपलब्ध करा सके और विभिन्न सार्वजनिक स्वास्थ्य मुहिम का नेतृत्व कर सके। उत्पादन और शैक्षिक मुहिमों की तरह उन्होंने स्वास्थ्य को समाजवादी ढाँचे का एक महत्त्वपूर्ण कार्यक्रम बना दिया था (तालिका 9.3)।

वर्ष 2003 में सार्स महामारी के फैलने के बाद के दौर में ग्रामीण स्वास्थ्य संकट राष्ट्रीय और अंतरराष्ट्रीय रुचि का एक महत्त्वपूर्ण मुद्दा बन गया था। हु-वन के शासन के दौरान चीन के विभिन्न हिस्सों में नए क़दमों की शुरुआत हुई। वुशी में, वर्ष 2006 में स्वास्थ्य सेवा और टाउनशिप अस्पतालों के पुनरुद्धार में अधिक धन के निवेश-जैसे क़दम उठाए गए। कुछ गाँवों में स्थानीय युवकों को प्रशिक्षण देकर उन्हें बेयरफ़ुट डॉक्टर बना दिया गया। बेयरफ़ुट डॉक्टरों की नई पौध बेहतर तरीक़े से प्रशिक्षित थी और उन्हें स्थानीय अथॉरिटी से अधिक मेहनताना मिलता था। हालाँकि पूर्व के वर्षों में जिस तरह की सार्वजनिक सेवा की प्रतिबद्धता देखी जाती थी, वह अब साफ़ तौर पर नहीं दिखती थी।[20] "तीन ग्रामीण समस्याओं" पर विमर्श के नए वावातरण में, कई टाउनशिपों ने अपना रिज़र्व कोष बनाया और टाउनशिप के अस्पतालों को अधिक धन आवंटित किया। जिन अस्पतालों में डॉक्टरों की संख्या एक रह गई थी, वहाँ दो या तीन डॉक्टरों की नियुक्ति की गई। स्वास्थ्य स्टेशन

वास्तव में अधिकतर गाँवों में एक कमरा था। उनका कुछ हद तक स्वास्थ्य क्लीनिकों की तरह पुनरुद्धार किया गया। ग्रामीण स्वास्थ्य स्टेशन मरीज़ों को दवाएँ उपलब्ध कराता था और इसके बिल का एक हिस्सा सिटी अस्पताल को भेज दिया जाता था, जबकि इलाज और दवाओं के बिल का एक हिस्सा मरीज़ चुकाते थे।[21]

हाल के वर्षों में, सहकारी चिकित्सा बीमा को नई शर्तों के साथ बहाल किया गया। एक परिवार छोटा-सा मामूली अंशदान करके इसमें शामिल हो सकता था— यह राशि एक क्षेत्र से दूसरे क्षेत्र में अलग-अलग थी— और अस्पतालों में इलाज और सर्जरी पर होने वाले ख़र्च के लिए 70 प्रतिशत के कवरेज का लाभ ले सकता था और 30 प्रतिशत उसे अपने ख़ुद के संसाधनों से चुकाना होता था। बहुत-सी फ़ैक्टरियों में वेतन से होने वाली "चार कटौतियों"— चिकित्सा, हाउसिंग, बेरोजगारी और वृद्धावस्था— के एक हिस्से से मज़दूर यूनियनें स्वास्थ्य बीमा का प्रबंध करती थीं।

सन् 1990 के दशक के प्रारंभ तक, चीन की अर्थव्यवस्था मुख्य रूप से निर्यात के लिए उत्पादन बढ़ाने और विदेशी निवेश आकर्षित करने के लिए इस प्रक्रिया को सुविधाजनक बनाने की कोशिश के रूप में विकसित हुई थी। सन् 1980 के दशक के दौरान सामूहिक अर्थव्यवस्था और समाज कल्याण के कामों को छोड़ दिया गया था, तब भी टाउनशिप और ग्राम उद्यमों और अर्थव्यवस्था की विविधता से पैदा अतिरिक्त अभी भी सामाजिक क्षेत्र को वित्तपोषित करता था। टाउनशिप और ग्राम उद्यमों के पराभव और सामाजिक क्षेत्र के लिए स्थानीय मदद में कमी के साथ स्थिति काफ़ी बदल गई। जहाँ भी टाउनशिप और ग्राम उद्यमों का निजीकरण किया गया, उन पर स्थानीय सामाजिक विकास में योगदान का कोई दायित्व नहीं रहा। स्थानीय सरकार द्वारा उनसे वसूले गए कर की राशि स्कूलों और अस्पतालों को ठोस मदद देने के लिए काफ़ी कम थी। इस तरह, चीन के भीतरी हिस्सों में राष्ट्रीय नीति के रूप में संचालित स्व-वित्तपोषित, स्व-निर्देशित विकास का ढाँचा अब व्यावहारिक रूप से ध्वस्त चुका था। एक बार फिर ग्रामीण अर्थव्यवस्था कृषि के ठहराव और पिछड़े बुनियादी ढाँचे के संकट में फँस गई थी। केवल 2005 में जब केंद्रीय सरकार इस संकट, जिसे "तीन ग्रामीण समस्याएँ" (कम उत्पादन, किसान की कम आमदनी और ग्रामीण इलाक़ों में पिछड़ापन) कहा गया, से जागी और इसके जवाब में "नए समाजवादी गाँवों के निर्माण" की रणनीति की घोषणा की गई, लेकिन तब तक जो नुकसान हो चुका था उसे दुरुस्त करना आसान नहीं था। यहाँ तक कि 2006 के बाद से प्रधानमंत्री वन च्यापाओ द्वारा ग्रामीण बुनियादी ढाँचे के लिए घोषित की गई बड़ी रकम भी ग्रामीण सरकारी ढाँचे के रखरखाव के ख़र्चे के लिए मुश्किल से ही पैसा मुहैया करा सकी। यहाँ तक कि ग़रीब ग्रामीण काउंटियों के लिए निश्चित शिक्षा बजट भी स्कूलों के जीर्णोद्धार के लिए अपर्याप्त था। पश्चिमी प्रांतों के केवल कुछ क्षेत्रों में पश्चिमी क्षेत्र विकास रणनीति के तहत कुछ स्कूलों

और अस्पतालों की शक्लोसूरत बदल सकी। यदि संपूर्ण रूप से देखें, तो गाँवों के इलाक़ों में चीन के सामाजिक क्षेत्र का आधार बीते दो दशकों में गंभीर रूप से कमज़ोर हो चुका था। यह मुख्यतः राज्य की सामाजिक विकास के दायित्व में कटौती और सार्वजनिक कार्रवाई में कमी होने की वजह से हुआ।

सार्वजनिक कार्रवाई का मुद्दा

आधुनिक युग में कल्याणकारी राज्य के बुनियादी आयामों में से एक था सामुदायिक स्वास्थ्य के क्षेत्र में सार्वजनिक कार्रवाई। दूसरे शब्दों में, राज्य ने चिकित्सा सुविधाएँ उपलब्ध कराने, महामारियों की रोकथाम के वास्ते निवारण उपाय करने और लंबी एवं स्वस्थ संभावित उम्रसीमा के लिए अनुकूल स्थितियाँ बनाने की भूमिका का बीड़ा उठाया था। धार्मिक मिशनरी इकाइयों-जैसे ख़ैराती संस्थान एक हद तक सार्वजनिक कार्रवाई करते थे, लेकिन वे अपर्याप्त थे। इसी वजह से पूरे समाज की ओर से राज्य के सकारात्मक हस्तक्षेप की ज़रूरत को महसूस किया गया। समाजवादी व्यवस्थाओं में इस तरह की सार्वजनिक कार्रवाई राज्य की नीति का मूल तत्त्व था और सार्वजनिक निकायों, अर्थात केंद्रीय सरकार, प्रांतीय सरकार, काउंटी और टाउनशिप स्तर के प्रशासन के साथ-साथ सामूहिक उपक्रम के विभिन्न स्तरों का उत्तरदायित्व था। इसीलिए, प्रत्येक कम्यून और बाद में *टाउनशिप* के पास अपने ख़ुद के अस्पताल और स्वास्थ्य सेवाएँ थीं, जिन्हें ऊपरी संस्थाओं द्वारा स्थापित सुविधाओं के साथ संयोजन करके इस्तेमाल किया जाता था। सवाल था कि एक परिवार को किस हद तक सेवाओं के लिए पैसा देना चाहिए। क्या यह कल्याणकारी राज्य का कार्य नहीं होना चाहिए और चीन-जैसे एक समाजवादी राज्य के मामले में स्वास्थ्य सेवाएँ मुफ़्त में मुहैया नहीं कराई जानी चाहिए? ब्रिटेन और अन्य स्थानों पर सार्वजनिक स्वास्थ्य सेवाओं के निजीकरण पर हाल के दशकों में यह बहस पश्चिम में पहुँची। चीन में भी सुधार के दौर में किसान परिवारों से चिकित्सा सुविधाओं के लिए पैसा लिया जाता था। इसकी व्याख्या चीन में सार्वजनिक कार्रवाई के फैलाव के उतार के रूप में की गई।[22]

हालाँकि, चीनी सुधारवादियों द्वारा तर्क दिया गया कि किसान परिवारों की आमदनी बढ़ी है और उनमें स्वास्थ्य सेवाओं के लिए भुगतान करने की क्षमता है। इस तरह, स्वास्थ्य सेवाओं के आधुनिकीकरण और उनकी गुणवत्ता में सुधार के लिए सामूहिक या राज्य कोष का संचय कर सकते हैं। इस बात पर भी ज़ोर दिया जाना चाहिए कि चिकित्सा सुविधाओं का विस्तार हो और राष्ट्रीय बजट में स्वास्थ्य के बजट में लगातार बढ़ोतरी हो। इसके अलावा, चीनी चिकित्सा व्यवस्था की कई विशिष्ट विशेषताएँ मुक्ति के बाद विकसित हुई थीं और सुधारों के बाद भी जारी रही थीं। लेकिन विशेषज्ञों के बीच व्यापक रूप से साझा मान्यता है कि हाल के वर्षों में मुख्य रूप से सामूहिक और राज्य के

नेतृत्ववाली स्वास्थ्य सेवा के ध्वस्त होने की वजह से चीन की स्वास्थ्य सेवा एक गंभीर संकट की ओर बढ़ रही है।

साक्ष्य दर्शाते हैं कि ग्रामीण और शहरी क्षेत्रों में मृत्यु दर में काफ़ी अहम असमानताएँ थीं। इसमें शिशु मृत्यु दर और मातृत्व मृत्यु दर शामिल हैं।[23] सन् 1989 और 1999 के बीच जहाँ चीन में समस्त रूप से मृत्यु दर प्रति 1,000 पर 5.5 थी और शहरों में 4.7 थी, जबकि ग्रामीण काउंटियों में मृत्यु दर में एक प्रतिशत का इज़ाफ़ा था।[24] संपूर्ण रूप से अधिक शहरीकृत प्रांतों की तुलना में ग्रामीण, ग़रीब और पश्चिमी प्रांतों में मृत्यु दर ऊँची थी और संभावित उम्रसीमा नीची थी। उदाहरण के लिए, गुईचऊ में 1,000 पर 6.35 मौतें होती थीं और संभावित उम्रसीमा 65.96 वर्ष थी, जबकि पेइचिंग में यह क्रमशः 5.4 और 76.10 थी। शिशु मृत्यु दर में भी अंतर काफ़ी तीखा है : 4.8 की तुलना में 23.8। संक्रामक बीमारियों का फिर से होना, एचआईवी/एड्स और एवियन फ़्लू के बढ़ते ख़तरे दर्शाते हैं कि सार्वजनिक कार्रवाई में कटौती की नई स्थिति से हाल के वर्षों में किस तरह का प्रभाव पड़ा था।

इस अध्याय में हम सुधारों के दौरान ज़मीनी स्तर पर स्वास्थ्य स्थिति की पड़ताल करेंगे। पहले, सुधारों के प्रारंभ, यानी 1980 में हला में स्वास्थ्य स्थिति की झलक देखते हैं। यह झलक हला टाउनशिप में कई बेयरफ़ुट डॉक्टरों और अधिकारियों के साथ साक्षात्कारों से मिली।

1980 में स्वास्थ्य स्थिति : स्वास्थ्य एक सामूहिक जिम्मेदारी

1980 में हला *श्यांग* में एक अस्पताल और दो शाखा अस्पताल थे। वहाँ कुल मिलाकर 63 चिकित्सा कर्मी और 50 बिस्तर थे। इसमें कई विभाग थे— आंतरिक चिकित्सा और बाल चिकित्सा : 11 चिकित्सा कर्मी, शल्य चिकित्सा : चार, स्त्रीरोग : चार, दंत चिकित्सा : चार, कान, नाक, गला : दो, एक्स-रे : तीन, चीनी परंपरागत औषधि : पाँच और लेबॉरेटरी-फ़ार्मेसी : छह। इसके अलावा, वहाँ 12 नर्सें और दो संदेशवाहक और कुछ अन्य लोग प्रशासनिक और अन्य कार्यों के लिए थे। यह लक्ष्य किया जाना चाहिए कि टाउनशिप अस्पताल में अच्छी मात्रा में विशेषीकृत चिकित्सा सेवा उपलब्ध थी। यह इसलिए संभव हुआ क्योंकि हला एक उपनगर टाउनशिप था। इसके पास विशेषीकृत सेवाएँ थीं, जिन्हें ग्रामीण क्षेत्रों के भीतरी इलाक़ों में सुनिश्चित करना कठिन हो सकता था। चीन में किसी भी अस्पताल की एक और उल्लेखनीय विशेषता पश्चिमी चिकित्सा के साथ-साथ चीनी चिकित्सा की मौजूदगी थी। भारत के आयुर्वेद और यूनानी प्रणाली की तरह चीन की परंपरागत चिकित्सा प्रणाली ने जड़ी-बूटियों और खनिजों से औषधियाँ उत्पादित कीं और एक्यूपंक्चर सहित इलाज की तरह-तरह की विधियाँ विकसित कीं। व्यावहारिक रूप से, एक प्रणाली में प्रशिक्षित डॉक्टर को दूसरे की अच्छी-खासी समझ होती थी। चिकित्सक हमेशा अपना इलाज चीनी औषधियों से शुरू करते थे, जिन्हें मरीज़ भी प्राथमिकता देते थे।

वास्तव में, कम्यून के अंतिम वर्षों में प्रत्येक सदस्य कम्यून के सहकारी चिकित्सा सेवा के लिए वार्षिक चंदा देता था। यह किसान को 200 युआन तक के मुफ़्त इलाज का अधिकार देता था। वर्ष 1979 में एक नई व्यवस्था लागू की गई, जिसमें पाँच फ़न[25] पंजीकरण शुल्क के अलावा चिकित्सा सेवा मुफ़्त थी। सभी सदस्यों के सामान्य जाँच-पड़ताल और महिलाओं के लिए विशेष जाँच-पड़ताल मुहैया कराने का एक नया चलन था। कम्यून के पास प्रति दिन औसतन 200 मरीज आते थे।

चीन की बेयरफ़ुट डॉक्टर्स (*चिच्याओ यिशंग*) की व्यवस्था ने सांस्कृतिक क्रांति के दौरान पूरी दुनिया का ध्यान अपनी ओर खींचा था। ग्रामीण क्षेत्रों में पर्याप्त संख्या में प्रशिक्षित चिकित्सकों की नियुक्त करने में असमर्थता के चलते माओवादी नेतृत्व ने उन चिकित्सा कर्मियों की नियुक्ति को प्रोत्साहित किया था, जिन्होंने संक्षिप्त प्रशिक्षण कोर्स किए थे और जो चीन की परंपरागत चिकित्सा प्रणाली से वाक़िफ़ थे। पश्चिमी चिकित्सा प्रशिक्षण प्राप्त आधुनिक चिकित्सक के बरअक्स उनके लिए "बेयरफ़ुट" टर्म का इस्तेमाल किया गया। राज्य से केवल मामूली मदद से यह स्थानीय ज्ञान का इस्तेमाल करने का एक तरीक़ा था। हालाँकि, सांस्कृतिक क्रांति के दौरान चौगुट और उनके समर्थकों ने बेयरफ़ुट डॉक्टरों की भूमिका को कुछ ज़्यादा ही बढ़ा-चढ़ाकर प्रचारित किया था और उन्हे प्रशिक्षित चिकित्सकों से ऊपर रखा था। जैसा कि हला में बहुत सारे कार्यकर्ताओं ने इंगित किया, यह बौद्धिकों के ख़िलाफ़ उनके अभियान का एक हिस्सा था। उस दृष्टिकोण को सुधारने के बाद, सुधार हिमायती नेताओं ने फिर भी इस संस्था को जारी रखने में ही उपयोगिता देखी। सन् 1980 में, छन मुहुआ ने, जो 1980 में चीन के केंद्रीय सरकार में स्वास्थ्य और परिवार नियोजन के प्रभारी मंत्री थे, 15 लाख बेयरफ़ुट डाक्टरों को प्रशिक्षित करने का आह्वान किया और उनकी भूमिका की तारीफ़ की। हालाँकि नया ज़ोर उन्हें एक उचित स्तर तक आधुनिक चिकित्सा विज्ञान में प्रशिक्षण देने पर था। सांस्कृतिक क्रांति के दौरान "लोगों की सेवा" का नारा प्रमुख था। लेकिन सेवाओं की गुणवत्ता को सुधारने पर इसका कोई ध्यान नहीं था। लिहाज़ा, प्रत्येक काउंटी ने मेडिकल स्कूलों में बेयरफ़ुट डॉक्टरों को प्रशिक्षित करने का काम किया। हला में प्रत्येक बेयरफ़ुट डॉक्टर को छह महीने का कोर्स पूरा करने को कहा गया। परीक्षा पास होने पर, उन्हें एक सार्टिफिकेट मिलता था, जो उन्हें ऊँचे वेतन और ज़िम्मेदारी का हक़दार बनाता था।

परिवार नियोजन कार्यक्रम

सुधारों का दौर शुरू होने पर परिवार नियोजन कार्यक्रम को राष्ट्रीय प्राथमिकता बना दिया गया और एकल संतान मानक को राष्ट्रीय नीति घोषित किया गया। जिनका एक बच्चा था, उन्हें अपने बच्चों की शिक्षा के लिए ट्यूशन फीस नहीं देनी होती थी। नए परिदृश्य में बढ़ी हुई ट्यूशन फीस के मद्देनज़र यह महत्त्वपूर्ण प्रोत्साहन था। दूसरा प्रोत्साहन निजी प्लॉट के

आकार को दोगुना कर देना था। यह याद रखना चाहिए कि कम्यून के दौर में प्रत्येक परिवार को किचन गार्डेन के उद्देश्य के लिए एक निजी प्लॉट रखने की अनुमति थी। सुधार के समय में खेती के लिए कृषि जमीन के अलावा इसे भी क़ायम रखा गया। इसी तरह जब टाउनशिप या प्रांतीय सरकार को आवास आवंटित करना होता था, तो एक बच्चे वाले परिवार को रहने की अतिरिक्त जगह दी जाती थी। इसके अतिरिक्त, प्रत्येक एकल-शिशु परिवार को 40 युआन का वार्षिक बोनस भी मिलता था। इन प्रोत्साहनों के विपरीत, जिन परिवारों के अधिक बच्चे थे, उनके मामले में कई तरह के हतोत्साहन थे। दो बच्चों वाले परिवार ये प्रोत्साहन प्राप्त नहीं कर सकते थे। तीन बच्चोंवाले परिवार रियायती मूल्य पर खाद्यान्न खरीदने के पात्र नहीं थे; उन्हें ऊँची क़ीमत चुकानी होती थी। वे मुफ़्त चिकित्सा सेवा का लाभ भी नहीं उठा पाते थे।

स्वास्थ्य कर्मियों ने बताया कि परिवार नियोजन को बढ़ावा देने का मुख्य तरीक़ा शिक्षा और समझाना-बुझाना था। चूँकि हला शहर के क़रीब था, इस मामले में वहाँ सामाजिक चेतना काफ़ी ऊँची थी। सन् 1979 में हला में जनसंख्या वृद्धि की दर पहले ही प्रति हज़ार पर 10 तक आ चुकी थी और 1980 में वे इसे प्रति हज़ार पर नौ तक लाने को आश्वस्त थे।

बर्थ कंट्रोल का अधिक लोकप्रिय तरीक़ा गर्भ-निरोधक गोलियों का इस्तेमाल था। पूरे महीने के लिए प्रभावी रहनेवाली एकल उच्च-क्षमतावाली गोली पहले से ही बनाई जा रही थी, लेकिन केवल कुछ लोग ही इसका इस्तेमाल करते थे, क्योंकि यह कम मात्रा में उपलब्ध थी। अधिकतर महिलाएँ गर्भधारण रोकने के लिए लूप का इस्तेमाल करती थीं। जानकारी देनेवाले कई लोगों ने पुष्टि की कि नसबंदी अभी भी काफ़ी कम थी। स्पष्टतया, पुरुषों और महिलाओं, दोनों के दिमाग में धारणा थी कि ऑपरेशन स्वास्थ्य पर प्रतिकूल प्रभाव डालते हैं। जब भी वे ऑपरेशन के लिए जाते थे, अधिकतर महिलाएँ ही नसबंदी कराती थीं। हला टाउनशिप में 1979 में 150 ऑपरेशन हुए थे। चिकित्सा कर्मचारी ऑपरेशन से होने वाले अन्य प्रभावों को कम करने का ख़ास ख़याल रखते थे।

यह ध्यान रखना चाहिए कि परिवार नियोजन एक ऐसा कार्यक्रम था, जिसमें बर्थ कंट्रोल पर सरकार के राजनीतिक और आर्थिक दृष्टिकोण को सामाजिक विश्वासों और आबादी के रुख़ को भी ध्यान में रखना पड़ता था। अधिक-से-अधिक लोग मानने लगे थे कि जन्म दर पर लगाम लगाए बिना चीन आर्थिक विकास और सामाजिक प्रगति नहीं कर सकता था। लेकिन वे बर्थ कंट्रोल के लिए शल्य चिकित्सा को स्वीकार नहीं करेंगे। यहाँ तक कि महिलाओं का मानना था कि पुरुषों को नसबंदी नहीं करानी चाहिए, क्योंकि यह उनकी यौन शक्ति को कम कर सकता है। बहुत से परिवारों की प्राथमिकता अभी भी लड़का थी और यहाँ तक कि कुछ ने एकल-शिशु परिवार के लिए प्रोत्साहन को छोड़ने की भी हिम्मत की।

टाउनशिप के नेतृत्व ने इस बात पर ज़ोर दिया कि परिवार नियोजन और समृद्धि तथा बेहतर ज़िंदगी एक-दूसरे से जुड़ी है। हला कम्यून में जीवन-प्रत्याशा लगातार बढ़ती गई।

1978 में, औसत संभावित उम्रसीमा 66 वर्ष थी, जिसमें महिलाओं का औसत छह वर्ष अधिक 70 वर्ष था, जबकि पुरुषों की संभावित उम्रसीमा केवल 64 वर्ष थी। इसलिए, यह एक विडंबना ही थी कि हला *टाउनशिप* में महिलाएँ लंबा जीवन जीती थीं, परंतु ग्रामीण उद्यमों में उन्हें पाँच वर्ष पहले ही रिटायर कर दिया जाता था।

शिशु देखभाल पर ज़्यादा ध्यान दिया गया। बेयरफ़ुट डॉक्टर तिंग माओशंग के अनुसार, हला ब्रिगेड में 1968 से पिछले 12 वर्षों के दौरान शिशु-मृत्यु के केवल तीन मामले हुए थे। गाँवों में स्वास्थ्य की देखभाल और साफ़-सफ़ाई के कार्यक्रम उतने ही महत्त्वपूर्ण थे। इसे किसानों के सांस्कृतिक स्तर से जोड़ा गया था। इसलिए, किसानों के बीच स्वास्थ्य और स्वच्छता पर चेतना का स्तर बढ़ाने के लिए निरक्षरता को समाप्त करने के अभियान का इस्तेमाल किया गया था।

1980 के दशक की तस्वीर : एक शिशु वाले परिवार पर फ़ोकस

स्वास्थ्य और परिवार नियोजन कार्यक्रमों को सुधारों के दौर में आर्थिक एजेंडा के साथ और ज़्यादा एकीकृत किया गया। सन् 1985 में, हला *टाउनशिप* में जनसंख्या की वृद्धि दर और कम हुई और यह प्रति हज़ार पर 6.9 हो गई। इसमें पाँच वर्षों में 3.1 की गिरावट आई थी। यह जनसंख्या वृद्धि पर एक महत्त्वपूर्ण नियंत्रण था। हला टाउनशिप की उपाध्यक्ष और महिला फ़ेडेरेशन की नेता शन च्यांगचन ने सितंबर 1985 में एक साक्षात्कार के दौरान ये आँकड़े बताए थे। परिवार नियोजन में विशेष रूप से ध्यान केंद्रित करते हुए महिला फ़ेडेरेशन ने क्षेत्र में स्वास्थ्य स्थिति की देखरेख में विशेष भूमिका निभाई थी। फ़ेडेरेशन टाउनशिप में महिलाओं की स्वास्थ्य स्थिति, ख़ासकर गर्भवती महिलाओं, शिशु के जन्म, शिशु देखभाल और बीमारियों व लोगों की मृत्यु दर की निगरानी करता था। उसके ऊपर "पाँच विशेषताओं वाले अच्छे परिवार" के लिए आंदोलन को प्रोत्साहित करने की भी जिम्मेदारी थी। "पाँच विशेषताएँ" निम्नलिखित थीं— बुज़ुर्गों का सम्मान, युवा से प्रेम, आपसी रिश्ता, पड़ोस में सद्भाव बनाए रखना और परिवार के भीतर अच्छे रिश्तों का होना। महिला नेता ने इस बात ख़ास ज़ोर दिया कि 1985 में हला टाउनशिप के 86 प्रतिशत परिवारों ने "पाँच विशेषताओं" को हासिल कर लिया था। इसके अतिरिक्त "तीन अच्छी बातों"— पर्यावरण की रक्षा, सामाजिक व्यवस्था बनाए रखना और अच्छी सेवा प्रदान करना— के लिए भी एक राष्ट्रीय अभियान चलाया गया। यह स्वास्थ्य सहित प्रत्येक मोर्चे पर सामाजिक सौहार्द और शांति के साथ-साथ अच्छी सेवाएँ सुनिश्चित करने के अलावा साफ़-सफ़ाई और रहन-सहन की आदतों से जुड़ा था। कोई पूछ सकता है कि स्वास्थ्य और परिवार नियोजन के साथ ही सामाजिक सौहार्द और पर्यावरण महिला संगठन की विशेष जिम्मेदारी क्यों होनी चाहिए। लेकिन चीनी कम्युनिस्ट पार्टी ने अखिल चीन महिला फ़ेडेरेशन को यह जिम्मेदारी दी थी। उसने अपने मूल कार्यक्रमों के एक हिस्से के रूप में उस पर लगातार ज़ोर दिया।

टाउनशिप के परिवार नियोजन अधिकारियों और अन्य ज़िम्मेदार लोगों के साथ बातचीत के आधार पर हमें 1980–85 के दौर की प्रवृत्तियों की एक तस्वीर उभरती है। वर्ष 1980 में जब टाउनशिप की आबादी 19,672 थी, उस समय 250 शिशुओं का जन्म हुआ था। उस वर्ष प्रति 1,000 पर जन्म दर 12.8 थी। मौतों की कुल संख्या 152 थी। वर्ष 1980 में प्रचलित परिवार नियोजन नीति अभी भी प्रत्येक दंपति को दो बच्चों की इजाज़त देती थी, लेकिन इसके लिए बच्चों के बीच तीन वर्ष का अंतर होना ज़रूरी था। इसलिए, कई परिवारों के दो बच्चे थे। लेकिन 1980 में 71.6 प्रतिशत नवविवाहित दंपतियों के परिवार एक बच्चे वाले थे। वर्ष 1980 में पैदा होनेवाले 250 नवजात शिशुओं में 179 पहली संतान थे।

वर्ष 1984 में टाउनशिप में 164 शिशुओं का जन्म हुआ। जन्म दर प्रति 1,000 पर 8.5 रही। मौतों की संख्या 144 थी— 1980 से आठ कम। उस साल नवविवाहित दंपतियों में एक शिशुवाले परिवारों की संख्या 98.2 प्रतिशत हो गई थी। उस साल जन्मे 164 शिशुओं में से 161 पहली संतान थे, केवल तीन दूसरी संतान (स्पष्टतया, उनके माता-पिता की पहली संतान में कुछ विकलांगता थी, इसलिए उन्हें दूसरी संतान की 'इजाज़त' दी गई थी)। कहा गया कि ग्रामीण क्षेत्रों में अभी भी लोगों में इस तरह के सामंती विचार थे कि अधिक बच्चे का मतलब है अधिक श्रम शक्ति। वे छोटे परिवार में श्रम की गुणवत्ता और ख़ुशी पर ध्यान नहीं देते। कई माता-पिता लड़कियों के मुकाबले लड़कों को प्राथमिकता देते थे, क्योंकि लड़कों के पास रोज़गार की बेहतर संभावनाएँ थीं और वे उनका बेहतर ध्यान रखेंगे। लड़कियाँ भी उतनी ही प्रतिभाशाली हो सकती हैं और माता-पिता को उसी तरह से सुरक्षा दे सकती हैं, लेकिन यह बात कई के गले नहीं उतर रही थी। सन् 1983 में जब तक राष्ट्रीय अभियान ने गति नहीं पकड़ ली, बहुत सारे परिवार एकल शिशु अभियान के प्रति उदासीन बने हुए थे। उसके बाद, हला में सभी नवविवाहित दंपतियों की एक ही संतान होती थी। वर्ष 1985 तक हला टाउनशिप के कुल परिवारों के 56.4 प्रतिशत एक संतानवाले परिवार थे। इसे ध्यान में रखना चाहिए कि अभी भी ऐसे परिवारों की बहुत बड़ी संख्या थी जिनके एक से ज़्यादा संतान थी (तालिका 9.4)।

तालिका 9.4: हला में एक, दो या अधिक बच्चों वाले घर (1985)

घरों की संख्या	*बच्चों की संख्या*
1,933	1
1,045	2
358	3
98	4 या अधिक

स्रोत : स्थानीय अधिकारियों के साथ साक्षात्कार।

सन् 1980 के दशक में परिवार नियोजन को बढ़ावा देने के लिए लगातार प्रचार और शिक्षा कार्य पर ज़ोर दिया गया। परिवार नियोजन कार्यक्रम को लोकप्रिय बनाने के लिए सरकार ने प्रसारण मीडिया का इस्तेमाल किया। टाउनशिप से होनेवाले प्रसारण के लिए हर घर में एक स्पीकर लगाया गया था। इस उद्देश्य के लिए रेडियो और टेलीविजन कार्यक्रमों का इस्तेमाल किया गया। प्रत्येक ग्रामीण उद्यम में दीवार पत्रिकाएँ थीं और बिग-कैरेक्टर-पोस्टर (हस्तलिखित पोस्टर) थे। मनोरंजक क़िस्सागोई (*श्याओ हुआ*) का पारंपरिक लोक तरीक़ा परिवार नियोजन के संदेश को पहुँचाने का लोकप्रिय माध्यम था।

परिवार नियोजन पर पार्टी और सरकार की नीति समझाने के लिए विशेष बैठकें आयोजित की जाती थीं। प्रत्येक वर्ष जनवरी परिवार नियोजन को बढ़ावा देने का महीना होता था। इस महीने अलग-अलग बैठकें, सांस्कृतिक प्रदर्शन और शैक्षणिक अभियान चलाए जाते थे। एक संतानवाली माँओं— युवा और बुज़ुर्ग, दोनों को प्रशंसा पत्र दिए जाते थे। युवा लोगों की बैठकें आयोजित करके उन्हें देरी से विवाह करने और जल्दी बच्चा पैदा नहीं करने के फ़ायदे समझाए जाते थे। प्रजनन की उम्र में पहुँच चुके युवा लोगों को गर्भनिरोध के विभिन्न तरीक़ों के बारे में बताया जाता था। विभिन्न प्रचार टीम सांस्कृतिक मंचन करती और संगीत कार्यक्रम पेश करती। ग्रामीण इलाक़ों में सांस्कृतिक प्रस्तुतियाँ बहुत कारगर थीं। एक बहुत ही लोकप्रिय ओपेरा का मंचन होता था, जो एक दादी का अपनी बहू के प्रति बदलते रवैए के बारे में बात करता था। पहले वह लड़की को जन्म देने के लिए अपनी बहू को प्रताड़ित करती थी। जाड़ों के समय में होनेवाली मनोरंजनकारी गतिविधियों में परिवार नियोजन पर बहुत सारे कार्यक्रम शामिल होते थे। टेबल टेनिस और रस्साकशी-जैसे खेल और टूर्नामेंट आयोजित किए जाते थे। परिवार नियोजनकर्मियों को उनके नवोन्मेष और उपलब्धियों के लिए ईनाम दिया जाता था। टाउनशिप सरकार ने परिवार नियोजन के प्रचार कार्य के लिए 5,000 युआन आवंटित किए थे, जिसे परिवार नियोजन अधिकारियों ने पर्याप्त माना था।

प्रत्येक महिला कामगार शिशु के जन्म की तिथि से 90 दिनों का मातृत्व अवकाश पाने का हक़दार थी। एक बच्चे वाली माँ को विशेष प्रोत्साहन मिलते थे। महिला फ़ेडेरेशन की नेता व्यक्तिगत तौर पर माँ से मिलने जाती और परिवार का सम्मान करती थी। माँ को एक सर्टिफिकेट मिलता था, जो एक बच्चे वाले परिवार को मिलनेवाले कई विशेषाधिकारों की पात्रता प्रदान करता था। मातृत्व अवकाश के दौरान महिला को हर महीने 200 युआन मिलते थे, जो कि उस समय हला टाउनशिप के उद्यमों में औसत आय थी। गर्भावस्था के दौरान महिला कामगारों को उनकी इकाइयों में हल्का काम दिया जाता था। घर में भी उन्हें वज़नी काम से दूर रखा जाता था। लेकिन गर्भवती महिला को विशेष आहार या विटामिन देने का कोई चलन नहीं था। यदि कुलीन परिवारों को छोड़ दें तो, जहाँ तक तीसरी दुनिया के आम लोगों का संबंध है, शायद यही एक आम चलन था।

हला में सभी शिशुओं का जन्म अस्पताल में ही होता था। हालाँकि, भीतरी इलाक़ों के गाँवों में दाइयों की मदद से प्रसव घरों में ही होते थे। सभी फ़ैक्टरियों और गाँवों की अपनी ख़ुद की नर्सरियाँ थीं, जहाँ माता-पिता कार्य के दौरान अपने बच्चों को रखते थे। उत्पादन जवाबदेही व्यवस्था के लागू होने के बाद जब भी महिलाएँ गर्भपात करातीं, उन्हें काम छोड़ना पड़ता था और आराम की अवधि में उन्हें मज़दूरी से भी हाथ थोना पड़ता था। इस स्थिति के लिए उपक्रमों के पास कोई आम योजना नहीं थी। महिला फ़ेडेरेशन कुछ हद तक इस कठिनाई को कम करने के लिए आगे आता था। वह खेतों, फ़ैक्टरी या यहाँ तक कि घर में उनका काम हो जाए, इसका प्रबंध करता था। महिला फ़ेडेरेशन की गर्मजोशी और चिंता का यह भाव महिलाओं को ख़ुश कर देता था।

कुछ मामलों में एक शिशु का मानक अपवाद था। वर्ष 1985 में हला टाउनशिप में 12 दंपतियों को दूसरे शिशु के लिए "अनुमति" दी गई थी— लेकिन इसे वुशी नगरपालिका के परिवार नियोजन विभाग द्वारा अनुमोदित किया जाना होता था। बाद में उनमें से तीन ने वास्तव में अपना विचार बदल दिया था और उन्होंने दूसरी संतान की इच्छा को त्याग दिया था। इनमें से एक दंपति दूसरी संतान के लिए आगे बढ़ा था, क्योंकि उनकी पहली संतान गूँगी थी।

एक संतान मानक के बारे में चीनी सरकार का मुख्य बचाव यह था कि अकेला शिशु एक अच्छी गुणवत्तावाला जीवन हासिल कर सकेगा और देश पर जो जनसंख्या का दबाव है, उस पर नियंत्रण लगेगा। हालाँकि लोगों के बीच इस पर मतभेद थे। बहुत-से लोगों को लगता था कि परिवार में एक बच्चा होगा तो वह बिगड़ैल होगा, हमेशा माँ-बाप और दादा-दादी, नाना-नानी द्वारा सिर चढ़ाया जाएगा। "छोटे सम्राटों" (या *श्याओ वांग*, सिरचढ़े बच्चों के संदर्भ में) की यह परिघटना चीन में काफ़ी बहस का सबब रही है। कई जनसंख्या विशेषज्ञों ने भी चेताया था कि इस नीति की वजह से भविष्य में चीनी आबादी काफ़ी असंगत हो सकती है। एक ख़ास समय पर चीन में बूढ़े लोगों का प्रतिशत अधिक हो जाएगा। हालाँकि, सरकार जनसंख्या विस्फोट को इतनी गंभीर समस्या मानती है कि एक संतान मानक में ढील नहीं दी जा सकती। बिगड़ैल बच्चों की समस्या संदर्भ में किशोर बच्चों और एक बच्चेवाले माता-पिता के मनोविज्ञान पर व्याख्यानों सहित कई शैक्षणिक क़दम उठाए गए थे।

वर्ष 1979–80 में प्रोत्साहनों और हतोत्साहनों की व्यवस्था लागू की गई और 1980 के दशक में उसे और ज़्यादा मज़बूत किया गया। दूसरे बच्चे के लिए हतोत्साहनों में सात वर्ष के लिए 120 युआन का वार्षिक जुर्माना शामिल था। सन् 1985 और 1987 की पड़ताल बताती है कि कई सारे नव-समृद्ध परिवारों को जुर्माना भरना ज़्यादा आसान लगा और उनकी एक और संतान थी।

तालिका 9.5: हला में इस्तेमाल परिवार नियोजन के तरीक़े (1985)

इस्तेमाल किए गए तरीक़े	*इस्तेमाल करने वालों की संख्या*
पुरुष नसबंदी	16 पुरुष
महिला नसबंदी	585 महिलाएँ
आईयूसीडी (लूप)	2,006 महिलाएँ
इंजेक्शंस या लंबी अवधि वाली गोलियाँ	145 महिलाएँ
अल्पावधि गोलियाँ	273 महिलाएँ
कंडोम	55 पुरुष
बाह्य मेडिसन का इस्तेमाल	11 महिलाएँ
मासिक सुरक्षा-जैसे निजी तरीक़े का इस्तेमाल	123 महिलाएँ

स्रोत : स्थानीय अधिकारियों के साथ साक्षात्कार।

सन् 1980 के दशक के मध्य में गर्भनिरोधकों के इस्तेमाल में थोड़ा-सा परिवर्तन दिखा था। आईयूसीडी या लूप का इस्तेमाल ज़्यादा प्रचलित हुआ था, जबकि गोलियों का उपयोग कम हुआ था क्योंकि इसके प्रतिकूल प्रभाव की बात सामने आ रही थी। नवविवाहित दंपतियों को आमतौर पर गर्भनिरोधकों के इस्तेमाल के लिए प्रोत्साहित किया जाता था। अगर वे ज़ोर देते थे, तब उनके लिए लूप की अनुशंसा की जाती थी। जो महिलाएँ छल्लों का इस्तेमाल नहीं कर सकती थीं, उन्हें गोलियों का सुझाव दिया जाता था। बच्चे के जन्म के बाद, महिलाएँ छल्लों का इस्तेमाल करती थीं। तालिका 9.5 प्रजनन की उम्र में 3,390 महिलाओं द्वारा विभिन्न तरीक़ों का इस्तेमाल किस सीमा तक किया, उसके बारे में बताता है। प्रजनन की उम्र को विवाह के समय से लेकर 49 वर्ष तक की उम्र के रूप में परिभाषित किया जाता है।

ध्यान देना चाहिए कि भारत के विपरीत चीन में बहुत कम पुरुष नसबंदी कराते थे। प्रजनन-उम्र की महिलाओं के छठवें हिस्से ने ऑपरेशन का विकल्प चुना था। लेकिन आमतौर पर, एक बच्चेवाली माँओं को ऑपरेशन कराने के लिए प्रोत्साहित नहीं किया जाता था। उन्हें लूप के इस्तेमाल का सुझाव दिया जाता था, जो हला में दो-तिहाई से थोड़ा कम महिलाओं द्वारा इस्तेमाल किया जानेवाला सबसे लोकप्रिय तरीक़ा था। लंबी-अवधि वाले इंजेक्शनों या गोली का इस्तेमाल अभी भी बहुत कम था। आश्चर्यजनक रूप से कंडोम का इस्तेमाल भी ज़्यादा प्रचलित नहीं था।

हला में चीन में जनसंख्या विस्फोट को रोकने के लिए शक्तिशाली राष्ट्रीय अभियान के पर्याप्त संकेत दिखते थे। नीति में एक व्यापक दृष्टिकोण अपनाया गया था, जो परिवार नियोजन को स्वास्थ्य सेवा से और जनसंख्या नियंत्रण अभियान को महिला स्वास्थ्य और शिशु देखभाल से और शिक्षा और प्रचार को प्रोत्साहनों और हतोत्साहनों के साथ

जोड़ता था। अक्सर पूछा जाता है कि क्या चीन का परिवार नियोजन कार्यक्रम एक बलपूर्वक चलाया जानेवाला अभियान था। इसका उत्तर बहुत स्पष्ट है कि अभियान में शारीरिक ज़बरदस्ती शामिल नहीं थी। निःसंदेह, राज्य, पार्टी और जनसंगठनों का नैतिक और राजनीतिक दबाव ज़रूर था। एक सामाजिक वातावरण निर्मित किया गया था, जो बहुत सारे बच्चोंवाले परिवारों के लिए शर्मिंदगी का कारण बना। दृष्टिकोण मुख्यतः आर्थिक प्रोत्साहनों और सांगठनिक दबाव पर केंद्रित था। एनपीसी की एक महिला प्रतिनिधि और बींजिग के चुआंग्था स्ट्रीट की पड़ोस कमेटी की नेता ने जून 1979 में एक साक्षात्कार के दौरान अपने पाँच बच्चोंवाले परिवार से परिचय कराते हुए कहा : "मैंने एक ऐतिहासिक ग़लती की"। एक बच्चेवाले परिवारों के लिए कई सारे प्रोत्साहन थे, जबकि जिनके ज़्यादा बच्चे थे, उन्हें जुर्माना, आवंटन में प्राथमिकता खोने और ऐसी ही चीज़ों के ज़रिए भौतिक नुकसान उठाने पड़ते थे। जैसे-जैसे सुधारों ने प्रगति की इस नीति से लाभ स्पष्ट होते गए।

1990 के दशक में स्वास्थ्य और परिवार नियोजन : व्यावसायिकता की ओर

क्या सुधारों ने स्वास्थ्य देखभाल की स्थिति पर प्रतिकूल प्रभाव डाला है, यह मसला न केवल विदेशों में, बल्कि चीन में भी बहस के केंद्र में रहा है। स्थानीय कैडर कुछ ज़्यादा ही ज़ोरदार तरीक़े से बता रहे थे कि सरकार स्वास्थ्य सेवा पर लगातार अधिक ध्यान दे रही है। लेकिन स्वास्थ्य के क्षेत्र में सार्वजनिक कार्रवाई के स्वरूप की वस्तुपरकता और स्तर में कमी आई है इस पर बहस जारी रहेगी। हला में मेरी पड़ताल यह दिखाती है कि स्वास्थ्य के क्षेत्र में निवेश घटता गया है। चिकित्सा सेवाएँ पूरी तरह मुफ़्त नहीं रह गई हैं। लेकिन शुल्क बहुत ज़्यादा भी नहीं था। कुल मिलाकर, स्वास्थ्य की स्थिति में सुधार जारी है।

माओ तिंगशन, जो आज टाउनशिप के मुख्य चिकित्सा अधिकारी या प्रभारी डॉक्टर हैं, उन्होंने 1996 में साफ़ तौर पर कहा कि गाँव में सहकारी स्वास्थ्य सेवा अब भी चल रही है तो भी शहरों में स्वास्थ्य बीमा की नई प्रवृत्ति ज़ोर पकड़ने लगी है। उन्होंने इस ओर ध्यान दिलाया कि गाँवों में समय-समय पर स्वास्थ्य के बारे में शैक्षिक अभियान चलाए जाते हैं। नारा था कि "अच्छी सेहत के बिना आर्थिक विकास संभव नहीं है"। इसी नीति को पार्टी प्रचारित कर रही थी, साथ ही राज्य भी। यकीनन, इसमें कोई अतिशयोक्ति नहीं कि चीन के विकास में स्वास्थ्य और शिक्षा की बड़ी भूमिका थी। उन्होंने इस धारणा को लोकप्रिय बनाने का काम किया कि बेहतर स्वास्थ्य और शिक्षा के बेहतर संकेतकों के आधार पर ही आर्थिक विकास को मापा जा सकता है। वही आर्थिक प्रगति और सामाजिक विकास में बेहतरी को मापने का औज़ार हैं।

विश्व स्वास्थ्य संगठन ने वर्ष 2000 तक सभी को प्राथमिक स्वास्थ्य सुविधा उपलब्ध कराने या सबके लिए स्वास्थ्य का कार्यक्रम बनाया था, उसे हला में 1995 में ही हासिल कर लिया गया था। च्यांग्सू प्रांत के आर्थिक रूप से समृद्ध इलाकों में कई टाउनशिप में यही वस्तुस्थिति थी।

कुछ स्वास्थ्य सेवाओं के लिए शुल्क तय किए जाने के बाद सहकारी स्वास्थ्य सेवा की व्यवस्था में बदलाव आ रहे थे। पहले टाउनशिप अस्पताल या गाँव के स्वास्थ्य केंद्र द्वारा सभी प्रकार की सेवाएँ प्रदान की जाती थीं। इनके लिए धन जुटाने के लिए टाउनशिप सरकार और गाँव कमेटी अपनी आय से अस्पताल को सालाना मदद देती थी। साथ ही, अस्पताल के ख़र्च का 10–12 प्रतिशत व्यक्तिगत मरीज़ों से शुल्क के रूप में वसूला जाता था और बाक़ी का इंतज़ाम टाउनशिप या उद्यमों द्वारा किया जाता था। ध्यान रखना चाहिए कि टाउनशिप या गाँव कमेटी के अलावा फ़ैक्टरियाँ भी टाउनशिप या गाँव के स्तर पर स्वास्थ्य के मद में अपना योगदान देती थीं। वर्ष 1995 में हला टाउनशिप सरकार ने अपनी आमदनी में से 3,00,000 युआन या आय का 3 प्रतिशत स्वास्थ्य सेवा के लिए दिया था। इन सबके ऊपर गाँव कमेटी ने 7,00,000 से 8,00,000 युआन का योगदान किया।

हला में अब दो टाउनशिप-स्तर के अस्पताल थे। उनमें से एक में मशहूर हड्डी रोग विभाग था, जिसे टूटी हड्डियों को जोड़ने में महारत हासिल थी। उसके रखरखाव और मरम्मत के लिए टाउनशिप सरकार यदा-कदा विशेष अनुदान देती थी। वर्ष 1994–95 में प्रत्येक अस्पताल को नए उपकरण ख़रीदने और मरम्मत के लिए 20 लाख युआन दिए गए। एक और शाखा अस्पताल पूर्ण अस्पताल बन गया था। इसके अलावा, सभी 13 गाँवों में एक स्वास्थ्य केंद्र था, जिसमें एक डॉक्टर और कुछ पैरा-मेडिकल कर्मचारी थे। ये डॉक्टर टाउनशिप-स्तर के डॉक्टरों जितने क़ाबिल नहीं थे। सभी डॉक्टर और पैरा-मेडिकल कर्मचारी पश्चिमी चिकित्सा और चीनी चिकित्सा (*चुंग्याओ*), दोनों में प्रशिक्षित थे। बेयरफ़ुट डॉक्टर (*चीच्याओ यिशंग*) अब उतनी लोकप्रिय अवधारणा नहीं रह गए थे क्योंकि नई नीति डॉक्टरों और नर्सों के तकनीकी ज्ञान के स्तर को ऊँचा उठाने पर ज़ोर देती थी। लेकिन सार रूप में अवधारणा अब भी बरक़रार थी। पहले तो स्वास्थ्य मामलों में चीनी लोगों के स्थानीय ज्ञान को आधुनिक चिकित्सा ज्ञान में शामिल कर लिया गया था। दूसरे, गाँव स्तर के डॉक्टरों को अब भी "लोगों की सेवा" की भावना के साथ काम करने को कहा जाता था और वे सामान्य लोगों के लिए काफ़ी सुलभ थे। लेकिन चिकित्सा केंद्रों को मिलनेवाले वित्त में कटौती के कारण ये सुविधाएँ सीमित हो गई थीं, फलस्वरूप डॉक्टरों ने शुल्क वसूलना शुरू कर दिया था। अंततः, हो सकता है कि बेयरफ़ुट डॉक्टर की अवधारणा पूरी तरह ख़त्म हो जाए। चीन के समसामयिक नीति-निर्माता कहते हैं कि यह तब तक प्रासंगिक था जब तक गाँवों में प्रशिक्षित चिकित्सक और वैज्ञानिक मेडिकल सुविधाएँ उपलब्ध नहीं थीं।

अब यह धीरे-धीरे संभव हो गया था और बेयरफ़ुट डॉक्टरों की अवधारणा पुरानी पड़ चुकी थी। हालाँकि दूसरे कई लोग इस बात का उल्लेख करते थे कि बेयरफ़ुट डॉक्टर के पीछे जो सोच थी वह महत्त्वपूर्ण थी क्योंकि वह परंपरागत औषधि विज्ञान के साथ आधुनिक ज्ञान के इस्तेमाल के साथ-साथ लोगों से क़रीबी और सार्वजनिक सेवा के प्रति निष्ठा पर ज़ोर देती थी। जैसे-जैसे चिकित्सा संबंधी ज्ञान उन्नत होता जाता है, बेयरफ़ुट डॉक्टर भी आधुनिक चिकित्सा में और अधिक महारत हासिल कर सकते हैं। इसलिए यह अवधारणा अब भी प्रासंगिक है। तथापि आधुनिक नीति-निर्माता उसे सार्वजनिक संसाधनों की बरबादी मानते थे क्योंकि अयोग्य कर्मी बीमार लोगों के लिए ख़तरा थे। लेकिन इसके साथ ही यह साफ़ था कि निजी स्वास्थ्य सेवा तक समाज के समृद्ध तबकों की पहुँच आसान बनाती थी और आम लोगों को उनसे दूर करती थी। हला में यह परिघटना पहले ही ज़ोर पकड़ने लगी थी। हला टाउनशिप में अब तक कोई निजी डॉक्टर या क्लीनिक नहीं था। लेकिन उपनगर ज़िले के कुछ हिस्सों में वे दिखने लगे थे और ज़ाहिर है, अगर कोई मरीज़ निजी क्लीनिक में जाता तो उसे सारा ख़र्च ख़ुद ही उठाना पड़ता था।

चीन में चीनी जनगणराज्य की स्थापना के शुरुआती वर्षों से ही इलाज से ज़्यादा बीमारियों की रोकथाम पर ज़ोर दिया जाता रहा है। तदनुरूप, सार्वजनिक कार्यक्रमों के ज़रिए और स्कूलों में स्वास्थ्य शिक्षा दी जाती थी। इस दृष्टिकोण को 1990 के दशक में और मज़बूती से दुहराया गया। टाउनशिप के स्तर पर पार्टी और राज्य, दोनों की अपनी स्वास्थ्य कमिटियाँ थीं, जो समय-समय पर टाउनशिप में स्वास्थ्य की स्थिति का, ख़ासकर रोकथाम के लिए उठाए गए क़दमों का मूल्यांकन करती थीं। टाउनशिप निदेशक की सालाना रिपोर्ट में हमेशा स्वास्थ्य बारे में एक अनुच्छेद शामिल होता था। हला में प्रत्येक नवजात शिशु के स्वास्थ्य की क़रीबी से निगरानी की जाती थी, जब तक वह सात साल का नहीं हो जाता। वास्तव में, किसी भी औरत को गाँव के स्वास्थ्यकर्मी गर्भावस्था के दौरान पोषण और स्वास्थ्य की देखभाल संबंधी सलाह देते थे। सात साल की उम्र तक समय से टीके दिए जाते थे। हर शिशु का अपना स्वास्थ्य कार्ड होता था, जिस पर सभी जानकारियाँ दर्ज होती थीं। रोकथाम के उपायों में टीकाकरण के साथ-साथ पास-पड़ोस की साफ़-सफ़ाई मुहिम और पर्यावरण के रखरखाव संबंधी जानकारियाँ शामिल थीं।

यूरोप के बहुत-से विकसित देशों की तरह टाउनशिप में भी जनसंख्या की बढ़त दर ऋणात्मक हो गई थी। चीन में जनसंख्या बढ़त दर को और कम करने की ज़रूरत को देखते हुए स्वास्थ्य कैडर इससे ख़ुश थे। टाउनशिप के स्वास्थ्य अधिकारियों के मुताबिक हला टाउनशिप के किसान परिवारों में आबादी नियंत्रण का काम शत-प्रतिशत पूरा हो चुका है। हालाँकि प्रवासी मज़दूर परिवारों के संदर्भ में यह बात सही नहीं थी क्योंकि वे उनकी स्वास्थ्य सेवा का अंग नहीं थे और उन्हें अंशतः स्वास्थ्य सेवा के लाभ से बाहर रखा जाता

था। वे स्थानीय सुविधाओं का इस्तेमाल कर सकते थे, पर इसके लिए उन्हें फ़ीस चुकानी पड़ती थी। प्रकट रूप से वे अपने मूल गाँव के कल्याणकारी दायरे में आते थे।

टाउनशिप की आम बीमारियों में ज़ुकाम, फ़्लू और पेट संबंधी विकार शामिल थे। जहाँ तक मौत के कारण का सवाल है, ज़्यादातर मौतें कैंसर, उच्च रक्तचाप और दिल के दौरे के कारण होती थीं। यह भी उन्हें विकसित देशों की बराबरी पर ले आता था।

सन् 2020 की ओर : सामाजिक विकास की प्रवृत्तियाँ

जैसे-जैसे देश चीनी कम्युनिस्ट पार्टी की 16वीं काँग्रेस में निर्धारित लक्ष्य 2020 में "एक ख़ुशहाल समाज" की ओर बढ़ रहा था, यह साफ़ हो रहा था कि वुशी और पूरे चीन में सामाजिक विकास की प्रवृत्तियाँ पूरी तरह से विरोधाभासों से भरी हैं। "दो शताब्दियों" (*ल्यांग यिपाई न्येन*) के आयोजन की बात व्यापक चर्चा में थी— 2021 में चीनी कम्युनिस्ट पार्टी की स्थापना का शताब्दी महोत्सव और 2049 में चीनी जनगणराज्य का शताब्दी महोत्सव।[26] लेकिन बिडंबना यह थी कि मीडिया और सार्वजनिक विमर्श इस बात केंद्रित था कि चीन की आर्थिक और सैन्य ताक़त किस क़दर बढ़ रही है और वह किस तरह से पूरे विश्व में अपना प्रभाव बढ़ा रहा है और बड़ी ताक़तों की चुनौतियों से कैसे निपट रहा है। फोकस सामाजिक विकास था, जिसमें स्वास्थ्य, शिक्षा, सामाजिक कल्याण पर ध्यान देना और असमानताओं और क्षेत्रीय विषमताओं को कम करना शामिल था। इन क्षेत्रों में भी संयुक्त राज्य अमेरिका और यूरोप के समान ऊँची गुणवत्तावाली स्वास्थ्य सेवा और शैक्षणिक संस्थानों का निर्माण शामिल था। चीनी कम्युनिस्ट पार्टी का बहुप्रचारित लक्ष्य 2020 तक "हर मायने में ख़ुशहाल समाज" का निर्माण था। "विकास के प्रति वैज्ञानिक दृष्टिकोण" का अभिप्राय "आर्थिक, सामाजिक, राजनीतिक, सांस्कृतिक और पारिस्थितिकी के क्षेत्र" में समन्वित, संतुलित, विकास हासिल करना है। लेकिन सामाजिक क्षेत्र में वास्तविक प्रवृत्तियाँ उस प्रतिबद्धता के अनुकूल दिखाई नहीं देती थीं।

हालाँकि, शी जिनपिंग शासन के दो बड़े फ़ैसलों ने सामाजिक क्षेत्र के मुद्दों के प्रति व्यापक ध्यान देने के लिए समर्थन की एक स्थिति निर्मित की। एक थी निकट भविष्य में आर्थिक वृद्धि की ऊँची दर (लगभग 10 प्रतिशत और उससे अधिक) की जगह औसत आर्थिक वृद्धि दर (असल में, यानी 6–8 प्रतिशत) को नया मानक घोषित करना।[27] ऐसा करना घरेलू माँग पैदा करने, रोज़गार और बेहतर मज़दूरी देने की दिशा में नीतियों को ढालने के लिए अपेक्षित था। जैसा कि तेरहवीं पंचवर्षीय योजना में कहा गया था, "आर्थिक और सामाजिक विकास" के लिए "शिक्षा के आधुनिकीकरण", "एक लगनशील समाज" और "एक सेहतमंद चीन" के निर्माण के प्रति निष्ठा इन क्षेत्रों को विकसित करने में शासन की इच्छा को इंगित करता था (चित्र 9.2)। यह स्वास्थ्य और शिक्षा के लिए अधिक संसाधनों के आवंटन की ओर बढ़ सकता था। हालाँकि इस बात के पर्याप्त साक्ष्य नहीं

तालिका 9.6: विभिन्न स्तर पर प्रति 100,000 लोगों पर विद्यार्थियों की संख्या (1990–2015)

वर्ष	*प्राक्-शिक्षा (प्री-एडुकेशन)*	*प्राथमिक शिक्षा*	*जूनियर माध्यमिक*	*सीनियर माध्यमिक*	*उच्च शिक्षा*
1990	1,725	10,707	3,426	1,337	326
1995	2,262	11,010	3,945	1,610	457
2000	1,782	10,335	4,969	2,000	723
2005	1,676	8,358	4,781	3,070	1,613
2010	2,230	7,448	3,955	3,504	2,189
2015	31,118	7,086	3,152	2,965	2,524

स्रोत : नेशनल ब्यूरो ऑफ स्टैटिस्टिक्स ऑफ चाइना, *चाइना स्टेटिस्टिकल ईयरबुक*, 2016 (तालिक 21–32)। उपलब्ध : http://www.stats.gov.cn/tjsj/ndsj/2016/indexeh.htm (देखा 29 मार्च 2017)।

चित्र 9.2: विभिन्न स्तर पर प्रति 100,000 लोगों पर विद्यार्थियों की संख्या (1990–2015)

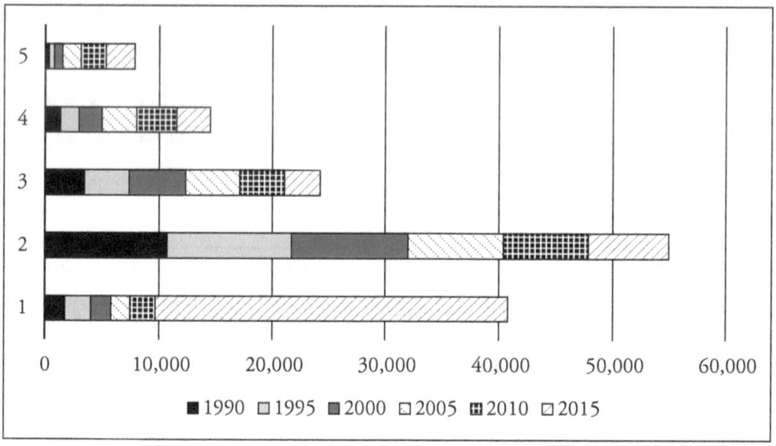

स्रोत : देखें नोट 27.

थे कि इस दिशा में कोई ख़ास प्रगति हो रही थी। दूसरे उपाय के तौर पर 2013 में केंद्रीय कमेटी के तीसरे अधिवेशन में एकल-संतान मानक में ढील देने और बहुतायत के लिए दो बच्चों की अनुमति देने का फैसला किया गया। सुधार की अवधि के दौरान काफ़ी हद तक आबादी वृद्धि दर को कम करने में एकल-संतान परिवार मानक के कुछ सकारात्मक परिणाम हो सकते हैं। लेकिन नकारात्मक परिणाणों का दीर्घकालिक प्रभाव पड़ा। आबादी के ढाँचे में एक प्रवृत्ति विकसित हुई, जिसके तहत इतिहास के एक अतिमहत्त्वपूर्ण काल में कामकाजी उम्र की जनसंख्या कम होती गई और बुज़ुर्ग लोगों की आबादी बढ़ती गई, जो गंभीर सामाजिक संकट का कारण बनने जा रही थी। बेटे को तरजीह देने के सांस्कृतिक

परिवेश की वजह से कन्या भ्रूण हत्या और कन्या शिशु हत्या की घटना गंभीर चिंता का एक बाइस थी। शादी योग्य युवा पुरुषों के लिए दुल्हनों की कमी एक बढ़ती हुई समस्या है। इसलिए, चीन के भीतर और बाहर दो शिशुओं के मानक का व्यापक रूप से स्वागत किया गया। लेकिन अधिकांश कामकाजी दंपतियों के लिए एकल-शिशु मानक ने एक नई शहरी प्राथमिकता का निर्माण किया और आबादी के ढाँचे पर इसका लगातार प्रभाव पड़नेवाला था। हालाँकि, महिलाओं और बालिका शिशु के अधिकारों के लिए चलाए जानेवाले अभियान के भी सकारात्मक प्रभाव पड़ रहे थे।

शी जिनपिंग के मज़बूत भ्रष्टाचार-विरोधी अभियान का भी सामाजिक विकास पर अनुकूल प्रभाव पड़ा। प्रत्येक स्तर पर कैडर अब स्वास्थ्य और शिक्षा के लिए आवंटनों की उपेक्षा नहीं कर सकते थे। इससे पहले, वे निधियों को आर्थिक रूप से लाभकारी योजनाओं की तरफ़ मोड़ देते थे, यद्यपि बजट में इन्हें दूसरे मद के लिए प्रदान किया गया होता था।

तथापि, समकालीन चीन में स्वास्थ्य और शिक्षा की स्थिति संतोषप्रद होने से दूर थी। सार्वजनिक अस्पतालों में बहुत ज़्यादा भीड़ थी और निजी अस्पताल बहुत ज़्यादा महँगे थे। राज्य सबसिडियों के साथ विभिन्न तबकों के लोगों को बीमा प्रदान करने की बात कर रहा था। यह अपर्याप्त था। इसी वजह से लोग कम्यून के दौरान मिलनेवाली सार्वभौमिक स्वास्थ्य सुविधाओं और 1980 के दशक की याद करते थे, जब स्थानीय सरकार के पास सभी को

तालिका 9.7: शिक्षा पर सरकारी व्यय (लाख युआन)

1980	*1985*	*1990*	*1995*	*2000*	*2005*	*2010*	*2014*
1,142	2,268	4,625	11,938	25,626	51,610.7	1,46,700.6	2,64,205.8

स्रोत : नेशनल ब्यूरो ऑफ़ स्टैटिस्टिक्स, *चाइना स्टैटिस्टिकल ईयरबुक*, 1990, 1995, 2000, 2005, 2010, 2014।

तालिका 9.8: स्वास्थ्य संकेतक : भारत और चीन (2015)

संकेतक	*भारत*	*चीन*
जीडीपी के प्रतिशत के रूप में कुल स्वास्थ्य व्यय	4.7	5.5
जीडीपी के प्रतिशत के रूप में सार्वजनिक व्यय	1.4	3.1
स्वास्थ्य में प्रति व्यक्ति व्यय ($ में; 2014)	75	420
निजी व्यय का प्रतिशत के रूप में तुरत देय व्यय (2014)	89.2	72.3
जन्म के संमय संभावित उम्र सीमा	68	76
शिशु मृत्यु दर (आईएमआर; 2015)	38	9
मातृत्व मृत्यु दर (एमएमआर; 2015)	174	27
तपेदिक़ की घटनाएँ (प्रति 100,000; 2015)	169	68
प्रति 1,000 की आबादी पर चिकित्सक (2011)	0.7	1.5

स्रोत : http://data.worldbank.org/topic/health (देखा 19 जून 2017)।

स्वास्थ्य देखभाल और शिक्षा प्रदान करने के लिए पर्याप्त संसाधन थे। लिहाज़ा, सुधार ने देश के लिए आर्थिक वृद्धि लाई, चीनी राष्ट्रवाद को प्रेरित किया, लेकिन यह सामाजिक विकास में गंभीर दरारों का भी कारण बना, जिसने सफलता के उस फंदे की प्रकृति को भी उजागर कर दिया, जिसके भीतर चीन फँस चुका था।

मार्च 2016 में तत्कालीन शिक्षा मंत्री, युआन कुइरन ने बारहवीं एनपीसी के चौथे अधिवेशन के समय एक प्रेस वार्ता में रेखांकित किया कि 12वीं पंचवर्षीय योजना (2010–15) के दौरान चीन का आर्थिक विकास दुनिया में औसत-उच्च स्तर पर पहुँच चुका है।[28] इसी प्रेस वार्ता में मंत्री ने यह भी स्वीकारा कि गुणवत्तावाले शिक्षकों की कमी की वजह से ग्रामीण शिक्षा गंभीर बाधाओं का सामना कर रही है और इसके परिणामस्वरूप ग्रामीण-शहरी क्षेत्रीय अंतर पैदा हो गया है। भविष्य के सुधारों का मुख्य सार अभी तक कम-से-कम चार विशेषताओं पर केंद्रित है— सार्वभौमिक पहुँच, मुफ़्त, संतुलित और अनिवार्य। तेरहवीं पंचवर्षीय योजना (2016–20) इन विशेषताओं पर फिर से ज़ोर दे रही है और व्यावसायिक शिक्षा को 2020 तक मुफ़्त करने पर ज़ोर है और साथ ही, प्री-प्राइमरी से लेकर माध्यमिक स्कूल तक के सभी स्तरों में दाख़िले की दर को बढ़ाने पर भी ज़ोर दिया जा रहा है।

टिप्पणियाँ

1. इयान जी. कुक और ट्रेवर जे.बी. डमर, "चेंजिंग हेल्थ इन चाइना : री-इवैल्युएटिंग दी इपीडेमियोलॉजिकल ट्रांजिशन मॉडल", *हेल्थ पालिसी* 67, नं. 3 (2004, पृ. 329–43)।
2. यूएनडीपी, *ह्यूमन डेवलपमेंट रिपोर्ट 2007–08* (पालग्रेव मैक्मिलन, न्यूयार्क, एनवाई, 2007, पृ. 262–63)। पाँच वर्ष से कम आयु के बच्चों की मृत्युदर 1970 में 1,000 पर 120 थी जो 2005 में घटकर 27 पर आ गई। वर्ष 2005 में मातृ मृत्युदर चीन में 1,000 पर 45 थी, जबकि भारत में यह 1,000 पर 450 थी।
3. विश्व बैंक, *वर्ल्ड डेवलपमेंट इंडीकेटर्स*, 2012, 2014, 2015 (16 फरवरी 2017 को अपडेट किया)।
4. यूएनडीपी, *ह्यूमन डेवलपमेंट रिपोर्ट 2016 : ह्यूमन डेवलपमेंट फ़ॉर ऐवरीवन* (29 मार्च 2017)। उपलब्ध : http://hdr.undp.org/en/content/download-and-read-latest-human-development-report-2016-human-development-everyone (देखा 30 मार्च 2017)।
5. यूएनडीपी, *ह्यूमन डेवलपमेंट रिपोर्ट* (2016, पृ. 270–71)। वर्ष 2005 में भारत में 15 वर्ष से अधिक उम्रवालों में यह प्रतिशत 61 हो गया था और युवाओं के लिए 76.4 प्रतिशत था।
6. यूएनडीपी, *ह्यूमन डेवलपमेंट रिपोर्ट* (2016, पृ. 231)।
7. नेशनल ब्यूरो ऑफ़ स्टैटिस्टिक्स ऑफ़ चाइना, *चाइना स्टैटिस्टिकल ईयरबुक*, 1996 (तालिका 18.1, 18.4 और 18.5)।
8. नेशनल ब्यूरो ऑफ़ स्टैटिस्टिक्स ऑफ़ चाइना, *चाइना स्टैटिस्टिक्स ईयरबुक* (2007, पृ. 875)।
9. उपरोक्त (2007, पृ. 877)।
10. टी.जे.बी. डमर और इयान जी. कुक, "एक्सप्लोरिंग चाइनाज़ रूरल हेल्थ क्राइसिस : प्रॉसेस एंड पॉलिसी इंप्लीकेशंस", *हेल्थ पॉलिसी* 83, नं. 83 (2007, पृ. 1–16)।
11. डेविड ब्लूमेंथल और विलियम स्याओ, "प्राइवेटाइजेशन एंड इट्स डिस्कंटेंट्स : दी इवॉल्विंग चाइनीज़ हेल्थ केयर सिस्टम", *न्यू इंग्लैंड जरनल आफ मेडिसिन* (2005, पृ. 1165–70), डीओआई : 10.1056/NEJMhpr051133

12. टी.जे.बी. डमर और इयान जी. कुक, "एक्सप्लोरिंग चाइनाज़ रूरल हेल्थ क्राइसिस" (2007, पृ. 8)।
13. उपरोक्त (2007, पृ. 5)।
14. उपरोक्त (2007, पृ. 6)।
15. इयान जी. कुक और ट्रेवर जे.बी. डमर, "चेंजिंग हेल्थ इन चाइना"।
16. मैट वॉकर, "ए नेशन स्ट्रगलिंग टु कैच इट्स ब्रेथ", *न्यू सांइटिस्ट*, नं. 2549 (2006, पृ. 8–9)।
17. टी.जे.बी. डमर और इयान जी. कुक, "एक्सप्लोरिंग चाइनाज़ रूरल हेल्थ क्राइसिस" (2007, पृ. 8)।
18. युआनली ल्यू, विलियम सी.एल. स्याओ, छिंग ली, शिंग्चू ल्यू और मिंगहुई रन, "ट्रांस्फॉरमेशन ऑफ़ चाइनाज़ रूरल हेल्थकेयर फाइनैंसिंग", *सोशल साइंस एंड मेडिसिन* 41, नं. 8 (1995, पृ. 1085–93)।
19. उपरोक्त (1995, पृ. 1087)।
20. सन् 2006 में टाउनशिप के निदेशक के साथ साक्षात्कार।
21. सन् 2004 में क्षेत्र में किए गए साक्षात्कार।
22. उपरोक्त, 6।
23. उपरोक्त, 8।
24. उपरोक्त, 3।
25. वृहत्तर तीन में प्रचलित मुद्रा, जो युआन का सौवाँ हिस्सा है। – अनु.।
26. शिन्हुआ, "शिन्हुआ इंसाइट : सीप़ीसीज़ न्यू गवर्नेंस थ्योरीज़ स्टीयर चाइना ऑन फ़ास्ट ट्रैक टु 'टू सिंचुरी गोल्स'", शिन्हुआ, 4 मई 2016; उपलब्ध : http://news.xinhuanet.com/english/2016-05/04/c_135334465.htm (देखा 19 जून 2017)। यद्यपि इस विचार को सबसे पहले 1997 की चीनी कम्युनिस्ट पार्टी की काँग्रेस में सूत्रबद्ध किया गया था, परंतु 2012 में जब शी जिनपिंग पार्टी के महासचिव बने तभी यह विचार लोकप्रिय हो सका।
27. *दी 13थ फाइव ईयर प्लान ऑफ़ इकनॉमिक एंड सोशल डेवलपमेंट ऑफ़ दी पीपुल्स रिपब्लिक ऑफ़ चाइना, 1916–2000* (सेंट्रल कंपाइलेशन एंड ट्रांसलेशन प्रेस, पेइचिंग, 2016), देखें शिक्षा और स्वास्थ्य संबंधी अध्याय 59 और 60।
28. चीनी जनगणराज्य का शिक्षा मंत्रालय, "चाइनीज़ एजुकेशन मीनीस्टर डिस्कसेस एजुकेशन रिफ़ॉर्म्स एंड डेवलपमेंट एट प्रेस कांफ्रेंस", 15 मार्च 2016. उपलब्ध : http://en.moe.gov.cn/Specials/Specials_Spotlight/Spotlight_News/201603/t20160315_233577.html (देखा 7 अप्रैल 2017)।

10 चीन के विकास की सीख : वैश्विक रूपांतरण के लिए सबक

मुख्य तर्क

चीन के सुधारों के रास्ते का उजागर होना जारी रहेगा, साथ ही उससे जुड़ी समस्याएँ भी सामने आती रहेंगी। चीनी नेतृत्व रचनात्मक ढंग से और काबिलियत के साथ इन समस्याओं से जूझना जारी रखेगा। चीनी लोग दो शतवार्षिकियाँ, 2021 और 2049 में पूरे राष्ट्रीय जोशोख़रोश के साथ मनाएँगे। उन्हें दुनिया की एक बड़ी शक्ति होने का सम्मान मिलेगा। लेकिन वे अपनी क्रांति के सपने को पूरा करते हुए समाजवादी समाज बना पाएँगे या नहीं और चीनी सभ्यता के मूल्यों को हासिल कर पाएँगे या नहीं, यह सवाल बना रहेगा। जैसा कि हमने अपने अध्ययन में देखा, सुधारों के बाद से चीन में उल्लेखनीय आर्थिक उन्नति हुई है और लोगों का रहन-सहन काफ़ी सुधरा है। लेकिन इसके साथ ही सामाजिक ग़ैरबराबरी, क्षेत्रीय विषमता, पर्यावरण का विनाश और सामाजिक विलगाव-जैसी गंभीर समस्याएँ भी पैदा हुई हैं। इस अध्ययन से जो नतीजा सामने आता है, उसके मुताबिक आर्थिक कामयाबी के इस रास्ते पर सामाजिक और पर्यावरण संबंधी समस्याएँ जारी रहेंगी। यह है चीन की सफलता की दास्तान और सफलता का फंदा। "समाजवादी बाज़ार अर्थव्यवस्था" पर अमल आर्थिक बढ़त को हासिल करने में काफ़ी कामयाब रही है और इसने व्यवस्था की सामाजिक-राजनीतिक स्थायित्व को बनाए रखा है। लेकिन इसने चीन को एक तेज़ी से विकसित होते पूँजीवादी समाज में बदल दिया है, जिसकी कुछ अपनी ख़ासियतें हैं। इसकी ख़ासियतें हैं कम्युनिस्ट पार्टी का नेतृत्व, राज्य नियंत्रित बाज़ार अर्थव्यवस्था, केंद्रीय स्तर पर समन्वित, परंतु बड़े पैमाने पर विकेंद्रित आर्थिक प्रक्रिया, एक-पार्टी के शासन में केंद्रीकृत राजव्यवस्था। भले ही इसमें राय-मशविरा और प्रत्येक क्षेत्र में नवाचार के समावेश की काफ़ी गुंजाइश हो। ये ख़ासियतें नेताओं को समय-समय पर नई नीतियाँ बनाने, मुसीबत के समय या नकारात्मक स्थितियों में कड़े फ़ैसले करने और व्यवस्था को स्थायी बनाए रखने के मौक़े देती हैं। देश के भीतर और विदेश में खड़ी होनेवाली नई प्रौद्योगिकी, सुरक्षा, सामाजिक और आर्थिक चुनौतियों के सामने प्रत्येक देश ने उनसे निपटने के नए रास्ते तलाशने की कोशिश की है। हमें यह प्रक्रिया सिर्फ़ वुशी में ही नहीं, वरन पूरे चीन में आम परिघटना की तरह दिखती है।

तंग श्याओफिंग ने मुख्य ख़ाका, "सुधार और खुला दरवाज़ा" का ख़ाका तैयार किया लेकिन हालात जैसी माँग करें, वैसी नीति बनाने की ज़रूरत पर यानी "पत्थरों को टटोलते हुए नदी पार करने" पर ज़ोर दिया। च्यांग त्समिन ने, 1992 में तंग के दक्षिणी दौरे के बाद

जब बाज़ार की भूमिका पर ज़ोर दिया गया, ज़ोरशोर से बाज़ार अर्थव्यवस्था के विकास का काम किया। च्यांग की तीन प्रतिनिधित्व की सोच ने इस ख़ाके को और विस्तारित किया और पार्टी के ढाँचे में पूँजीवादी ताक़तों को भी शामिल कर लिया। सन् 2002 के बाद से जब समस्याएँ गहराने लगीं, हु चिनथाओ ने सामाजिक न्याय और टिकाऊपन पर ज़ोर देते हुए "विकास के वैज्ञानिक नज़रिए" की बात की और उनके ज़रिए उनसे निपटने की कोशिश की। लेकिन उन्होंने आर्थिक बढ़त को तरजीह देना नहीं छोड़ा और चीन ने 2010 में विश्व की दूसरी सबसे बड़ी अर्थव्यवस्था का दर्जा हासिल कर लिया। शी जिनपिंग ने पुरानी ऊँची वृद्धि दर के बदले मँझले दर्जे की वृद्धि दर को नया मानक घोषित कर प्रगति की रणनीति को पुनर्परिभाषित किया और "चार समग्रताओं" के अपने सिद्धांत को बढ़ावा दिया। साथ ही, कुछ महत्त्वपूर्ण अंतरराष्ट्रीय पहल कीं, जैसे कि "संतुलित, समन्वित, खुला, हरित और साझा विकास" संबंधी पहल। यह चीनी राजनीतिक नेतृत्व की सृजनशीलता को दिखाता है कि वह सुधार के रास्ते को और विकसित करना चाहता है और उसमें अनवरतता बनाए रखना चाहता है। सन् 2009 के बाद से चीन में यह प्रवृत्ति साफ़ दिखती थी कि पूरे उत्तर-1949 काल को एक माना जाए, न कि सिर्फ़ सुधार युग का जश्न मनाया जाए। शी जिनपिंग ने नवंबर 2012 में चीनी इतिहास संग्रहालय में राष्ट्रीय नवजीवन प्रदर्शनी के उद्घाटन के समय एक नए विमर्श की शुरुआत की। इस प्रदर्शनी में चीनी जनगणराज्य, चीनी कम्युनिस्ट पार्टी और उपनिवेशवाद-विरोधी क्रांतिकारी आंदोलन का इतिहास प्रदर्शित किया गया था।

इसलिए, चीन से सबक सीखते हुए यह पूरे चीनी विकास इतिहास को ज़ेहन में रखना होगा, न कि सिर्फ़ 1978 के बाद के काल को। बल्कि चीनी जनगणराज्य के जन्म से लेकर अब तक के इतिहास को ज़ेहन में रखना होगा। उसे उपनिवेशवाद-विरोधी संघर्ष और आम चीनी इतिहास और विश्व सभ्यता के इतिहास के संदर्भ में देखना होगा।

सबसे पहले हम सुधारों के दौरान चीन में किए गए नवोन्मेषों पर नज़र दौड़ाते हैं।

सुधारकालीन चीन में नवोन्मेष

भूमि अनुबंध

पहला नवोन्मेष ज़मीन के मालिकाने के मामले में था। जब कम्यूनों को भंग कर दिया गया, उसके बाद ज़मीन अनुबंध के मातहत परिवारों को दे दी गई। जिस परिवार में जितने कामकाजी सदस्य थे उसी के अनुसार उन्हें ज़मीन दी गई। यह ज़मीन के निजीकरण-जैसा नहीं था क्योंकि क़ानूनन ज़मीन का मालिक गाँव सामूहिक बने रहे। लेकिन जहाँ तक अनुबंध का सवाल था वह लंबी अवधि के लिए था और पीढ़ी-दर-पीढ़ी जारी रहता। उसे किसी दूसरे परिवार को उपअनुबंध पर थोड़े समय के लिए दिया जा सकता था। यह व्यवस्था निजी मालिकाने के लाभों के साथ-साथ सार्वजनिक प्रबंधन का भी लाभ देती थी। परिवार के

सदस्य संगत तरीक़े से अपने श्रम का उपयोग कर सकते थे। कुछ सदस्य ग़ैर-खेतिहर कामों के लिए मुक्त किए जा सकते थे। वे खेती में भी अपना बेहतरीन इस्तेमाल कर सकते थे ताकि ज़्यादा-से-ज़्यादा मुनाफ़ा कमा सकें। चूँकि ज़मीन अब भी गाँव सामूहिक की थी, गाँव कमेटी कृषि विकास की आम योजना बना सकती थी। कृषि को दूसरी गतिविधियों से जोड़ सकती थी और सिंचाई एवं कृषि विकास के अन्य पहलुओं पर निवेश भी कर सकती थी।

सुधारों के पहले दो दशक में खेतिहर उत्पादन की बढ़त पर जिस तरह का असर हुआ, उससे साफ़ है कि भूमि प्रबंधन के इस नए तौर-तरीक़े ने उसकी बढ़त में काफ़ी मदद की। लेकिन उसके चलते कई समस्याएँ भी पैदा हुईं। कई परिवारों को लगता था कि उन्हें ज़मीन का काफ़ी छोटा टुकड़ा मिला है और उससे मिलनेवाला फ़ायदा इतना कम है कि उसकी देखभाल भी मुश्किल है। छोटे किसानों पर आधारित खेती से जुड़ी समस्याएँ, जो विकासशील देशों में आम हैं, चीन में भी दिखने लगीं। खेती करने की बजाए वे वाणिज्य और उद्योग में जाना ज़्यादा पसंद करते। नीतिनिर्माता इस सूरत के बारे में जानते थे, इसलिए उन्होंने उपअनुबंध को मंज़ूरी दे दी, जिसमें खेती करने का मूल अधिकार परिवार के पास बना रहता, लेकिन वह दूसरे काम कर सकता था और अपनी ज़मीन को दूसरे गाँववालों को खेती के लिए दे सकता था। एक अन्य नीतिगत पहल थी ऐसे विशेष खेतिहर परिवारों का विकास करना, जो दूसरों से ज़मीन ठेके पर लेकर आधुनिक तकनीकी का इस्तेमाल करते हुए लाभकारी ढंग से खेती कर सकें। स्वामित्व के इस स्वरूप की दूसरी समस्या सामूहिक की ओर से यानी *छुन* या *श्यांग* प्रशासन की ओर से खड़ी होती थी। मुनाफ़ा दिखाने के दबाव में वे हमेशा कृषि में उतना निवेश नहीं कर पाते। सामूहिक वाणिज्य और आर्थिक रूप से फलते-फूलते उद्यम में निवेश करना ज़्यादा बेहतर समझते। लेकिन यह हालत 1990 के दशक में तेज़ी से बदली, जब किसान शहरों की ओर पलायन करने लगे। ऐसे में राज्य के राजनीतिक नेतृत्व और कम्युनिस्ट पार्टी को महत्त्वपूर्ण भूमिका निभानी पड़ी ताकि यह सुनिश्चित किया जा सके कि सभी इलाक़ों में खाद्यान्न की पैदावार को एक स्तर पर बनाए रखा जाएगा। लेकिन इसे इस तरह करना था कि अर्थव्यवस्था को विविध बनाने में किसानों के उत्साह में कोई कमी न आए और उनकी आमदनी बढ़ती रहे। तेरहवीं योजना में भूमि अधिकारों के मामले में एक नई पहल की गई। अब स्वामित्व को अनुबंध से अलग कर दिया गया और इस स्थिति से निपटने के लिए उपयोग अधिकार का सहारा लिया गया।

ग्रामीण औद्योगिकीकरण

चीन के ग्रामीण सुधारों के क्रम में दूसरा बड़ा नवाचार था, ग्रामीण अर्थव्यवस्था को विविधतापूर्ण अर्थव्यवस्था के रूप में देखने की अवधारणा, जिसमें विभिन्न क्षेत्र आपस में एक-दूसरे से और शहरी अर्थव्यवस्था से जुड़े हों। अर्थव्यवस्था को विविध रूप देने में ग्रामीण उद्यमों के विकास ने बड़ी भूमिका निभाई। इसने ग्रामीण अर्थव्यवस्था के विकास

में बड़ी मदद की। ग्रामीण उद्योगों का इस तरह से विस्तार हुआ कि उसमें उन्नत आधुनिक तकनीकी पर आधारित उद्यम भी शामिल हो गए— इलेक्ट्रॉनिक और केमिकल उद्योग भी— जैसा कि हमने हला में देखा। उसी समय खेतिहर औज़ार बनानेवाले और खेतिहर उपजों का प्रसंस्करण करनेवाले परंपरागत उद्योग, मवेशीपालन और मछलीपालन भी चलते रहे। इनका मकसद था शहरों और गाँवों के बीच फ़र्क़ को पाटना। लेकिन जैसा कि हम जानते हैं 1990 के दशक में यह स्थिति काफ़ी कुछ बदल गई, जब टाउनशिप और ग्राम उद्यमों का परित्याग कर दिया गया या उन्हें रूपांतरित कर दिया गया।

ग्रामीण औद्योगिकीकरण का आर्थिक हिसाब-किताब मूल रूप से दो चीज़ों पर निर्भर था। पहले तो जहाँ तक संभव हो सके अतिरिक्त ग्रामीण श्रम को गाँवों में ही काम पर लगा पाने पर, ताकि शहरों पर बेरोज़गार मज़दूरों का भार न पड़े। दूसरे ग्रामीण परिवारों की आय बढ़ाते हुए ग्रामीण बाज़ार को मज़बूत करने पर। दोनों ही मामलों में चीन ने बड़ी कामयाबी हासिल की। इस मायने में 1980 के दशक के ग्रामीण सुधारों ने यूरोप और अमेरिका के विकास अनुभव से अलग एक वैकल्पिक रास्ता पेश किया, जहाँ किसान बड़े पैमाने पर फ़ैक्टरियों में काम करने के लिए शहर पलायित कर गए और खेतिहर पैदावार की बढ़त को बनाए रखने के लिए कृषि मशीनीकरण का सहारा लेना पड़ा।

उद्योग-धंधे और अन्य ग्रामीण उद्यम ऊपर से राज्य की मदद से नहीं शुरू किए गए। सन् 1970 के दशक के अंत और 1980 के दशक की शुरुआत में उनकी स्थापना टाउनशिप की संचय निधि से की गई। कहें तो उद्योग-धंधों की स्थापना के लिए कम्यून के भीतर से संचित अतिरिक्त का इस्तेमाल किया गया। चूँकि प्रत्येक *श्यांग* को अपने विकास की योजना ख़ुद बनाने के लिए स्वतंत्र छोड़ दिया गया था, वह कुदरती और खेतिहर संसाधनों और निवेश की रकम की उपलब्धता के आधार पर अपना फ़ैसला कर सकता था और मुनाफ़े के लिए अपने उत्पादों के विपणन का जोखिम उठा सकता था। धीरे-धीरे वे अपने कामकाज के दायरे को फैलाते गए और निवेश के लिए बैंकों से कर्ज लिया। लेकिन पूँजी निर्माण का बड़ा हिस्सा उनके ख़ुद के मुनाफ़े से की गई बचत का था। इस प्रकार, चीन के विकास में ग्रामीण उद्योगों के लिए धन मूल रूप से ग्रामीण चीन के भीतर से आया। जब वे चीन की राष्ट्रीय अर्थव्यवस्था की निर्णायक ताक़त बन गए और खेतीबाड़ी से ज़्यादा योगदान करने लगे, वे राष्ट्रीय और अंतरराष्ट्रीय निवेश के आकर्षण का केंद्र बन गए। लिहाज़ा, 1990 के दशक में सरकार ने ग्रामीण उद्यमों में अंशधारी व्यवस्था को बढ़ावा देने का तय किया। यह व्यवस्था न सिर्फ़ निवेश के लिए ज़्यादा पूँजी जुटाने में कामयाब रही, बल्कि उद्यमों को लगातार बाज़ार की कसौटी पर कसती रही, जिससे कि वे लाभ दिखाने और अंशधारियों को ख़ुश रखने के लिए बाध्य हो गए। अगर कोई उद्यम मुनाफ़ा नहीं दिखा पाता तो उसे अपनी उत्पादन नीति में सुधार करना पड़ता। लगातार नाकामी दिवालियापन और बंदी की ओर ले जाती।

असीमित विविधता की मूलतः दो समस्याएँ थीं। एक तो यह कि अर्थव्यवस्था में असंतुलन पैदा होता था। ख़ास-ख़ास उत्पाद बहुतायत में बनाए जाते थे और कुछ उत्पादों को एकदम नहीं बनाया जाता था क्योंकि उनसे उतना मुनाफ़ा नहीं होता था। विशाल और घनी आबादीवाले देश में कुछ ख़ास तरह के उत्पादों की माँग सामाजिक खपत के लिहाज़ से ज़्यादा हो सकती है। यह सच है कि चीन में खाद्य का उत्पादन ऊपर-नीचे होता रहा है और राज्य को इस उतार-चढ़ाव को काबू में रखने के लिए पैदावार का कोटा तय करना पड़ा। समय-समय पर अर्थव्यवस्था में ज़्यादा गरमी आ जाना (ओवरहीटिंग) यानी माँग जितनी भी हो, उत्पादन का बढ़ते जाना विविधतापूर्ण ग्रामीण अर्थव्यवस्था के साथ-साथ शहरी अर्थव्यवस्था के लिए भी समस्याजनक था।

दूसरी समस्या ग्रामीण अर्थव्यवस्था के भीतर ऊँचे दर से विभेदीकरण की प्रवृत्ति से संबंधित है। जो आधुनिक चीज़ें बनाते हैं और बेचते हैं, वे जल्द ही धनी हो जाएँगे और जो खाद्यान्न उगाते हैं, वे ग़रीब रह जाएँगे। मछलीपालन और मवेशीपालन के उत्पाद बीच में हैं। कोई शक नहीं कि परिवार इस स्थिति से निपटने के लिए अपनी योजना बनाते हैं। कुछ सदस्य तो खेती सँभालते हैं, जबकि दूसरे सदस्य उद्योगों में काम करने चले जाते हैं। यह मान लिया जाता है कि सभी परिवारों के पास हुनर सीखने के मौक़े उपलब्ध हैं, उनके पास निवेश लायक पैसा है और वे इसके लिए तैयार भी हैं। लेकिन असलियत यह है कि परिवारों के पास अपने सदस्यों को विविध कौशल सिखाने का सामर्थ्य नहीं है और वे तरह-तरह के उद्योगों, वाणिज्य और कृषि में नहीं जा सकते। इस वजह से विविधतापूर्ण अर्थव्यवस्था ने इस दौरान ग्रामीण चीन में ग़ैरबराबरी को बढ़ाया है। बाज़ार अर्थव्यवस्था के उभार ने इस प्रक्रिया को और तेज़ कर दिया है।

ज़िम्मेदारी प्रणाली

पहला नवाचार कृषि संबंधों के ढाँचे से संबंधित था और दूसरा उत्पादन के तौर-तरीक़ों से, जो पूँजी, श्रम और तकनीकी के इस्तेमाल से आर्थिक संभावनाओं के द्वार खोलता था। तीसरा नवाचार आर्थिक प्रबंधन के क्षेत्र में सभी जगह ज़िम्मेदारी प्रणाली की शुरुआत से जुड़ा था। प्रारंभ में तंग श्याओफिंग ने सांस्कृतिक क्रांति के दौरान आर्थिक गतिविधियों में बड़े पैमाने पर आई अस्तव्यस्तता से निपटने के लिए इस सिद्धांत को निरूपित किया था। बाद में इसने सुधारों के केंद्रीय सिद्धांत का रूप ले लिया। इस सिद्धांत ने लागू किए जाने के क्रम में राज्य उद्यमों से लेकर परिवार के स्तर पर प्रत्येक उत्पादक इकाई के अंदर, चाहे वह निजी कंपनी हो या अंशधारी कंपनी, लाभांश को प्रदर्शन से जोड़ दिया।

ज़िम्मेदारी प्रणाली की तुलना पूँजीवादी अर्थव्यवस्था के भीतर मुनाफ़े की प्रेरणा की धारणा से नहीं की जा सकती। हालाँकि ज़िम्मेदारी प्रणाली के तहत भी उत्पादन का मकसद मुनाफ़ा कमाना है, लेकिन प्रदर्शन मूल्यांकन के मानक निजी उद्यम के समान नहीं हैं। जहाँ

तक चीनी ग्रामीण उद्यमों का या खेतिहर परिवारों का सवाल है, मानक उत्पादन इकाई और राजनीतिक नेतृत्व और संबंधित उच्चतर स्तर के बीच मोलभाव से तय होते हैं। जब कोटा तय होता है, वह परस्पर बातचीत से तय होता है। कई मामलों में तो कोटा पिछले तीन साल के उत्पादन का औसत के आधार पर तय होता है। अगर उत्पादन इकाई कोटा से ज़्यादा उत्पादन करती है तो वह ऊँचे बोनस का अधिकारी बन जाती है और उसे अतिरिक्त कमाई होती है। इसके लिए उसे करों में रियायत दी जाती है, ऊँची मज़दूरी और विशेष पुरस्कार मिलता है।

वह किसके प्रति और किस चीज़ के लिए जवाबदेह है, यह सुधार काल की नीतियों से बिलकुल साफ़ था। पहला, जवाबदेही का ज़िम्मा उद्यमों के मैनेजरों और उत्पादन इकाई के प्रमुख पर होता है। मतलब यह कि जवाबदेही उत्पादन इकाई की सामूहिक ज़िम्मेदारी नहीं होती, जो अमूर्त हो। यह मैनेजरों और अन्य नेतृत्वकारी कर्मियों पर टिकी होती है। अगर उद्यम को मुनाफ़ा होता है, मैनेजर को व्यक्तिगत तौर पर ऊँचा बोनस मिलता है और मज़दूरों को भी बढ़ा बोनस मिलता है। इसी तरह मैनेजर को उत्पादन में कमी और मानक के उल्लंघन के लिए सज़ा भी भुगतनी पड़ती है। उत्पादन के लिए मैनेजर को व्यक्तिगत रूप से जवाबदेह बनाया जाना सांस्कृतिक क्रांति के दौरान क्रांतिकारी कमेटी या प्रबंधन कमेटी की सामूहिक ज़िम्मेदारी की व्यवस्था से एकदम अलग था।

दूसरे उत्पादन इकाई (क) बाज़ार, (ख) आर्थिक नेतृत्व, (ग) राजनीतिक नेतृत्व और (घ) अपने घटक सदस्यों के प्रति जवाबदेह थी। बाज़ार के प्रति जवाबदेह होने का मतलब था कि उसे माँग और आपूर्ति की स्थिति के मुताबिक अपने उत्पादों और संसाधनों का उपयोग करना होता था। चीन में बाज़ार अर्थव्यवस्था के विकास के बाद इसने ठोस शक्ल अख़्तियार कर ली थी। समुचित आर्थिक निकाय भी थे, जिन्हें प्रत्येक इकाई को जवाब देना होता था। हला *श्यांग* की प्रत्येक ग्रामीण इकाई *श्यांग* उद्योग ब्यूरो के प्रति जवाबदेह थी, जिसका प्रमुख *श्यांग* का एक उपनिदेशक था। और वे सभी मिलजुलकर उपनगर ज़िला उद्योग ब्यूरो के प्रति जवाबदेह थे। उसके अलावा गुणवत्ता नियंत्रण ब्यूरो और पर्यावरण ब्यूरो भी थे, जिन्हें उन्हें जवाब देना होता था। तीसरे, सबसे महत्त्वपूर्ण और सबके ऊपर राजनीतिक नेतृत्व था, यानी *श्यांग* निदेशक था, *श्यांग* पार्टी कमेटी थी और उपनगर प्रशासन और उपनगर पार्टी कमेटी थी। अब पार्टी ख़ुद भी मूलतः अर्थव्यवस्था-उन्मुखी संगठन बन गई थी। वह ज़िम्मेदारी प्रणाली पर सख़्ती से अमल करती थी, यानी प्रदर्शन का मूल्यांकन करती थी और पुरस्कार या सज़ा देती थी।

सर्वोपरि, प्रत्येक उत्पादन इकाई अपने सदस्यों के प्रति जवाबदेह थी। *छुन* प्रतिनिधि सम्मेलन मैनेजरों के प्रदर्शन के बारे में और अपने उद्यमों के मैनेजरों और एकीकृत कृषि, वाणिज्य और उद्योग निगम के नेताओं के बारे में चर्चा करता था। *श्यांग* जन काँग्रेस कामकाज

की रिपोर्ट और इस प्रकार, उद्यमों के आर्थिक प्रदर्शन के बारे में चर्चा करती थी। इन चर्चाओं से एक माहौल बनता था कि कौन-कौन से उद्यम अच्छा काम कर रहे हैं और कौन नहीं। इन मीटिंगों में विचारों का आदान-प्रदान होता, सदस्य और कैडर दबावों से निपटने और अपने प्रदर्शन को बेहतर बनाने में एक-दूसरे की मदद करते।

ज़िम्मेदारी प्रणाली इस धारणा पर आश्रित थी कि जो लोग कड़ी मेहनत करते हैं, मात्रात्मक और गुणात्मक रूप से अपने प्रदर्शन को बेहतर बनाते हैं और उत्पादन में नवाचार का समावेश करते हैं, उन्हें उसका भौतिक पुरस्कार मिलना चाहिए। यह सांस्कृतिक क्रांति में अंतर्निहित वैचारिक प्रेरणा से एकदम अलग था। हालाँकि सुधार काल में चीनी राष्ट्रवाद और देशभक्ति की भावना को उभारा गया कि एक ताक़तवर और समृद्ध चीन का निर्माण करना है, परंतु मुख्य ज़ोर बेहतर प्रदर्शन के लिए भौतिक पुरस्कार देने पर ही था। प्रत्येक परिवार को इस मुहिम में शामिल होने और आरामदेह जीवन की बेहतर सुविधाएँ हासिल करने के लिए प्रेरित किया गया। यह "एक ही लौह तश्तरी से खाना खाने" या परिश्रमी व्यक्ति को उतनी ही मज़दूरी मिलेगी जितनी किसी आलसी, अक्षम मज़दूर को, की कथित नीति के विपरीत था।

क्या ज़िम्मेदारी व्यवस्था पूँजीवादी बाज़ार अर्थव्यवस्था में भी काम करती है या यह "समाजवादी बाज़ार अर्थव्यवस्था" की अनोखी ख़ासियत है? इस सवाल का जवाब हाँ में हो सकता है क्योंकि पूँजीवाद कड़ी मेहनत करनेवाले को ज़्यादा भुगतान करने के सिद्धांत पर आधारित है। लेकिन चीनी ज़िम्मेदारी व्यवस्था ने कई और भी उपाय किए कि बेहतर प्रदर्शन के लिए बेहतर मज़दूरी मिले, जबकि पूँजीवादी व्यवस्था में यह महज़ एक औपचारिक सिद्धांत है। पूँजीवादी प्रतियोगिता हमेशा कड़ी मेहनत के लिए उचित मज़दूरी को सुनिश्चित नहीं कर सकती। समकालीन चीन में पार्टी-राज्य का संस्थागत ढाँचा है, जो ज़िम्मेदारी प्रणाली को लागू करता है। यहाँ भी, ज़िम्मेदारी प्रणाली को लागू कराने में प्रत्येक स्तर पर राजनीतिक नेतृत्व की भूमिका निर्णायक बन जाती है। प्रत्येक स्तर पर मौजूद चीनी कम्युनिस्ट पार्टी की कमिटियाँ आर्थिक प्रक्रिया पर क़रीबी निगाह रखती हैं ताकि ज़िम्मेदारी प्रणाली पर सही ढंग से अमल हो।

ज़िम्मेदारी प्रणाली ने चीन में उत्पादन और प्रति व्यक्ति आय में लगातार बढ़त में योगदान किया है। लेकिन उसके साथ ही उसने एक नए सत्ता क्रम को भी जन्म दिया है, जो भाई-भतीजावाद, मनमर्ज़ी और भ्रष्ट आचरणों के सहारे काम करता है। फ़ैक्टरी में मैनेजर और विभाग प्रभारी की सत्ता भयंकर रूप से बढ़ गई है। वे मज़दूरों के कामकाज की समीक्षा करते हैं और यह तय करते हैं किसे दूसरों के मुकाबले ज़्यादा मज़दूरी दी जाए। वे अक्सर *क्वानशी* से संचालित होते हैं, जो निजी रिश्तों, कुल-ख़ानदान, गुट, आंचलिक और ऐसे ही अन्य संबंधों पर आश्रित होती है। यह एक ऐसी स्थिति है, जिसमें अपराधी गिरोह मैनेजरों

और नेताओं के सीधे या परोक्ष संरक्षण और देखरेख में काम करते हैं। व्यावसायिक क़रार गोपनीय तरीक़े से और मानकों का उल्लंघन करते हुए किए जाते हैं। पार्टी और सरकार के नेता इस बारे में भलीभाँति जानते हैं और इसीलिए पिछले पाँच सालों में भ्रष्टाचार-विरोधी मुहिम भी चलाई गई और नैतिक आचरण और शिक्षा पर ज़ोर दिया गया। पार्टी और राज्य ने विभिन्न स्तरों पर प्रदर्शन मूल्यांकन प्रकिया को एक निश्चित शक्ल देने की कोशिश की है। लेकिन चूँकि जनतांत्रिक प्रबंधन को आर्थिक प्रदर्शन का मातहत बना दिया गया है, निदेशक-केंद्रित प्रबंधन बदस्तूर जारी है। इस प्रकार, ज़िम्मेदारी व्यवस्था ने सामाजिक विषमता को बढ़ाया है और राजनीतिक निरंकुशता की मदद की है और चीन में जनतांत्रिक राजनीति के विकास में रोड़े अटकाए हैं। बहरहाल, सैद्धांतिक रूप से ज़िम्मेदारी व्यवस्था समाजवादी ढाँचे के तहत जनतांत्रिक संस्थाओं के निर्माण के ख़िलाफ़ नहीं है। अगर मनमर्ज़ी के फ़ैसलों और भाई-भतीजावाद के ख़िलाफ़ संस्थागत सुरक्षा के उपाय मौजूद हों और ज़िम्मेदारी व्यवस्था को लागू करने में मज़दूरों की सामूहिक भागीदारी हो तो दोनों को आसानी से हासिल किया जा सकता है।

आइए, सुधार के चीनी तजरबे से जुड़े राजनीतिक अर्थव्यवस्था के कुछ मुद्दों पर ग़ौर करते हैं, जो विकास सिद्धांत के कुछ सवालों को नए तरीक़े से उठाने की माँग कर सकते हैं।

विकास संबंधी नए सवाल

संचय बनाम उपभोग

आधुनिक काल में विकास के चिंतन का बुनियादी सवाल निवेश के लिए अतिरिक्त पैदा करने की बात के इर्द-गिर्द घूमता रहा है। शुरू में यूरोप की औद्योगिक क्रांति के लिए कृषि में अतिरिक्त के सृजन से धन जुटाया गया। जब औद्योगिकीकरण ने जड़ें जमा लीं, उसने अपने विस्तार के लिए ख़ुद से अतिरिक्त पैदा किया और साथ ही, कृषि के विकास में भी मदद की। यह एक सामान्य प्रक्रिया थी, जिसमें लंबा अरसा लगा। लेकिन जिन देशों ने औद्योगिकीकरण के रास्ते पर बाद में चलना शुरू किया वहाँ स्थिति भिन्न थी। उन्हें कृषि से बचत जमा करने के लिए कड़े क़दम उठाने पड़े, जिसे वे उद्योग में लगा सकें। शहरी इलाक़ों में खाद्यान्न की आपूर्ति के लिए भी ऐसा करना ज़रूरी था। इसके अलावा अपने लिए सिंचाई और अन्य बुनियादी ढाँचा खड़ा करने के लिए भी पूँजी का संचय ज़रूरी था। लेकिन ऊँची दर से संचय का मतलब होता वितरण और उपभोग के लिए कम उपलब्ध होना। लिहाज़ा, दुविधा थी कि संचय और उपभोग में संतुलन कैसे बिठाया जाए।

समाजवादी देशों को औद्योगिक विकास के लिए समुचित धन जुटाने में परेशानी का सामना करना पड़ा था। सत्ता में आने के बाद सोवियत संघ की कम्युनिस्ट पार्टी और चीनी कम्युनिस्ट पार्टी ने संचय की ऊँची दर का रास्ता अपनाया। सोवियत संघ ने 1928–31

की पहली पंचवर्षीय योजना के दौरान खेती के सामूहिकीकरण की व्यवस्था को लागू किया। चीनी जनगणराज्य ने 1958 में जनकम्यूनों की व्यवस्था अपनाई। कहा जाता है कि कम्युनिस्ट पार्टियों द्वारा सत्ता दख़ल में किसानों ने उनकी मदद की, लेकिन एक मज़बूत राष्ट्र के निर्माण के लिए उन्हें भारी कुर्बानी देनी पड़ी। इस सोच के जवाब में कम्युनिस्ट नेतृत्व का कहना था कि औद्योगिकीकरण और राष्ट्र की सुरक्षा व्यवस्था को मज़बूत बनाने के लिए ऐसा करना ज़रूरी था। इसके बिना समाजवादी राज साम्राज्यवादी ख़तरे के सामने टिक ही नहीं पाए होते।

चीनी ग्रामीण सुधारों ने संचय और उपभोग के इस अंतरविरोध को हल करने का एक वैकल्पिक रास्ता सुझाया। उन्होंने खेतिहर उत्पादन के एक बड़े हिस्से को संचय निधि और रिज़र्व कोष के रूप में सुरक्षित करने की कम्यून की प्रथा को छोड़ दिया। पारिवारिक ज़िम्मेदारी व्यवस्था के तहत अनुबंध राशि नाममात्र थी और 2006 में कृषि टैक्स वसूलना बंद कर दिया गया। दूसरे हाथ, राजकीय एजेंसियों द्वारा खाद्यान्नों की ख़रीद की क़ीमत बढ़ाकर और अंततः उन्हें बाज़ार में प्रचलित क़ीमत के बराबर लाकर किसानों के लिए उच्चतर आय सुनिश्चित की गई। पूँजी संचय बढ़ाने के लिए ग्रामीण उद्योगों और वाणिज्य का इस्तेमाल किया गया। जैसा कि हमने पहले देखा है कि मुनाफ़े के सिर्फ़ 35 प्रतिशत को ही मज़दूरी के रूप में बाँटा गया जो लगभग कम्यून व्यवस्था के ही बराबर था। लेकिन इससे किसानों को कोई नुकसान नहीं हुआ क्योंकि खेती से उनकी आमदनी काफ़ी बढ़ गई थी और उसपर कोई टैक्स नहीं चुकाना होता था। सन् 1980 के दशक में ग्रामीण उद्योगों का इतनी तेज़ी से विस्तार हुआ और उनका मुनाफ़ा इतनी तेज़ी से बढ़ा कि इससे किसानों की औसत कमाई काफ़ी बढ़ गई। जैसा कि हमने पहले बताया है कृषि से होनेवाली बचत से ग्रामीण औद्योगिकीकरण के लिए धन जुटाया गया। किसानों से ख़रीदे गए खाद्यान्न के कोटे के एक हिस्से का इस्तेमाल औद्योगिक निवेश के लिए किया गया। निस्संदेह, सुधारों की शुरुआत के वक़्त सामूहिकों के पास अच्छी-ख़ासी रकम जमा थी, जिसका इस्तेमाल ग्रामीण उद्योगों को शुरू करने के लिए किया गया। इस प्रकार, शुरू में ग्रामीण उद्योगों के लिए कृषि से धन जुटाया गया। बाद में, उन्होंने *श्यांग* में बुनियादी ढाँचे को खड़ा करने और समाज कल्याण और कृषि विकास के लिए धन जुटाने में मदद की। उसी समय सामूहिकों और ग्रामीण उद्यमों से टैक्स वसूलकर और प्रत्येक स्तर पर खेतिहर पैदावार का कोटा तय करके राज्य ने *श्यांग* से संसाधन जुटाए ताकि प्रांतीय और राष्ट्रीय स्तर पर विकास में मदद की जा सके। इस तरह से सुधारों ने गाँवों से अतिरिक्त उगाहने के लिए सीधे नौकरशाही तौर-तरीक़ों के इस्तेमाल से परहेज़ किया। अतिरिक्त उगाहते वक़्त उसने सचेत रूप से उपभोग की बढ़त को प्रोत्साहित किया। यह बात ग्रामीण इलाक़ों में रहन-सहन के बेहतर होते स्तर से ज़ाहिर है।

कराधान और कोटा प्रत्यक्ष संचय को इंगित करते हैं, वहीं ग्रामीण सुधारों में कई ऐसे तौर-तरीक़े शामिल थे, जो अप्रत्यक्ष संचय को बढ़ावा देते थे। ग्रामीण बाज़ार के विस्तार ने

देश के भीतर कई तरह के उपभोक्ता सामानों के उत्पादन को प्रेरित किया। उत्पादन इकाइयों ने जो मुनाफ़ा कमाया उसमें भी पूँजी निर्माण और अन्य तरह के विकास के लिए बचत का घटक था। पारिवारिक आय में बढ़ोतरी होने से लोगों में न सिर्फ़ नई तरह की समृद्धि आई, जिससे लोगों ने नए उपभोक्ता सामान ख़रीदे, बल्कि उन्होंने भविष्य को सुनिश्चित करने के लिए बचत भी की। इस प्रकार, वुशी-जैसे समृद्ध तटवर्ती प्रांतों में स्वैच्छिक बचत की बढ़ती परिघटना भी देखी गई। इस परिवेश में अंशधारण स्वामित्व का नया तरीक़ा बन गया। नए उपभोक्ता इतने समृद्ध थे कि वे कंपनियों में शेयर ख़रीद सकते थे और संचय में योगदान कर सकते थे।

विश्व अर्थव्यवस्था के साथ बढ़ते एकीकरण ने नए मौक़े पैदा किए, साथ ही नई मुसीबतें भी खड़ी कीं। चीन के गाँवों में विदेशी पूँजी के निवेश से कई मौक़े सृजित हुए। विदेशों में बना माल चीन के बाज़ारों में आया। विदेशों में बसे चीनी मूल के लोगों ने चीन के गाँवों तक पहुँचने में बड़ी भूमिका निभाई। लेकिन उन क्षेत्रों में स्थानीय चीनी लोगों के सामने चुनौतियाँ भी खड़ी हुईं क्योंकि अब उन्हें निवेश में विदेशी निवेशकों की बराबरी करनी होती थी। स्थानीय उद्यमों को कई बार असमय विदेशी प्रतिस्पर्द्धा का सामना करना पड़ता था और वे तकनीकी स्तर बहाल रखने में नाकाम रहते थे। इस प्रक्रिया में कई ग्रामीण उद्यम पिछड़ गए और बंद हो गए। कुछ को निजी उद्यमियों को बेच दिया गया, ख़ासकर उन्हें जो आधुनिकीकरण का ख़र्चा उठा सकते थे और होड़ में टिके रह सकते थे। स्थिति इतनी गंभीर हो गई कि 1990 के दशक के अंतिम हिस्से में "तीन ग्रामीण समस्याएँ" तीक्ष्ण हो गईं। जैसा कि हमने देखा, 2000 के दशक में असंतुलन बढ़ने लगा। संचय तो मज़बूती से बढ़ा, लेकिन ग्रामीण आमदनी उतनी तेज़ी से नहीं बढ़ पाई। इसलिए संचय के बारे में परंपरागत धारणा पर फिर से विचार करने की ज़रूरत है। जिस प्रक्रिया की शुरुआत एक उचित मेल से हुई थी वह दोहनकारी प्रक्रिया में तब्दील हो गया। किसानों के *दोहन के ज़रिए संचय* चीन में साफ़ दिखने लगा। इस परिघटना ने अलग-अलग इलाक़ों में विभिन्न तरीक़ा अख़्तियार किया। विकास परियोजनाओं से स्थानीय लोग विस्थापित हुए। उनमें से ज़्यादातर आदिवासी समूह थे या मूलवासी समुदाय। बहरहाल, 1980 के दशक में सुधारों ने उस संभावना को उजागर किया, जिसमें संचय की समस्या का एक संगत और वाजिब हल ढूँढ़ा जा सके।

ग्रामीण-शहरी जुड़ाव

माओ त्से-तुंग के अनुसार समाजवादी निर्माण का मकसद तीन बड़े अंतरों (*सान ता छापिए*) को कम करना था— शहर और गाँव का अंतर, बौद्धिक श्रम और शारीरिक श्रम का अंतर तथा मज़दूर और किसान का अंतर। सुधार के हिमायती नेताओं ने इस बारे में लंबे अरसे तक बात नहीं की। सिर्फ़ जब ग्रामीण-शहरी ग़ैरबराबरी के कारण शहरों की ओर मज़दूरों

का पलायन ज़्यादा बढ़ गया, तब इस मुद्दे की ओर थोड़ी तवज्जो बढ़ी। औद्योगिक क्रांति के अनुभवों को देखते हुए मान्यता यह थी कि गाँवों को अपने आपको शहरों के अनुरूप ढालना होगा। काम के मशीनीकरण के कारण धीरे-धीरे शारीरिक श्रम ग़ैरज़रूरी बन जाएगा और किसान भी मज़दूर बन जाएँगे। सोवियत संघ में समाजवादी व्यवहार ने रूपांतरण के इसी रास्ते का अनुसरण किया। लेकिन माओ त्से-तुंग के नेतृत्व में चीन का अनुभव श्रमसाध्य था। उसने क्रांतिकारी आंदोलन, महान अग्रगामी छलांग और सांस्कृतिक क्रांति के ज़रिए एक वैकल्पिक मॉडल पेश करने की कोशिश की। इस विकल्प ने शहर और गाँव, बौद्धिक और शारीरिक श्रम, मज़दूर और किसान पर समान रूप से ज़ोर दिया। बहरहाल, तंग श्याओफिंग ने माओ के मॉडल पर सवाल उठाए और शहरीकरण के एक ऐसे मॉडल की पैरवी की जो माओ और यूरोपीय धारणाओं से पूरी तरह अलग हो। सन् 2005 तक इस रास्ते पर अमल जारी रहा, उसके बाद यूरोपीय मॉडल की नक़ल आम नीति बन गई। अंततः, नए शहरीकरण के बारे में 2014 की चीन की नीति में बात पूरी तरह साफ़ हो गई।

तीन महान अंतरों से निपटने के बारे में तंग का दृष्टिकोण गाँवों में विज्ञान और प्रौद्योगिकी और बाज़ार की ताक़तों के इस्तेमाल पर टिका था। इसके तहत आबादी को गाँव से शहर की ओर जाने से रोकना था। संस्था के रूप में घर-परिवार काम करते रहे। दरअसल, सुधारों के दौरान वे मज़बूत हुए। कम्यून के दौर में वे असल में काफ़ी कमज़ोर हो गए थे। परिवार का ज़मीन से जुड़ाव बना रहा (*लाओच्या* ज़मीन का मालिक पुश्तैनी घर था)। ग्रामीण उद्योग-धंधे, वाणिज्य और अन्य उद्यम बड़े पैमाने पर फले-फूले और गाँव में ही बहुतायत लोगों को रोज़गार उपलब्ध कराने लगे। ज़्यादा पूँजी लाकर और विज्ञान और प्रौद्योगिकी में सुधार करके ग्रामीण उद्योगों ने ग्रामीण अर्थव्यवस्था के आधुनिकीकरण में मदद की। तटवर्ती प्रांतों में कई मायनों में शहर और गाँव के बीच का अंतर बड़ी हद तक कम हो गया। चीन के नए परिवेश में कृषक-मज़दूर की अवधारणा वास्तविकता बन गई। चूँकि कोई *छुन* के किसान परिवार से आता था जिसने खेती के लिए ज़मीन अनुबंध के ज़रिए ली थी, वह अपने आपको किसान ही मानता था, भले ही वह *श्यांग* की हाई-टेक इलेक्ट्रॉनिक फ़ैक्टरी में काम करता हो। निस्संदेह, कम्यून व्यवस्था ने प्रत्येक किसान को खेतिहर मज़दूर (*नुंक्ये कुंग*) बना दिया था और वह "वर्क प्वाइंट" के रूप में अपनी मज़दूरी अर्जित करता था। हालाँकि सुधारों ने जो नई परिस्थिति तैयार की थी, वह अलग थी। खेतिहर मज़दूर फिर से किसान बन गया क्योंकि उसका परिवार अनुबंध पर ली गई ज़मीन के टुकड़े पर खेतीबाड़ी का पूर्ण कर्ताधर्ता था। लेकिन दूसरे स्तर पर एक कामगार के रूप में ग्रामीण मज़दूर की पहचान कई गुना पुख़्ता हो गई थी क्योंकि वे अब उस आधुनिक अर्थव्यवस्था का अंग थे, जो पहले से कहीं ज़्यादा संगठित थी। वे तकनीकी रूप से ज़्यादा कुशल बनते जा रहे थे। इस तरह से एक गाँव में एक ही परिवार में किसान और मज़दूर, दोनों उसके सदस्य हो सकते थे। इसलिए सुधारों ने एक बड़ी उपलब्धि हासिल की थी, उसने किसान और मज़दूर के बीच

का फ़र्क़ लगभग मिटा दिया था। सन् 1980 के दशक में किसानों की औसत आय शहरी औसत आय से आगे निकल गई थी। सन् 1990 के दशक में वह फिर से पिछड़ गई। लेकिन प्रत्येक परिवार अपने घर का मालिक था और उसके पास अपना किचन गार्डेन था और आय के कई स्रोत थे। सांख्यिकी हिसाब-किताब में इन सबको शामिल नहीं किया जाता, लेकिन सबको मिला दें तो, ख़ासकर तटवर्ती प्रांतों के किसान शहरों के कुशल मज़दूरों से ज़्यादा आरामदेह ज़िंदगी गुज़ार रहे थे। अगर शहरी प्रदूषण, यातायात की दिक़्क़तों और अपराध-जैसी समस्याओं को हिसाब में शामिल कर लिया जाए तो कई चीनी यकीनन गाँवों को ज़्यादा पसंद करेंगे।

किसी इलाक़े को शहरी घोषित करने की चीनी सरकार की नीति ने भी इस स्थिति में मदद की है। उसने सोच-समझ कर किसी ग्रामीण इलाक़े को अंधाधुंध शहरी घोषित करने से परहेज़ किया है। हमने देखा है कि ग्रामीण काउंटी (*श्यान*) को शहर (*श*) बनाने और टाउनशिप (*श्यांग*) को टाउन (*चन*) में बदल डालने का काम बड़ी एहतियात से किया गया। हालाँकि इससे ग्रामीण इकाइयों में खीज पैदा होती है। वे शहरी घोषित किए जाने के लिए बेचैन रहती हैं ताकि उन्हें औद्योगिक ढाँचे के निर्माण का हक़ मिल जाए। सरकार इस मामले में अक्सर धीमे काम करती है ताकि वह ग्रामीण इलाक़ों में खेतिहर पैदावार के लिए दबाव डाल सके।

समाजवादी शासनों के तहत मार्क्सवादी राजनीतिक अर्थशास्त्र में किसानों के प्रति बरताव को लेकर काफ़ी बहस चलती रही है और उनके प्रति नीतियाँ बदलती रही हैं। कार्ल मार्क्स फ़्रांसिसी किसानों को दकियानूस, अलग-थलग और परंपरावादी मानते थे और उन्हें "आलू की बोरी" कह कर उनकी आलोचना करते थे। लेकिन रूस में पूँजीवाद के विकास के बारे में लेनिन के विश्लेषण में इसमें कुछ बदलाव आया। उन्होंने दिखाया कि ग्रामीण अर्थव्यवस्था में गतिशील जुड़ाव रहे हैं, जिससे पूँजीवादी तत्त्व पैदा हुए। माओ त्से-तुंग ने हुनान में किसान आंदोलन का विश्लेषण करते हुए कहा कि किसानों में ज़मींदारी के साथ-साथ जंगशाहों की राजनीतिक सत्ता को चुनौती देने की क्रांतिकारी क्षमता है। जनता की जनवादी क्रांति के उनके सिद्धांत ने सामंतवाद और साम्राज्यवाद के ख़िलाफ़ खेतिहर क्रांति की उपादेयता को साबित किया। वियतनाम और भारत-जैसी औपनिवेशिक परिस्थितियों में भी इस दृष्टिकोण की अनुगूँज सुनाई दी। इस प्रकार, क्रांतिकारी राजनीति पर अमल करने और राजनीतिक अर्थव्यवस्था के रूपांतरण में किसानों की भूमिका को मार्क्सवाद के भीतर स्वीकार कर लिया गया।

भारत में महात्मा गाँधी ने उपनिवेशवाद-विरोधी संघर्षों के ज़रिए किसानों की ऐसी ही क्षमता को उद्घाटित किया। गाँधी ने सबसे पहले *हिंद स्वराज* (1908) में औद्योगिक क्रांति की सोच को पूरी तरह ख़ारिज कर दिया और अपने पूरे जीवन में इसी समझ पर टिके रहे। उन्होंने सबकी भलाई (*सर्वोदय*) के लिए मानसिक और शारीरिक श्रम के एकीकरण, मानव

अस्तित्व और कुदरत के परस्पर टिकाऊ विकास पर आधारित ग्रामीण स्वराज की पैरवी की। इस मॉडल में गाँव राजनीतिक अर्थव्यवस्था के इंतज़ाम में एक-दूसरे पर आश्रित होंगे। वे मिल-जुलकर समुद्र की लहरों की मानिंद काम करेंगे। आलोचकों का कहना सही है कि यह मॉडल ज़मींदारों और किसानों के बीच के अंतरविरोध को नज़रअंदाज़ करता है। उसी तरह, ऊँची जातियों और निचली जातियों के बीच के अंतरविरोधों की भी अनदेखी करता है। इससे इस सोच पर अमल में कई कठिनाइयाँ खड़ी होती हैं।

इस प्रकार, एकीकृत औद्योगिक विकास के लिए कृषक समुदाय के रूपांतरण के बारे में चयनोव द्वारा शुरू की गई बहस, जिसे थियोडोर शानिन ने पुनर्जीवित किया, उस पर पहले कम्यून दौर में और बाद में सुधार के युग में चीनी अनुभवों की रोशनी में नए सिरे से विचार करना होगा। ग्रामीण अर्थव्यवस्था का पूँजीवादी रूपांतरण विभेदीकरण को जन्म देता है, यानी वह किसानों को वर्गों में बाँट देता है। यह प्रस्थापना आज भी प्रासंगिक है जैसा कि हम चीन के ग्रामीण सुधारों के संदर्भ में देखते हैं। यकीनन, सुधारों के क्रम में चीन में धनी किसानों का एक वर्ग पैदा हुआ है। लेकिन कृषि से अतिरिक्त के दोहन का तरीक़ा सामूहिकीकरण का होगा या पूँजीवादी अर्थव्यवस्था में क़ीमत तय करने की नीति के ज़रिए होगा, हमेशा ऐसा होना ज़रूरी नहीं है। चीन में ग्रामीण सुधारों ने दिखाया कि ग्रामीण अर्थव्यवस्था और शहरी अर्थव्यवस्था के बीच अतिरिक्त के विनिमय के तौर-तरीक़े विविध हैं। इस प्रकार, व्यापार की शर्तें, जो हमेशा उद्योग और शहर के पक्ष में होती थीं, उन्हें इस तरह बदला जा सकता है कि ग्रामीण और शहरी अर्थव्यवस्थाओं के बीच आदान-प्रदान एक हद तक समान हो। इसलिए "परंपरागत" कृषक समुदाय अलग-थलग नहीं रह गया था। ग्रामीण उद्यमों और तकनीकी समावेश के ज़रिए चीनी किसान राष्ट्रीय राजनीतिक अर्थव्यवस्था का अंग बन गया था। पार्टी संगठन और जन काँग्रेस यकीनन ऐसी संस्थाएँ हैं, जिनके ज़रिए समाज के सभी तबके और प्रत्येक इलाक़े के लोग एकसूत्र में बँधे हैं। लेकिन नई राजनीतिक अर्थव्यवस्था के तहत दोनों ही ज़्यादा विभेदीकृत और ज़मीनी स्तर पर ज़्यादा एकीकृत हैं।

सन् 2014 की नई शहरीकरण योजना ने चीनी प्रगति के भविष्य के नए स्वरूप की छाप छोड़ती है। छोटे-बड़े शहरों का निर्माण अब लक्ष्य बन गया था और यह साफ़ था कि शहरीकरण आधुनिक रूपांतरण की निर्णायक ख़ासियत है।

चीन के गाँवों में शुरुआती सुधारों ने मानवता के स्थानिक फैलाव के बारे में एक नई अवधारणा को पेश किया था। वे विभिन्न जगहों पर हो सकते हैं जहाँ अलग-अलग दर्जे की शहरी-ग्रामीण सुविधाएँ मौजूद हैं— भले ही वे तटवर्ती इलाक़े हों, अंदरूनी पहाड़ी इलाक़े हों, चारागाह हों या अन्य इलाक़े हों। लेकिन संभव है कि उनके काम के मूल्य, उनके ज्ञान और उनकी संस्कृति को स्वीकार किया जाए और उसके अनुरूप समुचित आर्थिक गतिविधियों का विकास किया जाए।

राज्य, बाज़ार और सुधार

बासवीं सदी के अंतिम चतुर्थांश में दुनिया भर में जिस सबसे प्रमुख द्वैध की चर्चा रही है, वह राज्य और बाज़ार का द्वैध है। समाजवादी देशों में राज्य अर्थव्यवस्थाओं को नियंत्रित करता रहा है, उनमें और तीसरी दुनिया के बड़े हिस्से में आर्थिक संकट गहरा होता गया है। ऐसे में पश्चिमी पूँजीवादी देशों ने बाज़ार का परचम लहराया और धीरे-धीरे उन अर्थव्यवस्थाओं को मज़बूती देने की बात की। उसके बाद वैश्वीकरण और ढाँचागत समायोजन का दौर शुरू हुआ। इनके तहत राज्य को पीछे धकेला गया और बाज़ार का विस्तार किया गया। हालाँकि चीनी सुधार विश्व बैंक और वैश्विक पूँजीवादी संस्थाओं की पहल के पहले ही शुरू हो गए थे। जैसा कि ग्रामीण सुधार के मामले में हमने देखा कि चीनी नीति निर्माताओं ने आर्थिक प्रबंधन और उत्पादन प्रक्रिया में राज्य की भूमिका में भी कटौती की। लेकिन सुधारों के 20 सालों ने साफ़ दिखाया कि चीनी सुधार-हिमायती राज्य और बाज़ार के इस द्वैध को स्वीकार नहीं करते। यह न सिर्फ़ आर्थिक नीतियों में दिखता है, बल्कि समाजवादी बाज़ार अर्थव्यवस्था के बारे में उनकी अवधारणा और चीनी विशेषताओं वाले समाजवाद के निर्माण के तंग श्याओफिंग विचार में भी दिखता है।

समाजवादी बाज़ार अर्थव्यवस्था कई मायनों में पूँजीवादी बाज़ार अर्थव्यवस्था से अलग है। सबसे बड़ा फ़र्क़ समाजवादी व्यवस्था को विभिन्न दबावों से बचाने और व्यवस्था को समाजवादी मकसदों को पूरा करने की दिशा में ढालने, ख़ासकर विषमताओं को कम करने में अर्थव्यवस्था के वृहत्तर समन्वय में राज्य की भूमिका को लेकर है। यहाँ यह मान्यता काम करती है कि चीन में राजसत्ता "अवाम" या मज़दूरों, किसानों, निम्न बुर्जुआ वर्ग और राष्ट्रीय बुर्जुआ वर्ग के संयुक्त मोर्चा के हाथों में है। जनता की जनवादी क्रांति के संदर्भ में कम्युनिस्ट पार्टी राजसत्ता के उपभोग में उनका प्रतिनिधित्व करती है। ठीक-ठीक कहें तो जनता के जनवाद का दौर ख़त्म हो गया है और समाजवाद के दौर का राज्य सैद्धांतिक रूप से मेहनतकशों का राज्य है— मज़दूरों के साथ किसानों के गठबंधन का राज्य। लेकिन चीनी कम्युनिस्ट पार्टी पूरे चीनी समाज को एक ताक़तवर और समृद्ध चीन के निर्माण के मकसद से अपने नेतृत्व में एकजुट करने के लिए राष्ट्रवादी भावनाओं को उभारना चाहती है। इसलिए संभवतः राज्य का सामाजिक चरित्र बदल गया है। असल में, चीनी कम्युनिस्ट पार्टी के नेतृत्व में चलनेवाला राज्य बाज़ार अर्थव्यवस्था और नए वर्ग-विभाजित समाज को प्रश्रय देता है। जैसा कि हमने वुशी में देखा, धनी किसानों और पूँजीपतियों का एक वर्ग उभर आया है। उनमें कुछ तो स्वायत्त हैं और कुछ विदेशी पूँजी के हिस्सेदार। अपने तईं पार्टी ने चीनी उद्यमियों की स्वायत्तता और चीनी राज्य की संप्रभुता की रक्षा के सचेत प्रयास किए हैं तथा ग़रीबी और विषमता को दूर करने के लिए क़दम उठाए हैं। सरकार ने जो सबसे महत्त्वपूर्ण भूमिका निभाई है, वह असंगत प्रगति, अतितप्त अर्थव्यवस्था, सामाजिक असंतुलन बढ़ानेवाले आर्थिक

नतीजों आदि पर लगाम लगाने में हस्तक्षेप की है। वस्तुगत सामाजिक ढाँचे और आत्मगत राजनीतिक भूमिका में एक अंतरविरोध है। लेकिन बाज़ार और केंद्रीय स्तर की सार्वजनिक संस्थाओं की क्षमता का इस्तेमाल सरकारी नीति का सचेतन अंग रहा है।

बाज़ार के मिज़ाज के बारे में माओ त्से-तुंग और तंग श्याओफिंग की समझ एक-दूसरे से पूरी तरह अलग रही है। माओ की नज़र में बाज़ार पूँजीवादी युग की ख़ासियत है। यह मुनाफ़ा कमाने की निर्मम प्रवृत्ति के ज़रिए संचय को बढ़ावा देता है, जिससे पूँजीवाद के भीतर शत्रुतापूर्ण अंतरविरोध पैदा होते हैं। लिहाज़ा, माओ के अनुसार समाजवाद को धीरे-धीरे बाज़ार की ताक़तों पर अंकुश लगाना होगा और साम्यवाद की ओर संक्रमण को तेज़ करना होगा, जहाँ बाज़ार काम करना बंद कर देता है। तंग श्याओफिंग इस सोच को ख़ारिज कर देते हैं। आज जिसे तंग श्याओफिंग का विचार कहा जाता है उसके अनुसार बाज़ार को आधुनिक युग की ख़ासियत माना जाता है। यह युग बढ़ते परस्पर विनिमय का युग है। तंग के अनुसार प्रौद्योगिकी और प्रबंधन की तरह ही बाज़ार भी अपने आपमें न तो पूँजीवादी होता है, न ही समाजवादी क्योंकि दोनों ही व्यवस्थाओं में माँग और आपूर्ति एक-दूसरे को प्रभावित करते रहेंगे। तंग ने इस बात पर ज़ोर दिया कि जब उत्पादन मूल रूप से राज्य के प्रशासनिक फ़ैसलों पर निर्भर होता है तो उसका कम कुशल होना तय है। क्योंकि कुल परिस्थिति के बारे में राजकीय एजेंसी का दृष्टिकोण समुचित जानकारी के अभाव में एकांगी होगी या वह अपने वैचारिक निष्ठा से प्रेरित हो न्यूनतावादी फ़ैसले लेगी। तंग चाहते थे कि उत्पादन की सभी इकाइयों को बाज़ार के मूल्यांकन का अधिकारी होने के साथ अर्थव्यवस्था से सीधे जुड़ने में सक्षम होना चाहिए। ज़िम्मेदारी व्यवस्था की अवधारणा इस सिद्धांत पर आधारित है कि प्रत्येक उत्पादक और उद्यम को बाज़ार के अनुरूप काम करना चाहिए। उसी समय, यह भी ज़रूरी है कि राजकीय एजेंसियों के मार्फत सार्वजनिक समर्थन जुटाया जाए, जिससे कि संकटों से निपटा जा सके और सामाजिक लक्ष्यों को हासिल करने की दिशा में प्रगति होती रहे। इस प्रकार, तंग के अनुसार समाजवादी राज्य कम्युनिस्ट पार्टी के नेतृत्व में बाज़ार का इस्तेमाल कर सकता है।

चीन के सुधारों ने कई संस्थानिक नवाचार शुरू किए हैं, जो राज्य-बाज़ार के द्वैध को ख़त्म करते हैं। उदाहरण के लिए, गाँव सामूहिक जो खेतिहर उत्पादन की निगरानी करता है और ग्राम उद्यमों का निर्देशन करता है, वह एक छोटा, स्थानीय स्तर का सामूहिक है, जो राज्य नहीं है। चीनी क़ानून के मुताबिक वह वास्तव में एक जनकमेटी है, जिसका चरित्र जनसंगठन-जैसा है। *श्यांग* क़ानूनन एक राज्य इकाई है— गाँवों की सबसे निचली प्रशासनिक इकाई। लेकिन *श्यांग* प्रशासन और उद्यम प्रबंधन का रिश्ता अनुबंध का है, नियंत्रण का नहीं। लिहाज़ा, क़ानूनी आर्थिक इकाई के रूप में उद्यम न तो राजकीय उद्यम है, न ही निजी उद्यम। मौजूदा संदर्भ में वह सही मायने में सामूहिक उद्यम भी नहीं है। सामूहिक

उद्यम में कामकाज के मूल्यांकन और वितरण के मानक कम्यून व्यवस्था के क़रीब होते हैं। सुधारों के संदर्भ में वे अलग हैं। शेयरहोल्डिंग व्यवस्था के उदय के बाद शेयरों की बनावट का स्वरूप निगम में प्रभाव के स्तर को तय करता है। लेकिन यह उतना सरल भी नहीं है। उत्पादन इकाई की पार्टी कमेटी या पार्टी शाखा देखरेख की भूमिका जारी रखती है और नेतृत्व पार्टी नेटवर्क का इस्तेमाल करते हुए उत्पादन प्रक्रिया का समन्वय और निर्देशन जारी रखता है। पार्टी इकाइयाँ आर्थिक निर्णय प्रक्रिया में दख़ल नहीं दे सकतीं। इसकी मनाही है। उन्हें मैनेजर की स्वायत्तता का आदर करना होता है। उसी समय पूरी पार्टी से "ज़ेहन को उन्मुक्त करने" या बाज़ार अर्थव्यवस्था के विकास में हिचक को त्यागने के लिए कहा गया। इस प्रकार, तमाम तरह की उत्पादन पहलों के इस्तेमाल की बहु-आयामी व्यवस्था बनाने को कहा गया। इसमें व्यक्तिगत, पारिवारिक, सहकारी, सामूहिक, ज्वाइंट स्टॉक कंपनी, चीनी विदेशी संयुक्त उपक्रम, राजकीय उद्यम और अन्य तमाम क़िस्म के उद्यम शामिल हैं। उसी समय, समन्वय और नेतृत्व की भूमिका विभिन्न सार्वजनिक एजेंसियों को सौंपी गई। इन एजेंसियों में राज्य की परंपरागत एजेंसियाँ भी शामिल हैं। यह इंतज़ाम काफ़ी लचीला है ताकि वह राष्ट्रीय, आंचलिक और वैश्विक स्तर पर जानकारी के प्रवाह के मुताबिक काम कर सके। वह एक ही साथ केंद्रीकृत व्यवस्था के रूप में आंतरिक और बाहरी चुनौतियों का मुकाबला करने में सक्षम हो। चीनी अनुभव यही दिखाता है कि राज्य और बाज़ार के अलावा भी समाज में कई एजेंसियाँ कार्यरत होती हैं।

चीनी विशेषताओं वाला समाजवाद

"चीनी विशेषताओं वाले समाजवाद के निर्माण का तंग श्याओफिंग सिद्धांत" जिसे अब चीनी कम्युनिस्ट पार्टी के संविधान में शामिल कर लिया गया है, उसे कई लोग चीनी मॉडल या विकास के चीनी रास्ते के रूप में देखते हैं। सांस्कृतिक क्रांति तक चीनी मॉडल से मतलब था, विकास का माओवादी मॉडल, जो सोवियत मॉडल से अलग था। लेकिन तंग के सुधारों ने चीन में बड़ी आर्थिक कामयाबी हासिल की, इसलिए समकालीन चीनी मॉडल उनके ही विचारों की ओर इंगित करता है। लेकिन माओ त्से-तुंग ने समाजवाद के निर्माण के बारे में कई सवाल उठाए थे, उन्हें दरकिनार नहीं किया जा सकता।

चिंतन की एक धारा जो अप्रैल-जून 1989 में थ्येनआनमन चौक के युवा प्रदर्शनों के दौरान मुखर हुई, वह थी समाजवाद को समाजवादी स्वतंत्रता के रूप में व्याख्यायित करने की चाहत। यकीनन, और भी कई धाराएँ थीं, जिनमें मौजूदा समाजवादी व्यवस्था की जगह उदारवादी जनतंत्र को बढ़ावा देने की शक्तिशाली धारा भी शामिल थी। इसके अलावा, माओवादी भी थे, पुरातनपंथी भी थे और भाँति-भाँति के अराजकतावादी भी थे। जो लोग समाजवाद की हिमायत करते थे और उसे जनवाद और स्वतंत्रता के लिए पूँजीवादी दावों के

विपरीत ज़्यादा माफ़िक मानते थे, वे सामाजिक विकास के नए चरण के लिए काम करने की उम्मीद लगाए थे, जो भौतिक, राजनीतिक और सांस्कृतिक रूप से ज़्यादा परिपूर्णकारी हो। भौतिक परिवेश के निर्माण ने जनतांत्रिक स्व-शासन और समानता की संस्कृति और मनुष्य की सृजनशीलता की नींव डाल दी थी। जैसा कि समाजवादी व्यवस्था के मामले में अक्सर माना जाता है वे किसी सिलसिले का अंग नहीं थे। कम्युनिस्ट नेतृत्व विभिन्न अस्मिताओं को "जनतांत्रिक स्वशासन और सांस्कृतिक अधिकार देने के पहले" आर्थिक प्रगति हासिल करना चाहता था। स्वतंत्रता की भौतिक, राजनीतिक और सांस्कृतिक शर्तें एक-दूसरे से जुड़ी हैं और समाजवाद के निर्माण के क्रम में साथ-साथ चलती रहती हैं।

चीन के सुधार एक नए सिलसिले की शुरुआत पर आधारित हैं। आर्थिक प्रगति और आमदनी बढ़ाने पर सबसे ज़्यादा ज़ोर दिया जाता है। कहा जाता है कि आर्थिक समृद्धि के लिए राजनीतिक स्थायित्व बेहद ज़रूरी है। इसलिए, चीनी राजव्यवस्था के तहत राजनीतिक स्वतंत्रता, विरोध के अधिकार, राजनीतिक पदों की दावेदारी के अधिकार और बुनियादी नीतियों की आलोचना के अधिकार को अमान्य क़रार दिया जाता है। इन्हें पूँजीवादी समाज की उदारवादी जनतांत्रिक स्वतंत्रता क़रार देकर ख़ारिज कर दिया जाता है। हालाँकि हाल के वर्षों में गाँव और श्यांग के स्तर पर जनतांत्रिक राजनीति के प्रति आकर्षण क्रमशः बढ़ता रहा है और कुछ मामलों में तो राष्ट्रीय स्तर पर भी। पर यह अब भी एक गौण प्रवृत्ति है। संस्कृति के मोर्चे पर काफ़ी स्वतंत्रता की इजाज़त दी गई है। लोग अपनी अलग जीवनशैली को बढ़ावा दे सकते हैं और उन्हें कला और संस्कृति के अन्य पहलुओं में काफ़ी स्वतंत्रता मिली हुई है। आर्थिक उदारीकरण और पश्चिम के साथ बढ़ते आदान-प्रदान के साथ-साथ उपभोक्तावादी, एकांतिक, अनुभूति के मूल्यों का विस्फोट दिखता है। सुधारों के दो दशकों के बाद समकालीन चीन में समाजवादी मूल्यों से जुड़ी नैतिक व्यवस्था की प्रधानता ख़त्म हो गई है। इसके इतने गंभीर नतीजे हुए हैं कि चीनी कम्युनिस्ट पार्टी का नेतृत्व ख़ुद भी इस बात को लेकर काफ़ी चिंतित है कि इसने इस क़दर नैतिक अवनति को बढ़ाया है कि समाजवादी व्यवस्था के पूरी तरह तबाह-बरबाद होने की संभावना बन गई है।

हमने देखा कि 2002 के बाद से पहले हु चिनथाओ के नेतृत्व में और फिर शी जिनपिंग के मातहत सुधारों के क्रम में उभरनेवाली समस्याओं से निपटने के कई पहल किए गए। शी ने "नए विकास दर्शन" पर ज़ोर दिया। वे प्रगति के रास्ते को घरेलू माँग की आपूर्ति की ओर मोड़ना चाहते हैं और हरित प्रौद्योगिकी पर ज़ोर देते हैं। वे दीर्घकालीन ऐतिहासिक और सभ्यतामूलक दृष्टिकोण अपनाने की बात करते हैं ताकि विकास प्रक्रिया को नई दिशा में मोड़ा जा सके। साथ ही, उन्होंने शासन के क्षेत्र में कई निर्णायक पहले कीं, जिसमें भ्रष्टाचार-विरोधी मुहिम शामिल है। यह सब चीन के सकारात्मक भविष्य की ओर इशारा करती हैं। इसके साथ ही, कई बातें व्याकुल भी करती हैं, जो औद्योगिक क्रांति के आम रास्ते के

प्रति अबाध निष्ठा से पैदा होती हैं। अमेरिकी अर्थव्यवस्था और प्रौद्योगिकी को रूपांतरण का मॉडल माना जाता है, हालाँकि इसमें पार्टी का नेतृत्व कायम रहेगा। सुधार के मौजूदा रास्ते पर चलते हुए दुनिया की सबसे बड़ी महाशक्ति बनने की महात्त्वाकांक्षा इसे दुश्वार बना देती है कि विकास के तजरबे से पैदा होनेवाले गंभीर तनावों का समुचित निपटारा संभव हो पाएगा। इस बात पर ज़ोर देना होगा कि एक ऐसी पार्टी, जिसके पास महान क्रांतिकारी और सभ्यतामूलक विरासत है और जो विकास के एक ख़ास रास्ते पर अमल करती है और राष्ट्रीय पुनर्जीवन के नाम पर लोगों को गोलबंद करती है, उसके एकल शासन के तहत विकास के रास्ते में किसी तब्दीली की संभावना कम रहेगी। लिहाज़ा एक दुविधा बनी हुई है। ऐसे में देश और पार्टी के भीतर बहसों के ज़रिए ही नई नीतियाँ निरूपित की जा सकती हैं।

तंग श्याओफिंग ने चीन में समाजवादी बाज़ार अर्थव्यवस्था के निर्माण का जो काम शुरू किया है उसकी एक स्पष्ट प्रस्थापना है कि यूरोप में अट्ठारहवीं सदी के अंत में विकसित औद्योगिक क्रांति के रास्ते का आधुनिक युग में कोई विकल्प नहीं है। उनका मानना था कि मार्क्सवाद उनकी समझ की पुष्टि करता है। इस मामले में वे माओ से बुनियादी तौर पर असहमत थे। माओ त्से-तुंग समाजवाद के निर्माण में बाज़ार की भूमिका को समझने में ग़लत हो सकते हैं। लेकिन पूँजीवादी विकास के 200 सालों और चीन में सुधारों के चार दशकों के इतिहास ने दो बातें साबित कर दी हैं। पूँजीवादी संचय के तर्क ने विषमता, पर्यावरण के प्रदूषण और विभिन्न तरीक़ों से लोगों की पसंद को नियंत्रित करने की ज़रूरत को ज़्यादा-से-ज़्यादा बढ़ाया है। पूँजीवादी युग की उपलब्धियाँ जितनी भी शानदार रही हों— विशेषकर चिकित्सा प्रौद्योगिकी और संचार के क्षेत्र में— पूँजीवादी विकास की दो सदियों के बाद पूँजीवादी रास्ते की ख़ामियाँ साफ़ दिखती हैं। उच्च ऊर्जा खपत, उच्च उपभोग, उच्च गति, बहुमंज़िले शहरों पर केंद्रित जिस मानव सभ्यता का उसने निर्माण किया, वह टिकाऊ नहीं है। तंग ने पार्टी-राज्य नियंत्रण के ज़रिए पूँजीवादी नीतियों को कारगर बनाने के कई जतन किए। राज्य को बाज़ार को निर्देशित करने की भूमिका सौंपी, उसे संस्कृति और सभ्यता के परिवेश में मौजूदा नीतियों को प्रश्रय देने का अधिकार दिया और चीनी कम्युनिस्ट पार्टी के शक्तिशाली नेतृत्व को बहाल रखने की कोशिश की। उन्होंने इन सबको "चीनी विशेषताओं वाले समाजवाद" का नाम दिया। इसने उनके उत्तराधिकारियों को बड़े मौक़े दिए। उन्होंने सुधारों की सफलता से पैदा होनेवाली समस्याओं से निपटने की संजीदा कोशिश की। इन सफलताओं को दुनिया भर में बड़े सम्मान से देखा जाता है। लेकिन ये समस्याएँ पूँजीवादी औद्योगिक क्रांति के रास्ते की अंतर्भूत ख़ामियाँ हैं। पूरी दुनिया में उनको लेकर सवाल उठ रहे हैं।

लेखक परिचय

मनोरंजन महांति प्रख्यात राजनीति वैज्ञानिक और चीन विशेषज्ञ हैं। इनका लेखन मूलतः सामाजिक आंदोलनों, मानवाधिकार के मुद्दों और भारत तथा चीन में विकास के अनुभवों और उनकी क्षेत्रीय भूमिका के सैद्धांतिक और अनुभवजन्य पहलुओं पर केंद्रित रहा है। वे फ़िलहाल काउंसिल फॉर सोशल डेवलपमेंट के उपाध्यक्ष और सेज पब्लिकेशंस द्वारा प्रकाशित समाज वैज्ञानिक पत्रिका "सोशल चेंज" के संपादक हैं। नीति और व्यवहार से जुड़े मुद्दों पर उनकी काफ़ी पुख़्ता पकड़ है। वे भुवनेश्वर स्थित डेवलपमेंट रिसर्च इंस्टिट्यूट के अध्यक्ष और दिल्ली स्थित इंस्टिट्यूट ऑफ़ चाइनीज़ स्टडीज़ के मानद फ़ेलो हैं। वे 2004 तक डेवलपिंग कंट्रीज़ रिसर्च सेंटर के निदेशक और दिल्ली विश्वविद्यालय में राजनीति विज्ञान के आचार्य रहे। सेवानिवृत होने तक वह दिल्ली विश्वविद्यालय में पठन-पाठन करते रहे। वह आईसीएस के अध्यक्ष और *चाइना रिपोर्ट* के संपादक रहे। वह भारत और विदेश के कई विश्वविद्यालयों और शोध संस्थानों में पठन-पाठन का कार्य करते रहे। जैसे कि कैलिफ़ोर्निया विश्वविद्यालय, बर्कले; इंस्टिट्यूट ऑफ़ फ़ार ईस्टर्न स्टडीज़, मास्को, ऑक्सफ़ोर्ड, पेइचिंग, कोपनहेगन, लागोस; कैलिफ़ोर्निया विश्वविद्यालय, सांता बरबारा; और न्यू स्कूल, न्यू यॉर्क में। प्रोफ़ेसर महांति ने दिल्ली में आईसीएस, दिल्ली विश्वविद्यालय के डेवलपिंग कंट्रीज़ रिसर्च सेंटर और ओडिशा में गवेषणा चक्र और डेवलपमेंट रिसर्च इंस्टिट्यूट की स्थापना और विकास में महत्त्वपूर्ण भूमिका निभाई। वे दिल्ली के पीपल्स यूनियन फ़ॉर डेमोक्रेटिक राइट्स और पाकिस्तान-इंडिया पीपल्स फ़ोरम फ़ॉर डेमोक्रेसी के गठन के समय से ही उनसे जुड़े रहे हैं। वह चीन में पोआओ फ़ोरम फ़ॉर एशिया और रिगन, और ब्राज़ील में थर्ड वर्ल्ड सस्टेनेबल डेवलपमेंट नेटवर्क के गठन की प्रक्रिया से जुड़े रहे हैं। वह चीनी क्रांति के साथ-साथ आधुनिक चीन में विकास की राजनीतिक अर्थव्यवस्था का गहराई से अध्ययन किया है और कई राष्ट्रीय व अंतरराष्ट्रीय शोध परियोजनाओं का हिस्सा रहे हैं। उन्होंने इन अध्ययनों के आधार पर कई किताबें संपादित की हैं : *चाइनीज़ रिवॉल्यूशन : कंपेरेटिव पर्स्पेक्टिव्स*, *पीपल्स राइट्स : सोशल मूवमेंट्स एंड दी स्टेट इन दी थर्ड वर्ल्ड*, *ग्रासरूट्स डेमोक्रेसी इन इंडिया एंड चाइना* आदि। उनकी लिखी किताबों में शामिल हैं : *माओ त्सेतुंग का राजनीतिक चिंतन* (*दी पॉलिटिकल फ़िलॉसफ़ी ऑफ़ माओ त्से-तुंग*), *रेड एंड ग्रीन : फ़ाइव डिकेड्स ऑफ़ दी माओइस्ट मूवमेंट इन इंडिया*, *आइडियॉलजी मैटर्स : माओ त्सेतुंग टू शी जिनपिंग*। चार दशकों से चीन के सुधार प्रक्रिया के आधार पर उनकी सबसे नई कृति यह किताब है, जिसे पहले सेज ने 2018 में *चाइनाज़ ट्रांसफ़ॉर्मेशन : दी सक्सेस स्टोरी एंड दी सक्सेस ट्रैप* नाम से प्रकाशित किया था। इसके अलावा उन्होंने चीनी कम्युनिस्ट पार्टी की उन्नीसवीं काँग्रेस पर *चाइना एट ए टर्निंग प्वाइंट : पर्स्पेक्टिव्स आफ़्टर दी नाइनटींथ पार्टी काँग्रेस* (2019) नामक पुस्तक का संपादन भी किया है।

Printed at Repro India Limited, India